Rüdiger Peuckert

Familienformen im sozialen Wandel

Rüdiger Peuckert

Familienformen im sozialen Wandel

7., vollständig überarbeitete Auflage

VS VERLAG FÜR SOZIALWISSENSCHAFTEN

Bibliografische Information Der Deutschen Nationalbibliothek
Die Deutsche Nationalbibliothek verzeichnet diese Publikation in der Deutschen Nationalbibliografie; detaillierte bibliografische Daten sind im Internet über <http://dnb.d-nb.de> abrufbar.

5. Auflage 2004
6. Auflage 2005
7., vollständig überarbeitete Auflage 2008

Lektorat: Frank Engelhardt

Der VS Verlag für Sozialwissenschaften ist ein Unternehmen von Springer Science+Business Media.
www.vs-verlag.de

Umschlaggestaltung: KünkelLopka Medienentwicklung, Heidelberg
Satz: ITS Text und Satz Anne Fuchs, Bamberg
Druck und buchbinderische Verarbeitung: Krips b.v., Meppel
Gedruckt auf säurefreiem und chlorfrei gebleichtem Papier
Printed in the Netherlands

ISBN 978-3-531-15721-4

Inhalt

Einführung

Love and marriage, love and marriage,
go together like a horse and carriage,
this I tell you, brother,
you can't have one without the other.

Love and marriage, love and marriage,
it's an institute you can't disparage,
ask the local gentry
and they will say it's elementary.

(Frank Sinatra: „Love and Marriage", 1955)

Seit Mitte der 60er Jahre des 20. Jahrhunderts ist die Familie in beiden Teilen Deutschlands – wie auch in anderen hochentwickelten Industriegesellschaften – ausgeprägten Wandlungsprozessen unterworfen. Nach Ansicht zahlreicher Sozialwissenschaftler machen Ehe und Familie eine Krise durch; vereinzelt ist sogar vom „Tod der Familie" die Rede. Andere wenden sich gegen das „dauernde Krisengerede" und betonen die Kontinuität und Stabilität der Familie. Und was die Situation noch schwieriger und unübersichtlicher macht: Beide Seiten stützen sich auf empirische Daten. Bevor man ein vorschnelles Urteil abgibt, sollte man bedenken, dass die aktuellen Veränderungen der privaten Beziehungsformen vor dem Hintergrund einer historisch einmaligen Situation gesehen werden müssen. Nie zuvor war *eine* Form von Ehe und Familie so dominant wie in der Nachkriegszeit Mitte der 50er bis Mitte der 60er Jahre. Die gegenwärtige Situation erscheint vielen auch deshalb als so krisenhaft, weil der Zustand vorher ungewöhnlich homogen war. Das moderne Ehe- und Familienmodell – die *moderne Kleinfamilie* als selbständige Haushaltsgemeinschaft eines Ehepaares mit seinen minderjährigen leiblichen Kindern – hatte sich faktisch und normativ (als unhinterfragtes Leitbild) nahezu universell durchgesetzt. Aus Liebe folgte zwingend Heirat/Eheschließung, wie es Frank Sinatra mit seinem Hit „Love and Marriage" (1955) für die USA beispielhaft auf den Nenner brachte.

Obwohl auch heute noch die Mehrheit der Bevölkerung nach konventionellen Mustern lebt, haben im Verlauf des gesellschaftlichen Modernisierungsprozesses beträchtliche Veränderungen weg von diesem Modell stattgefunden. Überall in den entwickelten Industrieländern sinkt die Geburtenrate. Die Heiratsneigung geht zurück, und immer häufiger lassen sich Ehepaare scheiden. All dies schlägt sich in einer *Pluralisierung der Lebens- und Beziehungsformen*, einer „Entkoppelung und Ausdifferenzierung der (ehemals) in Familie und Ehe zusammengefassten Lebens- und Verhaltenselemente" (Beck 1986, 164) und damit in einer Abkehr vom modernen Familientypus nieder. Die Zahl derer, die nichttraditionale Lebensstile und Beziehungsformen praktizieren oder hiermit zumindest Erfahrungen gemacht haben, steigt. Die moderne Kleinfamilie ist nur noch *eine* – wenn auch die häufigste – unter zahlreichen Lebensformen. Und auch der Typus der modernen Kleinfamilie selbst hat erhebliche Strukturveränderungen, z. B. im Hinblick auf die Familiengröße, innerfamiliale Arbeitsteilung und Machtstruktur, durchgemacht.

Wenn vom *„sozialen Wandel der Familie“* die Rede ist, so ist damit zweierlei gemeint: Erstens wird der Wandel der Familie – wie der extreme Geburtenrückgang seit Mitte der 1960er Jahre – als Ausdruck gesamtgesellschaftlicher Veränderungsprozesse, z. B. als Folge einer Individualisierung der Lebensführung betrachtet. Strohmeier und Schultz (2005) sprechen in diesem Sinne von der Einflussrichtung „top-down“ – die Familie geht mit der Gesellschaft. Zweitens sind Wandlungen der Familie wie auch die Leistungen der Familie aber nicht nur Ausdruck gesellschaftlichen Wandels, sondern haben auch selbst Auswirkungen auf andere gesellschaftliche Teilbereiche und die Gesamtgesellschaft (Einflussrichtung „bottom-top“). So führt der langandauernde Geburtenrückgang zu einer schrumpfenden und zugleich alternden Gesellschaft.

Die folgende Darstellung bezieht sich schwerpunktmäßig auf die Entwicklung in der *Bundesrepublik Deutschland* und in der *ehemaligen DDR* und in den *neuen Bundesländern.* Da sich die Entwicklung im Westen und Osten Deutschlands auch zu Beginn des 21. Jahrhunderts immer noch unterscheidet, erfolgt die Darstellung jeweils getrennt für die Gebietsteile. In einem gesonderten Anhang wird die Situation in den Ländern der Europäischen Union (EU 15) und den ehemals sozialistischen Ländern Mittel- und Osteuropas erörtert, wobei sich zeigen wird, dass der soziale Wandel in West- und Ostdeutschland nur eine Variante eines allgemeinen Wandels der Lebensformen in fortgeschrittenen Gesellschaften darstellt. *Kapitel 1* beschreibt die unterschiedlichen rechtlichen und politischen Rahmenbedingungen für den sozialen Wandel von Ehe und Familie in der Bundesrepublik und in der ehem. DDR. *Kapitel 2* gibt einen einführenden Überblick über den Gesamtprozess der Pluralisierung und Individualisierung der familialen und nichtfamilialen Lebensformen in beiden Teilen Deutschlands, der sich anhand von drei Indikatoren charakterisieren lässt: am Wandel der demographischen Merkmale (insbesondere dem Rückgang der Heirats- und Geburtenneigung und dem Anstieg der Scheidungsziffern), an der Pluralisierung und Individualisierung der Haushalts- und Familienstrukturen und an der Tendenz zur Deinstitutionalisierung, d. h. der abnehmenden normativen Verbindlichkeit des bürgerlichen Ehe- und Familienmusters. *Kapitel 3* untersucht den Bedeutungsrückgang und Bedeutungswandel der Institution Ehe. Immer mehr Menschen stehen der Ehe kritisch oder zumindest indifferent gegenüber und ziehen es vor, allein oder in einer nichtehelichen Lebensgemeinschaft zu leben. Das „getrennte Zusammenleben“ in zwei eigenständigen Wohnungen kann dabei als Versuch gedeutet werden, die Vorteile des Alleinwohnens mit den Vorteilen des Zusammenwohnens als Paar zu verbinden.

Kapitel 4 befasst sich mit den Ursachen und Folgen des starken Geburtenrückgangs, den wichtigsten Veränderungen im Prozess der Familienbildung (z. B. der behaupteten Tendenz zur „kindorientierten Eheschließung“) und der wachsenden Kinderlosigkeit. Neben dem Wandel der Kindschaftsverhältnisse – immer mehr Kinder wachsen nicht mehr während ihrer gesamten Kindheit und Jugend bei beiden leiblichen Eltern auf – und dem häufigen Fehlen von Geschwistern lassen sich zwei weitere Modernisierungstendenzen im Alltag von Kindern und Jugendlichen ausmachen, die im *5. Kapitel* erörtert werden: Die außerfamilialen Freizeitkontexte verändern sich in Richtung einer „individualisierten Kindheit“, und die Machtbalance zwischen Eltern und Kindern verschiebt sich immer mehr in Richtung einer „Emanzipation des Kindes“.

Die (vermeintliche) Krise der modernen Ehe und Familie wird auch gerne an der extremen Zunahme der Zahl der Ehescheidungen festgemacht. Ursachen und Folgen der wachsenden Instabilität von Ehen (und nichtehelichen Zweierbeziehungen) stehen im Mittelpunkt des *6. Kapitels.* Da von den Ehescheidungen und Trennungen immer mehr minderjährige Kinder betroffen sind, erhöht sich die Zahl der Ein-Eltern-Familien. Die Erosion der bio-sozialen Einheit der Familie äußert sich darin, dass immer häufiger biologische und soziale Elternschaft auseinander fallen und aufgrund der hohen Wiederverheiratungsneigung die Zahl der Stieffamilien zunimmt *(Kapitel 7)*. Quantitativ weniger bedeutsam sind zwei weitere Phänomene, die ebenfalls ein Zerbrechen der bio-sozialen Einheit der Familie indizieren: die Adoptivfamilie und die unter Einschaltung eines fremden Samenspenders zustande kommende heterologe Inseminationsfamilie.

Zum Leitbild der bürgerlichen Kleinfamilie gehört die Polarisierung der Geschlechtsrollen, d. h. die Zuständigkeit des Ehemannes für den Außenbereich der Familie und die (komplementäre) Zuständigkeit der Ehefrau und Mutter für Haushalt und Familie. Mit dem sozialen Wandel der Rolle der Frau in Familie und Beruf setzt sich *Kapitel 8* auseinander. Neben einer Darstellung des Familienalltags berufstätiger Mütter zwischen Erwerbsarbeit, Kinderbetreuung und Haushaltsführung und einer Analyse der Veränderungen der innerfamilialen Arbeitsteilung zwischen den Geschlechtern interessieren besonders die extremen Abweichungen vom bürgerlichen Ehe- und Familienmodell: die Doppelkarriereehe, die Commuter-Ehe, bei der sich die Partner, beruflich bedingt, an getrennten Wohnorten aufhalten und sich nur in mehr oder weniger großen Zeitabständen treffen, sowie die Hausmänner-Ehe. Wie sehr heute vom Leitbild der (sexuellen) Monogamie abgewichen wird und wie sich die Vorstellungen von „Treue" in der jüngeren Generation gewandelt haben, wird im *9. Kapitel* am Beispiel sexuell nichtexklusiver Ehen und Partnerschaften – auch gleichgeschlechtlicher Partnerschaften – erörtert.

Der Drei-Generationen-Haushalt aus Großeltern(teil), Eltern(teil) und Kind(ern) ist neben dem kernfamilialen Haushalt der einzige Haushaltstyp, der seit Kriegsende ständig an Bedeutung eingebüßt hat. Trotzdem kann von einer abnehmenden Solidarität zwischen den Generationen, wie im *10. Kapitel* aufgezeigt wird, keineswegs die Rede sein. *Kapitel 11* informiert über die wichtigsten theoretischen Erklärungsansätze für den sozialen Wandel von Ehe und Familie. Der gegenwärtig populärste Ansatz, die Individualisierungsthese, erklärt den Übergang in die Moderne als einen Prozess der Freisetzung des Menschen aus traditionalen Bindungen, der sich in den letzten Jahrzehnten beschleunigt (sog. Individualisierungsschub) und auch auf den weiblichen Lebenszusammenhang übergegriffen hat. Die Theorie der sozialen Differenzierung betrachtet den familialen Wandel als Ausdifferenzierung von Privatheit. Neben die bürgerliche Kleinfamilie als einem „kindorientierten" Privatheitstyp sind ein „partnerorientierter" und ein „individualistischer" Privatheitstyp getreten, die besser mit den Anforderungen der komplexer werdenden Umwelt, vor allem den Anforderungen des Arbeitsmarktes, fertig werden als die weniger spezialisierte, auf Dauer angelegte, geschlechtsspezifisch strukturierte Kleinfamilie. Im *12. Kapitel* wird – getrennt für Ost- und Westdeutschland – die Frage aufgegriffen, die als roter Faden alle Kapitel durchzieht: Hat die moderne Kleinfamilie angesichts der stattfindenden gesellschaftlichen Wandlungsprozesse überhaupt noch eine Zukunft? Welche alternativen Lebens- und Beziehungsformen sind mit den gesellschaftlichen Wandlungsprozessen am ehesten kompatibel und können eventuell die moderne Kleinfamilie ersetzen?

Insgesamt spricht wenig dafür, dass sich die Tendenz zur Kinderarmut in Deutschland in absehbarer Zeit abschwächen oder gar umkehren wird, denn ein charakteristisches Merkmal der bundesrepublikanischen Gesellschaft ist die strukturelle Rücksichtslosigkeit der gesellschaftlichen Verhältnisse gegenüber der Familie *(Kapitel 13)*. Eine Abschwächung der krisenhaften Entwicklung und eine dauerhafte Restabilisierung der familialen Verhältnisse werden sich, falls überhaupt, nur auf der Grundlage einer institutionell ermöglichten

Vereinbarkeit von Familien- und Erwerbstätigkeit beider Geschlechter und durch eine stärkere Einbeziehung der Männer in die Aufgaben der privaten Lebensführung erreichen lassen. Im abschließenden *Anhang* wird die Entwicklung der Haushalts- und Familienstrukturen im EU-Vergleich dargestellt, und es wird die Situation in den ehemals sozialistischen Ländern Mittel- und Osteuropas erörtert. Die Variationsbreite privater Lebensformen und -arrangements ist zwar in allen Ländern der Europäischen Union breiter geworden. Aber die Wandlungsprozesse sind nicht in allen Ländern zeitgleich und in gleicher Intensität abgelaufen, sondern kulturspezifische Traditionen und die jeweilige nationale Familien- und Sozialpolitik haben einen maßgeblichen Einfluss auf die jeweilige spezifische Ausgestaltung der privaten Lebensformen ausgeübt.

1 Rechtliche und politische Rahmenbedingungen für die Entwicklung von Ehe und Familie in der Bundesrepublik Deutschland und in der ehemaligen DDR

Trotz der immer wieder offiziell von DDR-Seite propagierten „Wesensunterschiede“ zwischen der „kapitalistischen“ Familie in der Bundesrepublik und der „sozialistischen“ Familie in der DDR gab es in der *Familiengesetzgebung* beider deutscher Staaten einige grundlegende *Gemeinsamkeiten und Ähnlichkeiten* (Scheller 2005). In beiden deutschen Staaten galt die auf Ehe beruhende Familie als „Keimzelle“ der Gesellschaft bzw. als „Grundkollektiv der sozialistischen Gesellschaft“ und genoss rechtlichen Schutz und spezielle Förderung. Nach Art. 6 GG stehen Ehe und Familie in der Bundesrepublik unter dem „besonderen Schutze der staatlichen Ordnung“. Die gesellschaftliche Hochschätzung der Familie erkennt man auch an der Einrichtung eines Familienministeriums im Jahr 1953 und an einer Vielzahl familienpolitischer Maßnahmen (Kindergeld, Erziehungsgeld, Anreize im Renten- und Gesundheitssystem u. a.) zur Stützung und Stabilisierung der Familie. Auch in der DDR wurden Ehe und Familie – prononciert allerdings erst 1966 mit dem Inkrafttreten des neuen Familienrechts – unter den besonderen Schutz des Staates gestellt. Wie es in der Präambel des Familiengesetzbuches der DDR heißt, ist die Familie die „kleinste Zelle“ der Gesellschaft und beruht auf der für das Leben geschlossenen Ehe. Dabei war die DDR-Sozialpolitik insgesamt stärker auf die Förderung der Familie (einschließlich der Alleinerziehenden), die Sozialpolitik der Bundesrepublik hingegen stärker auf die Förderung der Ehe ausgerichtet.

Der grundlegende Unterschied zwischen beiden deutschen Staaten betrifft das *Verhältnis zwischen Familie und Staat.* In der Bundesrepublik besteht eine rechtliche Verpflichtung von Staat und Gesellschaft, die Familie zu fördern. Gleichzeitig wird die staatlich geschützte Autonomie der Familie und damit der spezifisch private Charakter der Familie hervorgehoben (Art. 6 und 13 GG). Nur in krassen Versagensfällen (z. B. bei grober Verletzung der elterlichen Sorge) darf und muss der Staat eingreifen. Entsprechend heißt es in der Stellungnahme der Bundesregierung zum Vierten Familienbericht (BMJFG 1986, III): „Die Bundesregierung sieht im Rahmen von Artikel 6 GG ihre Aufgabe darin, mit ihrer Familienpolitik die Voraussetzungen und die Rahmenbedingungen dafür zu schaffen, dass die Familien ihr Leben nach eigenen Vorstellungen gestalten können. Es geht nicht darum, den Bürgerinnen und Bürgern ein bestimmtes Leitbild für ihre Lebensplanung vorzugeben, bestimmte Aufgabenverteilungen zwischen Männern und Frauen vorzuschreiben oder bestimmte Lebensformen zu diskriminieren.“ Die Gestaltung der privaten Lebensführung ist den Menschen zwar weitgehend freigestellt, doch familienpolitisch unterstützt werden nur die Institutionen Ehe und Familie.

In der DDR wurden die Autonomie und Privatheit der Familie hingegen nur sehr eingeschränkt anerkannt, wie sich besonders deutlich an der Sozialisation und Erziehung der

Kinder ablesen lässt. Die *Sozialisation* wird zwar in beiden deutschen Staaten als die bedeutsamste Funktion der Familie angesehen. Während es in der Bundesrepublik aber kein staatlich verordnetes einheitliches Erziehungsleitbild gibt und die „Pflege und Erziehung der Kinder das natürliche Recht der Eltern und die zuvörderst ihnen obliegende Pflicht" ist, über deren Betätigung die staatliche Gemeinschaft wacht (Art. 6 Abs. 2 GG), wird in der DDR als wichtigste Aufgabe der Familie die Erziehung der nachwachsenden Generation zu „sozialistischen Persönlichkeiten" und „staatsbewussten Bürgern" (Art. 38 der Verfassung) gesehen. Dabei sind alle gesellschaftlichen Organisationen und Einrichtungen (die Partei und die Gewerkschaften, die Organe der Volksbildung und der Jugendhilfe, Arbeitskollektive, Elternbeiräte) zur Mitwirkung an der Erziehung der Kinder und dazu verpflichtet, die Binnenbeziehungen in der Familie im Sinne der „sozialistischen Moral" zu beeinflussen.

Zweitens spielte der Gesichtspunkt der *Gleichberechtigung der Frau* – besonders der Ehefrau und Mutter – in der DDR eine wesentlich bedeutsamere Rolle als in der Bundesrepublik. Die Gleichstellung der Frau gehörte zu den offiziellen Zielen der sozialistischen Gesellschaftspolitik. Bereits die Verfassung der DDR von 1949 hatte mit den Artikeln 7, 30 und 144 alle der Gleichberechtigung von Mann und Frau entgegenstehenden Bestimmungen außer Kraft gesetzt und gefordert, durch Gesetze solche Einrichtungen zu schaffen, „die es gewährleisten, dass die Frau ihre Aufgabe als Bürgerin und Schaffende mit ihren Pflichten als Frau und Mutter vereinbaren kann" (Art. 18 Abs. 3). Die Verfassung der DDR von 1968 hat diese Position noch bekräftigt, indem sie die Förderung der Frau, besonders in der beruflichen Qualifizierung, als staatliche und gesellschaftliche Aufgabe kennzeichnet (Art. 20 Abs. 2). Gleichberechtigung setzte nach der Rechtsordnung der DDR ökonomische Unabhängigkeit und diese wiederum berufliche Tätigkeit voraus. Zur Berufstätigkeit der Frau gab es weder normativ noch faktisch Alternativen, und die Erwerbsbeteiligung der Frauen erfolgte weitgehend unabhängig von ihrer familialen Situation.

Die *„Emanzipation von oben"* vollzog sich paternalistisch-autoritär. Sie wurde von Männern gesteuert und war dem öffentlichen Diskurs entzogen (Geißler 2006). Sie war ideologisch, politisch und ökonomisch motiviert. Ideologisch war die Pflicht zur Erwerbstätigkeit begründet im marxistisch-leninistischen Selbstverständnis von der Entfaltung der Persönlichkeit und der Emanzipation der Frau. Politisch versuchte man die Frauen durch ihre Gleichstellung für das sozialistische System zu motivieren, und aus ökonomischer Sicht wurden Frauen dringend als Arbeitskräfte für die Wirtschaft benötigt. Entsprechend verfolgte die DDR das Ziel der *simultanen Vereinbarkeit von Erwerbs- und Familientätigkeit* der Frau und wies – auch im internationalen Vergleich – extrem hohe Erwerbsquoten von verheirateten Müttern und Müttern mit Kleinkindern von über 90 Prozent auf.

In der Bundesrepublik ist die rechtliche Gleichstellung der Frau zwar im Grundgesetz verankert. Wesentliche Ungleichheiten in der Rechtsstellung wurden aber erst 1976 mit dem 1. Eherechtsreformgesetz abgebaut. Die bis dahin gesetzlich fixierte Zuständigkeit der Frau für Haushalt und Familie wurde aufgehoben und die Verteilung der Aufgaben in die freie Entscheidung der Eheleute gelegt. Beide Ehepartner sind nun berechtigt, mit entsprechender Rücksichtnahme auf die übrigen Familienmitglieder erwerbstätig zu sein. Dabei liegt der Hauptakzent der Familienpolitik auf der *sukzessiven Vereinbarkeit von Erwerbs- und Familientätigkeit der Frau (Drei-Phasen-Modell,* d. h. Ausstieg aus dem Berufsleben bei Geburt eines Kindes, Unterbrechung der Erwerbstätigkeit, Wiedereinstieg). Die Impulse für die Angleichung der Geschlechtsrollen in den 1960er Jahren gingen zunächst von den

Frauen selbst aus. Im Gegensatz zur paternalistisch-autoritären „Emanzipation von oben" in der DDR gab es in der Bundesrepublik Ansätze einer *demokratisch-öffentlichen „Emanzipation von unten"* (Geißler 2006). Erst später wurde die Geschlechterfrage zum Thema politischer Auseinandersetzungen. Der Kampf um Gleichberechtigung war vorrangig auf der Ebene des Bewusstseins erfolgreich – eine Umverteilung von Macht, Arbeit und Finanzen zwischen den Geschlechtern fand nur ansatzweise statt (Spieß 1998). Die im Osten eingeführte Gleichberechtigung führte dagegen vorrangig zu praktischen Erfolgen, ohne tiefgreifende Veränderungen auf der Ebene des Bewusstseins zu hinterlassen.

Ein dritter Unterschied zwischen beiden deutschen Staaten zeigt sich in dem unterschiedlichen Gewicht, das *bevölkerungspolitischen Fragen* beigemessen wird. In der DDR bemühte man sich um eine Förderung der Geburtenentwicklung (Geburtenprämien, Ehestandskredite, besondere Freistellungen für Mütter), um wenigstens den Bevölkerungsstand zu sichern. Besonders der Mitte der 1960er Jahre einsetzende Geburtenrückgang läutete eine Phase der auf Familiengründung und Geburtensteigerung angelegten Sozialpolitik ein. Die sozialpolitischen Maßnahmen zielten auf eine möglichst vollständige Integration der Frauen in den Erwerbsprozess und das gleichzeitige Aufziehen mehrerer Kinder ab. Die Eltern wurden von den finanziellen und zeitlichen Belastungen der Erziehung von Kindern weitgehend freigestellt. Der flächendeckende Ausbau von Betreuungseinrichtungen (Krippen, Kindergärten, Schulhorten) kann als ein besonderes Charakteristikum der Sozialpolitik der DDR angesehen werden. Die Überwindung des gesellschaftlichen Zielkonflikts – Erhöhung der Geburtenziffer und höchstmögliche Integration der Frauen in das Erwerbsleben – wurde allerdings nicht in einer gerechten Aufteilung der häuslichen Pflichten zwischen Mann und Frau gesucht, sondern in neuen Sonderregelungen für die Frauen. In der Bundesrepublik zielte die Familienpolitik dagegen primär auf eine Verbesserung der familialen Bedingungen für die Erziehung und Versorgung der Kinder, war also weniger pronatalistisch orientiert als in der DDR.

2 Ehe und Familie im Umbruch: ein einführender Überblick

Seit Mitte der 60er Jahre lässt sich in der Bundesrepublik Deutschland und in der DDR eine zunehmende Pluralisierung und Individualisierung der Lebensformen beobachten. Einige Sozialwissenschaftler interpretieren die Entwicklungsprozesse als Bedeutungsverlust und Destabilisierung von Ehe und Familie und sehen hierin z. B. eine wichtige Ursache für das wachsende Gewaltpotential (Peuckert 1997). Andere behaupten dagegen die grundlegende Unversehrtheit und Akzeptanz des modernen, bürgerlich eingefärbten Familientypus.

Im Folgenden wird diese Diskussion aufgegriffen (vgl. auch Peuckert 2007a). Zunächst wird beschrieben, wie sich die moderne Kleinfamilie als familialer Normaltypus der Moderne herauskristallisiert und Mitte der 50er bis Mitte der 60er Jahre in der Bundesrepublik ihre Blütezeit (von van de Kaa, 1987, als „Golden Age of Marriage" gekennzeichnet) erlebt hat. Anschließend werden die bedeutsamsten demographischen Veränderungen aufgezeigt, die das krisenhafte Bild der Familie, wie es sich heute darstellt, mitgeprägt haben. Im dritten Abschnitt wird erörtert, ob man seit Mitte der 60er Jahre tatsächlich von einer Pluralisierung und Individualisierung der Lebensformen auf Kosten der „Normalfamilie" sprechen kann. Abschließend wird aufgezeigt, dass sich die Krise der modernen Familie nicht nur an der Ausbreitung nichttraditionaler Lebensformen ablesen lässt, sondern auch an der Deinstitutionalisierung, d. h. der Erosion der normativen Verbindlichkeit des bürgerlichen Familienmusters.

2.1 Die Entstehung der modernen Kleinfamilie als familialer Normaltypus der Moderne

Wenn, wie häufig zu lesen ist, die Familie in der Bundesrepublik – und die Familie in westlichen Industriegesellschaften generell – eine Krise durchmacht, so wird unterstellt, dass es ein allgemein verbindliches Grundmuster familialen Zusammenlebens gegeben hat, das sich aufzulösen beginnt. Die heutige Situation erscheint vielen auch deshalb als so krisenhaft, weil die gegenwärtigen Veränderungen vor dem Hintergrund einer historisch einmaligen Situation gedeutet werden. Nie zuvor war *eine* Form von Familie in Deutschland so dominant wie Mitte der 50er bis Mitte der 60er Jahre des 20. Jahrhunderts. Das moderne Ehe- und Familienmuster, die *moderne Kleinfamilie* (auch „privatisierte Kernfamilie" genannt) – d. h. die selbständige Haushaltsgemeinschaft eines verheirateten Paares mit seinen unmündigen Kindern – war eine kulturelle Selbstverständlichkeit und wurde von der überwältigenden Mehrheit der Bevölkerung auch unhinterfragt gelebt.

Die Entstehung und Ausbreitung dieser Familienform kann als Ergebnis eines langfristigen *strukturell-funktionalen Differenzierungsprozesses von Gesellschaft* gesehen werden (Parsons 1975; Rothenbacher 1987). Während alle älteren Gesellschaftsformationen aus mehr oder weniger gleichartigen, alle zentralen gesellschaftlichen Funktionen selbständig erbringenden Sozialverbänden bestanden, hat sich in Europa im Verlauf der neuzeitlichen Entwicklungen (insbes. im 19. Jahrhundert) ein Gesellschaftstypus mit *eigenständigen gesellschaftlichen Teilbereichen* (wie Wirtschaft, Politik, Religion, Recht, Familie) herausgebildet, die jeweils ganz bestimmte gesellschaftlich notwendige Funktionen erfüllen. Der Strukturwandel der Familie in der Moderne stellt sich so betrachtet als Prozess der Auslagerung von (aus heutiger Sicht) nichtfamilialen Funktionen (wie Produktion, Ausbildung, Altersversorgung) und der Spezialisierung der sich herausbildenden Familie als ein Teilsystem der Gesellschaft auf einen nur ihr *eigenen Funktions- und Handlungskomplex* dar. Die ehedem vor allem von ökonomischen Anforderungen bestimmten familialen Beziehungen sind im Verlauf dieses Prozesses zugunsten emotionaler Beziehungen zurückgetreten.

Zahlreiche familienhistorische Untersuchungen belegen, dass es vor und zu Beginn der Industrialisierung eine außerordentlich große *Vielfalt familialer Lebensformen* gegeben hat (Rosenbaum 1982). Faktisch alle heute auftretenden Lebensformen haben schon in dieser historischen Phase existiert; die einzelnen Strukturelemente „neuer" Lebensformen sind also nicht neu. „Von der Mutter- bzw. Vaterfamilie (Ein-Eltern-Familie) über die nichteheliche Eltern-Kind-Gemeinschaft (‚Konsensusehen') bis zu komplizierten Stiefelternverhältnissen, von der Kleinfamilie bis zu größeren ‚komplexen' Familienverbänden, die so heute kaum noch existieren, war das Spektrum gespannt. Hinzu kommen die vielfältigen Haushaltstypen, in denen entfernt verwandte und nichtverwandte Personen lebten" (Huinink/ Wagner 1998, 93). Allerdings sind die damaligen Lebensformen im Hinblick auf die Lebenslage der Menschen und der kulturellen Bedeutung mit den heutigen Lebensformen nur bedingt vergleichbar. Besonders die dominanten Ursachen der Lebensformen haben sich geändert: von (Fremd-)Zwängen hin zu einem stärkeren voluntaristischen Moment bei ihrer Realisierung (Huinink 2007). Dies gilt besonders ausgeprägt für das Alleinleben und für Kinderlosigkeit. Struktur und Funktion der Familien waren vor der Industrialisierung eng mit der *Produktionsweise* der verschiedenen Bevölkerungsgruppen verknüpft. Die vorindustrielle Wirtschaft war überwiegend Familienwirtschaft, und die Familien waren primär Produktionsstätten.

Das wichtigste und am weitesten verbreitete Wirtschafts- und Sozialgebilde war die besonders für die bäuerliche und handwerkliche Lebensweise typische *Sozialform des „ganzen Hauses"* (Brunner 1978). Das „ganze Haus" erfüllte eine Vielzahl gesellschaftlich notwendiger Funktionen (Produktion, Konsumtion, Sozialisation, Alters- und Gesundheitsvorsorge). Zentrales Merkmal des „ganzen Hauses" war die *Einheit von Produktion und „Familienleben"*. Dem „Hausvater" unterstanden nicht nur die verwandten Familienmitglieder. Nichtverwandte Angehörige des Hauses, wie Knechte und Mägde auf den Bauerhöfen und Gesellen und Lehrlinge bei den Handwerkern, zählten in gleicher Weise zum Hausverband. Die Einheit von Produktion und Haushalt bedeutete, dass *affektiv-neutrale (gefühlsarme) Beziehungen* gegenüber Emotionen ein deutliches Übergewicht besaßen. Dies gilt in gleicher Weise für das Verhältnis der Geschlechter zueinander wie für die Stellung der Kinder. Ausschlaggebend für die Partnerwahl waren ökonomische Momente (Arbeitskraft, Mitgift der Frau). Zu den Kindern, die eher als potentielle Arbeitskräfte angesehen und behandelt wurden, bestanden gesindegleiche, relativ gefühlsarme Beziehungen. Die lange Zeit, teilweise heute noch mit dem Bild des „ganzen Hauses" eng verbundene Vorstellung einer *Großfamilie* mit Großeltern, Eltern und zahlreichen Kindern (Dreigenerationenhaushalt) als dominanter Familientyp der vorindustriellen Zeit gilt mittlerweile als widerlegt (Mitterauer 1977).

Mit der Ausbreitung der kapitalistischen Produktionsweise im Verlauf der Industrialisierung und der hiermit verbundenen *Trennung von Arbeits- und Wohnstätte* büßte die Sozialform des „ganzen Hauses" enorm an Bedeutung ein. Als Folge gesellschaftlicher Differenzierungsprozesse kristallisierte sich zuerst im gebildeten und wohlhabenden Bürgertum (hohe Beamte, Unternehmer, Kaufleute), wo Frauen und Kinder von der Erwerbsarbeit freigestellt werden konnten, ansatzweise der Typ der auf emotional-intime Funktionen spezialisierten bürgerlichen Familie als Vorläufermodell der modernen Kleinfamilie heraus. Die *bürgerliche Familie* unterscheidet sich in zentralen Punkten von dem multifunktionalen Lebenszusammenhang des „ganzen Hauses" (Meyer 1992):

1) Wohnung und Arbeitsstätte sind räumlich getrennt. Die Produktion findet – eine maßgebliche Voraussetzung für die Privatisierung des familialen Zusammenlebens – außerhalb der Familie statt.
2) Gesinde und Dienstboten sind räumlich ausgegliedert und erhalten immer häufiger Angestelltenstatus.
3) Die bürgerliche Familie bildet einen privatisierten, auf emotional-intime Funktionen spezialisierten Teilbereich. Das Leitbild der Ehe als Intimgemeinschaft hebt – im Unterschied zur relativen Austauschbarkeit der Partner im „ganzen Haus" – die Einmaligkeit und Einzigartigkeit des Partners hervor. „Liebe" wird zum zentralen Ehe stiftenden Motiv.
4) Es erfolgt eine Polarisierung der Geschlechtsrollen. Dem Mann wird die Rolle des Ernährers zugeschrieben. Die Frau wird aus der Produktion ausgeschlossen und auf den familialen Binnenraum verwiesen.
5) Kindheit wird zu einer selbständigen, anerkannten Lebensphase. Die Erziehung des Kindes wird zur „ureigensten" Aufgabe der Frau.

Mit dem Aufstieg des Bürgertums (etwa seit 1830) wurden die sich in der privatisierenden Kleinfamilie herausbildenden Funktionen normativ überhöht und unter Rückgriff auf das gegen Ende des 18. Jahrhunderts im literarischen Diskurs entwickelte *Ideal der „romantischen Liebe"* als *kulturelle Leitbilder* postuliert. Die in literarischen Zirkeln entwickelte Konzeption von romantischer Liebe fand ihren vollen Ausdruck in den literarischen und theoretischen Schriften der *Romantik*, insbesondere in den Schriften von Friedrich Schlegel (z. B. in seinem Roman „Lucinde", 1799) und Friedrich von Schleiermacher (Burkart 1998). Angestrebt wird eine Synthese von Sinnen- und Seelenliebe, die Einheit von sexueller Leidenschaft und affektiver Zuneigung. Sexualität erfährt eine enorme Bedeutungssteigerung, wird persönlicher und ist untrennbar an die Liebe gebunden. Da die romantische Liebe in der Verbindung zweier einzigartiger Individuen besteht, zeichnet sie sich durch eine „grenzenlos steigerbare Individualität" (Luhmann 1982) aus. Mehr als je zuvor steht das Paar im Mittelpunkt, aber es geht nicht mehr um Vernunft und geistige Übereinstimmung, sondern um die psychische und erotische Verschmelzung beider Partner. Die romantische Liebe basiert auf Dauerhaftigkeit und Exklusivität. Man kann nur eine Person lieben, und diese Liebe ist gegenseitig und ausschließlich. Die Umwelt der Liebenden wird ausgeblendet. Im Mittelpunkt stehen die Gefühle und das Glück beider Personen. Die Ungleichheit der Geschlechter wird aufgehoben; Mann und Frau werden als gleichwertig gedacht.

In der Diskussion über die romantische Liebe müssen zwei Ebenen deutlich voneinander unterschieden werden: die *literarische Diskursebene* mit dem darin entwickelten romantischen *Liebesideal* einerseits und die *Ebene der Beziehungsnormen*, der Umsetzung, dem

Wirksamwerden dieses Liebesideals in Leitvorstellungen und normativen Vorgaben für Zweierbeziehungen andererseits (Burkart 1998; Lenz 1998). Träger des im literarischen Diskurs entwickelten Ideals der romantischen Liebe war zunächst das sich herausbildende *Bürgertum.* Erst nach und nach wurde das romantische Liebesideal – in modifizierter Form – als Beziehungsnorm wirksam. Die Liebesheirat wurde zum kulturellen Leitbild des Bürgertums, allerdings ohne das in der literarischen Vorlage enthaltene Merkmal der Androgynie, der Gleichheit der Geschlechter. Im Gegenteil: Auf der Ebene der Beziehungsnormen hat sich die romantische Liebe, deren Umsetzung unter den gegebenen sozioökonomischen und soziokulturellen Bedingungen nicht realisierbar war, bis weit in das 20. Jahrhundert mit der Konzeption der polaren Geschlechtscharaktere verbunden (Hausen 1976). Bürgerliche Familien dieses Typs waren im 19. Jahrhundert zahlenmäßig selten. Auch für weite Kreise des Bürgertums bestand schon aufgrund der ökonomischen Lage eine erhebliche Diskrepanz zwischen dem verkündeten Leitbild und der praktizierten Lebensweise. Zwar nehmen Gefühle nun einen herausragenden Stellenwert ein, aber auch die materiellen Vor- und Nachteile der Verbindung müssen genau abgewägt werden *(„vernünftige Ehe“).* Die bürgerlichen Familien erlangten ihre historische Bedeutung vornehmlich durch ihre Leitbildfunktion auch für andere Sozialschichten.

In den *Arbeiterfamilien* kann trotz Wegfalls der Heiratsbeschränkungen von einer Emotionalisierung und Intimisierung des Familienlebens schon aufgrund der randständigen sozioökonomischen Lage (niedrige Löhne, Arbeitslosigkeit), der notwendigen Erwerbsarbeit der Frau (und Kinder) und der beschränkten Wohnverhältnisse (z. B. Untervermietung in Form des „Schlafgängertums“) nicht die Rede sein. In normativer Hinsicht lassen sich allerdings Annäherungen beobachten. Das bürgerliche Familienideal mit der Vorstellung der nichterwerbstätigen Hausfrau und Mutter wird auch unter Arbeiterfrauen immer populärer.

Gegen *Ende des 19. Jahrhunderts* lässt sich eine zunehmende und *alle Schichten umgreifende normative Orientierung am bürgerlichen Familienleitbild* feststellen. Praktiziert wird dieses Leitbild aber zunächst nur von einem relativ kleinen Kreis privilegierter bürgerlicher Schichten. Zwar zeigen sich in der ersten Hälfte des 20. Jahrhunderts, mitbedingt durch soziale Umschichtungsprozesse – wie der Zunahme des Angestelltenanteils – gewisse Verbürgerlichungstendenzen. Letztlich waren jedoch alle Bemühungen zur Durchsetzung des bürgerlichen Familientyps relativ erfolglos, da es in der krisenhaften Zeit bis 1950 nicht gelang, deutliche Verbesserungen des Lebensstandards für die Mehrheit der Bevölkerung durchzusetzen.

Ausschlaggebend für die *Etablierung und Generalisierung des modernen, bürgerlich gefärbten Familienmusters* waren die tiefgreifenden Wandlungsprozesse der 50er und frühen 60er Jahre des 20. Jahrhunderts. Aufgrund massiver Reallohnsteigerungen („Wirtschaftswunder“) und des Ausbaus der sozialen Sicherungssysteme kam es zu einer deutlichen Verbesserung der Lebensverhältnisse aller Einkommensbezieher. Auch die Parteien und Kirchen trugen zur Propagierung und Verallgemeinerung dieses Familientyps bei. Die moderne bürgerliche Kleinfamilie wurde zur dominanten, massenhaft gelebten („normalen“) Lebensform. *Das Leitbild der modernen bürgerlichen Familie* verlangt von jedem Menschen die lebenslange, monogame Ehe. Der Sinn der Ehe erfüllt sich letztendlich in der Familiengründung. Die Ehefrau und Mutter ist primär zuständig für die emotional-affektiven Bedürfnisse der Familie und für die Haushaltsführung. Dem Vater als Autoritätsperson obliegen die Außenbeziehungen und die instrumentellen Aspekte des Familienlebens. Alternative Formen des Zusammen- oder Alleinlebens werden (bestenfalls) als Not- oder Ersatzlösungen toleriert oder sogar diskriminiert (Geschiedene, Nichteheliche Lebensgemeinschaften, Alleinwohnende).

Zusammenfassend kann aus systemtheoretischer Sicht die Herausbildung der bürgerlichen Kleinfamilie als „Normalfamilie" als Ergebnis eines *funktionalen Differenzierungsprozesses von Gesellschaft* gesehen werden. Mit dem Verlust der Produktionsfunktion der Familie entstand ein „soziales Vakuum". Die einst – im „ganzen Haus" – vor allem von ökonomischen Anforderungen bestimmten Beziehungen sind im Verlauf dieses Prozesses zugunsten emotionaler Beziehungen zurückgetreten. Im Zentrum der modernen bürgerlichen Kleinfamilie stehen *intim-expressive Funktionen* (die Befriedigung subjektiver Bedürfnisse nach Intimität, persönlicher Nähe, Geborgenheit, Sexualität) und *sozialisatorische Leistungen.* War Sozialisation im „ganzen Haus" wesentlich durch die Teilnahme der Kinder an den praktischen Vollzügen gekennzeichnet, die keine besondere Beachtung der Eigenarten des Kindes zuließen, so wird Kindheit nun als eine spezifische Entwicklungsphase gesehen, die die Eltern (vor allem die Mütter) durch Zuwendung und Förderung begleiten sollen. Der Aufspaltung der bürgerlichen Gesellschaft in eine öffentliche und eine private Lebenssphäre entspricht eine Neudefinition der Geschlechtsrollen, die Zuordnung des Mannes zur außerhäuslichen und der Frau zur innerhäuslichen Sphäre.

Die späten 50er und frühen 60er Jahre können als Höhepunkt der modernen Familienentwicklung in der Bundesrepublik und in der DDR (hier ohne die deutliche Polarisierung der Geschlechtsrollen) angesehen werden. Tyrell (1979) spricht in diesem Sinne von einer „institutionellen Dignität" von Ehe und Familie. Die *Institutionalisierung* zeigt sich daran, dass für den Einzelnen Eheschließung und Familiengründung als selbstverständlich, als Normalverhalten nahe gelegt werden. Jeder Erwachsene ist zur Eheschließung und Familiengründung nicht nur berechtigt, sondern in gewisser Weise auch verpflichtet und hat diese soziale Norm im Verlauf seiner Sozialisation internalisiert. Die institutionelle Verfestigung des bürgerlichen Familientyps kann anhand von Ergebnissen der Umfrageforschung beleuchtet werden. Zu Beginn der 1960er Jahre hielten noch 9 von 10 Männern und Frauen die *Institution Ehe* „grundsätzlich für notwendig" (Köcher 1985). Auch unter Jugendlichen gehörte die Heirat selbstverständlich zu dem, was man sich für die eigene Zukunft vorstellte. Die meisten Menschen sahen in der Ehe eine dauerhafte und verpflichtende Bindung und wünschten sich, dass die Ehescheidung möglichst erschwert werden sollte oder dass Ehen generell unlösbar sein sollten. Auch die *Institution Elternschaft* stand in hohem Kurs. Mit wenigen Ausnahmen wollten alle Jugendlichen einmal Kinder haben. Dabei hielten es 9 von 10 für wichtig, dass eine Frau verheiratet ist, wenn sie ein Kind bekommt (Allerbeck/Hoag 1985). Die 1964 von Pfeil (1968) befragten 23-jährigen Männer und Frauen empfanden die *Berufsarbeit der Frau* ganz überwiegend als ein „vorübergehendes, notgedrungenes, von außen auferlegtes Miterwerben".

Die starke normative Verbindlichkeit und Akzeptanz des bürgerlichen Ehe- und Familienleitbildes manifestierte sich auch auf der *Verhaltensebene.* Das entsprechend diesem Leitbild strukturierte moderne Ehe- und Familienmodell hatte sich fast universell durchgesetzt und war zur dominanten Familienform, zur *Normalfamilie*, geworden. Von der Berechtigung und Verpflichtung zur Eheschließung und Familiengründung wurde in überwältigendem Maße auch Gebrauch gemacht, wie ein Blick auf die hohen Heirats- und Geburtenziffern zeigt. Die Wahrscheinlichkeit, überhaupt einmal zu heiraten, betrug zu Beginn der 1960er Jahre für die damals 18-jährigen Männer 96 Prozent und für die 16-jährigen Frauen 95 Prozent. Für die DDR wurden vergleichbare Prozentsätze noch in den 70er Jahren errechnet (Vaskovics u. a. 1994). Nur jeder zehnte Mann und jede zehnte

Frau der Geburtsjahrgänge 1929/1931 blieb kinderlos. Weit über 90 Prozent der Kinder unter sechs Jahren lebten mit beiden leiblichen Eltern zusammen. Da auch nur jedes zwanzigste Kind nichtehelich geboren wurde, spricht Neidhardt (1975) von einem Reproduktionsmonopol der modernen Kleinfamilie.

Diese Situation hat sich seit Mitte der 60er Jahre in der Bundesrepublik und (mit zeitlicher Verzögerung und in abgeschwächter Form) in der DDR grundlegend gewandelt. Die *Destabilisierung der Normalfamilie* ist einmal an der Entwicklung der demographischen Makroindikatoren und an einer Pluralisierung der Lebensformen ablesbar. Die Erschütterung der modernen Kleinfamilie zeigt sich aber auch auf der Ebene der normativen Leitbilder an einer zunehmenden Unverbindlichkeit und an stärker werdenden Zweifeln an der Möglichkeit, das Leitbild einer lebenslangen, monogamen Ehe zu realisieren.

2.2 Der demographische Wandel seit der Nachkriegszeit

Die Krise der Normalfamilie ist einmal ablesbar an den *demographischen Wandlungsprozessen*: an der Entwicklung der Geburtenzahlen, der Heiratshäufigkeit und der Zahl der Ehescheidungen. Kaufmann (1988) bezeichnet die demographischen Veränderungen seit 1965 als die wichtigsten Krisensymptome der Familie. Roussel (1988) spricht von einer „demographischen Erschütterung" in den westlichen Industrieländern und von einem „demographischen Bruch" im Jahr 1965, und dies zu einem Zeitpunkt, als in Europa Frieden, Vollbeschäftigung und eine stetige Erhöhung des Lebensstandards zu verzeichnen waren.

Unter allen demographischen Veränderungen hat sicherlich der *Geburtenrückgang* die größte Aufmerksamkeit erregt. Die Zahl der Lebendgeborenen hat sich im *früheren Bundesgebiet* zwischen 1964 (dem Jahr des „babybooms") und 1985 von 1,1 Mill. auf 586 000 fast halbiert (vgl. *Abbildung 1)*. Wie viele Kinder in einem Jahr geboren werden, hängt auch ganz wesentlich davon ab, wie viele Frauen sich in einem für die Geburt günstigen Alter befinden. Veränderungen der absoluten Zahlen erlauben also keine direkten Schlüsse auf Veränderungen im *generativen Verhalten* (auf die *Geburtenneigung)*. Der krasse Rückgang der absoluten Geburtenzahlen zwischen 1964 und 1985 geht jedoch nachweisbar auf eine sinkende Geburtenneigung (Zahl der Geburten pro Frau) zurück. Der spätere (vorübergehende) Anstieg der Geburten zwischen 1985 und 1992 ist dagegen im Wesentlichen eine Folge des „Echoeffekts" des früheren Geburtenbooms in Form des Hineinwachsens der geburtenstarken Jahrgänge der späten 1950er/frühen 1960er Jahre ins Familiengründungsalter und nicht Folge eines veränderten generativen Verhaltens. Mit dem Eintritt der schwächer besetzten Geburtsjahrgänge der 1970er Jahre ins geburtenintensive Alter wird, eine relativ konstante Geburtenneigung vorausgesetzt, die absolute Zahl der Geburten weiter sinken. Tatsächlich haben die Geburten im Jahr 2006 mit 547 000 gegenüber den Vorjahren wieder stark abgenommen.

In der *ehemaligen DDR* sank die Zahl der Geburten ebenfalls deutlich – von 293 000 im Jahr 1960 auf 199 000 im Jahr 1989. Ein krasser Einbruch erfolgte mit der Vereinigung. Der plötzliche Verzicht vieler Frauen und Männer auf Kinder signalisiert „Lähmungserscheinungen in der privaten Lebensplanung", ausgelöst durch Schockerlebnisse und Unsicherheiten in der Umbruchkrise (Geißler 2006). Auch die Zunahme der Schwangerschaftsabbrüche steht für den Willen, in der Wendezeit keine Kinder zu bekommen. Der Tiefpunkt wurde 1994 mit 79 000 Geburten erreicht. Bis 2000 hat sich die Zahl der Lebendgeborenen allmählich bis auf 111 000 erhöht. Seitdem ist sie wieder rückläufig.

Abbildung 1: Lebendgeborene 1950 – 2003, Ost- und Westdeutschland (in 1 000)

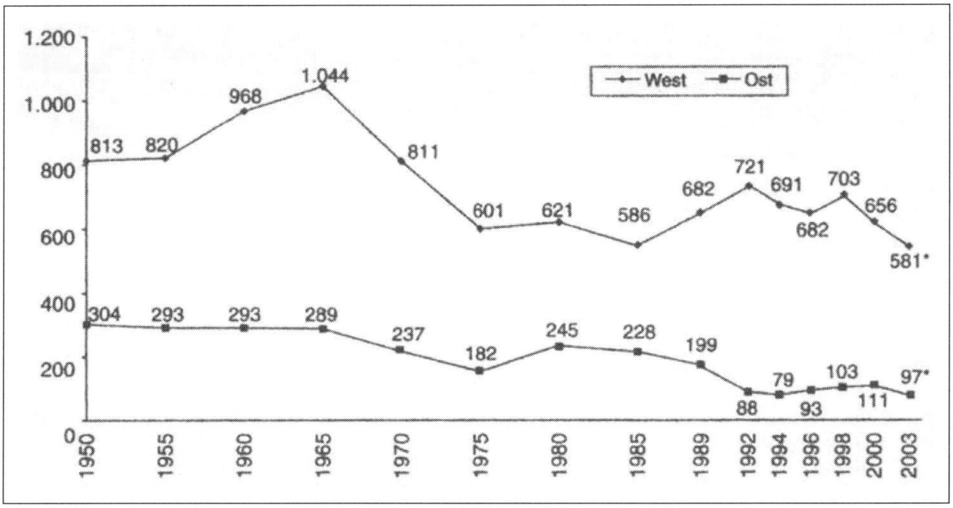

* Seit 2001 werden die Daten ohne die Einbeziehung Berlins erhoben.

Quelle: Meyer 2006, 45

2006 wurden in den neuen Ländern (ohne Berlin-Ost) 96 000 Kinder lebend geboren. Heute werden in Deutschland nur etwa zwei Drittel der Kinder geboren, die nötig sind, um den derzeitigen Umfang der Bevölkerung (ohne Zuwanderung) langfristig zu gewährleisten.

Die Zahl der jährlichen *Eheschließungen* ist im *früheren Bundesgebiet* zwischen 1962 und 1978 von 531 000 auf 328 000 gesunken, wobei dieser Rückgang ganz überwiegend auf eine Änderung des Heiratsverhaltens – auf eine abnehmende *Heiratsneigung* – und nicht auf demographische Faktoren (Veränderungen der Jahrgangsgrößen im heiratsintensiven Alter) zurückgeht. Der zwischenzeitliche Anstieg der Heiratszahlen in den 1980er Jahren ist dagegen vor allem ein Ergebnis des Aufrückens der starken Geburtsjahrgänge der späten 1950er/frühen 1960er Jahre ins heiratsintensive Alter. 2006 wurden nur noch 305 000 Ehen geschlossen, und mit dem Hineinwachsen der geburtenschwachen Jahrgänge ab Mitte der 1970er Jahre ins heiratsintensive Alter wird sich dieser Trend nach unten voraussichtlich fortsetzen. Auch in der *DDR* wurde in den letzten Jahrzehnten immer weniger geheiratet. Die Heiratszahlen sanken von 169 000 (1961) auf 131 000 (1989). Ein dramatischer Einbruch erfolgte mit der Vereinigung. 1991 wurden nur noch 51 000 Ehen geschlossen. Bis zum Jahr 2006 (57 000 Eheschließungen) hat sich hieran nicht viel geändert.

Es wird nicht nur seltener geheiratet, die Ehen sind auch zerbrechlicher geworden. Die jährliche *Zahl der Ehescheidungen* hat sich im *früheren Bundesgebiet* zwischen 1960 und 2005 von 49 000 auf 174 000 mehr als verdreifacht (Emmerling 2007). Man schätzt, dass von den nach 1970 geschlossenen Ehen jede vierte und von den nach 1980 eingegangenen Ehen mindestens jede dritte geschieden wird. In der *ehem. DDR* hat sich die Zahl der geschiedenen Ehen zwischen 1960 und 1989 von 25 000 auf 50 000 verdoppelt. Mit der Vereinigung setzte dann – ganz wesentlich mitbedingt durch die Umstellung auf das bundesdeutsche Scheidungsrecht – ein extremer Rückgang der Ehescheidungszahlen ein. 1991 wurden nur noch 9 000 Ehen geschieden. Bis 2005 hat sich die Zahl dann allmählich bis auf 28 000 erhöht, wobei das Scheidungsniveau immer noch deutlich unter dem Wert für Westdeutschland liegt. 2005 wurden in Gesamtdeutschland 201 700 Ehen geschieden; das waren 5,6 Prozent weniger als 2004. Von etwa jeder zweiten Ehescheidung waren minderjährige Kinder betroffen. 2005 gab es in Deutschland 156 000 neue „*Scheidungswaisen*".

2.3 Pluralisierung familialer und nicht-familialer Lebensformen

Die behauptete Krise der Normalfamilie kann man auch an der zeitlichen Veränderung der Lebensformen erkennen. In Anlehnung an Hradil (2004, 87) sind unter *Lebensformen* „die relativ beständigen Konstellationen zu verstehen, in denen Menschen im Alltag mit den ihnen am nächsten stehenden Mitmenschen zusammen leben". Als Vergleichsmaßstab für den Wandel der Lebensformen dient das *Leitbild der modernen bürgerlichen Kleinfamilie*, welches die legale, lebenslange, monogame Ehe zwischen einem Mann und einer Frau fordert, die mit ihren gemeinsamen Kindern in einem Haushalt leben und in der der Mann Haupternährer und Autoritätsperson und die Frau primär für den Haushalt und die Erziehung der Kinder zuständig ist. Alternative Lebensformen weichen in vielerlei Hinsicht von der von diesem Leitbild geprägten *Normalfamilie*, dem dominierenden Familientyp im Golden Age of Marriage, ab:

Merkmale der Normalfamilie	Abweichungen von der Normalfamilie
verheiratet	Alleinwohnende („Singles"); nichteheliche Lebensgemeinschaft
mit Kind/Kindern	kinderlose Ehe
gemeinsamer Haushalt	getrenntes Zusammenleben („living apart together")
2 leibliche Eltern im Haushalt	Ein-Eltern-Familie; Binukleare Familie; Stief- u. Adoptivfamilie; heterologe Inseminationsfamilie
lebenslange Ehe	Fortsetzungsehe (sukzessive Ehe)
exklusive Monogamie	nichtexklusive Beziehungsformen
heterosexuell	Gleichgeschlechtliche Paargemeinschaft
Mann als Haupternährer	egalitäre Ehe; Doppelkarriereehe; Commuter-Ehe; Hausmänner-Ehe
Haushalt mit 2 Erwachsenen	Haushalt mit mehr als 2 Erwachsenen (Drei- u. mehr-Generationenhaushalt, Wohngemeinschaft)

Erste Einblicke in die sich wandelnden Formen des Zusammenlebens der Menschen vermittelt die veränderte Verteilung der Lebensformen anhand von Mikrozensusdaten. Der *Mikrozensus* ist eine seit 1957 in den alten und seit 1991 auch in den neuen Bundesländern jährlich durchgeführte Repräsentativerhebung des Statistischen Bundesamts in rund einem Prozent aller Privathaushalte. Das sind heute etwa 390 000 Privathaushalte mit 830 000 Personen. Die Haushalte sind zur Auskunft gesetzlich verpflichtet. Aufgrund seiner strikten Ausrichtung auf den Haushalt und das Koresidenzprinzip bleiben alle haushaltsübergreifenden Familienstrukturen unberücksichtigt. *Haushalt* und *Familie* sind unterschiedliche soziale Gebilde. Die Familie ist eine sozio-biologische Einheit, die durch enge Verwandtschaftsbeziehungen – vorwiegend das Eltern-Kind-Verhältnis – gekennzeichnet ist. Der Haushalt hingegen ist eine sozio-ökonomische Einheit, die aus zusammenwohnenden und gemeinsam wirtschaftenden Personen besteht. Die Mitglieder eines Haushalts können miteinander verwandt sein, aber auch ohne familiäre Beziehungen zusammen leben. Andererseits leben nicht alle Personen, zwischen denen ein Eltern-Kind-Verhältnis besteht, in einem Haushalt.

Wenn von der *Bevölkerung in Deutschland* (und der Haushaltsstruktur in Deutschland) die Rede ist, dann sollte darauf geachtet werden, dass hierunter auch eine wachsende Gruppe von Menschen (und Haushalten) mit *Migrationshintergrund* fällt (Statist. Bundesamt 2006b). Zu den Personen mit Migrationshintergrund zählen neben Ausländern auch Personen mit deutscher Staatsangehörigkeit, wie zum Beispiel eingebürgerte Ausländer oder eingebürgerte Kinder von Ausländern sowie Spätaussiedler und Kinder von Spätaussiedlern. 2005 waren von den 81,4 Millionen Menschen in Deutschland 7,3 Millionen Ausländer und 8 Millionen Deutsche mit Migrationshintergrund. Fast ein Fünftel (18,5 Prozent) der Bevölkerung in Deutschland weist somit einen Migrationshintergrund auf, 21,5 Prozent in Westdeutschland und 5,2 Prozent in Ostdeutschland (Rauschenbach 2006). Von den 5,8 Millionen jungen Menschen unter 25 Jahren in Deutschland haben 27 Prozent einen Migrationshintergrund, von den 1,4 Millionen Kindern im Alter bis zu sechs Jahren sogar 33 Prozent.

Betrachtet man die Veränderungen im früheren Bundesgebiet in den letzten Jahrzehnten, so ist eine *Pluralisierung der Lebensformen* im Sinne einer wachsenden Vielfalt unverkennbar. Konietzka u. a. (2007) veranschaulichen dies am Beispiel 35-jähriger Frauen:

- 1976 lebten noch 45 Prozent der 35-jährigen Frauen in der traditionalen bürgerlichen Familie (verheiratet, Kind, Frau nicht erwerbstätig). 55 Prozent lebten in neuen Lebensformen (Kinderlose, nichteheliche Lebensgemeinschaften, Alleinerziehende, Alleinwohnende, gleichgeschlechtliche Paare, Stieffamilien, Doppelverdiener etc.).
- Bis 2004 hat sich der Anteil der in der traditionalen bürgerlichen Familie lebenden 35-jährigen Frauen auf 19 Prozent mehr als halbiert. Mit 81 Prozent dominieren nun eindeutig die neuen Lebensformen.

Differenziertere Informationen über den sozialen Wandel der privaten Lebensformen der Bevölkerung in West- und Ostdeutschland kann man *Tabelle 1* entnehmen. Für *Westdeutschland* zeigt sich: 1972 lebten 43,3 Prozent aller Erwachsenen in einer Ehe mit Kindern, also in einer Normalfamilie. Bis 2004 ist dieser Anteil auf 28,5 Prozent geschrumpft. Besonders krass ist der Anstieg der Gesamtzahl der Haushalte im betrachteten Zeitraum von 23,0 auf 39,1 Millionen. Immer mehr Haushalte werden demnach von immer weniger Personen bewohnt. Zu diesem Anstieg hat besonders die Zunahme der ledigen Alleinwohnenden beigetragen, deren Anteil sich mehr als verdoppelt hat. Die Anzahl der Personen in nichtehelichen Lebensgemeinschaften mit und ohne ledigen Kindern hat sich seit 1972 sogar von 0,6 auf 6,7 Prozent mehr als verzehnfacht. Dabei hatte 1972 das Golden Age of Marriage in Westdeutschland seinen Zenit bereits überschritten, wenn auch die Dominanz der Normalfamilie, verglichen mit der ersten Jahrhunderthälfte, noch unübersehbar war. Hätte man als Referenzjahr z. B. das Jahr 1965 gewählt, so wäre der anschließende Wandel noch wesentlich ausgeprägter ausgefallen. Eine ähnliche, wenn auch verzögerte und durch einige Unterschiede gekennzeichnete Entwicklung (z. B. höhere Anteile von nichtehelichen Lebensgemeinschaften mit Kindern und Alleinerziehenden) lässt sich in der *DDR* bzw. in den *neuen Bundesländern* ausmachen.

Tabelle 1: Private Lebensformen der Bevölkerung im Alter von 18 und mehr Jahren in West- und Ostdeutschland 1972 und 2004 (Angaben in Prozent)

Lebensformen	Westdeutschland		Ostdeutschland
	1972	2004	2004
ledige Kinder bei Eltern(teil)	9,9	8,8	9,9
alleinlebend, ledig	4,4	9,5	8,6
alleinlebend, nicht ledig	9,2	11,4	11,9
verheiratet zusammenlebend, ohne Kind	25,5	29,2	30,4
verheiratet zusammenlebend, Kind(er)	43,3	28,5	23,6
unverheiratet zusammenlebend, ohne Kind	0,5	4,9	4,7
unverheiratet zusammenlebend, Kind(er)	0,1	1,8	4,5
alleinerziehend[1]	3,3	3,6	4,5
sonstige Personen[2]	3,9	2,3	1,9

1 Alleinerziehende ohne Lebenspartner im Haushalt
2 Personen, die in sonstiger Gemeinschaft mit verwandten und nicht verwandten Personen leben

Quelle: Engstler/Menning 2003, 212; Heß-Meining/Tölke 2005, 705/06 (Mikrozensusangaben)

Die bisher skizzierte Haushaltsstruktur der Bevölkerungsstatistik vermittelt aus mehreren Gründen nur ein sehr unvollständiges Bild des tatsächlich stattgefundenen und stattfindenden sozialen Wandels der Lebens- und Beziehungsformen. Einmal verläuft der soziale Wandel sehr unterschiedlich, je nachdem welche *biografische Phase im Lebenszyklus* betrachtet wird. Im jungen Erwachsenenalter bis zum Ende der dritten Lebensdekade (insbes. in der zweiten Hälfte der dritten Lebensdekade) ist die Pluralität der Lebensformen am größten und im anschließenden mittleren Alter (dem „Familienlebensalter“), vornehmlich in der vierten Lebensdekade, am geringsten. Auch müssen *sozialstrukturelle Differenzierungen* berücksichtigt werden. Die Träger des Rückzugs aus familialen Lebensformen sind Frauen und Männer der höheren Bildungsschichten. Und schließlich sind die in der Bevölkerungsstatistik verwendeten Kategorien sehr grob und können über eine Reihe wichtiger *qualitativer Differenzierungen* der Struktur privater Lebensformen keine Auskunft geben. Aufgrund der hohen Scheidungshäufigkeit findet sich z. B. ein Wandel vom Muster der permanenten Monogamie zur *Monogamie auf Raten* (*„Fortsetzungsehen“* oder *„Folgeehen“*; Furstenberg 1987). So waren im Jahr 2000 nur 64 Prozent der westdeutschen und 59 Prozent der ostdeutschen Eheschließungen Erstehen von Mann und Frau (Engstler/Menning 2003). Da ein hoher Anteil der geschiedenen (nicht mit dem Kind zusammen wohnenden) Elternteile den Kontakt zu den Kindern aufrecht erhält, entstehen auch vermehrt *binukleare Familien.* Hierunter versteht Ahrons (1979) ein Familiensystem, das sich aus zwei Haushalten zusammensetzt, wobei sich beide Eltern mehr oder weniger intensiv um das Kind kümmern und das Kind eventuell zu unterschiedlichen Zeiten in dem einen oder anderen Haushalt wohnt.

Auch fallen biologische und soziale Elternschaft immer häufiger auseinander. Die *Erosion der bio-sozialen Doppelnatur der Familie* zeigt sich daran, dass heute immer mehr Minderjährige mit den (sozialen) Eltern, mit denen sie aufwachsen, nur noch zur Hälfte oder überhaupt nicht mehr leiblich verwandt sind. Gross und Honer (1990) haben für diesen Sachverhalt den Begriff der *multiplen Elternschaften* eingeführt. Meulders-Klein und Théry (1998) sprechen von *Fortsetzungsfamilien* oder *Patchworkfamilien.* Immer häufiger haben Kinder mehrere (biologische und soziale) Mütter und Väter. Sie haben verschiedene Arten von Geschwistern, und im Laufe der Zeit können die Großeltern, Onkel und Tanten mehrfach wechseln. Eine genaue Bezeichnung der Familien- und Verwandtschaftsverhältnisse ist mit der herkömmlichen *Verwandtschaftsterminologie* kaum noch möglich. Unter das Phänomen der multiplen Elternschaften fallen *Stieffamilien* (oder r*ekonstituierte Familien*), bei denen in 90 Prozent der Fälle ein sozialer Vater (oder „Wohnvater") den biologischen Vater im Haushalt ersetzt. Auch bei *Adoptiveltern* handelt es sich um multiple Elternschaften. An die Stelle der beiden biologischen Eltern treten soziale Eltern. Auch im Falle der *heterologen Inseminationsfamilien* wird – hier aufgrund künstlicher Befruchtung einer Eizelle mit der Samenzelle eines fremden Spenders – die natürliche Einheit von biologischer und sozialer Elternschaft durchbrochen.

Die Ausbreitung einiger weiterer Lebensformen hängt damit zusammen, dass in den vergangenen Jahrzehnten in den Lebensentwürfen junger Frauen die berufliche Karriere als konkurrierender Wert zur Familie immer bedeutsamer geworden und die Rolle des Mannes als Haupternährer ins Wanken geraten ist. Streben beide Ehepartner eine berufliche Karriere an, so spricht man von *Doppelkarriereehen*. Die Experten sind sich darin einig, dass sich dieser Ehetyp nicht zuletzt aufgrund der Höherqualifizierung der heutigen jungen Frauengeneration ausgebreitet hat und weiter ausbreiten wird. Inzwischen ist es, vor allem aufgrund der Anspannungen am Arbeitsmarkt, immer schwieriger geworden, für zwei hochqualifizierte (Ehe-)Partner an ein und demselben Ort eine der Ausbildung angemessene Beschäftigung zu finden. Als eine Lösung dieser strukturellen Spannung in modernen Industriegesellschaften wird die *Commuter-Ehe* (Peuckert 1989) angesehen, bei der beide Partner in Verfolgung ihrer beruflichen Karriereambitionen getrennte, räumlich weit entfernt liegende Haushalte gründen, so dass ein Zusammenwohnen nur am Wochenende oder in größeren zeitlichen Abständen möglich ist. Die räumliche Trennung erlaubt es, zwei Interessen beider Partner gleichzeitig zu befriedigen: die feste Bindung an den Partner (und ggf. die Kinder) einerseits und ein ausgeprägtes berufliches Erfolgsstreben andererseits. Der Typ der Commuter-Ehen, bei dem die Partner nicht auf einen engen regionalen Arbeitsmarkt beschränkt sind, stellt eine weitere Ausdifferenzierung der modernen Kleinfamilie unter veränderten ökonomischen und kulturellen Bedingungen dar. Die Commuter-Ehe weicht besonders krass vom herkömmlichen Typ der Normalfamilie ab, denn zur traditionalen Definition von Ehe und Familie gehört das gemeinsame Wohnen und Wirtschaften in einem Haushalt.

Unter einer *egalitären Ehe* versteht man eine Ehe, die die Gleichheit und die persönlichen Entfaltungsmöglichkeiten *beider* Ehepartner betont (z. B. Verbot geschlechtsspezifischer Arbeitsteilung und Autoritätsausübung). Neuere Studien lassen den Schluss zu, dass nur wenige Paare, selbst bei außerhäuslicher Erwerbstätigkeit der Frauen, streng egalitäre Beziehungen entwickeln. Auch *Hausmänner-Ehen/Familien*, die aufgrund des Rollentauschs besonders radikal vom Leitbild der bürgerlichen Kleinfamilie abweichen, sind relativ selten. Meist handelt es sich zudem um unfreiwillige, zeitlich befristete Lebensformen (Strümpel u. a. 1988). Unter *sexuell nichtexklusiven Paargemeinschaften* werden Partnerschaften verstanden, bei denen mindestens ein Partner sexuelle Kontakte zu einer Person außerhalb der Partnerschaft unterhält. Auch *gleichgeschlechtliche Lebenspartnerschaften* nehmen zu. Im Mikrozensus 2005 wurden rund 60 000 gleichgeschlechtliche Lebenspartnerschaften ermittelt. In etwa jeder sechsten lebten Kinder.

Noch weitgehend unbeachtet geblieben ist eine Ehe- und Familienform, die auch in Deutschland schon rein quantitativ eine wachsende Bedeutung gewonnen hat: die *transkulturelle Familie* (Beck-Gernsheim 2001). Die Lebenswirklichkeit dieser Familien ist zwischen verschiedenen Kulturen und Ländern, Erfahrungen und Traditionen angesiedelt. Hierunter fallen zwei Grundtypen: *binationale Paare* und ihre Familien, bei denen einer der Partner die deutsche, der andere eine ausländische Staatsangehörigkeit besitzt, und *Migrantenfamilien*, bei denen beide eine ausländische Staatsangehörigkeit haben. Im Jahr 2005 waren in Deutschland 6,8 Prozent aller Ehen Migrantenfamilien und 6,1 Prozent aller Ehen binationale Paare (Statist. Bundesamt 2006b).

Binationale Paare bewegen sich in einem Raum, der kaum vorstrukturiert ist, und sehen sich mit der Aufgabe konfrontiert, eine interkulturelle Lebenswelt bzw. binationale Familienkultur zu schaffen. Charakteristisch ist „eine Konkurrenz der Traditionen, was im Alltag immer wieder Prozesse des Auswählens und Aushandelns erforderlich macht. Dabei ist jedes Paar auf sich selbst gestellt, muss suchen, experimentieren, neue Anfänge wagen. In diesem Sinne sind binationale Paare exemplarische Vertreter jener Lebensform, die ‚Bastelbiographie' heißt, oder anders gesagt: Sie sind zugleich Praktiker wie Pioniere im Prozess gesellschaftlicher Individualisierung" (Beck-Gernsheim 2001, 78).

Migrantenfamilien weisen eine besonders große Vielfalt auf, die sich aus der Verschiedenartigkeit ihrer nationalen, ethnischen und kulturellen Herkunft ergibt (Nauck 2002; 2004). Die kulturelle Vielfalt bezieht sich besonders auf die normativen Leitbilder, nach denen Ehe und Familie gelebt wird. So nimmt „Individualität" einen geringeren Stellenwert ein als in der deutschen Gesellschaft. Man sieht sich in erster Linie als Mitglied der jeweiligen familialen Gruppe. Die Herkunftsfamilie übt eine starke soziale Kontrolle auf die Ausgestaltung von Ehe und Familie aus. Besonders große Unterschiede bestehen in Bezug auf die geschlechtsspezifische Arbeitsteilung und die unterschiedlichen normativen Erwartungen an Söhne und Töchter, die auch in unterschiedlichen Erziehungsstilen ihren Ausdruck finden. Generationenbeziehungen konstituieren sich häufig – auch aufgrund fehlender kollektiver Sicherungssysteme in der Herkunftskultur – durch eine früh einsetzende lebenslange Verpflichtung der Kinder auf ihre Eltern und generell starke Elternrechte.

Der skizzierte Wandel der Haushalts- und Familienstrukturen lässt sich in allen westlichen Industrienationen nachweisen und geht zu Lasten des Dreigenerationenhaushalts und des Haushaltstyps „verheiratetes Paar mit Kind(ern)". Man kann den sozialen Wandel der Haushaltsstrukturen grob in *vier Entwicklungstendenzen* zusammenfassen:

- dem Aufkommen *neuer Haushaltstypen* (z. B. des getrennten Zusammenlebens),
- einer verstärkten *Diversifizierung der Haushaltstypen* im Sinne einer Verschiebung der quantitativen Gewichte der verschiedenen Lebensformen,
- einer fortschreitenden *Verweiblichung der Haushaltsvorstände* (Mutter-Kind-Familien, alleinwohnende Frauen) und
- einem *häufigeren Wechsel zwischen verschiedenen Haushaltstypen* im Verlauf der Gesamtbiographie.

Insgesamt betrachtet geht es „bei dem derzeitig zu beobachtenden Strukturwandel der Familie ... weniger um die Entstehung neuer privater Lebensformen als darum, dass neben der ‚Normalfamilie' andere Privatheitsmuster an Gewicht gewonnen haben. Zugenommen und diversifiziert haben sich insbesondere kinderlose private Lebensformen (nichteheliche Lebensgemeinschaften, kinderlose Ehen, ‚Singles'); aber auch die Struktur familialer Lebensgemeinschaften hat sich durch die steigende Anzahl von nichtehelichen Lebensgemeinschaften mit Kindern, Alleinerziehenden und Stieffamilien zu Lasten der ‚Normalfamilie' verändert" (Meyer 2002b, 209). Der häufige Wechsel zwischen verschiedenen Haushaltstypen bedeutet, dass der einzelne Haushaltstyp nur noch eine spezifische zeitliche Phase innerhalb der Gesamtbiographie darstellt. Es besteht eine größere Reversibilität der

Entscheidungen. Neben den *idealtypischen Familienzyklus*, gekennzeichnet durch Eheschließung, Geburt von Kindern, Aufwachsen der Kinder, Auszug der Kinder und Verwitwung, treten immer häufiger abweichende Lebensverläufe. Viele junge Menschen wohnen nach ihrem Auszug aus dem Elternhaus zunächst allein oder in einer nichtehelichen Lebensgemeinschaft. Geheiratet wird, wenn überhaupt, häufig erst dann, wenn ein Kind geplant oder geboren wird. Ehen werden häufiger durch Scheidung gelöst, und die Geschiedenen gehen zum größten Teil erneut eine Ehe ein, oder sie wohnen allein oder in einer nichtehelichen Lebensgemeinschaft.

2.4 Deinstitutionalisierung des bürgerlichen Familienmusters

Der soziale Wandel der demographischen Merkmale und der Formen des Zusammen- bzw. Alleinwohnens wird begleitet von einem Wandel des Leitbildes des ehelich-familialen Verhaltens. Tyrell (1988) spricht von einem *Prozess der Deinstitutionalisierung*, der Abnahme der normativen Verbindlichkeit des bürgerlichen Familienmusters. Familie als Institution bezeichnet dabei einen Komplex kultureller Leitbilder und sozialer Normen und daran anknüpfender sozialer Kontrollmechanismen.

Die Deinstitutionalisierung lässt sich in mehrfacher Hinsicht beobachten und beschreiben. Zu nennen sind einmal die unverkennbaren *kulturellen Legitimitätseinbußen der Normalfamilie* seit der radikalen Kritik an der Familie durch die antiautoritäre Studentenbewegung Ende der 1960er Jahre. Die moderne Familie gilt seitdem nicht mehr ohne Weiteres als die natürliche, unantastbare und allein taugliche Lebensform. Die Legitimitätskrise betrifft in erster Linie die *Institution Ehe*. In den frühen 1960er Jahren hielten noch 9 von 10 Frauen und Männern die Ehe für eine unverzichtbare Institution (Köcher 1985). 2003 fand dagegen die ganz überwiegende Mehrheit der Bevölkerung (86 Prozent) auch ein Zusammenleben ohne Heiratsabsicht durchaus in Ordnung (Dorbritz u. a. 2005). 24 Prozent hielten die Ehe sogar für eine überholte Einrichtung. 1981 meinten noch zwei Drittel der Westdeutschen, dass Scheidungen moralisch eher abzulehnen seien (Haumann 2006). 2002 halten dagegen 73 Prozent der West- und 80 Prozent der Ostdeutschen „eine Scheidung im Allgemeinen für die beste Lösung, wenn ein Paar seine Eheprobleme nicht mehr lösen kann“ (Allbus 2002), wobei auch Kinder immer seltener ein Hinderungsgrund sind. Im Gender and Generations Survey 2005 befürworteten 82 Prozent das Statement „Es ist in Ordnung, wenn sich ein Paar in einer unglücklichen Ehe scheiden lässt, auch wenn sie Kinder haben“ (BiB 2005).

Auch die *Geschlechtsrollen* haben viel von ihrer Verbindlichkeit eingebüßt. 1964 betrachteten die jungen Männer und Frauen die Berufsarbeit der Frau noch als vorübergehendes und notgedrungenes Miterwerben (Pfeil 1968). 2004 waren dagegen nur noch 40 Prozent der Erwachsenen im Westen und 17 Prozent der Erwachsenen im Osten der Ansicht, dass „es für alle Beteiligten viel besser ist, wenn der Mann voll im Berufsleben steht und die Frau zu Hause bleibt und sich um den Haushalt und die Kinder kümmert“ (Statist. Bundesamt 2006d). Von den unter 30-Jährigen vertraten nur 22 Prozent (West) bzw. 10 Prozent (Ost) und von den Befragten mit Abitur/Fachabitur nur 20 bzw. 5 Prozent diesen Standpunkt. Und nur noch 24 Prozent in Westdeutschland und 13 Prozent in Ostdeutschland finden, dass „es für eine Frau wichtiger ist, ihrem Mann bei seiner Karriere zu helfen, als selbst Karriere zu machen“. Generell sind junge Menschen weitaus moderner eingestellt als ältere Menschen, höher Gebildete moderner eingestellt als weniger Gebildete und berufstätige verheiratete Frauen moderner als nicht berufstätige verheiratete Frauen. Zwar finden noch 40 Prozent der Westdeutschen und 26 Prozent der Ostdeutschen, dass „Hausfrau zu sein genauso erfüllend (ist) wie gegen Bezahlung zu arbeiten" (Allbus 2002), doch würde nur jede zwanzigste berufstätige Frau in West- wie in Ostdeutschland „eigentlich lieber nur ihren Haushalt machen" (Allensbach 1993).

Inwieweit auch die *Institution Elternschaft* normativ an Gewicht eingebüßt hat, ist schwieriger zu entscheiden. 1962 konnte ein Jugendlicher sich sein Erwachsenenleben nur als Vater oder Mutter vorstellen. 93 Prozent der 16- bis 18-jährigen männlichen und 97 Prozent der altersgleichen weiblichen Jugendlichen wollten einmal Kinder haben (Allerbeck/Hoag 1985). Allerdings hielten bereits zu Beginn der 1990er Jahre nur noch 44 Prozent aller West- und 52 Prozent aller Ost-Jugendlichen – jeweils deutlich mehr junge Frauen als junge Männer – die Lebensform „Ehe und Kinder" für die ideale Lebensform für die nähere Zukunft (IBM-Jugendstudie '92), und von den 2004 in Deutschland Befragten im Alter ab 16 meinte nur noch jeder Vierte (26 Prozent), dass „diejenigen, die eine eigene Familie gründen, also heiraten und Kinder bekommen, glücklicher sind als andere, die keine eigene Familie gründen" (Haumann 2006).

Die Deinstitutionalisierung des modernen Familienmusters ist auch am tendenziellen *Abbau der sozialen Normen und Kontrollmechanismen* erkennbar, die einst das Monopol von Ehe und Familie gewährleistet haben. Der Staat als normierende und sanktionierende Instanz zieht sich immer mehr zurück (vgl. z. B. die Aufhebung des Kuppeleiparagraphen im Jahr 1972 und die weitgehende Aufhebung der rechtlichen Diskriminierung nichtehelich geborener Kinder und ihrer Mütter). Das *Gleichberechtigungsgesetz von 1957* orientierte sich noch ganz am bürgerlichen Rollenverständnis. Demnach ist eine Ehefrau nur dann „berechtigt, erwerbstätig zu sein, soweit das mit ihren Pflichten in Ehe und Familie vereinbar ist" (§ 1356 I 2 BGB). Der Vater behielt das letzte Entscheidungsrecht im Bereich der elterlichen Gewalt und war allein mit der Vertretung des Kindes betraut. Der Ehe- und Familienname war der des Mannes. Das *1. Eherechtsreformgesetz von 1976* steckt nur noch den äußeren Rahmen der Ehe ab und nimmt damit Abschied vom Leitbild der Hausfrauenehe. Den Eheleuten werden keine nach Sphären (Beruf – Familie) getrennten Rollen mehr zugeordnet. Sie regeln die Haushaltsführung im gegenseitigen Einvernehmen und sind beide berechtigt, erwerbstätig zu sein. Mit dem Wegfall des Verschuldens- und dem Übergang zum Zerrüttungsprinzip wurde die Ehescheidung erleichtert und menschenwürdiger gestaltet.

Auch die *informelle soziale Kontrolle* von Abweichungen von der Ehe- und Sexualmoral hat nachgelassen. Allerbeck und Hoag (1985) sprechen von einer „Privatisierung der Moral". Scheidung und Wiederheirat, nichteheliches Zusammenleben ohne Kinder sowie Alleinwohnen gelten heute weithin als akzeptabel. In abgeschwächter Form gilt dies auch für nichteheliche Mutterschaft. „Innerhalb weniger Jahrzehnte ist das Sozialklima von erheblicher Intoleranz gegen Abweichungen von Ehemoral und Familiensittlichkeit in weitgehende Permissivität umgeschlagen: was vor 20 Jahren der Anstoßnahme sicher wahr, regt heute niemanden mehr auf" (Tyrell 1988, 154). Die Abkehr vom bürgerlichen Familienmuster zeigt sich auch an dem öffentlichen Druck, nichttraditionalen Lebensformen (wie der nichtehelichen Lebensgemeinschaft) die gleichen Rechte einzuräumen wie der Ehe.

Der wichtigste Aspekt der Deinstitutionalisierung betrifft die *Auflösung und Entkoppelung des bürgerlichen Familienmusters*. Die für die bürgerliche Ehe- und Familienordnung geltende institutionelle Verknüpfung von Liebe, lebenslanger Ehe, Zusammenleben und gemeinsamem Haushalten, exklusiver Monogamie und biologischer Elternschaft lockert sich, wird unverbindlicher. Aus „Liebe folgt heute durchaus nicht mehr (bindend und motivational zwingend) Heirat/Ehe, aus Verheiratetsein nicht mehr selbstverständlich Zusammenwohnen (getrennt wohnende kinderlose Ehepaare, ‚Wochenendehen'), aus Verheiratetsein aber auch nicht mehr notwendig ein Sexualprivileg oder der Wunsch nach Kindern. Liebe kommt gut ohne Ehe aus und Ehe auch ohne Kinder: überhaupt treten Ehe und Elternschaft deutlicher auseinander: die ‚pure' Ehe (ohne Kinder) wird ebenso zur Option wie die ‚pure' Mutterschaft ohne Ehemann ... Das ‚Paket' der alten Institution ist aufgeschnürt, die einzelnen Elemente sind gegebenenfalls ‚isolierbar' und für sich zugänglich, aber auch in verschiedenen Varianten kombinierbar. Auch sind sie sukzessiv nacheinander wählbar – je nach Umständen und im Prinzip auch ohne irgendwie naheliegende oder zwingende Abfolge" (Tyrell 1988, 155). Biographieforscher wie Kohli (1988) sprechen in diesem Sinne von einer *Destandardisierung des Lebenslaufs*. Der Prozeß der Deinstitutionalisierung bedeutet dabei nicht nur ein Anwachsen der Wahlmöglichkeiten (Optionen), insbesondere für Frauen. Da früher geltende eindeutige Verhaltensvorschriften unverbindlicher geworden sind, ist gleichzeitig mit einer Zunahme von *Verhaltensunsicherheiten* zu rechnen. Das Handeln in Intimbeziehungen wird stärker mit Entscheidungsproblemen und mit neuen Zwängen belastet.

2.5 Vorläufiges Fazit

Insgesamt betrachtet nimmt der Typus der neuzeitlichen westlichen Normalfamilie im Sinne eines kernfamilialen Haushalts von zwei Erwachsenen mit ihren unmündigen Kindern seit 1965 zahlen- und anteilsmäßig ab und wird ergänzt durch eine Vielzahl anderer familialer und insbesondere nichtfamilialer Lebensformen. Gleichzeitig hat eine Deinstitutionalisierung des bürgerlichen Ehe- und Familienmusters stattgefunden, wobei die Tendenz zur Deinstitutionalisierung sowohl eine Folge des bereits erfolgten Wandels der Lebensformen gewesen ist als auch ihrerseits entsprechende Wandlungsprozesse ausgelöst und forciert haben dürfte. Da heute kein Haushaltstyp und keine Familienform so eindeutig dominiert wie noch vor 40 Jahren, kann man zu Recht von einer *Pluralisierung der Lebensformen* sprechen. Dabei sind es vor allem die unterschiedlichen Lebens- und Haushaltsformen ohne Kinder, die während der letzten Jahrzehnte zugenommen haben, weil sich das Leben verlängert und die Familienphase aufgrund der geringen Kinderzahl pro Familie auf etwa ein Viertel der gesamten Lebenszeit verkürzt hat. Die *Variabilität der Familienformen* hat sich demgegenüber nur relativ geringfügig erhöht, so dass die häufig vertretene These von der Pluralisierung der Familienformen relativiert werden muss (Nave-Herz 2002).

Die Pluralisierung der Lebensformen ist auch nicht gleichbedeutend mit einem *Verlust an Gemeinschaft* und wachsender sozialer Isolation. Denn mit der Zunahme kleiner und nichtfamilialer Haushalte haben sich neue Formen der Gemeinschaftsbildung konstituiert, die mehr Unabhängigkeit und Freiheit bei der Wahl des Lebensstils versprechen. Gemeinschaftsbildung ist immer mehr zu einer *individuell zu erbringenden Leistung* geworden. Bevor von einem Verlust an Gemeinschaft und einem Bindungszerfall gesprochen werden kann, müssen die gesamten *Kontakt- und Unterstützungspotentiale* einer Person, ihre Einbindung in ein funktionierendes soziales Netzwerk berücksichtigt werden. Diewald (1991) zeigt anhand repräsentativer Daten, dass die Auflösungstendenzen familialer Haushalte zumindest partiell über verwandtschaftliche und nichtverwandtschaftliche Kontakte aufgefangen werden. Im Laufe der 1980er und 1990er Jahre haben besonders die haushaltsübergreifenden Kontakte und Hilfebeziehungen zwischen *Freunden* deutlich zugenommen (Wagner 2002). Am sichtbarsten ist dies bei Bevölkerungsgruppen, die traditional eher verwandtschaftlich orientiert sind (wie Frauen und Arbeiter). Die Hilfeleistungen beziehen sich auch nicht nur auf gelegentliche praktische Hilfen. Gerade die gegenseitige Unterstützung bei persönlichen Problemen (mit Ausnahme der Betreuung von Kranken und Behinderten) wurde intensiviert. So sind es z. B. bei einer Betroffenheit von Arbeitslosigkeit und beruflichen Misserfolgen mindestens ebenso sehr Freundschaftsbeziehungen, die emotionalen Beistand und Rückhalt bieten. Diejenigen Menschen, deren Lebenslauf dem traditionalen Familienzyklus folgt, verfügen im Durchschnitt über ein besonders hohes Maß an sozialer Unterstützung. Der größten Vereinzelungsgefahr unterliegen die (künftig noch anwachsenden) Gruppen der älteren Alleinlebenden und der Kinderlosen (Kohli/Künemund 2005).

Die beschriebenen Wandlungsprozesse können als Ergebnis eines langfristig stattfindenden *Individualisierungsprozesses* interpretiert werden. Individualisierung wird dabei als „universalistisch ausgerichteter Prozess verstanden, nämlich als Herausbildung von Fähigkeit, Freiheit und Notwendigkeit zur eigenen Entscheidung für alle Individuen" (Burkart/Kohli 1989, 407). Mit dem seit Mitte der 1960er Jahre verstärkten Übergreifen des Individualisierungsprozesses auf den weiblichen Lebenszusammenhang ist in den Lebensentwürfen zahlreicher Frauen die Berufskarriere als konkurrierender Wert zur Familie immer wichtiger geworden. Im Hinblick auf die Pluralisierung der Lebensformen bedeutet dies, dass nun verstärkt die Vorstellungen zweier selbständiger Individuen mit jeweils eigenen Lebensplänen koordiniert werden müssen, dass neue Arrangements von Familie und Beruf, neue Formen des Umgangs miteinander gefunden werden müssen. Dabei steigt die Attraktivität solcher Lebensformen, die es gestatten, den selbständigen Interessen von Mann und Frau nachzugehen.

3 Moderne Alternativen zur Eheschließung

Noch im 18. Jahrhundert galt die Ehe als sozial verbindliche Lebens- und Arbeitsform, abgesegnet durch Gott und die Autorität der Kirche und erzwungen durch die materiellen Interessen der in ihr Verbundenen. Eine gesicherte materielle Existenzbasis jenseits der Ehe war eher die Ausnahme. „Die Ehe begründete eine Lebensgemeinschaft; da sie an Besitz gebunden war und einen Arbeitszusammenhang herstellte, setzte sie nicht (unbedingt) ‚Liebe', emotionale Zuneigung voraus ... Die Ehe war damit eine Institution, in der individuelle Vorstellungen und Wünsche nur soweit berücksichtigt werden konnten, als sie die Lebensgemeinschaft, den Arbeitsprozess, den Besitz und die Familienstrategie gefährdeten" (van Dülmen 1990, 158/59). Den Ehepartnern war bis in die Einzelheiten des Alltags vorgegeben, was von ihnen erwartet wurde, und sie hatten bei Abweichungen mit harten Sanktionen zu rechnen.

Die wohl einschneidendste Veränderung erfolgte mit der Trennung von Familien- und Erwerbsarbeit im Verlauf des Industrialisierungsprozesses. „Die Auflösung der materiellen Basis ehelicher Gemeinschaft (wurde) mit einer Überhöhung der moralischen und rechtlichen Grundordnung der Ehe beantwortet" (Beck/Beck-Gernsheim 1994, 22). Die Norm der freien Partnerwahl und der wechselseitigen Liebe als Ehe stiftendes Motiv setzte sich, zumindest auf der Ebene der Leitbilder, allmählich im Verlauf des 19. Jahrhunderts durch. Die Ausgliederung der Ehefrauen aus der Beteiligung am Erwerbsleben vollzog sich zunächst in den bildungsbürgerlichen Schichten, soweit das Einkommen des Mannes zur Versorgung der Familie ausreichte, und wurde im Verlauf des 19. Jahrhunderts Bestandteil des herrschenden Familienbildes, das allmählich auch von den Arbeitern übernommen wurde. Zum Leitbild der bürgerlichen Familie gehört die Erwartung, dass jedermann zur Eheschließung nicht nur berechtigt, sondern in gewisser Weise geradezu verpflichtet ist. Wie sehr diese soziale Norm heute ihren Selbstverständlichkeitscharakter eingebüßt hat, erkennt man am Rückgang der Eheschließungszahlen und dem Bedeutungswandel der Institution Ehe sowie dem damit einhergehenden Anstieg der Zahl Alleinwohnender und unverheiratet zusammen- oder getrenntwohnender Paare (ausführlicher zur Geschichte der Ehe Coontz 2005).

3.1 Die Institution Ehe in der Krise

In unserer Gesellschaft ist die Ehe eine rechtlich legitimierte, auf Dauer angelegte Beziehung zweier ehemündiger, verschiedengeschlechtlicher Personen. Eine vertraglich vereinbarte zeitliche Begrenzung der Ehe ist ausgeschlossen. Die personalen Ehepflichten werden im geltenden Eherecht in einer Generalklausel sehr vage umschrieben (Limbach/Willutzki 2002). Nach § 1353 Abs. 1 BGB sind die Ehegatten einander *zur ehelichen Lebensgemeinschaft verpflichtet* und tragen füreinander Verantwortung. Welche konkreten Rechtspflichten aus dieser Pflicht zur ehelichen Lebensgemeinschaft abgeleitet werden können, darüber ist sich die familienrechtliche Lehre uneins. Einige sprechen dem Staat generell die Kompetenz ab, den Eheleuten im höchstpersönlichen Bereich ein bestimmtes Verhalten vorschreiben zu dürfen. Andere stecken den Rahmen der personenrechtlichen Pflichten relativ weit und zählen hierzu u. a. die häusliche Gemeinschaft, die eheliche Treue, die Sorge für Person und Vermögen des anderen Ehegatten und die Geschlechtsgemeinschaft. Da das Prozessrecht die gerichtliche Durchsetzung personaler Ehepflichten untersagt, hat die Verpflichtung zur ehelichen Lebensgemeinschaft letztendlich eher programmatischen Charakter.

3.1.1 Sinkende Heiratszahlen und wachsende Indifferenz gegenüber der Institution Ehe

Ist die Ehe tatsächlich ein „Auslaufmodell", wie häufig zu lesen ist (Peuckert 2007)? Auf die seit Mitte der 60er Jahre des 20. Jahrhunderts insgesamt rückläufige Zahl der Eheschließungen wurde schon in Kapitel 2 hingewiesen. 1960 wurden in Deutschland insgesamt noch 689 000 Eheschließungen gezählt. 2006 sind nur noch 374 000 Männer und Frauen den „Bund für's Leben" eingegangen. Der Attraktivitätsverlust der Institution Ehe ist auch deutlich an der Entwicklung der *rohen Eheschließungsziffer* (Eheschließungen je 1 000 Einwohner) ablesbar (vgl. *Tabelle 2).* Im *früheren Bundesgebiet* ist die Ziffer von 9,4 im Jahr 1960 bis auf 4,8 im Jahr 2005 gesunken. Der leichte zwischenzeitliche Anstieg in den 1980er Jahren lässt sich nicht mit einer gestiegenen Heiratsneigung erklären, sondern wird zum Teil durch ein Nachholen bisher aufgeschobener Eheschließungen getragen. Vor allem aber ist der leichte Anstieg auf die wachsende Zahl von Wiederverheiratungen nach einer Ehescheidung zurückzuführen, also auf eine Zunahme von Zweit- und Dritt-Ehen.

Für das Eheschließungsniveau spielen die Altersstruktur einer Bevölkerung und das altersspezifische Heiratsverhalten eine entscheidende Rolle. Beide Faktoren werden in der rohen Eheschließungsziffer nicht berücksichtigt. Dieser Einfluss kann – soweit er ledige Personen betrifft, die immer noch die entscheidende Gruppe der Eheschließenden darstellen – durch die Berechnung der *zusammengefassten Erstheiratsziffer* eliminiert werden. Diese ergibt sich aus der Summe der *altersspezifischen Erstheiratsziffern* lediger Männer/Frauen im Alter von 15 bis 49 Jahren. Altersspezifische Erstheiratsziffern geben die Zahl der ledigen Eheschließenden je 1 000 Ledige gleichen Alters und Geschlechts an. Zum Beispiel gingen in Deutschland im Jahr 2004 von 1 000 ledigen Männern im Alter von 26 Jahren 37 die Ehe ein. 1961 waren es noch (im früheren Bundesgebiet) 221.

Die zusammengefasste Erstheiratsziffer zeigt (nach gängiger Definition) an, wie viel Prozent der Ledigen zumindest einmal in ihrem Leben heiraten würden, wenn die Heiratsintensität des jeweiligen Kalenderjahres über das gesamte heiratsfähige Alter bestehen würde. Die zusammengefasste Erstheiratsziffer ist im *früheren Bundesgebiet* zwischen 1960 und 2004 für Männer und Frauen stark gesunken (vgl. *Tabelle 2; Abbildung 2).* 2004 betrug die Ziffer für Frauen 57 gegenüber 97 im Jahr 1970 und für Männer 53 gegenüber 90 im Jahr 1970. Demnach ist damit zu rechnen, dass unter den Bedingungen des Jahres 2004 43 Prozent der Frauen und 47 Prozent der Männer niemals in ihrem Leben heiraten werden.

In der *DDR* sank die *zusammengefasste Erstheiratsziffer* bis 1990 auf 58 bei den Männern und 64 bei den Frauen und lag damit auf dem westdeutschen Niveau. Nach einem massiven Einbruch im Jahr 1991 im Gefolge der sozialen Umstrukturierungsprozesse haben sich die Verhältnisse zwischen dem alten und dem neuen Bundesgebiet bis 2004 wieder weitgehend angenähert. Unter den gegenwärtigen Verhältnissen ist auf der Grundlage

Tabelle 2: Indikatoren der Heiratshäufigkeit, 1960 – 2005

Jahr	Eheschließungen je 1 000 Einwohner			Zusammengefasste Ersteiratsziffer[1]: Von 100 Ledigen würden ... heiraten					
	Früheres Bundesgebiet	Ehem. DDR/ Neue Bundesländer	Deutschland	Früheres Bundesgebiet		Ehem. DDR/ Neue Bundesländer		Deutschland	
				Männer	Frauen	Männer	Frauen	Männer	Frauen
1960	9,4	9,7	9,5	106	106	103	106	–	106
1970	7,3	7,7	7,4	90	97	101	98	–	98
1980	5,9	8,0	6,3	64	66	79	81	–	69
1989	6,4	7,9	–	60	63	68	76	–	–
1990	6,6	6,3	6,5	60	64	58	64	–	64
1991	6,3	3,2	5,7	57	62	27	31	–	–
1996	5,6	3,5	5,3	57	61	33	41	–	–
1999	5,5	4,0	5,2	57	64	40	47	54	60
2000	5,4	3,9	5,1	56	62	40	48	–	59
2001[2]	5,0	3,7	4,7	51	57	37	43	48	53
2002	5,0	3,7	4,8	53	58	40	47	47	53
2003	4,9	3,7	4,6	52	57	41	47	–	–
2004	5,0	4,3	4,8	53	57	47	54	–	56
2005	4,8	4,4	4,7	–	–	–	–	–	–

1 Die eigentlich unlogischen Periodenwerte über 100, die eine sehr hohe Heiratsintensität anzeigen, gehen auf kriegsbedingte Nachholeffekte des Heiratsverhaltens in der Nachkriegszeit zurück.

2 Aufgrund einer Bezirksreform in Berlin ist die bis zum Jahr 2000 in der Bundesstatistik übliche Darstellung für das frühere Bundesgebiet einschließlich Berlin-West und für die Neuen Länder einschließlich Berlin-Ost ab 2001 nicht mehr möglich. Ab 2001 gilt: Früheres Bundesgebiet ohne Berlin-West, Neue Bundesländer ohne Berlin-Ost. Zur Entwicklung in Berlin siehe Grünheid 2006.

Quelle: Grünheid/Mammey 1997; Engstler/Menning 2003; Grünheid 2006

Abbildung 2: Zusammengefasste Erstheiratsziffern der Frauen, 1960 bis 2004

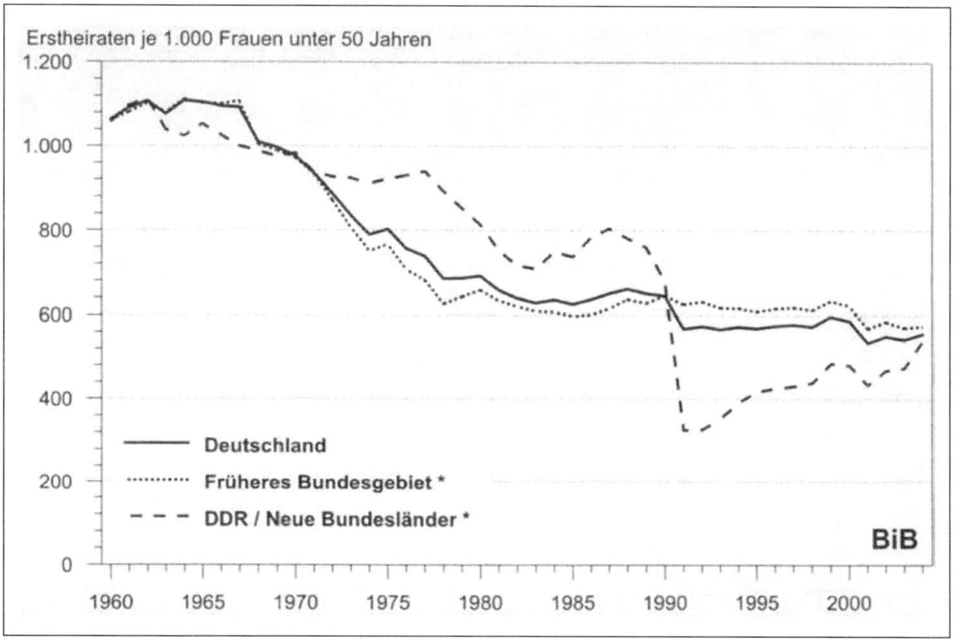

* ab 1990 jeweils ohne Berlin.

Quelle: Grünheid 2006: 21

der zusammengefassten Erstheiratsziffern davon auszugehen, dass von den heute lebenden jüngeren Frauen und Männern in West- und Ostdeutschland nur noch 50 bis 60 Prozent zumindest einmal in ihrem Leben heiraten – ein für Friedens- und Wohlstandszeiten außerordentlich niedriger Wert.

Allerdings sind, streng genommen, auf der Basis der zusammengefassten Erstheiratsziffern aus methodischen Gründen nur Vergleiche mit den Vorjahren bzw. mit anderen Ländern zulässig (BiB 2004; Klein 2005). Sie können aufgrund ihrer Berechnung nicht, wie es in der Regel geschieht, als *Anteil der jemals Heiratenden* bzw. als Anteil der dauerhaft ledig Bleibenden interpretiert werden. Die tatsächliche Heiratsneigung wird über- oder unterschätzt, was man schon daran erkennt, dass in Westdeutschland im Jahr 1960 der zusammengefassten Erstheiratsziffer von 106 zufolge von 1 000 Ledigen mehr als 1 000 Erstehen geschlossen würden. Will man wissen, wie hoch die Heiratsneigung eines Kalenderjahres tatsächlich ist, muss man methodisch aufwendigere *Heiratstafeln* berechnen (BiB 2004). Auch nach Berechnungen anhand von Heiratstafeln ist die Erstheiratsneigung seit den 1970er Jahren rückläufig (vgl. *Tabelle 3)*. Nach der Erstheiratstafel für das Jahr 2000 ist zu erwarten, dass 77 Prozent aller ledigen Frauen und 66 Prozent aller ledigen Männer in Westdeutschland zumindest einmal in ihrem Leben heiraten. Die generell höhere Erstheiratsneigung der Frauen lässt sich damit erklären, dass geschiedene Männer bei einer erneuten Heirat häufig ledige Frauen heiraten. Bei dem leichten Anstieg im Jahr 2000 gegenüber 1995 dürfte es sich nicht um eine Trendwende, sondern um einen *Timing-Effekt* (oder *Tempo-Effekt*) handeln, denn das erste Jahr des neuen Jahrtausends stellte ein besonders attraktives Heiratsdatum dar, so dass bereits geplante Eheschließungen bis dahin aufgeschoben oder vorgezogen worden sind (BiB 2004). Ähnliche Tendenzen wurden bereits 1999 mit den Heiratsdaten 9.9.1999 und 19.9.1999 festgestellt. Mit steigendem Lebensalter sinken die Heiratschancen Lediger dann ganz beträchtlich. So beträgt die *fernere Heiratserwartung* 40-Jähriger und Älterer nur noch 26 Prozent (Männer) bzw. 27 Prozent (Frauen).

Tabelle 3: Altersspezifische Heiratshäufigkeit für Frauen und Männer in Westdeutschland 1971 – 2000 nach Heiratstafeln (Angaben in Prozent)

Jahr	Heiratshäufigkeit			
	über das gesamte Leben		ab dem Alter 40	
	Frauen	Männer	Frauen	Männer
1971	93	87	22	22
1980	84	76	16	16
1985	80	73	15	18
1990	82	75	18	21
1995	73	64	17	20
2000	77	66	27	26

Quelle: BiB 2004, 28

Seit den 1980er Jahren entwickeln sich nur noch die Erstheiratsziffern junger Menschen rückläufig, wobei der starke Rückgang in den jüngeren Lebensjahren teilweise durch einen Anstieg der Werte im höheren Lebensalter kompensiert wird. Das sinkende Niveau der Heiratshäufigkeit im jüngeren Lebensalter hat im früheren Bundesgebiet zu einer kontinuierlichen Erhöhung des durchschnittlichen *Erstheiratsalters* geführt: bei den Männern zwischen 1960 und 2004 von 25,9 auf 31,0 und bei den Frauen von 23,7 auf 28,4 Jahre (Grünheid 2006). Der durchschnittliche *Altersabstand* zwischen den Geschlechtern bei der Eheschließung variiert in der Bundesrepublik seit nunmehr 40 Jahre zwischen drei und vier Jahren, ist also weitgehend konstant geblieben (Klein 2005).

In der DDR wurde noch wesentlich jünger geheiratet. Doch auch hier ist das durchschnittliche Erstheiratsalter zwischen 1970 und 2004 spürbar angestiegen, bei den Männern von 24,0 auf 31,4 und bei den Frauen von 21,9 auf 28,8 Jahre. Bei einem deutlich niedrigeren Ausgangsniveau haben die neuen Bundesländer mittlerweile sogar ein höheres Erstheiratsalter als die alten Bundesländer. Eine Ursache hierfür könnte sein, dass in Ostdeutschland ein erheblicher Teil der Eheschließungen erst nach der Geburt von Kindern realisiert wird. So ist 2004 der Anteil von Eheschließungen mit bereits vorhandenen gemeinsamen Kindern in den neuen Ländern mit 37 Prozent mehr als doppelt so hoch wie in den alten Ländern mit 16 Prozent (Grünheid 2006). Zum Anstieg des Erstheiratsalters in Deutschland haben verschiedene Gründe beigetragen: Die Ausbildungszeiten und das Alter bis zur beruflichen Etablierung haben sich erhöht, die meisten Paare leben schon einige Jahre vor der Eheschließung unverheiratet zusammen, und viele Paare heiraten erst nach der Geburt eines Kindes, die ebenfalls – falls überhaupt – immer später erfolgt.

Wie sehr das Ledigsein die Ehe in der jüngeren und mittleren Generation verdrängt hat und welche enormen *regionalen Unterschiede* bestehen, zeigt Bertram (1994) anhand eines Vergleichs der Großstadt Berlin mit dem (hier exemplarisch für ländliche Regionen stehenden) Saarland. Der Ledigenanteil hat sich in Berlin zwischen 1972 und 1987 bei den unter 25-Jährigen von 70 auf 90 und im Saarland von 25 auf 70 Prozent erhöht. In der mittleren Altersgruppe (25 bis unter 45) ist der Anteil der Ledigen in Berlin von 21 auf über 40 Prozent angestiegen und übertrifft inzwischen sogar den Anteil der Verheirateten (37 Prozent). Im Saarland hat sich im gleichen Zeitraum der Ledigenanteil in dieser Alterskategorie von 5 auf 19 Prozent erhöht. Die Entwicklung verläuft somit in urbanen Zentren und in einem Flächenstaat wie dem Saarland weitgehend parallel, aber von unterschiedlichen Ausgangsniveaus aus. Ähnliche Entwicklungszusammenhänge stellte Klein (2000) bei einem Vergleich der Verbreitung von Ehen und nichtehelichen Lebensgemeinschaften in Hamburg und dem Landkreis Regensburg fest.

Im Hinblick auf die künftige Entwicklung der *absoluten Heiratszahlen* im früheren Bundesgebiet ist zu bedenken, dass in den vergangenen Jahren noch relativ starke Geburtsjahrgänge ins heiratsintensive Alter aufgerückt sind. In den kommenden Jahren werden die schwächer besetzten Jahrgänge ab Mitte der 1970er Jahre das Bild bestimmen, so dass – bei relativ konstanter Heiratsneigung – mit einem weiteren deutlichen Rückgang der Ersteheschließungen gerechnet werden muss. Nach Schätzungen des Bundesinstituts für Bevölkerungsforschung wird in Westdeutschland voraussichtlich fast jede(r) Dritte dauerhaft ledig bleiben (BiB 2004).

Zwar sinkt die Heiratsquote in allen *Bildungsgruppen*, doch die höchste Ledigenquote unter den 35- bis 44-Jährigen weisen die westdeutschen Männer und Frauen mit Hochschulabschluss auf (Engstler/Menning 2003). 2000 waren von den hochqualifizierten Männern 29 Prozent ledig (gegenüber 9 Prozent Mitte der 1970er Jahre), von den Männern mit Volks- oder Hauptschulabschluss 23 Prozent (gegenüber 9 Prozent). Von den Frauen um die 40 mit Hochschulabschluss waren 2000 knapp 28 Prozent ledig (gegenüber 19 Prozent Mitte der 1970er Jahre), von den geringer qualifizierten Frauen 10 Prozent (gegenüber 5 Prozent). In Ostdeutschland sind – anders als in Westdeutschland – die qualifikationsbedingten Unterschiede in den Ledigenquoten der Frauen gering. Auffällig ist hier die mit 35 Prozent ausgesprochen hohe Ledigenquote der Männer mit Volks- oder Hauptschulabschluss (40 Prozent).

Eine immer bedeutsamere Rolle (auch für die Integration von Ausländern in die Bundesrepublik) spielen die Heiratsbeziehungen zwischen Deutschen und (in Deutschland lebenden) Ausländern. Für das Jahr 2005 zeigt sich (Statist. Bundesamt 2006b):

- In 6,8 Prozent aller Ehen (= 1,29 Mill. Ehepaare) sind beide Ehepartner ausländisch (= *Migrantenfamilien*);
- 6,1 Prozent aller Ehen (= 1,15 Mill. Ehepaare) bestehen entweder aus einer ausländischen Ehefrau und einem deutschen Ehemann oder einem ausländischen Ehemann und einer deutschen Ehefrau (= *binationale Paare*);
- In 87,1 Prozent aller Ehen (= 16,47 Mill. Ehepaare) sind beide Ehepartner deutsch.
- Hinzu kommen noch 58 000 ausländisch-ausländische *nichteheliche Lebensgemeinschaften* (= 2,4 Prozent aller nichtehelichen Lebensgemeinschaften) und 184 000 deutsch-ausländische nichteheliche Lebensgemeinschaften (= 7,6 Prozent aller nichtehelichen Lebensgemeinschaften).

Im Jahr 2003 haben 35 000 ausländische Frauen und deutsche Männer und 25 000 ausländische Männer und deutsche Frauen geheiratet (Nauck 2007); jede sechste Ehe in Deutschland war binational. Nur bei 11 000 Eheschließungen waren beide Partner Ausländer (= 2,8 Prozent aller Ehen in Deutschland). Bis in die 1990er Jahre dominierten Ehen zwischen deutschen Frauen und ausländischen Männern. Seitdem hat sich der Trend umgekehrt.

Die Wahl des (Ehe-)Partners ist keineswegs, wie man annehmen könnte, eine höchst private Entscheidung, bei der Zuneigung und Zufall die wichtigste Rolle spielen. Am Beispiel der binationalen Partnerwahl lässt sich besonders eindrucksvoll zeigen, wie *kulturelle Faktoren* (Normen, Werte und individuelle Motive, wie z. B. der Wunsch nach sozialer Absicherung oder die Suche nach einem attraktiven Partner) und *Bedingungen des Heiratsmarktes* (Gelegenheitsstrukturen) zusammenwirken und die Partnerwahl steuern. Was den Heiratsmarkt betrifft, so zeichnen sich in Deutschland alle Bevölkerungsgruppen ausländischer Herkunft durch einen im Vergleich zur deutschen Bevölkerung sehr kleinen Heiratsmarkt aus, der bei einigen Nationalitäten außerdem noch stark von Männern dominiert ist. Die Gelegenheit, einen Partner gleicher Nationalität zu finden, ist also strukturell stark eingeschränkt. Im Hinblick auf kulturelle Faktoren wirkt sich besonders das jeweilige Prestige der ausländischen Bevölkerungsgruppe und ihre Nähe bzw. Distanz zur deutschen Kultur auf die binationale Partnerwahl aus. Charakteristisch für alle Gastarbeitergruppen in Deutschland ist ein U-förmiger Verlauf (Klein 2005). In der Anfangsphase der Zuwanderung geben Heiratsmarktmechanismen den Ausschlag für die Häufigkeit binationaler Partnerwahl. Ein hoher Anteil an Gastarbeitern heiratet in die deutsche Bevölkerung ein, da die Möglichkeiten, einen Partner mit gleicher Nationalität überhaupt kennen zu lernen, aufgrund der kleinen ausländischen Bevölkerungsgruppe, die möglicherweise noch über die gesamte Bundesrepublik verteilt ist, stark eingeschränkt sind. Mit zunehmender Einwanderung werden jedoch die Möglichkeiten zahlreicher, einen Partner gleicher Nationalität zu finden. Entsprechend sinkt die Einheiratsquote in die deutsche Bevölkerung. Der nachfolgende moderate Wiederanstieg steht dagegen mit einer zunehmenden kulturellen Annäherung und Integration in Zusammenhang, ist also im Wesentlichen auf den Einfluss kultureller Faktoren zurückzuführen. „Es geben somit in der Anfangsphase der Zuwanderung Heiratsmarktmechanismen und später kulturelle Annäherung und Integration den Ausschlag für die Häufigkeit binationaler Partnerwahl" (Klein 2005, 202).

Auch in einer neueren Analyse des (binationalen) Heiratsverhaltens für die ehemaligen Anwerbeländer Griechenland, Italien, (Ex-)Jugoslawien, Portugal, Spanien und die Türkei ließ sich für alle betrachteten Nationalitäten eine zunehmende Tendenz zu binationalen Ehen nachweisen (Schroedter 2006). Die zweiten Generationen neigen stärker zu einer Ehe mit einem/einer Deutschen als die ersten Generationen. Eine Sonderrolle nehmen die türkischen Zuwanderer ein, bei denen die stärksten Heiratsbarrieren gegenüber Deutschen bestehen. Mit steigendem Bildungsniveau erhöht sich für alle Migrantengruppen, für Männer wie für Frauen, die Wahrscheinlichkeit, eine Ehe mit einem deutschen Partner bzw. einer deutschen Partnerin zu führen. Glowsky (2007) zeigt anhand von Daten des Sozio-ökonomischen Panels (SOEP 1984–2005), dass deutsche Männer häufig Frauen aus dem ärmeren Ausland heiraten, da sie in diesem Fall – bevorteilt durch das ökonomische Gefälle zwischen den Herkunftsländern – attraktivere Partnerinnen wählen können, als es ihnen auf dem deutschen Heiratsmarkt möglich wäre (Glowsky 2007). Die Frauen sind im Verhältnis zu ihren Männern jünger, schlanker und gebildeter als in deutsch-deutschen Ehen. Ein Austausch von Ressourcen zwischen den Ehepartnern – z. B. sozialer Status gegen körperliche Attraktivität – erfolgt nicht nur zwischen den individuellen Ressourcen beider Partner, sondern auch zwischen einer individuellen Ressource eines Partners und den ökonomischen Ressourcen des Herkunftslandes des anderen Partners. „Wenn Frauen aus dem ökonomisch schwächeren Ausland einen deutschen Mann heiraten möchten, was für sie eine ökonomische Aufwärtsheirat bedeutet, dann müssen sie auf anderen Gebieten einen Kompromiss eingehen" (Glowsky 2007, 299).

Die *Bildungshomogamie* – d. h. die Neigung, mit einem Partner mit dem gleichen Bildungsgrad verheiratet oder unverheiratet zusammenzuleben – hat sich in Westdeutschland in den letzten Jahrzehnten leicht abgeschwächt (Kreyenfeld u. a. 2007; Wirth 2007). Obwohl sich im Gefolge der Bildungsexpansion die Bildungschancen zwischen den Geschlechtern angeglichen haben und der Anteil bildungshomogamer Akademikerhaushalte gestiegen ist, ist unter verheirateten Paaren – die Frauen sind zwischen 18 und 45 Jahre alt – keine allgemein zunehmende Bildungshomogamie feststellbar. Der Anteil verheirateter bildungshomogamer Paare lag nach Mikrozensusangaben 1976 bei 45 Prozent und 2004 bei 42 Prozent. Gleichzeitig deutet sich bei bildungsungleichen Partnerschaften ein Modernisierungsprozess an. Das tradierte geschlechtsspezifische Verhaltensmuster, nach welchem eine Bildungsungleichheit der Partner typischerweise eine formale Bildungsüberlegenheit des Mannes *(Hypergamie)* impliziert, ist von 36 auf 25 Prozent zurückgegangen. Dagegen ist der Anteil der Paare, bei denen die Frau höher qualifiziert ist als ihr Partner *(Hypogamie)*, von 9 auf 20 Prozent gestiegen.

Auch auf der Einstellungsebene kann man soziale Wandlungstendenzen in Richtung einer Abschwächung bildungshomogamer Tendenzen erkennen. Frauen legen zwar in der Regel immer noch mehr Wert auf einen etwas älteren Partner, der Attribute aufweist, die mit einem hohen gesellschaftlichen Status (beruflicher Erfolg, materielle Sicherheit) verknüpft sind als Männer (Kümmerling/Hassebrauck 2001; Klein 2001). Doch können sich jüngere Frauen, die unter verbesserten Bildungschancen und besseren Bedingungen auf dem Arbeitsmarkt aufgewachsen sind, eher vorstellen, jemanden zu heiraten, der eine niedrigere Bildung als sie selbst besitzt, keine permanente Anstellung hat und der weniger verdient als sie selbst als ältere Frauen, die in der Kriegs- und Nachkriegszeit oder in der Phase wirtschaftlicher Prosperität geboren wurden. Ausschlaggebend für diese Verschiebung der Präferenzen ist in erster Linie die zunehmende finanzielle Unabhängigkeit junger Frauen. Moore u. a. (2006) haben 1 851 junge Frauen im Alter zwischen 18 und 35 Jahren nach männlicher Attraktivität befragt. Verfügte die Frau über kein oder nur ein geringes eigenes Gehalt, legte sie beim Mann besonders Wert auf ein hohes Einkommen. Verfügte sie hingegen über ausreichende Ressourcen, so achtete sie bei der Partnerwahl mehr auf das Aussehen des Mannes, der auch gern jünger sein durfte.

Die geringe (und sinkende) *Attraktivität der Institution Ehe* in Deutschland ist auch anhand von *Einstellungsmessungen* nachweisbar. In der „Population Policy Acceptance Study" (PPAS) des Bundesinstituts für Bevölkerungsforschung/Wiesbaden, einer repräsentativen Erhebung bei mehr als 4 100 Deutschen im Alter zwischen 20 und 65 aus dem Jahr 2003, findet sich eine wachsende *Distanz zur bzw. Gleichgültigkeit gegenüber der Ehe* (Dorbritz 2004b). Jede(r) Zweite bewertet den Rückgang der Eheschließungen als weder positiv noch negativ. Zwar hält nur jeder vierte Deutsche – mehr Frauen als Männer – die Ehe für eine überholte Einrichtung, doch ein zunehmender Ablehnungstrend ist nicht zu übersehen, der besonders bei den Jüngeren ausgeprägt ist und für die Zukunft einen weiteren Anstieg der Distanz gegenüber der Ehe erwarten lässt (vgl. *Tabelle 4*). In der Altersgruppe 20 – 29 halten bereits 38 Prozent der westdeutschen und 41 Prozent der ostdeutschen Männer die Ehe für eine überholte Einrichtung, in der Altersgruppe 30 – 39 sind es 30 bzw. 37 Prozent. Von den westdeutschen Frauen zwischen 20 und 29 stellen 27 Prozent die Ehe in Frage, von den altersgleichen ostdeutschen Frauen 32 Prozent. Auch hier ist bei den 30- bis 39-Jährigen die Ablehnung mit 24 (West) bzw. 31 Prozent (Ost) etwas schwächer ausgeprägt. Unter Jugendlichen zwischen 12 und 25 ist nach der neuesten Shell Jugendstudie 2006 Heiraten nur noch bei 41 Prozent „in" (Hurrelmann u. a. 2006).

Tabelle 4: Zustimmung und Ablehnung zu Aussagen über die Einstellungen zur Ehe in Deutschland, 2003 (in Prozent)

Aussage	Zustimmung	Ablehnung
1. Die Ehe ist eine überholte Einrichtung	24	76
2. Eine schlechte Ehe ist immer noch besser als überhaupt keine Ehe	5	95
3. Verheiratete Menschen sind normalerweise glücklicher als nicht verheiratete	28	72
4. Das Zusammenleben von Mann und Frau ist nur in einer Ehe akzeptabel	12	88
5. Es ist in Ordnung, wenn ein Paar zusammenlebt ohne die Absicht zu heiraten	86	14
6. Personen, die Kinder haben wollen, sollten heiraten	46	54

Quelle: Dorbritz u.a. 2005, 32 (gekürzt) (Population Policy Acceptance Study)

Um in Partnerschaft zu leben, wird die Ehe immer seltener *als Notwendigkeit* angesehen. Für eine überragende Mehrheit der Befragten (86 Prozent) ist es „in Ordnung, wenn ein Paar zusammenlebt ohne die Absicht zu heiraten" (Dorbritz u. a. 2005). Gerade noch jeder Zehnte findet, dass das Zusammenleben von Mann und Frau nur in einer Ehe akzeptabel ist. Selbst bei dauerndem Zusammenleben sprechen sich heute nur noch 39 Prozent der West- und 27 Prozent der Ostdeutschen im Alter zwischen 18 und 30 für eine Heirat aus (Statist. Bundesamt 2004a). Im Familiensurvey West erreichte die jüngere Generation der zwischen 1965 und 1968 Geborenen auf einer sechsstufigen Bewertungsskala der Ehe einen Mittelwert von 2,9 gegenüber einem Wert von 4,5 der um 1935 Geborenen (Bertram 1991). Die besser ausgebildeten Frauen (mit Abitur) distanzierten sich stärker von der Ehe und plädierten häufiger für neue Formen der Partnerschaft als die weniger qualifizierten Frauen.

Auch Burkart u. a. (1989) fanden in ihrer explorativen Studie deutliche Hinweise auf eine sich ausbreitende *Indifferenz gegenüber der Ehe* – auf ihren sinkenden Symbolwert. Die heutige starke Betonung des affektiven Charakters von Paarbeziehungen lässt für viele eine Legalisierung überflüssig erscheinen. Die wichtigste Entscheidung jüngerer Paare ist die, ob sie zusammenziehen und einen gemeinsamen Haushalt gründen oder (zunächst) weiter allein wohnen wollen. Die Frage der Eheschließung wird erst später im Zusammenhang mit der Familiengründung aktuell oder spielt generell nur eine untergeordnete Rolle. Heiraten als biografische Selbstverständlichkeit findet sich heute ausgeprägt nur noch im ländlichen Milieu und im Arbeitermilieu. Die wachsende Gleichgültigkeit gegenüber der Institution Ehe (und erst recht ihre Ablehnung) ist am verbreitetsten im großstädtischen Akademikermilieu, und zwar stärker unter jungen Frauen als unter jungen Männern.

3.1.2 Bedeutungswandel der Institution Ehe

Häufig liest man, dass die Ehe nicht nur eine Bedeutungsminderung, sondern auch einen *Bedeutungswandel*, eine *Sinnverschiebung* erfahren hat. Die Oldenburger Soziologin Nave-Herz (1989) spricht von einer *zeitgeschichtlichen Tendenz zu einer kindorientierten Eheschließung*. Die von ihr befragten Ehepaare des Eheschließungsjahrgangs 1950 charakterisierten ihre Ehe noch in starkem Maße als einen Zweck- und Solidaritätsverband (Wunsch nach Geborgenheit; Wunsch, mit dem Partner etwas aufzubauen). Die Ehepartner des Jahrgangs 1980 nannten dagegen besonders häufig kindorientierte Hoffnungen und Absichten. Auch Wohnungsprobleme sowie die Möglichkeit einer kontinuierlichen sexuellen Beziehung, die für den 1950er Jahrgang die Heirat zur ökonomischen Notwendigkeit und moralischen Pflicht werden ließen, spielten für den Heiratsjahrgang 1980 so gut wie keine Rolle mehr. Informelle Paarbeziehungen werden heute nach Nave-Herz (1989) immer häufiger erst dann legalisiert, wenn ein Kind gewünscht wird oder bereits unterwegs ist.

Zwar ist im früheren Bundesgebiet Elternschaft nach wie vor eng mit der Ehe verknüpft, doch gewisse Auflösungstendenzen sind unverkennbar. Die *Nichtehelichenquote* (nichtehelich geborene Kinder je 100 Lebendgeborene) unterliegt in Deutschland seit Jahrzehnten einem nahezu ungebrochen ansteigenden Trend und betrug im Jahr 2006 30 Prozent. Mit 24 (West) und 60 Prozent (Ost) ist 2006 das höchste Niveau seit 1950 erreicht, wobei zwischen Ost- und Westdeutschland nach wie vor ein eindrucksvoller Niveauunterschied besteht. Zwar heiratet ein beträchtlicher Teil der ledigen Elternpaare nach der Geburt ihrer Kinder, aber dieser Anteil schrumpft, und die Zeitdauer zwischen Geburt und Eheschließung wächst (Schneider/Rüger 2007).

Besonders auf der *Einstellungsebene* muss nach neueren Untersuchungsbefunden die These von der kindorientierten Eheschließung stark relativiert werden. In der Population Policy Acceptance Study (PPAS) 2003 war nicht einmal jeder zweite Deutsche – 39 Prozent der Ost- und 47 Prozent der Westdeutschen – der Ansicht, dass Personen, die Kinder haben wollen, heiraten sollten (Dorbritz 2004b). Jüngere stimmten dieser Aussage noch seltener zu als Ältere, Hochqualifizierte seltener als Geringqualifizierte und Frauen seltener als Männer. Im Allbus 2002 nannten von den 18- bis 30-Jährigen in Westdeutschland nur 39 Prozent und von den 31- bis 45-Jährigen nur 37 Prozent ein Kind als Grund für eine Heirat (vgl. *Tabelle 5*). In Ostdeutschland waren es sogar lediglich 27 bzw. 22 Prozent.

Tabelle 5: Einstellungen zur Eheschließung, Allbus 2002 (Angaben in Prozent)

	Alter							
	18–30 J.		31–45 J.		46–60 J.		≥ 61	
	W	O	W	O	W	O	W	O
Ist ein Kind Grund für eine Heirat?								
Ja	39	27	37	22	56	38	60	38
Nein	47	59	46	68	32	49	21	38
Unentschieden	14	15	17	10	12	13	19	24
Heirat bei dauerndem Zusammenleben?								
Ja	39	27	44	44	53	61	74	83
Nein	49	59	46	46	35	26	15	11
Unentschieden	12	15	10	10	12	13	11	6

N = 3 138

Quelle: Statist. Bundesamt 2004a, 542

Wie sich die *inhaltlichen Zweckbestimmungen der Ehe* verändert haben, haben Vaskovics und seine Mitarbeiter anhand einer Repräsentativbefragung von 1 500 jungen (zunächst kinderlosen) Erstehen erforscht (Vaskovics/Rupp 1995). Die Partner wurden 1988 unabhängig voneinander nach einer Ehedauer von etwa einem halben Jahr befragt. Drei weitere Erhebungen fanden in den Jahren 1990, 1992 und 1994 statt (*Bamberger-Ehepaar-Panel).*

In enger Anlehnung an diese Längsschnittstudie erfolgte 1991/1992 eine Befragung von ca. 350 kinderlosen Ehepaaren in den neuen Bundesländern. In beiden Teilen Deutschlands hat sich, so ein Ergebnis dieser Studie, in den letzten Jahrzehnten ein charakteristisches *Muster vorehelicher Beziehungsbiografien* herausgebildet. Die meisten Ehepaare lebten bereits vor der Heirat mit dem Partner bzw. der Partnerin zwischen 2 und 5 Jahre lang unverheiratet zusammen. Die Ehepaare in den alten Bundesländern mit höherer Schulbildung und hohem Berufsstatus heirateten im Durchschnitt später und lebten häufiger und länger in einer vorehelichen Partnerschaft als die Ehepaare mit niedriger Schulbildung und niedrigem Berufsstatus.

Lässt sich in dieser Untersuchung ebenfalls eine Tendenz zur *kindorientierten Eheschließung* nachweisen? Ist die romantische Liebesheirat, die die (vorwiegend aus wirtschaftlichen Gründen geschlossene) vorindustrielle „Zweckehe" im Verlauf des Industrialisierungsprozesses abgelöst hat, seit den 60er Jahren des 20. Jahrhunderts durch eine kindorientierte Eheschließung ersetzt worden? Wird der Sinn der Ehe also immer häufiger in der Familiengründung gesehen, und wird die Eheschließung auch zeitlich immer stärker mit der angestrebten Elternschaft verknüpft? Antwort auf diese Fragen gibt eine Analyse der wichtigsten *Heiratsmotive* (vgl. *Tabelle 6).* Fast alle Befragten – Männer wie Frauen – nannten als Heiratsmotiv „Liebe". Die *„romantische Liebe"* ist eine notwendige Voraussetzung für die Heirat, aber nur für jeden Fünften auch ein hinreichender Heiratsgrund. Meist müssen andere Anlässe hinzukommen, um die bereits auf Liebe beruhende Partnerschaft in eine eheliche Gemeinschaft zu überführen. Da der *Kinderwunsch* nur von knapp der Hälfte der jungen Ehepaare in den alten und nur von einem Viertel der Ehepaare in den neuen Bundesländern als ausschlaggebendes Heiratsmotiv genannt wurde, muss also

Tabelle 6: Heiratsmotive junger Ehepaare (Mehrfachnennungen, Angaben in Prozent)

Ausschlaggebende Heiratsmotive	**Neue Bundesländer**		**Alte Bundesländer**	
	Frauen	**Männer**	**Frauen**	**Männer**
weil ich mir Sicherheit und Geborgenheit wünsche	50	37	34	28
aus Liebe	97	96	92	90
weil man es verheiratet in unserer Gesellschaft leichter hat	13	14	7	9
aus finanziellen Gründen	5	7	9	9
weil ich meinen Kindern Nachteile ersparen möchte	16	13	23	21
ich wollte ein richtiges Familienleben führen	58	56	38	41
weil ein Kind unterwegs war (ist)	7	6	4	3
aus religiösen Gründen	2	2	10	7
weil ich Kinder haben möchte	25	26	47	41
ich wollte eine Wohnung erhalten	13	14	–	–
weil wir verheiratet die gegenwärtigen gesellschaftlichen Veränderungen besser meistern können	19	29	–	–

–: war als Antwortkategorie nicht vorgesehen

Quelle: Vaskovics/Rost 1995, 144 (Bamberger-Ehepaar-Panel)

auch nach den Befunden des Bamberger-Ehepaar-Panels die These von der kindorientierten Eheschließung relativiert werden. Sie trifft für die neuen noch weniger als für die alten Bundesländer zu. Andere wichtige Heiratsgründe sind „ein richtiges Familienleben führen" und der Wunsch nach „Sicherheit und Geborgenheit". Finanzielle Gründe spielen so gut wie keine Rolle.

Schneider und Rüger (2007) untersuchen in ihrer neuen „Value of Marriage"-Studie anhand einer Befragung von 377 Paaren, die zwischen 1999 und 2005 geheiratet haben, was Paare heute bei stark rückläufiger Heiratsneigung noch zum Schritt in die Ehe veranlasst und welchen subjektiven Sinn sie mit der Institution Ehe verbinden. Mit Hilfe clusteranalytischer Verfahren reduzieren sie die Vielfalt individueller Heiratsmotive auf *neun Cluster*, die aufgrund inhaltlicher Überlegungen *drei Kernmotiven* zugeordnet werden (vgl. *Tabelle 7).*

- Das erste Kernmotiv (*Nutzenorientierte Heiratsmotive*), dem sich ein Drittel der Ehepaare (33 Prozent) zuordnen lassen, besagt, dass der Heirat weniger ein Wert „an sich" als vielmehr ein bestimmter Nutzen zugeschrieben wird. Die Ehe hat für diese Paare primär den Charakter einer „Zweckehe". Hierunter fallen die *Heirat als rationales Kalkül* (z. B. ökonomische Vorteile der Ehe), die *Heirat zur Vermeidung räumlicher Trennung* (z. B. bei drohender Versetzung), die *erwartungskonforme Heirat* (der Entschluss zur Heirat orientiert sich an Erwartungen aus dem nahen sozialen Umfeld) und die *faktisch kindorientierte Heirat.* Die Ehe bietet im letzteren Falle besonders für die Mütter eine sicherere ökonomische Grundlage. Der geringe Anteil von 10,5 Prozent spricht allerdings dafür, dass es sich bei der kindorientierten Heirat nicht um das alleinige und ausschlaggebende Motiv, sondern nur um ein Motiv neben zahlreichen anderen handelt. Auch Matthias-Bleck (1997) gelangt in ihrer 1993 durchgeführten qualitativen Befragung von 46 Personen zu dem Ergebnis, dass die Eheschließung häufig mit dem Wunsch nach *ökonomischer und rechtlicher Absicherung* verbunden ist. „Der Wunsch von manchen Frauen nach ökonomischer Sicherheit und der Wunsch von manchen Männern nach direktem Vater-Recht, diese geschlechtsspezifischen Unterschiede können sich im Entscheidungsprozess zur Ehe ergänzen und den Entschluss zum Kind mit dem Entschluss zur Ehe begründen und koppeln" (Matthias-Bleck 1997, 82).
- Beim zweiten Kernmotiv (den *wertorientierten Heiratsmotiven),* denen sich ein knappes Drittel der Paare (31 Prozent) zuordnen lässt, erfährt die Ehe „an sich" eine hohe Wertschätzung, sei es im Sinne einer gesellschaftlichen Normalität *(traditionelle, festliche Heirat)* oder aus innerer Überzeugung *(Heirat als biografische Selbstverständlichkeit).* Heiraten gehört aus Sicht der Befragten ganz einfach zu einem „normalen" Partnerschaftsverlauf.
- Gut ein Drittel der Ehepartner (35 Prozent) lassen sich dem dritten Kernmotiv *(spontan-emotionale Heiratsmotive)* zuordnen. Es handelt sich häufig um unreflektierte, spontane Entschlüsse, geleitet von emotionalen Empfindungen. Hierzu gehören die *Heirat als rite de confirmation (Statusübergang)* im Sinne einer Bestätigung und Festigung der Partnerschaft, die *Heirat als spontaner Entschluss* und die *Liebesheirat.* Heirat als Statusübergang äußert sich in der Demonstration von Zusammengehörigkeit gegenüber der Öffentlichkeit (z. B. Austausch von Trauringen, Wahl eines gemeinsamen Familiennamens; Matthias-Bleck 1997) und einer symbolhaft vorgenommenen Ablösung von der Herkunftsfamilie. Liebe ist als Voraussetzung für eine Eheschließung zwar zumeist unverzichtbar. Aber die Bedeutung der Liebesheirat als allein ausschlaggebendes Heiratsmotiv wird überschätzt und ist nur bei 14 Prozent der befragten Ehepaare anzutreffen.

Tabelle 7: Motivlagen der Heiratsentscheidung

Cluster der Heiratsmotive	Anzahl (n)	Anteil (%)
Nutzenorientierte Heiratsmotive	(250)	(33,2)
1 Die Heirat als rationales Kalkül	64	8,5
2 Die faktisch kindorientierte Heirat	79	10,5
3 Die Heirat zur Vermeidung räumlicher Trennung	65	8,6
4 Die erwartungskonforme Heirat	42	5,6
Wertorientierte Heiratsmotive	(237)	(31,4)
5 Die traditionelle, festliche Heirat	121	16,0
6 Die Heirat als biografische Selbstverständlichkeit	116	15,4
Spontan-emotionale Heiratsmotive	(267)	(35,4)
7 Die Heirat als „rite de confirmation"	102	13,5
8 Die Heirat als spontane Entscheidung	58	7,7
9 Die Liebesheirat	107	14,2
Gesamt	754	100,0

Quelle: Schneider/Rüger 2007, 143

Dass trotz insgesamt fortschreitender Deinstitutionalisierung der Ehe immer noch relativ häufig geheiratet wird, lässt sich somit zu einem ganz erheblichen Teil mit der Verbreitung traditioneller Wertorientierungen erklären. Insgesamt zeigen die Ergebnisse zu den Heiratsmotiven aber, „dass es gegenwärtig keine dominierenden Heiratsmotive zu geben scheint. Liebe spielt als notwendige, meist aber nicht hinreichende Bedingung eine wichtige Rolle. In verschiedenen Variationen und Erscheinungsformen bilden affektive, wertorientierte und zweckrationale Empfindungen und Kalküle die Basis für die Mehrzahl der Eheschließungen ... *Die Ehe der Moderne ist keine funktional hoch spezialisierte, sondern eine multifunktionale Institution*" (Schneider/Rüger 2007, 146).

3.1.3 Ursachen für den Rückgang der Heiratsneigung

Nach Cherlin (2004) hat die Ehe im Verlauf des 20. Jahrhunderts zwei grundlegende Bedeutungsänderungen erlebt. Der erste Bedeutungswandel, auf den bereits Burgess und Locke (1945) verweisen, bezeichnet den Übergang von der *Ehe als Institution* zur *partnerschaftlichen Ehe* gegen Mitte des 20. Jahrhunderts („from an institution to a companionship"). In dieser Phase kristallisierte sich die bürgerliche Kleinfamilie als dominanter Familientyp mit dem Mann als Alleinverdiener und der Frau als Hausfrau und Mutter heraus. Die Ehe blieb die einzige sozial akzeptable Form, eine sexuelle Beziehung zu haben und Kinder aufzuziehen. Gefühle – die romantische Liebe – und die emotionale Zufriedenheit der Ehepartner spielen nun eine immer wichtigere Rolle. In den 60er Jahren und verstärkt noch in den 70er Jahren des 20. Jahrhunderts fand der zweite große Bedeutungswandel der Ehe statt. Die partnerschaftliche Ehe verlor als kulturelles Ideal an Gewicht zugunsten der *individualisierten Ehe* mit ihrer besonderen Betonung der persönlichen Wahl und Selbstverwirklichung. Die Ehe wird mehr und mehr ersetzt durch flexiblere, informelle Partnerschaften, die so lange bestehen, wie beide Partner dies als befriedigend ansehen. Die Grundlagen der Liebesbeziehungen haben sich gewandelt. Im Mittelpunkt steht nun die Betonung von persönlicher Entwicklung, Offenheit und Kommunikation.

Anthony Giddens (1993) spricht vom Entstehen einer neuen Beziehungsform, der *„reinen Beziehung"* („pure relationship"). Bei der reinen Beziehung handelt es sich um einen ungeschriebenen Vertrag zwischen zwei gleichen Individuen, der jederzeit beendet werden kann, wenn ein Partner oder beide Partner dies wünschen. Hauptzweck der reinen Beziehung ist die emotionale Befriedigung der Partner. „Die reine Beziehung wird nicht durch materiale Grundlagen oder Institutionen gestützt, sie wird nur um ihrer selbst willen eingegangen, sie hat nur sich selbst und besteht nur, solange sich beide darin wohl fühlen, solange beide einen emotionalen ‚Wohlfahrtsgewinn' haben. Dadurch ist ihre Stabilität riskiert, ja, es gehört zu ihrer Reinheit, prinzipiell instabil, episodisch zu sein; sie verriete ihre Prinzipien, wenn sie Dauer um der Dauer willen anstrebte" (Schmidt u. a. 2006, 151). Die reine Beziehung ist eine vollkommen psychologisierte Beziehung, und die auf Lebenslänglichkeit angelegte Ehe ist für diese Art befristeter Beziehungen eher hinderlich. Deutliche Anzeichen für die wachsende Instabilität moderner Beziehungen findet man bei den von Schmidt und Mitarbeitern (2006) Befragten in Hamburg und Leipzig. Die Fluktuation von Beziehungen ist von Generation zu Generation gestiegen. Die Beziehungen sind serieller und damit zwangsläufig auch kürzer geworden. Die 30-Jährigen haben bereits mehr feste Beziehungen im Verlauf ihres (viel kürzeren) Lebens als die 45-Jährigen und die 60-Jährigen.

Die wichtigste Ursache für den Bedeutungsrückgang der Institution Ehe ist der steigende Wohlstand in westlichen Gesellschaften, der dazu geführt hat, dass zahlreiche einst bindende Restriktionen entfallen sind, dass man immer mehr eine Wahl treffen kann zwischen *konkurrierenden Optionen* („Konkurrenz der Genüsse"). Die mit der Eheschließung verbundenen Vorteile haben abgenommen, und das Alleinwohnen und das unverheiratete Zusammenleben und Getrenntleben als Paar sind als Folge gestiegener Bildung, der Wohlstandsentwicklung und der Liberalisierung der Sexualmoral kulturell akzeptabler geworden. Besonders ein hoher Bildungsabschluss, aber auch eine gehobene Berufsposition und ein höheres Einkommen sind günstige Voraussetzungen für die Ausprägung *postmaterialistischer (individualistischer) Werte*, die sich negativ auf die Eheschließungsbereitschaft und die Bindungskraft der Ehe auswirken und zur steigenden Instabilität und zur Pluralisierung der Lebensformen beigetragen haben (Dorbritz u. a. 2005). Da für Postmaterialisten im Vergleich zu Materialisten empirisch nachweisbar Ehe (und Kinder) als Lebenssinn von relativ geringer Bedeutung sind, kann mit Bertram (1992, 232) „davon ausgegangen werden, dass das Aufkommen dieser Wertmuster einiges zur Veränderung von Ehe und Familie sowohl in der west- als auch in der ostdeutschen Gesellschaft beigetragen hat".

Von erheblicher Bedeutung speziell für den Rückgang der weiblichen Heiratsneigung ist der *Wandel der Frauenrolle.* Die gestiegene *Bildungs- und Erwerbsbeteiligung* hat die Unabhängigkeit der Frauen erhöht, die heute immer weniger auf eine Versorgung durch einen Partner angewiesen sind und weniger von der traditionalen Arbeitsteilung in der Ehe profitieren als die Männer. Lebensstile und Beziehungsformen außerhalb der Ehe versprechen ihnen einen erhöhten Verhandlungsspielraum gegenüber dem Partner. Somit überrascht nicht, dass in Westdeutschland höher qualifizierte Frauen eine geringere Heiratswahrscheinlichkeit haben als weniger qualifizierte Frauen (Wirth/Schmidt 2003). Bei westdeutschen Männern erhöht sich hingegen die Heiratswahrscheinlichkeit mit dem Vorliegen eines berufsqualifizierenden Abschlusses – wenn auch nur geringfügig. Auch die gestiegenen *Mobilitätserfordernisse* der Industriegesellschaft (besonders die geforderte Berufsmobilität) fördern das Alleinwohnen und die Ehelosigkeit. Die langfristige (eheliche) Festlegung auf einen Partner bzw. auf eine Partnerin wird strukturell erschwert. Mit der Gleichstellung ehelicher und nichtehelicher Kinder und der nachlassenden *Diskriminierung nicht verheirateter Mütter* ist auch die Elternschaft außerhalb der Ehe erleichtert worden.

Als Gründe gegen Eheschließungen bzw. für späte Eheschließungen nennt die Bevölkerung im Alter zwischen 20 und 39 in Deutschland vor allem veränderte *Einstellungen der jüngeren Generation* und die *wirtschaftliche Situation* (vgl. *Tabelle 8).* Eine erhebliche Rolle spielen neben der generell sinkenden Wertschätzung der Ehe und der zunehmenden Akzeptanz von nichtehelichen Lebensgemeinschaften der wachsende Wunsch junger Menschen nach Unabhängigkeit und Selbständigkeit (76 Prozent), Probleme für junge Menschen, eine Arbeit zu finden (74 Prozent), die für eine Heirat zu niedrigen Einkommen (58 Prozent) sowie die Weigerung, Verantwortung zu übernehmen (59 Prozent). In den neuen Bundesländern werden als Ursachen für die niedrige Heiratshäufigkeit bzw. die aufgeschobenen Eheschließungen häufiger wirtschaftliche Gründe (fehlende Arbeit, niedrige Einkommen) angeführt.

Tabelle 8: *Gründe gegen Eheschließungen bzw. für späte Eheschließungen von Personen zwischen 20 und 39 Jahren nach verschiedenen Merkmalen, 2003 (Anteile der „sehr wichtig" und „wichtig" Antworten in Prozent)*

Gründe gegen Eheschließungen bzw. für späte Eheschließungen	Deutschland			West	Ost
	insges.	Männer	Frauen		
Die Probleme für junge Menschen, eine Arbeit zu finden	74	73	74	71	84
Einkommen, die für eine Heirat zu niedrig sind	58	58	59	56	67
Die schwierige Lage auf dem Wohnungsmarkt	47	45	49	50	35
Die sinkende Wertschätzung der Ehe	57	56	59	60	46
Die Möglichkeit intimer Beziehungen auch außerhalb der Ehe	51	50	51	53	43
Die zunehmende Akzeptanz von nichtehelichen Lebensgemeinschaften	62	59	65	64	56
Der wachsende Wunsch junger Menschen nach Unabhängigkeit und Selbständigkeit	76	74	77	75	77
Die Weigerung, Verantwortung zu übernehmen	59	58	61	62	50
Die Vorteile und Annehmlichkeiten, die es mit sich bringt, wenn man bei den Eltern wohnt	49	48	51	49	51
Aufschub der Heirat mit der späteren Geburt der Kinder	48	46	49	48	45

Quelle: Dorbritz 2004b, 355 (gekürzt) (Population Policy Acceptance Study)

Nach Burkart (2006) hat sich seit den 1960er Jahren eine *Kultur der Selbstthematisierung*, eine Kultur des Zweifels und der biographischen Problematisierung entwickelt. Lebensweltliche Gewissheiten sind aufgeweicht und stehen unter Problematisierungsdruck. Die lebenslange Festlegung auf eine Paarbeziehung wird zum Problem, so dass das Ergebnis des Entscheidungsprozesses künftig noch häufiger auf einen Verzicht auf Kinder und damit auch auf die Eheschließung hinausläuft.

Die Institution Ehe bietet aber auch heute noch Vorteile gegenüber alternativen Lebensformen. Die immer noch relativ große Anziehungskraft der Ehe als Rechtsinstitut hängt sicher auch mit ihrer *Privilegierung auf dem Gebiet des Familien- und Sozialrechts* zusammen. Hierzu zählen:

- im Fall der Ehescheidung Anspruch auf Unterhalt des bedürftigen Ehegatten und Mitbeteiligung der Ehegatten an der beiderseitigen Altersversorgung und am während der Ehe erworbenen Vermögen (Alleinerziehende: lediglich drei Jahre Betreuungsunterhalt);
- Vorteile aus dem Ehegattensplitting bei der Einkommensteuer;
- Mitversicherung des nicht berufstätigen Ehepartners in der gesetzlichen Krankenversicherung und in der Pflegeversicherung bei vollem Leistungsanspruch;
- der gesetzliche Pflichtteil beim Tod des Ehegatten.

Warum immer mehr Menschen allein wohnen oder mit einem Partner bzw. einer Partnerin unverheiratet zusammenleben, wird im Folgenden ausführlich beschrieben. Dabei interessiert besonders, unter welchen strukturellen Bedingungen das Alleinwohnen und das unverheiratete Zusammenleben als Paar als „echte Alternativen" zur Ehe gewählt werden bzw. nur eine Übergangsphase auf dem Weg in die Ehe darstellen, ob es sich z. B. bei dem Alleinwohnen tatsächlich mehrheitlich um eine „nicht erstrebenswerte Existenzform (handelt), die nur temporär oder mangels Möglichkeiten in Kauf genommen wird" (Burkart/ Kohli 1989, 422).

3.2 Alleinwohnen: eine „neue" Lebensform?

Die Zahl der Alleinwohnenden ist seit Mitte der 1960er Jahre in der Bundesrepublik drastisch angestiegen. Umso mehr überrascht es, wie wenig sich die Sozialwissenschaften lange Zeit mit dieser Lebensform beschäftigt haben. Das Alleinwohnen wurde entweder (wie im Fall junger Lediger) als eine Übergangsphase auf dem Weg in die Ehe gesehen oder als eine Erscheinung älterer verwitweter oder geschiedener Menschen, die sich notgedrungen mit dem Alleinwohnen arrangieren müssen. Erst seit den 1970er Jahren wurde der „Single" in Illustrierten und anderen Medien als Trendsetter gefeiert, als besonders lebenslustiger, selbstbewusster und erfolgreicher „neuer" Typus. Und auch die Industrie entdeckte die „Singles" als finanzkräftige Marktlücke. Inzwischen ist das Interesse der Medien an dem Singlephänomen wieder etwas abgeflacht und dies, obwohl sich die Anzahl Alleinwohnender kontinuierlich weiter erhöht hat. Gestiegen ist allerdings das Interesse feministisch orientierter Sozialwissenschaftlerinnen, die alleinwohnende Frauen als Avantgarde eines neuen unabhängigen weiblichen Lebensstils propagieren. Auch hat man sich in letzter Zeit verstärkt mit den Auswirkungen der Singularisierung auf unterschiedliche gesellschaftliche Bereiche (wie Wohnungspolitik, Konsumverhalten, Mobilität und Verkehr) befasst (Hradil 1995).

3.2.1 Begriffliche Abgrenzung und Typologie

Als *Alleinwohnende* werden Personen im Erwachsenenalter bezeichnet, die einen eigenen Haushalt führen, also alleine wohnen und wirtschaften. In Anlehnung an Schneider u. a. (1998) wird nicht der geläufigere Begriff *„Alleinlebende"* gewählt, da im Falle des Alleinwohnens nur der Haushaltskontext angesprochen wird, unabhängig davon, welche sozialen Beziehungen die betreffende Person unterhält. Alleinwohnen schließt also nicht aus, dass die Person eine stabile Intimbeziehung zu einem Partner bzw. einer Partnerin außerhalb des Haushalts unterhält (= „living apart together"; vgl. *Kapitel 3.4*). Unter den Alleinwohnenden finden sich Ledige, Geschiedene, verheiratet Getrenntlebende und Verwitwete. Entscheidend für die Zuordnung zur Kategorie „alleinwohnend" ist aber nicht der Familienstand, sondern das Alleinwohnen und -wirtschaften in einem eigenen Haushalt. So gab es in Deutschland 2004 mehr als doppelt so viele erwachsene Ledige wie alleinwohnende Ledige.

Da es sich bei Alleinwohnenden um eine sehr heterogene Gruppe von Personen handelt, deren Lebenssituation, Lebensstil und Lebenszufriedenheit sich deutlich voneinander unterscheidet, sind einige weitere Differenzierungen angezeigt (Küpper 2002; Hradil 2003):

- Besonderes Interesse verdient die Gruppe der *Alleinwohnenden im mittleren Lebensalter* (zwischen 25 und 55 Jahren), handelt es sich doch um eine Lebensphase, in der die meisten Menschen zu Zweit oder in Familien leben. Davon gibt es derzeit in Deutschland ca. 7 Millionen (= 8 Prozent der Bevölkerung).
- Eine Untergruppe hiervon bilden die *partnerlosen Alleinwohnenden im mittleren Lebensalter* (4 Millionen bzw. 5 Prozent).
- Alleinwohnende sind auch nicht identisch mit dem sog. *„Single"*, obwohl häufig – besonders in der Presse – beide Begriffe gleichgesetzt werden. Als Single wird meist ein freiwillig und auf Dauer angelegtes partnerloses Alleinwohnen bezeichnet (Hradil 2003). Schmidt u. a. (2006) verstehen dagegen unter Singles alle Partnerlosen, unabhängig von der jeweiligen Wohnform und Ursache und Dauer der Partnerlosigkeit. Lauterbach (2007) berichtet, dass in der Konstanzer LifE-Studie aus dem Jahr 2002 4 Prozent der Frauen und 5 Prozent der Männer bis zum Alter von 35 Jahren noch keinen Partner bzw. keine Partnerin hatten.

Stein (1983) hat eine *Typologie Alleinwohnender* entwickelt, der zwei Kriterien zugrunde liegen: (1) Das Alleinwohnen kann *freiwillig gewählt oder erzwungen* sein und (2) das Alleinwohnen kann als *zeitlich befristet oder unbefristet* angesehen werden. Kombiniert man beide Dimensionen, so erhält man vier Typen Alleinwohnender. *Ambivalente* sind der Ehe (bzw. einem Zusammenwohnen mit Partner/Partnerin) nicht prinzipiell abgeneigt. Hierunter fallen vor allem junge ledige Frauen und Männer, die die Heirat aus unterschiedlichen Gründen (z. B. Ausbildung, berufliche Karriere, „freierer" Lebensstil) aufschieben, sowie Geschiedene und Verwitwete, die (zumindest) vorläufig noch nicht wieder heiraten wollen. Bei den *Hoffenden* handelt es sich in erster Linie um Ledige und Geschiedene, die – bislang erfolglos – auf der Suche nach einem (Ehe-)Partner sind. Die *Entschiedenen* sind die echten Singles, die sich freiwillig für ein unbefristetes Alleinwohnen als Lebensstil entschieden haben. *Resignierende*, die am häufigsten unter älteren und verwitweten Menschen anzutreffen sein dürften, haben sich vergeblich um eine Partnerschaft oder Wiederheirat bemüht und schließlich aufgegeben.

Die Grenzen zwischen diesen Typen sind fließend. So können für das Alleinwohnen auch äußere Umstände und Zwänge eine Rolle gespielt haben, die dem Einzelnen gar nicht bewusst sind und die Unterscheidung zwischen „freiwillig" und „erzwungen" in Frage stellen. Auch kann eine Person im Verlauf ihrer Gesamtbiographie in unterschiedliche Kategorien fallen. Sie kann z. B. zunächst freiwillig allein wohnen, bis sie irgendwann heiratet. Nach der Scheidung wohnt sie möglicherweise zunächst wieder allein, bis sie erneut heiratet, eine informelle Paarbeziehung eingeht oder sich für ein dauerhaftes Single-Dasein entscheidet. Bei einer Befragung junger Frauen in Zürich waren viele der Ansicht, dass eine Frau zuerst einige Zeit allein wohnen sollte, bevor sie eine Partnerschaft eingeht. Dieses *„temporäre Singletum"* findet inzwischen einen ähnlich starken Anklang wie die Probe-Ehe. Nach Höpflinger (1989) kündigt sich sogar eine neue soziale Norm an, die Norm, dass man nach dem Auszug aus dem Elternhaus zunächst einige Zeit allein wohnen sollte.

Dabei beeinflusst die Entscheidung einer Frau, die Ehe erst einmal aufzuschieben, die Wahrscheinlichkeit, dass sie später überhaupt noch heiratet. Denn die Situation auf dem Heiratsmarkt wird besonders für hochqualifizierte Frauen mit zunehmendem Alter immer schwieriger. Ihre Chancen, einen statusgleichen Partner zu finden, verschlechtern sich, so dass viele auf Dauer unfreiwillig ledig bleiben. Der Anteil Lediger an den 37- bis 38-jährigen westdeutschen Frauen hat sich innerhalb von zehn Jahren verdoppelt und steigt mit dem Bildungsniveau (Wirth/Dümmler 2004). 1999 waren von den westdeutschen Frauen der Geburtsjahrgänge 1961 bis 1962 mit Hochschulabschluss mehr als ein Drittel (34 Prozent) partnerlos.

3.2.2 Verbreitung des Alleinwohnens

Auskunft über die Anzahl Alleinwohnender gibt die *offizielle Statistik der Einpersonenhaushalte.* Die dort genannten Zahlen sind allerdings vermutlich zu hoch, da sich auch Partner in nichtehelichen Lebensgemeinschaften, Mitglieder von Wohngemeinschaften und Partner in Pendlerehen mit doppelter Haushaltsführung häufig als Ein- statt als Mehrpersonenhaushalt ausgeben. 1910 lebten im Deutschen Reich annähernd so viele Menschen wie heute in den alten Bundesländern. Damals gab es aber nur eine Million Alleinwohnende gegenüber mehr als elf Millionen im Jahr 2005 (vgl. *Tabelle 9).* Besonders groß war der Anstieg der Zahl Alleinwohnender nach dem Zweiten Weltkrieg. 1939 betrug der Anteil der Einpersonenhaushalte an allen Privathaushalten noch keine 10 Prozent, 1950 knapp 20 Prozent und 2005 bereits 37 Prozent. Das Alleinwohnen in früheren Zeiten unterschied sich aber nicht nur quantitativ, sondern auch *qualitativ* vom heutigen Alleinwohnen. Um erfolgreich wirtschaften und existieren zu können, war in der vorindustriellen Gesellschaft das Zusammenwirken mehrerer Menschen unabdingbar. Alleinwohnen entstand durchweg aus Zwangssituationen, oft im Alter aufgrund des Todes des Ehepartners (Borscheid 1994).

Im *gesamten Bundesgebiet* waren im Jahr 2005 14,7 Millionen Haushalte Einpersonenhaushalte. Dies entspricht einem Anteil von 37,5 Prozent an allen Privathaushalten. Auf *Personen umgerechnet* bedeutet dies: 19 Prozent der Frauen und 15 Prozent der Männer wohnten allein. Kombiniert man die Merkmale Alter und Geschlecht, so zeigt sich: Im jüngeren und mittleren Erwachsenenalter (25 bis unter 55 Jahre) wohnen häufiger Männer als Frauen allein, was sich in erster Linie aus dem höheren Anteil lediger Männer erklären lässt (vgl. *Abbildung 3).* Mit zunehmendem Alter wohnt – vor allem auf Grund der Verwitwungen – ein wachsender Anteil der Frauen allein. Von den Frauen ab 75 Jahren sind es knapp zwei Drittel (63 Prozent). Die unterschiedliche Altersstruktur alleinwohnender Männer und Frauen spiegelt sich auch im *Familienstand* wider. 60 Prozent der alleinwohnenden Männer sind ledig, 25 Prozent sind geschieden/verheiratet getrenntlebend, und nur 14 Prozent sind verwitwet (Statist. Bundesamt 2006b). Hingegen ist über die Hälfte der alleinwohnenden Frauen (52 Prozent) verwitwet, 31 Prozent sind ledig und 17 Prozent sind geschieden oder verheiratet getrenntlebend.

Tabelle 9: Einpersonenhaushalte im früheren Bundesgebiet und in den neuen Bundesländern, 1950 – 2005

Jahr	Haushalte insgesamt (Mio)	Einpersonenhaushalte (Mio)	Einpersonenhaushalte in % aller Haushalte
		Früheres Bundesgebiet	
1950	16,65	3,23	19,4
1961	19,46	4,01	20,6
1970	21,99	5,53	25,1
1979	24,49	7,35	30,0
1989	27,79	9,81	35,3
1995	30,14	10,83	35,9
2000	31,04	11,34	36,5
2004	31,89	11,91	37,3
2005[1]	30,73	11,32	36,8
		Neue Länder und Berlin-Ost	
1991	6,67	1,84	27,6
1997	6,85	2,13	31,2
2000	7,08	2,41	34,1
2004	7,23	2,66	36,8
2005[2]	8,45	3,37	39,9
		Deutschland	
1991	35,26	11,86	33,6
2002	38,72	14,23	36,7
2004	39,12	14,57	37,2
2005	39,18	14,69	37,5

[1] Früheres Bundesgebiet ohne Berlin
[2] Neue Länder einschließlich Berlin

Quelle: Statistisches Bundesamt 2005; 2005a; 2006b

Die Zahl der Einpersonenhaushalte von Männern und Frauen hat in den vergangenen vier Jahrzehnten in *allen Altersgruppen* absolut und relativ (bezogen auf alle Haushalte) stark zugenommen. In *Westdeutschland* lassen sich nach Mikrozensusangaben zwischen 1961 und 2005 folgende Entwicklungstendenzen beobachten:

- Die Zahl der Alleinwohnenden *unter 25 Jahren* ist von 391 000 auf 789 000 angestiegen. Die Zunahme betrifft Frauen noch stärker als Männer, d. h. auch (ledige) junge Frauen tendieren heute stärker zum (zeitlich befristeten?) Alleinwohnen.
- In der Gruppe der *25- bis 44-Jährigen* im traditionalen Familienlebensalter ist die Zahl der Alleinwohnenden von 699 000 auf 3,6 Mill. hochgeschnellt. Der höhere Anteil der Männer ist darin begründet, dass ein wachsender Anteil dauerhaft ledig bleibt und dass Frauen nach einer Scheidung im Regelfall das Sorgerecht für die Kinder zugesprochen wird bzw. die Kindern meist bei der Mutter leben. Da diese mittlere Altersgruppe in der Regel verheiratet ist, könnte sich hinter der Zunahme ein häufigerer endgültiger Verzicht auf die Eheschließung verbergen.
- In der Gruppe der *45- bis 64-Jährigen* hat die Zahl der Alleinwohnenden seit der Nachkriegszeit fast ständig zugenommen, wobei seit Mitte der 80er Jahre eine deutliche Verzögerung eingetreten ist. 2005 finden sich in dieser Altersgruppe etwa 2,5 Mill. Menschen im Vergleich zu 1,4 Millionen im Jahr 1961.

Abbildung 3: *Alleinwohnende nach Alter, 2005 (in Prozent der männlichen bzw. weiblichen Bevölkerung der jeweiligen Altersgruppe, Deutschland)*

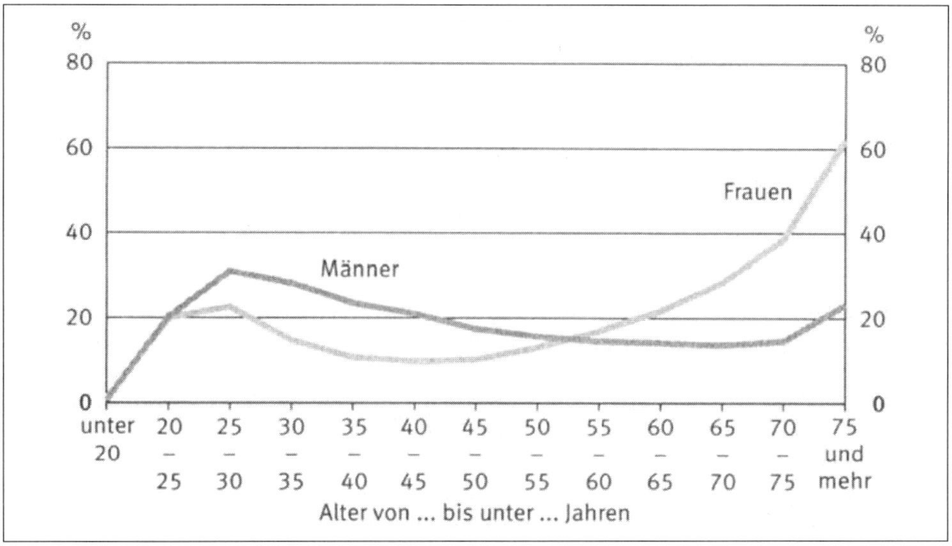

Ergebnisse des Mikrozensus – Bevölkerung (Lebensformenkonzept).

Quelle: Statistisches Bundesamt 2006b, 39

- Auch die Anzahl der alleinwohnenden *über 65-Jährigen* hat sich drastisch – von 1,5 auf 4,0 Millionen – erhöht. Der Anstieg hat in erster Linie demographische Ursachen (steigende Lebenserwartung). Trotz Stagnationstendenzen in den letzten zehn Jahren nimmt diese Altersgruppe auch heute noch die Spitzenposition ein. Den weitaus größten Anteil (78 Prozent) machen alleinwohnende Frauen aus, vor allem verwitwete Frauen als Folge des niedrigeren Erstheiratsalters von Frauen, ihrer höheren Lebenserwartung und der finanziellen Besserstellung durch die Rentenreform.

Die *regionale Verteilung* der Alleinwohnenden macht auf ein deutliches Stadt-Land-Gefälle aufmerksam (Statist. Bundesamt 2006b). Alleinwohnende sind ein Großstadtphänomen. 2005 waren in Deutschland in Gemeinden mit weniger als 5 000 Einwohnern nur 28 Prozent aller Haushalte Einpersonenhaushalte, in Gemeinden zwischen 20 000 und 50 000 Einwohnern 35 Prozent, in Städten zwischen 50 000 und 100 000 38 Prozent und in Großstädten mit 500 000 und mehr Einwohnern 49 Prozent. Gliedert man die Alleinwohnenden zusätzlich nach dem Familienstand, so findet die These vom ledigen „Single"-Haushalt als einer typisch urbanen Lebensform volle Bestätigung. Modellrechnungen nach zu urteilen wird im Jahr 2040 jeder zweite Haushalt in Deutschland von nur einer Person bewohnt werden (Hullen 2004a).

Nicht nur das Alleinwohnen, auch die *Partnerlosigkeit* hat in den vergangenen Jahrzehnten deutlich zugelegt. Schätzungsweise 8 Millionen Menschen in Deutschland im mittleren Lebensalter (25-55 Jahre) sind partnerlos (Hradil 2007). Etwa jeder Siebte hat bis zum 50. Lebensjahr sogar in ununterbrochener Abfolge sein Leben partnerlos, d. h. ohne längere nichteheliche und/oder eheliche Partnerschaft gestaltet (Vaskovics 2006). Im Rahmen der Studie „Spätmoderne Beziehungswelten" wurden 449 Hamburger und 327

Leipziger Männer und Frauen der Jahrgänge 1942 (60-Jährige), 1957 (45-Jährige) und 1972 (30-Jährige) repräsentativ ausgewählt und in persönlichen Interviews mit standardisiertem Fragebogen befragt (Schmidt u. a. 2006). Dabei gingen die Forscher davon aus, dass sich bei Großstädtern bestimmte Entwicklungstrends der modernen Gesellschaft besonders deutlich abzeichnen. Die Ergebnisse zeigen, dass die *Singles* – hier: Personen ohne feste Beziehung (= *Partnerlose)* – in den vergangenen Jahrzehnten deutlich zugelegt haben. Vergleicht man die 1942, 1957 und 1972 geborenen Hamburger danach, in welcher Beziehungsform sie jeweils im Alter von 30 Jahren gelebt haben bzw. leben, so hat das Leben ohne feste Beziehungen besonders in der jüngsten Generation bemerkenswert zugenommen. Der Anteil der Personen ohne feste Beziehung beträgt hier 29 gegenüber 17 Prozent beim Geburtsjahrgang 1942 und 19 Prozent beim Geburtsjahrgang 1957. Die gleiche Entwicklung auf etwas niedrigerem Niveau findet sich in Leipzig. Dabei gaben von den 20- bis 39-jährigen Frauen und Männern in Deutschland im Jahr 2003 auf die Frage nach der persönlich bevorzugten Lebensform lediglich 14 Prozent an, dass sie am liebsten ohne Partner leben würden (Dorbritz 2004b).

Die Zunahme der Anzahl Alleinwohnender ist teilweise auf den Einfluss *demographischer Faktoren* – auf Veränderungen der Bevölkerungsstruktur nach Alter und Geschlecht – und teilweise auf Verhaltensänderungen zurückzuführen. Die Zunahme im Deutschen Reich bzw. in Deutschland zwischen dem Beginn des 20. Jahrhunderts und den 1970er Jahren lässt sich noch fast zur Hälfte mit der Vergrößerung des Anteils der über 65-Jährigen erklären. Der seitdem zu beobachtende Anstieg der Zahl Alleinwohnender kann dagegen immer weniger als Altersstruktureffekt interpretiert werden. Entscheidend sind nun *Verhaltensänderungen*, d. h. Personen eines bestimmten Alters und Geschlechts wohnen und wirtschaften heute anders als Personen des gleichen Alters und Geschlechts vor 30 Jahren. Dabei sieht die Entwicklung je nach Familienstand unterschiedlich aus. Die Zunahme der Einpersonenhaushalte ist in erster Linie auf einen Wandel im Haushaltsgründungsverhalten der verwitweten Frauen und der ledigen Männer und Frauen sowie auf Familienstandsstrukturänderungen durch die Zunahme der Scheidungen zurückzuführen (Hullen/Schulz 1993–94).

Wichtige *Faktoren*, die ein Alleinwohnen begünstigen oder erst möglich machen, sind (Engstler/Menning 2003):

- eine allgemeine Einkommenssteigerung, die es immer mehr Menschen erlaubt, allein einen eigenen Haushalt zu führen;
- die Ausweitung und Erhöhung der Transfereinkommen, die einem größeren Anteil von nicht oder noch nicht Erwerbstätigen die Führung eines eigenen Haushalts ermöglicht;
- das erhöhte Bildungsniveau und die vermehrte Erwerbstätigkeit der Frauen, die Alleinwohnen für Frauen erst in neuerer Zeit zu einer Alternative werden lassen;
- die Destabilisierung und Abwertung der „bürgerlichen Ehe" mit ihrer geschlechtsspezifischen Rollenstruktur;
- die Liberalisierung der Sexualmoral (sexuelle Verbindungen außerhalb der Ehe werden weniger stigmatisiert als noch vor wenigen Jahrzehnten);
- die Entdiskriminierung dieser Lebensform;
- die Erleichterung der Hausarbeit (Technisierung der Haushalte, Konsumangebote);
- die wachsende Instabilität von Paarbeziehungen;
- der Anstieg Partnerloser (vor allem partnerloser Männer) und die Zunahme von Paaren mit getrennten Haushalten;

- die zeitliche Entkoppelung zwischen dem Auszug aus dem Elternhaus und dem Zusammenziehen mit einem festen Partner/einer festen Partnerin;
- die Alterung der Gesellschaft (insbes. die höhere Lebenserwartung der Frauen).

Die US-Amerikanerin Jillian Straus (2006) hat mit 100 Singles unter 40 Jahren *(Partnerlose)* Interviews über ihre Beziehungswünsche und Lebenspläne durchgeführt. Ihr Fazit: Viele Singles verhalten sich beziehungsvermeidend, weil sie durch neuere gesellschaftliche Entwicklungen beeinflusst sind, die ein Paarleben erschweren. Zu den von ihr identifizierten *Beziehungshürden* gehören: 1) Der wachsende Ich-Kult („The cult of I"): Persönliche Wünsche wie Selbstverwirklichung, Unabhängigkeit und eine Berufskarriere haben andere Anliegen wie das Eingehen einer Partnerschaft und die Gründung einer Familie in den Hintergrund gedrängt. 2) Die Zunahme von Optionen („Multiple Choice Culture") hat dazu geführt, dass man schneller mit dem Partner bzw. der Partnerin unzufrieden ist und der Beziehung keine echte Chance gibt, da es ja eine Vielzahl von Alternativen gibt. Man ist unentschlossen und immer weniger bereit, sich mit dem „Zweitbesten" zufrieden zu geben oder sich überhaupt noch intensiv auf einen Partner einzulassen. 3) Die fehlende Bereitschaft, an der Beziehung zu „arbeiten" („The ‚Why Suffer?' Mentality"): Wird es schwierig in der Beziehung, neigt man dazu, die Verbindung zu kappen und gegebenenfalls sein „Recht auf eine reibungslose Beziehung" mit einem neuen Partner zu verwirklichen oder ganz auf eine Beziehung zu verzichten. 4) Das Erbe der geschiedenen Eltern („The Divorce Effect"): Aus Angst, selbst geschieden zu werden, schraubt man die Ansprüche an den künftigen Partner enorm hoch und bleibt lieber partnerlos, statt Abstriche von den Ansprüchen zu machen. 5) „The Fallout from the Marriage Delay": Auch zu viele „Partnerschaften auf Probe" stellen eine Beziehungshürde dar, da die Bedenken mit jeder Trennung steigen. Je mehr Brüche in Beziehungen Menschen erleben, desto skeptischer werden sie; die Angst vor dem Scheitern steigt. Gleichzeitig explodieren die Ansprüche an eine Beziehung.

3.2.3 Soziale Charakterisierung und Lebensstil (partnerlos) Alleinwohnender im traditionalen „Familienlebensalter"

Repräsentativerhebungen speziell zur Lebenssituation Alleinwohnender wurden weder in der Bundesrepublik noch in der DDR durchgeführt. Allerdings liegen die Datensätze einer Reihe von Repräsentativbefragungen vor (Allbus, SOEP, Wohlfahrtssurvey), die sich mit spezifischen Aspekten der Situation Alleinwohnender befassen. Besonderes Interesse haben die *Alleinwohnenden im mittleren Lebensalter* (zwischen 25 und 55 Jahren) hervorgerufen, da sich in dieser Altersgruppe im traditionalen „Familienlebensalter" am ehesten Personen finden, die das Alleinwohnen bewusst als „alternative Lebensform" praktizieren.

Im Jahre 2000 waren laut Allbus 7 Prozent der Gesamtbevölkerung Deutschlands Alleinwohnende im Alter von 25 bis unter 55 Jahren – von Hradil (2003) auch *Singles im weiteren Sinne* genannt. 28 Prozent dieser Singles gaben an, einen Partner bzw. eine Partnerin zu haben, so dass sich die Zahl der *partnerlosen alleinwohnenden Singles im mittleren Lebensalter* auf etwa 5 Prozent der Bevölkerung beläuft. Die seit Mitte der 1990er Jahre zu beobachtende stagnierende Singlequote in Westdeutschland ist dabei das Resultat zweier gegenläufiger Entwicklungen. Der *Altersstruktureffekt* (d. h. das Aufrücken der geburtenschwächeren Jahrgänge in die mittleren Altersgruppen, zu denen per Definition die Singles gehören) bewirkt eine starke Abnahme dieses Bevölkerungsanteils. Der *Verhaltenseffekt* (gemessen am Anteil der Singles an den jeweiligen Jahrgängen) drängt hingegen nach wie vor in Richtung einer Steigerung der Singlezahlen. Die Gründe dafür liegen nach Hradil (2003) vorwiegend im anhaltenden *Druck*, allein zu wohnen (bedingt durch Scheidungen, berufliche Mobilitätszwänge und den besseren Berufschancen hochqualifizierter alleinwohnender Frauen), während der in den 1970er und 1980er Jahren bestehende *Sog*, allein zu wohnen (z. B. aufgrund des verstärkten Autonomiestrebens und der zunehmenden Individualisierungstendenzen), wohl eher nachgelassen hat.

Zur Lebenslage und Lebenssituation der *Alleinwohnenden im mittleren Lebensalter* liegen eine Reihe explorativ angelegter Studien vor, die insgesamt ein recht konsistentes Bild vermitteln (Stich 2002; Küpper 2002):

- Männer (mit und ohne Partner/in) sind mit etwa 60 Prozent deutlich überrepräsentiert. Hierzu hat sicherlich beigetragen, dass Kinder nach einer Scheidung meist bei der Mutter wohnen. Erst ab einem Alter von etwa 50 Jahren überwiegen unter den Alleinwohnenden die Frauen aufgrund ihrer höheren Lebenserwartung.
- Etwa jede(r) fünfte Alleinwohnende hat Kinder außer Haus.
- Alleinwohnende mit und ohne Partner/in haben durchschnittlich einen höheren Bildungs- und Ausbildungsabschluss als gleichaltrige Verheiratete.
- Knapp 90 Prozent der alleinwohnenden Frauen, aber nur die Hälfte der gleichaltrigen verheirateten Frauen stehen im Erwerbsleben. Dabei sind alleinwohnende Frauen im Beruf insgesamt erfolgreicher als verheiratete erwerbstätige Frauen.
- Die meisten Alleinwohnenden verfügen über ein Einkommen, das einen recht hohen Lebensstandard ermöglicht. Alleinwohnende erwerbstätige Frauen zwischen 25 und 55 verdienen mehr als mit einem Partner zusammenwohnende erwerbstätige Frauen. Häufig stammt das Einkommen aus einer Angestellten- oder Beamtentätigkeit, so dass auch eine gewisse Sicherheit des Einkommens gewährleistet ist.

Weshalb lebt man im traditionalen Familienlebensalter allein und nicht in einer Partnerschaft? In der österreichischen Studie von Monyk (2006) führten 60 Prozent der „Singles" (hier: Alleinlebende im Alter zwischen 25 und 49) als Hauptgrund für ihr Alleinwohnen an, dass sie den geeigneten Partner noch nicht gefunden hatten, wobei, wie selbstkritisch angemerkt wurde, die Ansprüche an eine neue Partnerschaft sehr hoch angesetzt waren. Als wichtigsten Vorteil ihrer momentanen Lebensführung nannten die Befragten – häufiger die weiblichen als die männlichen Alleinlebenden – das Gefühl und das Erleben von Unabhängigkeit und Freiheit. Hierzu gehören die finanzielle Unabhängigkeit, eine ungebundene Lebensführung und die Rückzugsmöglichkeit in die eigene Wohnung, aber auch der Wegfall negativer Beziehungserfahrungen.

Wichtig für die Lebenssituation, die Identität und Zufriedenheit Alleinwohnender ist, wie ihr *Bedürfnis nach Intimität und Sexualität* befriedigt wird. Knapp jede(r) dritte Alleinwohnende im mittleren Lebensalter hat einen festen Partner bzw. eine feste Partnerin (Hradil 2003). Alleinwohnende Frauen legen größeren Wert auf die Ausschließlichkeit, Dauer und Intensität der eingegangenen „Beziehung"; sie investieren mehr Gefühl. Sexualität ist bei ihnen integraler Bestandteil einer stabilen, verbindlichen Zweierbeziehung (Krüger 1990). Männer charakterisieren ihre Beziehung häufiger als unverbindlich und flüchtig. Das gesellschaftliche Stereotyp vom *„swinging single"* lässt sich allerdings nicht aufrechterhalten. Schmidt u. a. (2006) fanden bei ihrer Befragung von Großstädtern, dass Singles (hier: Partnerlose aller Altersstufen) insgesamt seltener Sex haben als fest Liierte und dass hedonistische Singles mit einer großen Anzahl von Sex-Partnern nur eine kleine Minderheit unter den Partnerlosen stellen. Am häufigsten finden sie sich mit 8 bis 9 Prozent unter den Jüngeren. Insgesamt aber gilt für Partnerlose: „Ihr Sexualleben (ist) eher karg, und die oft präsentierten Geschichten über das ungestüme, bunte, intensive und abenteuerliche Sexualleben der Singles (sind) vor allem mediale Phantasien" (Schmidt u. a. 2006, 74). Da Singles zwei- bis dreimal so viele Freunde wie Verheiratete haben, lässt sich auch das Stereotyp vom Single als *sozial isoliertem Einzelgänger* nicht aufrecht erhalten. Alleinwohnende ohne festen Partner/feste Partnerin haben die umfassendsten Freizeitnetze, wobei Freunde die bevorzugten Freizeitpartner sind (Schlemmer 1996). Freundeskreise werden als unverzichtbar für die psychische Stabilisierung angesehen und leisten wichtige Hilfe im Alltag.

Singles gelten als Speerspitzen des Wertewandels und finden sich gehäuft unter den *„Postmaterialisten"* (Hradil 2003). Sie sind – nach der *Milieu-Typologie* des Sinus-Instituts – im hedonistischen, alternativen und technokratisch-liberalen Milieu deutlich über- und im kleinbürgerlichen und konservativ gehobenen Milieu deutlich unterrepräsentiert (Hradil 1995). Bei *Lebensstilanalysen* konzentrieren sie sich in Westdeutschland auf postmaterialistische, erlebnisorientierte, gesellige Lebensstile. Sie finden sich nur selten im Harmoniemilieu (Spellerberg 1995). Opaschowski (1994) hält aufgrund der Ergebnisse seiner Repräsentativbefragung aus dem Jahr 1992 die ausgeprägte *Freizeitorientierung* der Alleinwohnenden (zwischen 25 und 49) für das herausragende Merkmal, in dem sich diese Bevölkerungsgruppe von gleichaltrigen Verheirateten und von Paaren mit Kindern unterscheidet. Auch in der österreichischen Studie von Monyk (2006) nahmen Freizeit und Konsum für die Alleinwohnenden eine zentrale Rolle im Leben ein.

Obwohl die meisten Alleinwohnenden aufgrund der Freiräume mit ihrer Lebenssituation zufrieden sind, heißt dies nicht, dass das Alleinwohnen ohne *Probleme* verläuft. Fast alle (ledigen) Alleinwohnenden zwischen 30 und 45 treffen auf das Unverständnis einer paar- und familienorientierten Gesellschaft und müssen sich mit dem Vorwurf auseinander setzen, sie seien egoistisch und unfähig, längerfristige Bindungen einzugehen (Krüger 1990). Gleichzeitig werden sie um ihre vermutete größere Selbständigkeit und Unabhängigkeit beneidet. Nach Hradil (1998) lässt sich die Aufregung über die Singles nicht mit deren besonderen Lebensumständen, Denk- und Verhaltensweisen erklären, sondern eher damit, dass Singles eine Art „Seismograph" darstellen und in auffälliger Weise andernorts noch vielfach latente Individualisierungsbewegungen und Gemeinschaftsdefizite und -bestrebungen signalisieren und symbolisieren, die sich in „ganz normalen" Familien erst noch im Verborgenen andeuten.

Die Hauptprobleme Alleinwohnender im mittleren Lebensalter liegen im *emotionalen Bereich*. Das Bedürfnis nach echter Partnerschaft, Liebe und Zärtlichkeit wird nur unzureichend befriedigt. Jeder zweite alleinwohnende Österreicher im Alter zwischen 25 und 49 vermisst in seinem Leben das Gefühl der Geborgenheit (Monyk 2006). In einer Infratest-Studie vom März 2002, in der 504 Deutsche zwischen 18 und 64 Jahren befragt wurden, die ledig, geschieden oder verwitwet waren oder seit langem getrennt lebten, vermisste jede(r) Zweite Geborgenheit und Wärme, vertraute Gespräche sowie Sex und Zärtlichkeit (Focus 13/2002). In der Studie von Schmidt u. a. (2006) ließen sich die Großstadtsingles (hier: Partnerlose) nach dem *Erleben des Singleseins* in drei Gruppen einteilen: Die Gruppe der Zufriedenen nimmt mit steigendem Alter zu (von 16 Prozent bei den 30-Jährigen bis auf 42 Prozent bei den 60-Jährigen) und die Gruppe der Unzufriedenen mit steigendem Alter ab (von 39 auf 19 Prozent). Auffallend hoch ist in allen Generationen der hohe Prozentsatz (zwischen 36 und 45 Prozent) der Ambivalenten.

Küpper (2002) hat 89 Singles (*Partnerlose* zwischen 25 und 45 Jahren, die fast durchweg allein wohnen) mit 78 gleichaltrigen (verheirateten und unverheirateten) Paarpersonen verglichen. Nicht bestätigen lässt sich die Vermutung, Singles hätten besonders oft schlechte Beziehungserfahrungen in ihrem Leben gemacht. Sie sind aber – dies gilt auch für freiwillige Singles und besonders für männliche Singles – weniger glücklich und zufrieden als Paare und fühlen sich, obwohl sie viele Kontaktpersonen haben, häufiger einsam und isoliert. Besonders in ihrem *Bindungs- und Liebesvermögen* unterscheiden sie sich fundamental von Paarpersonen. Sie sind bindungsängstlicher und bindungsvermeidender, und besonders die weiblichen Singles tendieren dazu, bei Beziehungskonflikten an den Ausstieg aus der Beziehung zu denken. Eine Nachbefragung des DJI-Familiensurveys aus dem Jahr 1995 ergab, dass sich Persönlichkeitsmerkmale und Lebensformen in einzigartiger Weise entsprechen. Menschen, die in einer Partnerschaft leben, sind eher extrovertiert, gesellig, gut in Peer-Netze integriert und besitzen ein hohes Selbstwertgefühl. Partnerlose sind häufig schüchtern, eher introvertiert und fühlen sich in Gemeinschaften oft unwohl (Lauterbach 2007).

2003 bewerteten in Deutschland 55 Prozent der Bevölkerung die steigende Anzahl Alleinwohnender als negativ (Dorbritz 2004b). Verheiratete Personen werden positiver beurteilt als Singles, die als einsamer, weniger einfühlsam und weniger fürsorglich eingeschätzt werden (Schütz u. a. 2007). Laut Hradil (2003; 2007) hat sich die früher eher positive Wahrnehmung und Bewertung der „Singles" durch ihre Mitmenschen als „Speerspitze der Individualisierung" (Beck 1986) seit den 1990er Jahren ins Negative verschoben. Singles wurden zu Defizitfiguren, von *Leit*figuren zu „*Leid*figuren". Den Grund für diese Abwertung sieht Hradil in einem *Wandel des Wertewandels* vor allem bei jungen Menschen. „An der Spitze der Werteskala (sind) in letzter Zeit Gemeinschafts-, Sicherheits-, Leistungs- und Anpassungswerte zusammen mit und teilweise schon vor Werten der Eigenständigkeit und Selbstentfaltung zu finden" (Hradil 2003, 49). Die Ursachen hierfür sind in den schlechten Erfahrungen zu suchen, die vor allem junge Menschen mit der unsicheren wirtschaftlichen Situation, aber auch mit übersteigerten Selbstverwirklichungsbestrebungen gemacht haben. Da das Leben der Singles genau das Gegenteil von Gemeinschafts- und Sicherheitswerten signalisiert, schlägt sich dies in einem immer negativeren Image des Singledaseins nieder. Trotzdem hält es Hradil (2003) eher für unwahrscheinlich, dass die Anzahl der Singles abnehmen wird, gibt es doch zahlreiche Trends (steigende Scheidungszahlen, zunehmende Mobilitätszwänge und erhöhte Anforderungen an den Partner/die Partnerin), die ein Alleinwohnen auch künftig begünstigen.

Gegenüber verheirateten oder in festen Partnerschaften lebenden Männern ist das Sterberisiko von alleinstehenden, verwitweten und geschiedenen Männern deutlich erhöht (Brockmann/Klein 2004). Entsprechende, etwas schwächere Zusammenhänge zeigen sich auch bei alleinstehenden und verwitweten Frauen. Eine Scheidung wirkt sich bei Frauen dagegen überhaupt nicht auf das Sterberisiko aus. Die Unterschiede in der schützenden Wirkung einer Beziehung bei Männern und Frauen erklären sich die Forscher damit, dass die Partnerin für viele Männer die einzige Quelle emotionaler Unterstützung ist. Frauen bauen sich dagegen neben der Partnerschaft weitere Netzwerke auf, so dass sie den Verlust ihres Partners besser verkraften können. Zimmermann und Easterlin (2006) haben 21 Befragungswellen des Sozio-ökonomischen Panels (1984–2004) analysiert. Demnach wirkt sich die Bildung einer Lebensgemeinschaft – dies gilt für eheliche und nichteheliche Lebensgemeinschaften gleichermaßen – dauerhaft positiv auf die Lebenszufriedenheit aus. Waite und Lehrer (2003) belegen anhand zahlreicher Untersuchungsbefunde aus den USA, dass die Ehe weitreichende positive Wirkungen in unterschiedlichsten Bereichen hat (körperliche und psychische Gesundheit, Lebenserwartung, Lebensstandard, Zufriedenheit u. a.). Sie führen dies darauf zurück, dass die Ehe für soziale Stützung und Integration sorgt und gesunde Verhaltensweisen und Lebensstile fördert.

3.2.4 Alleinwohnen: Alternativer Lebensstil oder biographische Phase?

Wie häufig wird das Alleinwohnen bewusst und dauerhaft anstelle einer anderen Lebensform gewählt? Wie häufig handelt es sich um eine freiwillige oder erzwungene biographische Durchgangsphase? Und wie oft ergibt sich diese Lebensform quasi „schicksalhaft" als Konsequenz lebensverlaufstypischer Entwicklungen (z. B. nach einer Trennung oder Scheidung), wobei zunächst offen bleiben muss, ob man sich im Laufe der Zeit mit dieser Lebensweise identifiziert und auch ihre positiven Seiten zu schätzen lernt?

Sozialwissenschaftler sind sich darin einig, dass der abwechslungsreiche und freie Lebensstil des Alleinwohnens, die hiermit verbundenen besseren Chancen der Selbstverwirklichung sowie der heute erleichterte Zugang zu außerehelichen Intimpartnern das Alleinwohnen im Sinne eines *Pull-Effekts* erstrebenswerter gemacht haben. Sicherlich hat dazu auch beigetragen, dass sich das Angebot an Gütern erhöht hat, die die Lebensführung als Alleinwohnender erleichtern (Fertigprodukte, Technisierung des Haushalts). Gleichzeitig sind mit dem in den 1960er Jahren einsetzenden Wertewandel die in der Ehe und Familie bestehenden Zwänge und Abhängigkeiten verstärkt ins öffentliche Bewusstsein getreten und haben mit zur Abkehr von dieser Lebensform im Sinne eines *Push-Effekts* beigetragen.

Wollen Alleinwohnende in erster Linie einer als unerträglich empfundenen Situation (Ehe, Partnerschaft) im Sinne eines Push-Effekts entfliehen? Oder entscheiden sie sich vor allem wegen der erhofften Anreize freiwillig und auf Dauer für ein Alleinwohnen im Sinne eines neuen Lebensstils (Pull-Effekt)? Hradil (2003) spricht von einem *Single im engeren Sinne*, wenn die Person zwischen 25 und 55 Jahre alt ist, keinen festen Partner hat und aus eigenem Willen und für längere Zeit allein wohnen will. Obwohl Singles als Vorreiter einer zunehmenden Individualisierung der Gesellschaft gelten, ist das Singledasein als freiwillig gewählte, auf Dauer angelegte Lebensform mit einem Anteil von weniger als einem Prozent der Bevölkerung aber ein ausgesprochenes Minderheitenphänomen.

Bachmann (1992) hat Ende der 1980er Jahre 60 alleinwohnende ledige oder geschiedene Frauen und Männer im Alter zwischen 30 und 40 ohne feste Partnerbindung befragt, um herauszufinden, ob es sich bei dieser Lebensform um eine echte Alternative zu einer Paarbeziehung oder um eine unfreiwillige, als defizitär empfundene Daseinsweise, ein bloßes Intermezzo auf dem Weg zu einer festen Partnerschaft handelt. Nur eine Minderheit von 15 Prozent wollte definitiv auf eine Partnerschaft verzichten (= *bindungsdesinteressierte Singles*). Diese Personen waren entweder überhaupt nicht am anderen Geschlecht interessiert oder bevorzugten Liebesbeziehungen auf der Basis psychischer und räumlicher Distanzen ohne dauerhaften Verpflichtungscharakter (= *liebschaftsorientierte Singles*). Die überwiegende Mehrheit (85 Prozent) der Alleinwohnenden schloss für die eigene Zukunft eine (erneute) Partnerschaft zumindest nicht aus. Die meisten (57 Prozent) waren einer Partnerschaft zwar prinzipiell positiv gegenüber eingestellt (= *bindungsorientierte Singles*). Man zog ein Zusammenwohnen als Paar dem Alleinwohnen aber nur dann vor, wenn bestimmte hoch gesteckte Ansprüche (bei den Frauen z. B. völlige Gleichberechtigung und finanzielle Unabhängigkeit) erfüllt sind. Weitere 28 Prozent standen einer Bindung zwar prinzipiell offen gegenüber, äußerten aber starke Vorbehalte gegen eine konkrete Realisierung ihres Bindungswunsches (= *bindungsambivalente Singles).* Kennzeichnend für diesen Typ, der sich am häufigsten unter Ledigen findet, war das Bemühen um eine individualistisch austarierte Beziehungsbalance mit Phasen von Partnerlosigkeit.

In der (nichtrepräsentativen) österreichischen Studie von Monyk (2006) aus den Jahren 2000/2001 wollten von den 124 befragten partnerlosen Alleinwohnenden im Alter zwischen 25 und 49 Jahren 36 Prozent in Zukunft auf jeden Fall eine neue, stabile Partnerschaft eingehen (= *bindungsinteressierte Singles*; vgl. *Abbildung 4).* Die Mehrheit (59 Prozent) war einer neuen Bindung gegenüber zwar prinzipiell offen eingestellt, zeigte jedoch starke Vorbehalte gegen eine konkrete Realisierung oder konnte sich eine Bindung erst zu einem späteren Zeitpunkt vorstellen (= *bindungsambivalente Singles).* Nur 5 Prozent wollten unter keinen Umständen ihre Freiheit aufgeben und lehnten jede Art fester Beziehung kategorisch ab (= *bindungsdesinteressierte Singles).*

Abbildung 4: Beziehungsbereitschaft von Partnerlosen im Alter zwischen 25 und 49 Jahren

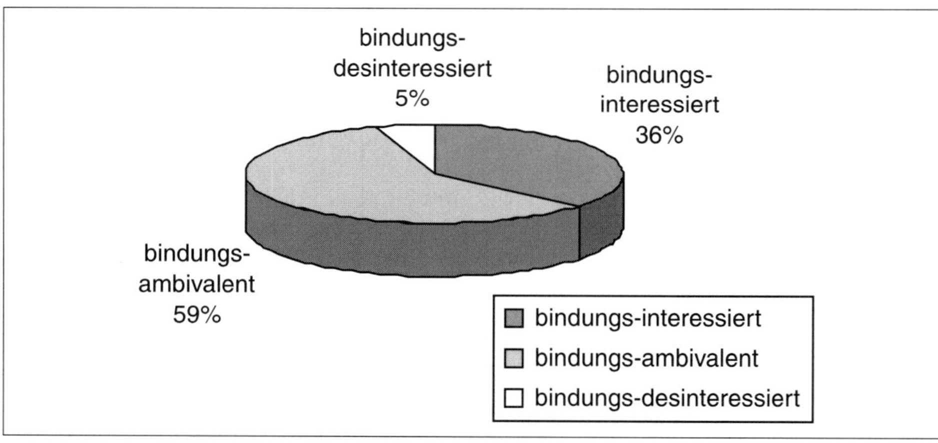

Quelle: Monyk 2006, 146

Schmidt u. a. (2006) haben die Singletypen in drei Generationen in Hamburg und Leipzig verglichen. Unter Singles verstehen sie Männer und Frauen, die zum Zeitpunkt der Befragung ohne Beziehung – also *partnerlos* – lebten. Die meisten Singles (74 Prozent) leiden darunter, dass sie gegenwärtig nicht in einer festen Beziehung leben, Frauen noch häufiger als Männer (Starke 2005). Aber es finden sich auch charakteristische generationsspezifische Unterschiede (vgl. *Tabelle 10):*

- Der typische 60-jährige Single lebt bereits seit mehreren Jahren allein und ist überzeugt davon, dass dies auch so bleiben wird (= *„stetiger Single“).* Es gibt zwei Untertypen: diejenigen, die das akzeptieren – die *„abgeklärten Stetigen“*, die sich etwas häufiger unter den Frauen finden –, und diejenigen, die (noch) damit hadern (die *„hadernden Stetigen“),* die etwas häufiger bei den Männern anzutreffen sind.

Tabelle 10: Perspektive, Akzeptanz und Dauer des bisherigen Singlelebens (Angaben in Prozent)

	1942 (60-Jährige)	**1957 (45-Jährige)**	**1972 (30-Jährige)**
Perspektive			
Übergangssingle	27	44	74
Stetiger Single	73	56	26
Akzeptanz			
Zufrieden	42	20	16
Ambivalent	39	36	45
Unzufrieden	19	44	39
Dauer			
bis 2 Jahre	21	40	77
3 – 5 Jahre	23	21	19
6 und mehr Jahre	57	39	5

Quelle: Schmidt u.a. 2006, 71

- Den Gegenpol bilden die 30-jährigen Singles, die erst seit kurzem allein leben, mit ihrer Situation unzufrieden sind oder dem Alleinleben sowohl gute als auch schlechte Seiten abgewinnen können und davon ausgehen, dass sie spätestens in fünf Jahren wieder in einer festen Beziehung leben werden (= *„Übergangssingle")*. Dieser Typ findet sich ähnlich häufig unter Männern wie unter Frauen.
- Die 45-Jährigen nehmen eine Zwischenposition ein.

In der Studie von Küpper (2002) bezeichneten sich 37 Prozent der befragten Singles (*Partnerlose* im mittleren Lebensalter) – ein ähnlich hoher Anteil von Frauen und Männern – als freiwillige und 63 Prozent als unfreiwillige Singles. 60 Prozent der Singles wollten gar nicht mehr oder nicht mehr lange Singles bleiben, die restlichen 40 Prozent noch eine ganze Weile oder noch ziemlich lange. Keiner der Singles – weder der freiwilligen noch der unfreiwilligen – wollte für immer Single sein. Und nur ganz wenige haben resigniert. „Der Typus der überzeugten Singles, die keinen Partnerwunsch haben und eine feste Partnerschaft für sich ablehnen, aber auch der Typus des Resignierten, die es aufgegeben haben, auf eine Partnerschaft zu hoffen, kann hier nicht wiedergefunden werden" (Küpper 2002, 153/54).

Die meisten Alleinwohnenden im mittleren Lebensalter wohnen *unfreiwillig oder nur bedingt freiwillig* allein. Die Betroffenen verweisen sehr häufig auf negative Partnerschaftserfahrungen. Das Alleinwohnen war, zumindest zu Beginn, eher das „kleinere Übel", eine Reaktion auf schmerzhafte Erfahrungen, die man mit dem Zusammenwohnen mit einem Partner bzw. einer Partnerin gemacht hat (Spiegel 1986). Als häufigster Trennungsgrund werden unvereinbare Rollenauffassungen von Mann und Frau genannt. Fast alle Frauen wehren sich dagegen, auf die Hausfrauenrolle festgelegt zu werden. Aber auch einige Männer sind nicht länger bereit, sich in die Rolle des Ernährers und Hauptverantwortlichen abdrängen zu lassen (Meyer/Schulze 1989). Neben den negativen Erfahrungen mit anderen Lebensformen, die oft den Anstoß für das Alleinwohnen gaben, nennen fast alle Interviewten auch *positive Aspekte des neuen Lebensstils,* die dazu beigetragen haben, dass dieser fortgesetzt wird. Alleinwohnende, die zunächst große Anpassungsprobleme hatten, mussten sich anfangs bewusst darin üben, ihr Leben selbständig zu gestalten, und sie stellten später besonders hohe Ansprüche an einen möglichen Partner bzw. an eine mögliche Partnerin (Spiegel 1986). In fast allen Interviews finden sich Variationen des gleichen Themas, stärker bei den Frauen, abgeschwächt bei den Männern: der Wunsch nach persönlicher Unabhängigkeit, die Möglichkeit, ein eigenes Leben führen zu können, verbesserte Chancen der Selbstverwirklichung im Beruf, weniger Kompromisse und der Wegfall störender Kontrollen. Eine besondere Bedeutung kommt der eigenen Wohnung als Symbol der Unabhängigkeit und als Rückzugsmöglichkeit zu. Die Wohnung „repräsentiert räumlich die angestrebte Autonomie, die Rückzugsmöglichkeit auf sich selbst und die Abschottung nach außen hin" (Meyer/Schulze 1989, 87).

In allen Studien finden sich auch beträchtliche Unterschiede zwischen den *Geschlechtern*:

- Frauen bewerten das Alleinwohnen insgesamt positiver als Männer und sehen hierin häufiger eine längerfristige Perspektive.
- Die Ehe erfahrenen Frauen sind nach einer Übergangszeit immer weniger dazu bereit, ihr Leben noch einmal mit einem festen Partner zu teilen. Sie assoziieren Alleinwohnen mit persönlicher Unabhängigkeit und Freiheit. Den Ehe erfahrenen Männern fällt es dagegen besonders schwer, den Übergang zum Alleinwohnen zu vollziehen.
- Auch ledige alleinwohnende Frauen stehen einer möglichen Heirat wesentlich distanzierter gegenüber als ledige alleinwohnende Männer.
- Jede zweite Frau wohnt freiwillig allein, während die Männer fast durchweg von ihren Partnerinnen verlassen wurden.
- Die Männer vertreten traditionalere Rollenvorstellungen und betrachten diese Lebensform häufiger als Schicksalsschlag und – obwohl sie zum Teil schon seit vielen Jahren allein wohnen – als Übergangsform.

Insgesamt gehört eine freiwillige und dauerhafte Partnerlosigkeit zum Selbstverständnis nur der allerwenigsten Alleinwohnenden im mittleren Lebensalter. In einer Infratestbefragung im März 2001 schlossen nur 6 Prozent der alleinwohnenden Männer und 12 Prozent der alleinwohnenden Frauen zwischen 18 und 64 eine feste Partnerschaft völlig aus (Focus 13/2002). Aber auch nur 43 Prozent der partnerlosen Männer und 25 Prozent der partnerlosen Frauen würden gerne wieder eine feste Partnerschaft eingehen. Ein beträchtlicher Prozentsatz „braucht seine Freiheit und möchte keine Verpflichtungen eingehen", ist „momentan zu beschäftigt für eine Partnerschaft" oder „möchte zurzeit keinen Partner, weil die letzte Beziehung noch nicht lange zurückliegt". Viele möchten entweder zur Zeit keine Partnerschaft oder schließen eine Partnerschaft zur Zeit nicht aus, können aber auch gut ohne leben. Auch sind nur wenige Alleinwohnende im mittleren Lebensalter mit oder ohne Partner/in (ca. 5 Prozent) der Überzeugung, dass man alleine glücklicher leben kann als in einer Familie (Allbus 2000). Jeweils etwa 40 Prozent meinen, man könne in beiden Lebensformen gleich glücklich sein bzw. man benötige eine Familie, um glücklich zu sein.

Das Ideal von Liebe und Zweisamkeit ist weit verbreitet, wenn auch die Ansprüche an eine Partnerschaft sehr hoch gesteckt sind. Vorherrschend ist eine „ausgesprochen ambivalente Grundhaltung im Singleleben: zwischen den weiten persönlichen Freiheiten, welche diese Lebensform bieten kann, und dem im Singleleben nicht realisierten, aber als zugkräftig erfahrenen Idealen von ‚tiefer Liebe' und ‚echter Zweisamkeit' – dazwischen der Graben der schwieriger werdenden konkreten Bindungsrealisation" (Bachmann 1992, 23). Auch bei den von Schmidt u. a. (2006) befragten Partnerlosen fällt in allen Generationen der hohe Prozentsatz der *Ambivalenten* (je nach Generationszugehörigkeit zwischen 36 und 45 Prozent) auf. Die Antworten auf die offenen Fragen „Was finden Sie gut daran, nicht fest gebunden zu sein?“ und „Was fehlt Ihnen?“ zeigen, was das Singledasein zwiespältig macht: der Wunsch nach Nähe, Geborgenheit, Rückhalt, Austausch und, seltener, Sexualität einerseits und die Wertschätzung, ja das Genießen der eigenen Unabhängigkeit andererseits.

Das Alleinleben als zeitlich befristeter, über den Lebenszyklus hinweg immer wieder möglicher Haushaltstyp hat deutlich an Bedeutung gewonnen. Nicht nur seine Bedeutung als vorübergehende biographische Phase zwischen dem Auszug aus dem Elternhaus und der Heirat hat als Folge des längeren Verbleibs im Bildungssystem und des Aufschubs der Familiengründungsphase zugenommen, wie die wachsende Zahl junger, lediger Alleinwohnender zeigt. Auch im weiteren Lebensverlauf nach Trennungen und Ehescheidungen ist diese Lebensform als Übergangsphase immer bedeutsamer geworden. Je stärker die Biographie von Brüchen und Diskontinuitäten geprägt ist, desto häufiger dürfte Alleinwohnen als (zumindest temporäre) Lebensform werden. Vom Anstieg der Zahl der Einpersonenhaushalte umstandslos auf eine *Singularisierung der Gesellschaft* zu schließen, ist allerdings aufgrund der empirischen Datenlage nicht statthaft. Auch kann die Erhebungseinheit „Einpersonenhaushalt“, gemessen an einem bestimmten Stichtag, das soziale Phänomen Alleinwohnen nicht hinreichend erklären. Erforderlich sind lebenslaufbezogene Untersuchungen, die die Zeitdauer des Alleinwohnens und die Stellung dieser Lebensform im Lebenszyklus erfassen.

3.3 Nichteheliche Lebensgemeinschaften: Jugendliche Experimentierphase, „Ehe auf Probe“ oder „Alternative zur Ehe“?

Auch früher hat es Paare gegeben, die wie Eheleute lebten, ohne verheiratet zu sein (Möhle 1999). Schon die hohen Ledigenquoten – 1871 waren noch etwa 60 Prozent der Bevölkerung ledig – lassen auf eine weite Verbreitung nichtehelicher Paare schließen. Unterschiede bestanden aber hinsichtlich der Akzeptanz und Funktion dieser Lebensform. In den unteren Sozialschichten war die Ehelosigkeit häufig durch politisch-rechtliche Heiratsbeschränkungen geradezu aufoktroyiert. Die „wilde Ehe“ war für breite Bevölkerungsschichten ein dauerhafter Zustand. Nichtehelichkeit einschließlich der häufig anzutreffenden nichtehelichen Geburten galten als von der Kirche und der Gesellschaft stigmatisierte Lebensführung der Armen. Unter den begüterten Klassen machte die in manchen Regionen Europas verbreitete Prüfung der Fruchtbarkeit ein voreheliches Zusammenleben unabdingbar.

Auch nach Wegfall der Heiratsbeschränkungen war es vielen Männern und Frauen aus der Arbeiterschaft aufgrund unzureichender ökonomischer Ressourcen nicht möglich, eine Ehe einzugehen. Erst mit der ökonomischen Besserstellung nach dem Zweiten Weltkrieg („Wirtschaftswunder“) nahm der Anteil der Verheirateten an der Gesamtbevölkerung kontinuierlich zu. So waren von den Angehörigen der Geburtskohorten der 1930er Jahre über 90 Prozent die meiste Zeit ihres Lebens verheiratet. Gleichzeitig verlor die nichteheliche Beziehung ihre Legitimationsgrundlage. Nichteheliche Lebensgemeinschaften wurden seltener und unterlagen verstärkt rechtlichen und sozialen Sanktionen (siehe z. B. den Kuppeleiparagraphen). Erst seit Ende der 1960er Jahre ist die Zahl unverheiratet zusammenlebender Paare wieder deutlich angestiegen. Aber anders als in früheren Zeiten entscheiden sich nun immer mehr Menschen aus eigenem Entschluss für ein (vorläufiges oder dauerhaftes) unverheiratetes Zusammenleben als Paar.

3.3.1 Begriffliche Abgrenzung und Verbreitung

Neben dem Begriff der nichtehelichen Lebensgemeinschaft findet man im öffentlichen und im wissenschaftlichen Sprachgebrauch zur Kennzeichnung des Phänomens eine Fülle weiterer Bezeichnungen:

- Die meisten Juristen halten immer noch am historischen Begriff des *Konkubinats* fest. Eine Minderheit, die eine rechtliche Gleichstellung mit der Institution Ehe anstrebt, spricht lieber von einer „eheähnlichen Lebensgemeinschaft" oder einem „eheähnlichen Verhältnis".
- Umgangssprachliche Ausdrücke (z. B. „freie Lebensgemeinschaft") sind meist stark wertend oder rücken die Abweichung vom Normalfall Ehe in den Mittelpunkt („wilde Ehe").
- „Ehe auf Probe" suggeriert, dass es sich um eine Vorphase zur Ehe, eine Art Verlöbnis, „Ehe ohne Trauschein", dass es sich um eine echte Alternative zur Ehe handelt.
- Einige Autoren bevorzugen die Bezeichnung *Kohabitation*, da sie wertneutral und auch in der englischen und französischen Literatur gebräuchlich ist.
- Auch der geläufige Begriff *„unverheiratetes Zusammenleben"* ist nicht ganz unproblematisch, da ein oder beide Partner mit einer Person außerhalb der Beziehung verheiratet sein können und häufig auch verheiratet sind.

Dass es sich beim unverheirateten Zusammenleben nur um eine *unvollständig institutionalisierte Lebensform* handelt, erkennt man auch daran, dass es unter den Beteiligten selbst keine einheitlichen Bezeichnungen für den Partner bzw. die Partnerin gibt, was besonders in der Verwandtschaft leicht zu Irritationen führt. So wurden in der qualitativen Studie von Manning und Smock (2005) wechselweise Begriffe benutzt wie Freund/Freundin, Lebensgefährte/Lebensgefährtin, Verlobter/Verlobte oder Mann/Frau.

Unter einer *nichtehelichen Lebensgemeinschaft (NEL)* werden zwei erwachsene Personen unterschiedlichen Geschlechts mit oder ohne Kinder verstanden, die auf längere Zeit als Mann und Frau – ohne weitere Personen – einen gemeinsamen Haushalt führen, ohne miteinander verwandt oder verheiratet zu sein. Da ein klares Abgrenzungskriterium (wie Heirat oder Scheidung) fehlt, sind weitere Spezifizierungen erforderlich. Unterschiedliche Vorstellungen bestehen im Hinblick auf die *Dauer der Beziehung*. Einige Autoren sprechen erst dann von einer nichtehelichen Lebensgemeinschaft, wenn sie mindestens drei Monate besteht. Nur kurze Zeit zusammenwohnende Paare, die sich für ein unbefristetes Zusammenwohnen entschieden haben, fallen nicht unter diese Definition. Zweckmäßiger als eine zeitliche Abgrenzung dürfte es sein, die Zukunftsperspektive in den Mittelpunkt zu stellen. Unverheiratetes Zusammenwohnen bedeutet aus dieser Sicht Zusammenwohnen auf unbestimmte Zeit. Als *„Mann und Frau zusammenwohnen"* bedeutet, dass es sich um Intimbeziehungen handelt, die aus Zuneigung und/oder sexuellem Interesse eingegangen werden. Rein pragmatische Arrangements scheiden aus. Auch bilden nur solche Personen eine nichteheliche Lebensgemeinschaft, die eine *Haushaltsgemeinschaft* bilden. Die Selbstdefinition der Befragten allein reicht nicht aus, da ein Drittel aller Personen, die sich selbst als Teil einer nichtehelichen Lebensgemeinschaft definieren, in getrennten Haushalten wohnt (= „*living apart together*"; vgl. *Kapitel 3.4*).

Auskunft über die *Entwicklung und Anzahl unverheiratet zusammenwohnender Paare* in Deutschland geben die amtliche Statistik sowie mehrere Repräsentativerhebungen. Da das Mikrozensusgesetz bis einschließlich 1995 eine direkte Frage nach dem nichtehelichen Zusammenleben mit einem Partner bzw. einer Partnerin nicht zuließ, musste die Anzahl nichtehelicher Lebensgemeinschaften geschätzt werden. Hierzu wurden aus den Mikrozensusdaten jene Haushalte abgegrenzt, die aus einem Mann und einer Frau im Alter von jeweils mindestens 18 Jahren bestehen, die weder miteinander verheiratet noch verwandt/verschwägert sind und in denen noch zusätzlich ledige Kinder eines oder beider Partner leben können. Ob eine sexuelle Beziehung besteht und ob die Partner ihre Gemeinschaft als vorübergehende oder als dauerhafte Form des Zusammenlebens begreifen, bleibt offen. Paare, die zwar zusammenwohnen, aber getrennt wirtschaften, und Paare, die in einer Wohngemeinschaft leben, werden ebenfalls nicht erfasst. Erst ab der Mikrozensuserhebung 1996 gibt es eine direkte Frage nach der Zugehörigkeit zu einer nichtehelichen Lebensgemeinschaft (Selbsteinstufung). Ein Vergleich von geschätzten und über die direkte Fragte ermittelten Angaben zeigt eine hohe Quote der Übereinstimmung (Lengerer/Klein 2007).

Seit die Schätzung mit Hilfe der amtlichen Statistik (Mikrozensus) 1972 zum ersten Mal durchgeführt wurde, hat sich im *früheren Bundesgebiet* die Zahl der (gemischtgeschlechtlichen) nichtehelichen Lebensgemeinschaften verdreizehnfacht (vgl. *Tabelle 11*). 2005 wurden fast 1,8 Millionen Haushalte mit nichtehelichen Lebensgemeinschaften er-

Tabelle 11: Nichteheliche Lebensgemeinschaften ohne und mit ledigen Kindern (ohne Altersbegrenzung) im Haushalt, 1972 – 2005

Jahr	Insgesamt		Ohne Kind		Mit Kind(ern)	
	1 000	%	1 000	%	1 000	%
			Früheres Bundesgebiet			
1972	137	100	111	82	25	18
1982	516	100	445	86	71	14
1990	963	100	856	89	107	11
1996	1 382	100	1 099	80	283	20
2002	1 742	100	1 307	75	436	25
2004	1 882	100	1 395	74	487	26
2005[1]	1 775	100	1 311	74	464	26
			Neue Länder und Berlin-Ost			
1991	327	100	147	45	180	55
1996	442	100	217	49	225	51
2002	551	100	276	50	274	50
2004	586	100	301	51	285	49
2005[2]	642	100	336	52	306	48
			Deutschland			
1991	1 393	100	1 015	73	378	27
2002	2 293	100	1 583	69	710	31
2004	2 469	100	1 696	69	773	31
2005	2 417	100	1 647	68	770	32

1 Früheres Bundesgebiet ohne Berlin
2 Neue Länder einschließlich Berlin

Quelle: Statistisches Bundesamt 2004; 2005; 2005a; 2006b

mittelt, darunter 26 Prozent mit im Haushalt lebenden ledigen Kindern (davon sind 85 Prozent minderjährige Kinder). Da heute in drei von vier Haushalten unverheirateter Paare keine Kinder leben, ist die *kinderlose nichteheliche Lebensgemeinschaft* eine typische Form des Zusammenwohnens in Westdeutschland.

Ganz anders sieht die Situation in der *DDR* bzw. in den *neuen Bundesländern* aus. Mit etwa 150 000 (1981) unverheirateten Paaren war diese Lebensform in der DDR ähnlich weit verbreitet wie in der Bundesrepublik. Bis 2005 hat sich die Zahl nichtehelicher Lebensgemeinschaften auf 642 000 erhöht, wobei in fast jeder zweiten Gemeinschaft mindestens ein lediges Kind zum Haushalt gehört (davon sind 93 Prozent minderjährige Kinder). Der leichte Rückgang der Zahl nichtehelicher Lebensgemeinschaften in Deutschland im Jahr 2005 gegenüber dem Vorjahr könnte eine Folge der in diesem Jahr in Kraft getretenen Arbeitslosengeld II-Bestimmungen sein. Danach erhält ein Erwerbsloser kein Arbeitslosengeld II, wenn das Arbeitseinkommen des Lebenspartners den gesetzlich vorgegebenen Bedarf deckt.

Eine von DataConcept im November 1999 durchgeführte Repräsentativbefragung „Wilde Ehen in Deutschland" ermittelte mit 2,85 Millionen eine gegenüber den amtlichen Daten um 38 Prozent höhere Anzahl nichtehelicher Lebensgemeinschaften. Die niedrigeren Zahlen der amtlichen Statistik werden damit erklärt, dass häufig ein Mann und eine Frau unverheiratet zusammenwohnen, aber angeben, getrennt zu wirtschaften (um z. B. nicht im Falle von Sozialhilfe des Partners herangezogen zu werden) und dass sich Personen in nichtehelichen Lebensgemeinschaften häufig als verheiratet ausgeben. Ein beträchtlicher Anteil der im Mikrozensus als alleinerziehend oder alleinwohnend eingestuften Personen dürfte in Wirklichkeit mit einem Partner zusammenwohnen, so dass die Anzahl von Ein-Eltern-Familien und Alleinwohnenden zugunsten nichtehelicher Lebensgemeinschaften nach unten korrigiert werden muss.

Nach wie vor sind es überwiegend die Frauen, die Kinder in eine nichteheliche Lebensgemeinschaft mitbringen. In Deutschland wuchsen im April 2004 in 66 Prozent der nichtehelichen Lebensgemeinschaften mit Kindern im Haushalt ausschließlich Kinder der Frau auf, in 29 Prozent (mit steigender Tendenz) ausschließlich Kinder des Mannes und in 5 Prozent Kinder der Frau und Kinder des Mannes, wobei keine Rückschlüsse darüber möglich sind, ob es sich hierbei um gemeinsame Kinder handelt (Statist. Bundesamt 2005). Häufig werden die Kinder in nichtehelichen Lebensgemeinschaften nachträglich durch die Heirat der leiblichen Eltern oder eines leiblichen Elternteils mit einem Stiefelternteil legitimiert. Die *Legitimierungsquote* bei gemeinsamen vorehelichen Kindern betrug 1994 in den alten Ländern rund 37 Prozent und in den neuen Ländern knapp 50 Prozent. Ein weiteres Drittel der nichtehelichen Kinder wuchs in einer legitimierenden Stieffamilie auf (Schwarz 1997).

Nichteheliche Lebensgemeinschaften sind für Jüngere attraktiver als für Ältere, was dafür spricht, dass es sich hierbei häufig um eine Vorstufe zu einer späteren Ehe handelt (vgl. *Tabelle 12).* In allen Altersgruppen – ganz besonders bei Personen im jungen Erwachsenenalter – ist der Anteil nichtehelicher Lebensgemeinschaften in Ostdeutschland höher als in Westdeutschland. Vor allem junge Frauen in Ostdeutschland leben sehr häufig in einer nichtehelichen Lebensgemeinschaft – jede fünfte ostdeutsche Frau zwischen 18 und 35 gegenüber knapp 14 Prozent der gleichaltrigen westdeutschen Frauen. Besonders häufig leben zwei ledige kinderlose Partner in einer nichtehelichen Lebensgemeinschaft. Diese Partnerkonstellation machte 2005 deutschlandweit 64 Prozent aller kinderlosen nichtehelichen Lebensgemeinschaften aus (Statist. Bundesamt 2006b). Aber auch in jeder zweiten nichtehelichen Lebensgemeinschaft mit Kindern (51 Prozent) waren beide Partner ledig. Die nichteheliche Lebensgemeinschaft ist nicht nur eine typische Lebensform in der Anfangsphase der Paarbildung und Familienentwicklung. Auch nach dem Scheitern einer Ehe gewinnt sie als Lebensform zusehends an Bedeutung.

Tabelle 12: In nichtehelicher Lebensgemeinschaft lebende Männer und Frauen nach Altersgruppen, 2004 (von 100 Personen der entsprechenden Altersgruppe lebten ... in nichtehelichen Lebensgemeinschaften)

Altersgruppe	**Deutschland**		**Früheres Bundesgebiet und Berlin-West**		**Neue Bundesländer und Berlin-Ost**	
	Männer	**Frauen**	**Männer**	**Frauen**	**Männer**	**Frauen**
18 – unter 35	12,5	15,2	11,7	13,9	15,8	21,3
35 – unter 55	8,1	7,0	7,5	6,5	10,8	9,1
55 und älter	3,1	2,1	3,1	2,1	3,5	2,2

Quelle: Grünheid 2006, 93

Bis in die 80er Jahre war im früheren Bundesgebiet die nichteheliche Lebensgemeinschaft vorwiegend eine Lebensform von Personen mit *höheren Bildungs- und Ausbildungsabschlüssen.* 33 Prozent hatten Abitur oder einen Hochschulabschluss im Vergleich zu 14 Prozent der Ehepaare mit vergleichbarer demographischer Struktur (Pohl 1985). Mit der Ausbreitung des unverheirateten Zusammenlebens sind die Unterschiede zwar geringer geworden, aber nicht verschwunden. Die stärkste Neigung zur nichtehelichen Lebensgemeinschaft ist bei hypergamen Partnerschaften zu beobachten, d. h. bei einer formalen Bildungsüberlegenheit der Frau (Wirth 2007). Besonders Frauen mit hohem Bildungsniveau und dadurch besseren ökonomischen Chancen betrachten die nichteheliche Lebensgemeinschaft als attraktive Option. Gebildete Männer tendieren dagegen stärker zur traditionalen Partnerschaftsform Ehe. Eine Auswertung der Mikrozensen der Jahre 1991–2000 durch Konietzka und Kreyenfeld (2005) zeigt, dass in *Westdeutschland* höher gebildete Frauen (mit Abitur) direkt im Anschluss an die Familiengründung mit einer höheren Wahrscheinlichkeit mit einem Partner unverheiratet zusammen wohnen als Frauen mit einem mittleren oder niedrigen Bildungsabschluss. Ein typisches Merkmal ist auch die ökonomische Eigenständigkeit der Mütter in nichtehelichen Lebensgemeinschaften. Unverheiratet zusammenwohnende Frauen bleiben nach der Familiengründung wesentlich häufiger erwerbstätig als verheiratete Frauen und hängen seltener vom Einkommen des Partners ab. Wenn das jüngste Kind 3 bis 6 Jahre alt ist, bestreiten knapp zwei Drittel dieser Frauen ihren Lebensunterhalt durch eigene Erwerbstätigkeit. Je älter das jüngste Kind ist, desto deutlicher kristallisiert sich dieser Zusammenhang heraus.

In *Ostdeutschland* bestehen nur geringe Unterschiede zwischen verheirateten und in einer nichtehelichen Lebensgemeinschaft lebenden Müttern im Hinblick auf den Bildungsabschluss und das Ausmaß der Erwerbsbeteiligung. Die nichteheliche Lebensgemeinschaft ist „im Unterschied zu Westdeutschland als Familienform nicht auf die oberen Bildungsschichten konzentriert, sondern in der ‚breiten Mitte' der Frauen verankert" (Konietzka/Kreyenfeld 2005, 57). Eine höhere Bildung – als Indikator für eine verstärkte Orientierung auf ökonomische Unabhängigkeit – beeinflusst also nicht in allen Fällen positiv die Entscheidung für eine nichteheliche Lebensgemeinschaft als Familienform. Sozialstaatliche Transferleistungen wie der Bezug von Arbeitslosengeld/-hilfe als Unterhaltsquelle spielen in Ostdeutschland eine größere Rolle als in Westdeutschland.

Nichteheliche Lebensgemeinschaften sind auch heute noch häufiger in *Großstädten* als in Kleinstädten und ländlichen Gebieten anzutreffen, häufiger unter *Konfessionslosen* als unter Protestanten und Katholiken und häufiger unter Menschen mit schwacher als unter Menschen mit starker *religiöser Bindung*. Indem sich diese Lebensform zunehmend in allen Bevölkerungsschichten – wenn auch mit unterschiedlicher Geschwindigkeit – ausbreitet, lässt sich eine *Normalisierung* dieser einst einer Minderheit vorbehaltenen Lebensform beobachten. So hatten 80 Prozent der in Bayern befragten jungen Ehepaare bereits vor der Heirat eine längere Zeit zusammengewohnt; die Ehe ging also aus einer nichtehelichen Lebensgemeinschaft hervor (Vaskovics u. a. 1997). Dass nichteheliche Lebensgemeinschaften ihren Charakter als Gegenentwurf zur bürgerlichen Ehe längst verloren haben, erkennt man auch daran, dass unverheiratet zusammenlebende Paare sich hinsichtlich ihrer Einstellungen und Werte nicht grundsätzlich von Menschen in anderen Lebensformen unterscheiden.

3.3.2 Typologie und Verlaufsformen nichtehelicher Lebensgemeinschaften

Die Diskussion über nichteheliche Lebensgemeinschaften wird beherrscht von der Frage, ob es sich hierbei um ein funktionales Äquivalent des traditionalen Verlöbnisses oder um eine neue Form des Zusammenlebens, eine echte Alternative zur Ehe handelt. Tatsächlich sind dies nicht die einzigen Alternativen:

- *Affektive Beziehung auf Zeit („freie Partnerschaft"):* Die Beziehung wird nur solange beibehalten, wie sie von den Beteiligten als befriedigend erlebt wird; die Zukunft ist offen. Dieser Typ fällt biographisch meist in die verlängerte Jugendphase (Postadoleszenz), in der äußere Abhängigkeiten und Zwänge keine so große Rolle spielen.
- *Probe-Ehe:* Das Paar wohnt zusammen, um sich noch besser kennen zu lernen und sicherzugehen, dass die Beziehung auch unter den Bedingungen des Alltags tragfähig ist. Oder man will prüfen, ob man selbst schon „reif" für die Ehe ist. Die nichteheliche Lebensgemeinschaft stellt eine zusätzliche Phase im Prozess der Partnerwahl dar.
- *Vorstufe zur Ehe:* Die Partner sind fest zur Ehe entschlossen, schieben aber die Heirat auf, bis bestimmte ökonomische und soziale Voraussetzungen (z. B. Abschluss der Ausbildung, berufliche Existenzsicherung) erfüllt sind.
- *Alternative zur Ehe:* Es handelt sich um eine langfristige, eheähnliche Beziehung, wobei auf eine legale Absicherung bewusst verzichtet wird.

Wichtig ist auch, ob es sich um Paare mit oder ohne Kind(er) handelt, um Paare, die innerhalb einer Wohngemeinschaft leben oder eine eigenständige Dyade bilden, oder um Paare, die erstmals (unverheiratet) zusammenwohnen *(primäres Konkubinat)* oder sich nach erfolgter Scheidung oder Verwitwung hierzu entschlossen haben *(sekundäres Konkubinat)*.

Unklar ist, wie viele nichteheliche Lebensgemeinschaften unter die verschiedenen Typen fallen. Als Indikator für die Zuordnung wird häufig die *Heiratsabsicht* verwendet. Dabei wird stillschweigend davon ausgegangen, dass in der Frage „Heirat oder Nichtheirat" zwischen beiden Partnern Konsens besteht. Eine norwegische Studie, die Ende der 1990er Jahre durchgeführt wurde und in der unverheiratete Paare im Alter von unter 45 Jahren danach gefragt wurden, wer von beiden – Mann oder Frau – einer Heirat am skeptischsten gegenüberstehe, erbrachte, dass in sieben von zehn Fällen beide Partner gegen eine Heirat waren (Reneflot 2006). In den verbleibenden Fällen hatten die männlichen Partner wesentlich häufiger Bedenken gegen eine Legalisierung ihrer Beziehung. Der am häufigsten gegen eine Heirat angeführte Grund war, dass man die Beziehung dann nicht ohne Weiteres beenden könne. Jeder Fünfte – Frauen wie Männer – hatte Bedenken, ob es der richtige Partner bzw. die richtige Partnerin war.

In der schon älteren EMNID-Studie wurden drei Typen nichtehelicher Lebensgemeinschaften unterschieden, wobei eine Zuordnung der Befragten nur mit Vorbehalten möglich ist und Übergänge im Zeitablauf zwischen den genannten Gruppen möglich und wahrscheinlich sind (BMJFG 1985):

- 33 Prozent der 1983 bestehenden nichtehelichen Lebensgemeinschaften stellen ein Übergangsphänomen, eine *Vorstufe zur Ehe* dar. Es besteht ein erklärter Ehewillen. Diese Gruppe mit fester Heiratsabsicht weist eine auffallend jugendliche Altersstruktur auf. Die meisten wollen erst ihre Ausbildung abschließen oder ihre berufliche Position sichern. Nur sehr wenige Personen haben Scheidungserfahrungen.
- 38 Prozent der nichtehelichen Lebensgemeinschaften können als ein Prüfstadium vor der Ehe, als *Probe-Ehe* angesehen werden. Die Befragten sind sich noch unsicher, ob sie ihren Partner heiraten wollen oder nicht. Es handelt sich vorwiegend um etwas ältere und häufiger um scheidungserfahrene Personen. Vermutlich kann aber nur bei einem kleinen Teil dieser nichtehelichen Gemeinschaften von einer „Probe-Ehe" in dem Sinne gesprochen werden, dass die Partner relativ konkrete Heiratsabsichten haben und einen gemeinsamen Haushalt gründen, „um zweckrational motiviert zu testen, ob mit diesem Partner eine dauerhafte Ehebeziehung möglich ist" (Schneider 1994, 136).
- Bei etwa 28 Prozent handelt es sich um ein Äquivalent, um eine *Alternative zur Ehe.* Die Betreffenden haben nicht die Absicht, ihren gegenwärtigen Partner zu heiraten. Die unter 30-Jährigen stellen in dieser Gruppe nur noch eine Minderheit dar. Bei jedem dritten Paar hat zumindest einer der Partner schon Scheidungserfahrungen; 43 Prozent haben ein Kind aus einer früheren Partnerschaft. In dieser Gruppe finden sich auch besonders viele Paare, die schon seit über drei Jahren zusammenwohnen. Aber nur etwa jede(r) Dritte (d. h. insgesamt 9 Prozent) ist *grundsätzlich gegen die Ehe.*

In der PPAS-Studie aus dem Jahr 2003 gaben von den 20- bis 39-jährigen Befragten in Deutschland 5,7 Prozent die nichteheliche Lebensgemeinschaft ohne nachfolgende Ehe als ideale Lebensform an (Dorbritz u. a. 2005). Auch in der DDR lag der Anteil jener, die die nichteheliche Lebensgemeinschaft als bewusste Alternative zur Ehe betrachteten, bei den unter 40-Jährigen deutlich unter 10 Prozent (Gysi 1989).

Wesentlich ehefreundlicher eingestellt als die von EMNID Befragten sind die jungen unverheiratet zusammenwohnenden Paare der auf Bayern beschränkten Verlaufsstudie von Vaskovics u. a. (1997). Nur 10 Prozent, überwiegend über 30-Jährige, Geschiedene und Personen ohne Kinderwunsch, sind eindeutig gegen eine Heirat. 61 Prozent wollen „bestimmt" oder „wahrscheinlich" heiraten. 29 Prozent sind sich noch unsicher, oder diese Frage stellt sich nicht. Dass so viele Personen unverheiratet zusammenwohnen, obwohl sie eine Heirat nicht prinzipiell ablehnen, erklären die Forscher damit, dass eine Heirat eine bewusste Entscheidung erfordert, deren Notwendigkeit man zur Zeit nicht einsieht.

Sassler (2004) hat in New York 25 qualitative Interviews mit Personen zwischen 20 und 33 Jahren durchgeführt, die schon mindestens drei Monate unverheiratet zusammenwohnten. Die meisten Befragten waren mit dem Partner innerhalb von sechs Monaten nach dem Kennenlernen zusammen gezogen. Die meisten nannten als Motive finanzielle

Vorteile, Bequemheit und Wohnprobleme. Das Motiv „Probeehe" wurde als Hauptgrund für den Entschluss, zusammen zu ziehen, nicht ein einziges Mal genannt. Das Thema „Heirat" wurde erst, wenn überhaupt, nach ein bis zwei Jahren Zusammenlebens thematisiert.

Den Angaben zur möglichen Heiratsabsicht zufolge können nichteheliche Paargemeinschaften demnach eine Umwandlung in eine Ehe erfahren, müssen es aber nicht. Nach den Befunden der generationenvergleichenden Studie von Schmidt u. a. (2005) in Hamburg und Leipzig aus dem Jahr 2002 ist der Übergang von einer nichtehelichen Lebensgemeinschaft zur Ehe seltener geworden. Betrachtet man feste Beziehungen, die im Alter von *25 Jahren oder früher* begannen, so betrug die Übergangswahrscheinlichkeit von der nichtehelichen Lebensgemeinschaft zur Ehe bei den heute 60-Jährigen noch 92 Prozent, bei den heute 45-Jährigen 60 Prozent und bei den 30-Jährigen nur noch 36 Prozent. Berücksichtigt man alle festen Beziehungen, die im Alter von *40 Jahren oder früher* begannen, so haben von den 60-Jährigen noch 80 Prozent geheiratet, von den 45-Jährigen nur noch 54 Prozent. Von den unverheiratet Zusammenwohnenden will jede(r) Dritte so weiterleben (= Alternative zur Ehe), jeder Zweite will einmal heiraten (= Vorstufe zur Ehe). Die Restlichen sind sich noch unsicher.

Betrachtet man nichteheliche Lebensgemeinschaften hinsichtlich ihrer Platzierung im Lebensverlauf, dann wird deutlich, dass sie vor allem in drei unterschiedlichen biographischen Zusammenhängen vorkommen: „erstens als kurze Beziehungen *vor* (meistens kürzeren) Ehen – dieses Muster wird seltener. Zweitens als längerfristige Beziehungen *nach* geschiedenen Ehen und drittens als eigener *Beziehungsstil*, der über mehr als 20 Jahre der Beziehungsbiographie beibehalten wird – diese beiden Muster (NEL als weniger institutionalisierte Form des Zusammenlebens nach einer gescheiterten Ehe sowie als eigener Beziehungsstil) werden im Generationenvergleich deutlich häufiger" (Dekker/Matthiesen 2004, 52). Dass es sich bei einem erheblichen Teil der nichtehelichen Lebensgemeinschaften um eine eigenständige und nicht, wie häufig behauptet wird, um eine kurzlebige Lebensform handelt, zeigt sich auch an der Dauer des unverheirateten Zusammenlebens. Die unverheiratet Zusammenlebenden wohnten schon durchschnittlich seit sechs Jahren zusammen, 76 Prozent schon länger als zwei Jahre.

Ein Vergleich von nichtehelichen Lebensgemeinschaften mit *gleichaltrigen jungverheirateten kinderlosen Ehepaaren* erbrachte als bedeutsamste Differenz, dass bei Ehepaaren die *Vorstellungen zur Elternschaft* wesentlich ausgeprägter sind und der Kinderwunsch eine höhere Aktualität besitzt (Vaskovics u. a. 1997). Die meisten unverheiratet zusammenlebenden Paare wünschen sich zwar ebenfalls Kinder, aber sie haben nur vage Vorstellungen davon, wann dieser Wunsch realisiert werden soll. Als *Aufschubmotive* werden ungesicherte persönliche Lebensumstände (u. a. finanzielle und berufliche Aspekte), die Instabilität der Beziehung, fehlende Reife und der Wunsch, erst sein Leben zu genießen, genannt. Die Männer betonen stärker die fehlende berufliche Sicherheit, die Frauen die antizipierten Einschränkungen ihrer Lebensweise (insbes. ihrer Berufstätigkeit) im Falle von Mutterschaft.

Da es sich bei der bayerischen Studie um eine *Panelstudie* handelt – die erste Befragung fand 1988 statt, drei weitere Befragungen folgten 1990, 1992 und 1994 –, kann analysiert werden, welche *Entwicklungen* die nichtehelichen Lebensgemeinschaften in dem Beobachtungszeitraum von sechs Jahren durchlaufen haben (Vaskovics u. a. 1997). 57 Prozent der Paare haben die nichteheliche Lebensgemeinschaft innerhalb von sechs Jahren in eine Ehe überführt, 24 Prozent haben sich getrennt, und 19 Prozent leben weiter als unverheiratete

Paare zusammen (ähnlich die Werte des Eurobarometers 1998/2000; Kiernan 2003). Die drei Gruppen unterscheiden sich in charakteristischer Weise voneinander:

- Diejenigen Paare, die *im Verlauf von sechs Jahren geheiratet* haben (57 Prozent), fielen schon von Beginn an durch eine besonders gute Beziehungsqualität auf und konnten auf den besten beruflichen und materiellen Ausgangsbedingungen aufbauen. Ihre Erwartungen und Vorstellungen von der Ehe waren sehr vom Ideal der romantischen Liebesehe geprägt. Ihre Heirat war in besonderem Maße durch die Absicht bestimmt, eine Familie zu gründen. Einschränkungen im Freizeitbereich wurden dafür gern in Kauf genommen. Je konkreter die Pläne zur Familiengründung wurden, desto klarer trat die Heiratsabsicht hervor, und diese wurde, sofern die sonstigen Voraussetzungen vorlagen, in die Realität umgesetzt. „Personen, die sowohl den Einstieg in das Erwerbsleben vollzogen haben, über ein ausreichendes Einkommen verfügen, eine befriedigende Partnerschaft führen und gleichzeitig ein Familienleben wünschen, heiraten am ehesten. Kommt ein relativ klarer Kinderwunsch hinzu, so steigert sich die Eheschließungsrate nochmals“ (Vaskovics u. a. 1997, 41). Jedes dritte Ehepaar hatte schon ein Kind bzw. die Geburt stand unmittelbar bevor.
- Ein knappes Fünftel (19 Prozent) der Ausgangsstichprobe gehört zur Gruppe der *unverheiratet gebliebenen Paare.* Selbst hiervon möchte die Hälfte noch heiraten. Es handelt sich im Vergleich zur ersten Gruppe um deutlich schwächer familienorientierte Paare. Wer sich für ein Leben ohne Kinder entscheidet, hat in aller Regel auch keine Veranlassung, den Schritt in die Ehe zu tun. Personen, die eine Heirat ablehnen, sind überdurchschnittlich alt, leben schon sehr lange mit ihrem Partner zusammen, beurteilen ihre Partnerschaft kritischer und verfügen über besonders hohe berufliche Qualifikationen und hohe Einkommen. In einer Befragung von 700 „liierten“ Frauen durch Smock (2003) lehnte jede vierte Frau eine Eheschließung ab. Während 80 Prozent der Frauen, die mit einem „gleichwertigen“ Partner zusammen waren, heiraten wollten, traf dies nur auf 50 Prozent der Frauen zu, deren Partner ein niedrigeres Einkommen und eine geringere Bildung als sie selbst hatte. Waren sie bereits einmal verheiratet, so sank die Wahrscheinlichkeit, dass sie ihren gegenwärtigen Partner heiraten wollten, um fast 50 Prozent.
- Die Beziehungen derjenigen, die sich *inzwischen getrennt* haben (24 Prozent), sind selten plötzlich und überraschend aufgrund extremer Belastungen (wie Gewalt, Konflikte) auseinander gebrochen. Ausschlaggebend für das Scheitern waren längerfristige Krisensymptome und Problemlagen. Inzwischen Getrennte beurteilten schon bei der Erstbefragung ihre Partnerschaft wesentlich skeptischer und waren häufiger äußeren Belastungen (wie beruflichen Unsicherheiten oder einer schlechten materiellen Lage) ausgesetzt. Hinzu kamen im Laufe der Zeit Ermüdungs- und Abnutzungserscheinungen sowie enttäuschte Erwartungen. Man hat sich „auseinander gelebt“, die Partner haben sich „gegenläufig entwickelt“, die Beziehung ist „langweilig“, „zur Routine“ geworden. Besonderer Wert wird auf die Betonung der eigenen Unabhängigkeit gelegt. Auch die sexuellen Probleme haben zugenommen. Besonders der Übergang von der Ausbildungsphase in die Erwerbstätigkeit stellt in dieser relativ jungen Altersgruppe eine kritische Situation dar.

Insgesamt betrachtet in Deutschland nur eine Minderheit die nichteheliche Lebensgemeinschaft als dauerhafte Alternative zur Ehe. Diese Form des Zusammenlebens findet sich, wie eine aktuelle US-Studie nachweist, besonders häufig unter älteren Menschen

(King/Scott 2005). Ob dies z. B. mit Scheidungserfahrungen zu tun hat oder ob der Druck zur Heirat schwächer ist, muss dabei offen bleiben. Meist handelt es sich bei nichtehelichen Lebensgemeinschaften um ein *Durchgangsstadium*, wofür auch die Altersstruktur nichtehelicher Lebensgemeinschaften spricht, denn das Zusammenleben ohne Trauschein ist besonders unter jungen Paaren weit verbreitet. Die meisten Paare durchlaufen heute vor der Heirat eine Phase des nichtehelichen Zusammenlebens. Im früheren Bundesgebiet haben vom Heiratsjahrgang 1980 bereits 85 Prozent der Partner vor der Eheschließung unverheiratet zusammengewohnt. 1970 waren es nur 10 Prozent und 1950 sogar nur 4 Prozent (Meyer 2006). In der qualitativen Studie von Burkart (1991) finden sich auch charakteristische *sozio-regionale Differenzierungen*. Im ländlichen Milieu hat das nichteheliche Zusammenleben fast ausschließlich die Bedeutung einer Probe-Ehe, im Arbeiter-Milieu stellt es häufig eine Vorstufe zur Ehe dar. Ganz anders ist die Situation im großstädtisch-alternativen Milieu, wo das nichteheliche Zusammenleben besonders für die mittleren Altersgruppen häufig als Alternative zur Ehe gewählt wird.

3.3.3 Lebenssituation und Lebensstil

Wie unterscheidet sich die *interne Beziehungsstruktur* von nichtehelichen Lebensgemeinschaften von der Beziehungsstruktur traditionaler Ehen? Wie harmonisch sind die Beziehungen? Verfügen die Partner häufiger über einen eigenständigen Freundes- und Bekanntenkreis? Die Klärung dieser und ähnlicher Fragen ist wichtig, da erst aus der Kenntnis der internen Beziehungsstruktur und -dynamik heraus geklärt werden kann, was nichteheliche Lebensgemeinschaften von Ehen unterscheidet, ob es sich tatsächlich um zwei unterschiedliche Systemtypen handelt.

Der entscheidende Grund für den Übergang von einer Partnerschaft ohne gemeinsamen Haushalt zur Kohabitation liegt im Ausmaß der faktischen oder angestrebten Interaktionsverdichtung. „Wenn diese Dichte eine kritische Schwelle übersteigt, dann haben das Zusammenwohnen und die gemeinsame Haushaltsführung einen massiven Vorteil hinsichtlich der Transaktionskosten, die das Paar zu erbringen hat. Man gewinnt mit der Kohabitation gemeinsame nutzbare Zeit und kann die Haushaltsführung, sofern dies lohnend erscheint, durch Arbeitsteilung effizienter und kostengünstiger gestalten" (Hill/Kopp 2002, 179/180). Familienökonomisch ausgedrückt: Eine nichteheliche Lebensgemeinschaft wird angestrebt, wenn der erwartete Kohabitationsgewinn über dem Gewinn liegt, der in einer entsprechenden engen Partnerschaft ohne gemeinsames Haushalten realisiert würde.

Ob die Vor- und Nachteile des Zusammenwohnens in der Realität tatsächlich abgewogen werden, ist allerdings fraglich. „Zusammen zu ziehen und eine nichteheliche Lebensgemeinschaft zu gründen, erscheint den Betroffenen als quasi selbstverständliche, normale und notwendige Folge einer bereits längere Zeit bestehenden engeren Beziehung" (Vaskovics u. a. 1990, 51/52). 80 Prozent der von Schmidt und Mitarbeitern (2006) befragten 30-jährigen Hamburger und Leipziger in nichtehelichen Lebensgemeinschaften lassen sich zwei Typen zuordnen. Beim ersten (häufigeren) Typ erfolgt der Übergang vom Alleinwohnen oder vom „living apart together" zum Zusammenwohnen unspektakulär, pragmatisch und ohne große symbolische Bedeutung. Man wechselt in die neue Beziehungsform, ohne damit besondere Wünsche für die Beziehung zu artikulieren. Das Zusammenwohnen ist praktischer und billiger. Der zweite (seltenere) Typ verspricht sich dagegen aufgrund der räumlichen Nähe mehr Zeit füreinander, mehr Sicherheit, eine Vertiefung der Beziehung und bessere Chancen bei der Bewältigung des Alltags.

Nichteheliche Lebensgemeinschaften zeichnen sich gegenüber Ehen durch eine verstärkte *Individualisierung der Lebensführung* aus. Betont wird die *finanzielle Unabhängigkeit* beider Partner. Jede(r) entscheidet autonom über die Verwendung des Geldes für individuelle Anschaffungen. Fast 90 Prozent aller jungen unverheirateten Paare haben getrennte Kassen (Vaskovics u. a. 1992). Man legt großen Wert auf einen *eigenen Wohnraum*, der die Möglichkeit des Rückzugs und eine ausgeglichene Balance von Individualität und Nähe bietet. Im *sexuellen Bereich* erwarten die Partner gegenseitige Treue. Gleichzeitig gibt aber jeder dritte unverheiratete Partner (gegenüber 13 Prozent der verheirateten Partner) zu, während der derzeitigen Beziehung schon einmal ein „Verhältnis" gehabt zu haben (Kabath-Taddai u. a. 1986). Das starke Bedürfnis nach Unabhängigkeit macht sich auch in den *Kontakten zur Außenwelt* bemerkbar. Besonders die älteren Paare legen großen Wert auf einen eigenen Freundes- und Bekanntenkreis neben gemeinsamen Freunden und Bekannten (Spiegel 1986). Auffallend sind auch das distanzierte Verhältnis zur Familie des Partners und die relativ schwache Bindung an die Herkunftsfamilie.

Unverheiratet zusammenlebende Paare unterscheiden sich von Ehepaaren kaum in Bezug auf die Häufigkeit von Konflikten, wohl aber in Bezug auf die *Formen der (angestrebten) Konfliktaustragung*. Man bemüht sich stärker um „kommunikative Konfliktlösungen", ist bestrebt, Konflikte rational durch offene Aussprache zu klären (Apelt u. a. 1980). Tatsächlich werden aber (vor allem von Männern) die Probleme häufig ausgeblendet und notfalls die eigenen hohen Erwartungen an die Beziehung reduziert. Der Hauptteil der anfallenden täglichen *Hausarbeiten* wird, unabhängig vom Familienstand und von der Wohnform, immer noch von den Frauen erledigt. Doch gibt es deutliche Unterschiede zwischen verheirateten und unverheirateten Paaren. In der Studie „männer leben" waren in nichtehelichen Lebensgemeinschaften bei mehr als der Hälfte der Paare die Männer mindestens gleichermaßen für den Haushalt zuständig; bei Verheirateten galt dies nur für jedes dritte Paar (Helfferich u. a. 2004).

3.3.4 Chancen und Probleme des unverheirateten Zusammenlebens

Unverheiratete Paare sind zu Beginn der Beziehung mit dem Problem der *Rollenambiguität* konfrontiert. Die Regeln des Zusammenlebens, die gegenseitigen Wünsche, Erwartungen und Gewohnheiten müssen erst geklärt und auf einen gemeinsamen Nenner gebracht werden. Demgegenüber ist nach Macklin (1988) die Ehe vorhersehbarer und kalkulierbarer. Aufgrund der Institutionalisierung der Beziehung sind den Partnern zumindest grobe Verhaltensregeln vorgegeben, die einen gewissen Orientierungsrahmen schaffen. Ob diese Sichtweise der Realität moderner Ehen allerdings noch gerecht wird, muss bezweifelt werden. Denn heute bestehen sehr unterschiedliche, teilweise widersprüchliche Vorstellungen und Erwartungen (z. B. im Hinblick auf das Verständnis von Liebe und Treue), die von den Betroffenen zu Beginn und im Verlauf der Ehe jeweils interpretiert und neu „ausgehandelt" werden müssen, um einen vorläufigen Konsens herzustellen. Die Grenzen zur nichtehelichen Lebensgemeinschaft sind also fließender geworden. Ein Unterschied besteht aber weiterhin darin, dass es geradezu zum Selbstverständnis des unverheirateten Zusammenlebens gehört, dass die Bedeutung der Beziehung nicht eindeutig festgelegt ist; die Rollenambiguität ist strukturell begründet.

Nichteheliche Lebensgemeinschaften unterscheiden sich von Ehen hinsichtlich des *Zeithorizonts* (Leitner 1980). Die Zukunftsperspektive der Ehe ist „bestimmt", die der nichtehelichen Lebensgemeinschaft „unbestimmt", d. h. sie steht unter dem Vorbehalt jederzeitiger Kündbarkeit. Erst die Praxis muss erweisen, ob die Beziehung tragfähig und zukunftsträchtig ist. Ob und wie lange man zusammen lebt, wird stärker von der Qualität der Partnerbeziehung abhängig gemacht. Damit entsteht leicht eine psychische Verunsicherung, „ein Zwang zu ständiger Selbstthematisierung; der Bestand der Gemeinschaft wird zu ihrem ständigen Thema; die Kommunikation der Partner verlagert sich auf die Ebene der Metakommunikation. Das Gespräch über die Beziehung, die Dauerreflexion, wird zur Technik der Stabilisierung der Beziehung, wenn deren Bestand von der ständigen Bilanzierung des Grades ihrer Funktionstüchtigkeit abhängig gemacht wird" (Leitner 1980, 101).

Jedes Paar, egal ob verheiratet oder unverheiratet, muss eine ihm gemäße *Synthese aus Freiheit und Bindung* finden, eine ausgeglichene Bilanz herstellen zwischen dem Streben nach persönlicher Freiheit, Unabhängigkeit und Persönlichkeitsentfaltung einerseits und der Befriedigung des Bedürfnisses nach Sicherheit, Zuneigung, emotionaler Wärme und Intimität andererseits. Auf der einen Seite legt man in nichtehelichen Lebensgemeinschaften großen Wert auf Gemeinsamkeiten im Tun, Fühlen und Denken. Die „totale Betroffenheit" wird propagiert; man will vom Partner „gefühlsmäßig gebannt" sein (BMJFG 1985). Auf der anderen Seite verlangt jeder Partner die Gewährung eines möglichst großen Freiraums; eine zu starke Fixierung auf den Partner wird abgelehnt. Es besteht also eine äußerst ambivalente Situation. Die Probleme im Zusammenhang mit persönlicher Autonomie und Gemeinsamkeit müssen immer wieder von Neuem „ausgehandelt" werden, was zu erheblichen psychischen Belastungen und Konflikten führen kann (Straver 1980).

Diewald (1993) weist anhand repräsentativer Daten nach, dass die im Vergleich zur Ehe kürzere und unsicherere zeitliche Perspektive nichtehelicher Lebensgemeinschaften nicht Ausdruck eines geringeren Grades an *Bindung in der Paarbeziehung*, eines geringeren Grades an Vertrauen und an Verpflichtungen zu gegenseitigem Füreinandersorgen ist. Auch unterscheiden sich verheiratete und unverheiratete Paare kaum in Bezug auf die *Exklusivität der Paarbeziehung*. In beiden Lebensformen wird der jeweilige Partner in allen Lebensphasen mit Abstand am häufigsten als die Person genannt, auf deren praktische und emotionale Unterstützung in wichtigen Angelegenheiten man glaubt rechnen zu können. Allerdings sind unverheiratete Paare etwas umfangreicher in Freundschaftsbeziehungen eingebunden, und ihre *Beziehungsqualität* ist spürbar geringer als die gleichaltriger Ehepaare (Vaskovics u. a. 1990, 1992). Nur 8 Prozent der Ehepaare, aber 44 Prozent der unverheirateten Paare haben sich schon mit Trennungsgedanken getragen. Nicht einmal jedes dritte unverheiratete Paar stimmt darin überein, dass die Beziehung „gut" ist, wobei Frauen noch etwas kritischer sind als Männer. Besonders konfliktträchtig ist das Problem, die persönliche Selbständigkeit und Unabhängigkeit innerhalb der Partnerschaft zu wahren. Somit überrascht nicht, dass das *subjektive Wohlbefinden* unverheirateter Paare, wie eine international vergleichende Befragung von 20- bis 29-Jährigen ergab, niedriger ist als das von gleichaltrigen Ehepaaren (Glatzer 1998).

Die *soziale Diskriminierung* des nichtehelichen Zusammenlebens spielt heute nur noch eine geringe Rolle, sicherlich auch eine Folge der Liberalisierung der Einstellung zur vorehelichen Sexualität. Am größten ist die soziale Akzeptanz bei jüngeren Menschen und in den höheren Bildungsgruppen. Laut PPAS 2003 finden 86 Prozent ein Zusammenleben ohne Heiratsabsicht in Ordnung (Dorbritz u. a. 2005). Auf die stärkste Missbilligung trifft immer noch ein unverheiratetes Paar mit Kind(ern), denn „Wenn Kinder geplant sind, sollte man heiraten" meint fast jeder zweite Bundesbürger (47 Prozent). In einer Repräsentativerhebung über „Wilde Ehen in Deutschland" von DataConcept Ende 1999, in der danach gefragt wurde, was für eine „wilde Ehe" und was gegen „Liebe ohne Trauschein" spricht, nannten jeweils drei Viertel als Vorteile einer „wilden Ehe", dass die Partner den Bestand der Gefühle erst einmal gründlich testen können, dass eine unkomplizierte Trennung möglich ist und dass keine gegenseitigen Verpflichtungen nach der Trennung bestehen. Gegen die „Liebe ohne Trauschein" sprechen vor allem steuerliche Nachteile (73 Prozent) und dass Kinder nicht in einer „ordentlichen Familie" aufwachsen (46 Prozent).

Die nichteheliche Lebensgemeinschaft ist in der Bundesrepublik der Ehe *gesetzlich nicht gleichgestellt.* Lediglich Ehe und Familie stehen unter dem besonderen Schutz des Grundgesetzes. Dem überlebenden Partner steht kein gesetzliches Erbrecht zu, desgleichen keine Witwenrente. Unverheiratete Paare haben auch kein Zeugnisverweigerungsrecht. Ärzte dürfen aufgrund ihrer Schweigepflicht keine Informationen geben, und der steuerliche Vorteil des Ehegattensplittings ebenso wie der Verheiratetenzuschlag ist unverheirateten Paaren verwehrt. Für nichteheliche Lebensgemeinschaften gilt im Wesentlichen nur das, was die Lebensgefährten in notariell beglaubigten *Partnerschaftsverträgen,* die meist Vermögensregelungen betreffen, vereinbaren. Diese Vereinbarungen klären z. B. die Modalitäten der gemeinsamen Wohnungsnutzung, sie erleichtern die Vermögenszuordnung, schreiben den Unterhalt des Partners fest oder enthalten Vollmachten für den Krankheitsfall (zu den Grenzen von Partnerschaftsverträgen, z. B. bei Absprachen über Treuepflicht und Dauer der Beziehung siehe Schwab 1999). Die einzige annähernd repräsentative Studie zu Partnerschaftsverträgen geht davon aus, dass allenfalls ein Prozent aller unverheirateten Paare ihre Beziehung in der einen oder anderen Form rechtlich geregelt haben (Schmidt 1998).

In einigen Bereichen deutet sich neuerdings ein Trendwechsel hin zu einer stärkeren *Verrechtlichung nichtehelicher Lebensgemeinschaften* an. So ist inzwischen anerkannt, dass der Vermieter eine nichteheliche Lebensgemeinschaft im Prinzip dulden muss und dem überlebenden Partner das Recht zusteht, das Mietverhältnis beim Tode des Partners fortzusetzen. Dabei geht die Gleichbehandlung oft zum Nachteil unverheirateter Paare. So muss sich ein Sozialhilfeempfänger den faktisch geleisteten Unterhalt seines Lebenspartners auf die Sozialhilfe anrechnen lassen. Die Partner einer „eheähnlichen Gemeinschaft" erhalten also erst dann Sozialhilfe, wenn beide zusammen so wenig verdienen, dass sie die Voraussetzungen nach dem Bundessozialhilfegesetz erfüllen (ähnlich Arbeitslosenhilfe). Unter einer „eheähnlichen Gemeinschaft" versteht das Bundesverfassungsgericht dabei eine auf Dauer angelegte, über eine reine Haushalts- und Wirtschaftsgemeinschaft hinausgehende Lebensgemeinschaft, wobei die „Bindungen der Partner so eng sind, dass von ihnen ein gegenseitiges Einstehen in den Not- und Wechselfällen des Lebens erwartet werden kann" (Barabas/Erler 2002, 145). Nach Ansicht der Gegner einer rechtlichen Gleichstellung hätte eine stärkere rechtliche Anerkennung (und Formalisierung) der nichtehelichen Lebensform die paradoxe Konsequenz, dass gerade das Spezifische an ihr verloren ginge, das sie für viele zu einer Alternative zur Institution Ehe werden lässt.

Wie Ehepaare nennen auch junge unverheiratete Paare als Gründe für die *Auflösung der Partnerschaft,* dass „man sich auseinanderentwickelt" hat oder (vorwiegend Frauen) dass man unter der Dominanz des Partners leidet. Da der soziale Druck der Umwelt geringer ist als bei Ehescheidungen, gerichtliche Auseinandersetzungen in der Regel entfallen und die Beziehung nicht so lange bestanden hat, sind die Schuldgefühle – vor allem das Gefühl, versagt zu haben – bei Trennungen unverheirateter Paare vermutlich schwächer als bei Scheidungen. Daher überrascht es auch nicht, dass nichteheliche Lebensgemeinschaften im Vergleich zu Ehen häufiger schon aufgrund eines relativ geringen Belastungspotentials scheitern (Schneider 1990). Die *Trennungsrate* nichtehelicher Lebensgemeinschaften innerhalb der ersten sechs Jahre ist im Vergleich zu Ehen etwa dreimal so hoch (Rupp 1996). Besonders gefährdet sind Lebensgemeinschaften, in denen der männliche Lebenspartner einen niedrigeren Bildungsgrad aufweist als seine Partnerin (Müller 2003). Da auch nichteheliche Lebensgemeinschaften mit Kindern ein hohes Trennungsrisiko haben, spricht Walbiner (2006b) vom Entstehen einer neuen Familienform, der *„zerbrechlichen"* oder *„fragilen Familie"*. Bringt jemand ein Kind aus einer früheren Partnerschaft in die Gemeinschaft ein, so wird dieser Umstand von jedem Zweiten als belastend für das Partnerverhältnis bewertet (BMJFG 1985). Im Zweifelsfall würde sich der leibliche Elternteil (meist ist dies die Mutter) für das Kind und gegen den Partner entscheiden.

Wirkt sich das voreheliche Zusammenleben eher positiv oder eher negativ auf das *Scheidungsrisiko einer nachfolgenden Ehe* aus? Für einen positiven Effekt könnte sprechen, dass die Bewährungsprobe den Übergang in die Ehe erleichtert. Schlecht zueinander passende Paare können vor der Heirat aussortiert werden *(„weeding"-Hypothese)*. Auch können die Partner soziale Fähigkeiten entwickeln, die den Umgang miteinander erleichtern. Zahlreiche Befunde aus diversen Ländern widerlegen allerdings diese (zumindest auf den ersten Blick) plausible Annahme (Boyle/Kulu 2006; Wagner/Weiß 2006). In der 1996 durchgeführten Mannheimer Scheidungsstudie (befragt wurden 3 540 Personen) wiesen Paare, die eine Probe-Ehe geführt hatten, z. B. ein um 72 Prozent erhöhtes Scheidungsrisiko gegenüber Paaren ohne Probephase auf (Hall 1999). Diekmann und Engelhardt (1995) errechneten auf der Grundlage der Daten des Familiensurveys ein um 40 bis 50 Prozent höheres Scheidungsrisiko, und Wagner und Weiß (2006) ermittelten in ihrer Meta-Analyse vorliegender Longitudinalstudien für Deutschland ein insgesamt um 34 Prozent höheres Scheidungsrisiko (Europäischer Durchschnitt: 33 Prozent).

Allerdings ist die Probe-Ehe nicht kausal für das höhere Scheidungsrisiko verantwortlich. Denn Paare, die bereits vor der Ehe zusammen gewohnt haben, weisen aufgrund bestimmter Merkmale ein inhärent höheres Scheidungsrisiko auf, das nur scheinbar durch das Merkmal Probe-Ehe zum Ausdruck kommt (Hall 1999; Wagner/Weiß 2006). Anders ausgedrückt: die Wahl einer Probe-Ehe und das Scheidungsrisiko hängen von gemeinsamen Merkmalen ab (Hypothese von der *Selbstselektion der Paare*). So wird eine Probe-Ehe hauptsächlich von Personen der jüngeren Heiratskohorten gewählt, bei denen das Scheidungsrisiko generell angestiegen ist. Weitere scheidungsfördernde Merkmale, die sich gehäuft bei Paaren in Probe-Ehen finden, sind: die Erwerbstätigkeit der Frau, das Leben in einer Großstadt, die Scheidung der Eltern, geringere Kirchgangshäufigkeit, Trennungserfahrungen von früheren Partnern und geringe Investitionen in Ehe spezifisches Kapital (wie Kinder und Wohneigentum). Kontrolliert man diese Merkmale, so unterscheiden sich beide Gruppen in ihrem Scheidungsrisiko nur noch unwesentlich voneinander.

Die bisher vorgestellten Ergebnisse sagen aber noch nichts über die Gültigkeit der „weeding"-Hypothese aus. Die Annahme, dass es während des vorehelichen Zusammenlebens im Sinne der „weeding"-Hypothese zu einer Auslese funktionierender Beziehungen kommt, wurde von Hall (1999) unter Beachtung der Zeitdauer des vorehelichen Zusammenwohnens überprüft. Je länger die Probezeit andauert, desto wahrscheinlicher sollte es sein, dass die in vielen Untersuchungen nachgewiesene Umstellungskrise von „Honeymoon" auf Alltag noch vor der Heirat stattfindet, so dass Partnerschaften, denen die Bewältigung der Krise nicht gelingt, noch vor der Ehe beendet werden können. Tatsächlich wirkt sich nach den Ergebnissen von Hall (1999) eine kurze Zeit des Zusammenwohnens (bis 12 Monate) nach wie vor destabilisierend auf die spätere Ehe aus. Paare mit einer mindestens einjährigen Probezeit unterscheiden sich nicht signifikant von Paaren ohne Probephase. Eine Probezeit von 25 Monaten und mehr wirkt sich hingegen ganz im Sinne der „weeding"-Hypothese Ehe stabilisierend aus, desgleichen das unverheiratete Zusammenleben vor einer Wiederheirat (Hanna/Knaub 1981). Auch die Ergebnisse einer neueren österreichischen Studie sprechen für die Gültigkeit der „weeding"-Hypothese (Boyle/Kulu 2006).

Wirkt sich der Misserfolg einer vorehelichen Partnerschaft (sog. *„kleine Scheidung"*) auch auf die Stabilität einer späteren Erstehe mit einem *anderen Partner bzw. einer anderen Partnerin* aus? Die These, dass sich Trennungserfahrungen vor der Ehe negativ auf deren Stabilität auswirken, wurde mit einer Kohorte von 1 987 ehemaligen Gymnasiasten des Geburtsjahres 1955 überprüft und bestätigt (Hellwig 2001). Verantwortlich hierfür ist einmal ein Selektionseffekt. Die Trennung schafft eine Gruppe von Personen, deren Sozialprofil instabile Ehen begünstigt (konfessionslose Personen, erwerbstätige Personen usw.). Partner aus aufgelösten vorehelichen Beziehungen tragen also scheidungsfördernde Merkmale mit in die Ehe. Außerdem nehmen die psychischen und sozialen Barrieren gegen eine (erneute) Trennung/Scheidung ab (Sozialisationseffekt). Die soziale Norm der Unauflöslichkeit der Ehe wird geschwächt.

3.3.5 Ursachen für die Ausbreitung nichtehelicher Lebensgemeinschaften

Die gleichen historischen Entwicklungen, die für den Rückgang der Eheschließungen und Geburten und den Anstieg der Ehescheidungen verantwortlich sind, haben komplementär auch zur Ausbreitung nichtehelicher Lebensgemeinschaften und anderer nichttraditionaler Lebensformen beigetragen. Hierzu gehören ein bestimmtes Maß an Wohlstand, der Wertewandel (besonders die hohe Bewertung von Unabhängigkeit, freier Entfaltung der Persönlichkeit und Gleichberechtigung von Mann und Frau), die Diskussion um außereheliche und voreheliche Sexualität, die nachlassende Stigmatisierung Unverheirateter, die hohe Bildungs- und Erwerbsbeteiligung junger Frauen und der Bedeutungsrückgang der Ehe, vor allem der Versorgungsehe („Hausfrauenehe"). Die nichteheliche Lebensgemeinschaft hat im Verlauf dieses Wandlungsprozesses den Charakter des Abweichenden verloren, wurde zu einer Selbstverständlichkeit. Immer mehr Menschen fällt es heute schwer, konkrete Gründe zu nennen, die noch für eine Heirat sprechen.

Zugenommen hat die Anzahl unverheirateter Paare in den mittleren Altersstufen, die ihr Zusammenleben als *Alternative zur Ehe* begreifen. Eine erste Gruppe entscheidet sich aufgrund ihrer *Erfahrungen mit alternativen Lebensformen* langfristig gegen die Ehe. Denn je ausgeprägter die zeitliche Phase zwischen dem Auszug aus dem Elternhaus und der Gründung einer eigenen Familie ist, je länger also junge Menschen einen unabhängigen Lebensstil praktiziert haben, desto stärker rücken sie endgültig von traditionalen Familienvorstellungen ab. Dies gilt in besonderer Weise für Frauen. „Je länger sie unabhängig gelebt haben, desto weniger sind sie bereit, sich erneut traditionellen weiblichen Familienrollen zu unterwerfen. Oder überspitzter formuliert: Wer Freiheit und Autonomie ‚geschnuppert' hat, ist weniger leicht bereit, sich in starre eheliche und familiale Rollenmuster einzufügen" (Höpflinger 1989, 64).

Auch für eine zweite Gruppe – die *Geschiedenen* – wird die nichteheliche Lebensgemeinschaft immer häufiger zur attraktiven und langfristigen Alternative (hier zur Zweitehe). Geschiedene lehnen eine neue Ehe häufig wegen schlechter Erfahrungen mit ihrer geschiedenen Ehe ab, die man nicht noch einmal durchleben möchte (Faust 1987). Unter geschiedenen Frauen dürfte auch der mögliche Verlust von Rechtsansprüchen im Falle der Wiederheirat (z. B. Unterhaltszahlungen) ihre Neigung, eine bestehende neue Paarbeziehung zu legalisieren, nicht gerade stärken. Männer, die noch Kinder aus einer geschiedenen Ehe und eventuell die frühere Ehefrau versorgen müssen, können sich eine Zweitehe (zumindest nach dem Muster der „Hausfrauenehe") häufig nicht leisten.

Feministisch orientierte Sozialwissenschaftlerinnen begründen die Attraktivität nichtehelicher Lebensgemeinschaften als *Alternative zur Ehe unter Frauen* damit, dass Frauen aufgrund des geringeren Institutionalisierungsgrades dieser Lebensform ihre Interessen gegenüber dem Partner besser durchsetzen können (Müller u. a. 1999). Besonders Frauen in qualifizierten Berufen sind mit der Doppelbelastung durch Hausarbeit und Beruf immer weniger einverstanden und nutzen den *erhöhten Verhandlungsspielraum* in nichtehelichen Lebensgemeinschaften dazu, ihre Partner verstärkt an häuslichen Arbeiten zu „beteiligen". Empirisch nachweisbar lehnen Frauen in nichtehelichen Lebensgemeinschaften die Heirat signifikant häufiger ab als Männer und berufstätige Frauen mit hohem Bildungsniveau häufiger als berufstätige Frauen mit niedrigem Bildungsniveau (Meyer/Schulze 1988a). Auch nach Befunden von Faust (1987) betrachten besonders Frauen aus höheren sozioökonomischen Schichten diese freiere und leichter widerrufbare Beziehungsform als dauerhafte Alternative zur Ehe. Wie berechtigt diese Skepsis gegenüber der Ehe ist, zeigt sich daran, dass sich fast jeder zweite Ehemann, aber nur jede vierte Ehefrau, der Partnerin bzw. des Partners seit der Heirat „sicherer" fühlt (Kabath-Taddei u. a. 1986).

Zur Ausbreitung des unverheirateten Zusammenlebens in den *jüngeren Altersgruppen* hat maßgeblich der *Strukturwandel der Jugend* beigetragen (Hurrelmann 2003). Jugend als klar umrissene Statuspassage zwischen Kindheit und Erwachsensein hat an Kontur eingebüßt. Aufgrund der verlängerten Schul- und Ausbildungszeiten und der wachsenden Probleme beim Übergang in den Beruf hat sich für immer mehr Menschen die Jugendphase zeitlich nach oben ausgedehnt. Zwischen Jugend und Erwachsensein ist eine neue Altersphase getreten: die Nach-Jugendphase oder *Postadoleszenz* bzw. die *Phase als „ungebundener Erwachsener"*, in der die Ablösung vom Elternhaus vollzogen ist, man im Hinblick auf die persönliche und berufliche Entwicklung aber noch offen und ökonomisch noch abhängig ist.

Von besonderer Bedeutung für die Ausbreitung nichtehelicher Lebensgemeinschaften ist dabei, dass sich die einst bestehende enge Koppelung von Auszug aus dem Elternhaus und baldiger Eheschließung gelockert hat. Huinink und Konietzka (2004) weisen für Westdeutschland mit den Daten der Lebensverlaufsstudie des MPI für Bildungsforschung (Geburtsjahrgänge 1919 bis 1961) sowie des Familiensurveys 2000 des DJI nach, dass sich der *Auszugsprozess* seit den 1970er Jahren vollkommen von den einst institutionellen Pfaden der Eheschließung und Familiengründung abgelöst hat und zu einem eigenständigen Ereignis im Rahmen des Übergangs in das Erwachsenenalter geworden ist. In der jüngsten Geburtskohorte (1972 – 1981) sind nur 5 Prozent der Männer und 9 Prozent der Frauen ein Jahr nach dem Auszug aus dem Elternhaus verheiratet. In den Geburtskohorten 1952 – 1961 waren es noch 22 bzw. 33 Prozent (Weick 2002). Auch fünf Jahre nach dem Verlassen der elterlichen Wohnung sind in der jüngsten Kohorte nur etwa ein Drittel der Frauen und ein Viertel der Männer verheiratet, eine Tendenz, die sich, wenn auch deutlich abgeschwächt, auch in den neuen Bundesländern nachweisen lässt. Die wachsende zeitliche Phase zwischen dem Auszug aus dem Elternhaus und der Heirat schafft vermehrt Raum für alternative Lebensformen außerhalb der Ehe. Allerdings kehren laut Jonathan Scales auch immer mehr erwachsene Kinder – Sozialforscher sprechen von einer „*Boomeranggeneration*" – aus ökonomischer Not wieder ins Elternhaus zurück (vgl. Psych. Heute 4/2002, 11).

Für die junge Generation ist die Gründung einer nichtehelichen Lebensgemeinschaft zu einem festen Bestandteil der frühen Erwachsenenphase geworden. So hat die Hälfte der in den 1970er Jahren geborenen Frauen bis zum Alter von 23,5 Jahren – und die Hälfte der Männer bis zum Alter von 27 Jahre – eine erste nichteheliche Lebensgemeinschaft gegründet, die in die zeitliche „Lücke" zwischen dem Auszug aus dem Elternhaus und der Heirat getreten ist (Klein 1999). Dass die nichteheliche Lebensgemeinschaft dabei nicht ganz den einstigen Stellenwert der Ehe hat, erkennt man daran, dass bei den in den 1970er Jahren geborenen Frauen ein mittlerer dreijähriger Abstand zwischen dem endgültigen Auszug aus dem Elternhaus und der Gründung einer Lebensgemeinschaft besteht. In dieser Phase dominieren Lebensformen wie das Alleinwohnen, das sich neben der nichtehelichen Lebensgemeinschaft und der Ehe als Lebenslaufinstitution etablieren konnte, das „living apart together" sowie das Leben in einer Wohngemeinschaft (Mulder u. a. 2002; Kley/Huinink 2006). Auch in der Hamburg-Studie von Spiegel (1986) war nur jede(r) fünfte unverheiratet mit einem Partner bzw. einer Partnerin Zusammenwohnende unmittelbar nach Auszug aus dem Elternhaus mit dem jetzigen Partner bzw. der jetzigen Partnerin zusammengezogen. Alle anderen hatten vielfältige Erfahrungen mit anderen Wohn- und Lebensformen (Alleinwohnen, Wohngemeinschaften u. a.) gemacht, so dass es sich beim unverheirateten Zusammenleben vermutlich mehrheitlich um den Typ „affektive Beziehungen auf Zeit" handelt. „Die Lösung des Auszugs sowohl von der Gründung einer (ehelichen) Lebensgemeinschaft als auch von der Erwerbstätigkeit verweist ... auf einen grundlegenden Wandel des ‚Übergangsregimes' in das Erwachsenenalter. So sind in dem Maße, wie die Bindung des Auszugs an langfristige Partnerschaft, formelle Eheschließung und geschlechtsspezifische Rollensegregation geschwunden ist, einerseits die Anforderungen an die eigenen ökonomischen Ressourcen geringer und andererseits die Gelegenheitsstrukturen im Hinblick auf das Spektrum legitimer Lebensformen vielfältiger geworden" (Huinink/Konietzka 2004, 165).

Ungebundenheit, Autonomie, Bewahrung und Entwicklung der Individualität sind Werte, die den Lebensabschnitt der Postadoleszenz, der bis über das 30. Lebensjahr hinaus ausgedehnt werden kann, am ehesten charakterisieren. In einer Phase, die gekennzeichnet ist durch verlängerte Ausbildungsdauer, Zunahme von Zweit- und Drittausbildungen und in der der endgültige Eintritt in das Berufsleben immer weiter hinausgezögert wird, ist von einer Vielfalt permanent wechselnder und nicht sehr stabiler Lebensformen auszugehen. Die Ehe, die mit Attributen wie Sicherheit, Langfristigkeit, gegenseitige Unterstützung und Familie verbunden ist, wird in der unsicheren Zeit der Ausbildung, in der das finanzielle Fundament noch nicht gegeben ist, weitgehend vermieden. Kennzeichnend ist eine *prinzipielle Offenheit* gegenüber der Zukunft, ein *Experimentieren* mit mannigfaltigen Lebensentwürfen auch im privaten Bereich. Die Unbestimmtheiten und Unentschiedenheiten im beruflichen Bereich bringen auch Unbestimmtheiten und Unentschiedenheiten im persönlichen Bereich mit sich. Der Lebenssituation des Postadoleszenten sind eher Bindungen strukturell angepasst, die auf der freien, im Prinzip jederzeit widerrufbaren Entscheidung der Partner beruhen.

Wie Rindfuss und Vanden Heuvel (1990) für die USA herausgefunden haben, bieten nichteheliche Lebensgemeinschaften dabei die Möglichkeit, das Alleinwohnen zu vermeiden, ohne sich zu frühzeitig festzulegen. Die meisten nichtehelichen Lebensgemeinschaften sind demnach für junge Menschen weder eine „Alternative zur Ehe" noch eine „Vorphase zur Ehe" oder „Probe-Ehe", sondern eine *Alternative zum Alleinwohnen.* In der Studie von Manning und Smock (2005), in der im Jahr 2002 115 Tiefeninterviews mit jungen Männern und Frauen im Alter zwischen 21 und 35 mit Kohabitationserfahrungen durchgeführt wurden, wurde zu Beginn der Beziehung von keinem der Befragten eine mögliche Heirat als Alternative zum unverheirateten Zusammenleben thematisiert. Die tatsächliche Entscheidung lautete vielmehr: weiter alleine wohnen oder zusammenziehen. Über die Hälfte der Befragten gaben an, dass es sich auch nicht um eine bewusste Entscheidung gehandelt habe, sondern um einen fließenden Übergang vom Alleinwohnen – oder dem Wohnen mit Eltern oder Freunden – in die nichteheliche Lebensgemeinschaft, ein Prozess, der sich manchmal über Wochen oder sogar Monate erstreckt habe. Besonders die Grenzen zwischen Alleinwohnen und Kohabitation sind meist fließend. Die Entscheidung zur Kohabitation wird selten bewusst und überlegt getroffen, sondern ergibt sich allmählich in einem Entscheidungsprozess in kleinen Schritten.

Mit den skizzierten Entwicklungen sind zwei traditionale Eheschließungsgründe verschwunden: „Sowohl das Bedürfnis nach sexuellen Beziehungen als auch der Wunsch, das Elternhaus zu verlassen, konnten jetzt problemlos außerhalb des institutionellen Rahmens der Ehe befriedigt werden. Wenn man Sex vor der Ehe haben kann, wenn man das Elternhaus verlassen kann, ohne zu heiraten, wenn man schließlich auch als unverheiratetes Paar eine Wohnung findet – dann gibt es immer weniger Gründe für eine frühe Heirat – ohne deswegen auf das verzichten zu müssen, was die Ehe verspricht" (Burkart 1997, 89).

3.4 „Getrenntes Zusammenleben": Beziehungsideal oder Notlösung?

Nach Ansicht des Schweizer Soziologen Hoffmann-Nowotny (1995, 341) ist die Beziehungsform der Zukunft das *„getrennte Zusammenleben" („living apart together"),* worunter er eine Lebensform versteht, bei der die „Lebenssphären der daran beteiligten Erwachsenen mehr oder weniger getrennt sind und autonom geregelt werden". Am deutlichsten kommt diese Lebensform in der Führung jeweils *eigenständiger Haushalte* zum Ausdruck (= *Partnerschaft mit zwei Haushalten),* worauf sich die folgende Analyse konzentriert. Für verheiratete und unverheiratete Paare, die sich selbst als Paar verstehen, aber keine gemeinsame Wohn- und Wirtschaftsgemeinschaft praktizieren, hat Schmitz-Köster (1990) auch die Bezeichnung *„Liebe auf Distanz"* eingeführt. Schneider u. a. (2002) sprechen analog von *„Fernbeziehungen"*. Lenz (1998) zählt hierzu in Anlehnung an Richardson (1985) auch die *„forbidden relationships"*, womit länger währende Beziehungen bezeichnet werden, die ein anders gebundener, meist verheirateter Mann zu seiner Geliebten bzw. eine anders gebundene, meist verheiratete Frau zu ihrem Liebhaber hat und die meist vor der Beziehungspartnerin bzw. vor dem Beziehungspartner verborgen werden (von Lenz, 1998, auch *„verdeckte Zweierbeziehungen"* oder *„Nebenbeziehungen"* genannt).

Wenn im Folgenden von Partnerschaften mit zwei Haushalten bzw. von „getrenntem Zusammenleben" gesprochen wird, so handelt es sich im Unterschied zu Commuter-Paaren, die – aus Karrieregründen – an verschiedenen Orten leben, aber auch einen gemeinsamen Haushalt haben (vgl. *Kapitel 8.6),* um *Partnerschaften ohne gemeinsamen Haushalt* (Schlemmer 1995). Idealtypisch lassen sich zwei Grundformen unterscheiden (Schneider/ Ruckdeschel 2003):

- Partnerschaften ohne gemeinsamen Haushalt als *Kompromiss- oder Notlösung:* Dieser Typ dürfte vorwiegend in der Phase des Kennenlernens und in den ersten Phasen der Beziehungsentwicklung anzutreffen sein. Die Gründung eines gemeinsamen Haushalts wird nicht grundsätzlich ausgeschlossen. Man lebt aber zumindest zunächst getrennt, weil die äußeren Umstände einen gemeinsamen Haushalt nicht zulassen, weil es sich so ergeben hat oder weil es zur Zeit die beste Lösung darstellt. Vor dem Hintergrund verlängerter Ausbildungszeiten und einem angespannten Arbeitsmarkt dürfte sich diese Form besonders unter jungen Erwachsenen zeitlich ausdehnen, wobei nicht auszuschließen ist, dass sich die getrennte Lebensweise verfestigt und zur dauerhaften Lebensform wird.
- Partnerschaften ohne gemeinsamen Haushalt als Ausdruck eines *auf Unabhängigkeit ausgerichteten Beziehungsideals:* Man behält getrennte Haushalte bei, um einen möglichst großen Freiraum zu bewahren und um Alltagsproblemen, die eine gemeinsame Haushaltsführung mit sich bringt, aus dem Wege zu gehen.

Eine klare Abgrenzung des „living apart together“ ist über formale Kriterien nicht möglich, denn es bleibt wie im Falle nichtehelicher Lebensgemeinschaften weitgehend der Definition der Betroffenen überlassen, was sie konkret unter einer „Partnerschaft“ verstehen. Außerdem wohnt jedes fünfte nach eigener Aussage getrennt zusammen lebende Paar – zumindest in Hamburg und Leipzig – faktisch doch zusammen; es handelt sich also genau gesehen um (verheiratet oder unverheiratet) Zusammenwohnende mit zwei Wohnsitzen (Schmidt u. a. 2003). In der Population Policy Acceptance Study (PPAS) aus dem Jahr 2003 nannten von den 20- bis 39-jährigen Frauen und Männern in Deutschland auf die Frage nach der persönlich bevorzugten Lebensform 11 Prozent das „living apart together“ (Dorbritz 2004b). Im SOEP 1997 gaben 9 Prozent aller nicht verheirateten erwerbstätigen Personen zwischen 20 und 59 Jahren (10 Prozent in den alten und 7 Prozent in den neuen Bundesländern) an, in einer Fernbeziehung ohne gemeinsamen Haushalt zu leben. Im DJI-Familiensurvey 2000 wurde der Anteil der Personen zwischen 18 und 61 Jahren in West- und Ostdeutschland ermittelt, die laut eigener Aussage mindestens seit einem Jahr eine feste Partnerschaft haben, ohne mit ihrem Partner in einem gemeinsamen Haushalt zu leben (Schneider/Ruckdeschel 2003). Von den befragten 778 Personen lebten in Deutschland – Unterschiede zwischen den alten und neuen Bundesländern waren 2000 nicht mehr feststellbar – 8 Prozent in dieser Lebensform. Davon wohnte fast jeder Zweite (49 Prozent) allein in einem Haushalt und 28 Prozent wohnten noch bei den Eltern. Jede(r) Zehnte war mit dem Partner/der Partnerin verheiratet.

Die „getrennt Zusammenlebenden“ weisen laut DJI-Familiensurvey 2000 (Schneider/ Ruckdeschel 2003) und der Studentenbefragung von Schmidt (2000) folgende Merkmale auf (vgl. *Tabelle 13):*

- Es ist eine Lebensform, die überwiegend von jungen Paaren gelebt wird – 60 Prozent sind noch keine 30 Jahre alt. Von den 18- bis 24-Jährigen leben 15 Prozent in dieser Beziehungsform, die in dieser Altersgruppe die zweithäufigste Lebensform ist. Unter den Älteren verliert das „living apart together“ dann enorm an Bedeutung. Unter den Studierenden ist das „living apart together“ mit Abstand die häufigste Lebensform.

- Für 70 Prozent der Befragten handelt es sich um eine voreheliche, für 18 Prozent um eine nacheheliche Lebensform. Die übrigen sind verheiratet (10 Prozent) bzw. verwitwet (2 Prozent).
- Zwei Drittel der Personen in „living apart together"-Beziehungen sind kinderlos. Etwa jede zweite Person mit Kindern ist geschieden oder lebt getrennt; jeweils 23 Prozent sind ledig oder verheiratet.
- Partnerschaften ohne gemeinsamen Haushalt werden besonders von Personen mit hohen *Bildungsabschlüssen* bevorzugt.
- In 59 Prozent aller Partnerschaften sind beide Partner *vollzeiterwerbstätig;* die übrigen werden hauptsächlich von Studierenden gebildet. In der Höhe des persönlichen Nettoeinkommens unterscheiden sich die Partnerschaften mit zwei Haushalten nicht signifikant von anderen Lebensformen.

Tabelle 13: Lebensformen in Deutschland nach DJI-Familiensurvey 2000 und Studentenbefragung von Schmidt 1996 (Angaben in Prozent)

Lebensform	Alter in Jahren					Studierende (20–29)
	18–24	25–29	30–44	45–61	18–61	
Verheiratet zusammenlebend	10	36	66	74	57	4
Nichteheliche Lebensgemeinschaft	13	22	9	4	9	20
Partnerschaft mit 2 Haushalten	15	9	4	4	8	42
Ohne Partner(in)	62	33	21	18	26	34
Gesamt %	100	100	100	100	100	100
Gesamt N	1 313	976	4 285	3 015	9 790	2 475

Quelle: Schneider/Ruckdeschel 2003; Schmidt 2000

Eine Analyse der *internen Beziehungsmuster* durch Schlemmer (1991; 1992) verdeutlicht, dass in allen Partnerschaftsformen in West- und Ostdeutschland der Partner bzw. die Partnerin den herausragenden Stellenwert einnimmt. Dies gilt für alle Bereiche (Gefühle, Kommunikation, Freizeit), wobei einer engen gefühlsmäßigen Bindung die größte Bedeutung zukommt. Die Beziehungszufriedenheit ist nach Befunden von Schmidt u. a. (2003) in allen drei Beziehungsformen – „living apart together", nichteheliche Lebensgemeinschaft, Ehe – gleich hoch. Es dominieren Liebe, Intimität, Geborgenheit, Zusammengehörigkeit und gemeinsame Interessen. Es gibt aber auch einige auffallende Unterschiede zwischen den Partnerschaftsformen (Schlemmer 1991; 1992). Junge Ehepaare sind am stärksten auf den Partner zentriert und weisen die größte Distanz bei Außenkontakten auf. In den nichtehelichen Lebensgemeinschaften ist die Binnenorientierung ähnlich stark – Zusammenwohnen verstärkt demnach die Gefühlsintensität –, aber die Kontakte zu Eltern und Freunden spielen eine größere Rolle als bei Ehepaaren. Im Falle getrennt zusammenlebender Paare halten sich die Partnerkontakte und die Außenkontakte ungefähr die Waage; der Ausschließlichkeitscharakter der Partnerbeziehung verschwindet. Die Rolle der Sexualität wird stärker betont, und doppelt so viele (15 Prozent) wie in den anderen Partnerschaftsformen berichten von sexueller Untreue in den letzten 12 Monaten (Schmidt u. a. 2003).

Auch in der Studie von Diewald (1993) war die *Exklusivität der Paarbeziehung* bei Paaren, die keinen gemeinsamen Haushalt bilden, deutlich geringer. Der jeweilige Partner bzw. die jeweilige Partnerin wurde nur halb so oft an erster Stelle genannt, wenn es um praktische und vor allem wenn es um emotionale Unterstützung ging. Die Exklusivität der Beziehung nimmt eine Zwischenposition zwischen einer Freundschafts- und einer Ehebeziehung ein. Dies gilt in allen Altersgruppen, verstärkt in der Gruppe der über 35-Jährigen. Die schwächere partnerschaftliche Binnenorientierung wird kompensiert durch das Eingebundensein in ein umfangreiches *Netz von intensiven Freundschaftsbeziehungen.* In einer Studie von Haustein und Bierhoff (1999) besaßen von den zusammen wohnenden Befragten im Alter zwischen 20 und 40 Jahren 89 Prozent einen gemeinsamen und 70 Prozent einen eigenen Freundeskreis. Von den Getrenntwohnenden waren es 63 bzw. 93 Prozent.

Als *Vorteile des getrennten Zusammenlebens* nannten jeweils über 40 Prozent der vom Gewis-Institut befragten Frauen und Männer zwischen 20 und 60, die nicht mit ihrem Partner/ihrer Partnerin zusammenwohnten, dass sie ihre Unabhängigkeit nicht aufgeben wollen und dass sie das Gefühl haben müssen, sich jederzeit zurückziehen zu können. In der Studie „Berufsmobilität und Lebensform“ von Schneider u. a. (2002), in der 1999/2000 insgesamt 162 Personen in getrennten Haushalten befragt wurden, nannten 65 Prozent als wichtigsten Vorteil des getrennten Zusammenlebens, dass jeder Partner seine eigenen Interessen verfolgen kann und man als Paar trotzdem zusammen ist, wobei die gemeinsam verbrachte Zeit als Paar intensiver erlebt wird. Über 40 Prozent verwiesen darauf, dass man eine attraktive berufliche Tätigkeit ausüben kann bzw. überhaupt berufstätig sein kann. Jeder Dritte betonte die hierdurch ermöglichte Unabhängigkeit vom Partner.

In der neuesten Studie von Noyon und Kock (2006) wurden LAT-Paare mit zusammenwohnenden Paaren verglichen. Insgesamt wiesen die getrennt wohnenden Frauen – aber nicht die getrennt wohnenden Männer – höhere Partnerschaftszufriedenheitswerte auf als die mit einem Partner zusammen wohnenden Frauen. Die Autorinnen erklären dies damit, dass zusammen wohnende Frauen mehrheitlich die Hauptlast der Haushaltsführung und Kindererziehung tragen und somit doppelt belastet sind, während getrennt wohnende Frauen ausschließlich für ihren eigenen Haushalt verantwortlich sind. Die mit einem Partner zusammen wohnenden Frauen litten stärker unter Streitverhalten als die LAT-Frauen. Auch zeigten sich deutliche Unterschiede im Liebesstil. Zusammenwohnende liebten pragmatischer als Getrenntwohnende. Sie legten mehr Wert auf Gemeinsamkeiten/Kompatibilität als auf Leidenschaft und Vergnügen.

Das getrennte Zusammenleben wird besonders von beruflich ambitionierten Frauen initiiert, die hieran schätzen, dass Belastungen im Privatbereich – besonders Auseinandersetzungen um eine egalitäre Aufteilung der Hausarbeit – entfallen. Männer und Frauen begrüßen an dieser Beziehungsform, dass sie unabhängig von der Partnerin bzw. vom Partner planen können und bei alltäglichen Entscheidungen weniger Rücksicht aufeinander nehmen müssen. Absprachen über die Organisation des Alltags entfallen, und man hat mehr Zeit für sich selber (Meyer/Schulze 1989). Dieser Beziehungstyp erlaubt es, das Bedürfnis nach persönlicher Autonomie und Selbstentfaltung mit dem Bedürfnis nach emotionaler Erfüllung und Absicherung in einer festen Paarbeziehung zu vereinbaren, ohne die emotionalen Beziehungen übermäßig zu strapazieren. „Die Lebensform ermöglicht ein Lebensgefühl, das zwischen der *Autonomie des Singles und der emotionalen Nähe und Verbundenheit einer Paarbeziehung oszilliert*“ (Schneider u. a. 2002, 164). Es kann eine ausgeglichene, den individuellen Interessen dienliche Balance zwischen den Vorteilen des Alleinwohnens und den Vorteilen einer verbindlichen Partnerschaft hergestellt werden. Die „Balance des Glücks“ (Meyer/Schulze 1989) ist im Vergleich zum Leben in einer nichtehelichen Lebensgemeinschaft etwas weiter in Richtung Individualität verschoben. Zu den wichtigsten

Nachteilen zählen die Belastung durch das Fahren, die Zeitknappheit und die mit dieser Lebensform verbundenen hohen Kosten. Fast jedem Dritten bereitet außerdem die Umstellung vom Alleinwohnen auf die Zeit, die man gemeinsam verbringt, erhebliche Probleme. Da ihnen die Geborgenheit der institutionellen Zweiergemeinschaft fehlt, sind sie viel stärker als zusammenwohnende Paare bemüht, „Gemeinsamkeit herzustellen".

Wichtig für die Beurteilung, ob es sich beim „living apart together" häufiger um eine Partnerschaftsform in den ersten Phasen der Beziehungsentwicklung (um eine Art *„Notlösung")* oder um eine dauerhafte Partnerschaft mit dem Ziel der Aufrechterhaltung einer gleichberechtigten Beziehung und persönlicher Freiräume (um die *ideale Lebensform)* handelt, ist die Analyse der *Partnerschaftsbiographie.* Partnerschaften mit zwei Haushalten werden vorwiegend von jungen, ledigen und kinderlosen Personen gebildet (Familiensurvey 2000). Oft handelt es sich um die erste feste Partnerschaft. Die Partnerschaftsdauer ist im Vergleich zu anderen Lebensformen relativ kurz. Das getrennte Zusammenleben stellt für diese erste Gruppe eine Phase zwischen dem partnerlosen Alleinwohnen und dem Leben in einer nichtehelichen Lebensgemeinschaft dar.

Differenziertere Informationen liefert die Studie von Schneider u. a. (2002). Demnach entstehen 58 Prozent aller Partnerschaften mit zwei Haushalten aufgrund beruflicher Umstände bzw. aus Ausbildungsgründen als *Kompromiss- oder Notlösung*; sie sind als Übergangsphase konzipiert. Ein Zusammenziehen wird angestrebt, sobald es die Umstände ermöglichen. Diese Paare sehen sich meist nur am Wochenende und wohnen mindestens eine Stunde Fahrtzeit auseinander. Der häufigste Grund für das getrennte Zusammenleben sind berufliche Ambitionen, die nur in dieser Lebensform mit denen des Partners vereinbart werden können. Andere Gründe treten eher in den Hintergrund, wobei die angestrebte Unabhängigkeit vom Partner durchaus eine Rolle spielt. Dieser größeren Gruppe steht eine kleinere Gruppe von Personen gegenüber, die älter sind, häufig bereits Erfahrungen mit einer Ehe oder anderen Lebensformen gemacht haben und auch häufiger Kinder haben. Der Wunsch, mit dem Partner bzw. der Partnerin bald zusammenzuziehen, ist in dieser Gruppe wesentlich schwächer ausgeprägt. Für diese Gruppe ist die Partnerschaft mit zwei Haushalten Ausdruck ihres auf Autonomie und Unabhängigkeit orientierten *Beziehungsideals.* In der Studie von Schneider u. a. (2002) fallen hierunter 29 Prozent der Partnerschaften. Die Paare wohnen nahe zusammen und sehen sich mindestens jeden zweiten Tag. Die Lebensform wurde freiwillig gewählt und soll bis auf Weiteres aufrechterhalten werden. Die restlichen 13 Prozent entstehen aufgrund beruflicher Erfordernisse, werden dann aber aufgrund individueller Vorlieben weitergeführt.

Auch von den in der Studie „Beziehungsbiographien im sozialen Wandel" befragten getrennt Zusammenlebenden in Hamburg und Leipzig können sich nur relativ wenige das getrennte Zusammenleben als dauerhafte Alternative und damit als eigenständige Beziehungsform vorstellen (Schmidt u. a. 2006). Nur 17 Prozent wollen dezidiert nicht zusammenziehen. 60 Prozent wollen dies früher oder später tun. 23 Prozent sind sich noch unsicher. Getrenntes Zusammenleben ist für die meisten – besonders für die Jüngeren – eine Entscheidungs- oder „Findungsphase" oder ein Übergang, der aufgrund äußerer Umstände fortdauert. Auf die Frage, welche Gründe dafür sprechen, nicht mit dem Partner/der Partnerin zusammenzuwohnen, verweisen gut 80 Prozent auf äußere Umstände (geographische u. berufliche Gründe, Probleme, eine Wohnung zu finden, familiäre Gründe), auf die kurze Dauer der Beziehung oder auf Zweifel an der Beziehung. Nicht einmal jeder Fünfte führt die Überlegenheit des „living apart together" an. Schneider und Ruckdeschel (2003, 247/248) schließen aus ihren Ergebnissen, dass die „Ausdifferenzierung dieser neuartigen

Lebensform ... damit weniger als Folge der Zunahme von Handlungsoptionen, denn als Ergebnis eines fortschreitenden Eindringens systemischer Zwänge in die Gestaltung der eigenen Partnerschaft zu interpretieren“ ist. Nur für relativ wenige trifft die individualisierungstheoretische Interpretation zu, die die Entstehung dieser Lebensform im Zusammenhang mit gestiegenen Optionen und einem Verbindlichkeitsverlust traditionaler Lebensmodelle sieht. Die These von Burkart und Kohli (1992), dass die Partnerschaft mit zwei Haushalten eine neue, eigenständige Lebens- und Beziehungsform, die „individualisierte Partnerschaft par excellence“ darstellt, trifft nur für eine Minderheit zu.

Speziell mit der Bedeutung von living-apart-together-Partnerschaften *alleinerziehender Mütter* befasst sich die 3-jährige Längsschnittstudie von Traub (2005a). Befragt wurden 122 berufstätige Mütter mit Kindern zwischen 10 und 13 aus dem Raum Brandenburg. Auch hier erwies sich das getrennte Zusammenleben nur selten als ein Beziehungsideal, sondern eher als Kompromissformel. Der Wunsch nach einem Zusammenziehen war stark ausgeprägt und wurde meist auch rasch erfüllt. 75 Prozent der Befragten waren mit ihrem Partner innerhalb eines Jahres zusammengezogen. Allerdings erwiesen sich die Partnerschaften als recht instabil. Die Trennungsrate lag bereits nach eineinhalb Jahren zwischen 39 und 50 Prozent. Ein zentrales Ergebnis der Studie ist, dass für das Wohlbefinden nicht die Haushaltsform entscheidend ist, sondern das *Vorhandensein eines Partners*, unabhängig davon, ob man im gemeinsamen oder im getrennten Haushalt wohnt. Die Mütter in LAT-Partnerschaften unterschieden sich in ihrem Stressempfinden und in ihrem psychischen Wohlbefinden nicht von Müttern in Kern- oder Stiefvaterfamilien. Auch in ihrem Unterstützungspotential standen die LAT-Partnerschaften den Partnerschaften in einer Haushaltsgemeinschaft kaum nach. Sehr wohl unterschieden sich living-part-together-Partnerschaften aber in ihrer Lebenszufriedenheit von *alleinerziehenden Müttern ohne neuem Partner*. Traub (2005a) plädiert deshalb dafür, LAT-Mütter – obwohl weder der biologische noch der soziale Vater im Haushalt lebt – nicht, wie es in der Regel geschieht, als Alleinerziehende zu begreifen, sondern als Mitglied einer Stieffamilie im weiteren Sinne.

3.5 Wohngemeinschaften: alternative Lebensform oder Form gemeinsamen Wohnens und Wirtschaftens?

Die ersten Wohngemeinschaften in der Bundesrepublik – die *Kommunen* – waren ein direkter Ausdruck der Studentenbewegung der zweiten Hälfte der 1960er Jahre. Ihre Anzahl wird um 1970 herum auf weniger als 1 000 geschätzt (Pohl/Voss 1978). Propagiert wurde die Abschaffung der bürgerlichen Kleinfamilie als Keimzelle des autoritären Charakters, die Abschaffung des Privateigentums, die Aufhebung der geschlechtsspezifischen Arbeitsteilung, Formen kollektiver Kindererziehung und die Aufhebung der exklusiven sexuellen Paarbeziehung. Neben der Radikalität der Forderungen haben auch spektakuläre Aktionen, vor allem der legendären Berliner Kommune 2, zu ihrer Resonanz in den Medien beigetragen.

Mit dem Zerfall der Studentenbewegung trat in den 1970er Jahren an die Stelle der Kommunen eine als Wohngemeinschaft bezeichnete Form des Zusammenlebens. Zwar fühlten sich auch deren Mitglieder der alternativen Szene (der Gegenkultur) zugehörig. An die Stelle explizit politischer (oft revolutionärer) Zielsetzungen trat jedoch „eine pragmatische Wendung ins Alltägliche“ (Schülein 1990). Im Vordergrund stehen nun die individuellen Bedürfnisse der Mitglieder nach intensiver Kommunikation, Solidarität, emotionaler Sicherheit in der Gruppe und nach Persönlichkeitsentfaltung, aber auch rein pragmatische Gründe, wie die Minimierung der Lebenshaltungskosten.

Parallel zu den strukturellen Veränderungen wurde der Begriff der Kommune durch den neutralen Begriff der *Wohngemeinschaft (WG)* ersetzt. Hierunter wird das Zusammenwohnen von mindestens drei Erwachsenen (mit oder ohne Kinder) verstanden, die in der Regel nicht miteinander verwandt sind. Ein wesentliches konstituierendes Merkmal ist die *gemeinsame Haushaltsführung der Mitglieder.* Ein spezifischerer Wohngemeinschaftsbegriff stellt demgegenüber auf das Zusammenwohnen als *Erprobung neuer Beziehungsformen* ab. Konstitutives Merkmal einer WG ist hier die „erklärte Absicht ihrer Mitglieder, soziale Beziehungen zu den anderen zu haben, nicht nur zusammen eine Wohnung zu benutzen" (Meyer/Schulze 1988, 76).

3.5.1 Verbreitung und soziale Zusammensetzung

Bis heute wurde in der Bundesrepublik keine repräsentative Studie zur Verbreitung von Wohngemeinschaften durchgeführt. Die Schätzungen der Gesamtzahl der Mitte der 1970er Jahre bestehenden Wohngemeinschaften weichen beträchtlich voneinander ab. Haider (1984) kommt aufgrund seiner Sekundäranalyse vorliegenden empirischen Materials für die Jahre um 1980 auf eine Zahl zwischen 54 000 und 72 000. Bei einer durchschnittlichen Gruppengröße von fünf Personen lebten demnach zwischen 270 000 und 360 000 Menschen in Wohngemeinschaften. Der Anteil der Wohngemeinschaften in der DDR war, Schätzungen nach zu urteilen, noch geringer, was mit der Wohnungsknappheit und dem geringen Bedarf wegen preiswerter Studentenwohnheime erklärt wird. Auch galt diese Lebensform als „unmoralisch" (Vaskovics u. a. 1994).

In der Population Policy Acceptance Study 2003 nannten auf die Frage nach der persönlich bevorzugten Lebensform nur 3,6 Prozent der 20- bis 39-Jährigen die Wohngemeinschaft (Dorbritz 2004b). Nach Mikrozensusdaten lebten 2004 im früheren Bundesgebiet 1,2 Millionen Menschen (= 1,8 Prozent der Bevölkerung) und in den Neuen Ländern und Berlin-Ost 230 000 Menschen (= 1,6 Prozent) ohne ledige Kinder und ohne Lebenspartner/in im Haushalt gemeinsam mit anderen verwandten und/oder nicht verwandten Personen in Mehrpersonenhaushalten. Nach der 17. Sozialerhebung des Deutschen Studentenwerks wohnten im Jahr 2003 22 Prozent der Studierenden (= 445 000) in einer WG. Je geringer die monatlichen Einnahmen der Studierenden waren, desto häufiger wohnten sie in einer WG. Die meisten Sozialwissenschaftler gehen von einer Fortsetzung des Trends in Richtung kollektiver Wohnformen aus. Begründet wird dies mit der Verlängerung der Jugendphase (Postadoleszenz), dem Problem der erschwerten Integration in das Berufsleben und mit der Verknappung von preisgünstigem Wohnraum.

Die wenigen (älteren) Studien zur *Sozialstruktur von Wohngemeinschaften* zeichnen ein relativ kohärentes Bild (Spiegel 1986; Schenk 1984; Haider 1984):

- In Wohngemeinschaften leben vorwiegend junge, ledige Erwachsene (Durchschnittsalter ca. 25 Jahre).
- Da sich ein Großteil der Mitglieder noch in der Ausbildung befindet, verfügen sie über ein relativ geringes Einkommen. Nur jeder Dritte lebt von Einkünften aus eigener Er-

werbstätigkeit, die übrigen von Zuschüssen der Eltern, staatlichen Ausbildungsbeihilfen oder gelegentlichen Nebeneinnahmen durch „Jobs".

- Die Berufstätigen üben bevorzugt „soziale Berufe" (pädagogische, therapeutische, sozialwissenschaftliche Berufe) aus. Ihre Einstellung ist postmaterialistisch geprägt.
- Das Bildungsniveau liegt weit über dem Bildungsniveau der Gesamtbevölkerung.
- Es besteht ein leichtes Übergewicht der Männer.
- Die Mitgliederzahl liegt bei durchschnittlich 5 bis 7 Personen, schwankt aber beträchtlich, bei den von Cyprian (1978) untersuchten Wohngemeinschaften z. B. zwischen 3 und 17 erwachsenen Mitgliedern.
- In jeder vierten bis fünften Wohngemeinschaft leben Kinder.

Die soziale Zusammensetzung der Wohngemeinschaften hat sich im Verlauf der letzten 30 Jahre verändert. Das Durchschnittsalter ist angestiegen, und ein Teil der Mitglieder lebt auch nach Abschluss der Ausbildung weiter in dieser Lebensform. Insgesamt hat eine gewisse *Ausweitung auf alle sozialen Gruppen* stattgefunden.

3.5.2 Zum Alltag von Wohngemeinschaften

Innerhalb von Wohngemeinschaften findet man sehr unterschiedliche *Beziehungsstrukturen* (z. B. Einzelpersonen mit oder ohne festen Partner außerhalb der WG; kinderlose Paare; Kleinfamilien; Alleinerziehende). In der bundesrepublikanischen Studie von Pohl und Voss (1978) hatten 70 Prozent keinen festen Partner innerhalb der WG. Schülein (1983) spricht deshalb von einer Tendenz zu einem *„sekundären Inzesttabu"*. Zweierbeziehungen innerhalb der WG sind ein Risikofaktor und zwar „einmal, weil Konflikte zunächst mit dem Partner besprochen werden. Zum anderen, weil das Engagement für die ganze Wohngemeinschaft eher fällt als steigt und weil für die meisten Bedürfnisse erst mal der Partner ‚zuständig' ist" (Schülein 1983, 409/10). Die WG hat also, wie auch Cyprian (1978) konstatiert, die Intimität der Zweierbeziehung nicht ersetzen können und gewinnt erst dann an Bedeutung für die psychische Stabilität des Einzelnen, wenn eine feste Partnerbeziehung fehlt.

Obwohl man sich verstärkt darum bemüht, *Konflikte* durch offene Aussprache zu lösen, schlagen die Versuche häufig fehl, so dass Spiegel (1986) von einem „Defizit an Konfliktregelungsmechanismen" spricht. Weitere Gefahrenquellen ergeben sich daraus, dass Wohngemeinschaften häufig zu viele (und oft widersprüchliche) und zu hohe Ansprüche an das Zusammenleben stellen, so dass Enttäuschungen unausweichlich sind, und dass viele Menschen nur aus negativ definierten Gründen einziehen, um z. B. Konflikten in einer Zweierbeziehung zu entfliehen. Hinzu kommt die relativ hohe Mitgliederfluktuation, die in erster Linie dadurch bedingt ist, dass viele Mitglieder ihre Ausbildung noch nicht abgeschlossen haben oder Beziehungen eingehen, die einen räumlichen Wechsel erforderlich machen. Für die 1970er Jahre wird eine mittlere Wohndauer der einzelnen Mitglieder von 1,5 bis 2 Jahren angegeben, wenn auch die WG als solche meist eine wesentlich längere Lebensdauer hat (Pohl/Voss 1978).

Als *Vorteile* des Lebens in einer WG werden die größere persönliche Freiheit zur individuellen Weiterentwicklung und Selbstverwirklichung und die im Vergleich zur Zweierbeziehung größere Chance, sich zurückziehen zu können, genannt. In der Studie von Mackensen u. a. (1988) besaßen die Weiterentwicklung der eigenen Persönlichkeit im intensiven Erfahrungsaustausch mit Gleichgesinnten sowie der Wunsch nach intensiver Kommunikation und emotionaler Sicherheit in der Gruppe absolute Priorität. Während beim Eintritt in die WG die erhofften Vorteile für die persönliche Selbstverwirklichung überwiegen, werden mit den Erfahrungen des Gruppenlebens die kommunikativen Bedürfnisse und die emotionale Sicherheit in der Gruppe immer bedeutsamer. Die WG stellt eine „ideale Kombination von menschlicher Zuwendung und Geborgenheit auf der einen, Unabhängigkeit und Selbstbestimmung auf der anderen Seite dar" (Spiegel 1986, 165). Politische und ideologische Zielvorstellungen spielen heute nur bei einer Minderheit eine wichtige Rolle, und die wenigsten Wohngemeinschaften sind rein ökonomisch motivierte Zweckgemeinschaften.

Wohngemeinschaften unterscheiden sich von der Familie in ihrem *Kollektivierungsgrad.* Dies gilt besonders für den *Haushalts- und Wirtschaftsbereich,* z. B. bei täglich anfallenden Arbeiten, wie Reinigung, Abwaschen, Kochen und Einkaufen (Haider 1984). Obwohl geschlechtsspezifische Rollenzuweisungen verpönt sind und im Vergleich zu verheirateten und unverheirateten Paaren die unterschiedlichen Arbeiten gleichmäßiger auf die Geschlechter verteilt sind, kann von einer völligen Gleichverteilung nicht die Rede sein. Aber der Anspruch auf Gleichberechtigung ist in Wohngemeinschaften am weitestgehenden verwirklicht. Die Kosten für den täglichen Bedarf werden meist paritätisch aufgeteilt. Eine vollkommene Aufhebung des Privateigentums ist eher der Ausnahmefall (Meyer-Ehlers u. a. 1973).

Die WG hat nur einen relativ geringen Freizeitwert. Der größte Teil der Freizeit wird mit einem Partner bzw. einer Partnerin außerhalb der WG verbracht. In Wohngemeinschaften mit Kindern spielen auch die (erhofften) Vorteile *kollektiver Kindererziehung* eine wichtige Rolle (Cyprian 1978). Die Eltern werden von Versorgungs- und Betreuungsaufgaben entlastet, die Gruppe bietet für die Kinder ein größeres Anregungspotential, und wegen des Vorhandenseins von mehreren Bezugspersonen wird eine Fixierung der Kinder auf ihre Eltern abgebaut. Dabei löst sich die Kleinfamilie keineswegs auf, wie häufig befürchtet wird, sondern sie wird erweitert und ergänzt. Denn die Kinder wissen mit zunehmendem Alter die Verfügbarkeit mehrerer Erwachsener, zu denen sie vielfältige emotionale Beziehungen aufbauen, durchaus positiv zu nutzen (Cyprian 1978). Besonders für Einzelkinder werden die günstigen Effekte einer Kindergruppe hervorgehoben. Erziehungsprobleme können dadurch entstehen, dass die Mitgliederfluktuation hoch ist und häufig unterschiedliche und widersprüchliche Ansichten über das richtige Erziehungsverhalten bestehen.

Der Forschungsstand über Wohngemeinschaften ist insgesamt sehr unbefriedigend. Neben dem Fehlen repräsentativer Untersuchungen heben Meyer und Schulze (1988) zwei Defizite hervor. Erstens wird in den (wenigen) vorliegenden Studien nicht unterschieden zwischen Wohngemeinschaften im engeren Sinn (als *spezifische Lebensform*) und Wohngemeinschaften als Form gemeinsamen Wohnens und Wirtschaftens (als *Gemeinschaftswohnung* oder „flat sharing"). Zweitens ist ungeklärt, wie häufig Wohngemeinschaften eine dauerhafte, nicht auf spezifische Alters- und Lebensphasen beschränkte echte *Alternative zur Ehe und Familie* darstellen, und wie häufig es sich um eine zeitlich befristete *Phase innerhalb der Gesamtbiographie* – besonders während der Postadoleszenz – handelt.

3.6 Pluralisierung partnerschaftlicher Lebensformen

Die bisherige Darstellung konzentrierte sich auf jeweils eine spezifische Lebensform. Weitgehend vernachlässigt wurde die Vielfalt der Lebensformen und die Dynamik individueller Lebensverläufe. Im Folgenden wird zunächst anhand des Familiensurveys 2000 die These diskutiert, dass in Westdeutschland in den vergangenen Jahrzehnten eine Pluralisierung partnerschaftlicher Lebensformen stattgefunden hat (Brüderl 2004). Anschließend wird die empirische Untersuchung „Spätmoderne Beziehungswelten" von Schmidt u. a. (2006) vorgestellt, die sich schwerpunktmäßig mit der Fluktuation von Beziehungen bzw. der Beziehungsdynamik befasst.

Zuvor soll aber ein Eindruck von der heutigen Akzeptanz unterschiedlicher Lebensformen in Deutschland vermittelt werden. In der Population Policy Acceptance Study (PPAS) aus dem Jahr 2003 wurde auch nach den *persönlich bevorzugten Lebensformen* der West- und Ostdeutschen gefragt (Dorbritz u. a. 2005). Die Ergebnisse unterscheiden sich erheblich danach, ob man mit oder ohne Kinder leben will (vgl. *Tabelle 14).* In West- und Ostdeutschland bevorzugt die Mehrheit der Befragten zwischen 20 und 39 Jahren, die *mit Kindern leben wollen* – 60 Prozent in Westdeutschland und 52 Prozent in Ostdeutschland – die Partnerschaftsform Ehe nach vorherigem Zusammenleben. Eine Ehe ohne vorheriges Zusammenleben steht mit 15 Prozent (West) und 13 Prozent (Ost) nicht mehr so hoch im Kurs. 17 Prozent der Ostdeutschen und 8 Prozent der Westdeutschen ziehen auch bei Vorhandensein von Kindern eine nichteheliche Lebensgemeinschaft ohne Heiratsabsichten vor. Nur relativ wenige nennen das Alleinleben mit Kind und eine Partnerschaft mit getrennten Haushalten und Kind als persönlich bevorzugte Lebensformen.

Tabelle 14: Persönlich bevorzugte Lebensformen mit bzw. ohne Kinder in West- und Ostdeutschland in der Altersgruppe von 20 bis 39 Jahren (Angaben in Prozent)

persönlich bevorzugte Lebensform	**West**		**Ost**	
	mit Kindern	**ohne Kinder**	**mit Kindern**	**ohne Kinder**
1. Alleinleben	4	36	6	43
2. Partnerschaft mit getrennten Haushalten	6	22	7	23
3. Ehe nach vorherigem Zusammenleben	60	16	52	9
4. Ehe ohne vorheriges Zusammenleben	15	2	13	1
5. Nichteheliche Lebensgemeinschaft ohne Heiratsabsichten	8	19	17	18
6. Andere	7	5	5	7

Quelle: Dorbritz u.a. 2005, 34

Ein ganz anderes Bild bietet sich, wenn man sich *keine Kinder wünscht.* Die Ehe ist in diesem Fall weitgehend uninteressant. Nur 18 Prozent in Westdeutschland und 10 Prozent in Ostdeutschland wollen heiraten, aber keine Kinder haben. Am häufigsten bevorzugen die West- und Ostdeutschen (36 bzw. 43 Prozent) in diesem Falle das Alleinleben, gefolgt vom living apart together (22 bzw. 23 Prozent) und vom unverheirateten Zusammenleben als Paar ohne Heiratsabsichten (19 bzw. 18 Prozent). Die Vielfalt der Lebensformen ist bei

Verzicht auf Kinder also wesentlich stärker ausgeprägt als im Falle des Zusammenlebens mit Kindern. Betrachtet man allerdings die Altersgruppe 30 bis 50 Jahre, so würden nur noch 13 Prozent – unabhängig vom Kinderwunsch – am liebsten allein leben. Eine deutliche Mehrheit von 84 Prozent spricht sich für eine Form des Zusammenlebens mit einem Partner aus, nach Dorbritz u. a. (2005) ein eindrucksvoller Beleg für die ungebrochene Relevanz der Paarbeziehung.

Entspricht der auf der Einstellungsebene zu beobachtenden Vielfalt persönlich bevorzugter Lebensformen auch eine entsprechende Vielfalt der tatsächlichen Formen des Zusammen- bzw. Alleinlebens? Brüderl (2004) stützt sich bei seiner empirischen Überprüfung der *These von der Pluralisierung partnerschaftlicher Lebensformen* in Westdeutschland auf die Daten des DJI-Familiensurveys 2000 (vgl. auch Brüderl/Klein 2003). In die Analyse gehen 5 192 Lebensverläufe von in den alten Bundesländern lebenden Deutschen ein, von denen rückblickend die *Partnerschaftsbiographie* erhoben wurde. Dabei werden *sieben Lebensformen* (oder Zustände) unterschieden: 1) ledig, partnerlos vor einer ersten Ehe; 2) nichteheliche Lebensgemeinschaft vor einer ersten Ehe; 3) verheiratet, erste Ehe; 4) getrennt, partnerlos nach einer Ehe; 5) verwitwet, partnerlos nach einer Ehe; 6) nacheheliche nichteheliche Lebensgemeinschaft; 7) wiederverheiratet. Von jeder Person ist das Alter bekannt, in dem sie in die jeweilige Lebensform eintrat bzw. diese wieder verließ.

Eine *Pluralisierung der Lebensformen* im Sinne von Brüderl (2004) liegt dann vor, wenn die *Vielfalt/Heterogenität* der (partnerschaftlichen bzw. familialen) Lebensverläufe seit der Normalfamilie der 1950/60er Jahre zugenommen hat (zu anderen Verwendungsweisen des Begriffs „Pluralisierung der Lebensformen“ siehe Wagner/Franzmann 2000). Bevor näher auf die Pluralisierungsthese eingegangen wird, sollen anhand eines Vergleichs unterschiedlicher *Geburtskohorten* (1944 – 1982) die wichtigsten *Veränderungen der Lebensverläufe* aufgezeigt werden, die eine notwendige, aber keine hinreichende Bedingung für eine Pluralisierung sind:

- Die *Singularisierungsthese*, die behauptet, dass ein immer höherer Anteil von Personen *ohne festen Partner* lebt, sich also in den Lebensformen (oder Stufen) „ledig“, „getrennt“ und „verwitwet“ ohne Partner befindet (hier als *„Singles“* bezeichnet), wird durch den Kohortenvergleich eindrucksvoll bestätigt. Im Alter von 30 Jahren lebten in der Geburtskohorte (1944–57) 21 Prozent ohne Partner/in, in der Kohorte (1958–67) 32 Prozent und in der jüngsten Kohorte (1968–82) 38 Prozent. Lebensformen mit Partner/in haben entsprechend abgenommen.
- Wie haben sich aber die *Lebensverläufe in der Altersspanne von 14 bis 35 Jahren an sich* verändert? Zur Beantwortung dieser Frage stehen nur die Geburtskohorten 1944–49, 1950–53, 1954–57, 1958–61 und 1962–65 zur Verfügung. Die bis zum Alter von 35 Jahren in einer *Erstehe verbrachte Zeit* hat im Verlauf der fünf Geburtskohorten monoton von 10,0 auf 5,9 Jahre abgenommen. Angestiegen ist die Zeit in der Lebensform *„ledig“* (von 10,1 auf 12,7 Jahre) und in der Lebensform *„nichteheliche Lebensgemeinschaft“* (von 0,5 auf 1,9 Jahre). Die Westdeutschen verbringen also bis zum Alter von 35 Jahren vor allen Dingen eine immer längere Zeit in der Lebensform „ledig“, ein weiterer deutlicher Hinweis auf eine Tendenz zur Singularisierung.
- Für eine Pluralisierung der Lebensformen könnte auch ein Anstieg der Zahl der *Lebensformwechsel* (der Anzahl der Partner) bis zum Alter von 35 Jahren sprechen. Lebensläufe mit nur einem Ereignis (meist: Heirat) gehen im Kohortenvergleich drastisch zurück, und es steigt der Anteil mit zwei Ereignissen. Meist handelt es sich um eine nichteheliche Lebensgemeinschaft vor der Heirat. Auch der Anteil mit vier bis sieben Ereignissen

(= sog. „bunte" Lebensverläufe) nimmt zu. Da auch der Anteil der Lebensverläufe ohne Lebensformwechsel ansteigt – immer mehr bleiben bis zum 35. Lebensjahr ledig –, deutet sich gleichzeitig eine *Polarisierung der Lebensverläufe* an.

Nach Brüderl (2004) bedeuten diese Entwicklungstendenzen aber nicht zwingend, dass es tatsächlich zu einer Pluralisierung im Sinne einer *Zunahme der Vielfalt/Heterogenität der Lebensverläufe* gekommen ist. So könnte z. B. der wachsende Anteil Lediger die Vielfalt wieder reduziert haben, oder es könnte sich auch ein neues dominantes Muster herausgebildet haben. Um die These von der Pluralisierung partnerschaftlicher Lebensformen zu prüfen, müssen die individuellen Lebensverläufe als Ganzes (sog. Lebensverlaufstypen) untersucht und deren Vielfalt ermittelt werden. Brüderl (2004) unterscheidet bis zum Alter von 35 Jahren *acht verschiedene Lebensverlaufstypen* (die Lebensform des „living apart together" bleibt unberücksichtigt):

- Drastisch ist der Rückgang der *drei „reinen" Ehetypen* (Heirat mit etwa 20, 25 und 30) von 75 Prozent in der ältesten Kohorte (1944–1949) auf 45 Prozent in der jüngsten Kohorte (1962–1965). Zählt man die Ehen mit einer längeren nichtehelichen Phase (von im Schnitt drei Jahren) vor der Eheschließung hinzu, so reduziert sich der Anteil von 79 auf 52 Prozent.
- Der Anteil der Personen, die kürzere Phasen von *nichtehelichen Lebensgemeinschaften* (ohne Eheschließung) durchlaufen haben oder eine längere Phase in einer nichtehelichen Lebensgemeinschaft (ohne Eheschließung) verbracht haben, ist im Kohortenverlauf von 3 auf 13 Prozent angestiegen. Dieser Anstieg reicht allerdings nicht aus, um den Rückgang der „reinen" Ehetypen zu kompensieren.
- Noch stärker zugenommen – von 13 auf 28 Prozent – hat der *Typus „ledig"*, der entweder überhaupt keine Erfahrung mit einer nichtehelichen Lebensgemeinschaft gemacht hat oder bestenfalls sehr kurze Phasen mit nichtehelichen Lebensgemeinschaften durchlaufen hat.
- Überraschenderweise haben Lebensverläufe mit längeren *nachehelichen Lebensverläufen* (meist nach einer Trennung/Scheidung) bis zur Geburtskohorte (1954–57) von 5 auf 8 Prozent zunächst zugenommen und sind dann anschließend wieder auf 6 Prozent gesunken.

Die Lebensverläufe sind also insgesamt vielfältiger geworden. Kann man aber daraus folgern, dass eine Pluralisierung im Sinne einer ausgeglicheneren Verteilung von Lebensverlaufstypen stattgefunden hat? Tatsächlich hat sich die Heterogenität, wie Brüderl (2004) mit einem speziellen Varianzmaß nachweist, von 0,78 in der ältesten auf 0,95 in der zweitjüngsten Kohorte erhöht. Demnach gab es schon in der ältesten Kohorte eine beachtliche Vielfalt von Lebensverlaufstypen, die in den jüngeren Kohorten noch weiter zugenommen hat. Dass sich in der jüngsten Kohorte der Pluralisierungstrend wieder umkehrt, lässt sich mit der zunehmenden *Dominanz der Lebensform „ledig"* erklären. „Der Trend weg von der Normalfamilie führt nicht notwendigerweise zu einer Pluralisierung. Ein neuer ‚Standardlebensverlauf' – ledig bleiben bis in die Dreißiger – zeichnet sich ab: Ein Befund, den wir allerdings noch mit einem Fragezeichen versehen möchten" (Brüderl 2004, 7). Denn sollte ein erheblicher Teil erst im Alter von 40 oder 45 Jahren heiraten, verlöre der Typus „ledig" wieder seine Dominanz. Die Verteilung der Lebensformen in der jüngsten Geburtskohorte würde wieder „bunter".

Als wichtigste Ursache für die Pluralisierung partnerschaftlicher Lebensformen sieht Brüderl (2004) den *steigenden Wohlstand* in westlichen Gesellschaften, der dazu geführt hat, dass zahlreiche einst bindende Restriktionen entfallen sind, dass man immer mehr eine Wahl treffen kann zwischen konkurrierenden Optionen. So setzt z. B. eine eigene Wohnung einen gewissen Wohlstand voraus, und mit steigendem Wohlstand – z. B. aufgrund der gestiegenen Erwerbsbeteiligung der Frauen – erhöht sich die Zahl attraktiver Alternativen zu Ehe und Familie. Vor allem die *Bildungsexpansion* hat mehr Optionen eröffnet. Seit den 1950er Jahren sind aber nicht nur die Lebensverläufe der Menschen mit höherer Bildung vielfältiger geworden; auch die Gruppen mit niedriger Bildung weichen inzwischen erheblich vom Normallebensverlauf ab (Brüderl/Klein 2003). Die standardisiertesten Lebensverläufe finden sich überraschenderweise in den mittleren Bildungsgruppen.

Mit dem Wechsel zwischen unterschiedlichen Beziehungsverläufen – der *Fluktuation von Beziehungen* bzw. der *Beziehungsdynamik* – befasst sich auch die Studie „Spätmoderne Beziehungswelten" von Schmidt u. a. (2006). Im Frühjahr und Sommer 2002 wurden 776 Männer und Frauen aus Hamburg und Leipzig zu ihren Beziehungsformen befragt, um ihre je spezifischen Beziehungsbiographien herauszuarbeiten. Die Befragten waren 1942, 1957 oder 1972 geboren, also zum Zeitpunkt der Erhebung 60, 45 oder 30 Jahre alt. Nach der Zeit ihres Heranwachsens und ihrer sexuellen Sozialisation wurden die 1942 Geborenen als *„die vorliberale Generation"*, die 1957 Geborenen als *„die Generation der sexuellen Revolution"* und die 1972 Geborenen als *„die Generation der sexuellen Selbstbestimmung oder der Gender Equalization"* bezeichnet. Nichttraditionelle (unkonventionelle) Lebensformen sind in der Studie leicht überrepräsentiert, da bei Großstädtern die Veränderungen des Beziehungsverhaltens ausgeprägter sind als bei Kleinstädtern und in der Landbevölkerung. Es wurden *vier Beziehungsformen* erfasst: 1) Single (keine feste Beziehung), 2) LAT („living apart together", getrenntes Zusammenleben), 3) Kohabitation (NEL; unverheiratetes Zusammenwohnen) und 4) Ehe.

Tabelle 15 zeigt, in welchen Beziehungsformen die Hamburger der drei Generationen jeweils im *Alter von 30 Jahren* leben bzw. gelebt haben. Die Daten für die Männer und Frauen sind zusammengefasst, da sich die Angaben der Geschlechter kaum voneinander unterscheiden. Die gleichen Trends zeigen sich – allerdings schwächer ausgeprägt – auch in Leipzig. In den drei Jahrzehnten hat ein massiver Umbruch im Beziehungsverhalten junger Großstädter stattgefunden. Von den 1972 Geborenen, also den heute 30-Jährigen, ist nur noch eine Minderheit (16 Prozent) verheiratet. Die überwiegende Mehrheit lebt in *nichtkonventionellen Lebensformen* (LAT, NEL). In der ältesten Generation der 1942 Geborenen war im Alter von 30 Jahren die Ehe noch die Regel; 69 Prozent waren verheiratet. Nichttraditionelle Formen waren eher die Ausnahme. Die 1957 Geborenen nehmen eine Zwischenposition ein, ähneln aber eher den Jüngeren als den Älteren. Bei den jüngeren Erwachsenen mit höherer Schulbildung ist diese Entwicklung hin zu nichtkonventionellen Beziehungsformen noch stärker ausgeprägt als bei den Befragten mit niedriger Schulbildung. Und auch das *Leben mit Kindern* ist seltener geworden. Im Alter von 30 Jahren lebt heute nur noch etwa jede(r) Zehnte in einer festen Beziehung mit eigenen Kindern; bei den 1942 Geborenen war es noch fast jede(r) Zweite.

Ein Vergleich der durchschnittlichen Anzahl der Beziehungen in den drei Generationen macht deutlich, dass die *Fluktuation von Beziehungen* von Generation zu Generation gestiegen ist. Die Beziehungen werden *serieller*. Die 30-Jährigen haben bereits mehr feste Beziehungen im Verlaufe ihres (viel kürzeren) Lebens als die 60-Jährigen. So hatten beispielsweise bis zum Alter von 30 Jahren die 1942 geborenen Männer und Frauen in Hamburg nur halb so viele feste Beziehungen wie die 1972 Geborenen (1,9 vs. 3,7 einschließlich der aktuellen Beziehung). Wenn Beziehungen serieller werden, dann müssen sie auch

Tabelle 15: Beziehungsformen im Alter von 30 Jahren und Anteil der 30-jährigen Männer und Frauen in einer festen Beziehung mit Kindern, 2002 (Hamburg, Angaben in Prozent)

Beziehungsform	**Geburtsjahrgang**		
	1942 (60-Jährige)	**1957 (45-Jährige)**	**1972 (30-Jährige)**
Single	17	19	29
LAT	5	26	26
NEL	10	16	29
Ehe	69	39	16
Zusammen	101	100	100
Feste Beziehung mit Kindern	48	35	11

Quelle: Schmidt u.a. 2006, 25

kürzer werden. So lebten in Hamburg im Alter von 30 Jahren von den 1942 Geborenen noch 61 Prozent, von den 1972 Geborenen aber nur noch 32 Prozent in einer fünf Jahre oder länger dauernden festen Beziehung. Da die Partnerschaften immer serieller werden und Beziehungen meist nicht übergangslos aufeinander folgen, nehmen auch automatisch die *Singleperioden* zu. 30 Prozent aller Trennungen führten direkt in eine neue Beziehung, 70 Prozent in eine Singleperiode. Das partnerlose Alleinwohnen ist demnach selten ein frei gewählter Lebensentwurf, sondern eher eine Mangelsituation. „Durch den häufigeren Partnerwechsel in der jüngeren Generation erhöht sich die Zahl derer, *die gerade mal wieder alleine* sind. Der Anteil der Singles in einer sozialen Gruppe ist heute ein indirektes Maß für die Fluktuation von Beziehungen", gewissermaßen ein Nebenprodukt serieller Beziehungen (Schmidt u. a. 2006, 24).

Bisher wurden die Beziehungsformen nur in Querschnittperspektive betrachtet. Da in der Studie von Schmidt u. a. (2003) von allen Befragten auch detailliert die Beziehungsgeschichte erhoben wurde, lassen sich aus diesen Angaben *Beziehungsbiographien* rekonstruieren, die man zu Typen zusammenfassen kann. Als Kriterien verwenden die Forscher die Abfolge und Dauer von Beziehungen und Singleperioden sowie bedeutsame Beziehungsereignisse (Trennung, Verwitwung). Dabei kann man *drei Typen* (mit Untertypen) unterscheiden:

- *Traditionelle Biographien* sind durch eine noch bestehende Langzeitbeziehung, in der Regel mit Kindern, definiert (= *Kontinuitätsbiographien).* Unter traditionelle Biographien fallen aber auch die (selteneren) *Verwitwungsbiographien.*
- Bei *nichtkonventionellen Biographien* handelt es sich entweder um eine Trennung aus einer langen Beziehung, meist aus einer Beziehung mit Kindern (sog. *Umbruchsbiographie),* oder um einen seriellen Lebensstil (sog. *Kettenbiographie)*; d. h. die Betroffenen hatten mindestens drei feste Beziehungen, wobei die Dauer aller festen Beziehungen die Dauer aller Singleperioden übersteigt.
- Unter *beziehungsferne Biographien* fallen einmal sog. *Streubiographien*, die mindestens drei feste Beziehungen aufweisen, deren Dauer die Gesamtdauer der Singleperioden unterschreitet, und zum anderen *beziehungsarme Biographien* (bisher keine feste Beziehung, oder die Gesamtdauer aller Beziehungen ist relativ niedrig).

Einen Überblick über die Beziehungsbiographien der unterschiedlichen Generationen vermittelt *Tabelle 16*. Da sich Männer und Frauen nicht wesentlich in ihren Angaben unterscheiden, sind die Daten nicht nach dem Geschlecht differenziert (vgl. auch Schmidt/von Stritzky 2004).

Tabelle 16: Beziehungsbiographien 60-Jähriger (Jg. 1942), 45-Jähriger (Jg. 1957) und 30-Jähriger (Jg. 1972) in Hamburg und Leipzig (Angaben in Prozent)

Beziehungsbiographien	**Hamburg**			**Leipzig**		
	Jg. 1942	**Jg. 1957**	**Jg. 1972**	**Jg. 1942**	**Jg. 1957**	**Jg. 1972**
Traditionelle Biographie	50	48	31	78	62	39
Nichtkonventionelle Biographien						
– Umbruchsbiographie	24	10	6	8	12	8
– Kettenbiographie	17	27	39	10	17	34
Beziehungsferne Biographien						
–Streubiographie	3	7	12	3	3	9
–Beziehungsarme Biographie	3	6	5	2	2	6
Nicht einzuordnen	3	3	8	1	3	5

Quelle: Schmidt u.a. 2003

Wie verbreitet sind die verschiedenen Biographietypen?

- Selbst in der *„vorliberalen Generation" der 1942 Geborenen* sind in Hamburg – anders als in Leipzig – traditionelle Biographien nur geringfügig häufiger als nichtkonventionelle Biographien. Der Wandel der Beziehungsstile hat zumindest in den Metropolen der alten Bundesrepublik anscheinend auch weite Teile der älteren Generation erreicht. Die „Alten" haben, falls sie im Verlaufe ihrer Biographie neue Beziehungen eingegangen sind – mehr als die Hälfte der Hamburger 60-Jährigen sind geschieden – moderne Lebensstile übernommen.
- Auch in der *„Generation der sexuellen Revolution" der 1957 Geborenen* sind traditionelle Biographien – dies gilt besonders für Leipzig – noch häufiger als nichtkonventionelle Biographien. Besonders Kettenbiographien haben deutlich zugenommen.
- In der *„Generation der sexuellen Selbstbestimmung" der 1972 Geborenen* übertrifft der Anteil der nichtkonventionellen Biographien klar den Anteil der traditionellen Biographien. Kettenbiographien und Streubiographien haben deutlich zugelegt.

Tabelle 17 zeigt die Beziehungsbiographien der Befragten im *Alter von 30 Jahren. Kettenbiographien* (serielle Beziehungsmuster) haben von Generation zu Generation stark zugenommen (in Hamburg von 4 auf 39 Prozent; in Leipzig von 5 auf 34 Prozent), desgleichen die *Streubiographien.* Dabei bedauern nur wenige 30-Jährige mit einer Ketten- oder Streubiographie die Vielzahl ihrer festen Beziehungen oder sehen ihre Beziehungsmobilität resignativ als eine Form des Scheiterns an. Stattdessen definieren sie feste Beziehungen im dritten Lebensjahrzehnt häufiger als Erprobungs- und Lernprozess, um „dann den Richtigen zu finden". Die *traditionellen Biographien* (Kontinuitätsbiographien) sind dagegen seltener geworden. In Hamburg sind sie von 76 auf 31 Prozent und in Leipzig von 82 auf 39 Prozent zurückgegangen.

Nahezu vier Fünftel (77 Prozent) der 1972 Geborenen haben im Alter von 30 die ersten 15 Jahre ihrer Beziehungsbiographie einen der beiden nichtkonventionellen Biographietypen gelebt – genauer: 41 Prozent in einer von LAT-Beziehungen und 36 Prozent in einer von nichtehelichen Lebensgemeinschaften dominierten Beziehungsbiographie (Dek-

Tabelle 17: Beziehungsbiographien im Alter von 30 Jahren: drei Generationen im Vergleich (Angaben in Prozent)

	Hamburg			Leipzig		
Geburtsjahr	**1972**	**1957**	**1942**	**1972**	**1957**	**1942**
Traditionelle Biographien						
– Kontinuitätsbiographie	31	40	76	39	69	82
Nichtkonventionelle Biographien						
– Umbruchbiographie	6	4	5	8	7	6
– Kettenbiographie	39	33	4	34	13	5
Beziehungsferne Biographien						
– Streubiographie	12	7	2	9	3	1
– Beziehungsarme Biographie	5	10	9	6	0	2
Nicht einzuordnen	8	6	4	5	9	5

Quelle: Schmidt/v. Stritzky 2004, 82

ker/Matthiesen 2004). Bei den 1942 Geborenen betrug der Anteil beider nichtkonventioneller Verlaufsformen nur 21 und bei den 1957 Geborenen 36 Prozent. „Zusammenfassend können wir festhalten, dass die Beziehungsbiographien bis zum Alter von 30 enormen Veränderungen unterworfen waren, mit einer Verschiebung von der frühen Ehe hin zu langjährigen LAT- und NEL-Phasen“ (Dekker/Matthiesen 2004, 48).

Insgesamt hat sich neben der Traditionsbiographie, die sich durch eine langfristige feste Beziehung auszeichnet (Kontinuitätsbiographie), ein weiterer Biographietyp etabliert: die Kettenbiographie, die durch mehrere (längere und kürzere) feste Beziehungen in Folge gekennzeichnet ist. Die Studie weist nach, dass „die Fluktuation von Beziehungen erheblich zunimmt, dass nichtkonventionelle Formen von Partnerschaften häufiger werden und dass Ältere, wenn sie sich aus (langen) Beziehungen trennen, oft die für Jüngere typischen Beziehungsmuster (getrenntes Zusammenleben, unverheiratetes Zusammenwohnen) übernehmen; Kettenbiographien, also serielle Beziehungsmuster mit oder ohne Ehe(n) sind auf dem Vormarsch“ (Schmidt u. a. 2003, 227/28). Nach der „sexuellen Revolution“ der späten 1960er Jahre und der „Genderrevolution“ der 1980er Jahre verläuft nun der Trend seit geraumer Zeit in Richtung „partnerschaftliche und familiäre Revolution“.

4 Die Familie im sozialen Umbruch

Den folgenden Ausführungen wird ein weiter Familienbegriff zugrunde gelegt. Als konstitutives Merkmal von Familien kann die „Zugehörigkeit von zwei oder mehreren aufeinander bezogenen Generationen aufgefasst werden, die zueinander in einer besonderen persönlichen Beziehung stehen, welche die Position ‚Elter' und ‚Kind' umfasst und dadurch als Eltern-Kind-Beziehung bezeichnet werden kann" (Lenz 2003, 495). Mindestens die Eltern- und die Kindposition müssen besetzt sind. Kinderlose eheliche und nicht-eheliche Partnerschaften sind nach dieser Definition keine Familie.

Wenn von der Krise der Familie gesprochen wird, wird meist auf den starken Geburtenrückgang seit Mitte der 1960er Jahre verwiesen. Dabei wird leicht übersehen, dass der wesentlichere säkulare Geburtenrückgang bereits um die Wende zum 20. Jahrhundert eingesetzt hat und der aktuelle Geburtenrückgang den (kurzzeitig unterbrochenen) langfristigen Trend lediglich fortsetzt. Im Folgenden wird zunächst auf die Entwicklung des Geburtenniveau und besonders auf die steigende Kinderlosigkeit als entscheidende Steuerungsgröße der aktuellen Geburtenentwicklung eingegangen. Anschließend werden die Ursachen der abnehmenden Fertilität in West- und Ostdeutschland und die Auswirkungen der Geburt eines Kindes auf die Partnerbeziehung und die Lebenssituation junger Familien analysiert (vgl. auch Peuckert 2007a).

4.1 Geburtenrückgang und Wandel der Familienstruktur

Die geburtenstarken Jahrgänge der späten 50er und frühen 60er Jahre des 20. Jahrhunderts in der Bundesrepublik Deutschland werden manchmal als *benachteiligte Generation* bezeichnet, denn bei ihrem Marsch durch die Gesellschaft lösen sie Anpassungsprobleme in den Bildungseinrichtungen, auf dem Arbeits- und Wohnungsmarkt und im sozialen Sicherungssystem aus, die ihre Lebenschancen erheblich beeinträchtigen (Geißler 2006). Aus dem „Geburtenberg" wurde zunächst ein „Schülerberg", dann ein „Lehrlingsberg" und „Studentenberg". Zur Zeit bildet diese Generation einen „Berg von Arbeitsuchenden", und später wird es einmal ein „Rentnerberg".

Der so genannte Babyboom in der Bundesrepublik erreichte den Gipfel Mitte der 1960er Jahre und kann als Spätwirkung des Zweiten Weltkriegs gedeutet werden, denn ausschlaggebend hierfür dürfte die Stabilisierung der gesellschaftlichen Entwicklung nach den Wirren der Kriegs- und Nachkriegsjahre gewesen sein. Die *Zahl der Lebendgeborenen* – die folgenden Angaben beruhen, soweit nicht anders angegeben, auf offiziellen Zahlen des Statistischen Bundesamtes – stieg zwischen 1955 und 1964 von 820 000 auf knapp 1,1 Millionen. Mitte der 1960er Jahre folgte dann ein Jahrzehnt eines dramatischen Geburtenrückgangs (vgl. *Tabelle 18; Abbildung 1).* Bis 1978 ging die Zahl der Lebendgeborenen auf 576 000 zurück und hat sich damit nahezu halbiert. Der zwischenzeitliche Wiederanstieg der Geburten Mitte der 1980er Jahre bis auf 727 000 im Jahr 1990 ist nur zu einem ganz geringen Teil auf ein verändertes generatives Verhalten, sondern ganz überwiegend auf den

Eintritt der geburtenstarken Jahrgänge der 1950er/1960er Jahre ins gebärfähige und geburtenintensive Alter zurückzuführen. Bis 2006 sind die Geburtenzahlen dann wieder deutlich auf 547 000 gesunken. Bereits seit Beginn der 1970er Jahre sterben in der Bundesrepublik mehr Menschen als geboren werden.

Tabelle 18: Indikatoren der Geburtenhäufigkeit im früheren Bundesgebiet und in der ehemaligen DDR/in den neuen Bundesländern, 1960 – 2006

Jahr	Lebendgeborene (in Tsd.)			Zusammengefasste Geburtenziffer[1]		
	Früheres Bundesgebiet[2]	Neue Länder u. Berlin-Ost[2]	Deutschland	Früheres Bundesgebiet[2]	Neue Länder u. Berlin-Ost[2]	Deutschland
1960	969	293	1262	2,36	2,33	2,37
1965	1044	281	1325	2,50	2,48	–
1970	811	237	1048	2,01	2,19	2,03
1975	600	182	782	1,45	1,54	–
1980	621	245	866	1,44	1,94	1,56
1985	586	228	814	1,28	1,73	–
1990	727	179	906	1,45	1,52	1,45
1991	722	108	830	1,42	0,98	1,33
1995	681	84	765	1,34	0,84	1,25
1999	664	108	771	1,41	1,15	1,36
2000	656	111	767	1,41	1,21	1,38
2002	594	96	719	1,37	1,24	1,34
2003	581	96	707	1,36	1,26	1,34
2004	577	99	706	1,37	1,31	1,36
2005	560	97	686	1,36	1,30	1,34
2006	547	96	673	1,34	1,30	1,33

1 Zahl der Kinder, die eine Frau im Alter von 15 Jahren im Verlauf ihres weiteren Lebens bekommen würde, wenn sie sich hinsichtlich ihres Geburtenverhaltens so verhalten würde wie alle betrachteten Frauen von 15 bis 49 Jahren des entsprechenden Berichtsjahres.

2 Aufgrund einer Bezirksreform in Berlin ist die bis zum Jahr 2000 in der Bundesstatistik übliche Darstellung von statistischen Ergebnissen für das frühere Bundesgebiet einschließlich Berlin-West sowie für die neuen Länder einschließlich Berlin-Ost seit 2001 so nicht mehr möglich. Die Ergebnisse für das frühere Bundesgebiet gelten ab 2001 ohne Berlin-West und die Ergebnisse für die Neuen Länder ohne Berlin-Ost.

Quellen: Engstler/Menning 2003; BMFSFJ 2005; BiB 2004; Grünheid 2006; Pressemitteilungen Statist. Bundesamt vom 5.6.2007 und 10.8.2007

In der *ehemaligen DDR* hat die Zahl der Lebendgeborenen zwischen 1960 und 1989 von 293 000 auf 199 000 abgenommen. Der Rückgang wurde nur kurzfristig in der zweiten Hälfte der 1970er Jahre durch Maßnahmen einer pronatalistischen Bevölkerungspolitik unterbrochen. Der vorübergehende zweite Babyboom war aber wesentlich schwächer ausgeprägt als der erste in den frühen 1960er Jahren. Ein dramatischer Einbruch der Geburtenzahlen erfolgte nach der Vereinigung. 1994 wurden in den neuen Bundesländern nur noch 79 000 Kinder geboren. Seit 2002 werden jährlich (mit geringfügigen Schwankungen) etwa 96 000 Kinder geboren.

Zu den niedrigen Geburtenzahlen in den neuen Ländern seit der Wende hat beigetragen, dass es nirgendwo in Europa *ungünstigere Sexualproportionen* – genauer: ein ausgeprägteres Defizit an jungen Frauen – gibt als in Ostdeutschland (Mai/Schon 2005). In der für Partnersuche und Familiengründung wichtigen Altersklasse der 22- bis 32-Jährigen kamen 2004 in Ostdeutschland (einschließlich Berlin) auf 100 Männer weniger als 90 Frauen. Für diese sexualproportionalen Schieflagen und stark „männerlastigen Bevölkerungsstrukturen“ sind *selektive Siebungsprozesse* verantwortlich (Dienel 2005; Berlin-Institut 2007). In allen neuen Ländern sind Frauen – und damit auch zukünftige Mütter – mobiler als ihre gleichaltrigen Geschlechtsgenossen und wandern häufiger in die alten Länder und ins benachbarte Ausland ab. Zwischen 1991 und 2005 haben rund 400 0000 Frauen unter 30 Jahren, aber nur 273 000 gleichaltrige Männer den Osten verlassen; rund 60 Prozent aller Fortzügler waren demnach weiblich. Die Gründe hierfür liegen nicht, wie häufig vermutet wird, in einer überproportional hohen Arbeitslosigkeit junger Frauen im Osten. Ganz im Gegenteil: Die Arbeitslosigkeit junger Männer liegt heute über jener der Frauen. Die Hauptursache für die überproportionale Abwanderung in den Westen ist vielmehr in den enormen geschlechtsspezifischen Bildungsunterschieden zu suchen. Die höherwertigen Bildungs- und Berufsabschlüsse der jungen Frauen und ihre Vorliebe für den Dienstleistungssektor versprechen ihnen in den alten Bundesländern bessere Erfolgsaussichten als den Männern mit klassischen Bau- oder Produktionsberufen. Die zurückbleibenden Männer sind im Durchschnitt geringer gebildet, häufig ohne berufliche Perspektive und genügen nicht den Ansprüchen der Frauen, ein Umstand, der die Frauenabwanderung weiter verstärkt. Durch die Abwanderung junger Frauen und den daraus resultierenden Männerüberschuss schwinden die demografischen Zukunftschancen, denn es fehlen potentielle Mütter. So hat der Osten allein zwischen 1995 und 2005 rund 100 000 Kinder verloren, weil Ost-Frauen sie im Westen bekommen haben.

2006 wurden in Deutschland insgesamt 673 000 Kinder lebend geboren. Ohne Schwangerschaftsabbrüche wäre die Zahl der Geburten allerdings deutlich höher. Denn im selben Jahr wurden 120 000 *Schwangerschaftsabbrüche* gemeldet (Roloff 2007b). Dabei lassen Schätzungen vermuten, dass aufgrund der Untererfassung der im Ausland vorgenommenen Abbrüche und der lockeren Handhabung der Meldepflicht in Deutschland nur etwa 60 Prozent der Schwangerschaftsabbrüche durch die Statistik gezählt werden (BiB 2004). Die West-Ost-Unterschiede sind zwar gegenwärtig so gering, wie sie es noch nie waren, doch liegt die Schwangerschaftsabbruchziffer (= Schwangerschaftsabbrüche je 1 000 Lebend- oder Totgeborene) in den neuen Ländern noch 50 Prozent über der im alten Bundesgebiet. Schwangerschaften werden am häufigsten – mit steigender Tendenz – in der Altersgruppe der 18- bis unter 25-Jährigen abgebrochen, also in der Altersgruppe, in der man üblicherweise noch keine eigene Familie hat und sich noch in der Ausbildung oder den ersten Berufsjahren befindet. Etwa 40 Prozent der Schwangeren hatten vor dem Eingriff noch keine Lebendgeburt. Die Altersgruppe der 25- bis unter 30-Jährigen – man hat meist schon die Zahl der gewünschten Kinder – ist die Altersgruppe mit der zweithöchsten Abbruchshäufigkeit (*„generatives Stoppverhalten“*). Von den im GGS-2005 befragten Frauen zwischen 20 und 39 Jahren würden bei ungewollter Schwangerschaft 10 Prozent in den alten und 19 Prozent in den neuen Bundesländern die Schwangerschaft vielleicht oder sicherlich abbrechen (Roloff 2007b). 83 bzw. 67 Prozent würden das Kind vermutlich austragen und auch behalten. 6 bzw. 13 Prozent sind sich in dieser Frage unsicher.

Bisher wurde allein die Entwicklung der absoluten Geburtenzahlen betrachtet. Aus den höheren absoluten Geburtenzahlen in Westdeutschland gegenüber Ostdeutschland kann man wegen der unterschiedlichen Bevölkerungsgrößen aber nicht ohne Weiteres den Schluss ziehen, dass auch das *Geburtenniveau* in Westdeutschland höher ist als das Geburtenniveau in Ostdeutschland. Um die unterschiedlichen Bevölkerungsgrößen auszuschalten, berechnet man die *rohe Geburtenziffer*, die die Geburtenzahl je 1 000 Einwohner der

Bevölkerung darstellt. 2005 betrug diese Ziffer im früheren Bundesgebiet 8,5 gegenüber 7,2 in den neuen Ländern (WiSta 12/2006). Allerdings hat diese Kennziffer den Nachteil, dass die Geburten auf die gesamte Bevölkerung bezogen sind, in der auch die jungen und alten Menschen enthalten sind, die selbst nicht zur Anzahl der Neugeborenen beitragen. Sie zeigt also Veränderungen im generativen Verhalten nur sehr ungenau an, da sie unter anderem davon abhängt, wie groß die Zahl der Frauen ist, die sich in einem für eine Geburt günstigen Alter befinden.

Um die Einflüsse von Bevölkerungszahl und Altersstruktur auszuschließen, betrachtet man die Altersklassen und ihre neugeborenen Kinder für jedes Alter getrennt und berechnet für jedes einzelne Altersjahr von 15 bis 49 die *altersspezifische Geburtenziffer.* Durch Aufsummierung dieser Ziffern innerhalb eines Beobachtungsjahres erhält man die *zusammengefasste Geburtenziffer* eines Kalenderjahres (auch: *Geburtenrate* oder *„total period fertility rate“*, abgekürzt *TFR*), die die durchschnittliche Zahl der Kinder bezeichnet, die eine Frau im Laufe ihres Lebens (im Alter von 15 bis 44 Jahren) zur Welt bringen würde, wenn die Geburtenneigung im jeweiligen Kalenderjahr über das gesamte gebärfähige Alter konstant bliebe. Es wird also unterstellt, dass das Geburtenverhalten der Frauen der einzelnen Jahrgänge im jeweiligen Beobachtungsjahr dem Verhalten der Frauen, die diese Zeit durchlebt haben bzw. noch durchleben werden (hier insgesamt 30 Kalenderjahre) entspricht. Doch auch bei der Interpretation dieser Kennziffer ist Vorsicht geboten, denn ihre Aussagekraft wird durch Verschiebungen des Geburtenalters beeinträchtigt (Huinink/Konietzka 2007). Da die TFR auf der Basis der altersspezifischen Geburtenhäufigkeiten eines Kalenderjahres berechnet wird, liefert sie nur unter der Voraussetzung einer über die Jahre hinweg konstanten Verteilung des Geburtenalters eine realistische Schätzung der endgültigen Zahl der Kinder, die eine Frau im Laufe ihres Lebens zur Welt bringt. Der seit den 1970er Jahren nachweisbare Anstieg des Alters von Frauen bei der Erstgeburt und bei den weiteren Geburten führt zu einer Verzerrung der Schätzungen der Kinderzahl pro Frau nach unten. Um diese sog. „Tempoeffekte“ auszuschalten, hat man im Rostocker Zentrum zur Erforschung des Demografischen Wandels die sog. *tempostandardisierte TFR* berechnet (Tivig/Hetze 2007).

Zum Ersatz der Elterngenerationen (Bestanderhaltung) ist in *Deutschland* eine TFR von 2,08 erforderlich. 2006 lag die TFR bei 1,33 und damit deutlich unterhalb des Bestanderhaltungsniveaus. Auf 1 000 Frauen entfielen nach den Verhältnissen des Jahres 2006 also durchschnittlich 1 330 Kinder. Die korrigierte (realistischere) tempostandardisierte TFR, die das steigende Durchschnittsalter der Mütter berücksichtigt, war mit etwa 1,50 etwas höher. Dabei bestehen auch heute noch – wenn auch schwächer werdende – Unterschiede zwischen West- und Ostdeutschland.

1960 betrug die TFR in *Westdeutschland* 2,36 und lag damit deutlich oberhalb des Bestandserhaltungsniveaus (*Tabelle 18; Abbildung 5*). 2006 lag sie dagegen mit 1,34 weit unterhalb des Reproduktionsniveaus. Dabei bestehen erhebliche Unterschiede zwischen städtischen und ländlichen Regionen. So wies Heidelberg Mitte der 1990er Jahre eine Geburtenziffer von nur 0,9 auf, während der Landkreis Cloppenburg mit einem Wert von 1,9 fast das zur Bestandserhaltung notwendige Fertilitätsniveau erreichte (Hank 2003). Seit nunmehr 30 Jahren kann in Westdeutschland von einem stabilen Geburtenniveau weit unterhalb des Reproduktionsniveaus gesprochen werden, woran auch kurzzeitige, über wenige Jahre verlaufende Anstiege nichts geändert haben. Auch gibt es derzeit keinerlei Anzeichen für einen nachhaltigen Wiederanstieg der Geburtenzahlen. Seit einigen Jahren kommen die geburtenschwachen Jahrgänge ab 1975 ins fortpflanzungsintensivste Alter. Wenn die Frauen weiterhin durchschnittlich knapp 1,4 Kinder bekommen, was dem Durchschnitt der letzten 30 Jahre entspricht, werden sich somit die absoluten Geburtenzahlen weiter reduzieren.

Abbildung 5: Zusammengefasste Geburtenziffer nach Kalenderjahren, 1960 – 2004

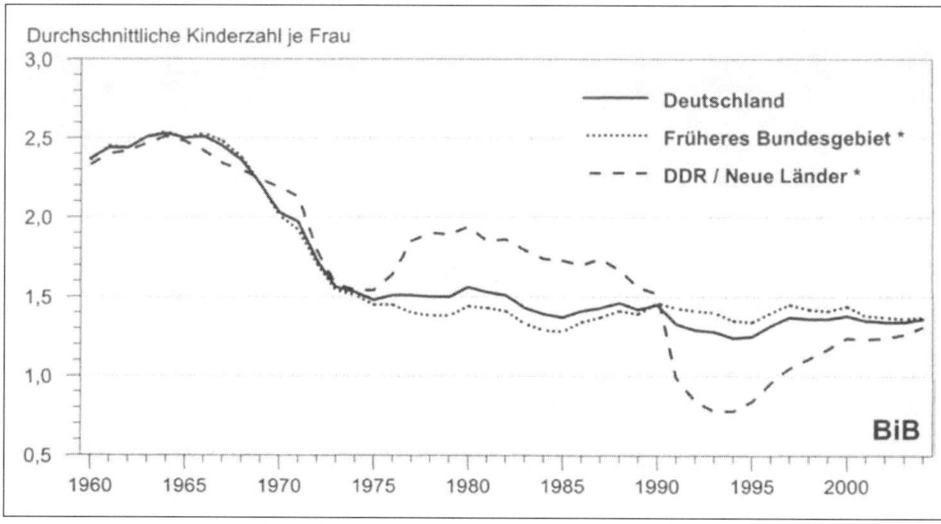

* ab 1990 jeweils ohne Berlin

Quelle: Grünheid 2006, 40

Im letzten Jahr der *DDR* entfielen auf 1 000 Frauen 1 570 Kinder. Die Wende führte dann zu einem drastischen Rückgang der Geburten. 1993 kamen auf 1 000 Frauen nur noch 770 Kinder. Da die zum Zeitpunkt der Wende noch kinderlosen jüngeren ostdeutschen Frauen ihre Geburtenverhalten empirisch nachweisbar sehr schnell verändert und die Erstgeburt auf ein wesentlich höheres Lebensalter verschoben haben, ist der Einbruch der Geburtenziffern in den Jahren nach 1990 auch Ausdruck eines veränderten Zeitpunkts von Geburten in den Lebensläufen ostdeutscher Frauen und nicht unbedingt eines Rückgangs der endgültigen Kinderzahl (Huinink/Konietzka 2007). Bis zum Jahr 2006 hat sich die TFR wieder bis auf 1,30 erhöht und liegt damit nur noch knapp unter dem Wert von 1,34 in Westdeutschland.

Eine exaktere Methode, das Geburtenniveau unverzerrt darzustellen, ist die Bestimmung der endgültigen Kinderzahl von Frauengeburtsjahrgängen: die Bestimmung der *Kohortenfertilität.* Allerdings kann man die Zahl der Kinder, die eine Frau im Laufe ihres Lebens bekommt, erst dann präzise benennen, wenn sie 45 Jahre oder älter ist. Die heute (im Jahr 2005) 45-jährigen Frauen in Deutschland haben durchschnittlich 1,65 Kinder (im Westen 1,6 und im Osten 1,8 Kinder). Der Wert liegt damit über der zusammengefassten Geburtenziffer von 1,34 (1,36 im Westen und 1,30 im Osten) und auch noch oberhalb der tempostandardisierten TFR (Konietzka/Kreyenfeld 2007a). Auch ist die Zahl der Kinder, die heute pro Frau im Osten Deutschlands geboren werden, anders als es die TFR erwarten lässt, immer noch höher als im Westen. Wie hoch die endgültige Kinderzahl der heute noch jüngeren Frauen einmal sein wird, lässt sich nicht verlässlich vorhersagen.

Von besonderer Bedeutung ist, ob das Geburtenniveau ausreicht, damit die Elterngeneration durch die Geburt von Kindern ersetzt wird. Um dies zu ermitteln, errechnet man die *Nettoreproduktionsrate*, die sowohl die Geburten- als auch die Sterbehäufigkeit berücksichtigt und anzeigt, inwieweit die Müttergeneration durch die Töchtergeneration ersetzt wird. Waren im Geburtsjahrgang 1865 vor allen Dingen aufgrund der hohen Säuglings- und Kindersterblichkeit durchschnittlich noch 3,49 Geburten je Frau erforderlich, um die Elterngeneration zu ersetzen, so sind es heute nur noch 2,08 Geburten. Nach den Verhältnissen des Jahres 2004 werden jeweils lediglich etwa zwei Drittel der Frauen in West- und Ostdeutschland durch die vorhandene Töchtergeneration ersetzt. Da der Ersatz der Elterngenerationen nicht mehr gewährleistet ist, ist damit langfristig gesehen eine wichtige Voraussetzung für das Altern der Gesellschaft gegeben (ausführlicher *Kapitel 10)*.

Bei der Analyse der aktuellen Entwicklung der Geburtenhäufigkeit seit der Nachkriegszeit sollte nicht übersehen werden, dass in Deutschland schon seit langem das Geburtenniveau sinkt (vgl. *Abbildung 6)*. In einem Zeitraum von etwa 100 Jahren haben sich, beginnend in der 2. Hälfte des 19. Jahrhunderts und endend in der 2. Hälfte des 20. Jahrhunderts, zwei große Geburtenrückgänge ereignet. Bei der Gründung des Deutschen Reichs 1871 haben die Frauen im Durchschnitt noch fast fünf Kinder zur Welt gebracht. Etwa zeitgleich mit der Einführung der kollektiven Alterssicherung durch Bismarck gegen Ende des 19. Jahrhunderts beginnt dann die Geburtenzahl zu sinken – ein Abwärtstrend, der im gesamten 20. Jahrhundert zu beobachten ist und sich im 21. Jahrhundert fortsetzt. Der um die Wende vom 19. zum 20. Jahrhundert einsetzende starke *säkulare (erste) demographische Übergang* ist in Deutschland der eigentlich bedeutsame. Schon die Kinderzahl der

Abbildung 6: Zusammengefasste Geburtenziffern in Deutschland und das Niveau des Ersatzes der Elterngeneration, 1871 – 1997

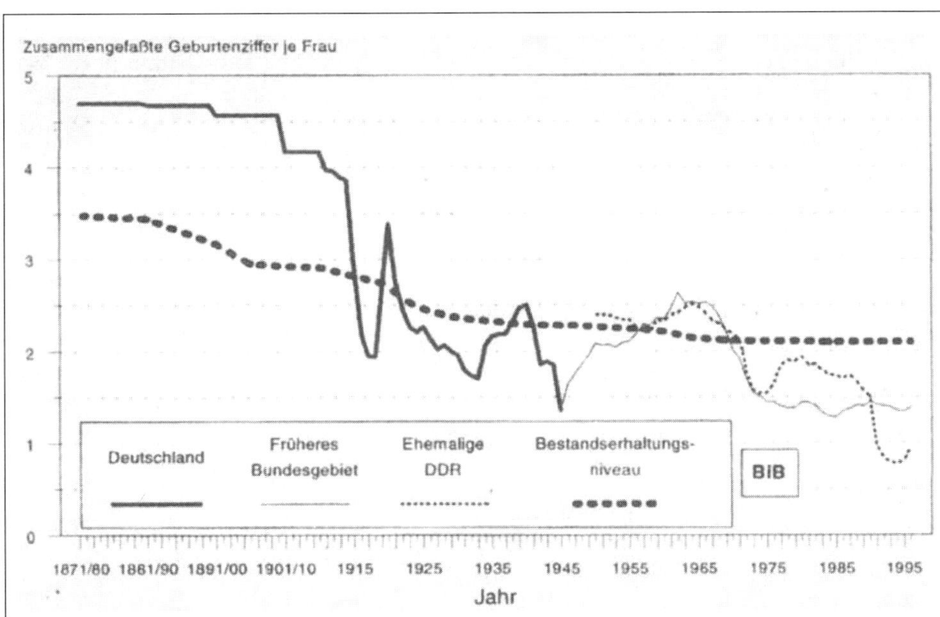

Quelle: Dorbritz 1998a, 200

Frauen, die gegen Ende des 19. Jahrhunderts geboren wurden, lag unter dem Reproduktionsniveau. Die Ursachen für den krassen Geburtenrückgang waren vielfältig. Die Menschen wurden im Prozess der Industrialisierung aus den traditionalen ländlichen Gemeinschaften freigesetzt. Mit der Verstädterung setzten sich rationale Verhaltensmuster durch, und Kinder verloren ihre Bedeutung als Arbeitskräfte und Altersstütze ihrer Eltern.

Der erste demographische Übergang – d. h. die Anpassung der Kinderzahlen an sich verändernde gesellschaftliche und wirtschaftliche Rahmenbedingungen der sich durchsetzenden Industriegesellschaft – war im Wesentlichen 1925 mit einer durchschnittlichen Geburtenzahl von zwei Kindern je Frau abgeschlossen. Seitdem besteht ein im Trend niedriges Geburtenniveau. Die Geburtenziffer erreichte, noch zusätzlich deformiert durch Kriegs- und Kriseneinflüsse, Werte unterhalb des Generationenersatzes, woran auch gelegentliche *Timing-Effekte* – z. B. das Nachholen von Geburten nach dem Ersten Weltkrieg und in der Zeit des Wirtschaftswunders bzw. des sozialistischen Aufbaus in der ehemaligen DDR – und die nationalsozialistische Bevölkerungspolitik in der Zeit des Dritten Reiches wenig geändert haben. Der *zweite demographische Übergang* zwischen 1965 und 1975 beendete ein in langfristiger Betrachtung des Fertilitätstrends eher atypisches kurzes Geburtenhoch zwischen 1955 und 1965 während der Zeit des Golden Age of Marriage, führte zu einem erneuten Einpegeln auf einem sehr niedrigen, aber relativ stabilen Geburtenniveau und setzte den langfristigen Trend eines den Ersatz der Elterngeneration unterschreitenden Geburtenniveaus fort.

Wenn von der Bevölkerung in Deutschland die Rede ist, sollte auch beachtet werden, dass fast jedes fünfte (18 Prozent) in Deutschland im Jahr 2004 geborene Kind eine *Mutter mit ausländischer Staatsangehörigkeit* hat. Die Geburtenziffer der deutschen Frauen lag in diesem Jahr bei 1,30, die Geburtenziffer der ausländischen Frauen bei 1,69 (Grünheid 2006). Aber auch in der Migrantenbevölkerung findet eine Neuformierung von Familienbildungsprozessen statt (Heß-Meining/Tölke 2005). 1991 betrug die TFR noch 1,26 für deutsche und 2,04 für ausländische Frauen. Generell wird die Kinderzahl der in der Bundesrepublik ansässigen Migrantinnen (= Frauen ohne deutschen Pass) häufig überschätzt, was damit zusammenhängt, dass es unter ihnen Nationalitäten mit überdurchschnittlichen Kinderzahlen gibt. Für die wichtigste Gruppe – die 2,3 Millionen Türkinnen in Deutschland – wurde 1998 eine TFR von 2,18 berechnet (Schwarz 2001). Vor dreißig Jahren entfielen auf 100 türkische Frauen in Westdeutschland dagegen noch vier- bis fünfhundert Kinder.

Welchen Einfluss die Migration auf das Fertilitätsniveau ausübt, hat Nauck (2007) für Westdeutschland untersucht. Vergleicht man die Fertilität der Ausländer in Deutschland mit der Fertilität der einheimischen Bevölkerung, so sollte beachtet werden, dass die bereits im Herkunftsland stattgefundenen Geburten nicht berücksichtigt sind und die Fertilität der Ausländer damit systematisch unterschätzt wird. Aus diesem Grunde werden vom Statistischen Bundesamt schon seit Jahren die zusammengefassten Geburtenziffern für Migranten nicht mehr gesondert veröffentlicht. Bis zum Jahr 1993 zeigt sich folgendes Bild (vgl. *Tabelle 19*):

- Zwischen 1975 und 1993 lagen die Geburtenraten der weiblichen Migranten im allgemeinen unter den Geburtenraten im entsprechenden Herkunftsland, d. h. Immigration reduziert die Anzahl der Geburten.
- Die Geburtenraten der Frauen aller Nationalitäten von Arbeitsmigranten sind in dem betrachteten Zeitraum drastisch gesunken und liegen seit 1980 mit Ausnahme der Geburtenraten der türkischen Frauen weit unterhalb des Reproduktionsniveaus.

Tabelle 19: Zusammengefasste Geburtenziffern für Westdeutsche und „Fremde" in der Bundesrepublik Deutschland, 1975 – 1993

	Weibliche Migranten						Einheimische im Herkunftsland			
	1975	1980	1985	1987	1990	1993	1975	1985	1990	1993
Westdeutsche							1,3	1,3	1,4	1,3
Türken	4,3	3,6	2,4	2,9	3,0	2,5	5,1	4,1	3,0	2,8
Italiener	2,3	2,0	1,5	1,6	1,5	1,3	2,2	1,5	1,4	1,3
Griechen	2,8	1,8	1,2	1,2	1,2	1,2	2,3	1,7	1,4	1,4
Portugiesen	2,2	1,6	1,3	1,5	1,2	1,2	2,6	1,7	1,5	1,5
Spanier	2,0	1,7	1,2	1,3	0,7	0,6	2,8	1,8	1,3	1,2

Quelle: Nauck 2007, 41

Während sich das Fenster für *biologische Fertilität* im Leben einer Frau wegen des früheren Eintretens der Menarche verlängert hat, ist die Dauer der genutzten fruchtbaren Jahre *(verwirklichte Fertilität)* drastisch zurückgegangen (Allmendinger/Dressel 2005). Der Beginn der Elternschaft hat sich nicht zuletzt aufgrund der Höherqualifikation der jungen Frauengeneration seit 1970 um mehrere Jahre nach hinten verschoben (Engstler/Menning 2003). Frauen in Westdeutschland waren 1970 bei der Geburt des ersten Kindes – es handelt sich bei diesen Daten immer um das erste Kind der bestehenden Ehe – durchschnittlich 24,3 Jahre alt. In Ostdeutschland betrug das durchschnittliche Alter der Frauen bei der Geburt des ersten Kindes noch 1980 lediglich 22,7 Jahre. Eine Erstschwangerschaft ab 25 Jahren galt hier bereits als Risikoschwangerschaft, und ab 30 Jahren galt eine Frau als Spätgebärende. Bis 2005 ist in *Gesamtdeutschland* das durchschnittliche Alter der Mütter bei der Geburt des ersten Kindes auf 29,7 Jahre angestiegen bei nur noch geringfügigen Unterschieden zwischen West- und Ostdeutschland.

Dabei bestehen in Westdeutschland substantielle *bildungsspezifische Unterschiede* im Erstgeburtsverhalten (Kreyenfeld 2006). Besonders beruflich ambitionierte Frauen schieben die Ersterlternschaft auf. Für die Kohorten 1962–1965 betrug das Medianalter bei erster Mutterschaft von Frauen mit Abitur 33 Jahre, von Frauen mit Realschulabschluss 28 Jahre und von Frauen mit Hauptschulabschluss oder ohne Abschluss 26 Jahre. Auch in den neuen Bundesländern sind seit der Wende die bildungsspezifischen Unterschiede im Geburtenverhalten analog zur Entwicklung in Westdeutschland größer geworden. Außerdem zeigt sich in Deutschland aufgrund der längeren Zeiten für Bildungsabschlüsse und der damit verbundenen späteren beruflichen Etablierung ein Trend zur Verlagerung bzw. Verschiebung der Vaterschaft in ein höheres Alter und zu einer Streuung der Geburten über das mittlere Lebensalter (Mühling/Rost 2006).

Trotz der weit verbreiteten, wenn auch nicht zutreffenden Vorstellung, dass Schwangerschaften ab 35 Jahren Risikoschwangerschaften sind – Ritzinger und Weissenbacher (2003) sprechen von der künstlichen „Schreckensschwelle 35" –, hat die *„späte erste Mutterschaft"* (= Familiengründung ab einem Alter von 35 Jahren) in den letzten Jahrzehnten kontinuierlich an Bedeutung gewonnen (vgl. *Abbildung 7)*. In Gesamtdeutschland hat sich die Quote ehelich geborener Kinder „später Mütter" zwischen 1991 und 2003 von 5,7 auf 16,9 Prozent fast verdreifacht. Die Quote der *„sehr späten Mütter"* (= Familiengründung ab einem Alter von 40 Jahren) hat sich von 0,8 auf 3,9 Prozent erhöht. Späte erste Mutterschaft – so ein Ergebnis der Befragung von 180 „späten Müttern" aus Hannover und Leipzig durch Herlyn u. a. (2002) – ist vor allem ein Familiengründungsmuster hoch qualifizierter Frauen, die meist früh ohne volle Ausnutzung des Erziehungsurlaubs ihre Erwerbsarbeit wieder aufnehmen. Saleth (2005) zieht aus ihrer demografischen Analyse den Schluss, dass es sich bei späten Müttern meist um stark berufsorientierte Frauen in großstädtisch geprägten Ballungszentren handelt, die sich ganz bewusst für diesen *neuen Lebensentwurf* entschieden haben. Aber auch die Zahl der Männer, die im Alter von 50 und mehr Jahren noch Kinder zeugen, wächst. Fast jedes 20. in Deutschland geborene Baby hat einen Vater über 50 Jahre. In den USA hat man für die *späten Väter* einen eigenen Begriff erfunden. Die „Sods" (= „Start-Over-Dads"; Väter, die noch einmal loslegen) haben eine oder mehrere Ehen mit meist gleichaltrigen Partnerinnen und inzwischen erwachsenen Kindern hinter sich und fangen mit einer jüngeren Frau noch einmal von vorn an (zum Thema „späte Vaterschaft" ausführlicher Walbiner 2006a).

Abbildung 7: Lebendgeborene erste Kinder von miteinander verheirateten Eltern nach dem Alter der Mutter in Deutschland (in Prozent aller Erstgeburten)

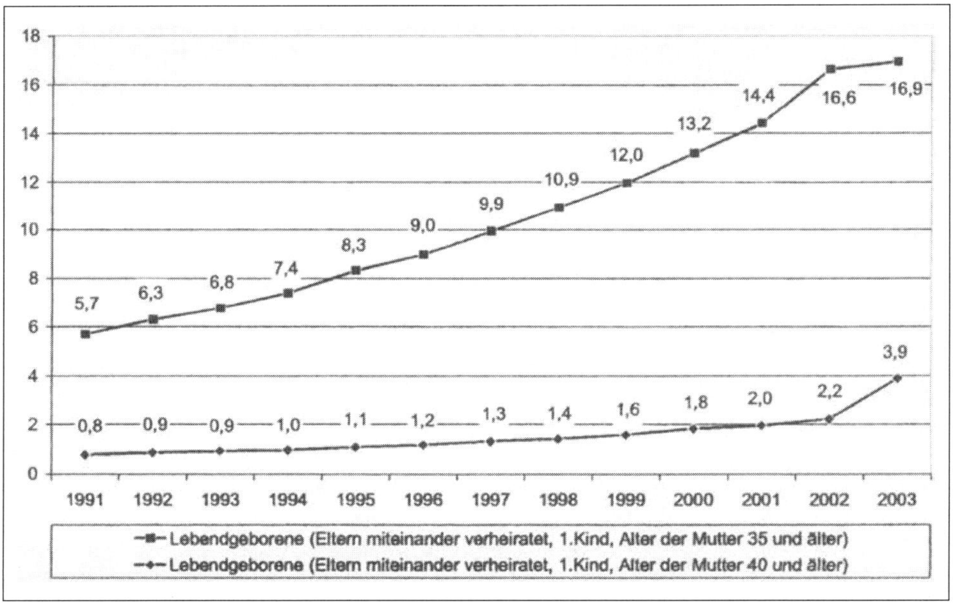

Quelle: Heß-Meining/Tölke 2005, 237

Die Schwangerschaften *Minderjähriger* (= *frühe Mutterschaft*) nehmen in Deutschland ebenfalls seit Jahren – wenn auch nur leicht – zu (Heß-Meining/Tölke 2005). 2002 waren 1,1 Prozent aller Geburten Frauen unter 18 Jahren zuzuschreiben. Soziale Benachteiligung (niedrige Schulbildung, Arbeitslosigkeit, fehlender Ausbildungsplatz) erhöht die Wahrscheinlichkeit von Jugendschwangerschaften (Schmidt u. a. 2006a). Auch tragen sozial benachteiligte junge Frauen ungeplante Schwangerschaften besonders häufig aus. Eine frühe Elternschaft greift massiv in den Alltag und in die Lebensplanung von Frauen ein. Häufig sind sie alleinerziehend und ihre Chance, später einmal einen qualifizierten Beruf auszuüben, ist gering. Entsprechend ist ihr Armutsrisiko laut Unicef etwa doppelt so hoch wie das von Frauen, die als Erwachsene ihr erstes Kind bekommen (ausführlich zu „*Teenager-*

schwangerschaften" BZgA 2005; Schmidt u. a. 2006a; zur Situation *„junger Väter"* vgl. Walbiner 2006c).

Hinter dem generellen Rückgang der Geburten können sich sehr unterschiedliche Veränderungen in der *Verteilung der Familiengrößen* verbergen. Seit den 60er Jahren sind im *früheren Bundesgebiet* die Familien im Schnitt kleiner geworden. 2005 waren 45 Prozent aller Ehen mit minderjährigen Kindern Ein-Kind-Familien, 42 Prozent waren Ehen mit zwei Kindern und 13 Prozent Ehen mit drei und mehr Kindern (vgl. *Tabelle 20).* Ein Rückgang der Ehen mit drei und mehr Kindern und ein Trend hin zur Zwei-Kind-Familie sind unverkennbar. Stünde als Vergleichsjahr statt 1972 das Jahr 1965 zur Verfügung, so wäre der Wandel sicherlich noch wesentlich ausgeprägter ausgefallen, denn zu Beginn der 1970er Jahre hatte das Golden Age of Marriage seinen Höhepunkt bereits überschritten. Auffallend stark ist der Trend hin zur Ein-Kind-Familie (59 Prozent) in den *neuen Ländern.*

Tabelle 20: Ehen mit Kindern unter 18 Jahren im Haushalt 1972, 1991 und 2005

Zahl der Kinder	Ehepaare mit minderjährigen Kindern im Haushalt (in Prozent)				
	Früheres Bundesgebiet		Neue Länder u. Berlin-Ost		Deutschland
	1972	2005[1]	1991	2005[2]	2005
1	43	45	46	59	47
2	35	42	45	33	40
3 und mehr	22	13	9	8	13

[1] Früheres Bundesgebiet ohne Berlin
[2] Neue Länder einschließlich Berlin

Quelle: Engstler/Menning 2003; Statistisches Bundesamt 2006b

Allerdings kann man von diesen Querschnittsdaten nicht ohne weiteres auf *endgültige Kinderzahlen* schließen. Besonders der Anteil der in Querschnittsbetrachtung ermittelten Ein-Kind-Familien ist stark überhöht, da in einem Teil dieser Familien die Geschwister noch nicht geboren sind oder bereits den elterlichen Haushalt verlassen haben. Realistischere Resultate erzielt man, wenn man ausschließlich Eltern im Alter zwischen 40 und 44 Jahren berücksichtigt, eine Lebensphase, in der die Kinder in der Regel den elterlichen Haushalt noch nicht verlassen haben, die Familienplanung aber weitgehend abgeschlossen ist (BMFSFJ 2007). Wie zu erwarten ist, sinkt bei dieser Betrachtungsweise der Anteil der Ein-Kind-Familien, und es erhöhen sich die Anteile der Zwei-Kind-Familien und der kinderreichen Familien (vgl. *Tabelle 20a).*

Tabelle 20a: Familien nach Anzahl der Kinder, Alter der Bezugsperson 40 bis 44 Jahre (Angaben in Prozent)

	Anzahl der Kinder			
	1 Kind	2 Kinder	3 Kinder	4 und mehr Kinder
Deutschland	38	46	13	4
Westdeutschland	35	47	14	4
Ostdeutschland	52	40	7	2

Quelle: BMFSFJ 2007 (Ergebnisse des Mikrozensus 2005)

Weitere Einblicke erlaubt eine Analyse der paritätsspezifischen Verteilung der Geburtenzahlen aus der *Frauenperspektive.* In *Tabelle 21* sind die Frauen der Geburtsjahrgänge 1935 bis 1967 in Westdeutschland nach der Zahl ihrer Kinder gruppiert. Generell haben sich die Anteile der Frauen nach der Kinderzahl deutlich verschoben. In den Geburtsjahrgängen der 1930er und 1940er Jahre dominierten größere Familien mit drei und mehr Kindern. Mit ihrem Rückgang hat sich der Anteil der Zwei-Kind-Familien auf fast ein Drittel erhöht. In den jüngeren Geburtsjahrgängen gibt es eine neue Umverteilung. Der Anteil der Familien mit einem Kind sinkt, während die Kinderlosigkeit sehr stark ansteigt und beim Geburtsjahrgang 1967 bereits einen Anteil von 29 Prozent erreicht.

Tabelle 21: Frauen nach der Zahl der geborenen Kinder in Westdeutschland, Geburtsjahrgänge 1935 – 1967, in Prozent (Anteile geschätzt)

Geburts-jahrgänge	**Kinderzahl**			
	Keine Kinder	**Ein Kind**	**Zwei Kinder**	**Drei u. mehr Kinder**
1935	7	23	12	59
1940	11	24	24	42
1945	13	27	30	31
1950	15	27	32	26
1955	19	24	32	25
1960	21	22	33	24
1965	27	20	32	22
1966	28	20	31	21
1967	29	20	31	21

Quelle: BiB 2004, 25

Nach Berechnungen von Birg werden die nach 1965 geborenen Frauen sogar zu einem Drittel kinderlos bleiben (BiB 2004). Dagegen war *Kinderlosigkeit* bei den Frauen des Geburtsjahrgangs 1935, die ihre Familienbildungsphase noch in der Zeit des Golden Age of Marriage durchlebt haben, mit 7 Prozent kaum anzutreffen. Diese Frauen haben mit ihrem Kinderreichtum ganz entscheidend zum „Geburtenboom" der 1960er Jahre beigetragen. Es war die letzte Frauengeneration, bei der die endgültige Kinderzahl über der Reproduktionsziffer lag. Die heutige hohe Kinderlosigkeit ist aber nicht ganz neu, denn auch früher hat es beträchtliche Anteile kinderloser Frauen gegeben. So blieben von den Frauen der Geburtsjahrgänge 1901/05 19 Prozent kinderlos (BiB 2004). Da die damalige Kinderlosigkeit im Unterschied zur heutigen Kinderlosigkeit als Folge einer sozialen Krisensituation eingetreten ist, bezeichnet man die heutige Kinderlosigkeit auch als *„neue Kinderlosigkeit".* Die Geburtsjahrgänge der 1950er Jahre in der *DDR* waren nur zu etwa 5 Prozent kinderlos. Die um 1965 geborenen Frauen werden voraussichtlich zu etwa 20 Prozent – und damit wesentlich seltener als die Frauen in Westdeutschland – kinderlos bleiben (ausführlicher *Abschnitt 4.5).*

Der Anteil *kinderreicher Frauen* (und *kinderreicher Familien*) mit drei und mehr Kindern hat in Westdeutschland seit den Mitte der 1930er Jahre geborenen Frauen kontinuierlich abgenommen und beträgt bei den 1967 geborenen Frauen nur noch 21 Prozent (vgl. *Tabelle 21).* Am häufigsten finden sich kinderreiche Familien unter Ehepaaren, seltener in nichtehelichen Lebensgemeinschaften und bei Alleinerziehenden. Als wichtige Hintergründe für die Gründung einer großen Familie erwiesen sich im Bamberger-Ehepaar-Panel traditionale Vorstellungen. Religion und Kirche, eine starke Verbundenheit der Partner und eine hohe Beziehungszufriedenheit bereits zu Beginn der Ehe besaßen im Leben der kinderreichen Familien einen deutlich höheren Stellenwert (Rupp 2003). Den Befragten war das Familienleben wichtiger als die Betonung von Unabhängigkeit und der Wunsch, das Leben zu genießen. Die Frauen waren auch häufiger bereit, für die Mutterrolle Abstriche im beruflichen Engagement zu machen. Eggen und Rupp (2006), die die typischen Konstellationen kinderreicher Familien herausgearbeitet haben, fanden *drei Typen kinderreicher Familien*. Der erste Typ ist durch einen niedrigen Bildungsstand der Eltern und ungünstige wirtschaftliche Verhältnisse charakterisiert. Der zweite Typ zeichnet sich demgegenüber durch eine gut ausgebildete, in wirtschaftlich günstigen Verhältnissen lebende Gruppe aus. Den dritten Typ bilden kinderreiche Familien mit Migrationshintergrund.

Kinderreiche Familien bilden, bei aller Differenziertheit, ein *Gegenmodell zur Moderne*. Denn diese Familienform fordert und fördert langfristige Bindungen – und zwar nicht nur in Bezug auf die Eltern-Kind-Beziehung, sondern auch im Hinblick auf die Partnerschaft – und ist somit mit vielen Anforderungen der modernen Gesellschaft (Mobilität, hohes und flexibles Erwerbsengagement) nur schwer zu vereinbaren (Eggen/Rupp 2006). Neben der Bereitschaft, sich langfristig in besonders hohe Verpflichtungs- und Abhängigkeitsverhältnisse zu begeben, leben kinderreiche Familien noch aufgrund eines anderen Aspekts eher ein Gegenmodell zur Moderne. Sie verzichten auf die Gleichstellung der Geschlechter und praktizieren mehrheitlich eine traditionale Aufgabenteilung zwischen den Partnern. Aus diesem Raster fallen allerdings die – relativ wenigen – Familien, in denen beide Eltern überdurchschnittlich gut ausgebildet sind und sich gleichermaßen an Familie und Beruf beteiligen. Sie verdienen genug Geld, um sich Unterstützung bei der Kinderbetreuung und im Haushalt hinzuzukaufen.

In Europa und ganz besonders in Deutschland ist eine *steigende Geburtenkonzentration* zu beobachten (Spielauer u. a. 2005). Die Kinder sind immer ungleicher auf die Frauen einer Geburtskohorte verteilt; ein immer größerer Anteil der Kinder wird also von immer weniger Frauen geboren. Im 20. Jahrhundert hat die Konzentration zunächst abgenommen. Die Zwei-Kind-Familie wurde zur Norm. Erst in letzter Zeit hat sich dieser Trend aufgrund der steigenden Kinderlosigkeit umgekehrt. Die neu geborenen Kinder werden von immer weniger Frauen zur Welt gebracht. Dabei nimmt Westdeutschland bei der Geburtenkonzentration in Europa heute den Spitzenplatz ein. 26 Prozent der 1960 geborenen Frauen brachten die Hälfte aller von Frauen desselben Jahrgangs geborenen Kinder zur Welt. Besonders die Kinder von hochqualifizierten Frauen verteilen sich, da viele dieser Frauen kinderlos bleiben, auf relativ wenige Mütter. Die Geburtenkonzentration erhöht die mit Kindern verbundenen Kosten und führt zu unterschiedlich großen Verwandtschaftsnetzen und in späteren Jahren zu einem erhöhten Bedarf an Pflegeeinrichtungen für kinderlose ältere Menschen.

Da von den in der Öffentlichkeit immer wieder behaupteten negativen Folgen von Geschwisterlosigkeit in erster Linie Kinder betroffen sind, empfiehlt es sich, die Entwicklung der Geburten auch aus der *Perspektive der Kinder* zu betrachten. Dabei ergibt sich wiederum ein ganz anderes Bild. Bei der Wahl von Kindern als Untersuchungseinheit fällt die *Geschwisterlosigkeit* wesentlich niedriger aus. 2005 wuchsen im früheren Bundesgebiet „nur" 23 Prozent der minderjährigen Kinder ohne Geschwister im Haushalt auf. 48 Prozent hatten ein Geschwister, 21 Prozent hatten zwei Geschwister und 8 Prozent hatten drei und mehr Geschwister (Statist. Bundesamt 2006b). In den neuen Ländern lebten 36 Prozent ohne Geschwister im Haushalt, 45 Prozent mit einem Geschwister, 13 Prozent mit zwei Geschwistern und 6 Prozent mit drei und mehr Geschwistern. Einzelkinder konzentrieren sich vor allem in den großen Städten. Allerdings sind diese Mikrozensusdaten methodisch bedingt mit Vorsicht zu genießen. Denn unberücksichtigt bleibt, dass ein Teil potentieller Geschwister noch nicht geboren ist und ein Teil der Geschwister den elterlichen Haushalt bereits verlassen hat. Nimmt man die Zahl der mit im Haushalt lebenden Geschwister der 6- bis 9-Jährigen als Indikator für die untere Grenze der *endgültigen Geschwisterzahl* – bei Kindern dieses Alters sind die meisten jüngeren Geschwister bereits geboren und die älteren Geschwister wohnen überwiegend noch zu Hause –, so blieben nach Berechnungen von Engstler und Menning (2003) im Jahr 2003 in Deutschland nur 18 Prozent der Kinder während ihrer gesamten Kindheit Einzelkinder (West: 17 Prozent; Ost: 27 Prozent). Kindheit bedeutet somit immer noch für die allermeisten Kinder das gemeinsame Aufwachsen mit Geschwistern (oder Halbgeschwistern). Die Legende vom Einzelkind als expandierender Lebensform der heute aufwachsenden Kindergeneration – angeblich soll schon jedes zweite Kind geschwisterlos aufwachsen – lässt sich also nicht aufrechterhalten.

Welche Auswirkungen die Situation als Einzelkind auf den Sozialisationsprozess hat, darüber lässt sich beim gegenwärtigen Erkenntnisstand fast nur spekulieren. Einzelkinder erfahren tendenziell eine höhere Zuwendung und Aufmerksamkeit durch ihre Eltern, sind aber auch stärker der Gefahr der Überbehütung ausgesetzt (Kasten 1993). Auch finden sich Hinweise darauf, dass gerade Geschwister, denen es an elterlicher Zuwendung mangelt, häufig eine besonders enge Beziehung zueinander entwickeln, eine Kompensationsmöglichkeit, die in dieser Form Einzelkindern verschlossen bleibt. Der Ablösungsprozess von den Eltern ist bei Einzelkindern strukturell erschwert, da das Kind wegen des Fehlens von Geschwistern leicht in eine besonders intensive Eltern-Kind-Beziehung gerät. Es fehlt eine Geschwistergruppe, die – sowohl im Falle zu großer Nähe als auch im Falle zu großer Distanz zu den Eltern – ein Gegengewicht zu den Eltern bilden kann. Es fehlt aber auch die Möglichkeit, Geschwisterrivalitäten auszuleben und die Entwicklung der Fähigkeit, konkurrierende Interessen zu respektieren, Zuwendung zu den Eltern zu teilen und Kompromisse zu schließen.

Nach den Ergebnissen des Kinderpanels des DJI (1. Welle 2002) wachsen Einzelkinder, vergleicht man sie mit Geschwisterkindern, häufiger bei alleinerziehenden Eltern und bei unverheiratet zusammen- oder getrennt lebenden Eltern auf (Teubner 2005). Bei den rund 1 000 befragten Kindern im Alter von 8 bis 9 Jahren fanden sich in den drei untersuchten Lebensbereichen Familie, Freunde und Schule insgesamt nur geringe Unterschiede zwischen Einzel- und Geschwisterkindern. Die überwiegende Mehrheit der Einzel- und Geschwisterkinder im Grundschulalter fühlte sich in der Familie wohl, wobei Einzelkinder die Familie sogar als etwas harmonischer erlebten und seltener innerfamiliale Konflikte nannten. Keine Belege fanden sich für die Behauptung, dass Geschwisterkinder aufgrund des täglichen Umgangs mit Brüdern bzw. Schwestern mehr soziales Feingefühl entwickeln als Einzelkinder und deshalb Vorteile im Umgang mit Peers hätten. Einzel- und Geschwisterkinder nannten gleich viele Freunde und Spielkameraden, mit denen sie sich in ihrer Freizeit trafen, und sie waren unter den Mitschülern gleichermaßen beliebt. Auch bei den Schulleistungen 8- bis 9-jähriger Grundschüler zeigten sich nur geringe Unterschiede zwischen Einzel- und Geschwisterkindern.

Bekommen in Deutschland, wie häufig zu hören ist, die *„falschen" Eltern* – nämlich solche, die nicht gebildet und weitgehend mittellos sind – die meisten Kinder? Nach Auswertungen des DJI-Familiensurveys durch Bien und Lange (2005) variiert die durchschnittliche Kinderzahl zwar mit dem Status der Eltern: Eltern mit sehr niedrigem Status

(2,1 Kinder) und Eltern mit sehr hohem beruflichen Status (1,8 Kinder) bekommen durchschnittlich mehr Kinder als Eltern aus den mittleren Statusgruppen (1,4 bis 1,5 Kinder). Allerdings machen die Statusgruppen am oberen und unteren Rand nur geringe Anteile an der Bevölkerung aus. Gehören z. B. beide Eltern zur ungelernten Arbeiterschicht, haben sie zwar mit 2,1 Kindern je Frau die höchste Geburtenrate. Betroffen sind aber letztendlich nur 4 Prozent aller Kinder.

In deutschen Großstädten manifestiert sich mittlerweile eine wachsende *zweifache Segregation* (BMFSFJ 2005c). Erstens entsteht eine Polarisierung aufgrund des unterschiedlichen Reproduktionsverhaltens von deutschen Familien und Familien mit Migrationshintergrund (insbesondere Türken). Zweitens kommt es zu einer Polarisierung durch die Wanderungsbewegungen der besser verdienenden Familien aus der Stadt hinaus ins Umland. „Das bedeutet für die Städte, dass sich ihre Einwohner zunehmend zusammensetzen aus Singles einerseits und gering verdienenden Familien (Familien mit Migrationshintergrund, Alleinerziehende, Sozialhilfeempfänger, Arbeitslose, Alte) andererseits" (BMFSFJ 2005c, 12). So findet man in manchen Stadtteilen, insbesondere in den schrumpfenden Innenstädten, bereits nahezu *kinderfreie Zonen.*

Exkurs:
Anteile nichtehelich Lebendgeborener in Ostdeutschland auf Rekordhoch

Die *nichtehelichen Geburten* – seit der Reform des Kindschaftsrechts im Jahr 1998 wird in der amtlichen Statistik stattdessen der Ausdruck *„Kinder nicht miteinander verheirateter Eltern"* verwendet – verzeichnen seit den 1960er Jahren in West- und insbesondere in Ostdeutschland einen enormen Aufwärtstrend (zur Geschichte der Unehelichkeit in Deutschland siehe Buske 2004). 2006 kamen 201 500 Kinder außerhalb einer Ehe zur Welt. 1998, als die Rechtsstellung nichtehelicher Kinder verbessert wurde, waren es erst 157 000.

Die *Nichtehelichenquote* (= Anteil nichtehelich Geborener an allen Lebendgeborenen) ist in Deutschland seit Mitte der 1960er Jahre fast stetig angestiegen und betrug im Jahr 2006 30 Prozent. Im alten Bundesgebiet (ohne Berlin-West) ist die Nichtehelichenquote zwischen 1965 und 2006 fast kontinuierlich von 4,7 auf 23,8 angestiegen, was vor allem mit der Ausbreitung nichtehelicher Lebensgemeinschaften in Verbindung gebracht wird (vgl. *Abbildung 8).* Noch wesentlich drastischer fiel der Anstieg in der DDR bzw. in den neuen Ländern aus. Hier ließ die Einführung pronatalistischer Maßnahmen im Jahr 1976 die Nichtehelichenquote geradezu hochschnellen. 1960 wurden 11,6 Prozent und 2006 wurden (ohne Berlin-Ost) 60 Prozent aller Kinder nichtehelich geboren. Damit ist die nichteheliche Familiengründung in Ostdeutschland zur häufigsten Form des Übergangs zur Elternschaft geworden.

Vergleicht man die *altersspezifischen nichtehelichen Geburtenziffern* von 1991 und 2000, so deutet sich in den neuen Ländern eine Verschiebung im Altersmuster an. 1991 war die höchste altersspezifische Nichtehelichenziffer noch im 21. Lebensjahr zu verzeichnen, im Jahr 2000 dagegen erst im 26. Lebensjahr. Nichteheliche Geburten sind somit von „Teenagergeburten" zu einem für alle Lebensjahre typischen Verhaltensmuster geworden.

Nichtehelich bedeutet nicht zwangsläufig, dass das Kind nur mit einem Elternteil zusammenlebt. Viele der anfangs unverheirateten Mütter und Väter entschließen sich zur nachträglichen Eheschließung. 35 Prozent der nichtehelich geborenen Westkinder und fast 50 Prozent der Ostkinder werden durch Eheschließung *nachträglich legitimiert.* Ein weite-

Abbildung 8: Entwicklung der Nichtehelichenquote, 1960 – 2004 (Angaben in Prozent)

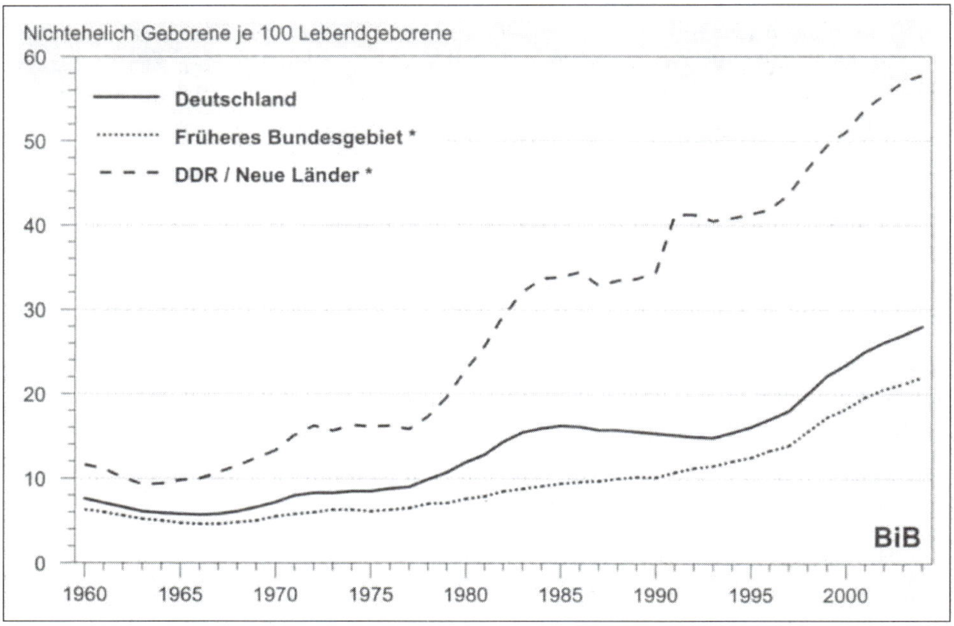

* ab 1990 jeweils ohne Berlin

Quelle: Grünheid 2006, 42

res Drittel wächst in einer Ehe der Mutter mit einem Stiefvater auf, und durch Adoptionen wird die Zahl der nichtehelich aufwachsenden Kinder noch weiter vermindert (Schwarz 1997). Auch neuere Analysen von Dorbritz und Naderi (2005) anhand von Mikrozensusdaten zeigen, dass ein Großteil der Ostdeutschen erst nach der Geburt der Kinder heiratet. Doch bleibt der Anteil der Unverheirateten im Alter von 34 Jahren mit Kind(ern) mit 28,3 Prozent relativ hoch, was auf die dauerhafte Existenz des Verhaltensmusters „Kinder ja, Ehe nein" hindeutet.

Die hohe Nichtehelichenquote in der *DDR* ist mit dem Motiv der Inanspruchnahme familienpolitischer Leistungen für Alleinerziehende, also einem sozialpolitischen Mitnahmeeffekt erklärt worden, der ein Vorziehen der Geburt vor die Heirat bewirkt haben soll. Der rasante Anstieg wird also mit familienpolitisch ausgelösten *Zeitverschiebungseffekten beim Heiratsverhalten* erklärt. Alleinerziehende haben bevorzugt Wohnraum und Kinderkrippenplätze und bei Krankheit des Kindes eine bezahlte Freistellung von der Arbeit erhalten. Auch bestand ein Anspruch auf einen einjährigen bezahlten Mutterschaftsurlaub nicht, wie bei verheirateten Frauen, erst ab dem zweiten, sondern bereits ab dem ersten Kind. Viele heirateten somit erst dann, wenn keine Anspruchsmöglichkeit mehr bestand.

Noch weitgehend ungeklärt ist der krasse Anstieg der Nichtehelichenquote in den neuen Ländern *nach der Wende* (Dorbritz/Naderi 2005). Die Vermutung, dass mit dem Wegfall der genannten Privilegien sich auch das Verhaltensmuster ändern werde, hat sich nicht erfüllt. Die Schere zwischen den beiden deutschen Regionen hat sich überraschenderweise sogar noch vergrößert. In den neuen Bundesländern hat man es mit einer weitgehenden und fortschreitenden Entkoppelung von Ehe und Geburt der Kinder zu tun, zumindest was den Zeitpunkt der Geburt betrifft. Dagegen sind im alten Bundesgebiet Ehe und Kinder noch stärker verknüpft. „Während in Westdeutschland die Schutzfunktion der Ehe gesucht wird, werden in Ostdeutschland die Instrumente der sozialen Sicherungssysteme, hier die Sozialhilfe, genutzt, die Verheiratete nicht bekommen“ (BiB 2004, 29).

Zur Erklärung der West-Ost-Unterschiede sind in jüngster Zeit verschiedene Hypothesen formuliert worden (Konietzka/Kreyenfeld 2005). Erstens geht empirisch nachweisbar eine Orientierung auf *Vollzeiterwerbstätigkeit der Frau* mit einer höheren Bereitschaft zu einer nichtehelichen Geburt einher. Da ostdeutsche Mütter im Vergleich zu westdeutschen Müttern wesentlich häufiger eine Vollzeiterwerbstätigkeit anstreben (43 vs. 13 Prozent), sind die Frauen in den neuen Bundesländern bei Geburt eines Kindes weniger auf eine Eheschließung aus Gründen der ökonomischen Absicherung angewiesen als die Frauen im früheren Bundesgebiet. Zweitens ist nichteheliche Elternschaft in den neuen Bundesländern, wie die sehr hohe Nichtehelichenquote bereits in den 1980er Jahren anzeigt, *soziale Normalität.* Die Toleranz gegenüber nichtehelichen Geburten ist ausgeprägter. Im Westen ist man dagegen häufiger der Ansicht, dass Personen, die Kinder haben wollen, auch verheiratet sein sollten. Drittens dürfte auch die erhebliche *Distanz gegenüber der Institution Ehe* bei einem Teil der Mütter den hohen Anteil nichtehelich Lebendgeborener begünstigen. Nur 14 Prozent der Mütter, deren Kinder nach einer Eheschließung geboren wurden, aber 25 Prozent der Mütter, die ihr Kind nicht in der Ehe geboren haben, sehen die Ehe als eine veraltete Institution an. Die Unterschiede zwischen Ost und West sind hier allerdings nur gering und können keinen wesentlichen Beitrag zur Erklärung der unterschiedlich hohen Nichtehelichenquoten leisten.

Die weitgehende rechtliche Gleichstellung ehelicher und nichtehelicher Kinder, die nach der Reform des Kindschaftsrechts zum 1. Juli 1998 geltendes Recht ist, wird voraussichtlich zur weiteren Ausbreitung von Nichtehelichkeit beitragen (Schwab 2002). Der Anstieg nichtehelicher Geburten wird im Jahr 2003 von 19 Prozent der Bevölkerung positiv und von 24 Prozent negativ bewertet (Dorbritz u. a. 2005). Die Mehrheit (57 Prozent) vertritt eine neutrale Haltung (zur aktuellen Situation nichtehelicher Kinder in Deutschland siehe ausführlicher Rupp 2000).

4.2 Der Kinderwunsch im Generationenvergleich

Die Forschung ist sich weitgehend darin einig, dass die Ursache für den Geburtenrückgang in Deutschland seit Mitte der 60er Jahre des 20. Jahrhunderts nicht in einer nachlassenden *Wertschätzung der Familie* zu suchen ist. Der Familie wird immer noch unter allen Lebensbereichen neben der Partnerschaft der höchste Stellenwert eingeräumt. Im Generationen-Barometer 2006, einer Repräsentativbefragung der deutschen Bevölkerung ab 16 Jahren, nannten 76 Prozent die Familie als wichtigsten Lebensbereich; 67 Prozent – von den 18- bis 29-Jährigen 58 Prozent – glaubten, dass man eine Familie braucht, um wirklich glücklich zu sein (Haumann 2006). Wie sehr dabei die Ergebnisse von der Frageformulierung beeinflusst sind, erkennt man daran, dass „nur“ 51 Prozent der Befragten der Ansicht waren, dass man eigene Kinder braucht, um wirklich glücklich zu sein (West: 48 Prozent; Ost: 65 Prozent). Dabei unterscheiden sich die Vorstellungen der Generationen ganz beträchtlich. Dass Kinder zum Glück notwendig sind, glaubt in der jüngsten Altersgruppe lediglich eine Minderheit von 34 Prozent – mit nur geringfügigen Unterschieden zwischen Ost- und Westdeutschland –, in der ältesten Altersgruppe dagegen eine Zwei-Drittel-

Mehrheit (64 Prozent). Alesina und Giuliano (2007) haben Umfragedaten des „World Value Surveys" aus 78 Ländern ausgewertet. Lediglich in Litauen ist der Stellenwert der Familie für die Befragten noch geringer als in Deutschland. Kinder sind in jüngerer Zeit also kein Muss mehr für ein erfülltes Leben. Gerade unter den jüngeren Menschen in Deutschland ist die Vorstellung verbreitet, dass man auch ohne Kinder glücklich werden kann. Eine hohe Wertschätzung der Familie verträgt sich für viele ohne weiteres mit einem persönlichen Verzicht auf Kinder.

Der *Kinderwunsch* informiert über die grundlegende Bereitschaft, Kinder zu bekommen. Er sagt etwas darüber aus, wie hoch das Geburtenniveau wäre, wenn alle Kinderwünsche erfüllt würden; es geht also um mögliche Geburten. Dabei muss zwischen dem individuellen Kinderwunsch und dem partnerschaftlichen Kinderwunsch unterschieden werden, denn die Entscheidung für Kinder wird meist in Paarbeziehungen ausgehandelt. Auch ist das Thema, ob und wie viele Kinder man sich wünscht, im Alltag nicht ständig präsent und wird erst in der konkreten Befragungssituation reflektiert. Oft fehlt auch der richtige Partner, oder die äußeren Rahmenbedingungen schließen eine Geburt eher aus. Umgekehrt kommen Kinder auch ungeplant zur Welt. Aus den Angaben zum Kinderwunsch lässt sich also nicht unbedingt auf das tatsächliche Verhalten schließen, aber sie zeigen, welchen Platz jemand zum Zeitpunkt der Befragung Kindern in seinem Leben einräumen möchte. Denn in der Regel versuchen Menschen ihren Kinderwunsch zu realisieren, auch wenn sie dann letztendlich häufig weniger Kinder bekommen als erhofft (Ruckdeschel 2004).

Obwohl in Deutschland seit Jahrzehnten immer weniger Kinder geboren werden, ist der Kinderwunsch in dieser Zeit bemerkenswert konstant geblieben. Ende der 1980er Jahre lag er noch deutlich oberhalb des Bestandserhaltungsniveaus von 2,1, für manche Demographen ein deutlicher Hinweis darauf, dass die Geburtenzahlen früher oder später wieder ansteigen werden. Neuere Studien zeigen, dass sich dies nunmehr geändert hat (vgl. *Tabelle 22).* Der durchschnittliche Kinderwunsch der 20- bis 39-jährigen Frauen in Deutschland ist zwischen 1988 und 1992 auf unter zwei Kinder gesunken und seitdem relativ konstant. In der aktuellsten Studie, dem Generations and Gender Survey (GGS) – im Jahr 2005 wurden rund 10 000 Deutsche beiderlei Geschlechts befragt – betrug die durchschnittlich gewünschte Kinderzahl der Frauen im Alter zwischen 20 und 39 (ohne Unentschiedene) 1,75 (Robert Bosch 2006). Der Kinderwunsch der Frauen mit niedrigerer Bildung lag über dem der Frauen mit mittlerer und höherer Bildung. Jüngere Frauen zwischen 20 und 29 wünschten sich geringfügig weniger Kinder als die 30- bis 39-jährigen Frauen.

Tabelle 22: Durchschnittlicher Kinderwunsch von Frauen deutscher Nationalität im Alter zwischen 20 und 39 Jahren, ohne Unentschiedene

	FS 1988[1]	FFS 1992	PPAS 2003	GGS 2005
Durchschnittlich gewünschte Kinderzahl	2,15	1,75	1,74	1,75

[1] Daten nur für Westdeutschland

FS = Familiensurvey, Deutsches Jugendinstitut; FFS = Family and Fertility Survey, BiB; PPAS = Population Policy Acceptance Study, BiB; GGS = Generations and Gender Survey, BiB.

Quelle: Robert Bosch 2006, 16

Zu vergleichbaren Resultaten gelangt die Population Policy Acceptance Study (PPAS) aus dem Jahr 2003, die auf einer Repräsentativerhebung bei mehr als 4 100 Personen deutscher Staatsangehörigkeit im Alter zwischen 20 und 65 beruht (Dorbritz u. a. 2005). Kinder werden zwar nach wie vor gewünscht. Etwa vier Fünftel der Befragten zwischen 20 und 39, die sich noch in der Familienbildungs- oder Familienerweiterungsphase befinden, wollen Kinder haben oder leben bereits mit Kindern zusammen. Neu ist aber, dass *immer weniger Kinder* gewünscht werden (vgl. *Tabelle 23*). Die west- und ostdeutschen Frauen zwischen 20 und 39 wünschen sich selbst durchschnittlich nur noch 1,73 bzw. 1,78 und die altersgleichen Männer nur noch 1,59 bzw. 1,46 Kinder. Damit bilden die Frauen und Männer in Deutschland unter den 14 europäischen Ländern, die sich an der PPAS beteiligt haben, jeweils die Schlusslichter. In beiden Teilen Deutschlands ist also der Fall eingetreten, dass nicht nur die tatsächlichen Geburtenzahlen, sondern auch der Kinderwunsch unter das Bestandserhaltungsniveau gefallen ist. „Die häufig behauptete Spanne zwischen tatsächlicher Kinderzahl und Kinderwunsch, auf der viele familienpolitische Hoffnungen ruhten, deren geburtenförderndes Potential aber schon immer angezweifelt wurde, gibt es nicht mehr“ (Dorbritz u. a. 2005, 10).

Tabelle 23: Zahl gewünschter Kinder von (kinderlosen und nicht kinderlosen) Befragten deutscher Nationalität im Alter zwischen 20 und 39 Jahren, 2003 (Angaben in Prozent)

	Alte Bundesländer		**Neue Bundesländer**	
	w	**m**	**w**	**m**
keine Kinder	17	27	6	21
1 Kind	14	13	29	24
2 Kinder	54	40	51	45
3 Kinder	12	16	12	8
4 u. mehr Kinder	4	4	3	2
Durchschnittliche Kinderzahl	1,73	1,59	1,78	1,46

Quelle: Dorbritz u. a. 2005, 36 (Population Policy Acceptance Study, PPAS)

Bei Betrachtung der *paritätsspezifischen Verteilung der Kinderwünsche* zeigt sich immer noch eine ausgeprägte Orientierung an der *Zwei-Kind-Familie* (vgl. *Tabelle 23*). 53 Prozent der deutschen Frauen und 41 Prozent der deutschen Männer zwischen 20 und 39 favorisieren diese Familiengröße. Die zweitgrößte Gruppe stellen aber bereits diejenigen, die keine Kinder haben wollen (15 Prozent der Frauen und 26 Prozent der Männer). Das sind doppelt so viele Männer und 50 Prozent mehr Frauen als im Jahr 1992.

Immer mehr breitet sich das Ideal der freiwilligen Kinderlosigkeit aus, wie sich besonders krass an den Aussagen der *Kinderlosen* ablesen lässt. Diese wünschen sich im Durchschnitt nur noch 1,30 Kinder (Dorbritz u. a. 2005). In der DDR gehörte Kinderhaben noch ganz selbstverständlich zum Lebensentwurf (vgl. *Tabelle 24).* Seitdem ist eine deutliche Zunahme gewünschter Kinderlosigkeit, in Ostdeutschland auf 20 Prozent und in Westdeutschland auf 30 Prozent, erkennbar. Gleichzeitig hat sich die Unsicherheit in der Frage, ob Kinder gewünscht werden, in Ost und West erhöht. 2003 gab jeder Vierte an, in der Kinderwunschfrage (noch) unsicher zu sein.

Die Verteilung des Kinderwunsches nach Kinderzahl – ausgeschlossen bleiben diejenigen, die sich im Kinderwunsch noch unsicher sind – zeigt, dass bei den (bisher) Kinderlosen zwischen 20 und 39 in beiden Teilen Deutschlands zwischen 1992 und 2003 eine *Po-*

Tabelle 24: Kinderwunsch im Zeitverlauf - 20- bis 39-Jährige, nur Kinderlose

	Westdeutschland			**Ostdeutschland**			**Gesamtdeutschland**
	1988	**1992**	**2003**	**1987**	**1992**	**2003**	**2003**
Werden Kinder gewünscht?							
– ja	79	51	46	91	61	57	48
– nein	13	13	30	3	11	20	27
– weiß nicht/unsicher	8	36	25	5	28	24	25

Quelle: D. Klein 2006, 48 (PPAS 2003)

larisierung im Kinderwunsch, d. h. eine Polarisierung zwischen dem Wunsch nach keinem Kind und dem Wunsch nach mindestens zwei Kindern zu beobachten ist, wenn auch in den neuen Bundesländern auf einem wesentlich niedrigeren Niveau (vgl. *Tabelle 25)*. Der Wunsch von Eltern mit einem Kind nach weiteren Kindern ist im alten Bundesgebiet besonders in höheren Bildungsschichten gestiegen, wovon vor allem die Zwei-Kind-Familie profitiert hat. Die im Zusammenhang mit dem tatsächlichen Geburtenverhalten nachweisbare polarisierende Entwicklung – die Teilung der Bevölkerung im Familienbildungsalter in zwei Gruppen: einen expandierenden Nicht-Familien-Sektor und einen schrumpfenden Familien-Sektor – ist demnach offensichtlich schon im Kinderwunsch angelegt (vgl. Kapitel 4.3). Bereits hier zeichnet sich eine Vorentscheidung zwischen kinderlos bleiben oder Kinderhaben – dann aber mit der Tendenz zur Zwei-Kind-Familie – ab (Klein 2006; Ruckdeschel 2004; 2007).

Tabelle 25: Kinderwunsch in Ost- und Westdeutschland im Zeitverlauf, 20- bis 39-Jährige, nur Kinderlose, ohne Unentschiedene (Zeilenprozente)

Erhebungs-zeitpunkt	**Gewünschte Kinderzahl**			
	0 Kinder	**1 Kind**	**2 Kinder**	**3+ Kinder**
		Ostdeutschland		
1987	4	36	55	5
1992	15	41	41	3
2003	26	19	50	6
		Westdeutschland		
1988	14	8	59	19
1992	21	22	48	9
2003	40	8	42	10

Quelle: D. Klein 2006, 50 (PPAS)

Zusätzliche Einblicke versprechen die Ergebnisse des Eurobarometer 2001, in dem unterschieden wird zwischen der von Frauen tatsächlich geplanten Kinderzahl, die sich aus den bereits geborenen Kindern plus den noch gewünschten Kindern ergibt, und der idealen Kinderzahl, d. h. der als ideal für die eigene Familie angesehenen Kinderzahl, die eher eine gesellschaftliche Norm abbildet (Goldstein u. a. 2003; Knijn u. a. 2007). Deutschland und Österreich bilden die Vorhut einer Entwicklung, in der selbst die ideale Familiengröße unter das Reproduktionsniveau gefallen ist. Im Einzelnen zeigt sich für Deutschland (Knijn u. a. 2007):

- Die *tatsächlich geplante Kinderzahl* liegt in der Altersgruppe der 18- bis 39-jährigen Frauen und Männer, die sich noch in der Familienbildungs- oder Familienerweiterungsphase befinden, mit einem Durchschnittswert von 1,67 Kindern je Frau und 1,32 Kindern je Mann deutlich unterhalb des Reproduktionsniveaus. Damit nimmt Deutschland – die ost- und westdeutschen Frauen und Männer unterscheiden sich kaum in der tatsächlich geplanten Kinderzahl – europaweit einen Spitzenplatz ein.
- Selbst die *ideale Kinderzahl*, die weniger Rücksicht auf die Realsituation nimmt, liegt in Deutschland in der Altersgruppe 18 bis 39 Jahre bei den Frauen und Männern nur noch bei durchschnittlich 1,72 bzw. 1,38 und damit weit unterhalb des Reproduktionsniveaus. Ideale und tatsächlich geplante Kinderzahl fallen demnach faktisch zusammen. Insgesamt nähern sich in den meisten europäischen Ländern die idealen Kinderzahlen den erwarteten an, so dass immer weniger Spielraum bleibt für eine pronatalistische Familienpolitik.
- Im *Generationenvergleich* wird offenbar: Je jünger die Frauen sind, desto geringer ist die ideale Kinderzahl. Die mittlere Altersgruppe der 35- bis 54-Jährigen war Trägerin des Rückgangs der idealen Kinderzahl. Die jüngste Altersgruppe setzt diesen Trend fort. Die 18- bis 34-jährigen deutschen Frauen kommen bei der idealen Kinderzahl auf einen Durchschnittswert von 1,70, die 35- bis 54-jährigen Frauen auf einen Wert von 1,98 und die über 54-jährigen Frauen auf einen Wert von 2,13. Da nach bisherigen Ergebnissen zu urteilen die als persönlich ideal angesehene Kinderzahl im Laufe des Lebens nicht systematisch ansteigt, ist dies ein deutlicher Hinweis darauf, dass die jüngere Frauengeneration weniger Kinder für ideal hält als die ältere Generation.

Die Frauen und Männer wurden auch danach gefragt, welche Kinderzahl sie *für die Gesellschaft als ideal* ansehen (Goldstein u. a. 2003). Dabei lag das persönliche Ideal in der Regel unter dem gesellschaftlichen Ideal. Die Befragten wünschen sich also, dass andere Menschen mehr Kinder haben sollen als sie selbst haben wollen. Sie „sehen die Reproduktion als gesellschaftlich notwendig an, wollen sich selbst jedoch daran weniger beteiligen" (Lutz/Milewski 2004, 2). Als wichtigstes Ergebnis lässt sich festhalten, dass „der Kinderwunsch in Deutschland ... schlichtweg niedriger (ist) als häufig angenommen wird. Aussagen, dass sich der Kinderwunsch im Kern noch immer auf die Zwei-Kind-Familie orientiert, scheinen nicht mehr ganz zutreffend" (Dorbritz 2004, 16).

Lutz und Milewski (2004) sehen die wichtigste Ursache für den geringen und sinkenden Kinderwunsch in Deutschland und Österreich darin, dass dies die Länder sind, die als erste in Europa in den 1970er Jahren einen Rückgang der Geburtenraten unterhalb des Reproduktionsniveaus erlebt haben. Die jungen Deutschen und Österreicher wurden ihr ganzes Leben lang bereits in einem Umfeld kleiner Familien und hoher Kinderlosigkeit sozialisiert, so dass sich möglicherweise der Wandel der tatsächlichen Kinderzahl auf die Ideale der nächsten Generation ausgewirkt hat. Nach Lutz und Milewski (2004, 2) könnte dies sogar zu „einer ‚negativen Spirale' führen: niedrige Geburtenraten bewirken mit Zeitverzögerung niedrigere Ideale, ein Sinken der Ideale führt zu noch niedrigeren Geburtenraten". Gestützt wird die These, dass der Kontext der tatsächlichen Fruchtbarkeit der vorherigen Generation die Präferenzen der jüngeren Jahrgänge beeinflusst, durch die Daten einer Eurobarometer-Umfrage aus dem Jahr 2001 in 16 Staaten (Testa/Grilli 2004; 2005). Je höher der Anteil der Kinderlosen unter den 40- bis 60-Jährigen war, desto mehr jüngere Personen (zwischen 20 und 39) wollten zeitlebens kinderlos bleiben. Allerdings zeigten sich die Auswirkungen der tatsächlichen Familiengrößen auf die Fertilitätspräferenzen (auf die persönlich ideale Familiengröße) erst bei relativ niedrigen Fruchtbarkeitsraten.

4.3 Generatives Verhalten als Planungs- und Entscheidungsprozess

Will man die Ursachen der sinkenden Fertilität aufdecken, so sollte dreierlei beachtet werden: Erstens hängt die Entscheidung für oder gegen Kinder heute immer stärker von den Einstellungen der Paare und von individuellen Präferenzen ab und wird weniger durch kulturelle Vorgaben und Rollenvorstellungen von Mutterschaft und Vaterschaft bestimmt. Die Entscheidung für Kinder ist also *individualisiert* worden (Bertram 2006). Zweitens erfolgten die bisherigen Analysen zum Wandel des Fertilitätsverhaltens fast ausschließlich aus der Perspektive der Frau, obwohl die Entscheidung für oder gegen ein Kind und auch die zeitliche Festlegung der Geburt in der Regel ein Ergebnis *partnerschaftlicher Entscheidungen und Abstimmungsprozesse* sind, der jeweilige Partner also zumindest mitbeteiligt ist. So hatten von den Mitte 2004 befragten kinderlosen Männern und Frauen mit Hochschulabschluss in der Endphase ihrer Familienplanung 80 Prozent mit ihrer Partnerin bzw. ihrem Partner ausführlich über einen Kinderwunsch diskutiert, wobei jedem Partner de facto ein Veto-Recht zukam (BzgA 2005a). Lassen die Präferenzen oder die soziale Lage nur eines der beiden Partner eine Realisierung des Kinderwunsches (momentan) nicht zu, ist also einer der beiden entschieden gegen Kinder, so wird die Elternschaft aufgeschoben, oder es wird ganz auf Elternschaft verzichtet (Schmitt 2005). Drittens ist es zu einer *Umkehrung der Entscheidungsrichtung* gekommen. Während früher eine Entscheidung gegen die Empfängnis zu treffen war, ist heute wegen der modernen Methoden der Empfängnisverhütung ein bewusstes Votum für eine Empfängnis notwendig, das einen gewissen zeitlichen Vorlauf erfordert (Absetzen der Pille) und durch Schwangerschaftsabbruch prinzipiell „revidierbar" ist (Grünheid 2003). „Der Satz ‚Kinder hat man' gilt nicht mehr. Man erwartet ‚Familienplanung' als Frucht reiflicher Überlegungen" (Schwarz 1999, 243).

Im Folgenden wird aufgezeigt, welche *gesamtgesellschaftlichen Komponenten* auf diesen Planungs- und Entscheidungsprozess für bzw. gegen Kinder einwirken und in ihrem Zusammenspiel den extremen Geburtenrückgang in Deutschland zwischen 1965 und 1975 und das Andauern der niedrigen Fertilität erklären können. Wie der *erste demographische Übergang* (1900–1925) – er bestand in der Reduktion der Zahl der ehelichen Kinder auf durchschnittlich zwei – hat auch der *zweite demographische Übergang* (1965 – 1975), dessen wichtigstes Merkmal sich in einer weit unter dem Reproduktionsniveau liegenden Fruchtbarkeit ausdrückt, zahlreiche theoretische Erklärungsversuche und empirische Untersuchungen ausgelöst. Dabei kann nach Kaufmann (2005, 130) eine Erklärung des Geburtenrückgangs nur gelingen, insoweit man „die Veränderung der makrosoziologischen kulturellen Deutungsmuster und institutionellen Bedingungen einerseits zu den mikrosoziologischen Kontexten und zu den Motiven individueller und paarweiser Entscheidungen andererseits in Beziehung setzen kann". Als bedeutsame, das Geburtenverhalten steuernde *Rahmenbedingungen* haben sich erwiesen:

1. die strukturelle Erweiterung der Optionen (Wahlmöglichkeiten),
2. die kulturelle Erweiterung der Wahlmöglichkeiten (Liberalisierung von Ehe und Familie),
3. gesicherte berufliche und Einkommensverhältnisse von Mann und Frau,
4. Probleme bei der Vereinbarkeit von Familie und Beruf,
5. die strukturelle Rücksichtslosigkeit der Gesellschaft gegenüber Familien,

6. die gestiegenen Ansprüche an die Elternrolle sowie
7. eine feste und gesicherte Partnerschaft.

Von besonderer Bedeutung für den Rückgang der Geburten ist *erstens* die enorme *strukturelle Erweiterung der Optionen* infolge der allgemeinen Wohlstandssteigerung, der Ausweitung der Bildungschancen und der damit einhergehenden Arbeitsmöglichkeiten sowie der steigenden Mobilitäts- und Konsummöglichkeiten: das Bewusstsein des Wählen-Könnens, aber auch die Notwendigkeit des Wählen-Müssens haben sich verstärkt. Die Entscheidung für ein Kind bedeutet eine *langfristige, irreversible biografische Festlegung* und damit einen Verzicht auf andere Optionen. Die Wertschätzung für Kinder gerät also immer stärker in Konkurrenz zu anderen, nicht kindzentrierten Lebensstilen. Nach den neuesten Daten des Generations and Gender Surveys (GGS) 2005 ist bereits jede zweite Frau zwischen 20 und 49 der Ansicht, dass Kinder für ein erfülltes Frauenleben nicht mehr notwendig sind (Robert Bosch 2006). Vor allem kinderlose Frauen und Männer (60 Prozent) – und Mütter im Vergleich zu Vätern (59 vs. 46 Prozent) – erwarten Einschränkungen ihres Freiraums, ihrer Freizeitinteressen und ihres Lebensstils durch (weitere) Kinder. Nur jede(r) Vierte geht heute noch davon aus, dass ein erstes bzw. ein weiteres Kind die Lebensfreude und Lebenszufriedenheit verbessern würde.

Welche Bedeutung alternative biografische Optionen für die Entscheidung für oder gegen ein Kind haben, lässt sich auch der Population Policy Acceptance Study (PPAS) 2003 entnehmen (Dorbritz u. a. 2005). Fast jeder Dritte im Alter zwischen 20 und 39 (31 Prozent) glaubt, dass er mit Kindern sein Leben nicht mehr so genießen könnte wie bisher. Fast jeder Zweite (48 Prozent) möchte seinen jetzigen Lebensstandard beibehalten, 26 Prozent befürchten, dass sie Freizeitinteressen aufgeben müssten, und 29 Prozent könnten es nicht mit ihrer Berufstätigkeit vereinbaren. Dabei betonen Befragte ohne Kind und ohne Kinderwunsch im Vergleich zur Gesamtbevölkerung noch wesentlich stärker individualistische Gründe. Auch in einer Studie des BAT-Freizeitforschungsinstituts aus dem Jahr 2006 waren 43 Prozent der Männer und 23 Prozent der Frauen zwischen 18 und 39 der Auffassung „Meine persönlichen Freizeitinteressen (Sport, Hobbys, Urlaubsreisen) sind mir wichtiger als Heiraten und eine Familie gründen" (BAT 2006). Je höher der Bildungsabschluss war, desto stärker überwogen die Freizeitinteressen.

Die strukturelle Erweiterung der Optionen wird *zweitens* auf der kulturellen Ebene ergänzt durch die *kulturelle Erweiterung der Wahlmöglichkeiten*, durch die zunehmende Liberalisierung von Ehe und Familie. Aufgrund des die nachwachsenden Generationen prägenden *sozialen Wertewandels* – der tendenziellen Ablösung der materialistischen durch postmaterialistische Werte (Inglehart 1989) bzw. der Pflicht- und Akzeptanzwerte durch Selbstentfaltungswerte (Klages 1988) – sind Ehe und Elternschaft biografisch *unverbindlicher* geworden. Ehe und Elternschaft sind immer weniger normativ vorgegebene und selbstverständliche Lebensperspektiven, sondern werden Gegenstand freier Wahl und individueller Entscheidung, zu einer denkenswerten und planenswerten Option neben anderen. Liebe führt nicht mehr zwangsläufig zur Ehe und die Ehe nicht mehr zwangsläufig zur Elternschaft. Erleichtert wird die gestiegene Wahlfreiheit durch die verbesserten Möglichkeiten der Empfängnisverhütung und des Schwangerschaftsabbruchs – durch die *Entkoppelung von Sexualität und Fortpflanzung* – und durch die nachlassende Diskriminierung von Kinderlosigkeit und nichtkonventionellen Lebensformen. Die kulturellen Faktoren haben den Spielraum individueller Biografien normativ erweitert und ermöglichen gleichermaßen die Entscheidung für wie gegen Kinder. „Strukturelle und kulturelle Erweiterung der Wahlmöglichkeiten wirken somit zusammen und tragen nachhaltig zur sogenannten Individualisierung der Lebensverhältnisse bei“ (Kaufmann 1990, 386).

Drittens setzt die Entscheidung für Elternschaft *gesicherte berufliche und Einkommensverhältnisse* voraus, was heutzutage aufgrund der langen Ausbildungszeiten und der Unsicherheit der Arbeitsmarktverhältnisse immer später der Fall ist. Tölke (2004; 2005) weist für die alten Bundesländer anhand der Daten des Familiensurveys 2000 nach, dass im Falle eines *labilen, unsicheren Berufsverlaufs* – hierunter fasst sie eine nicht ausbildungsadäquate Platzierung bei Berufseinstieg, vertraglich befristete Arbeitsverhältnisse und Teilzeittätigkeit – Männer dazu neigen, eine Heirat und Vaterschaft aufzuschieben. Nur 39 Prozent der Männer mit diskontinuierlichen Erwerbsverläufen (mit Unterbrechungen wegen Arbeitslosigkeit, Schwierigkeiten beim Einstieg in das Berufsleben u. ä.) hatten im Alter von 35 Jahren ein Kind gegenüber 62 Prozent der Männer mit kontinuierlichen Erwerbsverläufen. Die Ergebnisse verweisen auf ein noch stabiles traditionales Verhaltensmuster, das den Mann als „breadwinner“ sieht. Berufsbiografische Unsicherheiten auf Seiten des Mannes erschweren sowohl den Übergang zur Ehe als auch zur Vaterschaft.

Kühn (2005) befasst sich anhand quantitativer und qualitativer Daten der Längsschnittuntersuchung „Statuspassagen in die Erwerbstätigkeit“ mit der Bedeutung einer Familiengründung für die Biografiegestaltung junger Männer in Westdeutschland. Nicht nur die Biografiegestaltung junger Frauen, sondern auch die Biografiegestaltung junger Männer ist durch eine „*Verflechtung von Lebensbereichen*“ gekennzeichnet. Auch Männer beziehen den Lebensbereich Familie früh in biografische Abwägungsprozesse ein. Obwohl sich die meisten jungen Männer Kinder wünschen, sind mit der geplanten Familiengründung zahlreiche Planungsunsicherheiten verbunden. Die berufliche Entwicklung muss, soll der Kinderwunsch umgesetzt werden, so weit fortgeschritten sein, dass relativ sichere berufliche Perspektiven bestehen. Wenn eine Familiengründung geplant wird, steht dies meist in Verbindung mit einer fortgeschrittenen beruflichen Konsolidierung. „Das Fehlen von Familienplanung, niedrige Geburtenraten und späte Elternschaft sind auch eine Folge beruflicher Strukturen, die zum einen für eine große Zahl von Männern mit hoher Planungsunsicherheit und nicht verbindlichen Perspektiven einhergehen, und zum anderen beruflich anspruchsvolle und materiell gut entlohnte Positionen an das Vorhandensein des vollen Engagements und hoher zeitlicher und räumlicher Flexibilität bei Männern knüpfen“ (Kühn 2005, 146).

Kurz (2005) hat in West- und Ostdeutschland in Längsschnittperspektive mit Hilfe der Daten des SOEP (Wellen 1984 – 2002) die Wirkung von Bildungsniveau, beruflicher Perspektive und Arbeitsmarktunsicherheit beider Partner auf den Übergang zum ersten Kind untersucht. Eine hohe berufliche Stellung des Mannes wirkt sich positiv auf die Familiengründung aus. Männer in vorteilhafter Einkommensposition werden häufiger Väter als Männer in weniger vorteilhafter Position. Aber noch wichtiger als Voraussetzung für eine Familiengründung ist das Erreichen einer Vollzeitposition. Die Familiengründung verzögert sich besonders im Falle ökonomischer Unsicherheit, wenn der Mann Teilzeit erwerbstätig, in Ausbildung oder arbeitslos ist. Bei den Frauen wirken sich dagegen Arbeitsmarktunsicherheiten (wie Teilzeitarbeit und vor allem Arbeitslosigkeit) nicht verzögernd auf die Familiengründung aus. Im Gegenteil: Vor allem Arbeitslosigkeit führt häufig zu „Kipp-Effekten“, dem plötzlichen Aufgeben aller Erwerbspläne zugunsten von Kindgeburten.

Kurz (2005) sieht in seinen Ergebnissen ein sicheres Anzeichen dafür, dass das traditionale Modell des männlichen Familienernährers für die große Mehrheit in Deutschland noch verhaltensrelevant ist. Differenzierte Auswertungen derselben SOEP-Daten (1984 – 2004) durch Kreyenfeld (2005) zeigen allerdings, dass bei Frauen der Zusammenhang zwischen ökonomischen Unsicherheiten (gemessen anhand objektiver Indikatoren und subjektiver Einschätzungen) und der Entscheidung zur Elternschaft komplexer ist. Frauen mit höheren Bildungsabschlüssen, die in der Regel ein stärkeres Gewicht auf ökonomische Unabhängigkeit als Voraussetzung einer Familiengründung legen, schieben die Mutterschaft bei unsicheren Einkommensverhältnissen auf. Frauen mit niedrigen Bildungsabschlüssen, die noch häufig zum Hausfrauenmodell tendieren, entscheiden sich dagegen bei ökonomischer Unsicherheit besonders rasch für die „alternative Karriere Mutterschaft".

In einer neuen qualitativen Studie des Max-Planck-Instituts für demografische Forschung in Rostock wurden junge Erwachsene des Geburtsjahrgangs 1975 aus Lübeck und Rostock zu ihrem Familiengründungsverhalten befragt (Bernardi u. a. 2006; von der Lippe/Bernardi 2006). Auch 16 Jahre nach der Vereinigung bestehen immer noch gravierende regionale Unterschiede in den Lebensentwürfen zwischen Ost und West – hier speziell bezüglich der Vorstellungen zum Zusammenhang von beruflicher Entwicklung und Familienplanung –, die die Autoren dazu veranlassen, von zwei unterschiedlichen *„kulturellen Modellen" der Familienplanung* zu sprechen (vgl. *Abbildung 9):*

Abbildung 9: Das parallele und das sequenzielle Modell der Familienplanung in West- und Ostdeutschland

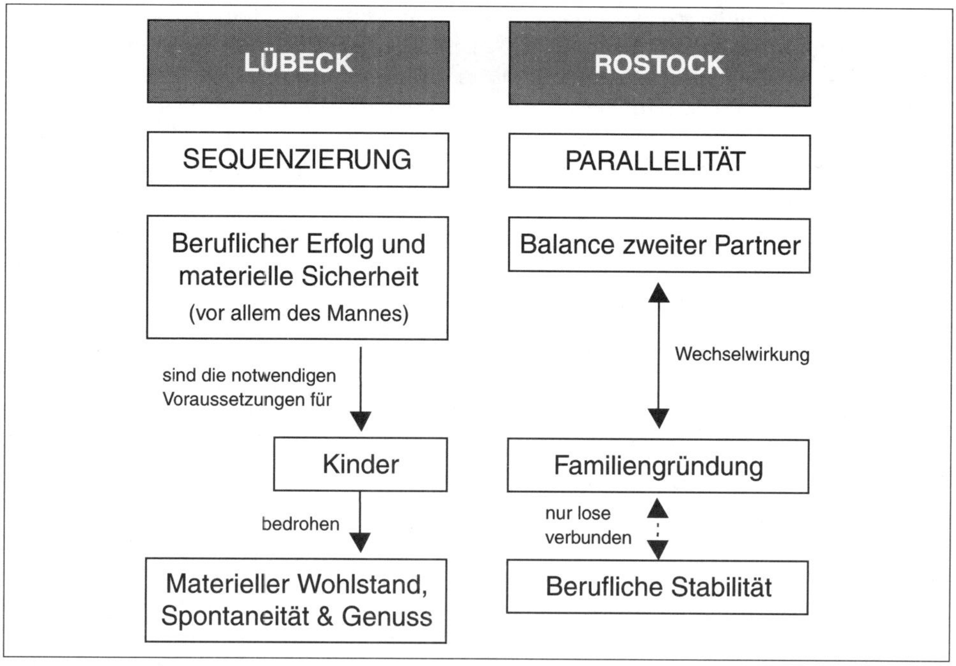

Quelle: Lippe, v. d./Bernardi 2006, 2

- Im westdeutschen *sequenziellen Modell der Familienplanung* stehen die erfolgreiche Berufslaufbahn (Karriere) und die damit einhergehende materielle Absicherung im Mittelpunkt der biografischen Planung. Materielle Sicherheit, beruflicher Erfolg und eine stabile Partnerschaft sind den Lübeckern Voraussetzung für eine Familiengründung. Die Realisierung eines Kinderwunsches wird vor der beruflichen Etablierung (vor allem des Mannes als Hauptemährer) nicht in Erwägung gezogen. Außerdem ist das Bewusstsein, dass eine Familiengründung den beruflichen und materiellen Status bedrohen kann, weit verbreitet. Dementsprechend ist der Anteil der Kinderlosen sehr hoch. Sind allerdings die Voraussetzungen für eine Familiengründung erfüllt, so steht auch einer Geburt von zwei oder mehr Kindern kaum etwas im Wege.

- Im ostdeutschen *parallelen Modell der Familienplanung* bleibt der Kinderwunsch von dem Wunsch nach beruflicher und materieller Sicherheit relativ abgekoppelt. Kinder hat man trotz aller Unsicherheiten; sie sind so selbstverständlich wie in früheren Zeiten. Erforderlich ist lediglich ein geeigneter Partner. Wichtig ist, dass beide Partner in einer ausbalancierten Form arbeitstätig sind, worunter ein Ausgleich zwischen Arbeit und Freizeit, aber auch zwischen der Arbeitsbelastung der Partner untereinander verstanden wird. Entsprechend finden sich, anders als in Lübeck, häufig Berichte von Familienplänen und Familiengründungen vor oder während des Berufseinstiegs, „ohne groß zu planen". Da die angestrebte Ausbalanciertheit der Arbeit-Freizeit-Partner-Konstellation immer wieder neu hergestellt werden muss und dies mit zunehmender Kinderzahl schwieriger wird, besteht ein starker Trend zur Ein-Kind-Familie.

Den Unterschieden in den biografischen Modellen liegen vermutlich unterschiedliche Sozialisationserfahrungen junger Erwachsener zugrunde („Trägheitseffekt"). „Sind die Lübecker in einer Zeit aufgewachsen, als das planerische Ideal des ‚erfolgreichen Lebenslaufs', das auf der unbefristeten Vollzeitstelle des männlichen Haupternährers beruhte, in Westdeutschland seinen Höhepunkt erlebte, war es für die Rostocker zur gleichen Zeit die Erfahrung des problemlosen In-Einklang-Bringens von zwei berufstätigen (jungen) Eltern und Kindern in der DDR" (von der Lippe/Bernardi 2006, 2). Welchen Wandel diese Modelle in Zeiten hoher Arbeitslosigkeit und der Zunahme flexibler und prekärer Beschäftigungsverhältnisse erfahren werden, bleibt abzuwarten.

Bernhard und Kurz (2007) befassen sich in ihrer Längsschnittstudie auf der Grundlage von Daten des Sozio-ökonomischen Panels (1984 bis 2002) mit der Wirkung von Bildung, beruflicher Position und Beschäftigungsunsicherheiten auf den *Prozess der Familienerweiterung* – genauer: auf die Entscheidung für oder gegen ein zweites Kind. Auch hier finden sich deutliche Hinweise auf die Verbreitung des Modells des männlichen Ernährers. Männer mit höheren Einkommen (Indikator: Bildungsniveau) neigen stärker zum zweiten Kind als Männer mit niedrigerem Arbeitsverdienst. Die Bildung der Partnerin hat hingegen keinen Einfluss auf die Entscheidung zum zweiten Kind. Als unvereinbar mit dem Modell des männlichen Ernährers erweist sich dagegen der Befund, dass Männer in unsicheren Beschäftigungspositionen und Männer, die berufliche Abstiege hinnehmen mussten, sich genauso häufig für ein zweites Kind entscheiden wie Männer in gesicherten und stabilen Positionen. Möglicherweise resultiert dieses Ergebnis aus zwei gegenläufigen Effekten: Einerseits sind Phasen von Beschäftigungsunsicherheit aufgrund finanzieller Probleme und reduzierter beruflicher Perspektiven ein Hemmnis für die Familienerweiterung. Andererseits verstärken die Frustrationen im beruflichen Bereich die Bedeutung der eigenen Familie. Auch finden sich Hinweise, dass auch der berufliche Verlauf der Frau bei der Entscheidung zur Familienerweiterung von Bedeutung ist. „Die Ergebnisse verweisen einerseits auf die weitgehende Verbreitung des Modells des männlichen Ernährers in Deutschland. Andererseits wurden gewisse Auflösungstendenzen deutlich, da berufliche Unsicherheiten auch für Frauen bei der Entscheidung zum zweiten Kind relevant sind", die zur Vertagung der Entscheidung für ein weiteres Kind führen können (Bernhard/Kurz 2007, 33).

Viertens erschweren *Probleme bei der Vereinbarkeit von Familie und Beruf* die Entscheidung für ein Kind. In Repräsentativbefragungen der 16- bis 49-jährigen Bevölkerung in Deutschland und Frankreich (Frankreich nimmt mit einer zusammengefassten Geburtenziffer von über 2,0 im Jahr 2006 den Spitzenplatz in Europa ein) im Februar 2007 zeigte sich, dass die größten Unterschiede zwischen beiden Ländern beim Thema der Vereinbarkeit von Familie und Beruf bestehen (Allensbach 2007). 62 Prozent der französischen, aber nur 22 Prozent der deutschen Frauen haben den Eindruck, dass sich Familie und Beruf alles in allem gut miteinander vereinbaren lassen. Frauen werden heute zwei sinnstiftende Lebensbereiche vermittelt: zum einen die Mutterschaft – und zwar mit dem hohen Anspruch, für das Kind „ganz da zu sein" – und zum anderen die Selbstverwirklichung über eine Erwerbstätigkeit und das Erreichen von beruflichen Zielen als Lebensinhalt. Anhand der Daten der DJI-Familiensurveys lässt sich nachweisen, dass für die 18- bis 44-jährigen Frauen in den alten Bundesländern die *adaptive Lebensorientierung* – angestrebt wird eine Balance zwischen Familie und Berufsarbeit – zwischen 1988 und 2000 von 53 auf 66 Prozent angestiegen ist (Marbach/Tölke 2007). In den neuen Bundesländern ist im Jahr 2000 jede zweite Frau (51 Prozent) adaptiv orientiert. Hier findet sich (noch) ein wesentlich höherer Anteil primär *berufsorientierter Frauen* (42 Prozent gegenüber 7 Prozent in den alten Ländern). Da die heutigen Frauen mehrheitlich sowohl familien- als auch berufsorientiert sind, müssen sie sich entscheiden, welcher Bereich ihnen wichtiger ist. In der PPAS 2003 glaubten 45 Prozent der kinderlosen Befragten (ohne Kinderwunsch) Kinder nicht mit ihrer Berufstätigkeit vereinbaren zu können (Dorbritz u. a. 2005). Von den im GGS 2005 befragten kinderlosen Frauen rechneten sogar zwei Drittel (65 Prozent) mit einer deutlichen Verschlechterung ihrer Beschäftigungschancen, falls sie ein Kind bekämen (Robert Bosch 2006).

Der Einfluss der Erwerbstätigkeit der Frauen auf die Geburtenzahlen hat sich in den vergangenen Jahren zwar etwas verringert, dennoch bleiben die Auswirkungen auf die Kinderzahlen weiterhin negativ (Engelhardt/Prskawetz 2005). Die in Vollzeit erwerbstätigen Frauen hatten im Jahr 2000 eine Geburtenrate von nur 0,9 Kindern pro Frau. Bei den in Teilzeit tätigen oder nicht erwerbstätigen Frauen betrug die Geburtenrate rund 1,6 Kinder pro Frau (Bertram u. a. 2005a). Besonders den *höher qualifizierten Frauen* fällt es unter den gegebenen gesellschaftlichen Rahmenbedingungen schwer, die beruflichen Anforderungen und Ambitionen mit den Anforderungen und Erwartungen an die Mutterschaft zu vereinbaren. Hier finden sich immer häufiger *„posttraditional" orientierte Partnerschaften bzw. Individuen*, für die die Entscheidung für eine berufliche Karriere und/oder Kinder eine Frage der autonomen Abwägung individueller und partnerschaftlicher Interessen ist.

Auf Huinink (2002) geht die These der *„bimodalen Verteilung" der Kinderzahlen* zurück. Demnach ist (empirisch nachweisbar) die Kinderzahl westdeutscher Hochschulabsolventinnen seit den Kohorten der 1950er Jahre bimodal verteilt. Ein relativ hoher Anteil dieser Frauen bleibt kinderlos. Der Verzicht auf Kinder hängt damit zusammen, dass diese Frauen, wie keine andere Gruppe, auch als Verheiratete erwerbstätig sind. Ein ebenfalls hoher Anteil von Frauen hat zwei oder mehr Kinder, da sie der Ansicht sind, dass für die Sozialisation von Kindern das Aufwachsen mit Geschwistern unverzichtbar ist. Nur relativ wenige Akademikerinnen haben lediglich ein Kind. Die These, dass ein steigendes Bildungsniveau zwangsläufig mit weniger Kindern gekoppelt ist, ist also in dieser allgemeinen Formulierung nicht haltbar. Allerdings verliert die Bimodalität seit Ende der 1990er Jahre durch das Übergewicht kinderloser Frauen an Bedeutung. Eine bimodale Verteilung zeigt sich jetzt stärker bei *Frauen mit mittleren Bildungsabschlüssen* (Grünheid 2003). In den neuen Bundesländern hat sich die bimodale Verteilung wegen des relativ geringen Anteils kinderloser Frauen und des hohen Anteils von Frauen mit einem Kind auf keiner Ausbildungsstufe als dominantes Muster herausgebildet.

Eine zentrale Rolle für den Rückgang der Geburtenzahlen spielt *fünftens* auf der institutionellen Ebene die *strukturelle Rücksichtslosigkeit der Gesellschaft gegenüber Familien*, insbesondere die Indifferenz der Wirtschaft und des Sozialstaats gegenüber Elternschaft. So ist es für das Wirtschaftssystem irrelevant, ob Erwerbstätige Elternverantwortung übernehmen oder nicht. Die Kinderzahl wird immer mehr zu einem Indikator sozialer Ungleichheit (vgl. *Kapitel 13)*. Der ökonomische Nutzen von Kindern hat sich durch Verbot von Kinderarbeit, Einführung der allgemeinen Schulpflicht und Übernahme des Arbeitslosen-, Krankheits- und Altersrisikos durch die staatliche Sozialversicherung vermindert. Nicht zufällig liegt die Kinderzahl in den Bauernfamilien immer noch um fast 80 Prozent über dem Durchschnitt (Geißler 2006). Gleichzeitig haben sich die *direkten Kosten* für Pflege und Erziehung der Kinder – auch aufgrund der Zunahme der durchschnittlichen Unterhaltsdauer – ständig erhöht. Mit steigender Kinderzahl sinkt auch die Erwerbsbeteiligung der Frauen, und damit steigen die *Opportunitätskosten*, d. h. das Einkommen, das aufgrund der kinderbedingten Erwerbsunterbrechung entfällt.

Von den in der Population Policy Acceptance Study 2003 befragten Frauen zwischen 20 und 29 befürchten 62 Prozent (von den älteren 52 Prozent), dass sich bei der Geburt eines Kindes der Lebensstandard verschlechtern könnte (Dorbritz 2004). Auch von den 2005 im Rahmen der Generations and Gender Study befragten Frauen und Männern im Alter zwischen 20 und 49 fürchten fast zwei Drittel eine finanzielle Verschlechterung (Robert Bosch 2006). Für Ostdeutsche sind die Kinderkosten ein noch bedeutsameres Argument gegen Kinder als für Westdeutsche (Dorbritz 2004). Allerdings sollte der Einfluss finanzieller Anreize auf die Fertilität auch nicht überschätzt werden. So wurde das Kindergeld in der Bundesrepublik zwischen 1995 und 2000 von 70 DM auf 270 DM aufgestockt; die niedrige Geburtenrate blieb aber unverändert. In einer Infratest-Studie Ende 2003, in der 314 Männer und Frauen die Frage beantworten sollten, ob sie mehr Kinder hätten, wenn sie steuerlich stärker entlastet würden, antworteten 75 Prozent mit „nein".

Sechstens sind die *Ansprüche an die Elternrolle* gestiegen, was zu erheblichen psychischen Belastungen und Verunsicherungen führen kann. Der neu entstandene *Normkomplex der „verantworteten Elternschaft"* verlangt die bestmögliche Förderung der kindlichen Entwicklung vom ersten Tag an (Kaufmann 1990). Dabei bezweifeln viele, ob sie die Kompetenz zur Elternschaft besitzen (Apple 2006). Viele potentielle Eltern sind sich heute unsicher, ob sie den Anforderungen gewachsen sind, wobei die Zweifel und Ängste paradoxerweise durch Ratgeber eher noch verstärkt werden. Gleichzeitig sind aufgrund der Emotionalisierung des Eltern-Kind-Verhältnisses die sozial-emotionalen Befriedigungen, die Kinder bieten, bereits mit einem oder zwei Kindern voll ausgeschöpft. In der Reanalyse der Daten des Familiensurveys 2000 durch Eckhard und Klein (2006) erwiesen sich die erwarteten psychisch-emotionalen Belastungen der Elternschaft als ein bedeutsamer Hinderungsgrund für Geburten. Über 70 Prozent der Männer und Frauen waren der Ansicht, dass „Kinder Sorgen und Probleme mit sich bringen". Geburten werden demnach immer öfter deswegen vermieden, weil sich die potentiellen Eltern nicht gewachsen fühlen, die durch die Kinder entstehenden Probleme zu bewältigen.

Da das Kind immer stärker in den Mittelpunkt des Familiengeschehens rückt, besteht zudem eine Tendenz zur *„Minderung des Eigenwertes der Paarbeziehung“* (Schütze 1988). Kinder können Partnerschaften also nicht nur stabilisieren, sondern auch labilisieren. Wegen der Emotionalisierung der Paarbeziehungen können „Zweierbindungen sich zu ‚Zwecken in sich‘ verengen, wobei dann Kinder als Last, Konkurrenz oder Störung erlebt werden“ (Geißler 2006, 49). Allerdings gehen von den im Rahmen des GGS 2005 befragten Frauen und Männern zwischen 20 und 49 Jahren nur zwischen 3 und 5 Prozent davon aus, dass sich die Beziehung zum Partner bzw. der Partnerin mit einer (weiteren) Geburt verschlechtern würde (Robert Bosch 2006). Auch im Familiensurvey werden die durch Kinder entstehenden Belastungen für die Partnerschaft nur relativ selten, nicht einmal von 10 Prozent der Männer und Frauen, genannt. Werden sie jedoch erwartet, hat dies häufig die Vermeidung der Familiengründung zur Folge (Eckhard/Klein 2006).

Siebtens setzt die Entscheidung für ein Kind in der Regel eine *feste und gesicherte Partnerschaft* voraus, die unter heutigen Verhältnissen immer mehr erschwert wird. Auf den besonderen Stellenwert einer funktionierenden Partnerschaft als Einflussfaktor auf die Geburtenrate verweisen die Ergebnisse einer Allensbach-Repräsentativbefragung der 18- bis 44-jährigen Bevölkerung in Deutschland (Allensbach 2004). 84 Prozent der Befragten nennen die Stabilität der Beziehung als eine der Voraussetzungen, die unbedingt erfüllt sein sollten, ehe man sich für ein Kind entscheidet. Gleichzeitig sind nur 52 Prozent – von den Kinderlosen sogar nur 40 Prozent – davon überzeugt, dass die eigene Partnerschaft das ganze Leben hält. Auch Eckhard und Klein (2006) weisen in ihrer Sonderauswertung des Familiensurveys einen positiven Zusammenhang zwischen dem Elternschaftswunsch und der subjektiven Einschätzung der Beziehungsstabilität nach. Eckhard (2006) beschreibt anhand der Daten des Familiensurveys 2000 einen Trend, der von dauerhaften und kontinuierlichen Paarbezügen wegführt zu einer Abfolge von mehreren kürzeren Paarbeziehungen und zu einer Zunahme dauerhafter Partnerschaftslosigkeit im mittleren Erwachsenenalter. Vor allem die dauerhafte Partnerschaftslosigkeit kann als bedeutsame erklärungsrelevante Kontextbedingung für die rückläufigen Kinderzahlen angesehen werden.

Als wichtige, die Entscheidung für Kinder stützende Rahmenbedingungen, die sich für immer weniger Paare schnell bzw. dauerhaft realisieren lassen, nennt Herlth (2004) zusammenfassend: „eine gefestigte Paarbeziehung, die sich in einem Kind darstellen möchte; eine gefestigte ökonomische Basis, aufgrund derer man sich eine solche Entscheidung zumuten kann; ein verlässliches soziales Netzwerk (Verwandte, Freunde), das als Stütze beim Aufziehen von Kindern eingesetzt werden kann; eine halbwegs kalkulierbare berufliche Zukunft; Lebens- und Karriereinteressen, mit denen Kinder vereinbar sind; Berufstätigkeiten, die dem Zusammenleben mit Kindern zuträglich sind“. Die beschriebenen Entwicklungen führen auf der *Individualebene* zu Orientierungsschwierigkeiten junger Menschen, zu einer Zurückhaltung gegenüber langfristigen biografischen Festlegungen und zu einer Präferenz für ehe- und kinderlose Lebensformen.

Zwar hat sich Elternschaft prinzipiell zu einer Option unter anderen entwickelt und kann im Prinzip bewusst gewählt oder nicht gewählt werden. Das heißt aber nicht, dass der Übergang zur Elternschaft, wie verschiedentlich behauptet wird, nunmehr in allen Fällen Ergebnis eines *rationalen Entscheidungsprozesses* ist. Je stärker die traditionalen sozialen Normen an Bedeutung einbüßen und Elternschaft zur individuellen und partnerschaftlichen Entscheidung wird, desto stärker wirken biografische Erfahrungen, situative Merkmale der Lebenssituation und gesellschaftliche Rahmenbedingungen auf den Entscheidungsprozess in einer Art und Weise ein, dass häufig nur sehr eingeschränkt von einem rationalen Timing der Elternschaft gesprochen werden kann. Unzutreffend ist aber nach den Ergebnissen der Bamberger Verlaufsstudie auch die konträre Vorstellung, dass „infolge unsicherer Entscheidungsgrundlagen, schwer kalkulierbarer Zukunftsentwicklungen und unklarer individueller Perspektiven eine resignative Entscheidungsunfähigkeit entsteht und die Geburt eines Kindes daher dem Zufall überlassen wird" (Rost/Schneider 1995, 179).

4.4 Sinkende Geburtenzahlen aus lebenslauftheoretischer Perspektive

Aus lebenslauftheoretischer Sicht handelt es sich bei den Veränderungen im Bereich von Ehe und Familie um das Ergebnis einer tiefgreifenden *Reorganisation des Lebenslaufs* von Frauen, Männern und Paaren. In den letzten Jahrzehnten hat sich in Deutschland aufgrund der Verlängerung der Bildungs- und Ausbildungsdauer der *Prozess der Berufseinmündung und der beruflichen Etablierung* für die nachwachsende Generation zunehmend erschwert und verzögert (Robert Bosch 2005). Die gestiegenen Qualifikationsanforderungen haben dazu geführt, dass ökonomische Selbständigkeit und eine von den Eltern unabhängige Lebensführung in einem eigenen Haushalt von einem immer größeren Teil der jungen Erwachsenen immer später zu erwarten sind.

Die verzögerte Integration junger Erwachsener in das Erwerbsleben mit entsprechenden Konsequenzen für das Geburtenverhalten betrifft nicht nur die junge Männergeneration, sondern auch die junge Frauengeneration. Die heute vorherrschende *adaptive Lebensrolle der Frau* bedeutet, dass Frauen Beruf und ökonomische Selbständigkeit einerseits und die Entscheidung für Kinder andererseits miteinander vereinbaren wollen. Unter den gegebenen Bedingungen der modernen Wissensgesellschaft wird von jungen Frauen in gleicher Weise wie von jungen Männern erwartet, die entwickelten Ressourcen voll zu entfalten und dem Erwerbsleben zur Verfügung zu stellen. Wie sehr Ausbildung, Eintritt in das Berufsleben und ökonomische Unabhängigkeit auch für die heutige Frauengeneration ein primäres Lebensziel sind, erkennt man schon daran, dass für die meisten Frauen die Erwerbstätigkeit heute bereits direkt im Anschluss an die Ausbildung beginnt und zwar vor der Entscheidung für Kinder, wie es in der Elterngeneration noch der typische Weg gewesen ist. Von den zwischen 1953 und 1957 geborenen Frauen in West- und Ostdeutschland begannen noch 80 Prozent ihre Berufstätigkeit mit einem Kind. Bei den 20 Jahre später geborenen Frauen waren es nur noch 40 Prozent (Hennig 2005). Die Frauen, die sich unmittelbar nach Abschluss der Ausbildung für ein Kind entscheiden, ohne am Erwerbsleben teilzunehmen, machen in West- und Ostdeutschland heute nur noch einen Anteil von 13 bis 14 Prozent aus.

Auch lassen sich wegen der geringen Flexibilität im Bildungssystem *Bildung und Mutterschaft* nur schwer vereinbaren (Billari/Philipov 2006; Cornelißen/Fox 2007). So ist in Westdeutschland die Neigung von nicht mehr in Ausbildung befindlichen Frauen, ein erstes Kind zu bekommen, fast fünf mal so groß wie von Frauen, die sich noch in Ausbildung befinden. Umgekehrt beenden die Mütter in Deutschland nach der Geburt des ersten Kindes im Vergleich zu anderen westeuropäischen Ländern besonders häufig vorzeitig ihre Ausbildung.

In Deutschland sind junge Erwachsene aufgrund der langen Ausbildung im internationalen Vergleich nicht nur sehr spät ökonomisch und beruflich selbständig. Auch die *soziale und emotionale Abhängigkeit vom Elternhaus* bleibt länger bestehen als in den meisten europäischen Ländern (mit Ausnahme Südeuropas). Von den Männern hat mit 25 Jahren erst die Hälfte das Elternhaus verlassen, und von den 23- bis 27-Jährigen, die das Elternhaus verlassen haben, wohnen lediglich 30 Prozent mit einer Partnerin zusammen (Robert Bosch 2005). Frauen verlassen das Elternhaus zwar früher (Median: 22 Jahre), aber nur relativ wenige wohnen mit einem Partner zusammen. Jede zweite Frau in Deutschland im Alter unter 25 – aber nur jede fünfte Frau in Frankreich und in Skandinavien – gibt an, keinen festen Partner zu haben (Kiernan 2000). Im Jahr 2004 waren lediglich 48 Prozent der West- und 39 Prozent der Ostdeutschen im Alter zwischen 30 und 35 verheiratet (Grünheid 2006). Junge Erwachsene, die ökonomisch noch von ihren Eltern abhängig sind und zu einem erheblichen Teil – dies gilt besonders für Männer – noch bei ihnen wohnen („Hotel Mama") und sich um ihre Qualifikation kümmern, haben über Jahre kaum die Aussicht, sich von den Eltern mit einem Partner so abzugrenzen, dass sie unabhängig und selbständig eine neue Zukunft für sich und ihre Kinder planen können. Auch in der persönlichen Sicht liegt die Priorität in dieser Lebensphase eher darin, selbständig und reifer zu werden als langfristige Bindungen und Verbindlichkeiten einzugehen (Helfferich u. a. 2005). Dabei rufen der längere Verbleib im Elternhaus und die längere Abhängigkeit der jüngeren von der älteren Generation, so ein Ergebnis des Forschungsprojekts FATE (Families in Transition), verstärkt Ambivalenzen hervor und bergen auch ein spezifisches Konfliktpotential (Stauber/du Bois-Reymond 2006).

Die ökonomische Selbständigkeit, die Möglichkeit für ein selbständiges Leben, für eine Partnerschaft und Familiengründung, die noch in den späten 1950er und der ersten Hälfte der 1960er Jahre für die Mehrheit der Bevölkerung zwischen dem 21. und 24. Lebensjahr bestand, ist heute für immer mehr junge Erwachsene in dieser frühen Zeitphase nicht mehr gegeben. Heute erreichen etwa 40 Prozent eines Altersjahrgangs ihre ökonomische Selbständigkeit erst gegen Ende des dritten Lebensjahrzehnts (Bertram u. a. 2005). Und selbst das Ende der Ausbildung und der Eintritt in das Berufsleben bedeuten noch keine sichere Berufsperspektive, sondern für viele zunächst einmal zeitlich befristete Tätigkeiten, häufig (wie im Fall von Hochschulabsolventen) in Form eines Praktikums ohne Bezahlung („Generation Praktikum"). „Die Organisation der Lebensverläufe der 20- bis 30-Jährigen ist so tiefgreifend verändert worden, dass in dieser Lebensphase der Abschluss der Ausbildung und der Eintritt in das Erwerbsleben für junge Männer wie für junge Frauen eine solche Dominanz gewonnen haben, dass damit Familiengründung und die Entscheidung für Kinder unwahrscheinlich geworden sind: Denn die Ausbildungsgänge haben sich verlängert und damit die ökonomische Abhängigkeit vom Elternhaus. Gleichzeitig ist die Berufseinmündung für die jungen Erwachsenen immer schwieriger geworden, und zudem erwarten wir heute von jungen Männern wie von jungen Frauen die gleichen erfolgreichen Bewältigungsstrategien hinsichtlich Ausbildung und beruflicher Entwicklung. Zeit für Partnerschaft und für Kinder gibt es in dieser komplexen Struktur des Lebensverlaufs der jungen Erwachsenen nicht mehr" (Robert Bosch 2005, 54).

Wie eng das *subjektive Zeitfenster für Elternschaft* – d. h. die Phase, in der Kinder erwünscht sind und eingeplant werden – geworden ist, hat das Institut für Demoskopie Allensbach Anfang 2005 anhand einer repräsentativen Stichprobe von 1 856 Personen im Alter zwischen 16 und 44 Jahren ermittelt. Das subjektive Zeitfenster für Elternschaft ist in Deutschland international gesehen – z. B. im Vergleich zu Frankreich – und auch im Vergleich zum biologischen Zeitfenster auffallend eng (Allensbach 2005; 2007). Die ganz überwiegende Mehrheit der Befragten ist davon überzeugt, dass das optimale Alter, Mutter zu werden, zwischen Anfang 20 und Anfang 30 liegt. Doch die eigenen Wunschvorstellungen und Planungen weichen von diesen Idealvorstellungen erheblich ab. Es besteht eine erhebliche Skepsis gegenüber früher Elternschaft. Zwei Drittel der Kinderlosen, die Kinder für sich nicht ausschließen, fühlen sich zwischen 23 und 26 noch zu jung für Kinder. Erst vom 27. Lebensjahr an hat die Mehrheit nicht mehr den Eindruck, dass es für Kinder zu früh ist.

Gegen ein Vorziehen der Familienphase sprechen aus Sicht der Befragten – auch der Kinderlosen mit festem Kinderwunsch – die zu langen Ausbildungszeiten, Konflikte mit Ausbildungs- und Berufsplänen, materielle Schwierigkeiten, das grundsätzliche Nacheinander von Berufs- und Familienplanung, die Einengung des persönlichen Freiheitsspielraums und Zweifel, ob die Partnerschaft ausreichend gefestigt ist. Für die überwältigende Mehrheit (69 Prozent) ist eine unabdingbare Voraussetzung einer Familiengründung, dass beide Partner ihre Berufsausbildung abgeschlossen haben, dass sich zumindest einer der Partner beruflich in einer gesicherten Situation befindet (67 Prozent), dass die finanzielle Situation gut ist (64 Prozent) und dass die Beziehung stabil ist (86 Prozent). Diese Bedingungen sind, addiert man die ersten Jahre der beruflichen Etablierung, bei vielen erst Ende 20 oder noch später erfüllt. Der Aufschub der Familienbildung zeigt sich besonders ausgeprägt bei den *höheren Bildungsschichten.* Von den Kinderlosen mit höherem Bildungsabschluss sind Mitte 20 noch 61 Prozent und Ende 20 noch 42 Prozent überzeugt davon, dass sich ihre beruflichen Pläne nur schwer mit einem Kind vertragen (einfache/mittlere Bildungsschichten: 29 bzw. 21 Prozent). Auch die Überzeugung, dass ein Kind eine große finanzielle Belastung wäre, ist bei Kinderlosen mit höheren Bildungsabschlüssen Ende 20 stärker ausgeprägt als bei den gleichaltrigen Kinderlosen mit einfachen und mittleren Bildungsabschlüssen (49 vs. 39 Prozent). Dabei prägen die Veränderungen in den höheren Bildungsschichten, da sich das quantitative Gewicht der höheren Bildungsschichten kontinuierlich erhöht hat, die Gesamtentwicklung heute wesentlich stärker als noch vor einigen Jahrzehnten.

Im Alter zwischen 30 und 35 Jahren nehmen dann die Kinderwünsche der Eltern wie der Kinderlosen rapide ab. Die überwältigende Mehrheit der Bevölkerung und insbesondere der Frauen sieht in einer *späten Elternschaft* kein Ideal. Etwa zwei Drittel der 30- bis 34-jährigen Eltern möchten keine weiteren Kinder. Von den gleichaltrigen Kinderlosen will jede(r) Zweite kinderlos bleiben, und von den Befragten zwischen 35 und 39 wünschen sich sogar 70 Prozent keine Kinder (PPAS 2003). Ähnliche Tendenzen zeigen sich im deutschen Generations and Gender Survey (GGS) 2005. Von den bisher kinderlosen Frauen im Alter zwischen 20 und 29 will jede Dritte kinderlos bleiben. Bei den 30- bis 39-Jährigen erhöht sich dieser Anteil auf 64 Prozent (Robert Bosch 2006). „Angesichts der starken Zurückbildung von Kinderwünschen ab dem 35. Lebensjahr muss davon ausgegangen werden, dass sich das subjektive Zeitfenster nur sehr eingeschränkt durch eine Verschiebung des Durchschnittsalters bei der Geburt des letzten Kindes in ein höheres Alter verbreitern wird“ (Allensbach 2005, 31/32). Aus beiden Entwicklungen – hinausgezögerte Elternschaft und starker Rückgang des Kinderwunschs ab 35 Jahren – folgt, dass das subjektive Zeitfenster für Elternschaft in Deutschland auffallend eng ist. Für den Aufbau einer stabilen zukunftsorientierten Partnerschaft und Familie mit eigenen Kindern stehen allenfalls noch fünf bis acht Jahre zur Verfügung bei gleichzeitiger Notwendigkeit, sich auch ökonomisch und beruflich zu etablieren. Deutsche Akademikerinnen nehmen sich nach Ausbildungsabschluss und Berufseinstieg sogar im Schnitt nur noch etwa fünf Jahre Zeit, um sich für oder gegen Kinder zu entscheiden (BMFSFJ 2005c).

In Deutschland ist eine *„rushhour des Lebens"* (Bittman 2004; Bertram 2007a), ein *„Lebensstau"* entstanden, den es zu entzerren gilt. Damit ist die hohe Verdichtung verschiedener Lebensaufgaben in einem sehr kurzen Zeitraum gemeint. „Durch die weitgehende Integration der jungen Frauen in das Arbeitsleben und die zunehmende Qualifikation von jungen Männern und Frauen konkurrieren heute die Ausbildung, die berufliche Selbständigkeit und die Entwicklung beruflicher Lebensperspektiven mit der Entwicklung von dauerhaften Partnerbeziehungen, der Entscheidung für Kinder und der Zeit der Fürsorge für Kinder" (Bertram 2006, 230/231). Während die Elterngeneration für diese Entscheidungsphase (Berufsperspektive, Liebe, Kinder) noch zehn Jahre Zeit hatte, hat sich für die heutige Generation diese Rushhour des Lebens auf etwa fünf Jahre verdichtet (Bertram 2007a).

Die „rush hour" ist auch im GGS deutlich sichtbar (vgl. *Abbildung 10).* Frauen und Männer denken am häufigsten im Alter zwischen 25 und 29 Jahren über eine (weitere) Geburt nach, also in der Phase, die normalerweise auch für die Etablierung im Beruf ausschlaggebend ist. Bereits bei den 30- bis 34-Jährigen und erst recht bei den 35- bis 39-Jährigen nimmt dann die Beschäftigung mit der Kinderfrage wieder ab. Die „rush hour" ist, international gesehen, in Deutschland besonders stark ausgeprägt, wobei sich die Vorstellungen der jungen Frauen nur unwesentlich von denen der jungen Männer unterscheiden.

Abbildung 10: Beschäftigung mit der Kinderfrage nach Alter

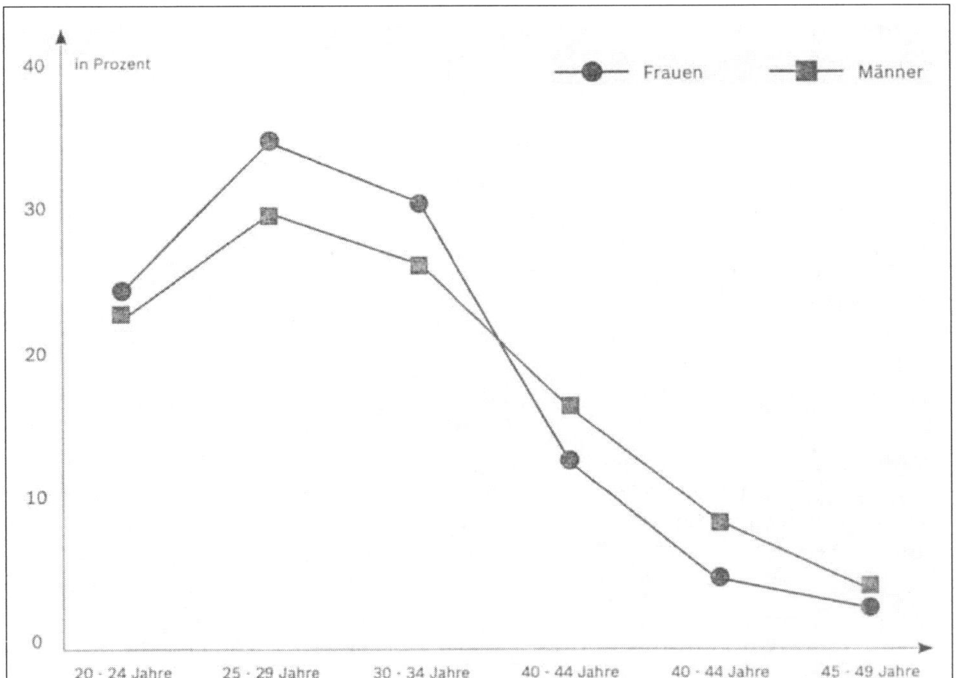

Antwort „ja" auf die Frage: „Haben Sie in den letzten drei Monaten ernsthaft über ein (weiteres) Kind nachgedacht?"

Basis: 20- bis 49-jährige Männer und Frauen, die in einer Partnerschaft leben

Quelle: Robert Bosch 2006, 52 (Generations and Gender Survey 2005)

Sie zeigt sich besonders ausgeprägt bei den neuen Berufen im Bereich der EDV, bei den industrienahen Dienstleistungen und dem Handel, aber auch im Medienbereich.

Etwa zwischen dem 27. und 35. Lebensjahr muss das gesamte Erwachsenenleben gestaltet werden. Der Abschluss der Ausbildung und die Etablierung im Beruf fordern großen persönlichen und vor allem zeitlichen Einsatz, aber auch Partnersuche und Familiengründung fallen in diesen Zeitraum. Häufig wird – insbesondere angesichts des Ideals einer Familiengründung, die auf gesicherter finanzieller Basis und in fester Partnerschaft geschehen sollte – in dieser Situation der beruflichen Entwicklung der Vorzug gegeben. Kinder werden dann erst verhältnismäßig spät geboren – oder gar nicht mehr. Eine *Entzerrung dieser rush-hour* setzt nicht nur eine Verkürzung der Ausbildungszeiten und eine flexiblere Verteilung der Ausbildungszeiten über den Lebensverlauf voraus, sondern auch, dass sich die Familiengründung nicht mehr auf eine kurze Lebensphase von fünf bis sieben Jahren konzentriert. Es „muss individuell geprüft werden, ob die Familiengründung auch in einem Zeitraum möglich wäre, an dem man ökonomisch noch nicht selbständig ist und sich in Ausbildung befindet, aber es könnte auch bedeuten, sich möglicherweise ebenso noch jenseits des 35. Lebensjahrs für Kinder zu entscheiden“ (Bertram 2006, 232). So finden sich in Skandinavien viel häufiger „späte Eltern“, die sich erst im 37. Lebensjahr oder später für Kinder entscheiden. In Deutschland können sich dagegen Personen, die noch in der Ausbildung sind, nur selten vorstellen, sich selbst bei massiverer familienpolitischer Unterstützung für eine frühere Geburt zu entscheiden. Hier dominiert immer noch die Vorstellung einer *„sequenziellen Lebensgestaltung“*. Ausbildung, Etablierung im Beruf und Familiengründung sollten demnach idealerweise aufeinander folgen und nicht etwa gleichzeitig geschehen (Robert Bosch 2006).

Diese „rush hour“ ist keine von den jungen Erwachsenen selbst gewählte Form der Lebensführung. Starre Ausbildungsmuster und -zeiten tragen zur Verfestigung des Musters bei. Die „rush hour“ ist auch ein Ergebnis der Tatsache, dass der Staat die ökonomischen Kosten für die Expansion des Humankapitals im Wesentlichen auf die Eltern abgewälzt hat und mit dem Kindergeld bis zum 27. Lebensjahr (seit 2007 bis zum 25. Lebensjahr) Familien dafür belohnt, dass Kinder in der ökonomischen Abhängigkeit der Eltern verbleiben (BMFSFJ 2005c). Internationale Forschungsergebnisse belegen, dass das lange Zusammenleben junger Menschen mit ihren Eltern und ihre lange ökonomische Abhängigkeit die Entwicklung von eigenständigen Partnerschaften und damit die Gründung einer eigenen Familie hinauszögern oder sogar ganz verhindern. „Möglicherweise ist es eine der großen Paradoxien des deutschen Sozialstaats, dass er mit dem Subsidiaritätsprinzip in besonders großem Umfang versucht, Familien zu unterstützen, und dadurch gleichzeitig gerade aber verhindert, dass die jungen Erwachsenen, die viel mehr Zeit als ihre Eltern in die Entwicklung ihres eigenen Humankapitals investieren müssen, sich von ihren Eltern wirklich lösen und ihre eigene Zukunft in einer Partnerschaft und mit Kindern wirklich gestalten können“ (Bertram u. a. 2005, 26).

Wandlungen im familialen Bereich – und besonders langfristige Festlegungen, wie die Entscheidung für ein Kind – sind hochgradig abhängig davon, wie die derzeitige Krise von Sozialstaat und Arbeitsmarkt gelöst wird. Besonders negativ auf die künftige Familienentwicklung und auch auf die Leistungsfähigkeit der Familie dürfte sich der *wirtschaftliche Strukturwandel* auswirken. In dem Forschungsprojekt „Lebensverläufe im Globalisierungsprozess“ („GLOBALIFE“) untersucht Blossfeld mit einer internationalen Forschergruppe anhand von Paneldaten und qualitativem Material, in welcher Weise die einzelnen Länder den durch die *Globalisierung* entstehenden Unsicherheiten begegnen und wie sich Bildungs-, Beschäftigungs- und Familienverläufe verändern (Blossfeld u. a. 2005; Buchholz u. a. 2007). In allen im Rahmen des Globalife-Projekts untersuchten Ländern sind vor allem *junge Menschen* von der Globalisierung und der damit verbundenen verschärften Konkurrenz auf dem Arbeitsmarkt und den zunehmenden Unsicherheiten beim Einstieg in das Erwerbsleben konfrontiert. Sie sind besonders häufig von der Erosion des Normalarbeitsverhältnisses und den damit einhergehenden diskontinuierlichen Erwerbsverläufen und Unsicherheiten bei der Lebensplanung (z. B. zeitlich befristeter Beschäftigung, Arbeitslosigkeit, Teilzeitarbeit, prekären Arbeitsverhältnissen, Flexibilisierungen der Arbeitszeiten) und von geringen Einkommen tangiert. Junge Menschen müssen als klare *„Verlierer des Globalisierungsprozesses"* angesehen werden.

Die Anforderungen an Mobilität, Verfügbarkeit und Anpassungsbereitschaft nehmen zu. Die junge Generation bleibt länger finanziell abhängig, und es fällt ihr immer schwerer, sich unter diesen Bedingungen auf Arbeitsplätzen mit längerfristiger Perspektive zu etablieren. Diese unsichere Situation erschwert die Planbarkeit des eigenen Lebens und beeinflusst unter anderem die Bereitschaft, langfristige Bindungen einzugehen, zu heiraten und eine Familie zu gründen. Häufig wird die Entscheidung hierfür aufgeschoben oder sogar völlig aufgegeben mit entsprechend negativen Auswirkungen auf die Geburtenrate. Auch bilden sich immer häufiger flexiblere Formen von Partnerschaften heraus (nichteheliche Lebensgemeinschaften, „living apart together"-Beziehungen), die eine Anpassung an die veränderten Bedingungen von Unsicherheit ohne das Eingehen langfristig bindender Versprechen ermöglichen. Der Verzicht auf Kinder ist somit eine ökonomisch und sozial rationale Reaktion der Individuen auf strukturelle Entwicklungen. Nach Ansicht der Forscher handelt es sich zwar um ein globales Phänomen mit spürbaren nationalen Unterschieden, doch ist die junge Generation in Deutschland und Südeuropa von der Beschleunigung der Wandlungsprozesse am stärksten betroffen. Hinzu kommt die *Krise des sozialen Sicherungssystems.* Besonders die Erosion von Versorgungsgarantien im Rahmen des Wohlfahrtsstaates, der Abbau von Unterstützungsmaßnahmen für Personen in prekären Erwerbsverhältnissen und die allmähliche Absenkung des Wohlfahrtsniveaus und der sozialen Sicherheit wirken sich als Risikofaktoren negativ auf die Bereitschaft zur Familiengründung und -erweiterung aus (Strohmeier/Schultz 2005).

Bedenkt man die Gründe, die gegen Kinder sprechen, so ist es nur schwer nachvollziehbar, dass überhaupt noch Kinder in die Welt gesetzt werden. Neuere Untersuchungsergebnisse machen deutlich, dass traditionale Motive der Familiengründung an Einfluss verlieren, während gleichzeitig der *„intrinsische Wert" von Kindern* – ihre Eigenwertigkeit, z. B. in Form einer emotionalen Bereicherung des Lebens durch eigene Kinder – an Bedeutung gewinnt (Huinink 1995). Kinder werden als Moment der Selbstverwirklichung gewünscht. Kinder gelten als Partner in persönlichen Interaktionsbeziehungen und werden gerade in der modernen Gesellschaft für die Stabilisierung individueller Identität und für den Gewinn persönlicher Anerkennung immer wichtiger. Der Umgang mit dem Kind gestattet die Einübung „konkret-sinnlicher, bedürfnis- und personenbezogener Fähigkeiten" und kann zu einem unverzichtbaren Bestandteil der Persönlichkeitsentwicklung von Erwachsenen werden (Kaufmann 1988). Als wichtigste Momente eines immateriellen Wertes von Kindern nennt Kaufmann (2005, 137/38)

- „die Anerkennung, welche Vaterschaft und Mutterschaft in relevanten Sozialzusammenhängen zuteil wird;
- kollektive, insbesondere religiöse oder verwandtschaftliche Traditionen;

- persönliche Konstruktionen von Lebenssinn durch die Übernahme von Verantwortung für Kinder;
- positive emotionale Erfahrungen im Kontext von Partnerschaft und Elternschaft;
- Hoffnung auf reziproke Anerkennung und Unterstützung seitens eigener Kinder in späteren Lebensjahren".

Auch im Familiensurvey 2000 des DJI haben sich immaterielle Beweggründe als wichtigste Anreize zur Familiengründung erwiesen. Kinder werden in erster Linie gewünscht, um das Leben ihrer zukünftigen Eltern ideell zu bereichern. Eltern, die ihre Kinder als Lebenssinn betrachten, wünschen sich durchschnittlich 2,2 Kinder, Eltern ohne diese Einstellung 1,82 Kinder (Marbach/Tölke 2007). Motive zur Elternschaft wie die „Erfüllung und Intensivierung des Lebens durch Kinder" und die „Sinnstiftung durch Kinder" werden auch von über 80 Prozent der Kinderlosen als bedeutsam genannt, und die Verhaltensrelevanz der immateriellen Beweggründe ist sehr hoch (Eckhard/Klein 2006). Anzeichen für den „neuen" Kinderwunsch finden sich besonders unter privilegierten Frauen, die sich nach Jahren des Verzichts auf Kinder doch noch zur späten Mutterschaft entschließen. Das Kind kann aber auch ein letzter Halt, eine letzte relativ gesicherte Primärbeziehung in einer durchrationalisierten Gesellschaft sein.

4.5 Kinderlosigkeit in Deutschland

Deutschland nimmt in Bezug auf Kinderlosigkeit in Europa den Spitzenplatz ein (s. *Anhang).* Nicht der Rückgang der kinderreichen Familie oder ein Trend zur Ein-Kind-Familie sind seit den 70er Jahren des 20. Jahrhunderts zur entscheidenden Steuerungsgröße der Geburtenentwicklung geworden, sondern die steigende Kinderlosigkeit. Obwohl es vermutlich schon immer Ehepaare gegeben hat, die keine Kinder wollen und auch keine bekommen, geriet Kinderlosigkeit besonders mit dem drastischen Rückgang der Geburten in den 1960er und 1970er Jahren in die öffentliche Diskussion. Mehr als zwei Drittel (69 Prozent) aller Deutschen bewerten die Zunahme der (freiwilligen) Kinderlosigkeit negativ (Dorbritz u. a. 2005). Von den Medien wird der Generation der 35- bis 45-Jährigen vorgehalten, dass sie vor allem auf Geld, hedonistischen Konsum und Karriere aus ist. Im Folgenden wird zunächst das Gesamtphänomen Kinderlosigkeit untersucht. Im Anschluss daran werden unterschiedliche Formen kinderloser Ehen und deren Verbreitung analysiert. Dabei interessiert besonders, ob es sich in der Mehrzahl der Fälle bei kinderlosen Ehen tatsächlich um eine bewusst angestrebte Lebensform handelt.

4.5.1 Soziodemographische Hintergründe der Kinderlosigkeit

Von Kinderlosigkeit geprägte Lebensformen sind im früheren Bundesgebiet inzwischen zu einem weit verbreiteten und sozial verfestigten Verhaltensmuster geworden (ausführlich Konietzka/Kreyenfeld 2007). Dabei ist hohe Kinderlosigkeit keineswegs eine neue historische Erscheinung. Bereits die zu Beginn des 20. Jahrhunderts geborenen Frauen sind zu 26 Prozent kinderlos geblieben (Dorbritz 2005). Allerdings haben sie ihr fertiles Alter unter außerordentlich schwierigen Bedingungen durchlebt und aufgrund der kriegsbedingten Männerverluste nur eingeschränkt Partner für eine Familiengründung gefunden. Die heutige Kinderlosigkeit in Deutschland, die *„neue Kinderlosigkeit"*, ist erstmals bei ausgeglichenen Alters- und Geschlechterproportionen und ohne das Einwirken sozialer Extremsituationen eingetreten und zum großen Teil eine mehr oder weniger freiwillige und eng an den Wandel der Lebensformen geknüpfte Erscheinung.

Kinderlosigkeit besagt, dass man nie Mutter oder Vater geworden ist und nicht (wie im Fall des Mikrozensus), ob gegenwärtig Kinder zum Haushalt gehören oder nicht. Nach den Ursachen der Kinderlosigkeit unterscheidet man unterschiedliche *Formen von Kinderlosigkeit* (und analog unterschiedliche Typen kinderloser Ehen), wobei ein Wechsel zwischen diesen Formen im Verlauf der Biografie möglich und wahrscheinlich ist. Die Kinderlosigkeit kann *unfreiwillig (ungewollt, ungeplant)* sein oder auf einer freiwilligen Entscheidung beruhen, also *geplant (gewollt)* sein. Der Anteil biologisch bedingter Unfruchtbarkeit liegt in entwickelten Ländern schätzungsweise zwischen 5 und 10 Prozent (Kreyenfeld/Konietzka 2007). Die gewollte Kinderlosigkeit kann *lebenslang oder zeitlich befristet* sein. Im Falle der lebenslang geplanten Kinderlosigkeit gibt es Personen bzw. Paare, die schon früh eine Elternschaft grundsätzlich ablehnen („rejectors" oder „early articulators") und Personen bzw. Paare, die sich erst im Verlauf ihrer Biografie für ein Leben ohne Kinder entscheiden („postponers").

Immer mehr junge Menschen bleiben kinderlos und immer mehr wollen auch keine Kinder. In der PPAS 2003 wurden die Frauen und Männer in Deutschland auch nach ihrem *Kinderwunsch* befragt. Von den Kinderlosen im Alter zwischen 20 und 39 will ein relativ großer Anteil auch kinderlos bleiben (Ruckdeschel 2004). In den alten Bundesländern ist diese Gruppe zwischen 1992 und 2003 von 27 auf 38 Prozent angewachsen, in den neuen Ländern von 23 auf 26 Prozent. In der Altersgruppe 20 bis 39 bevorzugt insgesamt ein Drittel eine Lebensform, zu der keine Kinder gehören (Dorbritz 2004b).

Das *Ausmaß der tatsächlichen Kinderlosigkeit* in Deutschland ist bisher nicht exakt feststellbar. Deutschland gehört zu den wenigen Ländern, für die der Anteil kinderloser Frauen aus der *Bevölkerungsstatistik* nicht berechnet werden kann. Denn die Geburten werden nur nach der Rangfolge in der bestehenden Ehe dokumentiert, ein angesichts einer Nichtehelichenquote von 30 Prozent (2006) sehr fragwürdiges Unterfangen. Man ist also auf Schätzungen angewiesen ist. Die Ergebnisse der im Herbst 2006 durchgeführten Stichprobenerhebung „Geburten in Deutschland", die die vorhandenen geburtenstatistischen Angaben um wichtige Indikatoren, auch zur Kinderlosigkeit, ergänzt, liegen noch nicht vor (Pötzsch 2007). Die Schätzungen anhand der (amtlichen) Statistik der natürlichen Bevölkerungsbewegung zeigen für Westdeutschland bei allen Datenunsicherheiten einen eindeutigen Anstieg der Kinderlosigkeit (Dorbritz 2005). Der Geburtsjahrgang 1940 war noch zu etwa 10 Prozent kinderlos. Für die nach 1965 geborenen Frauen ist mit einer Kinderlosigkeit um die 30 Prozent zu rechnen. Werden die Trends wie bisher verlaufen, so wird ein Drittel der westdeutschen Frauen der jüngeren Geburtsjahrgänge dauerhaft kinderlos bleiben.

Bestätigt werden diese Trends durch die Ergebnisse des *Mikrozensus.* Allerdings wird im Mikrozensus nur die Zahl der im Haushalt lebenden, nicht der tatsächlich geborenen Kinder erhoben. Aus verschiedenen Gründen können Kinder einer Frau nicht (mehr) im Haushalt leben. Entscheidend ist, welche Altersgruppe der Frauen für die Auswertung herangezogen wird (Konietzka/Kreyenfeld 2007). Wird die Altersgruppe „zu spät" gesetzt, werden alle die Kinder nicht erfasst, die bereits den elterlichen Haushalt verlassen haben. Setzt man die Altersgruppe „zu früh", so sind Kinder eventuell noch nicht geboren. Laut Mikrozensus 2004 waren im früheren Bundesgebiet 30 Prozent der 37- bis 40-jährigen deutschen Frauen (Geburtsjahrgänge 1964 bis 1967) kinderlos, das heißt, es lebten keine minderjährigen Kinder im Haushalt (Duschek/Wirth 2005). Deutlich geringer war die Kinderlosigkeit der gleichaltrigen deutschen Frauen in den neuen Ländern und Berlin-Ost (22 Prozent) und der ausländischen Frauen in Deutschland (21 Prozent).

Ein Vergleich zwischen männlicher und weiblicher Kinderlosigkeit offenbart generell einen deutlich höheren Anteil an *dauerhaft kinderlosen Männern* (Duschek/Wirth 2005a). 2004 lebten laut Mikrozensusangaben 45 Prozent der 41- bis 44-jährigen deutschen Männer im früheren Bundesgebiet ohne minderjährige Kinder im Haushalt, von den gleichaltrigen Männern in den neuen Ländern und Berlin-Ost sogar 51 Prozent. Die Kinderlosenquote der Ausländer in Deutschland lag mit 35 Prozent ebenfalls deutlich über der Quote der Ausländerinnen. Als Erklärungen für den höheren Anteil an kinderlosen Männern, der sich auch anhand von SOEP-Daten nachweisen lässt (Schmitt 2005), werden die niedrigere Erstheiratsneigung der Männer und ihr höheres Heiratsalter, aber auch das sich nicht zur Vaterschaft von nichtehelichen Kindern Bekennen und die fehlende Kenntnis der Vaterschaft angeführt. Der Anteil kinderloser Männer wird vermutlich auch deshalb überschätzt, weil Kinder nach der Trennung mehrheitlich bei der Mutter wohnen.

Wie der Entscheidungsprozess für oder gegen ein Kind genau abläuft, durch welche Erfahrungen und äußeren Faktoren er beeinflusst wird und welche Rolle dem Partner bzw. der Partnerin zukommt, ist erst ansatzweise erforscht worden. Am angemessensten dürfte Kinderlosigkeit „als Produkt einer Abfolge von biographischen Entscheidungen verstanden werden, welche von den gegebenen äußeren Rahmenbedingungen sowie den individuellen Ressourcen und subjektiven Lebenszielen beeinflusst werden“ (Kreyenfeld/Konietzka 2007, 15). Kinderlosigkeit muss also nicht unbedingt Ergebnis einer bewussten Entscheidung gegen Kinder sein, sondern sie kann auch die Folge von aufgeschobenen Fertilitätsentscheidungen oder eine unbeabsichtigte Nebenwirkung von Entscheidungen in anderen Lebensbereichen sein.

Zwei zentrale Bestimmungsgründe für die individuelle Entscheidung, kinderlos zu bleiben, sind das *Ausbildungsniveau* und die *erreichte Berufsposition der Frau*. Je mehr Frauen in die individuelle Bildung investieren, umso unwahrscheinlicher ist die Entscheidung für Kinder. Eine qualifizierte Ausbildung, beruflicher Erfolg und ein hohes Einkommen sind nur dann erreichbar, wenn die berufliche Karriere in den Vordergrund tritt und andere Optionen, wie etwa Kinder, geringer gewichtet werden. In zahlreichen Studien wurde festgestellt: Hoch qualifizierte Frauen und Frauen in den höchsten Berufspositionen weisen die höchsten Kinderlosigkeitsquoten auf (Neyer u. a. 2006; Scharein/Unger 2005). Für diesen Befund wurden verschiedene Erklärungen angeboten. Aus ökonomischer Sicht bringen höhere Bildungsabschlüsse im Falle des Rückzugs aus dem Arbeitsmarkt höhere Opportunitätskosten mit sich, weil die mutterschaftsbedingten Verluste an Einkommen für Frauen mit höheren Bildungsinvestitionen größer sind als für Frauen mit geringeren Bildungsinvestitionen. Feministische Ansätze verweisen dagegen darauf, dass ein höherer Bildungsabschluss Frauen größere ökonomische Unabhängigkeit ermöglicht und sie daher seltener eine Ehe eingehen und somit häufiger kinderlos bleiben. Die geringste Neigung zur Familiengründung zeigt sich aber nicht bei den in der Literatur häufig erwähnten hoch qualifizierten Paaren, sondern bei einem formalen Bildungsvorsprung der Partnerin, d. h. bei *hypogamen Paaren* (Wirth 2007).

In der Fachliteratur und in den Medien konzentriert sich seit geraumer Zeit die Diskussion darauf, ob der Anteil der *dauerhaft kinderlosen Akademikerinnen* in Deutschland tatsächlich bei 40 Prozent liegt, wie häufig zu lesen ist, oder aber deutlich unter 30 Prozent

(Wirth 2006). Befunde auf der Basis des Mikrozensus 2004 erbrachten (Duschek/Wirth 2005):

- Von den 37- bis 40-jährigen deutschen Frauen im früheren Bundesgebiet mit Universitätsabschluss sind 44 Prozent kinderlos, genauer: Es leben keine minderjährigen Kinder im Haushalt. Von den 41- bis 44-jährigen deutschen Frauen sind 41 Prozent kinderlos.
- Ähnliche Größenverhältnisse ergeben sich für Frauen mit Fachhochschulabschluss, von denen 42 bzw. 39 Prozent kinderlos sind.
- In den neuen Ländern ist für deutsche Frauen mit Universitäts- oder Fachhochschulabschluss von einer dauerhaften Kinderlosigkeit von lediglich 24 Prozent auszugehen.
- Für die Ausländerinnen mit entsprechenden Bildungsabschlüssen zeichnet sich deutschlandweit eine dauerhafte Kinderlosigkeit von etwa 30 Prozent ab.

Die neuesten Angaben für Westdeutschland bewegen sich also tatsächlich in Richtung 40 Prozent, wobei noch in einem relativ fortgeschrittenen Alter Familiengründungsprozesse nachgeholt werden. Das Phänomen der späten Mutterschaft ist allerdings bislang auf Frauen mit Universitätsabschluss begrenzt. Bei Hauptschülerinnen ist die geringste Kinderlosigkeit bereits im Alter von 33 bis 36 Jahren zu beobachten.

Dabei besteht, wie sich anhand von SOEP-Zeitreihen nachweisen lässt, schon seit langem ein enger positiver Zusammenhang zwischen dem Vorhandensein eines Universitätsabschlusses und der Wahrscheinlichkeit, kinderlos zu bleiben (Schmitt/Wagner 2006). Von den westdeutschen Akademikerinnen der Geburtsjahrgänge 1951 bis 1965 dürften anteilig fast genauso viele Frauen – nämlich gut ein Drittel – kinderlos bleiben wie von den zwischen 1936 und 1945 Geborenen, den Eltern der Baby-Boomer. Allerdings stellen die Universitätsabsolventinnen älterer Kohorten eine sehr spezielle und relativ kleine Gruppe dar, die einen anderen Lebensentwurf als die in den 1950er und 1960er Jahren verbreitete Versorgerehe verfolgt hat. Heute behindern dagegen eher lange Ausbildungszeiten und instabile Partnerschaftsmuster eine Familiengründung. Betrachtet man die Gruppe der Frauen mit Universitätsbildung im zeitlichen Verlauf, so zeigt sich, dass sie quantitativ gesehen immer bedeutsamer geworden ist und bei den Geburtskohorten 1951 bis 1965 inzwischen etwa 20 Prozent ausmacht. Die Kinderlosigkeit dieser Gruppe spielt also, bezogen auf die demografische Entwicklung, eine immer wichtigere Rolle.

Ein etwas anderes Bild bietet sich bei den Männern (Schmitt 2005; 2005a). Zwischen kinderlosen Männern und Frauen bestehen deutliche Unterschiede hinsichtlich Bildung, Einkommen und Erwerbsstatus. Höher gebildete Männer schieben wie die Frauen den Übergang zur Elternschaft immer länger hinaus. Während die höher gebildeten Frauen dann aufgrund der Spannung zwischen Familien- und Berufsrolle unter allen Bildungsgruppen die höchsten Anteile an dauerhafter Kinderlosigkeit aufweisen, holen die höher gebildeten Männer mit fortschreitendem Alter auf und weisen gegenüber den anderen Bildungsgruppen einen durchschnittlichen Anteil an dauerhafter Kinderlosigkeit auf. Am höchsten ist die dauerhafte Kinderlosigkeit bei Männern mit niedrigen Bildungsabschlüssen. Die Ursache hierfür dürfte im nach wie vor verbreiteten male-breadwinner-Prinzip zu finden sein, wonach sich für Männer mit niedrigem Bildungsniveau (und Einkommen) ökonomisch bedingt eine Familiengründung besonders schwierig gestaltet. Die gängige These, dass Paare, bei denen beide Partner hochqualifiziert sind, bei denen also eine hohe Bildungshomogamie besteht, eine erhöhte Tendenz zur Kinderlosigkeit aufweisen, ist empirisch nicht haltbar (Wirth/Duschek 2005).

Ein analoger gegenläufiger Effekt zwischen kinderlosen Frauen und Männern zeigt sich beim *Einkommen* (Schmitt 2005; 2005a). Während Frauen in den unteren Einkommenspositionen relativ selten und Frauen in den hohen Einkommenspositionen relativ häufig dauerhaft kinderlos sind, besteht bei den Männern keine direkte Relation zwischen der Höhe des Einkommens und dem Ausmaß der Kinderlosigkeit. Bei den Männern geht aber eine *unsichere Beschäftigungslage* mit einem hohen Ausmaß an Kinderlosigkeit einher. „Sowohl mangelnde ökonomische Absicherung als auch mangelnde ökonomische Perspektive wirken negativ auf die Wahrscheinlichkeit einer Familiengründung" (Schmitt 2005, 37). Eine Familiengründung kommt erst dann in Betracht, wenn die ökonomische Absicherung einer Familie – möglichst im Rahmen einer Vollzeit-Beschäftigung – gewährleistet ist, auch dies ein deutlicher Hinweis auf die Bedeutung des Versorgerprinzips. Für die Frauen trifft eher das Gegenteil zu. Der höchste Anteil an Kinderlosen ist hier in der Gruppe der Vollzeitbeschäftigten zu finden.

Generell kann man davon ausgehen, dass einer Geburt ein komplexer Planungs- und Entscheidungsprozess im Kontext einer *längerfristigen Partnerschaft* vorausgeht (Thomson/Hoem 1998; Kühn 2001). Wird nach den persönlichen Gründen für die eigene Kinderlosigkeit gefragt, wird die Partnersituation bzw. das Fehlen eines geeigneten Partners an erster Stelle genannt (BZgA 2005a).

- Laut SOEP 2003 sind in Deutschland 44 Prozent der 33- bis 42-jährigen kinderlosen Männer ohne Partnerin und 26 Prozent der gleichaltrigen kinderlosen Frauen ohne Partner. 19 Prozent der kinderlosen Männer und 16 Prozent der kinderlosen Frauen leben in einer „living apart together"-Beziehung (Schmitt/Winkelmann 2005).
- Im früheren Bundesgebiet hat nach Mikrozensusangaben der Anteil der 37- bis 40-jährigen deutschen partnerlosen Frauen zwischen 1987 und 2004 von 18 auf 24 Prozent zugenommen (bei den Frauen mit einem Universitäts- oder Fachhochschulabschluss sogar auf 30 Prozent), wobei dieser Prozess fast ausschließlich durch einen Anstieg des Anteils lediger Frauen getragen wird (Duschek/Wirth 2005).
- In den neuen Ländern ist der Anteil der 37- bis 40-jährigen partnerlosen deutschen Frauen zwischen 1991 und 2004 von 14 auf 24 Prozent angestiegen. Hochqualifizierte Frauen unterscheiden sich hier nicht wesentlich von geringqualifizierten Frauen. Auch ist Elternschaft nicht in einem solch starken Maß wie in Westdeutschland an die formale Eheschließung gekoppelt.
- In einer Befragung vom Oktober 2004 nannten 44 Prozent der Kinderlosen als Grund für die Kinderlosigkeit das Fehlen eines geeigneten Partners (Forsa 2004).

Eine besonders wichtige Ursache von Kinderlosigkeit ist die (perzipierte) *Konstanz der Paarbeziehung*, d. h. die Partnerschaft muss als stabil und verbindlich eingestuft werden (Bien/Lange 2005). Ein beträchtlicher Anteil der Kinderlosen der Geburtskohorten 1961 bis 1970, die ihre fertile Phase in Kürze abgeschlossen haben werden, lebt längerfristig alleine oder in kurzfristigen bzw. wechselnden Partnerschaften (vgl. *Tabelle 26)*. Dabei ist der Anteil an kinderlosen Männern, die partnerlos sind (36 Prozent) oder in instabilen Partnerschaften leben (38 Prozent), deutlich höher als der jeweilige Anteil an kinderlosen Frauen (19 bzw. 35 Prozent). Besonders für *Frauen mit hohen Bildungsabschlüssen* ist die Suche nach einem geeigneten Partner ein Schlüsselfaktor, denn in dieser Gruppe findet sich der höchste Anteil an Ledigen und unter diesen wiederum die höchste Kinderlosigkeit. Ob die Kinderlosen eine dauerhafte Partnerschaft und Familiengründung aus Karrieregründen ablehnen, ob ihnen die Selbstverwirklichung wichtiger ist oder ob sie die richtige Partnerin bzw. den richtigen Partner noch nicht gefunden haben, lässt sich anhand der vorliegenden Daten nicht klären.

Tabelle 26: Permanenz von Partnerschaften kinderloser Männer und Frauen zwischen 2000 und 2003 (SOEP 2003, Angaben in Prozent)

Geburts-kohorte	Kinderlose	dauerhaft Alleinlebende	wechselnde bzw. mittel- oder kurzfristige Partnerschaften	dauerhafte Partnerschaften	
1961 – 1970	Männer	36	38	26	100
	Frauen	19	35	46	100
1951 – 1960	Männer	37	27	36	100
	Frauen	21	24	55	100

Quelle: Schmitt/Winkelmann 2005, 20

Junge Erwachsene, die ökonomisch noch von ihren Eltern abhängig sind, oft noch bei ihnen wohnen und sich um ihre berufliche Qualifikation kümmern müssen, können in naher Zukunft nicht damit rechnen, sich von den Eltern mit einem neuen Partner so abzugrenzen, dass sie selbständig eine Zukunft für sich und ihre Kinder planen können. Da das ökonomische Erwachsenwerden an den Berufseintritt gebunden ist, schwindet mit steigender Ausbildungsdauer die Zeit für Familiengründung. „Die Ausdehnung der Bildungszeiten bei gleichzeitig weiter bestehender Verantwortlichkeit der Eltern für die ökonomische Existenzsicherung der Kinder bis zum Berufseintritt führt notwendigerweise dazu, dass eine gemeinsame Zukunft mit einem Partner und mit Kindern im Laufe dieser langen Bildungsphase zunehmend aus den Zukunftsoptionen der jungen Erwachsenen schwindet" (Bertram u. a. 2005a, 8).

Inzwischen gibt es auch *spezifische Berufe und Berufsgruppen,* in denen Kinderlosigkeit (und Partnerlosigkeit) ein Massenphänomen geworden ist und in denen frühe und bewusste Entscheidungen für Kinderlosigkeit nicht selten sind (Dorbritz 2003). Besonders niedrige Anteile an Kinderlosigkeit kennzeichnen in Westdeutschland Frauen in landwirtschaftlichen Berufen ohne Abschluss (5,5 Prozent), in Reinigungs- und Entsorgungsberufen (11 Prozent) und in sozialen Berufen ohne Abschluss (14 Prozent). In Berufsgruppen mit höherer Qualifikation ist dagegen der Anteil kinderloser Frauen teilweise extrem hoch. Er beträgt unter promovierten Frauen in geisteswissenschaftlichen Berufen 68 Prozent, unter Frauen in Unternehmensleitungen 65 Prozent und unter promovierten Lehrerinnen 62 Prozent. Worauf diese beruflichen Besonderheiten beruhen, darüber kann nur spekuliert werden. Nach Dorbritz (2003, 418) ist „ein Zusammenspiel von Ausbildungsdauer, Arbeitszeitregime, beruflicher Beanspruchung, regionalen Besonderheiten sowie geringere oder stärkere Orientierungen auf traditionelle Lebensstile zu vermuten".

In Deutschland ist mittlerweile eine *neue „reproduktive Kultur"* entstanden, die dadurch charakterisiert ist, dass sich in bestimmten sozialen Milieus Kinderlosigkeit geradezu zur sozialen Regel entwickelt hat (BZgA 2001). In der Studie „Berufsmobilität und Lebensform" von Schneider u. a. (2002) sind über 75 Prozent der berufsmobilen Frauen mit einem Durchschnittsalter von 36 Jahren noch kinderlos. Anhand der Merkmale Einkommen, beruflicher Bildungsabschluss, Erwerbstätigkeit und den Partnerschaftsformen „nichteheliche Lebensgemeinschaft" und „Alleinwohnen" lassen sich anhand der Daten der Population Policy Acceptance Study 1992 für Frauen zwischen 30 und 39 Jahren zwei *soziale Milieus der Kinderlosigkeit* herausfiltern (Dorbritz/Schwarz 1996):

- Im *Karrieremilieu*, zu dem vollzeiterwerbstätige, höher qualifizierte, unverheiratete Frauen gehören, wurde ein Kinderlosenanteil von 89 Prozent ermittelt. In der Regel dürfte es sich um eine bewusste Entscheidung gegen Ehe und Kinder aufgrund der Unvereinbarkeitsproblematik von Familie und Beruf handeln.
- Im *Milieu der konkurrierenden Optionen*, wozu unverheiratete Frauen gehören, die trotz Vollzeiterwerbstätigkeit ein relativ niedriges Einkommen erzielen, findet sich ein Kinderlosenanteil von 65 Prozent. Vermutlich verzichten diese Frauen auf Kinder, da das Einkommen nicht ausreicht, um Kinder zu erziehen, ohne den bisherigen in dieser Altersgruppe schon relativ verfestigten, an Wohlstand und Freizeit orientierten Lebensstil einschränken zu müssen.

Auf das Fortbestehen dieser Milieus der Kinderlosigkeit verweisen die Ergebnisse der PPAS 2003 (Dorbritz 2005).

Die von Beginn an *lebenslang geplante Kinderlosigkeit* wurde bislang kaum erforscht. Eine Ausnahme bildet die Studie „Leben ohne Kinder" von Carl (2002), in der mit Hilfe qualitativer Interviewdaten eine *Verlaufstypologie gewollter Kinderlosigkeit* entwickelt wurde: (1) Die *Frühentscheider/innen* haben aufgrund ihrer negativen Erfahrungen in Kindheit und Jugend nie einen eigenen Kinderwunsch gehabt. Sie entscheiden sich früh aufgrund ihres ausgeprägten Unabhängigkeitsstrebens und ihrer starken Berufsorientierung bewusst und endgültig für ein Leben ohne Kinder. (2) Die *Spätentscheider/innen* haben ihren „selbstverständlichen" Kinderwunsch zunächst zugunsten von Selbstverwirklichung und Erfüllung im Beruf aufgeschoben. Auch als sich im Alter von etwa 35 Jahren – noch vor Ablaufen der „biologischen Uhr" – die Möglichkeit bot, den Kinderwunsch doch noch zu realisieren, haben sie sich gegen ein Leben mit Kindern entschieden, wobei auch hier negative Erfahrungen in der Herkunftsfamilie eine erhebliche Rolle spielten. (3) Die *Aufschieber/innen* haben keine explizite Entscheidung für Kinderlosigkeit getroffen. Auch sie legen großen Wert auf Unabhängigkeit, sind sehr berufsorientiert und berichten von negativen Erfahrungen in der Herkunftsfamilie.

Als letztendlich ausschlaggebend nennen aber alle Befragten, unabhängig davon, ob eine Partnerschaft besteht oder nicht, das *Fehlen eines geeigneten Partners*, mit dem Kinder vorstellbar wären. Alle Typen gewollt Kinderloser betonen die positiven Aspekte der Kinderlosigkeit und genießen es, keine Verpflichtungen zu haben und einer Vielzahl von Aktivitäten nachgehen zu können. Allerdings beschreiben ein lebenslang existierender starker, aber unerfüllter Kinderwunsch einerseits sowie eine lebenslange klare Entscheidung gegen Kinder andererseits nur die beiden extremen Pole der Kinderlosigkeit. „Zwischen diesen Gegensätzen spannt sich ein Kontinuum, auf dem sich Frauen und Männer befinden, deren Kinderwunsch im Laufe des Lebens variiert und damit als Prozess zu begreifen ist" (Carl 2002, 89).

Auch in einer US-Studie über „High Potentials" mit einem Jahreseinkommen von mindestens 100 000 Dollar erwies sich Kinderlosigkeit in der Regel nicht als Ergebnis einer bewussten Lebensentscheidung, sondern sie stellte sich als *Prozess mit mehreren Stufen und Motiven* dar (Robert Bosch 2005). Eine angestrebte berufliche Karriere erfordert eine gute Ausbildung und, vor allem wenn ein Partner mit ähnlichen Ambitionen im Spiel ist, häufig den Verzicht auf eine frühe stabile Partnerschaft. Mit dem Erfolg im Beruf steigen dann auch die Ansprüche an den Partner, so dass Partnerlosigkeit in Kauf genommen wird und damit auch keine Entscheidung für Kinder getroffen wird. Im Verlauf dieses Prozesses treten Partnerschaft und Kinder immer mehr hinter anderen Lebensoptionen zurück, wobei sich Frauen und Männer heute in dieser Hinsicht nicht mehr wesentlich voneinander unterscheiden.

4.5.2 Gründe für Kinderlosigkeit

Dorbritz (2005) hat die Befragten der PPAS 2003 in zwei Gruppen unterteilt, in diejenigen, die Kinder haben und diejenigen, die keine Kinder haben und sich auch keine Kinder wünschen (= Kinderlose). Die Gruppe der Kinderlosen ist relativ klein und beträgt bei den Frauen etwa 15 Prozent der Gesamtstichprobe. Bei den Antworten auf die Frage, warum man kein (weiteres) Kind haben möchte, unterscheiden sich die kinderlosen Frauen und Männer ganz erheblich von Befragten mit Kindern (vgl. *Tabelle 27).* Für 60 Prozent der kinderlosen Frauen und 52 Prozent der kinderlosen Männer zwischen 20 und 44 hatte der Grund „Ich könnte mein Leben nicht mehr so genießen wie bisher" eine sehr hohe Bedeutung. Bei den Befragten mit Kindern äußerten sich nur 23 Prozent der Frauen und 26 Prozent der Männer in diesem Sinne. 55 Prozent der kinderlosen Frauen und 48 Prozent der kinderlosen Männer, aber nur 16 Prozent der Frauen und 18 Prozent der Männer mit Kindern „müssten Freizeitinteressen aufgeben". Auch geben Kinderlose häufiger an, dass sich Kinder nicht mit der Berufstätigkeit vereinbaren lassen und sie nicht ihren jetzigen Lebensstandard beibehalten könnten. Bei anderen Gründen (wie Zukunftssorgen, Gesundheit, Ehe funktioniert nicht, Partner ist dagegen) wurden keine wesentlichen Differenzen im Antwortverhalten gefunden.

Tabelle 27: Gründe gegen Kinder nach Kinderlosen und Personen mit Kindern, 20–44 Jahre, Deutschland 2003 (Angaben in Prozent)

Gründe gegen Kinder (sehr wichtig und wichtig)	**Kinderlose**		**Mit Kindern**	
	Frauen	**Männer**	**Frauen**	**Männer**
Ich könnte es nicht mit meiner Berufstätigkeit vereinbaren	42	39	33	24
Ich müsste Freizeitinteressen aufgeben	55	48	16	18
Ich möchte meinen jetzigen Lebensstandard beibehalten	67	61	48	45
Ich könnte mein Leben nicht mehr so genießen wie bisher	60	52	23	26

Quelle: Dorbritz 2005, 390 (Tabelle gekürzt; PPAS 2003)

Dorbritz (2005) schließt aus seinen Ergebnissen, dass in der Bevölkerung eine Gruppe vorhanden ist, die sich vor allem aufgrund *individualistisch geprägter Orientierungen* gegen Kinder entscheidet. Die insgesamt massiven Unterschiede zwischen Kinderlosen und Personen mit Kindern legen die Vermutung nahe, dass es sich bei den Kinderlosen um eine soziale Gruppe handelt, in der sich die Entscheidung gegen Kinder verfestigt hat und die familienpolitisch nur schwer erreichbar ist. Es „sind Indizien für die Existenz einer Kultur der kinderlosen Gesellschaft, die sicher noch nicht Leitkultur ist, es aber durchaus werden könnte" (Dorbritz 2005, 399). Nach Burkart (2007) ist in der westlichen Welt, und besonders prononciert in Deutschland, in den letzten Jahrzehnten eine *Kultur der Kinderlosigkeit* entstanden. Kinderlosigkeit hat eine erhebliche Attraktivität erlangt; sie wird nicht mehr nur noch als Defizit von Individuen oder Paaren gesehen, sondern als kultureller Wert.

Bestätigt werden diese Trends durch die Ergebnisse der Repräsentativbefragung „Einflussfaktoren auf die Geburtenrate" des Instituts für Demoskopie Allensbach aus dem Jahr 2003 (Allensbach 2004). Befragt wurden 1 257 Deutsche im Alter zwischen 18 und 44 Jahren. Während finanzielle Aspekte und Konflikte mit beruflichen Plänen häufig auch von Kinderlosen mit Kinderwunsch ins Feld geführt wurden, kristallisierte sich bei den *Kinderlosen ohne Kinderwunsch* als besonders wichtiges Motivbündel gegen Kinder Konflikte mit persönlichen Interessen heraus: das Bedürfnis nach Freiräumen, Unabhängigkeit, ausreichender Zeit für die Pflege von Freundschaften sowie die Sorge, dass Kinder Kräfte beanspruchen, die man lieber für persönliche Interessen einsetzen würde. 44 Prozent der Kinderlosen ohne Kinderwunsch gegenüber 8 Prozent der Kinderlosen mit Kinderwunsch betonten ihr Bedürfnis nach Freiräumen. 39 Prozent gegenüber 12 Prozent glaubten, zu viele Interessen zu haben, die sich mit einem Kind nur schwer vereinbaren lassen, und 50 Prozent der Kinderlosen ohne Kinderwunsch hielten Kinder für anstrengend und zweifelten, ob sie die Kraft und Nerven hätten, mit diesen Anstrengungen fertig zu werden – eine Sorge, die nur 9 Prozent der Kinderlosen mit Kinderwunsch beschäftigte. 72 Prozent der Kinderlosen ohne Kinderwunsch, aber nur 31 Prozent der Kinderlosen mit Kinderwunsch war die Freiheit sehr wichtig; sie wollten sich nicht zu sehr nach anderen richten müssen. In Repräsentativbefragungen der 16- bis 49-jährigen Bevölkerung in Frankreich und Deutschland vom Februar 2007 definierten deutsche Kinderlose ihren Lebenssinn wesentlich stärker als Eltern über materielle Aspekte, Lebensgenuss und persönlich interessante Erfahrungen – durchweg Situationen, in denen sich französische Eltern und Kinderlose nur begrenzt unterschieden (Allensbach 2007).

Frauen und Männer, die kinderlos bleiben möchten, sind auch negativer gegenüber Ehe und Familie eingestellt (Allensbach 2004). Sie bewerten demographische Trends, die eine Krise der Familie indizieren (wie die zunehmende Kinderlosigkeit, den Rückgang der Eheschließungen, die sinkenden Geburtenzahlen, den Anstieg der Ehescheidungen, die Zunahme der Anzahl Alleinerziehender und Alleinlebender), weniger kritisch als Personen mit Kindern. Beispielsweise bezeichneten 45 Prozent der kinderlosen Frauen, aber 76 Prozent der Frauen mit Kindern die steigende Zahl von Ehescheidungen als negativ. 57 Prozent der kinderlosen Frauen und 64 Prozent der kinderlosen Männer hielten die Ehe für eine überholte Einrichtung. Auf Befragte mit Kindern traf dies nur für 20 Prozent der Frauen und 22 Prozent der Männer zu.

4.5.3 Die kinderlose Ehe – eine nichtkonventionelle Lebensform?

Von einer *kinderlosen Ehe* spricht man, „wenn die miteinander verheirateten Partner keine Kinder als ehelich anerkannt haben und in ihrer Haushaltsgemeinschaft keine Kinder leben" (Nave-Herz/Oßwald 1989, 378). Diese sozialwissenschaftliche Definition stellt nicht auf die biologische, sondern auf die *soziale Elternschaft* ab und betont das Zusammenwohnen mit Kindern in einem gemeinsamen Haushalt. Dabei interessieren im Folgenden nur Ehepaare, die – gewollt oder ungewollt – dauerhaft kinderlos bleiben, und nicht Paare, die noch keine Kinder haben, aber eventuell noch Kinder bekommen.

Exakte Angaben über die Verbreitung *dauerhaft kinderloser Ehen* liegen nicht vor. Nach Berechnungen von Dorbritz und Schwarz (1996) hat sich im früheren Bundesgebiet der Anteil von nach mehr als 14-jähriger Ehedauer immer noch kinderlosen Ehen an der Gesamtheit der Ehen von 18 Prozent (Eheschließungsjahrgänge 1922/1925) auf 13 Prozent (Eheschließungsjahrgänge 1951/1955) vermindert. Von den im Jahr 2003 im früheren Bundesgebiet mit einem Ehepartner zusammenwohnenden Frauen im Alter zwischen 35 und 44 waren 15 Prozent kinderlos (Engstler/Menning 2003). In der DDR blieben zuletzt nur etwa 6 Prozent aller Ehen kinderlos, wobei es sich fast ausschließlich um unfreiwillige Kinderlosigkeit handeln dürfte, denn Kinder stellten hier in der Regel kein Hindernis für die Berufstätigkeit der Frau dar, und Elternschaft wurde vom Staat stärker finanziell unterstützt als in der Bundesrepublik. Auch mögliche Einschränkungen der Selbstbestimmungsmöglichkeiten und der Beweglichkeit auf dem Freizeit- und Erlebnismarkt, die in der Bundesrepublik häufig einen Verzicht auf Kinder begünstigen, spielten in der DDR so gut wie keine Rolle. 2003 lebten in den neuen Ländern 10 Prozent der 35- bis 44-jährigen Frauen in einer kinderlosen Ehe (Engstler/Menning 2003).

Wie die Daten des Bamberger-Ehepaar-Panels eindrucksvoll demonstrieren, unterscheiden sich bewusst kinderlose Ehen in mehrfacher Hinsicht von familienorientierten Ehen:

- Als *bewusst kinderlose Ehen* werden hier Ehen bezeichnet, in denen die Partner entweder zu Beginn und nach vier Ehejahren die feste Absicht haben, kinderlos zu bleiben, oder in denen sich die Partner, ausgehend von einer eher distanzierten, unentschlossenen Haltung innerhalb der ersten vier Ehejahre für ein Leben ohne Kinder entschieden haben. Diese Bedingungen trafen für 185 (= 6 Prozent) der ursprünglich befragten 2 983 Jungverheirateten zu, die sich auf 123 Ehepaare verteilen. Nur in knapp der Hälfte dieser Ehen wollten beide Partner kinderlos bleiben. Bei den restlichen war nur ein Partner, fast immer der Mann, dezidiert gegen eigene Kinder, während die Frau in dieser Frage meist noch unentschlossen war (Schneider 1996).
- Als *familienorientierte Ehen* werden Ehen bezeichnet, in denen die Partner mit dem Wunsch nach baldiger Elternschaft geheiratet haben und innerhalb der ersten vier Ehejahre wie geplant Eltern geworden sind. Dies traf auf ein Viertel der Ausgangsstichprobe zu.

Bewusst kinderlose Ehepaare haben im Durchschnitt höhere Bildungsabschlüsse als familienorientierte Ehepaare (Rost/Schneider 1996). Sie schätzen retrospektiv ihre eigene Kindheit und Jugend häufiger als „weniger glücklich“ ein und stufen ihr damaliges und ihr gegenwärtiges Verhältnis zu den Eltern als schlechter ein als die Paare der Kontrollgruppe. Über die Hälfte der Familienorientierten, aber nur ein Viertel der gewollt Kinderlosen sehen in der Ehe ihrer Eltern ein Vorbild für das eigene Eheleben. Bewusst kinderlose Frauen (aber nicht Männer) sind viel stärker berufs-, karriere- und freizeitorientiert. Die subjektive Bedeutung von Kindern für die eigene Selbstverwirklichung und Identität ist bei ihnen viel schwächer ausgeprägt.

Eine faktorenanalytische Auswertung der Daten des Bamberger Ehepaar-Panels durch Schneider (1996) ergab *vier zentrale Motive für gewollte Kinderlosigkeit.* Die höchste Erklärungskraft besitzt mit 24 Prozent Varianzaufklärung ein Faktor, der sich als *„erwachsenenzentrierter Lebensstil“* beschreiben lässt. Man entscheidet sich gegen Kinder, da man seine Unabhängigkeit und Flexibilität nicht aufgeben möchte. Dieses Motiv spielt besonders für Personen mit Abitur oder Hochschulzertifikat und seltener für Hauptschulabgänger eine wichtige Rolle. Der zweite Faktor, der 14 Prozent Varianz erklärt, fasst Inhalte zusammen, die eine hohe *„Berufs- und Karriereorientierung"* zum Ausdruck bringen, wobei Elternschaft als karrierehemmend angesehen wird. Der dritte Faktor (11 Prozent Varianzaufklärung) lässt sich als *„fehlende Bereitschaft zur Verantwortungsübernahme"* bezeichnen. Man ist nicht bereit, die Verantwortung für die Elternrolle zu übernehmen. Der vierte Faktor, der 8 Prozent Varianz erklärt, kann als *„Partnerorientierung"* bezeichnet werden. Die Ehepartner – besonders die Frauen – befürchten, dass Kinder die Beziehungsqualität zwischen den Partnern nachhaltig beeinträchtigen könnten. Diese Befürchtung ist besonders interessant, war es doch bislang eine weit verbreitete Vorstellung, dass erst Kinder den „Sinn der Ehe" ausmachen.

Bewusst kinderlose Ehepaare sind, anders als familienorientierte Ehepaare, besonders darum bemüht, sich möglichst *viele Optionen* offen zu halten. Man will wegen eines Kindes keine Einschränkungen in Kauf nehmen. Auch verfügen die kinderlosen Paare über mehr Partnerschaftserfahrungen, und die Ehe wird als weniger verbindlich angesehen. Gegenseitige Treue und Gemeinsamkeiten haben einen geringeren Stellenwert, die Scheidungsneigung ist signifikant höher, und es wird großer Wert auf Individualität und auf Freiräume zur Selbstentfaltung im Rahmen der Ehe gelegt. Fast alle Befragten – sowohl bewusst kinderlose als auch familienorientierte Paare – nennen als eine Grundvoraussetzung für die Eheschließung gegenseitige Liebe. Bei den gewollt kinderlosen Ehepartnern kommen ökonomische Gründe hinzu. Bei jeder zweiten Eheschließung waren finanzielle Gründe sogar ausschlaggebend. Die Befriedigung des Bedürfnisses nach Sicherheit und Geborgenheit ist bei ihnen im Vergleich zu familienorientierten Paaren eher sekundär. Schneider u. a. (1998, 112) ziehen aus alledem die Schlussfolgerung, dass die bewusst kinderlose Ehe „jenseits traditioneller Sinnzuschreibungen verstärkt als Vertrag, der einen bestimmten Nutzen stiftet und der jederzeit aufkündbar ist, interpretiert (werden kann)".

Verbreiteter als bewusst kinderlose Ehen sind Ehen, in denen sich die Partner erst *im Verlauf ihrer Ehebiographie gegen Kinder entscheiden* oder sich die Kinderlosigkeit einfach so ergeben hat. Von den kinderlosen Ehepaaren des Bamberger-Ehepaar-Panels, die nach 16 Jahren am Ende der Fertilitätsphase standen, hatte sich die meisten nicht bewusst – z. B. aufgrund anti-familialer Einstellungen – gegen Kinder entschieden (Rupp 2005). Charakteristisch für die Entwicklung hin zu dauerhafter Kinderlosigkeit waren das Hinausschieben und das Ausbleiben der positiven Entscheidung für Kinder. Die kinderlosen Ehepaare gewichteten den Lebensbereich Familie generell als weniger bedeutsam und praktizierten einen Lebensstil, bei dem die Freizeitinteressen nur sehr schwer mit einem Familienleben in Einklang gebracht werden konnten. „Der Weg in die Kinderlosigkeit ist bei einem Großteil durch Hürden in Form von Voraussetzungen und Befürchtungen im Hinblick auf die Restriktionen der Elternschaft geprägt. Berufs- und Freizeitmöglichkeiten werden eher als gefährdet angesehen" (Rupp 2005, 22). Dabei resultiert die Kinderlosigkeit im Rahmen dieser stabilen Langzeitehen nur selten aus unvereinbaren Vorstellungen der Partner. Lediglich die einseitige Erwartung der Männer, dass ihre Partnerin im Falle von Mutterschaft beruflich pausieren sollte, stellt ein zusätzliches Hemmnis für die Familiengründung dar.

Nave-Herz (1988a) hat 1986 in ihrer Studie über kinderlose Ehen in den alten Bundesländern 164 Interviews mit 104 kinderlosen Ehefrauen und 60 kinderlosen Ehemännern durchgeführt. Um den zeitgeschichtlichen Wandel der Einstellung zur Kinderlosigkeit erfassen zu können, wurden zwei Eheschließungsjahrgänge (1970 und 1980) miteinander verglichen. Da sich die Gründe für Kinderlosigkeit im Verlauf der Ehebiografie ändern können, wurde jeweils nach den Gründen für die Kinderlosigkeit zu Beginn der Ehe und zum Zeitpunkt der Befragung (6 bzw. 16 Jahre nach der Heirat) gefragt. Die *medizinisch bedingte Kinderlosigkeit* machte *zu Beginn der Ehe* nur einen geringen Anteil an der Gesamtzahl kinderloser Ehen aus und war zudem zwischen den beiden Eheschließungsjahrgängen von 13 auf 2 Prozent zurückgegangen. Auch die *bewusst lebenslange kinderlose Ehe* hatte eine Bedeutungseinbuße erfahren. Vom Heiratsjahrgang 1970 hatten sich noch 22 Prozent, vom Jahrgang 1980 nur noch 10 Prozent schon zu Beginn der Ehe für einen endgültigen Verzicht auf Kinder entschieden. Anscheinend verzichten Paare, die keine Kinder wünschen, heute immer häufiger von vornherein auf die Eheschließung und ziehen ein unverheiratetes Zusammenleben vor.

Die überwiegende Mehrheit (86 Prozent) der kinderlosen Ehepaare des Eheschließungsjahrgangs 1980 wünschte sich zum Zeitpunkt der Heirat gemeinsame Kinder, schob aber die Erfüllung des Kinderwunsches entweder zunächst zeitlich hinaus (49 Prozent) oder ihre Bemühungen sind bislang fehlgeschlagen (37 Prozent). Sowohl die *bewusst befristete Kinderlosigkeit* als auch der *bislang nicht erfüllte Kinderwunsch* haben zwischen den Eheschließungsjahrgängen 1970 und 1980 an Bedeutung gewonnen. Überraschenderweise waren die Ehefrauen, die die Realisierung des Kinderwunsches zunächst aufgeschoben haben, nicht nur besonders stark berufsorientiert, sondern gleichzeitig auch sehr familienorientiert. Da die meisten der Ansicht waren, eine „gute Mutter“ dürfe nicht erwerbstätig sein, kann die zeitlich befristete Kinderlosigkeit als eine *Konfliktlösungs- oder -vermeidungsstrategie* gedeutet werden, um zwischen zwei divergierenden Wertorientierungen (Berufsorientierung vs. traditionale Mutter-Rollen-Konzeption) nicht entscheiden zu müssen, eventuell in der Hoffnung, diesen Widerspruch zu einem späteren Zeitpunkt lösen zu können.

Im *Verlauf von sechs Ehejahren* hat der Anteil der Ehen mit bewusst befristeter Kinderlosigkeit stark abgenommen (von 49 auf 20 Prozent). Erhöht hat sich hingegen die Zahl der Ehen, die auf Dauer kinderlos bleiben wollen, die sich bisher vergeblich um ein Kind bemüht haben und vor allem die Zahl der medizinisch bedingten kinderlosen Ehen. Sieht man sich die *Begründungen für die jetzige Kinderlosigkeit* an, so ist klar ersichtlich, dass die beruflichen Gründe keine so große Rolle mehr spielen. In den Vordergrund treten Begründungen, die den Wunsch nach keiner Veränderung der jetzigen Lebensweise durch Kinder signalisieren. Ein Teil der Ehepaare hat sich im Laufe der Zeit so an den *kinderlosen Lebensstil gewöhnt*, dass er schließlich freiwillig ganz auf Kinder verzichtet. Der zeitliche Aufschub der Realisierung des Kinderwunsches kann aber auch bewirken, dass irgendwann ein Punkt erreicht ist, an dem aus der bewusst befristeten Kinderlosigkeit als Folge von *Krankheit oder Alter* (nachlassende Konzeptionschance der Frau und/oder nachlassende Zeugungsfähigkeit des Mannes) eine *unfreiwillige Kinderlosigkeit* wird. Denn die Wahrscheinlichkeit, dass eine Partnerschaft wider Willen kinderlos bleibt, nimmt nach Schwarz (1993-94a) deutlich mit dem Alter zu. Sie beträgt bei den Frauen im Alter zwischen 20 und 24 Jahren 5 Prozent, zwischen 25 und 29 Jahren 13 Prozent, zwischen 30 und 34 Jahren 20 Prozent, zwischen 35 und 39 Jahren 35 Prozent und für Frauen im Alter zwischen 40 und 44 Jahren 70 Prozent. Vermutlich finden sich auch unter den zahlreichen kinderlosen Ehepaaren, deren Kinderwunsch trotz aller Bemühungen nach sechs Ehejahren noch nicht erfüllt worden ist, viele Paare, die aus medizinischen Gründen kinderlos sind, sich aus Unkenntnis aber weiter um ein Kind bemühen. Da sich nur eine Minderheit der kinderlosen Ehepaare sehr früh freiwillig für eine lebenslange Kinderlosigkeit entscheidet, lassen sich die meisten heutigen kinderlosen Ehen nach Nave-Herz (1988a) eher als *„verhinderte Familien"* und nicht als alternative Daseinsform charakterisieren.

In einer Emnid-Umfrage aus dem Jahr 2005 bewerteten gut die Hälfte der Befragten (56 Prozent) den bewussten Verzicht auf Kinder als egoistisch, doch hat nur jedes dritte kinderlose Ehepaar – am häufigsten die freiwillig kinderlosen Paare – tatsächlich *Diskriminierungen* (z. B. anzügliche Bemerkungen, den Vorwurf des Egoismus und Doppelverdienertums) erlebt (Nave-Herz 1988a). Auch waren die Diskriminierungen zwischen 1950 und 1980 seltener geworden, und immer häufiger wurden auch die positiven Aspekte der Kinderlosigkeit, der freiere Lebensstil und die besseren beruflichen Chancen der Frauen betont. Häufige Reaktionen auf ungewollte Kinderlosigkeit bei den Betroffenen selbst waren Trauer und die „Flucht in den Beruf". In abgeschwächter Form gilt dies, für Frauen häufiger als für Männer, sogar für jene, die freiwillig auf Kinder verzichtet haben. Die Berichte der ungewollt kinderlosen Interviewpartnerinnen von Fränznick und Wieners (1996) illustrieren, dass viele Frauen die ungewollte Kinderlosigkeit und die Suche nach einer Lösung sehr widersprüchlich erleben. Während Unsicherheit, Zweifel, Schuldgefühle, Ängste und Konflikte ihre Konfrontation mit der ungewollten Kinderlosigkeit prägen, konzentriert sich ihr Handeln auf medizinische Behandlungen.

4.6 Auswirkungen der (Erst-)Elternschaft auf die Partnerbeziehung und Lebenssituation junger Familien

Der Übergang zur Elternschaft hat vielfältige Auswirkungen auf die Lebenssituation junger Paare (Helfferich u. a. 2004; Vaskovics 2003). Vor der Geburt des ersten Kindes praktizieren die meisten Paare eine relativ ausgeglichene Aufteilung beruflicher und familialer Aufgaben. Mit der Familiengründung kommt es dann zu einer Retraditionalisierung der Aufgabenverteilung, die sich mit der Geburt des zweiten Kindes noch verschärft (Fthenakis u. a. 2002). Die Frauen geben in der Regel ihren Beruf zumindest vorübergehend auf. Die Männer verbleiben im Beruf und intensivieren oft noch ihr Engagement unter dem Druck der gestiegenen finanziellen Verantwortung.

86 Prozent der Haushalte, die nach dem In-Kraft-Treten der Neuregelungen der Elternzeit am 1.1.2001 ein Kind bekommen haben, haben Anspruch auf *Elternzeit* (BMFSFJ 2004). Von den Berechtigten haben 85 Prozent die Elternzeit tatsächlich wahrgenommen. Nur in 4,9 Prozent aller Fälle haben Väter allein, im Wechsel oder gleichzeitig mit der Mutter ihres Kindes Elternzeit in Anspruch genommen, immerhin ein deutlicher Anstieg gegenüber dem geschätzten Anteil von 1,5 Prozent vor der Novellierung. Die Wahrscheinlichkeit, dass sich Väter an der Elternzeit beteiligen, steigt unter der Bedingung, dass beide Partner gleich viel verdienen oder das Einkommen der Mutter höher ist als das des Vaters.

In West- und Ostdeutschland dominiert mit 62 bzw. 54 Prozent das Modell, bei dem die Mutter die Elternzeit allein beansprucht und ihre Erwerbstätigkeit in den ersten beiden Lebensjahren des Kindes vollständig unterbricht. Neben diesem Elternzeittyp, der dem männlichen Ernährermodell entspricht, ist eine modernisierte Form des Ernährermodells weit verbreitet, bei dem die Väter voll erwerbstätig und die Mütter während der Elternzeit teilzeitbeschäftigt sind (West: 29 Prozent; Ost: 41 Prozent). Besonders populär ist dieses Modell unter Paaren, bei denen die Mütter einen akademischen Berufsabschluss aufweisen und bereits vor der Geburt des Kindes einen qualifizierten Beruf ausgeübt haben. In der

Arbeitnehmerinnenbefragung „Familienfreundlicher Betrieb“ vom Dezember 2003 wünschten sich drei Viertel derjenigen, die aktuell in Elternzeit waren oder in den letzten zehn Jahren Erfahrungen mit Elternzeit gemacht hatten, mehr Angebote, um die Elternzeit mit einer Teilzeitarbeit kombinieren zu können (Klenner 2005). Dass nur ein relativ geringer Anteil der Frauen mit Kleinkind(ern), die Teilzeitarbeit wünschen, von dieser Möglichkeit auch Gebrauch macht, liegt dabei weniger an fehlenden Teilzeitplätzen in den Betrieben als an fehlenden Kinderbetreuungsmöglichkeiten (Engelbrech 2002).

Nur etwa jede zweite Mutter in Deutschland ist nach Ablauf der Elternzeit in den Beruf, nur jede dritte an ihren alten Arbeitsplatz zurückgekehrt und versucht, Familie und Beruf zu vereinbaren. Die Übrigen haben sich – fast alle freiwillig und quer durch alle Sozialschichten – weiterhin ganz der Erziehung des Kindes gewidmet, obwohl sie mehrheitlich irgendwann in den Beruf zurückkehren wollen. Bereits kurz nach Ablauf der Elternzeit musste sich fast jede zweite Frau mit einer weniger interessanten Stelle zufrieden geben (BMFSFJ 2005g). Die negativen Folgen der Elternzeit zeigen sich nicht nur direkt beim Wiedereinstieg in den Beruf. Noch schwerer wiegt, dass sich mit zunehmender Dauer des Erziehungsurlaubs die mittel- und längerfristigen Karrierechancen von Frauen verringern (Ziefle 2004). Ob dies an einer nachlassenden Erwerbsorientierung der Frauen aufgrund ihrer Erwerbsunterbrechung liegt oder die Arbeitgeber weniger in die berufliche Förderung von Müttern investieren, lässt sich beim gegenwärtigen Erkenntnisstand nicht entscheiden.

In der LBS-Familien-Studie „Übergang zur Elternschaft“ wurden 175 Paare, die zwischen Dezember 1995 und Mai 1996 ein gemeinsames Kind bekommen hatten (bei der Hälfte der Paare handelte es sich um das erste Kind), von der Schwangerschaft bis (mittlerweile) nahezu neun Jahre nach der Geburt des Kindes wissenschaftlich begleitet (Fthenakis u. a. 2002; Peitz 2004). Die Geburt des ersten Kindes war für nahezu alle Mütter Anlass, die Möglichkeit der Elternzeit zu nutzen und ihre Berufstätigkeit zu reduzieren, zu unterbrechen oder dauerhaft aufzugeben. Vor der Geburt des ersten Kindes gingen noch etwa 80 Prozent der werdenden Mütter und Väter einer (meist Vollzeit-)Erwerbstätigkeit nach; die verbleibenden 20 Prozent befanden sich meist noch in der Ausbildung. Eineinhalb Jahre nach der Familiengründung war jede zweite Mutter nicht mehr erwerbstätig. Sieben Jahre nach der Familiengründung waren 37 Prozent der Mütter nicht in den Beruf zurückgekehrt; bei gut einem Drittel (37 Prozent) der in den Beruf Zurückgekehrten betrug die Wochenarbeitszeit weniger als 20 Stunden. Da die Väter im Beruf verblieben sind und ihr berufliches Engagement noch intensiviert haben, sprechen Fthenakis und Kalicki (2000) von einer „*Gleichberechtigungsfalle*“ beim Übergang zur Elternschaft.

Bereits kurz nach der Heirat war – unabhängig von der Elternschaft – bei 60 Prozent der Ehepaare die *Arbeitsteilung im Haushalt* trotz Vollzeiterwerbstätigkeit der Frauen relativ traditional ausgerichtet. Aber immerhin erledigte über ein Drittel der Paare Hausarbeiten (wie Waschen, Bügeln, Kochen und Einkaufen) gemeinsam. Während sich bei den kinderlosen Ehepaaren hieran in den nächsten Jahren wenig geändert hat, hat sich bei den Eltern die geschlechtsspezifische Rollenverteilung nach der Geburt des ersten Kindes noch verschärft (vgl. *Tabelle 28)*. Aufgaben, wie Aufräumen, Putzen und Abwaschen, die in den kinderlosen Haushalten meist von den Partnern gemeinsam erledigt werden, werden nach der Geburt des Kindes zu typisch weiblichen Haushaltsaufgaben. 34 Monate nach der Geburt des Kindes putzt (72 Prozent), kocht (79 Prozent), wäscht und bügelt (76 Prozent) mehrheitlich die Hausfrau und Mutter. Und selbst bei den gemeinhin als typisch männlich bezeichneten Tätigkeiten (wie Reparaturen, Finanzen verwalten) kommt es im Laufe der

Zeit zu einer (wenn auch relativ schwachen) Umverteilung zum Nachteil der Frau. Die *(Re-)Traditionalisierung* ist unabhängig davon, ob die Mütter voll- oder teilzeitbeschäftigt sind. Der Traditionalisierungseffekt ist auch kein vorübergehendes Phänomen, sondern bleibt zumindest in den ersten fünf Lebensjahren des Kindes erhalten (Reichle 2002). Auch die Rückkehr der Mütter in den Beruf ändert hieran nichts und bedeutet fast zwangsläufig eine Doppelbelastung. Mit der Geburt eines zweites Kindes ist ein weiterer Traditionalisierungsschub verbunden (Quaiser-Pohl 2001).

Tabelle 28: Wer tut was im Haushalt? Anteil der Ersteltern-Paare, bei denen die Frau die jeweilige Aufgabe allein übernimmt, bei denen beide Partner die Aufgabe erledigen bzw. bei denen der Mann die Aufgabe allein übernimmt (Angaben der Frauen in Prozent)

	Zeitpunkt Schwangerschaft			34 Monate nach der Geburt		
	Frau	**beide**	**Mann**	**Frau**	**beide**	**Mann**
Waschen, Bügeln	68	31	1	76	24	0
tägliche Einkäufe	60	39	1	79	20	1
Kochen	57	40	3	79	20	1
Aufräumen, Putzen	23	77	0	72	28	0
Abwasch	25	74	1	59	39	2
Reparaturen im Haushalt	1	26	73	4	31	65
Finanzen verwalten	9	53	38	16	42	41
Verantwortung für die gesamte Planung	14	86	0	55	44	1

Quelle: Fthenakis u. a. 2002, 117 (gekürzt)

Auch eine aktuelle Studie von Grunow u. a. (2007; vgl. auch Schulz/Blossfeld 2006) zeigt auf der Grundlage von Längsschnittdaten über Eheverläufe in Westdeutschland (Bamberger-Ehepaar-Panel), dass die Wahrscheinlichkeit einer Beteiligung des Mannes an den *Routinetätigkeiten im Haushalt* im Verlauf der Ehe systematisch abnimmt. Die Forscher befragten im Zeitraum von 14 Jahren Hunderte Frauen und Männer, die zu Beginn der Studie frisch verheiratet waren. Kurz nach der Eheschließung im Jahr 1988 war die Hausarbeit bei einem Viertel der Ehepaare „stark traditional" und bei knapp jedem dritten Ehepaar „traditional" organisiert, d. h. die Frau erledigte die aufgeführten Haushaltstätigkeiten alleine bzw. überwiegend alleine (vgl. *Tabelle 29*). 44 Prozent der Paare praktizierten eine „partnerschaftliche" Arbeitsteilung. Bei der Alltagsorganisation kurz nach der Eheschließung spielten Bildung, Erwerbsumfang und Erwerbseinkommen der Partner bei der Verteilung der Arbeit keine nennenswerte Rolle.

Im Laufe von 14 Ehejahren nahmen die Chancen auf eine stärkere Beteiligung der Männer an den „typisch weiblichen" Tätigkeiten im Haushalt deutlich ab. Je länger die Ehe andauerte, desto mehr verfestigten sich geschlechtstypische arbeitsteilige Strukturen im Lebensalltag, sei es durch Absprachen zwischen den Ehepartnern oder durch die Herausbildung von Routinen. Nach 14 Ehejahren praktizierte nur noch jedes siebte Ehepaar (14 Prozent) eine partnerschaftliche Arbeitsteilung. Der Anteil der Paare mit einem „stark traditionalen" Arrangement hatte sich von 25 auf 60 Prozent erhöht.

Dieser Befund bestätigt die bekannte *„honeymoon-Hypothese"*, die besagt, dass Männer zu Beginn der Ehe versuchen, durch besonderes Engagement und Entgegenkommen bei der Hausarbeit die Bindung zwischen den Partnern zu festigen. Mit zunehmender Ehedau-

Tabelle 29: Verteilung der arbeitsteiligen Arrangements zum Zeitpunkt der jeweiligen Panelbeobachtungen (Angaben in Prozent)

Formen der Arbeitsteilung	Ehedauer				
	kurz nach der Eheschließung	2 Jahre	4 Jahre	6 Jahre	14 Jahre
Stark traditional	25	39	48	55	60
Traditional	29	30	28	26	25
Partnerschaftlich	44	31	23	19	14
Nicht-traditional/ Rollentausch	2	1	1	1	1
Paare insgesamt	1423	870	840	773	518

Quelle: Grunow u. a. 2007, 170 (Bamberger-Ehepaar-Panel, 1988–2002)

er schleift sich dann gleichsam schleichend das in der Gesellschaft dominante Muster traditionaler Arbeitsteilung ein (sog. Trägheits-Hypothese). Die Ehepartner gewöhnen sich an „bestimmte geschlechtsspezifisch typisierte Abläufe und Zuständigkeiten und bilden Routinen zur Bewältigung des Alltags im Haushalt aus. Diese Gewohnheiten verfestigen sich im weiteren Verlauf der Beziehung, z. B. durch symbolische Prozesse des ‚gender display' ..., werden immer weniger hinterfragt und irgendwann als Gegebenheit akzeptiert" (Schulz/Blossfeld 2006, 46). Ökonomische Handlungstheorien können vor allem wegen ihrer geschlechtssymmetrischen Vorhersagen die Dynamik arbeitsteiliger Traditionalisierungsprozesse nicht erklären (Grunow u. a. 2007). Der Prozess vollzieht sich unabhängig von den ökonomischen Ressourcen der Ehepartner und unabhängig von Ressourcenkonstellationen auf der Paarebene und wird durch den *Übergang zur Erstelternschaft* noch drastisch beschleunigt. Besonders die Geburt des ersten Kindes stellt eine einschneidende Zäsur im Partnerschaftsverlauf dar und verstärkt den oft unterschwellig wirkenden Prozess der Gewöhnung an traditionale Strukturen. Obwohl nichteheliche Lebensgemeinschaften Ausdruck moderner Partnerschaftsarrangements sind, führt auch hier die Geburt von Kindern zu einer Traditionalisierung der familialen Arbeitsteilung (Wunderlich u. a. 2004).

Nur ganz wenige Männer sind mit der praktizierten Arbeitsteilung unzufrieden. Dagegen sind viele Frauen in dieser Frage gespalten. Etwa jede Zweite ist mit ihrer Zuständigkeit zufrieden; die anderen Frauen – besonders die Vollzeit erwerbstätigen Frauen – sind mit dieser Praxis unzufrieden. In der Längsschnittstudie von Reichle (2002), in der 190 junge Eltern ab dem dritten Monat der Elternschaft in einem Zeitraum von knapp fünf Jahren drei Mal befragt wurden, hatte über die Hälfte der jungen Eltern das Ende der zuvor annährend egalitären Arbeitsteilung nicht vorhergesehen. Vor allem Eltern mit höherer Schulbildung reagierten mit Ärger, Enttäuschung, Streit, Vorwürfen und vermehrtem Rückzug. Eine Veränderung der Situation wurde immer häufiger als hoffnungslos angesehen. Im Laufe der Zeit trugen diese Entwicklungen zu einer Erosion der Partnerschaft bei. Das Trennungs- und Scheidungsrisiko stieg. Ähnliche Tendenzen zeigten sich auch in der LBS-Studie. Je unzufriedener die Aufgabenteilung aus Sicht der Frau war, desto schwächer war der kommunikative Austausch und die erlebte Gemeinsamkeit und desto weniger zärtlich und intim war die Beziehung (Fthenakis u. a. 2002). Etwa 40 Prozent der befragten Männer und Frauen verwiesen auf eine leicht und 20 Prozent auf eine stark oder sehr stark nachlassende Partnerschaftsqualität, wobei sich die anfänglichen Bewältigungs- und Anpassungsprobleme der jungen Eltern leicht zu gravierenden Partnerschaftsproblemen auswachsen können.

Das individuelle Befinden stand auch in einem direkten Zusammenhang mit dem praktizierten *Erwerbsmuster.* Je nachdem ob die Frau vor der Schwangerschaft und eineinhalb Jahre nach der Geburt des Kindes berufstätig war, lassen sich vier *Erwerbsmuster* unterscheiden (Fthenakis u. a. 2002):

- *Hausfrau und Mutter* (29 Prozent): Frauen, die weder zu Beginn der Schwangerschaft noch eineinhalb Jahre nach der Geburt berufstätig sind;
- *Ausstieg* (28 Prozent): Frauen, die zu Beginn der Schwangerschaft berufstätig und eineinhalb Jahre nach der Geburt des Kindes nur noch Hausfrau sind;
- *Wiedereinstieg* (11 Prozent): Frauen, die zunächst nicht berufstätig sind, wohl aber eineinhalb Jahre nach der Geburt des Kindes;
- *Beruf und Familie* (33 Prozent): Frauen, die zu beiden Zeitpunkten berufstätig sind.

Sowohl diejenigen Frauen, die eine kontinuierliche Erwerbskarriere vorweisen (Beruf und Familie) als auch diejenigen Frauen, die in den Beruf zurückgekehrt sind (Wiedereinstieg), zeigten beim Übergang zur Elternschaft eine deutliche *Verbesserung ihres Wohlbefindens* (Abnahme der Depressivität). Die Aussteigerinnen fühlen sich wesentlich unwohler, während die Hausfrauen und Mütter diesbezüglich eine Zwischenposition einnahmen. Offensichtlich trägt die Berufstätigkeit ganz erheblich zur Zufriedenheit und zum Wohlbefinden von Müttern bei, was Fthenakis u. a. (2002) mit der Unterstützung durch außenstehende Dritte und einer Erweiterung der Handlungsspielräume erklären.

Während das durchschnittliche monatliche *Haushaltsnettoeinkommen* der kinderlosen Ehepaare in den ersten vier Ehejahren um fast 40 Prozent angestiegen ist, hat sich das Einkommen der jungen Familien im gleichen Zeitraum nur um 11 Prozent erhöht. Vergleicht man das Pro-Kopf-Einkommen, dann erreichen junge Familien mit zwei Kindern im Mittel gerade die Hälfte des Durchschnittseinkommens kinderloser Ehepaare. Gleichzeitig sind die finanziellen Belastungen aufgrund der Mehrkosten für das Kind gestiegen und werden durch staatliche Transferleistungen nur zu einem geringen Teil ausgeglichen. Trotz der relativen Benachteiligung gegenüber kinderlosen Ehen und trotz der Verschlechterung gegenüber der Zeit vor der Geburt sind drei von vier jungen Elternpaaren mit ihrem Lebensstandard zufrieden.

Mit der Geburt eines Kindes erfolgt auch eine *Umstrukturierung des sozialen Netzwerks,* vor allem eine Verdichtung der Kontakte zur Herkunftsfamilie und zu anderen Paaren mit Kleinkindern. Die verstärkte Hinwendung zur Herkunftsfamilie erfolgt in erster Linie über die Mutter-Tochter-Beziehung und manifestiert sich in der Intensivierung materieller und immaterieller Unterstützungsleistungen (vor allem Enkelbetreuung). Deutliche Umstrukturierungen ergeben sich auch bei der Freizeitgestaltung (Nauck 1989). Der bereits nach der Heirat einsetzende Prozess der *Verhäuslichung der Freizeit* verstärkt sich. Die jungen Eltern verbringen den größten Teil ihrer Freizeit zu Hause, bevorzugt vor dem Fernseher. Die Anzahl der regelmäßig in der Freizeit getroffenen Freunde und Bekannten nimmt ab (Werneck 1998). Parallel zur Verhäuslichung findet eine *Familialisierung der Freizeit* statt, d. h. die Freizeit wird häufiger gemeinsam und zwar kindorientiert verbracht, so dass für die Paarbeziehung wenig Zeit bleibt. Junge Eltern gehen seltener aus als kinderlose Paare, wobei ein gewisser Ausgleich dadurch erfolgt, dass außerfamiliale Kontakte vermehrt in die eigene Wohnung verlagert werden. Besonders die Mütter erfahren eine deutliche Einschränkung ihres persönlichen Handlungsspielraums. Am einschneidendsten ist die Veränderung der *Zeitstrukturen.* Die ständige Betreuung und Beaufsichtigung des kleinen Kindes bedeutet, dass über „Zeit" kaum noch frei verfügt werden kann.

Die *Zufriedenheit mit der Partnerbeziehung* nimmt spätestens ab dem sechsten Monat nach der Geburt des ersten Kindes, nach einer ersten Phase der Euphorie („baby honeymoon"), spürbar ab, bei den Müttern noch stärker als bei den Vätern (Gloger-Tippelt 1985). Die Zufriedenheit mit dem Partner ist bei kinderlosen Frauen – anders als bei Männern – am höchsten und sinkt mit zunehmender Kinderzahl, was Riederer (2005) darauf zurückführt, dass Frauen viel mehr Erziehungsarbeit leisten und ihre eigenen Ziele und Bedürfnisse mehr einschränken müssen als Männer. In der LBS-Studie von Fthenakis u. a. (2002) stieg die „Depressivitätskurve" bei Müttern und Vätern, die zum ersten Mal Eltern geworden waren, bereits sechs bis acht Wochen nach der Geburt auf ihren Zenit. Die Ehe wurde nun seltener als romantische Liebesbeziehung und häufiger als instrumentelle Partnerschaft angesehen. Fast jedes zweite Erstkeltern-Paar berichtete von einer kontinuierlichen Zunahme der Häufigkeit und Destruktivität von Auseinandersetzungen (von Streit) während des letzten Schwangerschaftsdrittels bis drei Jahre nach der Geburt. Häufig schaukelte sich das Zusammenspiel von offensiven Strategien der Frau und defensiven Verhaltensweisen des Mannes immer weiter auf und führte zu einer zunehmenden Verhärtung der Fronten. Jeweils 60 Prozent klagten über eine deutliche Abnahme der partnerschaftlichen Kommunikation und einen starken Rückgang beim Austausch von körperlichen Zärtlichkeiten/Sexualität und beim verbalen Ausdruck von Zuneigung und Wertschätzung nach der Geburt des Kindes.

Auch im Bamberger-Ehepaar-Panel verschlechterte sich im Verlauf der Ehe die Partnerbeziehung der jungen Eltern (Vaskovics 2003). Vergleicht man die Antworten aus den Jahren 1988 kurz nach der Eheschließung und 2002, so hat der Anteil jener, die mit ihrer Ehe „sehr zufrieden" sind, von 74 auf 51 Prozent abgenommen, wobei diejenigen Paare der ersten Stichprobe, die inzwischen getrennt leben oder geschieden sind oder die Teilnahme an der Studie verweigern, nicht berücksichtigt sind. Unter den Frauen befinden sich mehr mit der Ehe Unzufriedene als unter den Männern. Es lassen sich *drei Typen von Entwicklungsverläufen* verfolgen:

- Der 1. Entwicklungsverlauf ist gekennzeichnet durch eine (teilweise krisenhafte) Verschlechterung der Partnerschaftsbeziehung. Die beteiligten Paare – etwa jedes fünfte Paar – bzw. einer der Partner, in erster Linie die Frau, spielen mit Scheidungsgedanken.
- Der 2. Typ – etwa ein Drittel aller Paare – ist ebenfalls durch eine Abnahme der Ehezufriedenheit, allerdings ohne eine partnerschaftsgefährdende Krisensituation, gekennzeichnet. Neben negativen sehen die Paare auch einige positive Aspekte in der Entwicklung ihrer Partnerschaft, z. B. eine nach wie vor bestehende Verlässlichkeit und Tragfähigkeit.
- Der 3. Typ zeichnet sich durch eine durchgehende Kontinuität einer glücklichen und zufriedenstellenden Partnerbeziehung, teilweise sogar durch eine Vertiefung und weitere Festigung der Partnerschaft aus. Hierunter fallen etwas weniger als die Hälfte aller Ehen.

Zu einer Verschlechterung der elterlichen Beziehungsqualität tragen wesentlich bei: ein niedriges Familieneinkommen, eine geringe formale Bildung, eine ungeplante Schwangerschaft, eine geringe vorgeburtliche Partnerschaftszufriedenheit, mangelnde Kompetenz in der neuen Elternrolle und ein schwieriges Temperament des Kindes. Als hilfreich erwies sich dagegen das Eingebundensein in ein soziales Netzwerk (Reichle 2002). Besonders die Geburt weiterer Kinder stellt für Mütter eine so große Herausforderung dar, dass es oft zu einem Rückgang der Lebenszufriedenheit in den Jahren nach der Geburt kommt (Trzcinski/Holst 2005). Besonders bei mehr als zwei Kindern steigt das Gefühl der Belastung.

Insgesamt „erleben deutsche Eltern ihre Kinder im interkulturellen Vergleich signifikant häufiger als Belastung ..., wobei die Belastungen aus den wahrgenommenen Problemen bei der Vereinbarkeit von Familie und Beruf, aus den wahrgenommenen Diskrepanzen zwischen Rollenideal und Realität bei Frauen und aus einer besonderen Verunsicherung bei der Kindererziehung resultieren" (Schneider 2002, 12). Dabei hat der Übergang zur Elternschaft für Frauen wesentlich schwerwiegendere Folgen als für Männer. Frauen erleben eine umfassendere Umstrukturierung ihres Alltags, die nahezu alle Lebensbereiche betrifft. Aber jede zweite Mutter hat sich schon vor der Geburt auf die kommenden Veränderungen eingestellt, so dass die Anpassungsleistungen nicht so schwer gefallen sind. Die übrigen haben sich erst nachträglich den neuen Anforderungen angepasst, und nur wenige Mütter sind mit ihrer Situation sehr unzufrieden.

Aber auch für junge Väter bedeutet die Geburt eines Kindes die Stabilisierung traditionaler Arbeitsteilungsmuster (zur Bewältigung des Übergangs zur Vaterschaft siehe Peitz 2006). Ob sie es wollen oder nicht, sie sind verstärkt mit der Rolle und der Verantwortung des Familienernährers konfrontiert. Ein (vorübergehender) Rückzug aus dem Erwerbsleben (z. B. Elternzeit) kommt schon aus finanziellen Gründen nur selten in Betracht, und auch die Vorstellungen der Partnerinnen lassen diesen Schritt sehr riskant erscheinen. Während sich die Frauen und Männer vor der Geburt des ersten Kindes nicht im Umfang der Erwerbsarbeit unterscheiden – Frauen und Männer arbeiten durchschnittlich etwa 30 Stunden pro Woche –, finden wir eineinhalb Jahre nach der Geburt des ersten Kindes die traditionelle Rollenverteilung; die Erwerbstätigkeit der Frau liefert allenfalls ein Zubrot (Fthenakis u. a. 2002). Auch Nickel und Grant (2001, 236) konnten eine Gruppe von Vätern identifizieren, die „vor der Geburt des Kindes deutlich egalitäre Rollenauffassungen vertraten, dann aber erleben mussten, dass sie unter der Wucht der neuen Gegebenheiten ihre eigenen Ansprüche nicht zu realisieren vermochten". Sie reagierten mit erhöhter Labilität im Sinne von Stress und erwiesen sich in ihrer psychischen und physischen Gesundheit als gefährdet.

5 Modernisierungstendenzen im Alltag von Kindern und Jugendlichen

Neben dem Wandel der Kindschaftsverhältnisse – immer mehr Kinder wachsen nicht mehr bei beiden leiblichen Eltern auf – lassen sich zwei weitere Wandlungsprozesse ausmachen: die außerfamilialen Freizeitkontexte für Kinder haben sich verändert, und die Machtbalancen zwischen Eltern und Kindern haben sich in Richtung einer „Emanzipation des Kindes" verschoben.

5.1 Wandel kindlicher Freizeitgestaltung

Mit den gesamtgesellschaftlichen Modernisierungsprozessen haben sich in den vergangenen Jahrzehnten – besonders in den Städten – die Bedingungen des Aufwachsens von Kindern gravierend verändert. Heute besitzen die meisten Kinder eine Vielzahl von Freiheiten und Freiräumen. Diese Freiheiten gehen aber mit neuen Anforderungen einher, denn Kinder müssen in einer immer komplexer werdenden Welt frühzeitig lernen, eine selbständige Lebensführung zu entwickeln. Einige Autoren sprechen in diesem Sinne von einer *„individualisierten Kindheit"* und heben besonders den Wandel der *räumlichen Lebensbedingungen* hervor. Die Verstädterung, die Entstehung von Trabantenstädten und Eigenheimsiedlungen, die verstärkte Funktionalisierung der städtischen Bereiche in Wohnen, Arbeiten, Einkauf und Freizeit sowie die enorme Zunahme des Straßenverkehrs haben den Kindern viele traditionale Aufenthalts- und damit Erfahrungsräume genommen (Rolff/Zimmermann 2001). Die *„gelebte Straßenkindheit"* mit ihren altersgemischten nachbarschaftsbezogenen Kindergruppen (der „traditionale Nahraum") hat sich tendenziell aufgelöst und neuen, speziell für Kinder konzipierten Räumen (einer *„verhäuslichten Kindheit")* Platz gemacht. Kindliche Aktivitäten werden demzufolge verstärkt in die elterliche Wohnung verlagert, und das kindliche Spiel findet häufiger in halböffentlichen *institutionalisierten Spezialräumen* (auf Spiel- und Sportplätzen, in Vereinen etc.) in größerer räumlicher Distanz von der elterlichen Wohnung statt. Da diese Spezialräume meist an verschiedenen Orten liegen, ist hiermit eine *„Verinselung des kindlichen Lebensraums"* verbunden. Und da Kinder ihr soziales Leben heute täglich selbst arrangieren und planen müssen, wird die kindliche Lebenswelt zunehmend von *rationalen Zeitstrukturen* der Erwachsenenwelt durchsetzt, wozu auch die *„Verschulung der Kindheit"* mit immer mehr zeitlichen Zwängen und Anforderungen beigetragen hat.

Problematisch an diesen und ähnlichen Aussagen über die „moderne" oder „individualisierte" Kindheit ist, dass sie weitgehend auf Vermutungen und Spekulationen beruhen und allein die negativen Auswirkungen der veränderten Kindheit im Blick haben. Im Folgenden werden die zentralen Thesen über die modernisierte Kindheit präzisiert und auf ihre empirische Gültigkeit überprüft. Da keine vergleichbaren Daten für frühere Kindergenerationen vorliegen, ist allerdings eine strenge empirische Überprüfung von Aussagen über den *sozialen Wandel der Kindheit* nicht möglich. Schwerpunktmäßig wird auf folgende Studien zurückgegriffen:

- eine Studie des Deutschen Jugendinstituts („Was tun Kinder am Nachmittag?"), bei der rund 1 000 8- bis 12-jährige Jungen und Mädchen und ihre Eltern in drei Regionen befragt wurden (DJI 1992; Nissen 1993);
- eine deutsch-deutsche Vergleichsstudie, in der 1 730 Kinder zwischen 10 und 15 Jahren in Westdeutschland und 933 altersgleiche Kinder in Ostdeutschland befragt wurden (Büchner u. a. 1992; 1993; 1996; Fuhs 1996), ergänzt durch eine niederländische Vergleichsstudie mit 927 Befragten (Zeijl 2001; Te Poel u. a. 2000);
- den Kindersurvey '93, eine Erhebung bei 700 Kindern zwischen 10 und 13 Jahren, die alle Altersgleichen in Deutschland und deren Mütter und Väter repräsentieren (Zinnecker/Silbereisen 1998);
- das LBS-Kinderbarometer NRW, bei dem im Frühjahr 2004 in Nordhrein-Westfalen 2 348 Kinder der Altersgruppe 9 bis 14 Jahre (4.–7. Schulklasse) befragt wurden (LBS 2005);
- die 1. Welle des DJI-Kinderpanels aus dem Jahr 2002, bei der 2 190 Kinder im Kindergartenalter (5–6 Jahre) oder Grundschulalter (8–9 Jahre) und deren Mütter und – wenn möglich – deren leibliche Väter interviewt wurden (Alt 2005; 2005a);
- die 2. Welle des DJI-Kinderpanels aus dem Jahr 2004, bei der 720 Kinder im Alter zwischen 9 und 10 Jahren (3. und 4. Grundschulklasse) und deren Mütter und Väter befragt wurden (Alt u. a. 2005).

Einen ersten Einblick über die Zeitverwendung 10- bis 14-Jähriger vermittelt die Zeitbudget-Studie des Statistischen Bundesamtes, die in den Jahren 2001/2002 durchgeführt wurde und in der über 10 000 Personen ab 10 Jahren gebeten wurden, an jeweils drei Tagen minutengenau ihren Tagesablauf in ein Tagebuch einzutragen (vgl. *Tabelle 30).* Die mit eigenen Worten beschriebenen Tätigkeiten der Kinder und Jugendlichen wurden zu Aktivitätsbereichen zusammengefasst, wobei sowohl Werk- wie Wochenendtage in die Berechnung eingingen. Jugendlichen bleibt, so ein zentrales Ergebnis dieser Studie, im Vergleich zu Erwachsenen viel Freizeit. Sie verfügen neben Schule oder Ausbildung (ca. 3,5 Stunden pro Tag), den Zeiten für Regeneration (12 Stunden, z. B. Schlafen, Körperpflege und Essen) und Familienarbeit (ca. eine Stunde) über knapp sieben Stunden freie Zeit pro Tag. Ihr Freizeitbudget ist damit rund doppelt so groß wie das Zeitvolumen, das sie für Bildung und Qualifikation nutzen.

Tabelle 30: Zeitverwendung der 10- bis unter 14-jährigen Jungen und Mädchen nach Aktivitätsbereichen (Std. : Min. pro Tag)

Freizeitaktivitäten	Jungen	Mädchen
Regeneration	12:01	12:13
Freizeit	06:57	06:29
Bildung/Qualilfikation	03:29	03:27
Erwerbsarbeit	00:06	00:02
Familienarbeit	00:57	01:16
Freiwilliges Engagement	00:11	00:11

Quelle: Cornelißen/Blanke 2004, 162

Dabei gibt es charakteristische Unterschiede zwischen den *Geschlechtern*. Das Freizeitbudget der Mädchen ist knapper als das der Jungen. Die 10- bis 13-jährigen Mädchen verfügen täglich über rund eine halbe Stunde weniger Freizeit als die gleichaltrigen Jungen, die 14- bis 17-jährigen Mädchen sogar über 45 Minuten weniger Freizeit. Bereits „während der Jugendphase – und zwar während der überwiegende Teil der Jugendlichen noch in ihren Herkunftsfamilien lebt – etabliert sich also oftmals noch eine Zeitordnung, die Mädchen und jungen Frauen weniger zeitliche Spielräume für Freizeitaktivitäten zugesteht als jungen Männern" (Cornelißen/Blanke 2004, 163). Auffallend groß ist die Bedeutung der *Mediennutzung* als Freizeitaktivität von Mädchen und Jungen. Allein mit *Fernsehen* und *Video* verbringen die 10- bis unter 18-jährigen Jungen und Mädchen jeweils gut ein Viertel ihrer Freizeit. Gravierende geschlechtsspezifische Unterschiede zugunsten der Jungen zeigen sich bei der Nutzung von *Computerspielen*. Allerdings basiert die wichtige Rolle, die Computerspiele im Alltag der Jugendlichen spielen, auf einer kleinen Gruppe sehr aktiver Jugendlicher, während zwei Drittel der Jugendlichen keinen Gebrauch von diesen Spielen machen. Die Mediennutzung einschließlich der Computerspiele beansprucht über 40 Prozent des Freizeitbudgets der Mädchen und fast 50 Prozent des Freizeitbudgets der Jungen.

Insgesamt sind im Freizeitbereich keine Angleichungstendenzen, sondern eher neue Diskrepanzen in der Zeitverwendung von Jungen und Mädchen zu beobachten. Nur in Bezug auf den Fernseh- und Videogebrauch haben die Mädchen nachgezogen. Ansonsten nehmen sie sich mehr Zeit als Jungen für solche Aktivitäten, in denen die Pflege sozialer Kontakte im Vordergrund steht (Gespräche, Besuche, Telefonate). Ihre Freizeitgestaltung ist stärker kommunikations- und bildungsorientiert, und auch das Lesen besitzt für sie einen höheren Stellenwert. Die Freizeitgestaltung der Jungen ist dagegen stärker technik-, spiel- und sportorientiert. „Zumindest in der Gegenüberstellung von Technik- und Sportorientierung vs. Personenorientierung lassen sich geschlechtsspezifische Profile ablesen, die Analogien zu den traditionellen Geschlechterstereotypen aufweisen" (Cornelißen/Blanke 2004, 170).

Im Folgenden werden die Thesen zur Modernisierung der Kindheit auf ihre Stichhaltigkeit hin überprüft. Die These von der *„verhäuslichten Kindheit"* besagt, dass die Lebenswelt der Kinder in den letzten 100 Jahren immer mehr aus dem öffentlichen Raum (der „Straße", den nachbarschaftlichen Spielgruppen) verdrängt und in geschlossene Räume (Binnenräume) verlagert worden ist. Als Binnenräume gelten neben der privaten Wohnung auch halböffentliche Räume. Im Zuge des Verhäuslichungsprozesses sollen spezifische Freizeiträume für Kinder sowie die Ausstattung nahezu aller Haushalte mit Räumen speziell für die Kinder entstanden sein. Die These von der *Verdrängung der Kinder aus dem öffentlichen Raum* ist empirisch nur eingeschränkt haltbar. In allen in der DJI-Studie untersuchten Regionen halten sich die meisten Kinder auch heute noch in einem erheblichen Umfang (täglich bis mehrfach die Woche) „draußen", d. h. auf Straßen, Grünflächen, Spielplätzen oder in Parks auf (Nissen 1993). Die Kinder des städtischen Gebiets nutzen die öffentlichen Freiräume gleichermaßen wie die Kinder der ländlichen Region. In der KIM-Studie 2003 gaben 40 Prozent der 6- bis 13-jährigen Mädchen und 47 Prozent der altersgleichen Jungen an, dass „draußen spielen" zu ihren liebsten Freizeitaktivitäten gehört, und die Bedeutung außerhäuslicher Freiräume für die kindliche und jugendliche Freizeitgestaltung nimmt mit dem Alter der Heranwachsenden noch zu (Feierabend/Klingler 2003). Öffentliche Freiräume werden häufiger von Jungen als von Mädchen genutzt, und Kinder aus der Mittelschicht nehmen seltener die Straße als Raum für ihre Aktivitäten in Anspruch als Kinder aus den unteren Sozialschichten (Ledig 1992; Büchner

u. a. 1993). Die Modernisierung findet also „von oben nach unten“ statt. Die für die traditionale Straßenkindheit charakteristischen *nachbarschaftlichen Spielgruppen* als eigenständige Kinderwelt lassen sich allerdings – besonders in den Städten – nur noch schwer herstellen. In Ostdeutschland ist das traditionale Modell der Straßenkindheit noch etwas ausgeprägter als in Westdeutschland. Die Kinder suchen dort häufiger spontan, ohne vorherige Absprachen, einen bestimmten Spielort auf.

Gleichzeitig besteht eine starke Tendenz zur Verhäuslichung der Kindheit im Sinne einer *Verlagerung kindlicher Aktivitäten in die elterliche Wohnung*. Das eigene Kinderzimmer gehört heute zur kindlichen Normalausstattung. 80 Prozent aller 10- bis 15-Jährigen bewohnen ein eigenes Zimmer (Buchner-Fuhs 1998). Die elterliche Wohnung ist zu einem zentralen Ort geworden, an dem Kinder Kontakte mit Gleichaltrigen pflegen. Die Zugänglichkeit und Qualität der elterlichen Wohnung entscheidet mit darüber, wie leicht Kinder in ihrer Freizeit mit ihren Freunden zusammenkommen. Nur 5 Prozent der im DJI-Kinderpanel 2002 befragten 8- bis 9-jährigen Schulkinder durften keine anderen Kinder zu sich nach Hause mitbringen (Traub 2005).

Für die meisten Kinder sind *audiovisuelle Medien* inzwischen ein fester Bestandteil ihrer Freizeitgestaltung, für Jungen noch stärker als für Mädchen, für Landkinder stärker als für Stadtkinder und für Kinder aus Elternhäusern mit mittlerer und niedriger Bildung stärker als für Kinder aus Elternhäusern mit gehobener Bildung. Die massive Nutzung von Medien durch Kinder und die sozialisatorische Bedeutung der Medien im Kinderalltag gehören zu den markantesten Phänomenen des Wandels der Kindheit in den letzten 50 Jahren (Schäffer 2007). Bereits von den 3- bis 5-Jährigen sieht an einem Durchschnittstag über die Hälfte (54 Prozent) fern, wobei die durchschnittliche Sehdauer 76 Minuten pro Tag beträgt (Vollbrecht 1999). Laut KIM-Studie 2005 ist bei den 6- bis 13-Jährigen Fernsehen mit 78 Prozent (jeden/fast jeden Tag) die am häufigsten ausgeübte Freizeitaktivität (mpfs 2006). Von den in der JIM-Studie 2006 befragten Jugendlichen zwischen 12 und 19 nutzen sogar 90 Prozent das Fernsehen täglich oder mehrmals pro Woche, und zwar durchschnittlich etwa 135 Minuten pro Tag (mpfs 2006a). In Nordrhein-Westfalen plant inzwischen jedes zehnte Kind seinen Tagesablauf nach dem Fernsehprogramm (LBS 2005).

Eine neue Untersuchung des Kriminologischen Forschungsinstituts Niedersachsen (KFN) untermauert die These, dass ein hoher Medienkonsum die Schulleistungen von Kindern verschlechtert (vgl. SPIEGEL 39/2005). Die Befragung von 23 000 Kindern und Jugendlichen im Alter zwischen 10 und 15 ergab: Je mehr Zeit sie vor dem Fernseher oder der Playstation verbringen, desto schlechter sind ihre Schulnoten. Dabei sitzen Kinder in Hauptschulen mehr als doppelt so lange vor dem Bildschirm wie Gymnasiasten. Besonders in Familien mit mehr als zwei Kindern und in Familien mit nur einem Elternteil finden sich vermehrt „Vielseher“ (= Kinder mit exzessivem TV-Konsum), deren TV-Konsum sich häufig (dies gilt auch für deren Eltern) völlig orientierungslos gestaltet (Hurrelmann 1996). Die „Vielseher“ berichten häufig von Ängsten, Nervosität und Aggressivität nach dem TV-Konsum. Jedes fünfte Kind schaut schon vor der Schule fern und ebenfalls jedes fünfte Kind sofort nach dem Heimkommen. Kinder in deprivierten Familien gehören besonders häufig zu den Vielsehern, während in privilegierten Milieus die Auswahl der Medien und Inhalte gezielter erfolgt (Wissenschaftlicher Beirat 2005). Medien können aber auch positive, entwicklungsförderliche Wirkungen zeitigen. In einer Langzeitstudie erwies sich der Bildungsinhalt der gesehenen Fernsehsendungen während der frühen Kindheit bis ins Jugendalter als prädiktiv für die Schulnoten und zwar unabhängig vom elterlichen Bildungsniveau und Einkommen (Wissenschaftlicher Beirat 2005). Medien – und insbesondere das Fernsehen – bieten generell Anlässe der Strukturierung des Familienalltags und der Entspannung und können so die Familienmitglieder entlasten (Lange 2007). Auch liefern sie Anregungen in den Bereichen der spielerischen, sozialen und kognitiven Entwicklung.

Computer stehen mittlerweile nahezu allen Jugendlichen im Elternhaus zur Verfügung und werden auch von ihnen genutzt (mpfs 2006a). 60 Prozent besitzen sogar ein eigenes Gerät. Computer nehmen im Leben junger Menschen einen immer breiteren Raum ein. Müssten sich Jugendliche für ein Medium entscheiden, würden 26 Prozent den Computer und 19 Prozent den Fernseher wählen. Damit ist der Fernseher in der persönlichen Wichtigkeit der Jugendlichen 2006 erstmals durch den Computer vom Spitzenplatz verdrängt worden. Wie *Video- und Computerspiele* in die Freizeit eingebettet sind, untersucht das Forschungsprojekt „Computerspielkulturen bei Heranwachsenden (8-14 Jahre)" (Fromme 2005). Gibt es Indizien dafür, dass Video- und Computerspiele in den Alltag der Kinder eindringen und einer *Mediatisierung der Kinderfreizeit* Vorschub leisten, mediale Erfahrungen also zunehmend reale, sinnliche Erfahrungen ersetzen? Die Ergebnisse machen deutlich, dass Bildschirmspiele zwar eine wichtige Stellung in der Freizeit der Kinder einnehmen, aber andere Freizeitaktivitäten nicht verdrängt haben. Für die meisten Kinder dienen sie eher als Zeitüberbrücker und Lückenfüller, wenn andere Freizeitoptionen gerade nicht zur Verfügung stehen. Allerdings trifft auf immerhin 30 Prozent der Jungen und 18 Prozent der Mädchen, die „so oft wie möglich spielen", die Charakterisierung der Bildschirmspiele als *„Medien zweiter Wahl"* nicht zu (Fromme 2005). Sabine Grüsser-Sinopoli und ihre Mitarbeiter von der Interdisziplinären Suchtforschungsgruppe der Berliner Charité haben über 500 Berliner Schüler/innen aus den Klassenstufen 5 bis 8 zur Online-Spielsucht befragt (vgl. DER SPIEGEL 9/2007). Etwa zwei Drittel von ihnen spielen regelmäßig Computerspiele. Von diesen Spielern sind etwa 10 Prozent spielsüchtig. Sie sitzen vier bis sechs Stunden täglich vor dem Bildschirm, stecken fast die gesamte Freizeit ins Spielen, vernachlässigen andere Interessen und zeigen Entzugserscheinungen wie Nervosität, Unruhe und Schlafstörungen, wenn sie nicht mehr spielen dürfen.

Wie häufig diverse Freizeitaktivitäten von Kindern (wie Computer spielen, Musik machen und Musik hören) eher gemeinsam mit Freunden oder eher allein ausgeübt werden, veranschaulichen die Daten des LBS-Kinderbarometers 2005 (vgl. *Abbildung 11).* Geserick (2005) gelangt in ihrer Recherche zu Studienergebnissen im Zusammenhang mit Nutzung, Chancen und Herausforderungen neuer Medien im Familienalltag zu dem Schluss, dass von einer Verdrängung sozialer Kontakte durch neue Medien und einer individuellen „Vereinsamung" durch Medien nicht die Rede sein kann. Selbst Bildschirmspiele gewinnen erst dann an Bedeutung, wenn andere Freizeitoptionen oder Personen nicht zur Verfügung stehen.

Während der Begriff der *„Mediatisierung"* die Durchdringung des Alltags durch die Ausweitung und zunehmende Nutzung elektronischer Medien aufgreift, bezeichnet *„Virtualisierung"* einen Teilaspekt der Mediatisierung und zwar die Erweiterung und Ausdifferenzierung computervermittelter virtueller Welten und die Herauslösung von Wahrnehmen und Handeln aus räumlichen und leiblichen Bezügen. Die *Internetnutzung* der 6- bis 13-jährigen Schülerinnen und Schüler hat sich zwischen 2002 und 2005 von 52 auf 68 Prozent erhöht, die Internetnutzung der 12- bis 19-Jährigen bis zum Jahr 2006 auf 95 Prozent (mpfs 2005; 2006). Über drei Viertel dieser Internet-Nutzer sind täglich oder mehrmals pro Woche im Netz. Betrachtet man die Internetnutzung unter den Aspekten

Abbildung 11: Sozialer Bezug der Freizeitaktivitäten von Kindern im Alter zwischen 9 und 14 Jahre, LBS-Kinderbarometer 2005

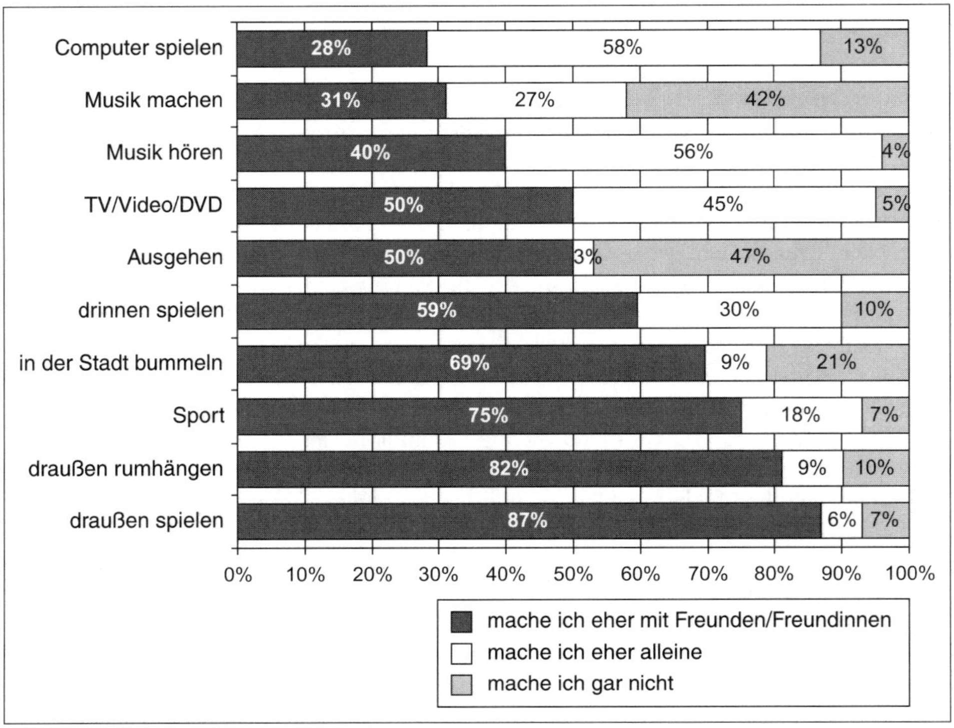

Quelle: Grunert/Krüger 2006, 171

Kommunikation, Information und Spiele, so entfallen nach Einschätzung der Jugendlichen 60 Prozent ihrer Nutzungszeit auf den Bereich Kommunikation, 23 Prozent auf die Informationssuche und 17 Prozent werden für Online-Spiele verwendet (mpfs 2006a). Fragen nach der Auswirkung der *Mediatisierung* auf die Entwicklungsprozesse von Kindern und Jugendlichen sind Bestandteil kontroverser wissenschaftlicher Diskussionen. Einerseits werden die Gefahren und Probleme der (ursprünglich auf das Fernsehen bezogen) „heimlichen Miterzieher" betont, andererseits aber auch die Chancen thematisiert, die sich aus der Nutzung digitaler Medien im Sinne des Erwerbs kultureller und beruflicher Basisqualifikationen ergeben.

Verhäuslichung bedeutet nicht nur eine Tendenz zum Rückzug in Privaträume, sondern auch die *Verlagerung von Aktivitäten aus öffentliche in halböffentliche Räume*, verbunden mit einer *Institutionalisierung von Kindheit.* Institutionalisierung heißt, dass immer mehr speziell an Kinder adressierte Freizeitangebote auftauchen, die durch feste Termine und eine gewisse Verbindlichkeit des Besuchs gekennzeichnet sind, von Erwachsenen geplant, betreut und kontrolliert werden und nur bedingt Raum für selbstorganisiertes Kinderleben und raumgreifende Aktionen bieten. Die Beziehung zwischen Kind und Institution ist primär, nicht die zwischen Kindern untereinander (Zeiher 1994). Eine insgesamt stärkere Inanspruchnahme institutioneller Angebote kann empirisch wohl kaum in Frage gestellt werden und ist sicherlich auch ein Ergebnis der verbesserten Freizeitangebote von kommunalen Behörden, Kirchen, Wohlfahrtsverbänden und kommerziellen Veranstaltern. Mit der Inanspruchnahme vielfältiger institutioneller Angebote ist ein häufiger Wechsel von sozialen und räumlichen Settings verbunden, die als separierte Lern- und Lebenswelten durch je spezifische Rollenerwartungen, räumliche Verortungen, zeitliche Vorgaben und Teilhabe- und Handlungsmöglichkeiten charakterisiert, soziale und kognitive Integrationsleistungen von den Kindern und Jugendlichen erfordern, aber auch zusätzliche Erfahrungs- und Entwicklungsmöglichkeiten bieten (BMFSFJ 2005a). Da sich die kindlichen Aktivitäten heute nur noch selten spontan in der Spielgruppe der Nachbarschaft entfalten, sondern Kinder je nach Aufgabenbereich mit ganz unterschiedlichen Personen an unterschiedlichen Orten zu tun haben, geht die traditional *ganzheitliche Erfahrung der Kinder* verloren.

Die These von der heutigen Kinder- und Jugendgeneration als einer „*Terminkalender-Generation*" behauptet, dass die Freizeit heute sehr stark vor allem durch außerschulische und außerfamiliale Angebote (z. B. durch Sportvereine oder Musikschulen, aber auch durch Verabredungen mit Freunden und Freundinnen) verplant, vorstrukturiert und vorprogrammiert ist (Zeijl 2001). Von den von Büchner u. a. (1996) interviewten westdeutschen Kindern hatten 94 Prozent mindestens einen *festen Termin* in der Woche; über die Hälfte nahm drei oder mehr Termine wahr. Im Kindersurvey '93 nannten 80 Prozent der Kinder im Alter zwischen 10 und 13 Wochen-Termine aller Art und zwar durchschnittlich zehn Stunden pro Woche (Zinnecker/Silbereisen 1998). In Westdeutschland nahmen nur 12 Prozent der Jungen und 18 Prozent der Mädchen überhaupt keinen Termin wahr, in Ostdeutschland dagegen 38 Prozent der Jungen und 30 Prozent der Mädchen. Kinder und Jugendliche ohne jeglichen festen Termin gehören häufiger den unteren Sozialschichten an. Die meisten festen Termine verbringen die Kinder in West- und Ostdeutschland in einem *Verein*. Im Kinderpanel 2002 besuchten 68 Prozent der 8- bis 9-jährigen Kinder einen Verein oder eine feste Gruppe (Traub 2005). Westdeutsche Kinder sind häufiger Mitglied in Vereinen als ihre ostdeutschen Altersgefährten (Zinnecker/Silbereisen 1998). Das westdeutsche Muster einer Termin- und Vereinskindheit hat sich also bislang in den neuen Bundesländern noch nicht durchgesetzt. Weder in Ost- noch in Westdeutschland finden sich Unterschiede zwischen Jungen und Mädchen. Kinder mit vielen Freizeitterminen erwerben einerseits Kompetenzen wie Zeitmanagement und Teamfähigkeit sowie Planungs- und Konfliktlösungskompetenzen, also Schlüsselqualifikationen, die den Bildungserwerb in den verschiedensten sozialen Kontexten erleichtern (Grunert/Krüger 2006). Andererseits verhindert eine enge Terminplanung spontane Aktivitäten, zwingt die Kinder in ein Zeitraster und reduziert so kindliche Spielräume.

Der Trend zur Institutionalisierung wirkt sich auch auf die *Zeitorganisation* aus. Spontanes Handeln wird erschwert, wenn erst der entsprechende Spezialraum aufgesucht werden muss. Da Kinder außerdem ihre Spielkontakte individuell herstellen müssen, werden sie zu „Zeitmanagern zwischen privaten Beziehungen und ihren Terminen in Vereinen, Kursen etc." (Herzberg 1992). Empirisch nachweisbar sind Kinder heute tatsächlich mehr oder weniger gezwungen, ihr soziales Leben *selbst zu arrangieren und zu planen* (Herzberg 1992). Sie müssen ihre Treffen täglich selbst absprechen, wobei die meisten Verabredungen zu gemeinsamen nachmittäglichen Aktivitäten in der Schule oder auf dem Schulweg (und nicht mehr im Wohnumfeld) getätigt werden. Eine Tendenz zu Absprachen findet sich übergreifend in allen Sozialschichten und in gleicher Weise im städtischen wie im ländlichen Bereich. Auch das Aufsuchen von Institutionen muss geplant werden, erfordert eine raum-zeitliche Koordination, und das Kind muss sich den vorfindbaren Zeitstrukturen einpassen. Dabei ist das *Mobiltelefon* (Handy) aufgrund der Erweiterung der Kommunikationsmöglichkeiten für Kinder und Jugendliche zu einem wichtigen Instrument für die Gestaltung und Organisation ihrer Freizeit geworden. 1999 besaßen erst 16 Prozent, 2004 hingegen bereits 71 Prozent aller Kinder in Nordrhein-Westfalen im Alter zwischen 9 und 14 ein Handy (LBS 2005). Nahezu alle Jugendlichen (92 Prozent) verfügen mittlerweile über mindestens ein Mobiltelefon (mpfs 2006a). Insgesamt gesehen ist das Handy aber ein ambivalentes Medium, kann es doch „sowohl zur emotionalen Stabilisierung, zur besseren Koordination wie auch zur abgesicherten Erweiterung des Handlungsspielraums seiner Mitglieder genutzt werden und durch bestimmte Arten von Gesprächsinhalten Intimität aufbauen, als auch zur verstärkten sozialen Kontrolle von Familienmitgliedern außerhalb des Haushalts eingesetzt werden" (Logemann/Feldhaus 2002, 222).

Bildungsprozesse weiten sich immer mehr in die schulfreie Zeit von Kindern und Jugendlichen aus. Es besteht ein Trend zur „*Verschulung von Freizeit*". Freizeit – vor allem organisierte Freizeit – wird als potentielle Lernzeit definiert, in der die Kinder und Jugendlichen kulturelles Kapital erwerben, das ihnen auch für ihre spätere Lebens- und Berufslaufbahn von Nutzen sein soll. Eine entsprechende Bildungsförderung durch Eltern findet bereits im Elementarbereich statt. 61 Prozent der Kindergartenkinder nehmen nach dem Kindergarten bereits an organisierten Freizeitangeboten teil (Schreiber 2004). Dabei ist der Zugang zu außerschulischen Bildungsaktivitäten sozial, kulturell und ökonomisch selektiv strukturiert. Da vor allem Eltern aus höheren Sozialschichten versuchen, durch eine umfassende Förderung nicht nur im schulischen, sondern auch im außerschulischen Bereich (Besuch von Schwimm-, Gymnastik-, Musik-, Tanz- und sonstigen Kursen) die schulische Laufbahn ihrer Kinder positiv zu beeinflussen, besteht die Gefahr der Verschärfung bestehender sowie der Entstehung neuer sozialer Ungleichheiten (Zinnecker/Silbereisen 1998).

Mädchen nehmen, unabhängig von Sozialschicht, Alter und Region, in Ost- und Westdeutschland insgesamt mehr Angebote in Anspruch und beteiligen sich stärker an musisch-kreativen Angeboten als Jungen, die einen Vorsprung bei den Sportangeboten, bei Computerspielen und beim Programmieren haben (Büchner u. a. 1993). Von den von Allensbach im Jahr 2003 befragten Kindern zwischen 6 und 12 Jahren lasen 48 Prozent der Mädchen, aber nur 25 Prozent der Jungen in ihrer Freizeit gerne Bücher. 68 Prozent der Mädchen, aber nur 32 Prozent der Jungen beschäftigten sich gerne mit Malen und Zeichnen. Umgekehrt machten 71 Prozent der Jungen, aber nur 37 Prozent der Mädchen gern Computerspiele. Analoge milieuspezifische Unterschiede lassen sich bereits im Kindergartenalter nachweisen (Honig u. a. 2004). Insgesamt verfügen die meisten Kinder heute über ein äußerst vielfältiges Aktivitätsspektrum und partizipieren sowohl an freien Aktivitäten (außerhalb von Institutionen) als auch an institutionalisierten Angeboten. Sie haben, so das Fazit von Ledig (1992) für die alten Bundesländer, häufiger Gelegenheit zu einer *an individuellen Interessen orientierten Freizeitgestaltung* als die Kinder früherer Generationen.

Da die Schule immer mehr zum zentralen Thema für die ganze Familie geworden ist und sich viele tägliche Aktivitäten und Gespräche zwischen Eltern und Kindern nach den Anforderungen und Ansprüchen der Schule ausrichten, sprechen einige Forscher von einer *Verschulung des Familienlebens*. Die Schulzentrierung der Familien soll dazu führen, dass die Schule und das Lernen nicht nur zum Familien*thema*, sondern immer häufiger auch zum Familien*problem* wird. Die Schulleistungen bergen aber laut Kinderpanel 2002 nur in wenigen Familien ein ernsthaftes und problematisches *Konfliktpotential* zwischen Eltern und Kindern (Stecher 2005). Von einer ernst zu nehmenden Schul- und Leistungsangst kann man nur bei etwa 15 Prozent der Kinder ausgehen. Zwischen Jungen und Mädchen und zwischen Ost- und Westdeutschen treten in dieser Hinsicht keine nennenswerten Unterschiede auf.

Geht man davon aus, dass sich Kinder heute häufig in institutionalisierten Räumen aufhalten und diese Freizeitangebote nicht im näheren Wohnumfeld, sondern an mehr oder weniger weit entfernten Orten liegen, so sollte es zu einer „*Verinselung des kindlichen Lebensraums*" kommen (Zeiher 1983). Verinselung gilt – zumindest in Großstädten – als *das* Kennzeichen individualisierter Kindheit. Stellte man sich noch zu Beginn der 1960er Jahre die räumliche Umwelt der Kinder als *einheitlichen Lebensraum* vor, den das Kind – ausgehend von der elterlichen Wohnung – mit zunehmendem Alter allmählich erweiterte (Pfeil 1965), so besteht nach der Verinselungsthese der Lebensraum heutiger Kinder aus separaten Stücken, aus ausdifferenzierten Funktionsräumen, die wie Inseln verstreut in einem Gesamtraum liegen. Eine ausgeprägte Verinselung konnte in der DJI-Studie allerdings für die mittlere Kindheit in keiner Region festgestellt werden (Nissen 1993). Die Freizeitorte lagen für die meisten Kinder nahe beieinander und konnten – in der österreichischen Studie von Wilk und Bacher (1994) z. B. von fast 90 Prozent – zu Fuß oder mit dem Fahrrad aufgesucht werden. Allerdings zeigen sich Tendenzen einer *sozialen oder kontextuellen Verinselung*, am deutlichsten bei Mädchen aus höheren Sozialschichten. Während sich diese Mädchen häufig in der Woche an unterschiedlichen Orten und in inhaltlich und sozial unterschiedlich strukturierten Kontexten aufhalten und sich auf unterschiedliche erwachsene Bezugspersonen einstellen müssen, suchen die Jungen häufiger mehrmals in der Woche den gleichen Freizeitort auf.

Mit zunehmendem Alter gehören *Gleichaltrigenbeziehungen* immer mehr zur Lebensrealität von Kindern und Jugendlichen. Gleichaltrige üben einen großen Einfluss auf die Ausbildung von inhaltlichen Interessen in der mittleren Kindheit aus. Außerdem fördern sie wegen der Gleichrangigkeit der Interaktionspartner die Ausbildung der Fähigkeit zur reziproken Perspektivenübernahme und stimulieren die soziale und moralische Entwicklung von Kindern. „Kinder, die aus der Gemeinschaft der Gleichaltrigen ausgeschlossen sind, haben häufig Defizite im Bereich der gemeinsamen Konfliktlösungs- und Aushandlungsstrategien oder auch auf dem Gebiet der Planungs- und Organisationskompetenzen" (Grunert/Krüger 2006, 176). Im LBS-Kinderbarometer 2005 hatten fast alle 9- bis 14-jährigen Befragten einen gleichgeschlechtlichen Freund bzw. eine gleichgeschlechtliche Freundin, den (die) sie fast täglich sahen (Grunert/Krüger 2006). Aber nur jeder dritte Junge und jedes vierte Mädchen – jeweils mehr West- als Ostdeutsche – konnten auf gleichgeschlechtliche Cliquen zurückgreifen. Ökonomisch deprivierte Kinder gehörten deutlich seltener einer Clique an und waren, wenn sie sich einer Clique angehörig fühlten, schwächer in diese eingebunden (Chassé u. a. 2003). Im DJI-Kinderpanel 2002 wurde als Indikator für die kindliche Einbindung in Gleichaltrigen-Beziehungen die Anzahl der guten Freunde ermittelt (Traub 2005). Die 8- bis 9-jährigen Jungen und Mädchen nannten jeweils durchschnittlich vier gute Freunde. Nur jede(r) Zehnte hatte keinen einzigen guten Freund und war somit sozial isoliert. Die Kinder waren mit ihren Sozialkontakten insgesamt relativ zufrieden, wobei sich die Schule als die wichtigste „Kontaktbörse" erwies. Etwa jede zweite Kinderfreundschaft war in der Schule entstanden. Die Eignung der Wohnung zum Spielen – Kinder können zu Hause mit anderen Kindern spielen – erwies sich als besonders wichtig für die Integration des Kindes im Freundeskreis. Auch die Bildung der Mutter wirkte sich auf die soziale Integration des Kindes aus: Je höher die Bildung der Mutter war, desto stärker waren die Kinder in Freundschaftsnetze integriert.

Die *Wirkungen*, die von den veränderten Lebensbedingungen ausgehen, werden in der Literatur äußerst ambivalent beurteilt. Einerseits bedeutet die veränderte Lebenswelt eine „*Entsinnlichung des Lebenszusammenhangs*" (Zeiher 1983), da spontanes Handeln erschwert und die Unverbindlichkeit sozialer Beziehungen begünstigt wird. Andererseits ist mit dem tendenziellen Übergang von einem einheitlichen zu einem „zerstückelten" Lebensraum möglicherweise ein Moment der *Freisetzung des Individuums* aus sozialen Bindungen und ein Zugewinn an Autonomie verbunden, denn die Orientierung an unterschiedlichen Rollenkontexten stellt hohe Anforderungen an die Individualität. Diese Möglichkeit vermehrter Selbstbestimmung und der Freisetzung aus traditionalen sozialen Bindungen trifft am ehesten auf Mädchen aus höheren Sozialschichten zu, denen stärker die Fähigkeit zum flexiblen Umgang mit unterschiedlich strukturierten Situationen und zur Planung und Koordination abverlangt wird als Jungen aus vergleichbarem sozialen Milieu.

Insgesamt betrachtet gibt es in *Westdeutschland* zwar eine Tendenz zur *Modernisierung und Individualisierung der Kindheit*, doch müssen die behaupteten Thesen über den Wandel der Kindheit relativiert werden. Kinderfreizeit ist durch einen Trend zur Verhäuslichung der Aktivitäten gekennzeichnet. Die Anteile der organisierten Freizeit nehmen zu, und auch ein gewisser Rückzug aus dem nahen Wohnumfeld in die Wohnung lässt sich nicht abstreiten. Moderne Kinder sind in mehreren Vereinen organisiert und müssen ihre Termine und Verabredungen selbständig koordinieren. Die These von der Verinselung der Kindheit lässt sich in dieser Form allerdings nicht aufrechterhalten. Auch kann nicht von einem Wandel des kindlichen Lebensraums gesprochen werden, ohne schicht- und geschlechtsspezifische Differenzierungen zu berücksichtigen. Für die *neuen Bundesländer* besteht ein Modernisierungsrückstand gegenüber den alten Bundesländern. Hier findet sich noch häufiger ein Kindheitsmuster, das durch eine stärkere Familienorientierung und etwas ausgeprägtere Formen von Straßenkindheit charakterisiert ist. Gleichzeitig besteht, insbesondere im Bereich der Mediennutzung und in dem Wunsch nach Angeboten einer kommerzialisierten Kinderkultur und Freizeitindustrie, eine ausgeprägte Westorientierung (Büchner u. a. 1993).

5.2 Neue Anforderungen und Konflikte in der Kindererziehung

Aufgrund der unterschiedlichen Entwicklungen in Ost und West wird der soziale Wandel des Eltern-Kind-Verhältnisses zunächst im früheren Bundesgebiet und anschließend in der DDR und in den neuen Bundesländern dargestellt und diskutiert.

5.2.1 Der soziale Wandel des Eltern-Kind-Verhältnisses im früheren Bundesgebiet

In den vergangenen Jahrzehnten sind die Umgangsformen zwischen Eltern und ihren Kindern egalitärer und die Wahrnehmung der Elternrolle ist anspruchsvoller und schwieriger geworden. Die Machtverhältnisse zwischen Eltern und Kindern haben sich zu Gunsten der Kinder verschoben (Schütze 2002). Bei allen Variationen nach sozialer Schichtzugehörigkeit und Bildungsstand der Eltern äußert sich dies in einer generellen Zurücknahme elterlicher Strafpraktiken, einer geringeren Aufsicht der Kinder und Jugendlichen sowie in einem steigenden Einfluss der Jugendlichen und Heranwachsenden auf innerfamiliale Entscheidungsprozesse, beispielsweise im Bereich des Konsums (Kreppner/Klöckler 2002). Der Wissenschaftliche Beirat für Familienfragen (2005) spricht in ähnlicher Weise von einem gesellschaftlichen *Informalisierungsprozess*, der sich u. a. durch ein tendenzielles Nachlassen äußerer Zwänge, einer Flexibilisierung der Erziehungsstandards und die Erweiterung der Spielarten von Eltern-Kind-Beziehungen auszeichnet.

Im repräsentativen Generationen-Barometer 2006 wurden die Eltern gebeten, ihr gegenwärtiges Verhältnis zu ihren Kindern mit ihrem Verhältnis zu ihren eigenen Eltern während ihrer Kindheit zu vergleichen (Haumann 2006). Praktisch die Hälfte (49 Prozent) der Väter und Mütter erklärte, dass sie zu ihren Kindern ein ganz anderes Verhältnis besäßen als ihre eigenen Eltern früher zu ihnen selbst. Besonders wurde auf den Abbau von Autorität und auf mehr Freiheiten für die Kinder verwiesen. Das Verhältnis zu den Kindern ist insgesamt freundlicher und partnerschaftlicher geworden. Nur in jeder vierten Familie gibt es noch klare Verhältnisse: die Eltern bestimmen, was gemacht wird. In der Shell Jugendstudie 2006 wurden die Jugendlichen und jungen Erwachsenen zwischen 12 und 25 u. a. auch danach gefragt, wie sich die Eltern ihnen gegenüber bei Spannungen oder Konflikten verhalten (Langness 2006). Auch hier war die Eltern-Kind-Beziehung mehrheitlich von einem partnerschaftlichen Verhältnis geprägt. Fast die Hälfte der Jugendlichen – mehr weibliche als männliche – reden bei Problemen mit den Eltern und kommen dann gemeinsam zu einer Entscheidung. Jeder Vierte entscheidet weitgehend allein, wie er sich verhalten will. Nur bei einer Minderheit – es handelt sich vor allem um Personen der sozialen Unterschicht – ist von einem autoritären, konfliktreichen oder indifferenten Umgang der Eltern mit ihren Kindern auszugehen.

Mit den Daten der 2. Welle des DJI-Kinderpanels vom Frühjahr 2004 lässt sich nachweisen, dass bereits Grundschulkinder in einem hohen Maße in *Entscheidungsprozesse in der Familie* eingebunden sind (Alt u. a. 2005). Kindheit ist heute zu einem Gutteil *partizipative Kindheit.* Grundschulkinder werden in großem Umfang von ihren Eltern um ihre Meinung gefragt, wenn es um Dinge geht, die sie unmittelbar betreffen, und die überwiegende Mehrheit der Kinder ist auch in Entscheidungsprozesse eingebunden, welche die Familie als Ganzes tangieren (vgl. *Abbildung 12).* Fast zwei Drittel der befragten 720 Jungen und Mädchen zwischen 9 und 10 Jahren geben an, sehr oft oder häufig von der Mutter nach der eigenen Meinung gefragt zu werden. Eltern mit höherem sozioökonomischen Status lassen ihre Kinder häufiger an Familienentscheidungen mitwirken als Eltern aus statusniedrigeren Familien. Dabei korrespondiert die partizipatorische Grundhaltung der Eltern mit ihrem allgemeinen Erziehungsverhalten. Die Mitbestimmungsmöglichkeiten der Kinder sowohl in Kinder- als auch in Familienangelegenheiten sind gering, wenn die Eltern eine durch Strenge geprägte Erziehung pflegen, die sich z. B. darin ausdrückt, dass das Kind Erwachsenen nicht widersprechen soll und das Kind bestraft wird, sobald es etwas gegen den Willen der Eltern tut. Kaum Mitbestimmungsmöglichkeiten haben Kinder in Haushalts- und Finanzangelegenheiten (Lange/Fries 2006).

Die „Emanzipation des Kindes“ lässt sich auch deutlich am *Wandel der Erziehungsleitbilder* ablesen. Erziehungsziele, die Anpassung reflektieren (wie Gehorsam, gute Umgangsformen, Sauberkeit und Ordnung) haben seit den 1950er Jahren an Bedeutung eingebüßt zugunsten von Erziehungszielen, die Selbstbestimmung ausdrücken (wie die Betonung von Selbständigkeit, Interesse an den Dingen, Menschenverstand und Urteilsgabe, Verantwortungsbewusstsein). Das traditional-autoritäre Erziehungsleitbild *„Gehorsam und Unterordnung“*, zwischen 1951 und 1964 von 25 Prozent der Westdeutschen als wichtigstes Erzie-

Abbildung 12: Partizipation in der Familie: Wie oft fragen Eltern das Kind nach dessen Meinung bei Familienangelegenheiten – Angaben getrennt für Mutter und Vater (Angaben in Prozent)

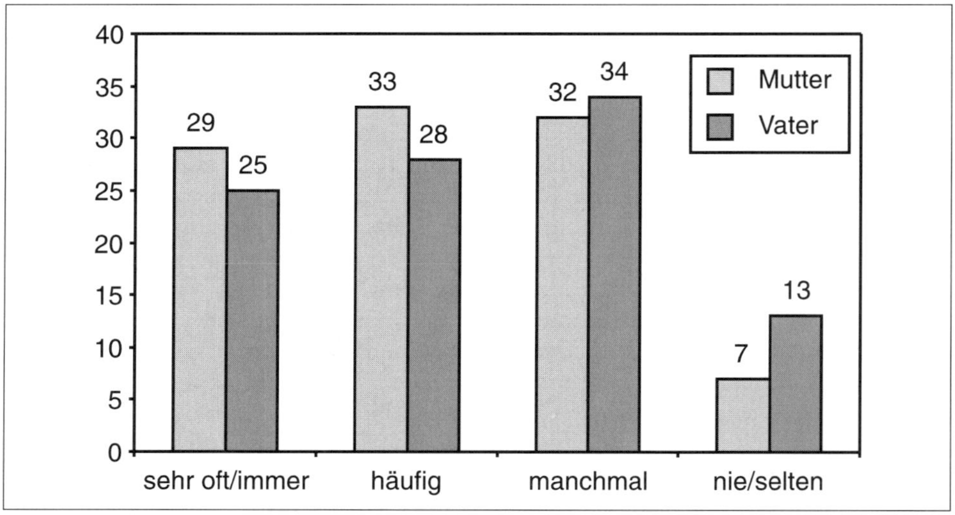

Angaben zur Mutter: N = 709, Angaben zum Vater: N = 677

Quelle: Alt u. a. 2005a, 28

hungsziel angegeben, wird 2001 nur noch von 5 Prozent der Bundesbürger/innen an erster Stelle genannt (Scheller 2005). Das Erziehungsziel *„Selbständigkeit und freier Wille"* hat dagegen über die Jahrzehnte immer mehr an Bedeutung gewonnen. 1951 gaben 28 Prozent diese Werte als wichtigstes Erziehungsleitbild an; 2001 nehmen sie mit 53 Prozent die Spitzenposition ein. Die klassischen bürgerlichen Erziehungsideale *„Ordnungsliebe und Fleiß"*, die nicht direkt das Eltern-Kind-Verhältnis betreffen, unterlagen dagegen nur geringen Schwankungen (1951: 41 Prozent; 2001: 42 Prozent). Als Ursachen für diesen Wertewandel werden die Wohlstandssteigerung und die bessere soziale Absicherung, die Tertiärisierung der Wirtschaft, die Bildungsexpansion und der gesellschaftliche Klimawechsel in der Politik genannt (Gensicke 1996). Arbeiter tendieren stärker zur Konformität, die Angehörigen der übrigen Berufe eher zu Selbständigkeit, was mit den unterschiedlichen beruflichen Erfahrungen begründet wird (Feldkircher 1994). Das Erziehungsziel Selbständigkeit findet unter Höhergebildeten mehr Unterstützung als unter Hauptschulabgängern, wobei im Laufe der Zeit die Distanzen zwischen den Berufs- und Bildungsgruppen noch gewachsen sind.

Auch in einer schriftlichen Befragung von 3 606 Eltern und 643 Erzieherinnen in Kindertageseinrichtungen im Bistum Trier im Jahr 2002 waren die Erziehungsziele besonders auf die Selbständigkeit („Mündigkeit") der Kinder ausgerichtet (Schreiber 2007). Traditionale Erziehungsvorstellungen wie Fleiß und Ordentlichkeit, die die Eingliederung des Kindes in die Gesellschaft betonen, fanden sich in nennenswertem Umfang nur noch unter sozial benachteiligten Eltern mit niedrigem Bildungsstand, unter Zuwanderern aus der ehemaligen Sowjetunion und der Türkei sowie unter stark religiös gebundenen Eltern. Die pädagogischen Leitvorstellungen der Erzieherinnen fielen im Durchschnitt noch wesentlich moderner aus als die Erziehungswerte in den Elternhäusern der Kindergartenkinder (zur Frage, wie die Erziehungsziele und Erziehungsstile junger Mütter mit der Zugehörigkeit zu bestimmten sozialen Milieus variieren, siehe Becker 2005).

Die veränderten Erziehungsleitbilder spiegeln sich auch im tatsächlichen Umgang von Eltern und Kindern – in den *Erziehungsstilen* – wider. Im November 2000 ist das Gesetz zur Ächtung der Gewalt in der Erziehung in Kraft getreten, das ein Recht der Kinder auf gewaltfreie Erziehung festschreibt und über die bisherige Regelung hinausgehend körperliche Bestrafungen, seelische Verletzungen und andere entwürdigende Maßnahmen verbietet (§ 1631 Abs. 2 BGB). Aber schon zuvor hat ein Wandel von autoritärer, auf Anpassung gerichteter Erziehung, zu einer Erziehung in Richtung partnerschaftlicher Umgangsformen stattgefunden. Elterliche Strafpraktiken, vor allem die Prügelstrafe, haben zugunsten mündlicher Ermahnungen und vernunftbetonter Kommunikationsformen an Bedeutung eingebüßt. Eine Befragung von 3 000 Eltern im Auftrag des Bundesgesundheitsministeriums belegt einen deutlichen Rückgang aller (auch der nichtkörperlichen) Bestrafungsarten (Sentker 2002). 1996 empfanden noch zwei Drittel der Eltern leichte Körperstrafen als legitim; heute sind es weniger als die Hälfte. Den „harten Kern“ gewalttätiger Eltern beziffert die Studie heute auf 17 gegenüber 24 Prozent im Jahr 1996. Im DJI-Kinderpanel wurden die Mütter und Väter in der 2. Befragungswelle im Jahr 2004 auch gefragt, ob sie ihr Kind streng erziehen oder es bestrafen, wenn es etwas gegen ihren Willen tut. Das Ergebnis: Knapp zwei Drittel der Mütter (65 Prozent) üben einen eher milden Erziehungsstil aus, gut ein Drittel (35 Prozent) geht eher streng mit den Kindern um (Wahl u. a. 2007). Erstaunlicherweise beschreiben sich die Väter insgesamt als etwas milder. Nach Angaben der in der Shell-Studie „Jugend 2006“ befragten Jugendlichen setzen Eltern der sozialen Unterschicht zur Lösung von Konflikten eher autoritäre Erziehungspraktiken ein als Eltern der Mittel- und Oberschicht (Hurrelmann u. a. 2006).

Auch die Ergebnisse des Generationen-Barometers 2006 signalisieren: Strenge steht heute bei der Erziehung nicht mehr prägend im Vordergrund (Haumann 2006). Unter den 16- bis 29-Jährigen betrachtet es nicht einmal jeder Zehnte als typisch für seine Generation, dass man streng erzogen wurde. Bei den 45- bis 59-Jährigen war es noch fast jeder Zweite. Sehr viel seltener als in früheren Jahrzehnten gehören körperliche Strafen zum Instrumentarium der Erziehung. Während von den 60-Jährigen und Älteren fast jeder Zweite berichtet, dass die Eltern regelmäßig Ohrfeigen und eine Tracht Prügel zur Bestrafung eingesetzt hätten, nannten von den jungen Leuten unter 30 Jahren nur noch 20 Prozent derartige Erlebnisse.

Bois-Reymond u. a. (1994; vgl. auch Bois-Reymond 2001) sprechen von einem (idealtypisch betrachtet) historisch-kulturellen Übergang von streng hierarchisch strukturierten Beziehungen zwischen Eltern und Kindern *(„Befehlshaushalt“)* zu einer ausgewogenen Machtbalance *(„Verhandlungshaushalt“)*. In ihrer induktiv-fallbezogenen Studie waren die meisten Familien dem Verhandlungshaushalt zuzurechnen. Kinder nehmen heute häufiger am Familiengeschehen als gleichberechtigte Partner teil, und Eltern setzen sich im Konfliktfall nicht mit Strafen durch, sondern beide Parteien reden miteinander, suchen nach Kompromissen und fühlen sich für das Gelingen eines angenehmen Familienlebens mitverantwortlich. Auflagen und Verhaltenserwartungen an Kinder (und erst recht an Jugendliche) müssen begründet und gerechtfertigt werden. Mittels der Daten einer quantitativen Studie, in der etwa 2 700 10- bis 15-jährige Schülerinnen und Schüler in den Regionen Sachsen-Anhalt und Hessen schriftlich befragt wurden, wurden diese Formen von Eltern-Kind-Beziehungen auf ihre quantitative Verteilung hin überprüft (Büchner u. a. 1996). Zusammenfassend zeigen die Daten für West- wie für Ostdeutschland, „ dass sich die moderne Leitnorm der Erziehung zur Selbständigkeit (gemessen an der hohen Respektierung kindlicher Interessenäußerungen und an der geringen Zustimmung zur Anwendung elterlicher Strafen) als dominantes Muster für moderne Eltern-Kind-Beziehungen in über zwei Dritteln der Familien vor allem aus höheren Sozialschichten durchgesetzt hat. Umgekehrt ist eine deutliche Elternzentriertheit der Eltern-Kind-Beziehungen und eine vergleichsweise größere Distanz zwischen Eltern und Kindern nur noch in etwa ein Drittel der Familien zu finden, die eher aus niedrigen sozialen Statusgruppen kommen" (Büchner u. a. 1996, 226). Das *„Erziehungsverhältnis"* zwischen Eltern und Kindern ist also zu einem *„Beziehungsverhältnis"* transformiert worden. Schneewind und Ruppert (1995, 141) charakterisieren in ihrer generationenvergleichenden Studie das derzeitige Erziehungsverhalten wie folgt: „Es ist gekennzeichnet (a) durch ein geringes Maß an Anpassungsforderungen hinsichtlich religiöser, leistungsbezogener und sozialer Verhaltensstandards, (b) durch mehr Mitspracherecht, Nachgiebigkeit und offen zum Ausdruck gebrachte Zuneigung sowie schließlich (c) durch eine stärkere Betonung positiver Emotionalität als Antwort auf erwünschtes Kindverhalten bei gleichzeitiger Zurücknahme aggressiv-körperlicher Disziplinierungsmaßnahmen ...".

Da Verhandeln ein kommunikativ-reflexiver Prozess ist, ist hiermit eine „Versprachlichung von Emotionen" (Gerhards 1989) verbunden. Das moderne Eltern-Kind-Verhältnis ist geprägt von einer familialen Verhandlungskultur, bei der situativ begründete *Prozesse des Aushandelns* zwischen Eltern und Kindern bestimmend sind und die früher prinzipielle und auf Traditionen beruhende Erziehungshaltung der Eltern ersetzen (Hofer 2006). „Verlangt wird – unter weitgehendem Verzicht auf autoritäre Maßnahmen –, die diffizile Balance zwischen zugestandenen Freiräumen und legitimen Geboten, zwischen Autonomieprojekten der Kinder und Entwicklungsprojekten der Eltern herzustellen" (Meyer 2002a, 44). Kinder sind heute eher gleichberechtigte Partner ihrer Eltern, was ihre Rechte, nicht aber was mögliche Pflichten betrifft, von denen sie weitgehend freigestellt sind.

Die Veränderungen im Selbstverständnis der Eltern in Richtung des Zugestehens von Freiräumen und Selbstverantwortung an Kinder und Jugendliche können aber auch zu einem *Orientierungsverlust* der Betroffenen führen, in Extremkonstellationen zur Aufgabe elterlicher Erziehungstätigkeit. Hinweise darauf lassen sich einer Studie von Schmidtchen (1997) entnehmen.Demnach setzt sich jeder Erziehungsstil aus zwei Komponenten zusammen: aus den normativen Anforderungen an die Jugendlichen und aus der emotionalen Unterstützung der Jugendlichen. 32 Prozent der Jugendlichen und jungen Erwachsenen in West- und 41 Prozent in Ostdeutschland erfahren laut eigener Aussage einen *reifen Erziehungsstil:* die Eltern geben emotionalen Rückhalt und stellen deutliche Forderungen. Empirisch nachweisbar fördert dieser Stil die soziale Kompetenz und das Selbstwertgefühl der Jugendlichen. Stark ausgebreitet hat sich der *naive Erziehungsstil* (emotionaler Rückhalt ohne Forderungen). Die Kinder werden geliebt, egal was sie tun. Vermutlich ist dieses Verhalten in einem Orientierungsproblem begründet. Die Eltern sind sich unsicher, welche Normen heute noch sinnvoll sind. Im Westen praktizieren 49 Prozent und im Osten 43 Prozent diesen Erziehungsstil. Der *gleichgültige Erziehungsstil* (keine Forderungen, kein emotionaler Rückhalt) und der *paradoxe* Erziehungsstil (es werden Forderungen ohne emotionalen Rückhalt gestellt) sind eindeutig auf dem Rückzug und betreffen im Westen nur noch 15 bzw. 4 Prozent der Jugendlichen und im Osten 11 bzw. 5 Prozent. Der gleichgültige und der paradoxe Erziehungsstil gehen mit einem hohen innerfamilialen Konfliktniveau und hohen Gewalttätigkeitsraten einher, was Heitmeyer u. a. (1995) mit der Verunsicherung der betroffenen Jugendlichen erklären. Gewalttätiges Verhalten kann demnach das einzige Mittel sein, mit dem der betreffende Teenager noch klare Reaktionen von seinen Erziehern herausfordern kann. Zur Prävention von Gewalt ist ein Erziehungsstil angebracht, bei dem die „Eltern konsistente, klare Forderungen im Hinblick auf Regeleinhaltung stellen und mit Strenge durchsetzen, während sie gleichzeitig die notwendige emotionale Unterstützung für ihre Kinder bieten und ihnen in ihrer Beziehung untereinander ein demokratisches Modell vorleben" (Heitmeyer u. a. 1995, 331).

Die Machtbalancen in der Familie haben sich nicht nur zugunsten der Kinder verschoben und das Erziehungsverhalten ist heute weniger autoritär-bestrafend orientiert. Für breite Kreise der modernen gebildeten Mittelschichten, besonders für die Mütter, ist auch die *Ausgestaltung der Elternrolle* umfangreicher, anspruchsvoller, widersprüchlicher und konfliktreicher geworden (Meyer 2002a). Dies gilt bereits für die Schwangerschaftsphase. Werdende Eltern sind immer mehr mit wissenschaftlichen Standards konfrontiert, denen zufolge Schwangerschaft und Geburt Risikofaktoren darstellen, für die die Eltern verantwortlich sind (These von der *„vorverlagerten Elternschaft")*. Inzwischen werden 70 bis 80 Prozent aller Schwangerschaften in Deutschland von ärztlicher Seite als kontrollbedürftige Risikofälle definiert. Neben einer intensiven medizinischen Überwachung auch solcher Kinder, die eigentlich nicht besonders gefährdet sind, wird von den Müttern erwartet, dass sie schon vor der Geburt eine Beziehung zum Kind aufbauen.

Der neu entstandene *Normkomplex der „verantworteten Elternschaft"* (Kaufmann 1995) verlangt, dass man keine Kinder in die Welt setzen soll, für die man nicht die ökonomische und psychische Verantwortung für eine intensive und anspruchsvolle Erziehung übernehmen kann. Verlangt wird die bestmögliche Förderung der kindlichen Entwicklung vom ersten Tag an unter Respektierung der kindlichen Bedürfnisse und Wünsche. „Das Kind darf immer weniger hingenommen werden, so wie es ist, mit seinen körperlichen und geistigen Eigenheiten, vielleicht auch Mängeln. Stattdessen wird es immer mehr zum Zielpunkt vielfältiger Bemühungen" (Beck-Gernsheim 2006, 94/95). Die Norm der verantworteten Elternschaft hat häufig handlungsleitenden Charakter speziell für das Timing von Geburten, bietet aber auch die Legitimation zur eigenen Kinderlosigkeit (Schneider 2002). Das Gebot bestmöglicher Förderung verlangt ständigen Einsatz der Mütter. Aufgeklärte Eltern müssen als Folge der Verwissenschaftlichung der Erziehung erhebliche *„Informationsarbeit"* leisten und sich mit möglichen Risiken, Schäden und Entwicklungsproblemen des Kindes und den ihnen jeweils angemessenen Erziehungsmethoden auseinander setzen. Dabei ist die Mutter ständig mit der Botschaft (im Fernsehen, in der Schule, in Zeitschriften) konfrontiert, dass eine Nichtbeachtung der kindlichen Bedürfnisse zu Schädigungen und Leistungsversagen führt, dass es an ihr selbst liegt, optimale Bedingungen zu schaffen. Da gleichzeitig die Gleichberechtigung des Kindes gefordert wird, ist an die Stelle von Geboten und Verboten ein Aushandeln, eine wechselseitige Rücksichtnahme, zähe Verhandlungsarbeit getreten. Die Hälfte der in Bayern befragten 1 013 Eltern fühlt sich in Erziehungsfragen manchmal oder häufig unsicher. Rund ein Drittel der Väter und Mütter ist mit der Erziehung ihrer Kinder sogar überfordert (Smolka 2007). Auch die kontinuierlich steigende Inanspruchnahme von Erziehungs- und Familienberatung kann als ein Indikator dafür angesehen werden, dass Familien immer häufiger auf Beratung in Erziehungsfragen angewiesen sind (Vossler 2007).

Insbesondere stellen sich neue Anforderungen an *Bildung und Erziehung*. Seit Bekanntgabe der Ergebnisse der PISA-Studien steigt in den Familien die Sensibilität für das Thema Bildung der Kinder, denen man aufgrund der Schwierigkeiten beim Übergang von der Schule in den Beruf gute Startchancen ermöglichen will (Lange/Heitkötter 2007). Eltern haben erkannt, dass es notwendig ist, ihre Kinder umfassend zu fördern und hierfür auch Zeit zu investieren, was sie im Vergleich mit den 1960er Jahren laut internationalen Forschungsbefunden auch tatsächlich umfassender tun (Bianchi u. a. 2006).

Die veränderte Stellung des Kindes zeigt sich auch an der veränderten Funktion, die Kinder heute für ihre Eltern erfüllen, am *gestiegenen Eigenwert des Kindes.* Kinder dienen heute stärker als Sinnstifter und Quelle emotionaler Bedürfnisbefriedigung (Schütze 1988). Da gleichzeitig von den Eltern – insbesondere den Müttern – ständige Zuwendung und kindgerechte Umgangsformen erwartet werden und der Druck auf die Eltern gestiegen ist, die Entwicklung des Kindes, seine Fähigkeiten und seine Eigenständigkeit optimal zu fördern und für möglichst gute Ausbildungschancen des Kindes zu sorgen, ist die Ehe – vor allem in höheren Sozialschichten – zu einem primär *„kindorientierten Privatheitstyp"* geworden und der Eigenwert der Paarbeziehung ist in den Hintergrund getreten (Meyer 1992). In der *modernen kindzentrierten Familie* tritt dabei ein strukturelles, schwer lösbares Problem auf. Die Eltern sind „um der individuellen Entfaltung des Kindes, um seiner Zukunft im allgemeinen Wettbewerb willen, darum bemüht, seine Selbständigkeit und seinen freien Willen zu fördern. Und gerade die weit verbreitete Einstellung, dass das Kind zu fördern sei, ebenso in seiner Selbständigkeit wie in seiner kognitiven und sozio-emotionalen Entwicklung, bewirkt tendenziell das Gegenteil: Kinder können sich kaum noch allein beschäftigen, da sie seit ihrer Säuglingszeit daran gewöhnt sind, dass ständig jemand zur Verfügung steht, der sich ihnen widmet" (Schütze 1988, 110/111).

Auf eine neue Entwicklung macht Zeiher (2005; 2005a) aufmerksam. Die jungen Frauen zu Beginn des 21. Jahrhunderts müssen mit deregulierten Arbeitszeiten und verstärktem Zeitdruck zurechtkommen und sind weniger als ihre Mütter bereit, eigene Interessen vollständig denen des Kindes unterzuordnen. Es wird nun verstärkt auf das Bedürfnis von Eltern nach Selbstbehauptung gesetzt. Dieser Einstellungswandel äußert sich in einem veränderten Bild vom Kind. Das Bild des *„schutzbedürftigen Kindes"* verblasst mehr und mehr. In der aktuellen Eltern-Ratgeberliteratur und in den Medien wird das „überhöhte Sorgeverständnis" und eine zu große Dienstbereitschaft der Eltern für Kinder kritisiert und das Bild vom *„robusten Kind"* gezeichnet, das weniger Aufmerksamkeit erfordert und nahezu jedes Betreuungsarrangement verkraften kann (Hungerland 2003).

5.2.2 Partner- und Eltern-Kind-Beziehung in der DDR und in den neuen Bundesländern

Sturzbecher und Kalb (1993, 146) ziehen aus den Ergebnissen ihrer 1990 durchgeführten Ost-West-Vergleichsstudie das Fazit, dass die familiale Erziehung bei DDR-Eltern „geringer als bei Eltern der alten Bundesrepublik auf selbstbestimmte Entwicklung, Individualisierung und den Eigenwert von Kindheit, aber stärker auf eine ‚kindliche Miniatur' des Erwachsenen, auf Konformität mit gesellschaftlichen Anforderungen ausgerichtet gewesen" ist. Das „Wunschkind" in der DDR war eher höflich, sauber, ordentlich, hilfsbereit, verantwortungsbewusst, gehorsam und ehrgeizig. Die elterlichen Erwartungen an das Selbstbewusstsein der Kinder, an ihre Selbständigkeit, Aufgeschlossenheit und ihre Bereitschaft und Fähigkeit zur Kritik waren dagegen signifikant geringer ausgeprägt als im Westen. Die unterschiedlichen Erziehungseinstellungen zwischen West und Ost machten sich auch in einem unterschiedlichen *Erziehungsverhalten* bemerkbar. Uhlendorff (2004) hat in den Jahren kurz nach der Wende 489 west- und ostdeutsche Eltern von 7- bis 13-jährigen

Kindern nach ihrem Erziehungsverhalten befragt. DDR-Eltern erzogen strenger als westdeutsche Eltern, die ihren Kindern mehr Freiheiten und Entscheidungsspielräume gewährten. Sie achteten mehr auf Disziplin und Gehorsam, kontrollierten ihre Kinder häufiger und schränkten ihre Freiheiten ein. Besonders die ostdeutschen Väter erzogen traditioneller und autoritärer als die westdeutschen Väter.

Inwieweit sich die *Erziehung nach der Wende* geändert hat, untersucht Scheller (2004; 2005) in dem Forschungsprojekt „Die Wende als Individualisierungsschub" anhand von 30 leitfadengestützten qualitativen Interviews, die im Juli 1996/April 1997 in den neuen Bundesländern durchgeführt und im Sommer 2002 mit 27 Personen wiederholt wurden. Mit der Rückverlagerung der Sozialisationsfunktion in die Familie ist ein Wandel in den Erziehungseinstellungen und im Erziehungsverhalten einhergegangen. Die vor der Wende dominanten *Erziehungsziele* Folgsamkeit und Gehorsam haben an Stellenwert eingebüßt zugunsten einer „Sichtweise vom Kind als Subjekt mit besonderen Fähigkeiten und Begabungen, die es zu fördern gilt" (Scheller 2004, 36). Allerdings ist Selbständigkeitserziehung keineswegs erst ein Phänomen der Wende, sondern die Eltern und Erzieher haben die Kinder bereits zu DDR-Zeiten zu selbständigem Handeln erzogen. Aber Selbständigkeit hatte eine andere Bedeutung, war in hohem Maße eltern- und weniger kindzentriert und diente dazu, die erwerbstätigen Eltern zu entlasten. „Dem westlichen Selbständigkeitsverständnis, das eigenständiges Planen und Entscheiden, Kreativität und Selbstentfaltung ... einschließt, stand ein DDR-Verständnis gegenüber, das im Wesentlichen eine Erziehung zu Ordnung, Selbstdisziplin, Verantwortungsübernahme für andere verbunden mit einer frühzeitigen Übernahme praktischer Alltagsfertigkeiten beinhaltete" (Scheller 2005, 239). Das *Erziehungsverhalten* hat sich seit der Wende von einer stärker autoritären hin zu einer eher partnerschaftlichen, auf Gleichberechtigung zielenden Erziehung hin bewegt, wenn auch nicht so ausgeprägt wie in Westdeutschland. Der Wandel in Richtung einer partnerschaftlichen Erziehung wurde auch in einer Panelbefragung 12- bis 19-jähriger Jugendlicher in Brandenburg nachgewiesen (Hess/Sturzbecher 2002). Aus Sicht der Jugendlichen hat das restriktive und autoritäre Erziehungsverhalten der Eltern in den letzten Jahren abgenommen. Heute wird weniger angeordnet, dafür mehr kommuniziert und diskutiert.

Die *partnerschaftliche und familiale Binnenstruktur in der DDR* zeichnete sich im Vergleich zur Bundesrepublik auch durch einen höheren Grad an *Versachlichung* aus, wozu ganz wesentlich die teilweise Entlastung der Familie von Erziehungsaufgaben durch ein dichtes Netz staatlicher Kindereinrichtungen beigetragen hat. Die Mütter ließen ihre Kinder schon sehr früh außerhäuslich betreuen, um einer Erwerbstätigkeit nachgehen zu können, und auch die beengten Wohnverhältnisse haben wegen fehlender Rückzugsmöglichkeiten die Entfaltung gefühlsbetonter Beziehungen erschwert. Die Ergebnisse von Interviews zur Partner- und Eltern-Kind-Beziehung in der DDR sprechen weder eindeutig für die *Rückzugsthese* von Gysi (1989), die besagt, dass die im Vergleich zur Bundesrepublik stärkere staatliche Durchdringung des privaten Lebensbereichs zu einem Rückzug ins Private verbunden mit einer starken Emotionalisierung der privaten Beziehungen geführt habe, noch für die *Instrumentalisierungsthese* von Schneider (1994), die behauptet, dass die Familie in der DDR zunehmend den Charakter einer „Versorgungs- und Erledigungsgemeinschaft" angenommen habe, in der emotionale Aspekte zu kurz gekommen seien (Scheller 2004). Die Wahrheit liegt eher in der Mitte. Die Intimisierung und Emotionalisierung des familialen Binnenbereichs unterlag Grenzen, und die Partner- und Eltern-Beziehungen waren im Vergleich zur Bundesrepublik insgesamt stärker versachlicht.

Nach der Wende hat die Familie als Hort von Intimität und Emotionalität zwar an Bedeutung gewonnen, aber nicht in dem Ausmaß wie in den alten Bundesländern mit ihrer starken Kindzentrierung. Scheller (2005) belegt anhand des Gotha- und Magdeburg-Materials, dass durch die Rückverlagerung der Sozialisationsfunktion in die Familie *(„Reprivatisierung der Erziehungsarbeit")* eine *Intensivierung und Emotionalisierung der Eltern-Kind-Beziehung* und eine *Stärkung des familialen Zusammenhalts* stattgefunden haben. Die Erziehungsverantwortung ist stärker auf die Eltern übertragen worden, denen nun auch mehr Zeit für die Beschäftigung mit dem Kind zur Verfügung steht. Elternschaft ist nach der Wende konsequenzenreicher und damit anspruchsvoller geworden. Die Förderung der kindlichen Entwicklung unter Respektierung kindlicher Bedürfnisse hat an Bedeutung gewonnen. Besonders die Rationalisierung und die Entsolidarisierung im Bereich von Arbeit, die zunehmende Bedeutung berufsbezogenen, zweckrationalen Handelns und das wachsende Konkurrenzdenken haben dazu beigetragen, dass der private Lebensbereich als Ort der Intimität, der Zuwendung und des Rückhalts an Gewicht gewonnen hat. Die Familie wurde „vor allem für diejenigen zum Bollwerk bei der Bewältigung der Vereinigungsfolgen, die beruflich und ökonomisch in Schwierigkeiten geraten sind" (Scheller 2004, 37). 42 Prozent der 1993 von Franz und Herlyn (1995) in Gotha Befragten (50 Prozent der Arbeitslosen) stimmten dem Statement zu: „Ohne meine Familie hätte ich nicht gewusst, wie ich diese Zeit hätte überstehen sollen." Unterstützt wird der Prozess der Intensivierung und Emotionalisierung der privaten Beziehungen durch die erheblich verbesserten Wohnbedingungen (Vergrößerung der Wohnfläche, größerer Wohnkomfort und bessere Rückzugsmöglichkeiten), die überhaupt erst die räumlichen Voraussetzungen für die Entfaltung von Gefühlen und Intimität geschaffen haben. Aber ein erheblicher Teil der Frauen ist auch heute nicht bereit, den eigenen Handlungsspielraum vollständig zu Gunsten des Kindes einzuschränken. „Die Rückbindung in traditionelle familiäre Sozialbeziehungen als grundlegende Voraussetzung für die Emotionalisierung der privaten Beziehungen stößt bei ostdeutschen Frauen vor allem dort an Grenzen, wo sie sich selbst zu sehr aufgeben müssten und ihre in der DDR erworbenen Orientierungen an Unabhängigkeit und Autonomie nicht mehr gewährleistet wären" (Scheller 2004, 38).

Nach Meyer (2002b) ist in *Deutschland* die Grenze zwischen der Familie und ihrer sozialen Umwelt in den letzten Jahrzehnten immer durchlässiger geworden. „Außerfamiliale Organisationsprinzipien und Wertsysteme ragen immer mehr in den Privatbereich hinein. Externe Härten wie Erfolgs- und Leistungsdruck, monetäre Steuerungsmechanismen, Sach- und Rationalitätslogiken ... durchdringen den Privatraum der Familie" (Meyer 2002b, 218). Dazu haben folgende Trends beigetragen:

- Bei immer mehr Fragen zu Schwangerschaft, Geburt und Erziehung wird auf das Wissen von Ratgebern und Experten zurückgegriffen, womit die private Lebenswelt ihres überlieferten Traditions- und Sinnzusammenhangs entkleidet wird *(„vorverlagerte"* und *„professionalisierte Elternschaft")*. Die Norm bestmöglicher Förderung verpflichtet die Eltern, ihren Kindern vom ersten Tag an Wettbewerbsvorteile im kulturellen Konkurrenzkampf zu verschaffen.
- Das familiale Binnenleben wird immer mehr durch Termine und Zeitregeln kontrolliert, gestaltet sich zunehmend rationaler und arbeitsförmiger. Kindheit und Jugend sind immer weniger ein Schonraum *(„organisierende Elternschaft")*. Eltern wie Kinder werden immer stärker rationalen Organisations- und Zeitkalkülen unterworfen (siehe z. B. die ständig vorverlagerte Verbreitung von Uhren unter Kindern).

- Aufgrund der Rückverlagerung schulischer Funktionen an die Familie haben immer stärker ein Erfolgs- und Leistungsdruck sowie Sach- und Rationalitätslogiken vom Inneren der Familie Besitz ergriffen *(„bildungsengagierte Elternschaft")*. Damit halten „zumindest in breiten Kreisen der Mittel- und Oberschichten durch die Orientierung an den immer höher getriebenen Lern- und Leistungsmaximen Inhalte und Praktiken in der Privatheit Einzug, die man traditionell als sinnfremd für das Familien- und Erziehungsleben bezeichnet hätte" *(„Scholarisierung der Familien- und Freizeitpraxis;* Meyer 2002b, 218/219). Wie sehr schulische Probleme zu einem beherrschenden Thema des Familienlebens geworden sind, erkennt man daran, dass fast jedes vierte Kind zwischen 9 und 14 die Schule als Hauptstreitpunkt mit den Eltern nennt (LBS 2005).
- Mit dem Abbau familialer Machtstrukturen und dem Übergang vom traditionalen Befehls- zum modernen Verhandlungshaushalt haben Gleichheits- und Mitbestimmungsprinzipien als Steuerungsgrößen in der Privatheit Einzug gehalten, die ursprünglich dem politischen Diskursgeschehen entstammen *(„kommunikative Elternschaft")*. Das Kind wird zum gleichberechtigten Partner. „Zu den wichtigsten Veränderungen der Eltern-Kind-Beziehung in den letzten Jahrzehnten gehört der zunehmend intensive Versuch vieler Eltern, die Individualität ihrer Kinder ohne ‚altersgerechte' Abstriche ernst zu nehmen, nicht als etwas sich erst Entwickelndes, Zukunftsbezogenes, sondern als Individualität hier und jetzt, als präsente Individualität" (Popitz 1992, 135). Damit wird die Familie, die einst eine Stätte klar strukturierter Machtbeziehungen war, „zu einer Stätte der *‚doppelten Machtrevolution'*, wo die Unterschiede nicht nur zwischen Männern und Frauen, sondern auch zwischen Kindern und Erwachsenen unschärfer werden" (Meyer 2002b, 220).
- Mit der zunehmendem Durchdringung des Alltags durch die Ausweitung und verstärkte Nutzung elektronischer Medien wird der Familienalltag immer mehr zum Medienalltag (sog. *„Mediatisierung"*), findet eine *„Fiktionalisierung von Wirklichkeit"* statt (Fritz u. a. 2003; Tully 2004). Aufgrund der Erweiterung und Ausdifferenzierung computervermittelter virtueller Welten wird das Wahrnehmen und Handeln aus räumlichen und leiblichen Bezügen herausgelöst. Gleichzeitig wird der familiale Alltag zunehmend durch *moderne Techniken* (z. B. Handy) geprägt, die neuartige Beziehungen knüpfen, Handlungen ermöglichen und Wahrnehmungsmöglichkeiten verändern. Der Informations- und Kompetenzvorsprung der jüngeren Generation im mediendurchsetzten Alltag dürfte dabei tendenziell zu der „Nivellierung" der Generationenbeziehungen – allerdings nicht zur Auflösung jeglicher Machtasymmetrien – beigetragen haben (Lange 2004).
- Über die manipulative Kraft des Marktes findet eine *Kommerzialisierung der Kindheit* statt (Feil 2003). Kindheit wird immer mehr zur *„Konsumkindheit"*. Bereits ältere Kinder ab 13 Jahren und in noch größerem Ausmaß Jugendliche verdienen ihr eigenes Geld durch „Jobben" neben der Schule (Tully 2004). Sie agieren als eigenständige Konsumenten und werden von der Geschäftswelt auch als solche angesprochen.

Familie kann demnach heute immer weniger als Inbegriff von Privatheit verstanden werden, als Gegenprinzip der rational und instrumentell orientierten Organisationswelt der Öffentlichkeit. Der Wandel der Elternschaft bedeutet, dass „mehr und mehr ... Organisationsprinzipien und Wertsysteme in die intimen Verhältnisse der Privatheit ein(dringen), die man traditionell als sinnfremd für das Familien- und Erziehungsleben bezeichnet hätte" (Meyer 2002a, 46). Gleichzeitig gibt es auch Hinweise auf Bewegungen in die umgekehrte Richtung. So diagnostiziert Richard Sennett (1983) in seinem modernen Klassiker „Verfall und Ende des öffentlichen Lebens" eine Intimisierung und Verpersönlichung des öffentlichen Lebens und einen „Terror der Intimität". Und Hochschild (2006) zeigt in ihrer bahnbrechenden Studie aus den USA am Beispiel von Fallstudien, dass es zu einer Werteverschiebung zwischen der Erwerbsarbeit und dem Privaten gekommen ist. Eltern flüchten aus der Familie in die mit Elementen der privaten Lebenswelt angereicherte Erwerbsarbeit. Während das Familienleben unter Zeitdruck gerät, taylorisiert wird und die Familie immer mehr zum Arbeitsplatz mutiert, gewinnt Arbeit für immer mehr Beschäftigte den Stellenwert des Zuhause.

Insgesamt wird das *Familienklima* in Deutschland von den Familienmitgliedern immer noch sehr positiv eingeschätzt. In der Repräsentativerhebung von Lange und Fries (2006) – Ende 2005 wurden etwa 1 000 Kinder und Jugendliche zwischen 10 und 17 Jahren sowie jeweils ein Elternteil befragt – zeigte sich in den Familien insgesamt nur eine relativ niedrige Konfliktintensität. In der LBS-Studie aus Nordrhein-Westfalen fühlte sich 2004 nur jedes zehnte Kind zwischen 9 und 14 Jahren in seiner Familie unwohl (LBS 2005), und die im DJI-Kinderpanel (1. Welle 2002) befragten Kinder im Grundschulalter bewerteten die Beziehung zu ihren Eltern ganz überwiegend als sehr positiv (Teubner 2005; Wahl 2005). Auf die Frage, wie gut sie sich mit ihrem Vater verstehen, antworteten drei von vier Kindern – zwischen Jungen und Mädchen bestanden keine Unterschiede – „sehr gut" und weitere 20 Prozent „gut". Noch besser wurde die Beziehung zur Mutter eingeschätzt, die vier von fünf Kindern als „sehr gut" bezeichneten. Jeder zweite 8- bis 9-Jährige empfand das emotionale Familienklima als „sehr gut" oder zumindest als „gut", wobei die Einschätzungen der Mädchen noch etwas positiver waren als die der Jungen. Nur 2 Prozent stuften das Familienklima als negativ ein. Aber immerhin beklagte jedes fünfte Kind, dass es oft zu Reibereien kam und dass jeder in der Familie seinen eigenen Weg geht. Auch bestehen deutliche Unterschiede in der Sichtweise von Kindern und Müttern (Brake 2005). Von den Müttern wurde die Eltern-Kind-Beziehung häufiger als konflikthaft beschrieben als von den Kindern. Die Kinder erinnerten sich generell weniger an Auseinandersetzungen und wenn, dann lagen sie weiter in der Vergangenheit zurück. Auch auf die Frage, ob sie Spaß in der Familie hätten, äußerten sich die Kinder weitaus positiver als die Mütter. Dabei schlagen sich der Erziehungsstil und das emotionale Familienklima auch im Verhalten der Kinder nieder. Ein strenger Erziehungsstil der Eltern und ein schlechtes Familienklima korrelierten jeweils signifikant mit höherer Aggressivität der Kinder.

Wie sich die beschriebenen Modernisierungstendenzen auf die Persönlichkeitsentwicklung der Kinder und Jugendlichen auswirken, darüber kann beim jetzigen Wissensstand nur spekuliert werden. Fest steht: Während sich die Mütter im Verlauf eines mühsamen historischen Prozesses schrittweise aus der traditionalen Frauenrolle befreit haben, wirft sie die Emanzipation des Kindes auf eine für überholt gehaltene Stufe der Entwicklung zurück. Zwar sind Väter – besonders die „neuen Väter" – im Vergleich zur Generation ihrer Väter stärker in die Familienarbeit eingebunden, doch die Hauptverantwortlichkeit in der Kindererziehung und der Familienarbeit liegt nach wie vor bei den Frauen. Schütze (2002) spricht von einem harten Kern von Rollenerwartungen, der möglicherweise universelle Gültigkeit beanspruchen kann. Dieser Kern lässt sich als Zuwendung und Fürsorge für das leibliche und seelische Wohl des Kindes beschreiben. Die Erwartungen an die mütterliche Zuwendungsbereitschaft sind zwar nicht geringer geworden. Aufgeweicht hat sich aber die soziale Norm, dass die erwartete Zuwendung nur unter Verzicht auf die eigene Berufstätigkeit erbracht werden kann.

6 Die Instabilität der modernen Ehe und Kleinfamilie und ihre Folgen

Die behauptete Krise der modernen Kleinfamilie wird häufig an der extremen Zunahme der Ehescheidungszahlen festgemacht. Ursachen und Folgen dieser Instabilität der modernen Ehe und Kleinfamilie stehen im Mittelpunkt der folgenden Ausführungen. Da von der Scheidung häufig minderjährige Kinder betroffen sind, erhöht sich die Zahl der Ein-Eltern-Familien. Gleichzeitig nimmt aufgrund der starken Neigung zur Wiederverheiratung die Zahl der Fortsetzungsehen und Stieffamilien zu.

6.1 Das Scheidungs- und Trennungsrisiko moderner Ehen und Paarbeziehungen

Wie brüchig die soziale Norm der lebenslangen Monogamie geworden ist, verdeutlicht ein Blick auf die Entwicklung der Scheidungshäufigkeit. Vor 100 Jahren war noch jede dritte der im üblichen Heiratsalter geschlossenen Ehen bereits nach 20 Jahren durch Tod eines Ehegatten gelöst. Heute dauert eine Ehe, die im Alter von 25 Jahren geschlossen und nicht geschieden wird, in den europäischen Ländern je nach den Sterbeverhältnissen 40 bis 50 Jahre (Höhn 1989). Dafür ist die Scheidungshäufigkeit in Deutschland seit 1888 (seitdem liegen Daten vor), sieht man von einigen mehr oder weniger kurzfristigen Trendbrüchen (z. B. einem vorübergehenden Scheidungshoch in der Nachkriegszeit um 1950) ab, nahezu unaufhörlich angestiegen.

Das am 1.7.1977 in Kraft getretene 1. Gesetz zur Reform des Ehe- und Familienrechts hat das bis dahin geltende *Schuldprinzip* durch das *Zerrüttungsprinzip* ersetzt (Limbach/Willutzki 2002). Demnach kann heute unter Beachtung bestimmter Trennungsfristen eine Ehe geschieden werden, wenn sie gescheitert ist. Eine Ehe ist gescheitert, „wenn die Lebensgemeinschaft der Ehegatten nicht mehr besteht und nicht erwartet werden kann, dass die Ehegatten sie wiederherstellen" (§ 1565 Abs. 1 BGB). In der *Alterssicherung* wurde der Grundgedanke der hälftigen Beteiligung an dem Zugewinn der Ehe eingeführt. Für das *nacheheliche Unterhaltsrecht* gilt der Grundsatz, dass jeder Ehegatte prinzipiell verpflichtet ist, sich nach der Scheidung aufgrund der dann eingetretenen Eigenverantwortung selbst durch eigene Arbeit zu versorgen. Dieser Grundsatz der Eigenverantwortung wird durchbrochen, wenn dies zum Ausgleich Ehe bedingter Nachteile für einen Ehepartner erforderlich ist oder aus dem Gedanken der nachwirkenden ehelichen Solidarität geboten erscheint. Die Höhe des Unterhalts soll sich dabei nach den ehelichen Lebensverhältnissen bestimmen. Im ursprünglichen Entwurf der für das Jahr 2007 geplanten Unterhaltsrechtsreform sollten alle Mütter, egal, ob verheiratet oder nicht, im Rang nach den Kindern kommen. Auf den Rang kommt es immer dann an, wenn das Geld nicht ausreicht. Dann bekommen nämlich die vorrangig Berechtigten zuerst Unterhalt. Die nachrangig Berechtigten müssen sich teilen, was übrigbleibt, falls etwas bleibt. Auf Druck der CDU/CSU müssen sich nun im geänderten Entwurf die nicht verheirateten Mütter mit dem dritten Rang begnügen. Dieser „Sieg für die Ehe" übersieht, dass letztendlich die Leidtragenden alle nichtehelichen Kinder sind, deren Mütter in Zukunft wegen ihrer schlechten Rangstelle oft keinen Unterhalt erhalten und gezwungenermaßen arbeiten müssen. Die Ehe hat also auf Kosten dieser Kinder gesiegt.

2005 bietet sich in Deutschland das folgende Bild, wobei die für Berlin insgesamt ermittelten Ehescheidungen dem früheren Bundesgebiet zugerechnet werden (Emmerling 2007):

- Mit 201 693 geschiedenen Ehen lag die Zahl der Ehescheidungen in Deutschland im Jahr 2005 um 5,6 Prozent niedriger als im Jahr 2004. Im früheren Bundesgebiet einschließlich Berlin ist die Zahl der gerichtlichen Scheidungen um 5,6 Prozent auf 173 553 Fälle und in den neuen Ländern ohne Berlin um 5,8 Prozent auf 28 140 Fälle zurückgegangen. In diesem erstmals seit längerer Zeit spürbaren Rückgang der Zahl der Ehescheidungen schlägt sich vermutlich auch die rückläufige Entwicklung der Zahl der Eheschließungen seit Beginn der 1990er Jahre nieder.
- 2005 waren bundesweit insgesamt 156 389 *minderjährige Kinder* von der Scheidung ihrer Eltern betroffen *(„Scheidungswaisen")*. Der Anteil der geschiedenen Ehen mit minderjährigen Kindern lag bei 49,2 Prozent. Ältere Schätzungen gehen davon aus, dass rund 19 Prozent der ehelichen Kinder eines Tages zu Scheidungswaisen werden (Schwarz 2001).
- 56 Prozent aller *Scheidungsanträge* wurden von der Frau gestellt, 36 Prozent vom Mann und 8 Prozent von beiden Ehegatten gemeinsam. In der überwiegenden Zahl der Fälle wurde dem von nur einem Ehepartner eingereichten Scheidungsantrag vom jeweiligen ehemaligen Partner zugestimmt.
- In der ganz überwiegenden Zahl aller Fälle (85 Prozent) erging das Scheidungsurteil nach dem obligatorischen Trennungsjahr. 12 Prozent wurden nach einer Trennungszeit von drei oder mehr Jahren geschieden. Ehen mit einer Trennungszeit von unter einem Jahr können nur geschieden werden, wenn die Fortsetzung der Ehe für den Antragsteller aus Gründen, die in der Person des Noch-Ehegatten liegen, eine unzumutbare Härte darstellen würde. 2005 traf dies auf 2 Prozent aller Scheidungsfälle zu. Die restlichen Ehen wurden aufgrund anderer Rechtsvorschriften geschieden. Die weitaus meisten Ehen sind demnach bereits mehr als ein Jahr vor dem Zeitpunkt der gerichtlichen Ehescheidung „sozial" gescheitert.

Seit in Deutschland 1888 das erste Mal in der Statistik die Zahl der Ehescheidungen ausgewiesen wurde, ist sie, nur einige Male von kurzen Abschnitten des Rückgangs unterbrochen, unaufhörlich angestiegen. 1960 wurden im früheren Bundesgebiet 48 878 Ehescheidungen gezählt. Bis 2005 hat sich die Zahl auf 173 553 mehr als verdreifacht (Emmerling 2007). In der DDR hat sich die Zahl der Scheidungen zwischen 1960 und 1989 von 24 540 auf 50 063 mehr als verdoppelt. Nach einem drastischen Einbruch zu Beginn der 1990er Jahre (1991: 8 130) ist die Zahl der Ehescheidungen bis 2005 auf 28 140 angestiegen.

Für Vergleichszwecke geeigneter ist die *allgemeine Scheidungsziffer*, die die Ehescheidungen je 10 000 bestehende Ehen anzeigt. Die allgemeine Scheidungsziffer ist im früheren Bundesgebiet von 39,2 im Jahr 1965 auf 112,4 im Jahr 2005 angestiegen (vgl. *Tabelle 31)*. In der DDR hat sich die Scheidungsziffer zwischen 1965 und 1989 von 60,9 auf 123,7 erhöht. Anhand der Scheidungsziffern lässt sich somit 1989 eine um etwa 50 Prozent höhere Scheidungsanfälligkeit der Ehen in der DDR gegenüber den westdeutschen Ehen ablesen. Damit gehörte die DDR zu den Ländern mit der höchsten Scheidungsneigung. Der Tiefpunkt der Entwicklung in den neuen Bundesländern wurde 1991 mit einem Wert von 22,1 erreicht. Bis 2005 sind die Scheidungsziffern bis auf 91,1 angestiegen und liegen damit immer noch deutlich unter dem Niveau im alten Bundesgebiet.

Tabelle 31: Indikatoren zum Scheidungsverhalten, 1950 – 2005

Jahr	Ehescheidungen je 10 000 bestehende Ehen			Zusammengefasste Scheidungsziffer[1]: Von 100 Ehen würden ... geschieden		
	Früheres Bundesgebiet	Neue Bundesländer	Deutschland	Früheres Bundesgebiet	Neue Bundesländer	Deutschland
1950	67,5	118,0	–	–	–	–
1965	39,2	60,9	–	12,2	–	–
1970	50,9	65,0	–	15,9	20,7	–
1980	61,3	107,0	–	21,5	32,0	–
1989	84,6	123,7	–	30,1	36,9	–
1990	79,7	78,4	80,5	29,2	22,3	27,4
1991[2]	81,8	22,1	70,5	30,0	6,3	24,0
1994	89,6	59,4	85,0	33,3	18,0	29,9
1995	90,6	61,5	86,8	33,7	19,3	30,9
1997	102,0	77,5	98,9	37,0	25,7	35,0
2000	108,5	88,6	101,3	38,1	32,3	37,3
2001	111,0	88,7	103,4	39,4	33,1	38,4
2003	122,5	94,9	113,8	43,3	37,1	42,4
2004	123,3	95,5	114,6	43,2	37,4	42,5
2005[3]	112,4	91,1	108,8	41,4	35,6	40,4

1 Bezogen auf eine Ehedauer von 0 bis 25 Jahren
2 Ab 1991: Früheres Bundesgebiet ohne West-Berlin und Neue Bundesländer ohne Berlin-Ost
3 2005: Früheres Bundesgebiet einschließlich Berlin

Quellen: Grünheid/Roloff 2000; Engstler/Menning 2003; Emmerling 2007; Grünheid 2006

Zur Bestimmung der *Scheidungsintensität* stehen zwei Kennziffern zur Verfügung, die voneinander abweichen: einmal die die Scheidungshäufigkeit nach Kalenderjahren messende zusammengefasste Ehescheidungsziffer und zum anderen die Anteile geschiedener Ehen nach Heiratsjahrgängen (Dorbritz 2002). Die *zusammengefasste Ehescheidungsziffer* ist ein Maß, das die Scheidungsintensität des jeweiligen Kalenderjahres abbildet. Sie gibt an, welcher Prozentsatz der in dem betreffenden Jahr geschlossenen Ehen geschieden wird, wenn sich die in dem betreffenden Jahr beobachteten ehedauerspezifischen Scheidungsziffern über die gesamte Ehedauer nicht ändern würden. International üblich ist dabei eine Ehedauer von 25 Jahren. Es werden also beobachtete Querschnittsergebnisse eines Jahres zu fiktiven Kohortenscheidungsrisiken umgedeutet. Diese Kennziffer reagiert schneller, zeigt unmittelbare Veränderungen an, während die *Anteile geschiedener Ehen nach Heiratsjahrgängen* nur ganz allmählich dem allgemeinen Trend folgen. Die Ursache hierfür liegt darin, dass die Ergebnisse nach Kalenderjahren stark durch die jüngeren Heiratsjahrgänge bestimmt sind, für die noch keine Kohortendaten vorliegen, da Berechnungen nach Heiratsjahrgängen erst Sinn machen, wenn genügend Zeit seit der Eheschließung vergangen ist. Die Maße für die Kalenderjahre und die Heiratsjahrgänge nähern sich erst dann an, wenn die Werte für die Kalenderjahre über einen längeren Zeitraum auf einem konstanten Niveau verbleiben.

Die *zusammengefasste Scheidungsziffer* erreicht im *früheren Bundesgebiet* für das Jahr 2005 einen Wert von 41,4. Das heißt: Würde die Scheidungshäufigkeit über eine Ehedauer von 25 Jahren auf dem Niveau des Jahres 2005 verbleiben, dann würden 41,4 Prozent aller Ehen geschieden werden. Seit 1965 hat sich die Scheidungsziffer damit mehr als verdreifacht. Bezieht man in die Berechnung nicht nur die in den letzten 25 Jahren geschlossenen Ehen, sondern die Scheidungen der in den letzten 40 Jahren geschlossenen Ehen mit ein, so kommt man sogar auf eine Scheidungsziffer von 45,5; d. h. fast jede zweite Ehe wäre nach 40 Ehejahren geschieden (Emmerling 2007).

In *Abbildung 13* ist sehr deutlich die seit Mitte der 60er Jahre des 20. Jahrhunderts ansteigende Scheidungsintensität im früheren Bundesgebiet und in der ehem. DDR bzw. in den neuen Ländern, gemessen anhand der zusammengefassten Scheidungsziffern, erkennbar. Der tiefe Einschnitt im früheren Bundesgebiet gegen Ende der 1970er Jahre ist darauf zurückzuführen, dass mit der Einführung des neuen Scheidungsrechts – dem Übergang vom Verschuldens- zum Zerrüttungsprinzip – in den Verfahren erhebliche Verzögerungen auftraten, da z. B. das Sorgerecht und der Unterhalt im gleichen nunmehr längeren Verfahren geregelt werden.

Abbildung 13: Zusammengefasste Ehescheidungsziffer, 1970 – 2004

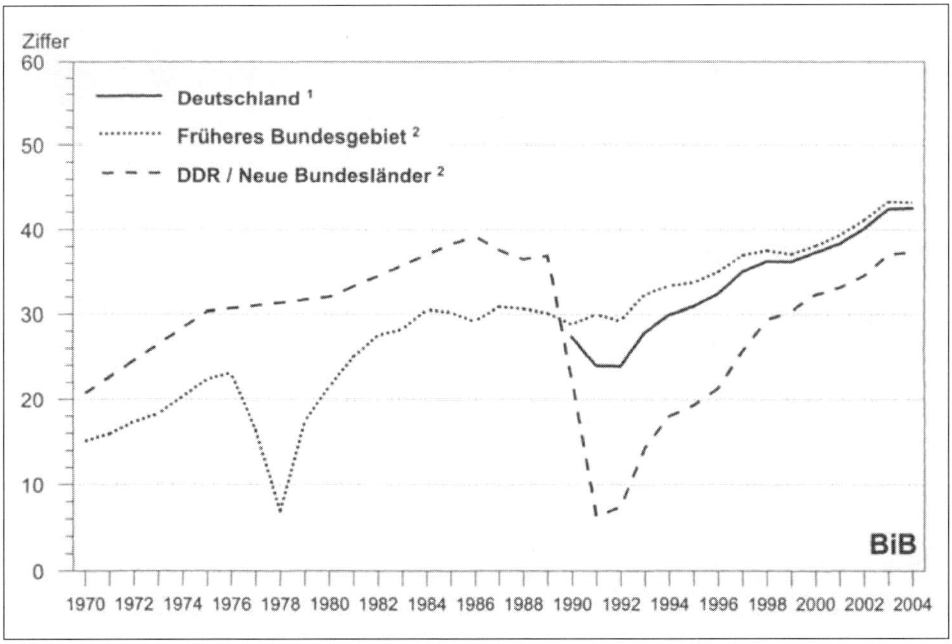

1 Aufgrund der unterschiedlichen rechtlichen Rahmenbedingungen für Scheidungen wurde auf einen Ausweis der zusammengefassten Scheidungsziffer für Deutschland vor 1990 verzichtet.
2 ab 1991 jeweils ohne Berlin

Quelle: Grünheid 2006, 31

In der *DDR* bestand – auch aufgrund eines liberaleren Scheidungsrechts – eine deutlich höhere Scheidungsneigung als im alten Bundesgebiet. Der mit der Vereinigung einhergehende Umbruch hat dann zu einem abrupten Absinken der zusammengefassten Scheidungsziffer auf 6,3 geführt. Allerdings handelt es sich hierbei vermutlich lediglich um Timingeffekte, die mit dem nun vorgeschriebenen Trennungsjahr und den notwendigen Umstellungen in der Arbeit der Familiengerichte ausgelöst wurden. Dass rein verwaltungstechnische Umorganisationen für den Rückgang der Scheidungszahlen nach der Wende eine wichtige Rolle gespielt haben, erkennt man daran, dass das Trennungsrisiko in dieser Zeit wesentlich höher war als das Scheidungsrisiko (Klein u. a. 1996). Die These, dass ein abrupter sozialer Wandel zu Schockreaktionen geführt hat, so dass Paarkonflikte gedämpft wurden und nicht zu Scheidungen führten, ist eher zweifelhaft. Möglicherweise trifft dies für einen kurzen Zeitraum nach dem Mauerfall zu, doch der rasche Wiederanstieg der Scheidungen nach 1992 spricht gegen einen derartigen Effekt. Seitdem findet eine allmähliche „Normalisierung" im Sinne einer Angleichung an das im früheren Bundesgebiet bestehende Niveau statt. Bei der Scheidungsintensität des Jahres 2005 werden in den neuen Ländern nach 25-jähriger Ehedauer voraussichtlich 35,6 von 100 Ehen und nach 40-jähriger Ehedauer 38,4 von 100 Ehen geschieden.

Die Scheidungshäufigkeit variiert mit der Ehedauer. In allen Ehejahren ist ein tendenzieller Anstieg des Scheidungsniveaus zu erkennen. Die höchste Scheidungshäufigkeit zeigt sich heute für eine Ehedauer zwischen 5 und 9 Jahren mit einem Scheidungsgipfel im fünften Ehejahr. Seit einigen Jahrzehnten zeichnet sich aber auch verstärkt das Verhaltensmuster der *späten Scheidung* – nach dem 19. Ehejahr – ab. Ursachen hierfür sind die zunehmende Erwerbstätigkeit und damit Unabhängigkeit der Frauen im mittleren Lebensalter sowie die gestiegene Lebenserwartung. „Gegenwärtig gibt es zwei typische Zeitpunkte, in den Ehen scheitern: beim Schritt vom Paar zur Familie und umgekehrt, beim Schritt von der Familie zum Paar" (Meyer 2006, 337).

Ein ähnliches, wenn auch gegenüber der Messung nach Kalenderjahren abgeschwächtes Bild, bietet sich bei der Betrachtung nach *Heiratsjahrgängen*. Von den 1950 geschlossenen westdeutschen Ehen wurden in den darauf folgenden 25 Jahren nur 10 Prozent geschieden, von den 1990 geschlossenen Ehen bereits nach eine Ehedauer von nur 5 Jahren ebenfalls 10 Prozent und nach einer Ehedauer von 13 Jahren 26 Prozent. Unter allen Eheschließungsjahrgängen, die bis zum Jahr 2002 betrachtet werden können, weist der Jahrgang 1980 den höchsten Anteil an Ehescheidungen auf. Nach einer Ehedauer von nur 25 Jahren waren bereits 32 Prozent der Ehen dieses Eheschließungsjahrgangs wieder geschieden (Emmerling 2005).

Wesentlich niedriger fällt die Scheidungsbetroffenheit aus, wenn man die *Perspektive der Kinder* zu Grunde legt. Engstler und Menning (2003) haben anhand der Daten der amtlichen Statistik errechnet, dass von den bis 20 Jahre nach der Heirat geborenen Kindern des westdeutschen Heiratsjahrgangs 1980 etwa 16 Prozent als Minderjährige mit der elterlichen Scheidung konfrontiert wurden. Und es ist damit zu rechnen, dass rund ein Fünftel der in den 1990er Jahren geborenen Kinder von Ehepaaren (einschließlich vorehelich geborener gemeinsamer Kinder) im Laufe der ersten beiden Lebensjahrzehnte von der Scheidung ihrer Eltern betroffen sein wird. Zu den Scheidungskindern kommen nach einer Schätzung von Schwarz (1995) noch 6 Prozent Kinder hinzu, die aus einer nichtehelichen Lebensgemeinschaft der Eltern heraus die Trennung erleben. Laut 7. Familienbericht werden etwa ein Fünftel aller Kinder in den alten und ein Drittel in den neuen Bundesländern ihre Kindheit nicht mit ihren beiden leiblichen Eltern verbringen, sondern Erfahrungen in anderen Familienformen machen und eventuell sogar mehrmals einen Wechsel zwischen verschiedenen familialen Settings bewältigen müssen (BMFSFJ 2005h).

Eine Dramatisierung der Entwicklung der Zahl der Ehescheidungen ist aus verschiedenen Gründen unangebracht. Erstens nimmt die Bundesrepublik im *internationalen Vergleich* keinen Spitzenplatz in der Scheidungshäufigkeit ein (siehe *Anhang*). In den meisten europäischen Ländern hat sich die Zahl der Scheidungen seit 1970 verdoppelt bis verdreifacht. In den USA, wo bereits jede zweite Ehe durch Scheidung beendet wird, setzt sich Etzioni (1993) unter dem Leitbild der „kommunitären Familie" für das Prinzip einer „verantwortungsbewussten" Heirat ein, wozu gehört, dass Scheidungen durch die Wiedereinführung des Schuldprinzips erschwert werden. Zweitens kann vom Anstieg der Scheidungszahlen nicht ohne Weiteres auf eine abnehmende Ehequalität geschlossen werden. Denn neben der gerichtlichen Ehescheidung gibt es zwei weitere *Formen der Eheauflösung*. Die eheliche Gemeinschaft kann aufgekündigt werden, obwohl man weiterhin im gleichen Haushalt lebt (getrennte Lebensführung; Trennung von Tisch und Bett), und die Haushaltsgemeinschaft kann aufgekündigt werden, obwohl die Ehescheidung noch nicht vollzogen wurde (verheiratetes Getrenntleben). Das Getrenntleben als Vorstufe zur gerichtlichen Ehescheidung wurde mit der Neuregelung des Ehescheidungsgesetzes im Jahre 1976 sogar institutionalisiert. Nach Berechnungen von Brüderl und Engelhardt (1997) auf der Grundlage der Daten des Familiensurveys werden in Westdeutschland etwa 80 Prozent der Ehen innerhalb der ersten beiden Trennungsjahre geschieden und knapp 90 Prozent innerhalb einer Trennungszeit von 5 Jahren. Etwa 5 Prozent aller Ehen sind auch nach einer Trennungszeit von zehn Jahren noch nicht geschieden. Vermutlich handelt es sich bei der Zunahme der statistisch ausgewiesenen Scheidungszahlen teilweise um eine Verschiebung der zahlenmäßigen Anteile zwischen den verschiedenen Formen der Eheauflösung.

Dorbritz und Gärtner (1998) gelangen in ihrer Analyse der Entwicklung der Scheidungshäufigkeit zu dem Schluss, dass die Scheidungshäufigkeit in Deutschland auf absehbare Zeit mit Sicherheit nicht zurückgehen wird, sondern sich wie in den skandinavischen Ländern auf einem sehr hohen Niveau von 40 bis 50 Prozent einpendeln wird. Für einen weiteren Anstieg sprechen neben dem stetig nach oben zeigenden Trend der zusammengefassten Ehescheidungsziffern: der weiter zu erwartende Wiederanstieg der Scheidungsneigung in den neuen Bundesländern, die Zunahme von späten Ehescheidungen, die größere Instabilität von Zweit- und Drittehen, der gestiegene Anteil kinderloser Ehen, die wachsende Zahl von Menschen, die eine Ehescheidung bereits erlebt haben und eher bereit sind, den Ehekonflikt durch Scheidung zu lösen, und die aus internationalen Trends gewonnene Erfahrung, dass ein einmal erreichtes hohes Scheidungsniveau selten wieder absinkt. Für eine Abschwächung der steigenden Scheidungsintensität spricht die Emotionalisierung des Eltern-Kind-Verhältnisses, die es Eltern schwer macht, die Scheidungsklage einzureichen.

Nicht nur die Ehen sind instabiler geworden, auch die *Beziehungen unverheirateter Paare* erodieren. Die Trennungsrate von nichtehelichen Lebensgemeinschaften innerhalb der ersten 6 Jahre ist etwa dreimal so hoch wie die Trennungsrate von Ehen (Rupp 1996). Wenn die leiblichen Eltern eines nichtehelich geborenen Kindes unverheiratet zusammenleben, liegt das Risiko einer Trennung bis zum 18. Lebensjahr des Kindes sogar bei über 80 Prozent. Ein Vergleich ausgewählter Geburtsjahrgänge zwischen 1935 und 1960 anhand des Familiensurveys West zeigt, dass die Anzahl der (mindestens ein Jahr bestehenden) zwischengeschlechtlichen Partnerschaften, die ein Mensch bis zum Alter von 30 Jahren durchläuft, zugenommen hat. Mit jeder jüngeren Geburtskohorte sinkt der Anteil derjenigen, die nur eine Beziehung hatten (von 81 auf 55 Prozent), und es steigt der Anteil jener mit zwei und mehr Beziehungen (von 12 auf 38 Prozent) (Tölke 1991). Auch nach den Ergebnissen der Studie „Spätmoderne Beziehungswelten" von Schmidt u. a. (2003; 2006) ist die *Fluktuation von Beziehungen* von Generation zu Generation gestiegen. Ehescheidungen lassen dabei nur einen kleinen Teil der Beziehungsdynamik erkennen, denn von den 1966 Trennungen, über die die Befragten berichten, sind nur 9 Prozent Scheidungen. Kettenbiographien, d. h. serielle Beziehungsmuster (mit oder ohne Ehe), sind auf dem Vormarsch. Bis zum Alter von 30 Jahren hatten die 1942 Geborenen durchschnittlich nur etwa halb so viele feste Beziehungen (1,9) wie die 1972 Geborenen (3,7). Da junge Menschen heute sehr viel mehr Trennungserfahrungen machen als in früheren Generationen, müssen sie sich auch vermehrt mit ihren Vorstellungen von Beziehungen und deren Realisierungsmöglichkeiten (einschließlich einem möglichen Scheitern) auseinander setzen. Dabei bedauerten nur wenige der von Schmidt u. a. (2006) befragten 30-Jährigen die Vielzahl ihrer festen Beziehungen oder sahen sich resignierend als gescheitert an. In den Augen der Betroffenen waren die Beziehungen, auch wenn die Trennungen oft schmerzten, wichtig, weil man Beziehungserfahrungen gesammelt und so die Beziehungsfähigkeit gestärkt hatte.

6.2 Ursachen der zunehmenden Instabilität von Zweierbeziehungen

Das seit Jahrzehnten ansteigende Scheidungsrisiko wird häufig damit erklärt, dass die Scheidungsentwicklung, einmal in Gang gesetzt, einen Drang zur Expansion zeigt, sich quasi von innen her ständig verstärkt und beschleunigt. Zur Erklärung dieser *„Scheidungsspirale"* oder *„Eigendynamik der Scheidungsentwicklung"* werden fünf soziale Mechanismen angeführt. Erstens besteht eine Wechselwirkung zwischen der *Frauenerwerbstätigkeit* und dem Scheidungsrisiko. „Die ‚Antizipation' von Scheidungsrisiken fördert empirisch nachweisbar auch die Neigung verheirateter Frauen, eine Erwerbstätigkeit aufzunehmen, ein Umstand, der wiederum das Scheidungsrisiko mutmaßlich ansteigen läßt" (Diekmann/Engelhardt 1995, 216). Allerdings hat in der Kohortenfolge die Wirkung der weiblichen Erwerbstätigkeit auf das Scheidungsrisiko deutlich abgenommen (Beck/Hartmann 1999). Zweitens kann die Wahrnehmung steigender Scheidungszahlen, sei es direkt im persönlichen Umfeld oder über den Umweg der Massenmedien, die Wirkung einer *sich selbst erfüllenden Prognose* haben. Die Skepsis, was die Stabilität der eigenen Ehe anbelangt, schlägt sich in einer *Verringerung „ehespezifischer Investitionen"*, z. B. einem Verzicht auf Wohneigentum oder auf Kinder nieder, wodurch sich das Scheidungsrisiko erhöht (Ostermeier/Blossfeld 1998). Drittens erleichtern steigende Scheidungszahlen die *Chance einer Wiederheirat.* Denn die Zahl potentieller neuer Partner/Partnerinnen steigt, was wiederum eine Auflösung unbefriedigender Beziehungen begünstigt. Und viertens geht mit der steigenden Zahl von Ehescheidungen eine *„Normalisierung"*, eine nachlassende Stigmatisierung Geschiedener einher, womit sich der Aufwärtstrend weiter verstärkt. Scheidungen sind etwas Alltägliches geworden. Zu dieser Entwicklung hat die Reform des Scheidungsrechts 1976 mit dem Übergang vom Verschuldens- zum Zerrüttungsprinzip erheblich beigetragen. Die Scheidung wird heute immer häufiger als legitime Form ehelicher Konfliktlösung akzeptiert und seltener als moralisches Versagen angesehen.

Ein letzter Punkt verdient es, besonders hervorgehoben zu werden. Das Scheidungsrisiko wird automatisch von der Eltern- auf die Kindergeneration übertragen (sog. *intergene-*

rationale Scheidungstradierung): Wer als Kind die Scheidung seiner Eltern erlebt hat, dessen Chance steigt, später selbst geschieden zu werden. Den Daten des DJI-Familiensurveys nach zu urteilen ist das Risiko von „Scheidungswaisen", selbst geschieden zu werden, ungefähr doppelt so hoch ist wie das Risiko von Personen aus vollständigen Familien, wobei männliche Scheidungswaisen ein fast doppelt so hohes Scheidungsrisiko aufweisen wie weibliche Scheidungswaisen (Diekmann/Engelhardt 1995). Eine stark ausgeprägte intergenerationale Transmission des Scheidungsrisikos ermittelte auch Hullen (1998). Scheidungskinder in den alten Bundesländern hatten ein um 118 Prozent höheres, Scheidungskinder in den neuen Ländern ein um 73 Prozent höheres Scheidungsrisiko als Kinder aus vollständigen Familien. Auch die Scheidungskinder in nichtehelichen Lebensgemeinschaften trennten sich früher wieder von ihren Partnern und Partnerinnen als die Kinder aus nicht geschiedenen Ehen (Family and Fertility Survey 1992). Am stärksten gefährdet waren jeweils Frauen und Männer, deren Eltern sich in einem Alter scheiden ließen, als die Kinder noch klein waren. In der Mannheimer Scheidungsstudie war das Scheidungsrisiko von Ehen, in denen beide Partner in ihrer Kindheit oder Jugend die Scheidung ihrer Eltern erlebt hatten, sogar fast dreimal so hoch wie in Ehen, in denen nur ein Partner die Scheidung der Eltern erlebt hatte (Diefenbach 1999). Der US-Forscher Wolfinger (2005), der mehrere wissenschaftliche Studien zu den Langzeitwirkungen elterlicher Trennung ausgewertet hat, sieht den Hauptgrund für die intergenerationale Scheidungstradierung in einer mangelnden verbindlichen Hingabefähigkeit („commitment") von Scheidungserfahrenen. Andere machen für die intergenerationale Scheidungstransmission in erster Linie die Bereitstellung eines inadäquaten Geschlechts- und Ehepartnerrollenmodells verantwortlich.

In *sozio-demographischen Analysen* wurden verschiedene soziale Merkmale mit dem Scheidungsrisiko korreliert. Häufig analysierte Zusammenhänge sind (Hellwig 2001; Hartmann 2005):

- *Heiratsalter:* Ehen, in denen die Frau älter ist als ihr Mann, haben ein besonders hohes Scheidungsrisiko. Auch Frühehen (mindestens ein Ehepartner ist jünger als 20 Jahre) sind besonders scheidungsgefährdet, was mit ein Grund dafür sein könnte, dass das Scheidungsrisiko in der DDR wesentlich höher war als in der Bundesrepublik.
- *Ehedauer:* 1970 – es war noch kein Trennungsjahr vorgeschrieben – lag die höchste Scheidungshäufigkeit noch im zweiten Ehejahr. Bis 2005 hat sie sich im früheren Bundesgebiet ins 5. Ehejahr verschoben (Emmerling 2007). Erklärt wird dies damit, dass man sich heute vor der Eheschließung länger und besser kennt und konfliktreiche Partnerschaften nicht in Ehen umgewandelt werden, so dass früheheliche Konflikte seltener geworden sind.

  Wie aus *Abbildung 14* ersichtlich ist, ist es allerdings zweckmäßiger, nicht auf ein einzelnes Jahr abzustellen, denn die dem Höchstwert benachbarten Werte liegen eng beieinander. Das generelle Muster, das das Scheidungsrisiko im Verlauf einer Ehe aufweist, entspricht der Form einer Sichel. Das Scheidungsrisiko steigt nach wenigen Ehejahren bis zu einem Maximum schnell an und sinkt dann mit zunehmender Ehedauer allmählich ab. Die Ehedauern 3 bis 9 Jahre weisen die höchste Scheidungsanfälligkeit auf. Da immer mehr Paare zum Zeitpunkt der Heirat schon einige Jahre unverheiratet zusammengewohnt haben, wäre es allerdings aussagekräftiger, anstelle der Ehedauer die Dauer des Zusammenwohnens in Beziehung zum Scheidungsrisiko zu setzen.
- *Konfession:* Die Kirchenbindung reduziert das Scheidungsrisiko. Paare, die kirchlich getraut wurden, weisen ein geringeres Scheidungsrisiko auf als Paare, die sich nur standes-

Abbildung 14: Ehedauerspezifische Scheidungsziffern 2005

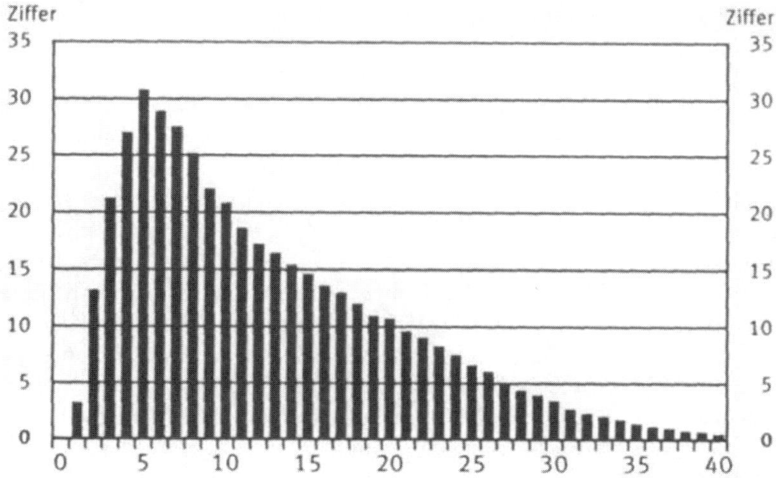

Ehescheidungen je 1 000 Ehe gleicher Dauer; Ehedauer 0 bis 40 Jahre

Quelle: Emmerling 2007, 167

amtlich trauen lassen. Konfessionslose und Protestanten haben ein höheres Scheidungsrisiko als Katholiken.

- *Wohnortgröße:* Städtische Regionen haben höhere Scheidungsraten als ländliche Regionen (Zartler u. a. 2004).
- *Nationalität:* Binationale Ehen zwischen Deutschen und Ausländern (insbes. Ehen zwischen einer deutschen Frau und einem ausländischen Mann) weisen im Vergleich zu anderen Ehepaartypen (Ehen zwischen Deutschen und Ehen zwischen Ausländern) die höchste Scheidungshäufigkeit auf (Roloff 1998).
- *Frauenerwerbstätigkeit:* Ehen, in denen beide Partner erwerbstätig sind, werden signifikant häufiger geschieden als Ehen, in denen die Frau zu Hause bleibt (Böttcher 2006). Wichtige Mechanismen, über die die Erwerbstätigkeit der Ehefrau Einfluss auf die Ehestabilität nimmt, sind: a) ein möglicher Statuswettbewerb zwischen den Partnern, der zu Spannungen führen kann, b) die Belastung der Ehe durch Streit wegen der Aufteilung der Hausarbeiten, c) die reduzierte gemeinsam verbrachte Zeit sowie d) die fehlende ökonomische Notwendigkeit für Frauen, eine unbefriedigende Beziehung aufrecht zu erhalten („Unabhängigkeitseffekt"). Auch eine hohe Karriereorientierung der Frauen erhöht deutlich das Scheidungsrisiko.
- *Einkommen:* Eine Trennung/Scheidung ist umso wahrscheinlicher, je mehr die Frau im Verhältnis zum Mann verdient (Liu/Vikat 2004). Verantwortlich hierfür könnte neben der finanziellen Absicherung im Falle einer Trennung auch sein, dass Frauen mit hohem Einkommen hohe Ansprüche an die Qualitäten ihres Mannes stellen und z. B. auf eine ausgeglichene Arbeitsteilung im Haushalt drängen.
- *Bildungsniveau:* Das Bildungsniveau der Männer hat keinen nennenswerten Einfluss auf das Ehescheidungsrisiko. Das Risiko von Frauen mit mittleren und hohen Bildungsabschlüssen war früher extrem hoch, wurde aber inzwischen von dem Scheidungsrisiko der Frauen mit niedrigen Bildungsabschlüssen eingeholt (Grundmann u. a. 1994). Ehen, in

denen die Frau ein höheres Bildungsniveau aufweist als ihr Mann, sind stärker gefährdet als Ehen, in denen der Mann eine mindestens gleichwertige Bildung vorweisen kann.

- *Kinderzahl u. Alter der Kinder:* Die Scheidungsbarriere „mindestens ein gemeinsames Kind" mindert das Scheidungsrisiko um 25 Prozent (Wagner/Weiß 2006). Mit zunehmender Ehedauer und zunehmendem Alter der Kinder wirkt sich die Kinderzahl immer weniger auf die Scheidungshäufigkeit aus. Kinderlose Ehen weisen die höchste Scheidungsrate auf. In der DDR waren Kinder meist kein Grund, die Scheidung auszusetzen oder aufzuschieben (Gysi 1989). Dass auch das Geschlecht des Kindes einen Einfluss auf das Scheidungsrisiko hat – Söhne sollen das Scheidungsrisiko vermindern –, ist ein Mythos, wie Diekmann anhand des „Fertility and Family Survey" nachweist (Sektion Familiensoziologie Mai 2002).
- *Besitz/ Eigentum:* Die Ehen von Unternehmensbesitzern sind stabiler als die Ehen abhängig Erwerbstätiger (Abraham 2006). Verantwortlich dafür ist die in der Regel starke Verschränkung von Haushalt und selbständiger Erwerbstätigkeit im Rahmen eines eigenen Betriebes. Die Partnerinnen halten ihren beruflich selbständigen Männern sozusagen „den Rücken frei", indem sie stärker noch als in anderen Beziehungen die Haushaltsarbeit und Kinderbetreuung übernehmen. Um die hiermit verbundenen Risiken zu reduzieren, bedienen sich Selbständige in erhöhtem Maße diverser formeller und informeller Verpflichtungsmechanismen. Sie heiraten relativ rasch, bekommen früh Kinder und schließen häufiger formelle Ehe- und Partnerschaftsverträge ab als unselbständig Erwerbstätige. Die Scheidungsbarriere „gemeinsames Wohneigentum" vermindert das Scheidungsrisiko um 54 Prozent (Wagner/Weiß 2003).

Seit den 1980er Jahren ist auch das Risiko der *späten Trennung/Scheidung* (ab dem 20. oder 25. Ehejahr in der „empty-nest"-Phase) deutlich angewachsen, so dass man in der deutschen Scheidungsstatistik inzwischen von einem zweiten, späten Scheidungsgipfel spricht. Nach Dorbritz und Gärtner (1998) zeichnet sich bei einer Fortsetzung des Trends ein neues Verhaltensmuster, das der *späten Ehescheidung,* ab (siehe auch Lind 2001). 2001 betrug der Anteil der Ehescheidungen nach einer Ehedauer von 21 bis 25 Jahren 8,6 Prozent, und für Ehen jenseits der Silberhochzeit lag die Rate bei 9,4 Prozent (Fooken 2004). Wurde früher mit zunehmender Ehedauer eine Scheidung immer unwahrscheinlicher, so steuert die Rate später Scheidungen inzwischen auf eine Größenordnung von einem Fünftel aller Scheidungen zu. Als Auslöser für späte Trennungen und Ehescheidungen werden die gestiegene Lebenserwartung, die steigende Erwerbstätigkeit von Frauen im mittleren Lebensalter und der Auszug der Kinder aus dem Elternhaus genannt (Dorbritz/Gärtner 1998).

Fooken (2004) hat 83 geschiedene Männer und Frauen befragt, die im Schnitt 25 Jahre verheiratet waren und je zur Hälfte den Geburtsjahrgängen 1940 und 1950 angehören. Fast alle Befragten hatten Kinder. Bei der Auswertung der Ursachen der Ehescheidungen ließen sich *drei (subjektive) Erklärungsmodelle* identifizieren:

- Etwa jeder Vierte nennt als Ursache der Scheidung einen mehr oder weniger *massiven und abrupten Konsensbruch* einer bis dahin weitgehend einvernehmlich erlebten Beziehung („da bin ich aus allen Wolken gefallen"; „das passierte aus heiterem Himmel"). Das Verhalten des Partners wird als Verrat empfunden. 86 Prozent führen die „vielen guten Zeiten" und die „schönen Erinnerungen" als positive Aspekte der Ehe an. 76 Prozent nennen außereheliche Beziehungen, meist ein Fremdgehen des Partners, als Anlass der Trennung.

- Ebenfalls etwa jeder Vierte hat das Empfinden, lange Zeit einer trügerischen *Konsensillusion* aufgesessen zu sein, an der man aber nicht unbeteiligt sei, da man die sich andeutenden Dissonanzen und Unvereinbarkeiten nicht habe sehen wollen bzw. diese verdrängt habe. Während man selber im Eheverlauf lebenserfahrener geworden sei, habe sich der Partner/die Partnerin kaum verändert („ist schon immer egoistisch, unzuverlässig etc. gewesen"). Alle Befragten dieser Gruppe verweisen auf eine schleichende Entfremdung. Auffallend häufig (94 Prozent) wird auf die als leidenschaftslos und sexuell unbefriedigend erlebte Partnerbeziehung verwiesen. Jeder Zweite nennt außereheliche Beziehungen als Trennungsgrund.
- Jeder Zweite (54 Prozent) sieht das Scheitern der Ehe als Ergebnis eines *langjährigen Dissenses.* Die Befragten dieser Gruppe berichten von sehr ambivalenten Gefühlen angesichts der Eheschließung und der Person des Partners/der Partnerin. Die Aufrechterhaltung einer so langen unbefriedigenden Beziehung wird mit dem Druck der Verhältnisse, dem sozialen Druck anderer Personen (Partner, Eltern, Kinder) und der eigenen Schwäche erklärt. Es findet sich eine Vielzahl (eskalierender) Konfliktbereiche: 80 Prozent nennen die Sexualität, jeweils zwei Drittel Probleme im Zusammenhang mit unterschiedlichen Rollenvorstellungen, mit Problemen der Kindererziehung, Enttäuschungen gegenseitiger Erwartungen und Eifersucht. Nur für 44 Prozent gab es während der Ehe auch „schöne Zeiten".

Im Folgenden werden die wichtigsten empirischen Ergebnisse zu den Ursachen der steigenden Scheidungsneigung vorgestellt. Grundsätzlich ist zu bedenken, dass in der Idee der Liebesehe das Scheitern der Ehe schon angelegt ist, denn Liebe ist vergänglich (Burkart 1997). Anders als die leidenschaftslose Verbundenheit gegenüber primär Vertrauten (wie die Liebe zwischen Eltern und Kindern), die sich aus der engen Bindung und den Notwendigkeiten der Fürsorge ergibt, setzt die sekundäre Bindung (Gattenliebe) bei aller Geborgenheit ein gewisses Maß an Fremdheit voraus. Damit Sexualität und Erotik auch dann stabil bleiben können, wenn die Partner immer mehr Vertrautheit und Geborgenheit entwickeln, muss ein gewisses Maß an (faszinierender) Fremdheit und Unvertrautheit bleiben. Das grundlegende Dilemma besteht also darin, Leidenschaft und Dauerhaftigkeit zu vereinbaren. Gattenliebe ist, wenn sie gelingt, „die Synthese von Fremdheit und Vertrautheit, von Erregung und Sicherheit, von Intimität und Autonomie" (Bischof 1991, 497).

Die Befragten des Bamberger-Ehepaar-Panels, die sich im Verlauf von sechs Ehejahren getrennt hatten, wiesen gegenüber den Befragten aus stabilen Ehen eine schwächere Familienorientierung auf, und die zeitliche Distanz zur Elternschaft war größer. Mit Kindern assoziierten sie häufiger Sorgen und Probleme (Rosenkranz/Rost 1998). Die Männer waren freizeitorientierter als die Männer in stabilen Partnerschaften, und die Frauen waren konsumorientierter und stammten häufiger aus Scheidungsfamilien als die Frauen in stabilen Partnerschaften. Frauen und Männer schätzten ihr Verhältnis zu den Eltern während ihrer Kindheit als schlechter ein und verließen früher das Elternhaus. Die stärksten Zusammenhänge zeigten sich bei einem Vergleich der beruflichen Aufstiegsorientierungen. Während bei stabilen Partnerschaften in der Regel der Mann stärker aufstiegsorientiert ist als die Frau, fanden sich bei den getrennten Paaren häufiger Konstellationen, bei denen entweder beide Partner beruflich Karriere machen wollten oder die Frauen stärker karriereorientiert waren als ihre Männer.

Vertreter der *Individualisierungstheorie* erklären die wachsende Instabilität von Zweierbeziehungen damit, dass die Ansprüche der Menschen – vor allem der Frauen – an ein selbstbestimmtes Leben gewachsen sind. Überraschenderweise genießen Ehe und Familie aber trotz steigender Scheidungszahlen im Vergleich zu anderen Lebensbereichen immer noch eine sehr hohe Wertschätzung (vgl. Kapitel 4). Mit Abstrichen gilt dies auch für die jüngere Generation. Der vermeintliche Widerspruch löst sich auf, wenn man bedenkt, dass die Ehen gerade wegen ihrer großen subjektiven Bedeutung für den Einzelnen instabiler geworden sind. Nach Nave-Herz u. a. (1990), die den zeitgeschichtlichen Anstieg der Ehescheidungen in der Bundesrepublik anhand einer Befragung von 465 Geschiedenen/Getrenntlebenden sowie von 79 Verheirateten unterschiedlicher Heiratskohorten untersucht haben, haben sich die *subjektiven Sinnzuschreibungen an die Ehe* und damit die Gründe für das Scheitern der Ehe im Generationenvergleich verändert. Störungen in den Partnerbeziehungen und damit Emotionen und Affekte sind bedeutsamer geworden, traditionale Scheidungsgründe wie finanzielle Probleme, Untreue und Gewalt spielen eine eher untergeordnete Rolle. Die *gestiegenen affektiv-emotionalen Ansprüche* an eine bestimmte Qualität der ehelichen Partnerschaft führen häufiger und schneller zu unerfüllten Bedürfnissen und damit zu Spannungen in den ehelichen Beziehungen, so dass das Scheitern der Ehe häufig geradezu „vorprogrammiert" ist. „Gerade weil die Beziehung zum Partner so bedeutsam für den Einzelnen geworden ist und gerade weil man die Hoffnung auf Erfüllung einer idealen Partnerschaft nicht aufgibt, löst man die gegebene Beziehung – wenn sie konfliktreich und unharmonisch ist – auf. Der zeitgeschichtliche Anstieg der Ehescheidungen ist also kein Zeichen für einen ‚Verfall' oder für eine ‚Krise' der Ehe, sondern für ihre enorme psychische Bedeutung für den Einzelnen" (Nave-Herz u. a. 1990, 65).

Zu einem ähnlichen Ergebnis gelangt Esser (2002; 2002a) aufgrund seiner Auswertung der Daten der Mannheimer Scheidungsstudie, die zwischen 1993 und 1997 am Mannheimer Zentrum für Europäische Sozialforschung durchgeführt wurde und bei der 2 500 verheiratete und 2 500 in erster Ehe geschiedene Paare erfasst wurden. Die Zunahme der Scheidungsrate geht weniger auf eine Abnahme der „objektiven" Qualität der Ehe zurück als auf die *Steigerung der Ansprüche der Partner aneinander und an die Beziehung*. Denn mit der Anspruchssteigerung wird der Definitionsrahmen, eine Störung als „Ehekrise" zu interpretieren, gesteigert. Der Zuwachs der Scheidungsraten hat also auch damit zu tun, dass die „Paare subjektiv immer mehr voneinander verlangen: dem immerwährenden ‚honeymoon' der expressiven Erfüllung" (Esser 2002a, 17). Die Ansprüche sind gestiegen, weil es „einerseits immer weniger eine gänzlich ‚unbedingte' Loyalität der Partner füreinander mitsamt der Orientierung an der Ehe als einer unverbrüchlichen Institution gibt, und weil andererseits die Kosten für die Aufgabe der einen und den Neubeginn einer anderen Beziehung deutlich gesunken und die akzeptablen exit-Möglichkeiten gestiegen sind ... Die Menschen haben wohl auch früher viel voneinander und von ihrer (ehelichen) Liebe erwartet, und die heutigen Ehen sind ‚objektiv' wahrscheinlich besser als die damaligen. Aber die ‚Ansprüche' sind mit den ‚alternativen' Möglichkeiten gestiegen, und zwar offensichtlich rascher als der ‚Ehegewinn', wozu ohne Zweifel auch die gegenseitige Liebe zählt ... Mit den Möglichkeiten steigen die Unzufriedenheiten, weil dann nur noch die Interessen und die (Ehe-),Gewinne' regieren" (Esser 2002, 493).

Ein ähnliches Fazit ziehen Schmidt und seine Mitarbeiter (2006, 33) aus ihren Gesprächen mit Großstädtern: „Es klingt paradox, aber es ist so: Die Instabilität heutiger Beziehungen resultiert nicht aus Beziehungsunfähigkeit oder -unlust; sie ist vielmehr die Konsequenz des hohen Stellenwertes, der Beziehungen für das persönliche Glück beigemessen wird und der hohen Ansprüche an ihre Qualität. Dadurch wird die Trennungsschwelle niedriger, und das führt zu seriellen Beziehungs- und multiplen Trennungserfahrungen und dazu, dass heute massenhaft Beziehungen getrennt werden, die früher wohl als ganz 'gesund' und keinesfalls als zerrüttet gegolten hätten". Nach Furstenberg Jr. (1987), der auf die besondere Gefühlsbasis moderner Ehen verweist, ist die Scheidung quasi institutionalisiert worden. Es sind *neue soziale Normen* entstanden, die die Scheidung unter bestimmten Bedingungen nicht nur akzeptabel, sondern unerlässlich machen. „Wir bewegen uns von einem Heiratssystem, das von den Individuen verlangte, auch dann verheiratet zu bleiben, wenn sie sich nicht länger liebten, zu einem System, das sie im Grund zur Auflösung ihrer Beziehungen aufforderte, sobald sie nicht mehr in starkem Maße emotional beteiligt sind" (Furstenberg Jr. 1987, 30). Das Gebot der Stunde heißt: Lieber die Ehe beenden als von den Glückprojektionen Abstriche zu machen und Mängel in Kauf zu nehmen. Um auf die Spannung zwischen hochgetriebenen Glückerwartungen auf der einen und enttäuschender Realität auf der anderen Seite aufmerksam zu machen, spricht Wahl (1989) von einer „Modernisierungsfalle" im Sinne einer Selbstüberforderung der Ehe durch fortschreitende „Anspruchsinflation". Auch der Anstieg der Ehescheidungen in der *DDR* wird mit den gestiegenen (Glücks-)Erwartungen an die Partnerbeziehung begründet, die im Ehealltag oftmals nicht erfüllt wurden (Gysi u. a. 1989). Hinzu kommt die Überlastung der Familien infolge der frühen Familiengründung. Loslösung vom Elternhaus, Gründung eines eigenen Haushalts, Berufsbeginn sowie Partnerschaft und Familiengründung lagen zeitlich dicht beieinander. Auch wurden der Ehe nur geringe Rechtsfolgen zugemessen. Das Unterhaltsrecht und der Versorgungsausgleich im Falle der Scheidung spielten wegen der Vollzeiterwerbstätigkeit von Mann und Frau keine wesentliche Rolle.

Die Veränderungen in den Ansprüchen an den Partner sind Ausdruck eines allgemeinen *gesellschaftlichen Wertewandels* (Oesterdiekhoff/Jegelka 2001). Nach Klages (1984) haben in der Bundesrepublik, wie in anderen westlichen Industrienationen, die *Pflicht- und Akzeptanzwerte* (d. h. die Identifizierung mit Tugenden, die auch ein Zurückstellen der eigenen Lebensinteressen im Falle ihrer Nichterfüllung nahelegen) eine tendenzielle Rangverminderung erfahren. Parallel dazu haben *Selbstentfaltungswerte* (d. h. die Betonung von Autonomie, Gleichbehandlung und Selbstverwirklichung) an Bedeutung gewonnen. In der Studie von Nave-Herz u. a. (1990) stimmten von den Geschiedenen, die vor 1966 geheiratet hatten, noch 56 Prozent dem Satz zu „Die Ehe ist ein Bund für's Leben, daran sollte man denken, auch wenn man nicht mehr so zufrieden ist." Von den Geschiedenen der Heiratskohorten 1966–1975 bejahten noch 33 Prozent, von den Geschiedenen der Kohorten 1976–1988 nur noch 20 Prozent diese Aussage. Die Geschiedenen der jüngeren Kohorte vertraten häufiger Selbstentfaltungswerte, waren z. B. häufiger davon überzeugt, dass man „in der Ehe seine eigenen Bedürfnisse erfüllen können muss, auch wenn der Partner damit einmal nicht einverstanden ist". In den Mittelpunkt rücken immer mehr individuelle Glückserwartungen (angestrebte eigene Befriedigungen, das „persönliche Glück"), während der Verpflichtungs- und Verbindlichkeitscharakter der Institution Ehe nachlässt. Werden die Erwartungen enttäuscht, zieht man eher die Konsequenzen als bei einem Heiratssystem, das stärker den Charakter eines Zweck- und Solidarverbandes hat. Auch Weiss (1995) weist in seiner 1991 in Österreich durchgeführten Repräsentativstudie nach, dass das traditionale Prinzip der gegenseitigen Verpflichtung (Opferbereitschaft, Verzicht) nicht mehr zum Liebesleitbild jüngerer Gebildeter beiderlei Geschlechts zählt. Der emotionale Beziehungscharakter, die Beziehungsqualität (Erotik, Sexualität, Qualität des Partners) gewinnt gegenüber dem Verpflichtungscharakter immer mehr Vorrang.

Dabei betrifft der Wertewandel in stärkerem Maße die Frauen als die Männer (Scheller 1992). Die *junge Frauengeneration* stellt qualitativ andere Ansprüche an die Ehe als die ältere Generation. Sie bemüht sich stärker darum, in der Ehe mehr Gemeinsamkeit und

Mitbestimmung, aber auch mehr Selbständigkeit durchzusetzen. Während die älteren geschiedenen Frauen Sexualität noch als eheliche Pflicht ansahen, beanspruchen die jüngeren Frauen für sich selbst eine befriedigende sexuelle Beziehung. Da die Männer mit der Ehe immer noch primär den Wunsch nach einer Versorgung im Alltag verbinden, spricht Scheller (1992) von einer „*Ungleichzeitigkeit der Entwicklung*", die sich darin äußert, dass sich die jüngere Frauengeneration von der traditionalen Frauenrolle mehr oder weniger weit entfernt hat, während die Männer weitgehend ihrer Rolle verhaftet geblieben sind. Entscheidend für den Anstieg der Ehescheidungszahlen sind also nicht allein die veränderten Ansprüche der modernen Frauengeneration, sondern auch die diskrepanten Ansprüche beider Ehepartner.

Auch in anderen Studien finden sich Belege dafür, dass Männer und Frauen unterschiedliche Erwartungen an das Leben zu zweit und an die Qualität einer guten Beziehung haben. Frauen sind stärker auf die Partnerschaft hin orientiert als Männer, haben höhere Ansprüche als Männer, sehen ihre Ansprüche seltener als erfüllt an und fühlen sich stärker emotional belastet als Männer, was auch vor dem Hintergrund der Rolle der Frau als „Beziehungspflegerin" zu sehen ist (Wunderer 2005). Männer betonen neben der instrumentellen Seite von Liebe und Ehe, ihrer Versorgung im Alltag, besonders die sexuelle Zufriedenheit und das „Spaß haben" (Hassebrauck 2003). Frauen legen mehr Nachdruck auf Gefühle, innere Nähe und gegenseitiges Verstehen. Sie machen die Qualität einer Paarbeziehung mehr an Gleichberechtigung und Kommunikation fest, sind aufgrund ihrer Sozialisation beziehungsorientierter und -bewusster als Männer. Insgesamt sind Frauen „dialogbereiter und mehr auf Reziprozität bedacht als Männer, denen der Lustaspekt romantischer Beziehungen wichtiger zu sein scheint" (Hassebrauck 2003, 28). Schmidt u. a. (2006) fanden bei ihrer Befragung in Hamburg und Leipzig, dass sich im Verlauf von Beziehungen ein „Gendering" sexueller Wünsche, eine geschlechtstypische Polarisierung sexueller und zärtlicher Wünsche entwickelt: „In der Paarbildungsphase haben Männer und Frauen ein gleich starkes Verlangen nach Sex und Zärtlichkeit, bei etablierten Paaren ist der Wunsch nach Sex bei den Männern größer als bei ihren Partnerinnen, der Wunsch nach Zärtlichkeit hingegen bei den Frauen größer als bei ihren Partnern" (Schmidt u. a. 2006, 126/27).

Die unterschiedlichen Erwartungen von Männern und Frauen sind zwar nicht neu. Neu ist aber der Umgang mit diesen Bedürfnissen. Je stärker sich die Frauen als Personen mit eigenen Wünschen begreifen und je weniger sie aufgrund eigener Erwerbstätigkeit auf die Versorgung durch einen Partner angewiesen sind, desto weniger dulden sie diese Widersprüche. Das *Konfliktpotential* wächst, und die traditionellen Techniken der Konfliktreduzierung – Nachgeben, Beziehungsarbeit leisten, Ausgleich schaffen –, die früher den Zusammenhalt garantiert haben, greifen nicht mehr. „Die Modernisierung hat eine kritische Grenze erreicht, wo ein Weitertreiben der bisherigen Regeln nicht mehr möglich ist – oder nur um den Preis explosiv anwachsender Konflikte im Verhältnis der Geschlechter" (Beck-Gernsheim 1986, 231). Auch die einschlägigen DDR-Studien zeigen, dass Frauen höhere Ansprüche an eine Partnerschaft stellen, ihre Partnerschaft kritischer beurteilen und häufiger die Scheidung beantragen als Männer (Vaskovics u. a. 1994).

Schneider (1990) hat die Trennungsursachen bei 130 geschiedenen bzw. getrennt lebenden Personen zwischen 21 und 60 Jahren mit mindestens einjähriger Partnerschaft untersucht. Es wurden sowohl eheliche Partnerschaften (mit und ohne Kinder) als auch kinderlose nichteheliche Lebensgemeinschaften (mit und ohne gemeinsame Haushaltsführung) einbezogen. Die wichtigsten Ergebnisse:

- Die meisten (legalisierten und nicht legalisierten) Partnerschaften sind vor der Trennung durch ein hohes Ausmaß interpersonaler Spannungen gekennzeichnet. Es dominieren *affektiv-emotionale Aspekte*, vor allem ein Mangel an Verständnis und Einfühlungsvermögen, aber auch Probleme beim Aushandeln der Geschlechtsrollen. Klassische Scheidungsgründe (wie Gewalt, Untreue, Alkoholismus, finanzielle Probleme), die bis in die 1960er Jahre für Scheidungen bestimmend waren, spielen heute keine so wichtige Rolle mehr.
- Etwa jede vierte Partnerschaft ist schon lange vor der Auflösung stark problembelastet und zerrüttet. Besonders *Ehepaare mit Kindern* vollziehen eine Trennung meist erst dann, wenn tiefgreifende Konflikte bestehen. Auch vergeht eine längere Zeit zwischen dem ersten Ansprechen einer möglichen Trennung und deren Vollzug.
- *Kinderlose Ehepaare* nennen im Vergleich zu Eltern weniger Trennungsgründe. Für die Trennung sind auch nicht so sehr massive Konflikte entscheidend, als vielmehr eine emotionale Verarmung, eine „innere Leere", Langeweile und eine fehlende Zukunftsperspektive.
- Etwa jede dritte Partnerschaft – dies gilt besonders für die *nichtehelichen Lebensgemeinschaften* mit und ohne gemeinsame Haushaltsführung – wirkt relativ harmonisch und scheitert bereits an einigen wenigen Problemen. Offensichtlich reicht ein relativ geringes Belastungspotential schon aus, um eine gering institutionalisierte Partnerschaft aufzukündigen.

Zu ähnlichen Ergebnissen gelangten Bodenmann u. a. (2002) in ihrer Studie „Scheidungsursachen und -verlauf aus Sicht der Geschiedenen", die im Jahr 2000 durchgeführt wurde und auf einer schriftlichen Befragung von 204 Personen beruht. Gefragt nach dem Verlauf der Ehe bis zur Scheidung gaben beide Geschlechter am häufigsten einen schleichenden, lange Zeit unbemerkten Zerfall ihrer Partnerschaft an, gefolgt von einem auf und ab. Nur jede(r) Fünfte sprach von einem abrupten Zerfall der Beziehung. Die drei am häufigsten genannten Scheidungsgründe waren ein Auseinanderleben der Partner, mangelnde Kompetenzen des Partners/der Partnerin zur Führung einer zufriedenstellenden Paarbeziehung und enttäuschte Erwartungen in der Partnerschaft. Dabei gaben Frauen durchweg höhere Werte an. Gewalt, Alkohol- und Drogenprobleme sowie Untreue spielten nur eine untergeordnete Rolle. Wichtige scheidungserschwerende Bedingungen waren die Verantwortung für die Kinder und – besonders auf Seiten der Männer – die Befürchtung, den Kontakt zu den Kindern zu verlieren. Erst an dritter Stelle folgten befürchtete finanzielle Einbußen.

In einer aktuellen Studie haben Wissenschaftler aus Deutschland, Italien und der Schweiz erforscht, was Paare in ihrer Entscheidung beeinflusst, eine Ehe aufrechtzuerhalten oder zu beenden (Bodenmann u. a. 2006). Insgesamt nahmen an der Untersuchung 711 Frauen und Männer teil, die schon eine Scheidung hinter sich hatten. Auch hier zeigte sich: Liebe und Kinder sind für alle das wichtigste Bindeglied. Während das Gefühl der emotionalen Entfremdung vom Partner am häufigsten als Scheidungsgrund genannt wurde, hatte gemeinsamer Nachwuchs (was wird aus den Kindern?) die Befragten – besonders die Männer – am stärksten vor einer Trennung zurückschrecken lassen. Auch die Akzeptanz einer möglichen Scheidung durch das soziale Umfeld (was denken die anderen?) wirkte sich, hier besonders bei den weiblichen Teilnehmern, auf die Trennungsabsicht aus. Jede vierte deutsche Frau hatte sich auch Sorgen um ihre ökonomische Situation nach der Scheidung gemacht. Das Vorhandensein eines neuen Partners oder zumindest die Überzeugung, einen neuen Partner zu finden, spielten keine wesentliche Rolle für die Entscheidung, sich zu trennen.

Schmidt und seine Mitarbeiter (2006) unterscheiden aufgrund ihrer Befragung von Großstädtern mit Kindern zwei *Typen von Trennungen:* Beim ersten und häufigsten Typ ist der ausschlaggebende Grund für die Trennung die emotionale Devitalisierung der Partnerschaft, ein Mangel an Intimität und Gemeinsamkeit (vgl. *Tabelle 32).* Die Partner haben sich schleichend auseinander gelebt. Beim zweiten (selteneren) Typ handelt es sich um Beziehungen, in denen das Konfliktniveau sehr hoch ist. Die Befragten berichten von massiven Problemen wie Alkoholismus und Gewalttätigkeit und gravierenden psychischen Erkrankungen Die ebenfalls häufig genannten Konflikte um Eifersucht und wiederholtes Fremdgehen dürften meist eher ein Auslöser für die Trennung und seltener der tatsächliche Grund für die Trennung gewesen sein.

Tabelle 32: Trennungsgründe aus Beziehungen mit Kindern (Angaben in Prozent)

	Männer	Frauen	Gesamt
Emotionale Devitalisierung[1]	44	49	46
Eifersucht, wiederholte Außenbeziehungen	16	30	23
Alkoholismus, Gewalt, psychische Krankheit	11	25	18
Neue Partnerschaft	18	16	17
Externe Faktoren[2]	11	13	12
Keine „richtige" Beziehung[3]	10	13	11
Sonstige	7	6	7

[1] Entfremdung, Auseinanderleben, keine gemeinsamen Interessen, keine Nähe.
[2] Ortswechsel, berufliche Mobilitätserfordernisse.
[3] Partner waren zu jung, waren nur sehr kurz zusammen, wollten keine Beziehung.

Quelle: Schmidt u. a. 2006, 108

Insgesamt überwiegt bei Ehen mit Kindern die *„konflikthafte Scheidung"* und bei kinderlosen Ehepaaren und nichtehelichen Lebensgemeinschaften die *„Nichtigkeitsscheidung"* (= Scheidung aus geringfügigem Anlass). Die Ursachen für das erhöhte Trennungs- und Scheidungsrisiko sind weniger darin zu suchen, dass sich die Zahl der von schweren Krisen und Konflikten betroffenen Ehen und Partnerschaften drastisch erhöht hat. Bedeutsamer ist, dass immer weniger Menschen bereit sind, von ihren hochgesteckten Erwartungen Abstriche zu machen. Hierzu passt, dass fast jede(r) Zweite in einer Forsa-Repräsentativbefragung aus dem Jahr 2002 mit einem oder mehreren der Ex-Partner/Ex-Partnerinnen auch nach der Trennung noch befreundet ist. Von der hohen Trennungs- und Scheidungshäufigkeit darf auch nicht auf eine „Partnermüdigkeit" geschlossen werden. Jeder vierte Befragte in der Studie von Schneider (1990) hatte zum Zeitpunkt der Trennung bereits einen neuen Partner bzw. eine neue Partnerin. Weitere 30 Prozent sind innerhalb von sechs Monaten nach der Trennung eine neue feste Partnerschaft eingegangen.

Auch in diversen US-amerikanischen Studien zeigte sich, dass nicht alle Geschiedenen aus sehr konfliktbelasteten Ehen stammen und vor der Scheidung unglücklich sein müssen. Zahlreiche Paare beenden ihre Ehe aus Gründen, die nur zum Teil etwas mit der Qualität ihrer Ehebeziehung zu tun haben. Amato und Hohmann-Marriott (2007) fanden in ihrer Studie z. B. zwei fast gleich stark besetzte Gruppen Geschiedener:

- Eine erste Gruppe (48 Prozent) stammte aus sehr konfliktbelasteten Ehen. Ausschlaggebend dafür, sich scheiden zu lassen, war eine niedrige Beziehungsqualität. Diese hochbelastete Gruppe war nach eigenen Angaben sehr unglücklich, und die Beziehung war äußerst desolat. Nach der Scheidung fühlten sich die Betroffenen wesentlich besser.

- Bei der zweiten Gruppe (52 Prozent) traten in der Ehe keine nennenswerten Konflikte auf. Die Interviewten stammten aus durchschnittlich konfliktbelasteten („normalen") Ehen und bezeichneten sich als alles in allem glücklich. Die Autoren vermuten, das das Fehlen von Barrieren (z. B. fehlende religiöse Bindung, liberale Einstellung zur Scheidung), das Vorhandensein einer attraktiven Alternative (z. B. eine außereheliche Beziehung) und eine relativ schwache Bindung an den Partner die Befragten dazu veranlasst, ihr Glück mit einem anderen Partner zu versuchen.

Der Anstieg der Scheidungszahlen in den vergangenen 40 Jahren hat sich erheblich auf den Prozess der *Pluralisierung der Lebensformen* ausgewirkt. Ein beträchtlicher Teil Geschiedener wohnt nach der Trennung/Scheidung entweder allein oder in einer nichtehelichen Lebensgemeinschaft. Daneben besteht die Möglichkeit der Wiederheirat („Zweitehe", „Fortsetzungsehe"). Sind minderjährige Kinder („Scheidungswaisen") betroffen, kommen als Lebensformen die Ein-Eltern-Familie, das Leben in einer nichtehelichen Lebensgemeinschaft und – im Falle der Wiederheirat – die Stieffamilie in Betracht.

6.3 Wandel der Kindschaftsverhältnisse

Bei der Pluralisierung der Lebensformen („Pluralität in Grenzen") handelt es sich weniger um die Entstehung neuer Lebensformen als vielmehr darum, dass neben der Normalfamilie andere Privatheitsformen an Gewicht gewonnen haben. Die Pluralisierung betrifft vor allen Dingen die nichtfamilialen Lebensformen. Aber auch die Struktur familialer Lebensformen hat sich durch die steigende Anzahl von Alleinerziehenden (mit und ohne Lebenspartner/in im Haushalt), nichtehelichen Lebensgemeinschaften mit Kindern und Stieffamilien zu Lasten der Normalfamilie pluralisiert (Alt 2003).

Die aktuellsten Daten zur Entwicklung der Kindschaftsverhältnisse liefert der Mikrozensus 2005 (Statist. Bundesamt 2006b). Demnach wächst der weitaus größte Teil aller 14,4 Millionen *minderjährigen Kinder* in Deutschland – in Westdeutschland sind dies 81

Tabelle 33: Ledige Kinder unter 18 Jahren im April 1996 und 2005 nach Lebensform der Eltern(-teile), Ergebnisse des Mikrozensus (Konzept der Lebensformen) (Angaben in Prozent)

Es leben ...	Früheres Bundesgebiet ohne Berlin		Neue Länder einschließlich Berlin		Deutschland	
	1996	2005	1996	2005	1996	2005
bei verheiratet zusammenlebenden Eltern	87	81	75	62	84	78
in einer nichtehelichen oder gleichgeschlechtlichen Lebensgemeinschaft	3	5	9	16	4	7
bei einem allein erziehenden Elternteil ohne Lebenspartner/in im Haushalt	11	14	16	22	12	15

Quelle: Statistisches Bundesamt 2006b (Tabellenanhang)

Prozent und in Ostdeutschland 62 Prozent – immer noch in einer Normalfamilie auf (vgl. *Tabelle 33).* Allerdings handelt es sich hierbei nicht nur um gemeinsame Kinder, sondern auch um *Stief-, Adoptiv-* und *Pflegekinder.* Zeitgeschichtlich betrachtet – dies zeigt sich selbst für einen kurzen Zeitraum von zehn Jahren – leben minderjährige Kinder häufiger bei Alleinerziehenden und in nichtehelichen Lebensgemeinschaften und seltener bei Ehepaaren.

Im 2005/2006 durchgeführten Generations and Gender Survey (GGS) des Bundesinstituts für Bevölkerungsforschung haben die Befragten differenzierter als in bisherigen Umfragen angegeben, in welcher Beziehung sie zu den im Haushalt lebenden Kindern stehen (Hullen 2006). Die Stichprobe ist repräsentativ für die 18- bis 79-Jährigen in Deutschland. Von den Minderjährigen wachsen zwei Drittel zusammen mit ihren verheirateten leiblichen Eltern auf, knapp 70 Prozent in Westdeutschland und nicht einmal 50 Prozent in Ostdeutschland (vgl. *Tabelle 34).* In den neuen Bundesländern ist der Anteil der Minderjährigen, die zusammen mit ihren Eltern in einer nichtehelichen Lebensgemeinschaft leben, mit 14 Prozent (gegenüber 5 Prozent im alten Bundesgebiet) wesentlich höher. Ein erheblich größerer Anteil der Kinder wächst hier auch in einer Ein-Eltern-Familie auf (25 vs. 15 Prozent). Stieffamilien sind annähernd gleich weit verbreitet.

Tabelle 34: Minderjährige Kinder nach Elternschafts-Verhältnis, West-/Ostdeutschland, 2005/2006 (Angaben in Prozent)

	West	**Ost[1]**	**Dtl.**
Vater und Mutter, verheiratet	69,6	48,8	66,1
Vater und Mutter, nicht verheiratet	4,7	14,1	6,3
Mutter oder Vater, ohne Partner im Haushalt	15,4	25,2	17,1
Mutter oder Vater, mit neuem/r Partner/in im Haushalt, verheiratet	8,4	8,4	8,4
Mutter oder Vater, mit neuem/r Partner/in im Haushalt, nicht verheiratet	0,5	2,0	0,7
Adoptiv-, Pflege-, Enkelkind	1,4	1,5	1,4
Gesamt	100,0	100,0	100,0

[1] Ostdeutschland einschließlich Berlin

Quelle: Hullen 2006, 16 (Generations and Gender Survey, BiB)

Querschnittsdaten sagen nichts darüber aus, wie hoch das Risiko eines Kindes ist, die Volljährigkeit als Waisenkind, Scheidungskind, nichteheliches Kind oder Stiefkind zu erleben. Denn die Struktur der Familientypen, in denen minderjährige Kinder leben, ändert sich mit dem Alter der Kinder. Darin spiegeln sich die *Paarbildungs- und lösungsprozesse der Eltern* wider. Ein Teil der anfangs unverheirateten Paare heiratet oder trennt sich, verheiratete Elternpaare lassen sich scheiden, und Alleinerziehende gehen eine neue Paarbeziehung ein. Dabei bestehen charakteristische Unterschiede zwischen den alten und den neuen Ländern (Engstler/Menning 2003). In den *neuen Ländern* lebt jedes dritte Kind unter 3 Jahren bei einer ledigen Mutter, wobei dieser Anteil in den höheren Altersgruppen stark rückläufig ist. Parallel dazu nimmt der Anteil der Kinder zu, die bei einem verheirateten Elternpaar oder bei geschiedenen Müttern leben. In den *alten Ländern* sinkt, wenn die

Kinder älter werden, der Anteil der Kinder, die bei verheirateten Eltern oder ledigen Müttern leben, und es steigt der Anteil der Kindern, die mit geschiedenen Müttern leben.

Wie groß die Wahrscheinlichkeit für ein Kind ist, im Verlauf der ersten 16 Lebensjahre *zu irgendeinem Zeitpunkt* bei einer *alleinerziehenden Mutter* aufzuwachsen, analysieren Heuveline u. a. (2003) anhand der Daten des „Fertility and Family Survey 1992". Es bestehen charakteristische Unterschiede zwischen Deutschland einerseits und Italien, Schweden und den USA andererseits:

- In Deutschland beträgt das *Risiko* eines Kindes, bis zum Alter von 16 Jahren zu irgendeinem Zeitpunkt bei einer *alleinerziehenden Mutter* aufzuwachsen, 39 Prozent (Italien: 11 Prozent; Schweden: 34 Prozent; USA: 51 Prozent).
- In Deutschland werden 26 Prozent der Kinder *nichtehelich geboren.* Da aber 11 Prozent bei der Geburt bei ihren unverheiratet zusammenwohnenden Eltern wohnen, wachsen tatsächlich lediglich 15 Prozent bei ihrer ledigen alleinerziehenden Mutter ohne ihren biologischen Vater auf. In Italien mit einer niedrigen Nichtehelichenquote von 6 Prozent leben bei der Geburt 4 Prozent bei ihren unverheirateten Eltern; 2 Prozent leben demnach in einer echten Ein-Eltern-Familie. In Schweden werden zwar 47 Prozent der Kinder nichtehelich geboren, doch die überwiegende Mehrheit (41 Prozent) wohnt bei den unverheirateten Eltern, so dass man auch hier nur bei 6 Prozent von einer echten Ein-Eltern-Situation sprechen kann.
- Berücksichtigt man, dass zahlreiche nichteheliche Kinder bei Geburt bei ihren unverheirateten Eltern aufwachsen, so wird deutlich, dass für Kinder die Trennung/Scheidung der Eltern der häufigste Weg in Richtung einer echten Ein-Eltern-Familie ist und nicht die nichteheliche Geburt. Die Wahrscheinlichkeit, dass ein Kind bis zum Alter von 16 Jahren die *Trennung/Scheidung* der Eltern erlebt und zumindest kurzzeitig bei einer/m Alleinerziehenden aufwächst, beträgt in Deutschland 24 Prozent, die Wahrscheinlichkeit, dass ein Kind aufgrund von *Nichtehelichkeit* mehr oder weniger lang bei einer alleinerziehenden Mutter aufwächst, hingegen nur 15 Prozent. Die gleichen Trends zeigen sich, wenn auch auf einem sehr unterschiedlichen Niveau, für Italien (9 vs. 2 Prozent) und Schweden (29 vs. 5 Prozent).

Die Kindschaftsverhältnisse haben sich also durchaus verändert. Allerdings wird im Westen immer noch der überwiegende Teil der Kinder unter sogenannten Normalitätsbedingungen groß. In den neuen Bundesländern verbringt etwa jedes zweite Kind seine Kindheit in nichtehelichen Lebensgemeinschaften oder mit alleinerziehenden Eltern – hier ist der Normalitätsentwurf streng gesehen nicht mehr Normalität. Die Familie mit beiden leiblichen Eltern stellt insgesamt betrachtet aber weiterhin in Deutschland das Normalitätsmuster dar und besitzt auch in der subjektiven Wertschätzung die höchste Priorität. Offenbar gibt es ein starkes Bestreben, sich dem Normalentwurf auch nach einer Scheidung durch eine Wiederheirat zumindest wieder anzunähern. Und auch die allerwenigsten Alleinerziehenden haben ihre Lebensform von vornherein als bewusste Alternative zur bürgerlichen Kleinfamilie gewählt. Vaskovics (2004) vermutet, dass eine Änderung der Elternkonstellation – d. h. die Zunahme von Ein-Eltern- und Fortsetzungsfamilien sowie von nichtehelichen Lebensgemeinschaften mit Kindern – für die Kinder Unsicherheiten mit sich bringt. Ihr Lebensweg bis zu ihrer sozialen „Positionierung" wird unberechenbarer und risikohafter; ihre Aufstiegschancen werden eingeschränkt. Auch erweist sich aufgrund der familialen Veränderungen die Mutter-Kind-Dyade immer mehr als die zentrale Zone der Familienstruktur und bestimmt die soziale Position der Kinder in der gesellschaftlichen Ungleichheitsstruktur.

6.4 Ein-Eltern-Familien: soziale Randgruppe, „neues" familiales Selbstverständnis oder normale Familienform?

Ein-Eltern-Familien sind kein neues Phänomen (Bach 2002). In den Personenstandsregistern der vorindustriellen Zeit findet man häufig Witwen und ledige Frauen mit Kindern. In den ländlichen Gebieten waren sie meist als „Inwohner" registriert, besaßen also keinen eigenen Haushalt und mussten als Gesinde oder mithelfende Familienangehörige in einer größeren Haushaltsgemeinschaft leben. Ihre Kinder arbeiteten entweder in der bäuerlichen Wirtschaft mit oder wurden in fremde Dienste vermittelt. Noch verbreiteter waren Ein-Eltern-Familien in den Städten, vor allem in den unteren Sozialschichten, in denen Armut, Wohnungsnot und Standesschranken vielen Eltern eine Eheschließung verwehrten. Demgegenüber hat sich die soziale und ökonomische Situation der heutigen Ein-Eltern-Familien wesentlich verbessert. Ob Alleinerziehende auch unter den heutigen Verhältnissen in der Bundesrepublik als eine soziale Randgruppe anzusehen sind, ob sich immer mehr ledige Frauen für ein freiwilliges Alleinerziehen entschließen („neue" Alleinerziehende) und welche Bedingungen eine positive Bewältigung der Ein-Elternschaft erleichtern bzw. erschweren, wird im Folgenden ausführlich erörtert.

6.4.1 Begriffliche Abgrenzung und Verbreitung

Unter einer *Ein-Eltern-Familie* wird eine Familienform verstanden, in der ein Elternteil für ein Kind oder mehrere Kinder, mit dem (denen) es eine Haushaltsgemeinschaft bildet, die alltägliche Erziehungsverantwortung besitzt (Nave-Herz/Krüger 1992). Der Begriff der Ein-Eltern-Familie hat die älteren, wertgeladenen Begriffe „unvollständige Familie" und „broken home" weitgehend abgelöst. Aber auch der Begriff Ein-Eltern-Familie legt leicht Fehldeutungen nahe. Er ist erstens insofern irreführend, als die Scheidung oder Trennung rechtlich gesehen nur die Beziehung zwischen den Ehepartnern beendet, nicht aber die Beziehung zwischen Eltern und Kind. Da das Kind weiterhin – außer im Falle der Verwitwung – zwei Eltern besitzt, aber nur mit einem Elternteil zusammenwohnt, sollte man korrekter von einem *Ein-Eltern-Haushalt* sprechen. Zweitens suggeriert der Begriff Ein-Eltern-Familie, dass der nicht mit dem Kind zusammen wohnende Elternteil (in fast neun von zehn Fällen ist dies der Vater) aus dem Familienleben verschwunden und völlig bedeutungslos geworden ist. Tatsächlich kümmern sich in vielen Ein-Eltern-Familien nach der Trennung/Scheidung beide Eltern regelmäßig und teilweise intensiv um die Kinder. So hatte bei den von Schneider u. a. (2001) befragten 500 Alleinerziehenden noch jedes zweite Kind Kontakt zum anderen leiblichen Elternteil. Hier bilden zwei über die gemeinsamen Kinder miteinander verbundene Haushalte ein Familiensystem, für das Ahrons (1979) die Bezeichnung *binukleare Familie* bzw. binukleares Familiensystem eingeführt hat. Drittens wird mit dem Begriff Ein-Eltern-Familie häufig die Vorstellung verknüpft, dass ein Elternteil mit dem Kind allein in einem Haushalt wohnt. Tatsächlich lebt ein beträchtlicher Anteil „Alleinerziehender" in einer *eheähnlichen Gemeinschaft* oder in einer

Haushaltsgemeinschaft mit Eltern, Verwandten oder sonstigen nahestehenden Personen. Da das Zusammenwohnen mit weiteren Personen in einem Haushalt wie auch der Kontakt des Kindes mit dem nichtsorgeberechtigten Elternteil wichtig für das Selbstverständnis und die Lebenssituation der Familienmitglieder und die Persönlichkeitsentwicklung der Kinder sind, sollte sich die Analyse nicht auf alleinstehende Dyaden beschränken.

Auskunft über die zahlen- und anteilsmäßige Entwicklung von Ein-Eltern-Familien liefert die amtliche Statistik, die allerdings diejenigen Alleinerziehenden nicht erfasst, deren Ehe gescheitert ist, die ihren Auszug aber erst verspätet gemeldet haben oder aus steuerlichen oder sonstigen Gründen den Fortbestand der Ehe behaupten. Außerdem finden sich in der wissenschaftlichen Literatur unterschiedliche Definitionen, je nachdem ob es sich um Alleinerziehende mit oder ohne Partner/in im Haushalt handelt. Eine *erste (weite) Definition* von Ein-Eltern-Familien versteht hierunter *Alleinerziehende mit oder ohne Lebenspartner/in im Haushalt.* In den Angaben sind also auch unverheiratete (Eltern-)Paare enthalten. Dadurch entsteht leicht ein irreführender Eindruck vom quantitativen Ausmaß des Familientyps, den man in der Regel mit dem Begriff „alleinerziehend" verbindet: Mütter (oder – seltener – Väter), die mit ihren Kindern allein in einem Haushalt wohnen. Eine *zweite (enge) Definition* von Ein-Eltern-Familien bezeichnet als Alleinerziehende Mütter und Väter, die *ohne* Ehe- oder Lebenspartner/in mit ihren Kindern im Haushalt zusammenleben. Ihre Anzahl beträgt im Jahr 2004 in Deutschland 1,57 Millionen und liegt damit deutlich unter dem Wert von 2,29 Millionen Alleinerziehenden mit minderjährigen Kindern *mit und ohne Partner/in* im Haushalt (vgl. *Tabelle 35*). Eine in neuerer Zeit benutzte *dritte Definition* von Alleinerziehenden kommt dem Alltagsverständnis noch näher, da sie sich am Höchstalter der Kindergeldberechtigung für Auszubildende und Studierende orientiert. Unter Alleinerziehenden versteht man alle Mütter bzw. Väter mit *ledigen Kindern unter 27 Jahren ohne weitere Personen im Haushalt.* In Deutschland gab es im Jahre 2004 2,07 Millionen Alleinerziehende in diesem Sinne – 1,60 Millionen im früheren Bundesgebiet und 0,47 Millionen in den neuen Ländern (zur Situation Alleinerziehender mit volljährigen Kindern siehe Brand, 2006).

Tabelle 35: Zahl der Ein-Eltern-Familien im Jahr 2004 (in Mill.)

	Früheres Bundesgebiet	**Neue Bundesländer**	**Deutschland**
Alleinerziehende mit minderjährigen Kindern mit und ohne Lebenspartner/in im Haushalt	1,67	0,62	2,29
Alleinerziehende mit minderjährigen Kindern ohne Lebenspartner/in im Haushalt	1,22	0,35	1,57
Alleinerziehende mit ledigen Kindern unter 27 Jahren ohne Lebenspartner/in im Haushalt	1,60	0,47	2,07

Quelle: Statistisches Bundesamt 2005a (eigene Berechnungen)

Während in den letzten Jahrzehnten die Anzahl der Familien mit minderjährigen Kindern insgesamt gesunken ist, hat die Zahl der Alleinerziehenden deutlich zugenommen (vgl. *Tabelle 36).* In Deutschland lebten im Jahr 2005 knapp 1,6 Millionen Alleinerziehende mit minderjährigen Kindern im Haushalt. Dies entspricht einem Anteil von 17,6 Prozent an allen Familien mit minderjährigen Kindern. Im früheren Bundesgebiet gab es 1,2 Millionen Ein-Eltern-Familien (= 16,1 Prozent aller Familien mit minderjährigen Kindern), in den neuen Bundesländern 399 000 (= 24,0 Prozent). Nicht berücksichtigt sind diejenigen „Alleinerziehenden", die Lebenspartner/in einer nichtehelichen Lebensgemeinschaft sind. Der Anteil von Erwachsenen und Kindern, die *jemals* in einer Ein-Eltern-Familie gelebt haben, ist aber noch erheblich größer, als es die Querschnittsdaten zu einem bestimmten Zeitpunkt zum Ausdruck bringen (Eggen 2006; Zähle 2007).

Tabelle 36: Familien mit Kindern unter 18 Jahren, 1961 – 2005

Jahr	Familien insgesamt (1000)	Alleinerziehende[1] (1000)	(% aller Familien)
		Alte Bundesländer	
1961	7756	816	10,5
1970	8582	745	8,7
1980	8408	868	10,3
1991	7126	985	13,8
1996[2]	7431	970	13,1
2000	7508	1072	14,3
2002	7538	1145	15,2
2004	7463	1218	16,3
2005[3]	7241	1164	16,1
		Neue Bundesländer	
1991	2277	491	21,6
1996[2]	2082	334	16,0
2002	1646	345	21,0
2004	1522	355	23,3
2005[4]	1660	399	24,0
		Deutschland	
1991	9403	1476	15,7
1996[2]	9513	1304	13,7
2002	9184	1490	16,2
2004	8985	1573	17,5
2005	8901	1563	17,6

1 Bis 1995 einschließlich der Alleinerziehenden, die Lebenspartner in einer nichtehelichen Lebensgemeinschaft sind
2 Ab 1996 ohne Alleinerziehende, die Lebenspartner in einer nichtehelichen Lebensgemeinschaft sind
3 Früheres Bundesgebiet ohne Berlin
4 Neue Bundesländer einschließlich Berlin

Quelle: Statist. Bundesamt 2004; 2005; 2005a; 2006b

Aus *Sicht der Kinder* gilt für das Jahr 2005: Von den 12,0 Millionen minderjährigen Kindern im früheren Bundesgebiet (ohne Berlin) wuchsen 14 Prozent bei einem alleinerziehenden Elternteil (ohne Lebenspartner) auf, von den 2,4 Millionen minderjährigen Kindern in den neuen Ländern (einschließlich Berlin) 22 Prozent (Statist. Bundesamt 2006b). Etwa jedes siebte minderjährige Kind (15 Prozent) in Deutschland lebte also bei einem alleinerziehenden Elternteil. 5 Prozent aller minderjährigen Kinder in Westdeutschland und 16 Prozent in Ostdeutschland lebten bei einem „alleinerziehenden Elternteil" mit Partner/in, also in einer nichtehelichen Lebensgemeinschaft (Gesamtdeutschland: 7 Prozent).

Tabelle 37: Alleinerziehende mit Kindern unter 18 Jahren nach Familienstand[1]

Jahr	Alleinerziehende (1000)	Geschiedene/getrenntlebende A. (1000)	(in %)	Ledige Alleinerziehende (1000)	(in %)	Verwitwete Alleinerziehende (1000)	(in %)
			Früheres Bundesgebiet				
1970	745	354	48	106	14	286	38
1980	868	508	58	110	13	251	29
1991	985	598	61	267	27	123	12
1995	1163	703	60	345	30	116	10
1996[2]	970	615	63	249	26	106	11
2004	1218	793	65	326	27	100	8
2005[3]	1164	767	66	308	26	89	8
			Neue Bundesländer				
1991	490	245	50	216	44	30	6
1995	538	266	49	234	44	38	7
1996[2]	334	187	56	118	35	29	9
2004	355	168	47	167	47	20	6
2005[4]	399	192	48	189	47	17	5
			Deutschland				
1991	1476	843	57	480	33	153	10
1996[2]	1304	802	62	366	28	135	10
2004	1573	961	61	492	31	120	8
2005	1563	960	61	498	32	106	7

1 Bis 1995 einschließlich der Alleinerziehenden, die Lebenspartner in einer nichtehelichen Lebensgemeinschaft sind
2 Ab 1996 ohne Alleinerziehende, die Lebenspartner in einer nichtehelichen Lebensgemeinschaft sind
3 Früheres Bundesgebiet ohne Berlin
4 Neue Bundesländer einschließlich Berlin

Quelle: Statistisches Bundesamt 2003c; 2004; 2005a; 2006b

Dabei haben seit den 1970er Jahren im *früheren Bundesgebiet* (für die DDR liegen keine vergleichbaren Daten vor) tiefgreifende Veränderungen der *Struktur von Ein-Eltern-Familien* stattgefunden (vgl. *Tabelle 37*). Die wichtigsten Trends sind:

- Die Anzahl *alleinerziehender Mütter* mit minderjährigen Kindern stieg zwischen 1970 und 2005 von 581 000 auf 1,05 Millionen, die Zahl *alleinerziehender Väter* von 75 000 auf 118 000.
- 1970 gab es 106 000 *ledige Alleinerziehende* (= 14 Prozent aller Ein-Eltern-Familien). Bis 2005 hat sich die Anzahl auf 308 000 (= 26 Prozent) erhöht.
- Der Anteil der aufgrund des *Todes eines Elternteils* zustande gekommenen Ein-Eltern-Familien ist von 38 (1970) auf 8 Prozent (2005) gesunken.
- Die durch *Ehescheidungen/Trennungen* entstandenen Ein-Eltern-Familien machten 1970 „nur" einen Anteil von 48 Prozent, 2005 hingegen einen Anteil von 66 Prozent aus.
- Alleinerziehende Eltern und ihre Kinder werden immer jünger. Der Anteil von Ein-Eltern-Familien mit mindestens einem *Kind unter 6 Jahren* an allen Ein-Eltern-Familien mit mindestens einem minderjährigen Kind hat sich zwischen 1980 und 2002 von 27 auf 35 Prozent erhöht (Statist. Bundesamt 2003c).

- Nach *Familienstand* differenziert stellen 2005 im früheren Bundesgebiet die Geschiedenen und verheiratet Getrenntlebenden die Hauptgruppe (66 Prozent), gefolgt von den Ledigen (26 Prozent) und Verwitweten (8 Prozent). In den neuen Ländern sind die geschiedenen/verheiratet getrenntlebenden und verwitweten Alleinerziehenden mit 48 bzw. 5 Prozent schwächer und die ledigen Alleinerziehenden mit 47 Prozent deutlich stärker vertreten als im früheren Bundesgebiet.
- 2005 sind 90 Prozent der Alleinerziehenden in den alten und 91 Prozent in den neuen Ländern *Frauen.*
- Ein-Eltern-Familien sind in Deutschland vorwiegend *kleine Familien*, zu 58 Prozent Ein-Kind-Familien.

Insgesamt hat sich die Zahl Alleinerziehender im früheren Bundesgebiet zwischen 1970 und 2005 deutlich erhöht, desgleichen ihr Anteil an allen Familien. Die Zunahme bis 1980 war vorwiegend eine Folge der gestiegenen Zahl von Ehescheidungen und Trennungen. Seit den 1980er Jahren ist auch die Zahl lediger Mütter erheblich angestiegen. Der Anteil lediger Mütter mit einem Kind im Alter von unter einem Jahr hat sich im Laufe der 1990er Jahre in West- und Ostdeutschland verdoppelt (Konietzka/Kreyenfeld 2005). 1991 waren in Westdeutschland 6 Prozent der Frauen und 2000 waren 12 Prozent der Frauen kurz nach der Geburt ledig. Von den ledigen Müttern waren 5 Prozent alleinerziehend und 7 Prozent lebten in einer nichtehelichen Lebensgemeinschaft. In Ostdeutschland sind die Anteile lediger Mütter von 23 auf 47 Prozent angestiegen. Hier lebten im Jahr 2000 30 Prozent aller Mütter mit Kindern im Alter von unter einem Jahr in einer nichtehelichen Lebensgemeinschaft und 17 Prozent waren alleinerziehend.

6.4.2 Soziale Charakterisierung Alleinerziehender

Insgesamt zeichnen sich Ein-Eltern-Familien gegenüber Normalfamilien durch eine *sozioökonomisch deprivierte soziale Lage* aus (Schneider u. a. 2001). Dabei sind es eindeutig die alleinerziehenden Frauen, die von den besonderen Risiken der kumulativen Unterversorgung (Sozialhilfebezug, Arbeitslosigkeit) und des Karriereknicks betroffen sind (Hammer 2002).

- *Bildungsniveau und Berufsausbildung:* In beiden Teilen Deutschlands unterscheiden sich Alleinerziehende mit minderjährigen Kindern hinsichtlich des *allgemeinen Schulabschlusses* nicht wesentlich von verheirateten Müttern und Vätern. Sie haben aber eine etwas niedrigere *berufliche Qualifikation.*
- *Erwerbstätigkeit:* Jede dritte Mutter mit minderjährigen Kindern nimmt nach der Trennung und Scheidung eine Erwerbstätigkeit auf oder weitet diese Tätigkeit aus (Andreß u. a. 2003). Die *Erwerbstätigenquote* alleinerziehender Mütter ohne Lebenspartner im Haushalt lag 2002 in Westdeutschland bei 65 Prozent und in den neuen Ländern bei 59 Prozent. Von den alleinerziehenden Vätern waren 75 bzw. 72 Prozent erwerbstätig. Bundesweit nehmen über 95 Prozent der berechtigten Frauen *Elternzeit* in Anspruch.
- *Höhe des Einkommens:* Alleinerziehende mit minderjährigen Kindern lagen 1998 – mit Ausnahme der relativ wenigen allein erziehenden Väter – je nach Umrechnung des Haushaltsnettoeinkommens in gewichtetes Pro-Kopf-Einkommen 32 bis 36 Prozent unter dem nationalen Durchschnitt (Engstler/Menning 2003). Die ökonomische Situa-

Tabelle 38: Überwiegender Lebensunterhalt von Frauen im Alter von 16 bis 45 Jahren mit Kindern, Mikrozensus 2000 (Angaben in Prozent)

Überwiegender Lebensunterhalt	Westdeutschland			Ostdeutschland		
	Allein-erziehend	Nicht-eheliche Lebens-gem.	Ehe	Allein-erziehend	Nicht-eheliche Lebens-gem.	Ehe
Jüngstes Kind 0 bis 2 J.						
Erwerbstätigkeit/Vermögen	27	45	37	16	29	35
Partner/Angehörige	11	34	58	2	6	15
Transferzahlungen	62	20	6	82	65	50
Jüngstes Kind 3 bis 6 J.						
Erwerbstätigkeit/Vermögen	50	63	40	45	61	62
Partner/Angehörige	6	20	55	1	4	10
Transferzahlungen	44	17	4	54	35	27
Jüngstes Kind 7 bis 10 J.						
Erwerbstätigkeit/Vermögen	69	79	48	58	76	74
Partner/Angehörige	2	9	49	0	0	6
Transferzahlungen	30	13	3	41	24	21
Alle						
Erwerbstätigkeit/Vermögen	47	56	41	37	49	60
Partner/Angehörige	7	26	54	1	4	9
Transferzahlungen	46	18	5	62	48	31

Quelle: Konietzka/Kreyenfeld 2005; 2005a

tion älterer Alleinerziehender (mit volljährigen Kindern) entspricht dem Durchschnitt aller Lebensformen (Eggen 2006).

- *Einkommensquellen:* Eine neue Studie des Max-Planck-Instituts für demografische Forschung in Rostock hat auf Basis des Mikrozensus 2000 die ökonomische Position von Müttern in verschiedenen Familienformen untersucht (Konietzka/Kreyenfeld 2005; 2005a). In Westdeutschland ist fast jede zweite Frau (46 Prozent) zwischen 16 und 45 mit einem jüngsten Kind bis 10 Jahre auf staatliche Transferzahlungen als überwiegendem Lebensunterhalt – Arbeitslosengeld und -hilfe, Erziehungsgeld, Leistungen nach Bundesausbildungsförderungsgesetz (BAFÖG) und Sozialhilfe (33 Prozent) – angewiesen (vgl. *Tabelle 38).* Je jünger die Kinder sind, desto stärker sind die Alleinerziehenden von Transferleistungen betroffen. Für Mütter in nichtehelichen Lebensgemeinschaften und vor allem für verheiratete Frauen besitzt der staatliche Transferbezug eine deutlich geringere Relevanz. In Ostdeutschland spielt der Transferbezug in allen Familienformen eine noch wesentlich größere Rolle als in Westdeutschland.
- *Armutsrisiko:* Alleinerziehen – dies gilt in erster Linie für die Mütter und Kinder – ist mit einem deutlichen materiellen Abstieg und ökonomischer Deprivation verbunden. Die *Armutsquote* (= Anteil der in relativer Armut lebenden Bevölkerung) steigt bereits im Zusammenhang mit der Trennung der Ehe im Vergleich zur Ausgangssituation auf mehr als das doppelte an; das erhöhte Armutsrisiko ist also nicht erst Folge der Scheidung (Andreß u. a. 2003).

Im Jahr 2000 befanden sich nach Ergebnissen des SOEP 31 Prozent der Alleinerziehenden (gegenüber 9 Prozent im Bundesdurchschnitt) in *relativer Einkommensarmut*; sie verfügten über weniger als 50 Prozent des Durchschnittseinkommens. 24 Prozent aller Alleinerziehenden mit minderjährigen Kindern, aber nur 2 Prozent der Ehepaare mit

Kindern, haben laufende Hilfe zum Lebensunterhalt *(Sozialhilfe)* erhalten. Von den Alleinerziehenden mit drei und mehr Kindern waren sogar 43 Prozent Sozialhilfeempfänger. Hinzu kommt die „verdeckte Armut" von Personen, die in keiner offiziellen Statistik auftaucht. Besonders von Armut betroffen sind junge ledige alleinerziehende Mütter mit Kindern unter 6 Jahren, geschiedene/verheiratet getrennt lebende Mütter, die mehrere Kinder zu versorgen haben sowie Personen mit maximal Hauptschulabschluss. Das Hauptrisiko für scheidungsbedingte Armut ist die mangelnde Erwerbserfahrung. Andreß u. a. (2003) sehen im geltenden Steuerrecht ein kontraproduktives Anreizsystem, das die traditionale Rollenverteilung in der Ehe mit einem männlichen Haupternährer und einer weiblichen Nicht- oder Zuverdienerin fördert, denn gerade diese Konstellation führt bei Trennung und Scheidung zu den größten Problemen.

- *Trennungs- und Kindesunterhalt:* 76 Prozent der Frauen und 13 Prozent der Männer sind in der Trennungszeit für sich selbst unterhaltsberechtigt. Aber zwei Drittel der Frauen und sogar 87 Prozent der Männer, die Anspruch auf Trennungsunterhalt haben, erhalten keine Zahlungen (Andreß u. a. 2003).

  Nicht ganz so dramatisch ist die Situation beim *Kindesunterhalt* in der Trennungszeit. „Nur" jede vierte (26 Prozent) kindesunterhaltsberechtigte Frau, aber über vier Fünftel aller unterhaltsberechtigten Männer (84 Prozent) erhalten keinen Kindesunterhalt. Fast jede zweite kindesunterhaltsberechtigte Frau nimmt unvollständige oder unregelmäßige Zahlungen des ehemaligen Ehepartners hin, ohne rechtliche Schritte einzuleiten. Dabei besteht ein enger Zusammenhang zwischen einem guten Kindeskontakt und einem guten Zahlungsverhalten (Andreß u. a. 2003).

  Von den von Schneider u. a. (2001) befragten Alleinerziehenden ohne Partner im Haushalt erhielten 65 Prozent der (nicht verwitweten) Alleinerziehenden Unterhaltszahlungen für ihr Kind, darunter 44 Prozent problemlos, 10 Prozent nach gerichtlicher Klärung und 7 Prozent nur unregelmäßig. Nach qualitativen Untersuchungsbefunden aus den USA versuchen geschiedene Väter häufig, über Unterhaltszahlungen bzw. die Verweigerung/Verzögerung von Unterhaltszahlungen soziale Kontrolle über ihre Ex-Partnerin auszuüben (Umberson/Slaten 2000).

6.4.3 Die Alltagsgestaltung Alleinerziehender

Kennzeichnend für die Situation von Ein-Eltern-Familien ist die Konzentration der materiellen Absicherung und der familialen Aufgaben auf eine einzige Person. Einen Einblick in den Alltag allein erziehender Eltern vermittelt die Zeitbudgetstudie 2001/2002 des Statistischen Bundesamtes (Kahle 2004). Unter Alleinerziehende versteht man hier Haushalte, in denen ein Elternteil mit den eigenen Kindern ohne weitere Personen zusammenlebt und in denen das jüngste Kind noch nicht volljährig ist. Die Analyse konzentriert sich schwerpunktmäßig auf *alleinerziehende Mütter*, da alleinerziehende Väter nur rund 13 Prozent der Alleinerziehenden-Haushalte mit minderjährigen Kindern ausmachen. Alleinerziehende Väter sind häufiger erwerbstätig als alleinerziehende Mütter, und sie übernehmen, da ihre Kinder im Durchschnitt älter sind und keinen sehr hohen Betreuungsbedarf haben, in einem geringerem Umfang familiale Aufgaben einschließlich der Betreuung der Kinder.

Jeweils rund 60 Prozent der alleinerziehenden und der in Paarhaushalten lebenden Mütter gehen einer *Erwerbstätigkeit* nach, wobei der Anteil der Vollzeitbeschäftigten unter den Alleinerziehenden mit 37 Prozent mehr als eineinhalbmal so hoch ist wie unter den Müttern in Paarhaushalten. Dabei wird der Umfang der Erwerbsbeteiligung ganz entscheidend vom Alter der Kinder bestimmt. Über ein Fünftel der Alleinerziehenden mit einem jüngsten Kind unter 6 Jahren sind vollzeitbeschäftigt. Sind die Kinder zwischen 6 und 18 Jahre alt, so erhöht sich dieser Anteil auf über zwei Fünftel. Die Gesamtarbeitszeit (Zeit für bezahlte und unbezahlte Arbeit) von alleinerziehenden Müttern mit einem jüngsten Kind unter 18 Jahren liegt – unabhängig davon, ob und in welchem Umfang sie erwerbstätig sind – mit täglich gut acht Stunden nur geringfügig über der Gesamtarbeitszeit von Müttern und Vätern in Paarhaushalten (vgl. *Tabelle 39)*. Bei vollzeiterwerbstätigen alleinerziehenden Frauen erhöht sich die Gesamtzeit auf täglich 9 ¼ Stunden. Damit sind sie die am stärksten belastete Elterngruppe.

Tabelle 39: Gesamtarbeitszeit von alleinerziehenden Müttern, vollzeiterwerbstätigen Müttern sowie Müttern und Vätern in Paarhaushalten jeweils mit jüngstem Kind unter 18 Jahren

Gesamtarbeitszeit	**Allein-erziehende Frauen**	**Vollzeiterwerbs-tätige alleinerz. Frauen**	**Frauen in Paar-haushalten mit Kindern**	**Männer in Paar-haushalten mit Kindern**
	Angaben in Stunden : Minuten je Tag			
Erwerbstätigkeit	02:45	05:11	01:59	05:12
Unbezahlte Arbeit insg.	05:34	04:01	06:07	03:06
darunter:				
Hausarbeit	03:50	03:12	04:16	02:09
Kinderbetreuung	01:29	00:38	01:36	00:40
Gesamtzeit bezahlter und unbezahlter Arbeit	08:19	09:12	08:06	08:18

Quelle: Kahle 2004, 182/183

Dabei gibt es charakteristische Unterschiede zwischen alleinerziehenden Müttern und Müttern in Paarhaushalten, was die *Aufteilung von bezahlter und unbezahlter Arbeit* betrifft (Kahle 2004; *Tabelle 39)*. Alleinerziehende Frauen gehen täglich durchschnittlich etwa 45 Minuten länger einer bezahlten Beschäftigung nach als Mütter in Paar-Haushalten und wenden dafür eine halbe Stunde weniger Zeit für unbezahlte Arbeit auf. Dabei stellen die Tätigkeiten im hauswirtschaftlichen Bereich – noch vor der Zeit für Kinder – das Gros unbezahlter Arbeit. Wichtiger für die soziale Situation und Entwicklung der Kinder ist aber sicherlich die *mit den Kindern verbrachte Zeit*. Alleinerziehende Frauen unterscheiden sich in ihrer den Kindern hauptsächlich gewidmeten Zeit generell nur geringfügig von Müttern in Paarhaushalten, sehr wohl aber die vollzeiterwerbstätigen alleinerziehenden Frauen. Wenn auch bedenklich stimmen muss, dass vollzeitbeschäftigte alleinerziehende Mütter auch die Zeiten reduzieren, die hauptsächlich den Kindern gewidmet sind, so sollte nicht übersehen werden, dass sich mit zunehmendem Alter des Kindes der Betreuungsaufwand deutlich reduziert und dass Alleinerziehende auch stärker in soziale Netzwerke (Freunde, Verwandte oder Nachbarn) integriert sind, die für zusätzliche Unterstützung sorgen.

6.4.4 Chancen und Probleme des Alleinerziehens

Wie heterogen sich die Lebenslage Alleinerziehender darstellt, veranschaulicht eine Repräsentativstudie aus Thüringen (Hammer 2003). Die 649 Alleinerziehenden konnten mit Hilfe einer Clusteranalyse fünf Gruppen zugeordnet werden (vgl. *Tabelle 40):*

Tabelle 40: Alleinerziehende nach Belastungsgrad

Gruppe	Bezeichnung	Anzahl der Fälle	Anteil in Prozent
1	Hohes Maß an Zufriedenheit	229	35
2	Unzufriedenheit durch berufliche Situation	145	22
3	Belastete Familiensituation älterer Alleinerziehender	138	21
4	Schwierigkeiten in der Kleinkindbetreuung	83	13
5	Defizite im sozialen Netzwerk	54	8
	Insgesamt	649	100

Quelle: Hammer 2003

Die Lebensumstände der Alleinerziehenden sind keineswegs einheitlich und schon gar nicht einheitlich als problematisch anzusehen. Gut einem Drittel der Alleinerziehenden *(Gruppe 1)* geht es ausgesprochen gut. Es handelt sich um Personen, die größtenteils in einer festen Partnerschaft leben, über einen höheren schulischen Abschluss verfügen, erwerbstätig sind und ein höheres Einkommen beziehen. Die restlichen zwei Drittel stellen spezifische Problem- und Risikogruppen dar. Am schlechtesten schneidet *Gruppe 2* ab. Die Befragten – oft mit jüngeren Kindern – verfügen nur über eine geringe schulische Qualifikation, ein niedriges Einkommen, sind oft auf Arbeitslosengeld oder -hilfe bzw. Sozialleistungen angewiesen, nehmen eine niedrige Berufsposition ein und erfahren wenig soziale Wertschätzung. Die Alleinerziehenden aus *Gruppe 3* sind älter, oft verwitwet oder getrenntlebend, üben einen Beruf aus, beziehen ein eher höheres Einkommen und definieren sich selbst nicht als Problemgruppe. Als besonders belastend empfinden sie das Familienklima und die (ihrer Ansicht nach) gefährdete Entwicklung der Kinder. Die Befragten aus *Gruppe 4* mit jüngeren Kindern klagen besonders über Probleme bei der Organisation der Kleinkindbetreuung und bei der Vereinbarkeit von Familie und Beruf und sind häufig auf staatliche Leistungen angewiesen. Auch Personen der *Gruppe 5*, häufig mit mehreren Kindern, nehmen ihr Leben aufgrund eines breiten Problemspektrums – Probleme bei der Vereinbarkeit von Familie und Beruf, ein angespanntes Familienklima, Entwicklung der Kinder – eher als belastend wahr. Sie sind sozial isoliert und leben von Erwerbsunfähigkeits-, Witwen- oder Waisenrente.

Die detailliertesten Informationen über die Chancen und Probleme des Alleinerziehens liefert die Studie von Schneider u. a. (2001). Als Alleinerziehende werden Personen bezeichnet, die mit mindestens einem ledigen Kind unter 27 Jahren zusammen wohnen, wobei keine weitere erwachsene Person mit zum Haushalt gehört. Im Rahmen eines Telefoninterviews wurden 500 zufällig ausgewählte alleinerziehende Mütter in Ost- und Westdeutschland befragt. Aus dieser Stichprobe wurden 131 Alleinerziehende mit Kindern unter 18 Jahren zusätzlich qualitativ befragt. Inwieweit das *aktuelle Vereinbarkeitsarrangement* – Vereinbarkeit von Familie und Beruf bzw. ausschließliche Familienarbeit – in Übereinstimmung mit den eigenen Vorstellungen der Betroffenen steht, wurde im Rahmen der qualitativen Interviews analysiert (vgl. *Tabelle 41)*. In den alten und in den neuen Ländern zeigen sich die gleichen Trends: Bei 79 Prozent der alleinerziehenden Mütter entspricht das Vereinbarkeitsarrangement den eigenen Vorstellungen; 71 Prozent der Frauen sind gewollt erwerbstätig, 8 Prozent sind gewollt nicht erwerbstätig. Die übrigen alleinerziehenden Mütter berichten von einer Diskrepanz zwischen dem aktuellen Erwerbsstatus und dem angestrebten Arrangement. 15 Prozent sind nicht berufstätig, würden aber lieber arbeiten, und 7 Prozent fühlen sich aufgrund materieller Umstände mehr oder weniger gegen ihren Willen genötigt, berufstätig zu sein. Etwa 40 Prozent der *erwerbstätigen Alleinerziehenden* erleben die Vereinbarkeit von Familie und Beruf als belastend. Besondere Schwierigkeiten bereiten die Arbeitsüberlastung, die Koordination von Kinderbetreuung und Beruf, die Qualität der Kinderbetreuung sowie die sozio-ökonomische Situation. Die Mütter haben nicht genügend Zeit, und sie leiden unter dem Gefühl, eine „Rabenmutter“ zu sein. Von den *nicht erwerbstätigen Alleinerziehenden* fühlen sich 57 Prozent dadurch belastet, dass sie ausschließlich Familienarbeit leisten. Hinzu kommen finanzielle Probleme und das Gefühl sozialer Isolation.

Tabelle 41: Gewollte und nicht gewollte Vereinbarkeitsarrangements alleinerziehender Mütter (Angaben in Prozent)

	Die Vereinbarkeitsarrangements alleinerziehender Mütter		
	Neue Bundesländer	**Alte Bundesländer**	**insgesamt**
gewollte Berufstätigkeit	70	71	71
gewollte Nicht-Berufstätigkeit	7	9	8
ungewollte Berufstätigkeit	7	7	7
ungewollte Nicht-Berufstätigkeit	17	13	15

Quelle: Schneider u. a. 2001, 181

Generell sehen Alleinerziehende mehr Nachteile als Vorteile ihrer derzeitigen Lebenssituation. Unter den *Vorteilen* nimmt die *Entscheidungsfreiheit* mit 49 Prozent die Spitzenposition ein (vgl. *Tabelle 42)*. An zweiter und dritter Stelle folgen der *Wegfall von Partnerschaftskonflikten* („Beziehungsstress“) sowie Aspekte der *Persönlichkeitsentwicklung* (Selbständigkeit, Selbstbewusstsein). *Vorteile für das Kind* (die frühere Selbständigkeit des Kindes und eine intensivere Mutter-Kind-Beziehung) spielen eine eher untergeordnete Rolle. Insgesamt beziehen sich die wahrgenommenen Vorteile vor allem auf individuelle Freiräume und Aspekte der Persönlichkeitsentwicklung, wobei diese Einschätzungen häufig vor dem Hintergrund einer konflikthaften früheren Partnerschaft gesehen werden.

Die Wahrnehmung der *Nachteile* ist von strukturellen Rahmenbedingungen abhängig, besonders von der finanziellen und beruflichen Situation und den besonderen Belastungen Alleinerziehender mit Kleinkindern. Am häufigsten wird – gewissermaßen als Kehrseite der Entscheidungsfreiheit – die *Alleinverantwortung* (35 Prozent) und das damit verbundene Fehlen einer Ansprechperson genannt. Fast jede Dritte – besonders häufig ledige Mütter, Alleinerziehende mit Kleinkindern und nichtberufstätige Alleinerziehende – nennt *finanzielle Nachteile*, und jede Vierte leidet unter der *alleinigen Aufgabenlast*. Die bei der Koordination von Familie und Beruf auftretende Aufgabenüberlastung hat bei vielen Alleinerziehenden zu einer Neugestaltung des Alltags geführt. Die einzelnen Lebensbereiche werden flexibler und unkonventioneller gehandhabt als in herkömmlichen Familien, was ein

Tabelle 42: Vor- und Nachteile des Alleinerziehens (Angaben in Prozent)

Vorteile des Alleinerziehens		**Nachteile des Alleinerziehens**	
Entscheidungsfreiheit	49	Alleinverantwortung	35
Wegfall von Partnerschaftskonflikten	22	Finanzielle Nachteile	31
Persönlichkeitsentwicklung	20	Alleinige Aufgabenlast	26
Vorteile für das Kind	8	Vereinbarkeit von Familie und Beruf	24
Keine Antwort	1	Weniger Zeit/Freizeit	18
		Nachteile für die Kinder	9
		Gesellschaftliche Vorurteile	9
		Fehlende Partnerschaft	8

Quelle: Schneider u. a. 2001, 201/204

hohes Maß an Organisationsleistungen erfordert. Die Ansprüche an die Haushaltsführung werden häufig gesenkt; die Hausarbeit wird „minimalisiert". Häufig werden auch einzelne Familienleistungen (wie Kinderbetreuung) nach außen verlagert, oder man geht Kompromisse im beruflichen und Freizeitbereich ein, wenn es die Situation der Kinder erforderlich macht. Alleinerziehende Mütter neigen auch dazu, „erwachsene" Aufgaben und Rechte an ihre Kinder (besonders an den männlichen Nachwuchs) zu delegieren, wobei es zu einer Verwischung der Generationsgrenzen, zu einer Tendenz der Angleichung der Status von Eltern und Kind kommen kann (Glenwick/Mowerey 1986).

Etwa jede vierte Alleinerziehende – besonders häufig Alleinerziehende mit Kleinkindern – nennt das Problem der *Vereinbarkeit von Familie und Beruf*. Fast jede Fünfte klagt darüber, dass man zu wenig Zeit für sich selbst habe und bei der Zeitgestaltung nicht mehr so flexibel sei. Nur eine Minderheit verweist auf Nachteile für das Kind *(Fehlen einer zweiten Bezugsperson)* und auf *gesellschaftliche Vorurteile*. In der Population Policy Acceptance Study aus dem Jahr 2003 stimmte dagegen eine deutliche Mehrheit (72 Prozent) der Befragten der Aussage zu „Um glücklich aufzuwachsen, braucht ein Kind ein Zuhause mit Vater und Mutter" (Dorbritz 2004b). Überraschend wenige (8 Prozent) der von Schneider u. a. (2001) Interviewten nennen als Nachteile des Alleinerziehens eine *fehlende Partnerschaft*. Da berufstätige Alleinerziehende in ihrer knapp bemessenen Freizeit ständig für ihre Kinder verfügbar sein müssen (oder dies zumindest glauben) und da sie im Vergleich zu Paaren stärkeren Restriktionen in der freien Zeiteinteilung unterworfen sind, fühlen sie sich auch leicht emotional überlastet. Die Befriedigung ihres Bedürfnisses nach Intimität und Sexualität wird strukturell erschwert.

Ob die Situation des Alleinerziehens eher positiv oder eher negativ eingeschätzt wird, hängt auch von der Einbindung in ein *soziales Netzwerk* ab. 35 Prozent leben in einer Partnerschaft ohne Haushaltsgemeinschaft (living apart together; Schneider u. a. 2001). Da von allen Alleinerziehenden nur 7 Prozent bei ihrer Erziehungstätigkeit nicht durch Personen aus ihrem sozialen Umfeld unterstützt werden, kann von einer sozialen Isolation der meisten Ein-Eltern-Familien nicht die Rede sein, am ehesten noch im Falle alleinerziehender Väter (Nave-Herz/Krüger 1992). Auch stehen die Nachteile des Alleinerziehens in einem Zusammenhang mit dem *Alter des jüngsten Kindes,* denn besonders Kleinkinder bedeuten Benachteiligungen auf dem Arbeitsmarkt. Mit der *Dauer des Alleinerziehens* nimmt die Eingewöhnung in die neue Lebensform und damit deren positive Bewertung zu. Auch bewerten Alleinerziehende mit Partner ihre Lebensform deutlich positiver als partnerlose Alleinerziehende.

Obwohl insgesamt gesehen die meisten Alleinerziehenden ihre Lage relativ kritisch sehen, findet sich auch ein Typ, der seine Lebenssituation als positive Alternative schätzt und besonders die Entscheidungsfreiheit und die persönlichen Entwicklungschancen hervorhebt. Verbreiteter sind allerdings „ambivalente Einstellungen, die sich vor allem im Spannungsverhältnis von Entscheidungsfreiheit und Alleinverantwortung bzw. von Handlungsfreiheit und alleiniger Aufgabenlast bewegten“ (Schneider u. a. 2001, 229). Insgesamt schätzen berufstätige Alleinerziehende ihre gegenwärtige Lage trotz Aufgabenüberlastung positiver ein als nicht berufstätige Alleinerziehende, die ihre eigene Situation eher mit der Situation von vollständigen Familien vergleichen (Böttger/Rust 1985; zur Situation alleinerziehender Väter siehe Ohling/Heekerens, 2003, sowie Matzner 2007).

6.4.5 Der Prozess der Neuorganisation des Familiensystems

Mit der Ausbreitung der Ein-Eltern-Familien haben sich auch die theoretischen Konzepte verändert, die zur Analyse dieser Familienform entwickelt wurden. Das Konzept der *„unvollständigen“ Familie* (auch: „broken home“), das die negativen Effekte des Aufwachsens in einer Ein-Eltern-Familie betont, wurde durch das Konzept der *„Nachscheidungsfamilie“* abgelöst, das die sozialen Anpassungsprozesse in der Zeit nach der Trennung/Scheidung in den Vordergrund rückt (Schmidt-Denter/Schmitz 1999). Die bis in die 1960er Jahre dominierende *traditionelle Sichtweise* von Ein-Eltern-Familien *(Defizitperspektive; Krisenmodell)* geht von der *Dysfunktionalität* dieser Familienform aus. Kinder und Jugendliche aus unvollständigen und vollständigen Familien werden daraufhin verglichen, ob bei unvollständigen Familien vermehrt Symptome einer Fehlanpassung auftreten. So soll das Aufwachsen in einer unvollständigen Familie z. B. zu einer Beeinträchtigung der Geschlechtsrollenidentifikation, einer verstärkten Ich-Zentriertheit, einem geringen moralischen Urteilsniveau und einem verminderten Selbstwertgefühl der Kinder und Jugendlichen führen. Im Bereich abweichenden Verhaltens erwartet man eine Häufung psychischer Störungen und körperlicher Erkrankungen sowie höhere Raten von Aggressivität, Delinquenz, Alkoholismus, Suizid und illegalem Drogenkonsum (Walper/Gerhard 2001; Limmer 2006).

In neueren Forschungsarbeiten wird diese dysfunktionale Sichtweise heftig kritisiert. Erstens besteht in neueren, methodisch sorgfältiger angelegten Studien meist nur eine relativ *schwache Korrelation* (in einigen Fällen überhaupt keine Korrelation) zwischen dem Aufwachsen in einer unvollständigen Familie und den behaupteten Auffälligkeiten. Die meisten von Trennung und Scheidung betroffenen Kinder bewältigen den Übergang – trotz aller hiermit verbundenen schmerzhaften Anpassungsschwierigkeiten – mittel- bis langfristig problemlos (Bohrhardt 2006). In einer US-amerikanischen 28-jährigen Längsschnittuntersuchung mit (anfänglich) etwa 900 Kindern wurden nur etwa 20 Prozent der Kinder aus Trennungs- und Scheidungsfamilien nachhaltige Problemfälle im Vergleich zu 10 Prozent der Kinder aus nicht geschiedenen Familien (Hetherington/Kelly 2003). Studien aus Deutschland erhärten diesen Befund. Die Kölner Längsschnittstudie zu Trennungs- und Scheidungsfamilien ermittelte sechs Jahre nach der elterlichen Trennung ebenfalls 20 Prozent „auffällige“ Scheidungskinder, die anteilsmäßig der Zahl der auffälligen Kinder aus nicht geschiedenen Familien entsprechen (Schmitz/Schmidt-Denter 1990). Auch in dem Längsschnitt-Projekt „Familienentwicklung nach der Trennung“, in dem 654 Kinder und Jugendliche im Alter zwischen 10 und 18 befragt wurden, fanden sich zwischen den Trennungskindern und den Kindern in „vollständigen“ Familien keine systematischen Unterschiede bezüglich Depressivität, Aggressivität, Ablehnung durch Gleichaltrige und schulische Kompetenzen (Walper 2002). Denn eine Trennung der Eltern kann auch „mit Vorteilen für die Entwicklung der Kinder verbunden sein, sowohl durch die Entschärfung familialer Konflikte, die durch die Trennung eingeleitet werden ..., als auch durch den Erwerb von Bewältigungskompetenzen in der Auseinandersetzung mit den trennungsbedingten Anforderungen" (Walper/Schwarz 1999a, 13).

Zweitens können *Scheinkorrelationen* vorliegen. Mit dem Aufwachsen in einer Ein-Eltern-Familie ist häufig eine drastische Einschränkung der finanziellen Ressourcen verbunden, so dass der höhere Anteil von Auffälligkeiten möglicherweise auch oder sogar primär ein Ergebnis ökonomischer Deprivation ist. So konnten bei einer statistischen Kontrolle des Einkommens die Unterschiede in der Anpassung von Kindern aus geschiedenen und nicht geschiedenen Familien um die Hälfte reduziert werden (BMFSFJ 2005h). Der Mangel an finanziellen Ressourcen schlägt sich nicht nur in vermehrten Belastungen der Familienbeziehungen nieder, sondern führt häufig auch zur sozialen Ausgrenzung der Kinder und Jugendlichen, was zumindest teilweise die in einigen Studien aufgezeigten etwas höheren Entwicklungsrisiken von Scheidungskindern zu erklären vermag (Walper 2001).

Drittens liefert die übliche empirische Vorgehensweise (Kontrastgruppenvergleich) keine Antwort auf die Frage, ob auftretende Unterschiede auf die Ein-Eltern-Situation zurückzuführen sind, auf Konflikte oder Anpassungsprobleme, die bereits vor der Trennung/Scheidung bestanden oder auf das schmerzliche Erlebnis der Trennung/Scheidung an sich. Den Befunden von Längsschnittstudien nach zu urteilen, in denen die Familien bereits Monate oder Jahre vor der elterlichen Trennung beobachtet wurden, sind Scheidungskinder häufig schon Jahre vor der Trennung der Eltern besonders schweren familiären Belastungen und Konflikten zwischen den Eltern ausgesetzt. Sie haben eine problematischere Beziehung zu ihren Eltern und zeigen mehr Verhaltensauffälligkeiten als Kinder, deren Eltern sich im weiteren Entwicklungsverlauf der Familie nicht trennen (Walper/Schwarz 1999a). In der 17-Jahre-Längsschnittstudie von Amato und Sobolewski (2001) hatte eine Scheidung langfristig etwa in gleichem Maße das psychische Wohlbefinden der inzwischen jungen Erwachsenen beeinträchtigt wie Konflikte zwischen den Eltern ohne nachfolgende Scheidung (in sog. „*Fassadenfamilien*").

Mehrere Untersuchungen befassen sich mit der Befindlichkeit der von einer Scheidung betroffenen Partner. Gähler (2006) hat in Schweden eine Längsschnittuntersuchung mit 2340 Personen zu den Folgen von Ehescheidungen durchgeführt. Er unterschied drei Gruppen: (a) diejenigen, die nach mindestens zehn Jahren immer noch mit ihrem Partner zusammen waren (88,8 Prozent), (b) diejenigen, die sich getrennt und neu gebunden hatten (4,6 Prozent), und (c) diejenigen, die sich getrennt hatten und allein geblieben waren (6,6 Prozent). Nach der Trennung ging es zunächst allen Geschiedenen schlecht. Etwa zehn Jahre später unterschieden sich die inzwischen neu Verheirateten und die nicht Geschiedenen in ihrem psychischen Wohlbefinden nicht systematisch voneinander (Indikatoren: Müdigkeit, Überanstrengung, Schlafstörungen, Nervosität, Depressionen, psychische Erkrankungen). Wesentlich schlechter ging es den Geschiedenen, die keinen neuen Partner gefunden hatten. Auch traten einige bemerkenswerte geschlechtspezifische Unterschiede auf. Die geschiedenen, noch partnerlosen Frauen litten, vermutlich aufgrund einer unglücklichen Ehe, schon vor der Trennung und erholten sich nach der Trennung rascher als die Männer. Bei den Männern wirkte sich die Scheidung umso negativer auf ihr psychisches Wohlbefinden aus, je mehr Zeit verging, ohne dass sie eine neue Partnerin fanden. Anscheinend, so Gähler (2006), wirft eine anstehende Trennung bei Frauen ihre Schatten *voraus*, während Männer sich mit ihrer *anschließenden* Verarbeitung schwerer tun.

In der Studie „Spätmoderne Beziehungswelten" von Schmidt u. a. (2006) gab jeder zweite Hamburger und Leipziger an, er sei lange nicht über die Trennung hinweggekommen. Jeder Vierte fühlte sich durch die Trennung immer noch belastet. Dabei kann man *zwei Gefühlslagen* bei Trennungen unterscheiden: Bei der ersten steht die Belastung im Vordergrund (Einsamkeit, Kränkung, Verzweiflung und Wut). Sie findet sich vor allem bei denen, die mehr oder weniger gegen ihren Willen getrennt wurden. Bei der zweiten Gefühlslage dominiert die Entlastung, d. h. die Erleichterung, wieder „frei" und ungebunden zu sein. Sie ist vor allem bei denen anzutreffen, die die Trennung selbst initiiert haben.

Wie speziell Väter mit einer Trennung und Scheidung umgehen („Scheidungsopfer Mann"), untersuchen Decurtins und Meyer (2001) anhand einer Stichprobe von 357 geschiedenen und 131 verheirateten Vätern. Männer verarbeiten eine Scheidung anders und langfristig schlechter als Frauen. Dies ist ganz wesentlich in der Ausgangssituation begründet. Männer nehmen vor der Trennung ihre Beziehung als weniger gefährdet wahr als ihre Partnerinnen, haben sich weniger mit der Möglichkeit einer Trennung auseinandergesetzt und sind somit schlechter auf die Scheidung und die darauf folgende Zeit vorbereitet. Nach der Scheidung erleben sie ein Gefühl der Macht- und Hilflosigkeit und reagieren häufig aggressiv. Besondere Ängste bereitet ihnen der befürchtete Verlust des Kontakts zu ihren Kindern. Eine neue Partnerin hilft zwar bei der Verarbeitung der Scheidungsfolgen, verschlechtert aber häufig den Kontakt zu den Kindern. In einer Studie von Pagels (2002) über „verlassene" Väter äußerten rund 40 Prozent der 114 befragten Väter Selbstmordgedanken. Für drei Viertel kam die Trennung überraschend, und sie wurde wie ein Schock empfunden.

Die *moderne Forschung* lässt die Annahme der Dysfunktionalität fallen und bemüht sich um eine Differenzierung des Konzepts der Ein-Eltern-Familie. Eine grundlegende Annahme ist, dass sich die Ein-Eltern-Situation je nach Vorliegen spezifischer Konstellationen unterschiedlich auf die psychische und soziale Befindlichkeit aller Familienmitglieder auswirkt. In den Mittelpunkt des Reorganisationsmodells rückt der *Prozess der Neuorganisation des Familiensystems*, der sich in der Regel über mehrere Jahre erstreckt, bis die Familie nach einer Phase der Desorganisation meist ein neues Gleichgewicht mit spezifischen Strukturen und Verhaltensregeln entwickelt hat (Walper/Gerhard 2001). In zahlreichen Studien wurden die wichtigsten Belastungs- und Unterstützungsfaktoren untersucht, die im Reorganisationsprozess die kindliche Bewältigung der Probleme behindern oder fördern.

Der Prozess der Neustrukturierung wird erstens von der *sozio-ökonomischen Situation* und von *Stressfaktoren,* die mit dem Zerfall der Zwei-Eltern-Familie verbunden sind oder als Folge dieses Ereignisses auftreten, bestimmt (Niepel 1994). Die Anpassungsprobleme sind umso größer, je höher der Einkommensverlust ist. Auch die Einkommensquelle ist bedeutsam. Der Bezug von Sozialhilfe und anderen stigmatisierenden und/oder unsicheren Einkommensarten (z. B. Unterhaltszahlungen) führt – unabhängig von der Höhe des Einkommens – zu einem verminderten Selbstwertgefühl, einem Gefühl der Hilflosigkeit und des Kontrollverlusts und beeinträchtigt auch langfristig die Anpassung. Frauen, die sich in abhängiger und auswegloser Lage wähnen, laufen doppelt so häufig Gefahr, psychisch zu erkranken (Hammer 2003). Auch der erlebte Rollenstress, z. B. häufiger Umzug, Schulwechsel, der Verlust der gewohnten Umgebung, das Wegbrechen des Freundeskreises, das unfreiwillige Ausscheiden aus dem Arbeitsmarkt und die Überlastung durch Familie und Beruf, erschwert den Anpassungsprozess.

Sehr wichtig für die erfolgreiche Bewältigung der kritischen Phase nach der Trennung/Scheidung, vor allem im Hinblick auf die psychische Stabilisierung, ist zweitens das Ausmaß der erfahrenen *sozialen Unterstützung*, das maßgeblich von der Einbindung in ein umfangreiches soziales Netzwerk bestimmt wird. Frauen holen sich eher als Männer Unterstützung von Vertrauenspersonen und Einrichtungen und haben tragfähigere soziale Netzwerke, die sie auch nutzen (Zartler u. a. 2004). Kinder in Ein-Eltern-Familien profitieren besonders von Großeltern, die wie ein Problempuffer wirken (Lang 2005). Vor allem solche Netzwerke sind von Bedeutung, die über die Kernfamilie hinausgehen und durch Eigeninitiative des Einzelnen hergestellt und aufrecht erhalten werden (Mächler 2002). Besonders Freunde sind wichtig, da man mit ihnen offenere Gespräche führen kann als mit Verwandten und auch eher emotionale Unterstützung erfährt. Auch in der Bielefelder Alleinerziehenden-Studie war die erfolgreiche Auseinandersetzung mit der Ein-Eltern-Situation abhängig von der ökonomischen Lage (einschließlich Wohnsituation) sowie dem Eingebundensein in ein soziales Netzwerk und dem Ausmaß der dort erfahrenen sozialen Unterstützung (Niepel 1994a). Als wichtig erwiesen sich hier ferner die subjektive Kosten-Nutzen-Bilanz – der Vergleich der jetzigen Situation mit der Zeit der Partnerschaft – sowie die Einschätzung der jetzigen Familienform als anormal bzw. defizitär.

Eine besonders wichtige Rolle für die erfolgreiche Auseinandersetzung mit der Ein-Eltern-Situation spielt drittens die *Konfliktdynamik der elterlichen Beziehung*. Eine gute partnerschaftliche Beziehung der Eltern nach der Trennung ist für die Entwicklung von Kindern von herausragender Bedeutung. Empirisch nachweisbar gilt: Trennungsfamilien sind häufiger Konfliktfamilien, und dieser Zusammenhang erklärt einen Großteil der (meist kurzfristigen) Belastungen der Kinder aus Trennungsfamilien (Bohrhardt 2006). Kinder aus Familien, die sich ohne übermäßige Konfliktbelastung trennen, zeigen kaum Anpassungsprobleme im deutlichen Gegensatz zu Kindern aus stark konfliktbehafteten Familien. In Trennungsfamilien findet sich, besonders im ersten Jahr nach der Trennung, seltener ein *kompetenter Erziehungsstil* als in Familienformen, die keine Krise durchleben. Unter kompetenter Elternschaft wird dabei „eine ‚autoritative' Elternschaft verstanden, die im Gegensatz zu einer permissiven, autoritären oder unbeteiligten/vernachlässigenden Erziehung emotionale Wärme, Verlässlichkeit und aufmerksame Anteilnahme auf der einen, mit dem Setzen von Grenzen und dem konsequenten Einfordern von Disziplin – die jedoch das Kind und seine Eigenart achtet – auf der anderen Seite verbindet" (Bohrhardt 2006, 180/181).

Wichtig ist viertens der Aufbau eines *binuklearen Familiensystems* (Zwei-Haushalte-Familie). Von einem intakten oder funktionalen binuklearen Familiensystem spricht man, wenn es den geschiedenen Eltern gelingt, ihre gescheiterte Partnerbeziehung zu beenden und gleichzeitig die gemeinsame Elternrolle im Sinne einer am Wohl des Kindes orientierten kontinuierlichen elterlichen Kooperation neu zu bestimmen. Ein intaktes binukleares Familiensystem findet sich jedoch relativ selten. Napp-Peters (1995) hat in ihrer für die Bundesländer Schleswig-Holstein, Hamburg und Niedersachsen repräsentativen Studie Scheidungsfamilien über zwölf Jahre begleitet. Kinder erleben eine Scheidung selten als Chance für einen Neubeginn, sondern reagieren meist mit Trauer, Schock, Angst, Verlustgefühlen und Verunsicherung. Lediglich 10 Prozent der betroffenen Kinder sind erleichtert. Die meisten beziehen die Trennung direkt auf sich und geben sich selbst die Schuld. Im Mittelpunkt der Studie steht die Frage, ob die Ehescheidung auch *langfristige Auswirkungen* auf die betroffenen Eltern und Kinder hat. Besonders interessiert, wie sich das Vorhandensein eines binuklearen Familiensystems und eine Wiederverheiratung auf die Situation der Nachscheidungsfamilie auswirken. Kombiniert man beide Dimensionen – Ein-Eltern-Familie/Mehr-Eltern-Familie und Ausgrenzung/Integration des nichtsorgeberechtigten Elternteils –, so verteilten sich die 109 Familien zwölf Jahre nach der Scheidung in folgender Weise auf *vier Typen von Nachscheidungsfamilien* (vgl. *Tabelle 43):*

Tabelle 43: Nachscheidungsfamilien nach Familienform

Ausgrenzung/ Integration	**Ein-Eltern-Familien**	**Mehr-Eltern-Familien (Stieffamilien)**
Ausgrenzung des nichtsorgeberechtigten Elternteils	Ein-Eltern-Familien, die ausgrenzen (N = 53)	Mehr-Eltern-Familien als Normalfamilien (N = 34)
Integration des nichtsorgeberechtigten Elternteils	Ein-Eltern-Familien, die kooperieren (N = 12)	Offene Mehr-Eltern-Familien (N = 10)

Quelle: Napp-Peters 1995, 27

- In den zwölf *Ein-Eltern-Familien, die kooperieren,* hat der sorgeberechtigte Elternteil keinen neuen Partner bzw. keine neue Partnerin. Der nichtsorgeberechtigte Elternteil wird in die Erziehungsverantwortung mit eingebunden, wobei allerdings die Intensität des Kontakts zwischen dem Kind und dem außerhalb lebenden Elternteil im Laufe der Zeit deutlich abgenommen hat. Vermutlich als Reaktion auf die Scheidung spielen Beziehungsängste und die Furcht, verlassen zu werden, auch zwölf Jahre nach der Scheidung noch eine große Rolle. Die inzwischen jungen Erwachsenen scheuen sich davor, das Risiko einer festen Bindung einzugehen.
- Die häufigste Form der Nachscheidungsfamilie ist die *Ein-Eltern-Familie,* die den nichtsorgeberechtigten Elternteil aus der Familie *ausgegrenzt* hat. Etwa jedes zweite Kind wuchs nach der Scheidung in einer solchen Familie auf, wobei in der Hälfte der Fälle der außerhalb lebende Elternteil einfach weggeblieben ist. Fast alle Kinder haben die Scheidung als schmerzhaft erlebt und müssen auch zwölf Jahre später noch mit deren Spätfolgen kämpfen.
- Bei 34 Familien handelt es sich um *Mehr-Eltern-Familien* (oder *Stieffamilien)* als *„Normal"-Familien.* Diese Familien stellen sich nach innen und außen als ganz „normale“ Familie dar. Die außerhalb lebenden Elternteile werden nicht erwähnt und haben auch keinen Anteil am Familienleben. Zu den Strategien, das Anderssein zu verbergen, gehört, durch Besuchserschwernisse und Abwertung den außerhalb lebenden Elternteil auf Distanz zu halten. Der Wunsch nach Normalität zeigt sich auch in der Bereitschaft, auf Unterhaltszahlungen zu verzichten und die Kinder zu adoptieren, um durch den gemeinsamen Namen die Zusammengehörigkeit zu dokumentieren. Die Befragung zwölf Jahre nach der Trennung macht aber deutlich, dass sich in etwa der Hälfte dieser Familien (vor allem in Familien mit älteren Kindern) keine tragfähige emotionale Basis entwickelt hat. Knapp zwei Drittel der jungen Männer und fast 70 Prozent der jungen Frauen betrachten die Ehe als etwas Ungewisses, vor dem sie Angst haben.
- Kennzeichnend für die zehn *offenen Mehr-Eltern-Familien* ist, dass die geschiedenen Eltern weiterhin freundschaftliche Beziehungen zueinander unterhalten und alle wichtigen, die Kinder betreffenden Fragen gemeinsam besprechen. Allerdings hatte zum Zeitpunkt der zweiten Erhebung die elterliche Kooperation weitgehend einer *„parallelen Elternschaft“* Platz gemacht. Der Stiefelternteil ist in die Familie integriert, ohne den ab-

wesenden Elternteil ersetzen zu wollen; er muss einen eigenständigen Platz neben beiden biologischen Eltern finden. Zwei von drei Kindern betrachten den Stiefelternteil als Freund bzw. Freundin. Jedes zweite nunmehr erwachsene Kind ist skeptisch, was die eigene Heirat und eine mögliche Elternschaft betrifft.

Insgesamt betrachtet zeigten diejenigen Kinder, deren Eltern nach der Scheidung ihre Elternrolle gemeinsam oder in Absprache miteinander wahrnahmen, langfristig die wenigsten Verhaltensauffälligkeiten, und sie konnten sich am leichtesten auf die neue Situation einstellen (ähnlich Zartler u. a. 2004). Umgekehrt traten bei denjenigen Kindern, die keinen Kontakt mehr zum nichtsorgeberechtigten Elternteil hatten, am häufigsten Verhaltens- und Persönlichkeitsstörungen auf. Auch die Eltern selbst wurden mit den Folgen der Trennung besser fertig, wenn es ihnen gelang, ein intaktes binukleares Familiensystem aufzubauen. Allerdings schafft dies nur eine Minderheit der betroffenen Eltern, in der Studie von Napp-Peters (1995) auf längere Sicht nur etwa jede fünfte Scheidungsfamilie. Nach Angaben von Neubauer (1988) unterstützt ein Drittel der nichtsorgeberechtigten Eltern im gegenseitigen Einvernehmen den sorgeberechtigten Elternteil, bei einem weiteren Drittel treten häufig Konflikte zwischen den Eltern auf, und beim letzten Drittel ist der Kontakt zwischen dem nichtsorgeberechtigten Elternteil und dem Kind völlig zum Erliegen gekommen (zum Phänomen der Kontaktverweigerung siehe Walbiner 2006). Nach den Befunden der generationenvergleichenden Studie von Schmidt u. a. (2006) in Hamburg und Leipzig sind binukleare Lösungen aber deutlich auf dem Vormarsch. Im Falle der Wiederverheiratung treten zusätzlich eine Reihe strukturell bedingter Anpassungsprobleme auf, die die Situation für alle Beteiligten noch schwieriger gestalten (vgl. *Kapitel 7)*.

In einer Studie mit Trennungs-/Scheidungsfamilien von Schmidt-Denter und Schmitz (1999) wurden im Verlauf von 6 Jahren nach der Trennung insgesamt vier Interviews mit (anfangs) 60 Kölner Familien durchgeführt, um *Typen von Nachscheidungsfamilien* aufgrund ihrer Beziehungsstruktur zu identifizieren, zu beschreiben und unter dem Gesichtspunkt des Kindeswohls zu bewerten. Sechs Jahre nach der elterlichen Trennung hatten sich bezüglich der Dimensionen „Verbundenheit" und „Autonomie" bei den Nachscheidungsfamilien vier Beziehungstypen herauskristallisiert. Unter dem Gesichtspunkt des *Kindeswohls* finden sich zwei Typen, die kindliche Bindung und Autonomie gewährleisten, und zwei Typen, die auf eher ungünstige Entwicklungsbedingungen für die Kinder schließen lassen:

- Die erste Gruppe, in die jede dritte (34 Prozent) Familie fällt, zeichnet sich durch eine hohe emotionale gegenseitige Zugewandtheit und hohe Autonomie aller Familienmitglieder aus. Die Expartner erreichen ein hohes Maß an Konsens und eine weitgehend konfliktfreie Beziehung. Die Familie ist sehr kindzentriert orientiert. Obwohl sie sich als Paar getrennt haben, kooperieren die Expartner bei dieser „gemeinsamen elterlichen Sorge" in der Kindererziehung.
- Bei einer zweiten Gruppe (25 Prozent) lehnen sich die Expartner zwar gegenseitig ab. Die Kontinuität der Eltern-Kind-Beziehungen bleibt jedoch auch unter diesen eher ungünstigen Bedingungen erhalten. Die elterliche Rolle wird aber getrennt ausgeübt (*„parallele Elternschaft"*).
- Besondere Kennzeichen einer dritten Gruppe (30 Prozent der Familien) sind schwache Bindungskräfte und eine väterliche Dominanz. Die Kinder leben im Spannungsfeld zwischen einer Mutter, die die Trennung vom Expartner noch nicht emotional verarbeitet hat und sich hilflos fühlt, und einem selbstsicheren, autoritär-eingreifenden Vater.

- Kennzeichnend für eine vierte Gruppe, in die 11 Prozent aller Familien fallen, ist eine wechselseitige Ablehnung der Eltern und eine starke mütterliche Dominanz.

6.4.6 Vom alleinigen zum gemeinsamen Sorgerecht

Die in neueren Studien nachgewiesene Bedeutung der Kontakte von Kindern und Jugendlichen zu beiden Eltern steht in krassem Gegensatz zu den Empfehlungen der klinisch orientierten Scheidungsliteratur, die meist für eine radikale und vollkommene Trennung des Kindes bzw. Jugendlichen vom nichtsorgeberechtigten Elternteil plädiert. Nach dem *Sorgerechtsgesetz von 1980* musste die elterliche Sorge bei Scheidung entweder dem Vater oder der Mutter übertragen werden *(alleiniges Sorgerecht)*. Es war nicht möglich, das *gemeinsame Sorgerecht* über die Scheidung hinaus aufrecht zu erhalten. Erst mit dem Urteil des Bundesverfassungsgerichts vom 3.11.1982 wurden die rechtlichen Voraussetzungen dafür geschaffen, dass beide Eltern nach der Scheidung gemeinsam das Sorgerecht ausüben konnten. Das Gericht legte fest, dass den Eltern auch nach der Scheidung das gemeinsame Sorgerecht belassen werden muss, wenn sie beide erziehungsfähig und willens sind, die Sorge weiterhin gemeinsam auszuüben. Die Familiengerichte urteilten 15 Jahre auf der Grundlage dieser Entscheidung, da der Gesetzgeber erst mit dem *Kindschaftsrechtsreformgesetz vom 1. Juli 1998* den Gesetzestext der verfassungsrechtlichen Lage angepasst hat. Den Eltern wurde nun in erster Linie die Pflichtaufgabe der Pflege der Kind-Eltern-Beziehung und (nachrangig) das Recht auf ihre Beziehung zum Kind zugewiesen.

Grundidee des Kindschaftsrechtsreformgesetzes ist, dass die Paarbeziehung und das Eltern-Kind-Verhältnis voneinander zu trennen sind, da die Auflösung der Ehe mit dem Eltern-Kind-Verhältnis nichts zu tun hat (Schwab 2002). Das *gemeinsame Sorgerecht* nach Scheidung/Trennung bleibt bestehen, solange kein Elternteil einen Antrag auf Alleinsorge stellt. Gemeinsame Sorge heißt dabei, dass sich die gemeinsame Zuständigkeit der getrennt lebenden Eltern auf solche Angelegenheiten beschränkt, deren Regelung für das Kind *von erheblicher Bedeutung* ist. Dagegen hat der Elternteil, bei dem sich das Kind rechtmäßig gewöhnlich aufhält, die Befugnis zur alleinigen Entscheidung in *Angelegenheiten des täglichen* Lebens, d. h. in Angelegenheiten, die häufig vorkommen und die keine schwer abzuändernden Auswirkungen auf die Entwicklung des Kindes haben. Was dabei genau „Angelegenheiten des täglichen Lebens“ sind und was nicht, ist strittig und Gegenstand anhaltender Diskussion (Diederichsen 2001). Nach den bisherigen gerichtlichen Entscheidungen fallen hierunter z. B. nicht die Bestimmung des Aufenthaltes des Kindes, Schulfragen und schwerwiegende Gesundheitsstörungen.

Auch nach neuem Recht ist der Übergang zur *alleinigen Sorge* eines Elternteils möglich, wenn beide Elternteile diese Regelung wollen oder – im Falle der Nichteinigung – wenn ein Elternteil die alleinige Sorge für sich beim Familiengericht beantragt und bestimmte Voraussetzungen erfüllt sind (z. B. massive, auch körperliche Auseinandersetzungen der Eltern oder Dissens in grundsätzlichen Erziehungsfragen). Wer das alleinige Sorgerecht will, muss den Richter davon überzeugen, dass die Aufhebung der gemeinsamen Sorge und die Übertragung des Sorgerechts gerade auf ihn dem *Wohl des Kindes* am besten entsprechen. Letztendlich handelt es sich aber auch bei der gemeinsamen Sorge nur um eine *partielle Sorge*, denn der nicht betreuende Elternteil hat nur in wichtigen Angelegenheiten ein Mitbestimmungsrecht und ist ansonsten auf ein *Umgangsrecht* beschränkt. Dabei kann auch das Umgangsrecht durch das Familiengericht eingeschränkt oder ausgeschlossen werden, soweit dies zum Wohle des Kindes erforderlich ist (ausführlicher Dimpker 2005).

Die Befürworter des *alleinigen Sorgerechts* berufen sich auf die Bindungstheorie (Goldstein u. a. 1979), die die Bedürfnisse des Kindes nach Beständigkeit und Geborgenheit und sein Angewiesensein auf eine feste Bezugsperson betont und für eine schnelle, eindeutige und dauerhafte Entscheidung für nur einen Elternteil plädiert. Da es sich oft um Kinderpsychiater handelt, die ihre klinischen Erfahrungen mit besonders konfliktträchtigen Fällen auf die Gesamtheit der Nachscheidungsfamilien generalisieren, spricht Limbach (1988) von einer pathologie-zentrierten Sichtweise. Die Befürworter des *gemeinsamen Sorgerechts* stützen sich auf das Konzept der Nachscheidungsfamilie, das die Entwicklungschancen der Nachscheidungsfamilie betont. Durch neue Formen der Konfliktregelung will man das Ausmaß an Streitigkeiten während und nach der Scheidung möglichst gering halten. Beim Verfahren der *Scheidungsmediation* versuchen die Partner unter Vermittlung eines unparteiischen Dritten, die anfallenden und zu erwartenden Schwierigkeiten gemeinsam und einvernehmlich zu regeln (Walper/Gödde 2003).

In den letzten Jahren ist in Deutschland eine klare Entwicklung hin zum gemeinsamen Sorgerecht zu beobachten. 80 Prozent der geschiedenen Eltern haben aktuell das gemeinsame Sorgerecht. Zuvor, bei Trennungen zwischen 1991 und 1997, lag dieser Anteil bei 42 Prozent, bei Trennungen zwischen 1984 und 1990 sogar nur bei 15 Prozent. Von den Unverheirateten besitzen weniger als 20 Prozent das gemeinsame Sorgerecht. Das umfangreichste Datenmaterial zur Nachscheidungssituation von Eltern stammt von Proksch (2002), der 11 300 geschiedene Eltern, einen Teil der Kinder, Familienrichter, Rechtsanwälte und Jugendämter befragt hat. Drei Viertel aller Scheidungseltern hatten das gemeinsame Sorgerecht für ihr Kind. Über ein Drittel wollte sich ursprünglich nicht auf ein gemeinsames Sorgerecht einlassen und wurde von Richtern dazu verpflichtet.

Das *Umgangsrecht* ist ein wichtiger, aber auch ein sehr sensibler und konfliktanfälliger Bereich zwischen Eltern nach einer Trennung oder Scheidung. Der Gesetzgeber verband mit der Regelung des Umgangsrechts als subjektivem Recht von Kindern die Hoffnung, dass mit dem neuen Recht auch eine Bewusstseinsänderung bei Eltern dahingehend eintreten würde, dass zum Kindeswohl ganz selbstverständlich auch der unbehinderte „Zugang" von Kindern zum anderen Elternteil bzw. zu nahestehenden Personen gehört. In einer Studie von Amendt (2004) – befragt wurden 3 600 geschiedene Väter – gaben 40 Prozent der geschiedenen Väter an, dass die Ex-Partnerin den Umgang der Kinder mit dem Vater boykottiert. Unter den nichtehelichen Lebensgemeinschaften waren es sogar 55 Prozent. Männern mit hohem Einkommen und hohen Unterhaltszahlungen wird häufiger der Zugang zum Kind zugestanden als weniger zahlungskräftigen Vätern. Die Studie von Proksch (2005) zeigt, dass der Umgang bei Eltern mit gemeinsamer Sorge wesentlich besser funktioniert als bei Eltern mit alleiniger Sorge (kritisch dazu Heiliger 2005). So ist gerade bei Eltern mit alleiniger Sorge ein erschreckend hoher Teil (ca. 44 Prozent) von Umgangsabbrüchen zu verzeichnen. Im Falle gemeinsamer Sorge trifft dies nur auf 9 Prozent und im Falle „erzwungener" gemeinsamer Sorge, die sozusagen „verordnet" wurde, weil der gerichtliche Antrag auf Übertragung der Alleinsorge abgewiesen wurde, auf 13 Prozent zu. Insgesamt ist laut Proksch (2002, 15) die gemeinsame Sorge geeigneter als die alleinige Sorge,

- „die Kommunikation, die Kooperation und den wechselseitigen Informationsaustausch der Eltern miteinander über ihre Kinder positiv zu beeinflussen,

- den Kontakt der Kinder zu beiden Elternteilen und zu weiteren umgangsberechtigten Personen, vor allem zu den Großeltern der Kinder, aufrechtzuerhalten und zu unterstützen und insoweit auch das Kindeswohl zu fördern,
- das Konfliktniveau zwischen den Eltern zu reduzieren und gerichtliche Auseinandersetzungen zu vermeiden/vermindern,
- Beeinträchtigungen bei den Kindern durch die Trennung und Scheidung zu mindern,
- die Motivation der Eltern zur eigenständigen Regelung zu verbessern,
- finanziell zufriedenstellende Unterhaltsregelungen zu treffen und einzuhalten".

Auch internationale Untersuchungsergebnisse sprechen eher für ein gemeinsames Sorgerecht. Allerdings kann bei mangelnder Kooperation und hohem Konfliktpotential der Eltern die gemeinsame Sorge auch zu schweren Belastungen für das Kind führen. Der US-Psychologe Robert Bauserman (2002) hat 33 Studien ausgewertet, in denen untersucht wurde, welche Folgen die Art des Sorgerechts für die insgesamt 2 660 Kinder hatte. Sein Fazit: Kinder zeigen weniger emotionale und Verhaltensprobleme und weisen ein höheres Selbstwertgefühl auf, wenn sich die geschiedenen Eltern das Sorgerecht teilen. Sie unterscheiden sich in diesem Fall nicht von Kindern in vollständigen Familien. Das Alter des Kindes spielt keine Rolle, und beide Geschlechter profitieren gleich stark. Zwar sprechen sich zumeist jene Eltern für das gemeinsame Sorgerecht aus, die noch einigermaßen gut miteinander auskommen. Die Unterschiede in der Persönlichkeitsentwicklung der Kinder lassen sich aber nicht auf das unterschiedliche Ausmaß elterlicher Konflikte zum Zeitpunkt der Scheidung zurückführen und werden mit den besseren Beziehungen der Kinder zu beiden Elternteilen im Falle der gemeinsamen Sorge erklärt.

6.4.7 Alleinerziehen: freiwillig gewählt oder erzwungen?

Handelt es sich heute tatsächlich, wie in den Medien häufig berichtet wird, bei einem wachsenden Teil von Ein-Eltern-Familien um eine bewusst gewählte und auf Dauer konzipierte (alternative/nichtkonventionelle) Lebensform, um ein *„neues" familiales Selbstverständnis?* Oder handelt es sich eher um eine *deprivierte Lebensform*, die, von wenigen Ausnahmen abgesehen, unfreiwillig zustande kommt? Oder handelt es sich um eine ganz *normale Familienform?*

In qualitativen Studien mit kleinen Fallzahlen finden sich vereinzelt Beispiele für einen Typus *„neuer Alleinerziehender"* (z. B. bei Meyer/Schulze 1989). In einer Repräsentativerhebung zu Beginn der 1990er Jahre über die „Lebenslage nichtehelicher Kinder", in der 1 352 sorgeberechtigte Mütter mit nichtehelichen Kindern über ihre Lebensverhältnisse befragt wurden, wohnten nur 12 Prozent der Mütter in den alten und 5 Prozent der Mütter in den neuen Ländern zum Zeitpunkt des Eintritts der Schwangerschaft allein und unterhielten keine Partnerschaft zum leiblichen Vater des Kindes (Vaskovics u. a. 1997a; Rupp 1998). Noch weniger Frauen akzeptierten von vornherein die Ein-Elternschaft: Kind ja – auch ohne Partnerschaft. Nur 7 Prozent in West- und 2 Prozent in Ostdeutschland stimmten dem Statement zu „Ich wollte ein Kind, aber keinen Mann". Obwohl 76 Prozent der Deutschen es akzeptieren, wenn eine alleinstehende Frau ein Kind, aber keine feste Partnerschaft will, ist die nichteheliche Elternschaft als *bewusst geplante „unbemannte Mutterschaft"* demnach äußerst selten (BiB 2005).

In der (nichtrepräsentativen) Untersuchung von Nave-Herz und Krüger (1992) war die Schwangerschaft von keiner einzigen der insgesamt 177 ledigen Mütter bewusst geplant worden und sie führte meist zu einem „Wendepunkt" in der Beziehung zwischen der ledigen Mutter und ihrem Partner. Die Frauen sahen sich mit einem Entscheidungsdilemma konfrontiert. Obwohl sie wussten oder ahnten, dass sich ihre Partnerschaft im Falle der Entscheidung für das Kind nicht weiter aufrechterhalten lassen würde, entschieden sie sich in dieser Situation für die Schwangerschaft. Zum Zeitpunkt der Geburt bestand bei 91 Prozent der Befragten die Partnerschaft nicht mehr. Die ledige Mutter-Kind-Familie kann, so das Fazit der Autorinnen, als eine subjektiv bejahte, wenn auch nicht von vornherein geplante Lebensform im Zuge des allgemeinen Modernisierungsprozesses angesehen werden, aber nicht im Sinn einer bewussten Abgrenzung von der Normalfamilie (die weitaus überwiegende Zahl der Mütter stand einer Heirat generell nicht ablehnend gegenüber), sondern eher im Sinn einer zunehmenden Vorrangigkeit der Familie vor der Ehe. „Die Funktion der Ehe zur Legitimation des Kindes ist gegenüber dem hohen psychischen Anspruch an die eheliche Beziehung sekundär geworden" (Nave-Herz 1992, 230).

In ihrer Untersuchung „Alleinerziehen – Vielfalt und Dynamik einer Lebensform" erörtern Schneider u. a. (2001) auch die Frage, welche Rolle (strukturelle) Zwänge und Wahlmöglichkeiten (individuelle Freiheiten) beim Zustandekommen von Ein-Eltern-Familien spielen, ob Alleinerziehende in erster Linie eher gezwungenermaßen und ungewollt in diese Lage geraten sind (Verwitwete und Verlassene) oder ihre Lebenssituation bewusst selbstbestimmt und freiwillig gewählt haben. Die 130 Alleinerziehenden, mit denen im Jahr 2000 qualitative Interviews durchgeführt wurden, lassen sich nach ihrer subjektiven Einschätzung zum *Selbstbestimmtheitsgrad des Alleinerziehens* vier Gruppierungen zuordnen:

- *Freiwillig Alleinerziehende* – unter diesen Typ fallen 31 Prozent der Befragten – sind diejenigen Alleinerziehenden, die sich nach ihrem eigenen Empfinden weitgehend selbstbestimmt und aktiv für diese Lebensform entschieden haben und hohes Vertrauen in die eigenen Fähigkeiten haben. Es handelt sich überwiegend um Ledige, wobei die Trennung vom Vater des Kindes sehr früh, noch während der ungeplant eingetretenen Schwangerschaft oder kurz nach der Geburt des Kindes stattfand. Trennungsgründe sind das Auseinanderleben der Partner und eine unbefriedigende Beziehung. Die Schwangerschaft wurde so gut wie nie bewusst geplant; „nest-builders" bzw. „unbemannte Mütter", d. h. Frauen, die ein Kind haben möchten und von vornherein keine Partnerschaft eingehen wollen, sind eine Seltenheit.
- Die *bedingt freiwillig Alleinerziehenden* (22 Prozent) haben sich zum Alleinerziehen entschlossen, um bestimmte ungewollte Umstände (z. B. Spannungen in der Beziehung) zu beenden. Sie haben sich nach eigener Einschätzung bei der Wahl zwischen zwei Alternativen für die willkommenere (das Alleinerziehen) entschieden. Im Laufe der Jahre traten Spannungen mit dem Partner auf, so dass – auch im Interesse der Kinder – eine Trennung unvermeidbar wurde. Die bedingt freiwillig Alleinerziehenden fühlen sich zwar mit bestimmten Umständen, die sie nicht beeinflussen können, konfrontiert, wählen aber trotzdem aktiv eine andere Lebensform.
- Die *zwangsläufig Alleinerziehenden* (22 Prozent) mussten unter erheblichem Handlungsdruck (z. B. Gewalttätigkeit des Partners, Alkoholismus, hohe Schulden) unter zwei eher schlechten Alternativen wählen und betrachten das Alleinerziehen eher als das kleinere Übel denn als positive Lösung, als ein Leben, das die Betroffenen zwar eigentlich nicht wollen, das aber immer noch positiver erscheint als der Verbleib in der Ehe. Erst

wenn die Situation als völlig aussichtslos erscheint – der Trennungsprozess kann sich über Jahre erstrecken –, entscheidet man sich zur Trennung.

- Ein Viertel (25 Prozent) sind *ungewollt Alleinerziehende.* Sie hatten keine Wahlmöglichkeit und wurden durch Verwitwung alleinerziehend oder von ihrem Partner bzw. ihrer Partnerin (meist sehr abrupt) verlassen („abgewählt"). Hauptursachen für das Verlassenwerden waren entweder „eine Andere oder ein Anderer" oder die eingetretene Schwangerschaft.

Insgesamt entsteht die Lebensform „alleinerziehend" – insbesondere bei jungen, ledigen Alleinerziehenden – *prozessinduziert* und nicht als bewusst geplante Lebensform. Die Entscheidung für das Kind wird spontan und emotional getroffen, ist also in den wenigsten Fällen das Ergebnis einer rationalen Planung. Selbst von den freiwillig Alleinerziehenden wurden nur drei ledige Frauen mehr oder weniger geplant schwanger und entschieden sich bewusst für das Kind und gegen den Partner.

Im Falle *geschiedener alleinerziehender Mütter und Väter* liegen die Entstehungsursachen erst recht nicht in der besonderen Anziehungskraft dieser Familienform. Vielmehr ist die Zunahme der Scheidungsfamilien eine Folge der wachsenden Nichtakzeptanz von konfliktbehafteten (z. B. Unzufriedenheit mit den traditionalen Rollenbildern in der Ehe; vgl. Schöningh u. a. 1991), eventuell sogar nur gleichgültigen Partnerbeziehungen. Man entscheidet sich nicht für eine neue Lebensform, sondern gegen die alte. Dies schließt nicht aus, dass Ein-Eltern-Familien im Laufe der Zeit zu einer Lebensform werden, mit der man sich voll identifiziert. In der Untersuchung von Nave-Herz und Krüger (1992) wünschte sich zum Zeitpunkt der Befragung jede/r zweite Alleinerziehende eine neue Partnerschaft, fast immer eine nichteheliche Lebensgemeinschaft mit oder ohne gemeinsamen Haushalt. Fast jede/r Dritte hatte hierzu keine Meinung, was auf eine ambivalente Einstellung hindeutet. Nur jede/r fünfte Alleinerziehende bezeichnete als ideale Lebensform die Ehe. In der älteren, nur für Norddeutschland repräsentativen Studie von Napp-Peters (1985) lehnten sogar die meisten Alleinerziehenden – 60 Prozent der Mütter und fast 50 Prozent der Väter – eine Heirat bzw. Wiederheirat ab. Die meisten Mütter befürchteten, wieder in die traditionale Frauenrolle abgedrängt zu werden. Nur eine Minderheit – meist geschiedene Frauen, die sehr lange verheiratet gewesen waren und zur Zeit keinen Beruf ausübten – hatte Schwierigkeiten, eine positive Identität als Alleinerziehende aufzubauen (Gutschmidt 1986).

Insgesamt dürfte Alleinerziehen als *bewusst gewählter Lebensstil* wohl die Ausnahme sein. Für die meisten Alleinerziehenden stellt diese Lebensform eine *biographische Phase* dar, die in andere, partnerschaftliche Lebensformen überführt wird, wie auch an der starken Tendenz zur Wiederheirat erkennbar ist (vgl. *Abschnitt 6.5).* Für viele handelt es sich aber auch um eine *dauerhafte (freiwillige oder unfreiwillige) Alternative* zu anderen Lebensformen. So lebt die Hälfte der alleinerziehenden Frauen in der Bundesrepublik schon länger als fünf Jahre mit dem Kind (oder den Kindern) allein, rund 30 Prozent sogar schon über 10 Jahre (Schneider u. a. 1998). Ein beträchtlicher Teil der Alleinerziehenden hat sich anscheinend mit der unfreiwillig zustande gekommenen Lebensform arrangiert und deren positive Seiten zu schätzen gelernt. Die Akzeptanz für eine unbemannte Mutterschaft ist dabei in der Bevölkerung enorm gestiegen. Anfang der 1990er Jahre können es 80 Prozent der westdeutschen Frauen zwischen 20 und 39 Jahren und 92 Prozent der altersgleichen ostdeutschen Frauen „gutheißen, wenn eine Frau ein Kind alleine haben und erziehen will, aber keine dauerhafte Beziehung mit einem Mann eingehen möchte" (Dorbritz/Fux 1997, 53). In einer Studie von Brake (2003) Ende der 1990er Jahre traf die Vorstellung, dass Frauen heutzutage auch ohne Mann Kinder aufziehen können, bei den jungen Männern zwischen 18 und 21 auf deutlich mehr Besorgnis als bei den altersgleichen jungen Frauen. Nur 15 Prozent der jungen Frauen, jedoch etwa dreimal so viele junge Männer bezeichneten eine solche Entwicklung als „schlimm".

Auch in der *ehemaligen DDR* wohnte man selten aus Überzeugung allein mit dem Kind, sondern die Ein-Eltern-Familie hatte sich meist zwangsläufig infolge instabiler Partnerschaften „so ergeben" (Gysi 1989). Bei ledigen Müttern handelte es sich häufig um eine zeitlich befristete, der Eheschließung vorgeschaltete Phase, um auf diese Weise in den Genuss sozialpolitischer Leistungen (z. B. Bevorzugung bei der Wohnungszuteilung, Freistellung von der Arbeit bei Krankheit des Kindes) zu kommen, die nur von Alleinerziehenden in Anspruch genommen werden konnten. Auch die meisten geschiedenen Alleinerziehenden wünschten sich einen neuen Partner. Dabei ist das Selbstbild Alleinerziehender in den neuen Ländern deutlich negativer gefärbt als das Selbstbild westdeutscher Alleinerziehender (Schlemmer 1994). Auch erleben die alleinerziehenden Mütter in den neuen Bundesländern ihre Situation aufgrund des sozialen Umbruchs und der damit einhergehenden Einschränkungen und Unsicherheiten als wesentlich belastender als die Mütter in den alten Bundesländern.

6.5 Fortsetzungsehen oder Folgeehen: Vom Muster der permanenten Monogamie zur Monogamie auf Raten?

Immer mehr Ehen werden geschieden, wobei die meisten Geschiedenen eine neue Ehe eingehen. Der Anstieg der Wiederheiraten im Verlauf des 20. Jahrhunderts darf allerdings nicht darüber hinwegtäuschen, dass Zweit- und Drittehen in der alteuropäischen Gesellschaft eine noch größere Rolle gespielt haben als heute. Man schätzt, dass der Anteil der Wiederheiratenden an allen Eheschließungen im 16. bis 19. Jahrhundert zwischen 20 und 30 Prozent gelegen hat. Wie Trost (1984) am Beispiel Schwedens verdeutlicht, war dieser Anteil zu Beginn des 20. Jahrhunderts auf 10 Prozent abgesunken, und erst 1980 war wieder die Situation um 1800 erreicht. Allerdings handelte es sich damals mit wenigen Ausnahmen um Wiederheiraten von Verwitweten, während heute die Geschiedenen das Bild bestimmen.

Seit den 1960er Jahren nimmt die *Wiederheirat*, legt man die relative Anzahl der Wiederheiratenden (d. h. deren Anteil an den Heiratenden insgesamt) zugrunde, zu. Im Jahr 2000 waren nur noch 64 Prozent der westdeutschen und 59 Prozent der ostdeutschen Eheschließungen Erstehen von Mann und Frau. 1960 waren es noch 83 bzw. 78 Prozent (Engstler/Menning 2003). Die Wiederheirat nach Scheidung hat dabei die Wiederheirat nach Verwitwung abgelöst. 95 Prozent der 1999 neu gegründeten Folgeehen von Frauen gegenüber 67 Prozent im Jahr 1960 waren Eheschließungen nach vorheriger Scheidung. Die noch Anfang des Jahrhunderts vorherrschende Form der Wiederverheiratung Verwitweter ist fast bedeutungslos geworden.

Während der Anteil der Geschiedenen an der Gesamtzahl der Eheschließenden zunimmt, ist die *Wiederverheiratungsneigung der Geschiedenen* rückläufig. Nach der *zusammengefassten Wiederverheiratungsziffer* – berechnet als Verhältnis der geschiedenen Eheschließenden zu den Geschiedenen der letzten 30 Jahre – hätten 2004 in Deutschland 52 Prozent der geschiedenen Männer und 56 Prozent der geschiedenen Frauen erneut geheiratet (Grünheid 2006). 1975 waren es noch 67 Prozent der geschiedenen Männer und 66 Prozent der geschiedenen Frauen. Die Wiederverheiratungsneigung in der DDR lag in den 1970er und 1980er Jahren mit zusammengefassten Wiederverheiratungsziffern zwischen 60 und 70 geringfügig über der in der Bundesrepublik gemessenen. Erst nach dem Beitritt ist die Wiederverheiratungsneigung drastisch gesunken (1991: Männer und Frauen je 35). Bereits 1992 hat ein Wiederanstieg eingesetzt, der bis heute andauert. 2004 bestanden zwischen den alten (Männer: 53 Prozent; Frauen 57 Prozent) und den neuen Ländern (Männer: 55; Frauen 58) nur noch minimale Unterschiede. Wesentlich geringer waren die Werte für Berlin (Männer: 38; Frauen: 39). Von den geschiedenen Wiederheiratenden hat jede(r) Zweite einen ebenfalls Geschiedenen als neuen Partner bzw. als neue Partnerin (Schwarz 1998).

Männer gehen immer noch wesentlich früher eine neue Ehe ein (im Durchschnitt nach knapp 3 Jahren) als Frauen (nach 5 bis 6 Jahren) (Klein 1990). Reichen Männer die Scheidung ein, so haben sie oft schon eine neue Partnerin, die sie bald darauf heiraten (Engstler 2002). Hingegen beantragen Frauen die Scheidung seltener wegen eines neuen Mannes, den sie bald heiraten möchten, sondern meist dann, wenn die Ehe für sie unerträglich geworden ist. Die sinkende Wiederverheiratungsneigung der Männer könnte mit Unterhaltsverpflichtungen aus der früheren Ehe zusammenhängen, die eine Wiederheirat erschweren. Bei Frauen ist an den drohenden Verlust von Unterhaltszahlungen zu denken. Eine noch wichtigere Rolle dürfte aber, besonders für kinderlose Geschiedene, die Zunahme von nichtehelichen Lebensgemeinschaften als attraktive Alternative zu einer erneuten Eheschließung spielen.

Die insgesamt immer noch relativ starke, wenn auch leicht sinkende Neigung zur Wiederheirat spricht dafür, dass steigende Scheidungszahlen nicht mit einem Bedeutungsverlust der Institution Ehe gleichzusetzen sind. Nach Ansicht des US-Soziologen Furstenberg Jr. (1987) ist die Ehe als Institution immer weniger bindend geworden und gleichzeitig haben sich die Ansprüche an eine zufriedenstellende Ehe noch erhöht. „Der gestiegene Wert, der ehelichem Glück beigemessen wird, bedeutet aber letztlich, dass die Individuen ihre Beziehungen mit schärferem Blick beurteilen und folglich eher bereit sind, eine Ehe aufzulösen, die zwar vielleicht ganz annehmbar, aber gemessen an den neuen Standards emotional unbefriedigend ist ... Die Suche nach ehelicher Zufriedenheit führt deshalb oft zu Ehekarrieren, die Individuen wie eine Berufskarriere beschreiten, um ihre Ehesituation stufenweise zu verbessern" (Furstenberg Jr. 1987, 31/32). Furstenberg Jr. spricht in diesem Sinne von dem neuen Lebensmuster der *Fortsetzungsehe* (auch: *sukzessive Ehe*; *Monogamie auf Raten*; *serielle Monogamie)*. Allerdings gibt es neben dem Alleinwohnen (evtl. mit Kindern) noch weitere Alternativen zur Wiederheirat: die nichteheliche Lebensgemeinschaft und das „living apart together". Die steigende Zahl Geschiedener in nichtehelichen Lebensgemeinschaften spricht dafür, dass das unverheiratete Zusammenleben als Paar nicht nur immer häufiger eine Alternative zur Erstehe, sondern auch zur Zweitehe geworden ist. Dies gilt seit den 1970er Jahren, wie de Jong Gierveld (2004) für die Niederlande zeigt, selbst für ältere Menschen (in der Altersgruppe 55 bis 89 Jahre). Wie häufig nichteheliche Lebensgemeinschaften die Zweitehe ersetzen oder die Wiederheirat nur verzögern, ist allerdings nicht bekannt.

Die Wiederverheiratungsneigung Geschiedener hängt von personenbezogenen, ehebiographischen und juristischen Merkmalen sowie von den Strukturen des Heiratsmarkts ab. Wichtige *Bestimmungsfaktoren der Wiederverheiratungswahrscheinlichkeit* sind nach der Sekundäranalyse internationaler Studien von Heekerens (1988) und den empirischen Untersuchungen in der Bundesrepublik von Klein (1990) und Lankuttis/Blossfeld (2003) sowie der Studie von Engstler (2002) in der Schweiz:

- *Scheidungsalter:* In allen Untersuchungen hat sich das Scheidungsalter als die wesentliche Determinante der Wiederheirat erwiesen. Die Wiederverheiratungswahrscheinlichkeit sinkt mit steigendem Scheidungsalter. Im Durchschnitt aller Geburtskohorten beträgt die Wiederverheiratungswahrscheinlichkeit bei einem Scheidungsalter von 25 Jahren für Männer 95 Prozent und für Frauen 75 Prozent, bei einem Scheidungsalter von 40 Jahren 62 bzw. 43 Prozent und bei einem Alter von 50 Jahren 36 bzw. 27 Prozent. Je später die Scheidung erfolgt, desto unmittelbarer wird, falls überhaupt, wieder geheiratet. Je älter Frauen bei der Scheidung sind, desto größer ist die Differenz zur Wiederheiratsquote der Männer gleichen Alters, was vor allen Dingen an dem mit zunehmendem Alter ungünstiger werdenden Zahlenverhältnis zwischen unverheirateten Männern und Frauen ähnlichen Alters (den altersspezifischen Heiratsmarktstrukturen) liegt.
- *Bildungsstatus:* Ein hohes Bildungsniveau erhöht bei Männern die Neigung zur Wiederheirat beträchtlich (um 20 Prozent für jedes Bildungsjahr), denn qualifizierte und damit in der Regel auch einkommensstarke Männer sind attraktive Heiratspartner und der Pool verfügbarer Partnerinnen mit gleicher oder niedrigerer Bildung steigt an. Bei den Frauen ist dagegen das Bildungsniveau weitgehend unbedeutend für die Wahrscheinlichkeit, eine zweite Ehe einzugehen. Denn besser gebildete Frauen sind finanziell unabhängiger und weniger auf die traditionale Frauenrolle festgelegt. Auch verkleinert sich der verfügbare Pool von „angemessenen" Heiratspartnern bei den Frauen umso mehr, je qualifizierter sie sind.
- *Sozio-ökonomischer Status:* Männer mit hohem Status (Einkommen, berufliche Position) haben eine hohe, Frauen mit hohem Status haben eine niedrige Wiederverheiratungswahrscheinlichkeit. Vermutlich sind Frauen mit niedrigem sozio-ökonomischen Status aus Gründen der Existenzsicherung häufiger zu einer baldigen Wiederheirat gezwungen, während Männer mit niedrigem Status sich eine Zweitehe oft finanziell nicht leisten können (Unterhaltsverpflichtungen etc.).
- *Scheidung nach langer Ehe:* Eine Scheidung nach langer Ehedauer der vorherigen Ehe erhöht die Wiederheiratswahrscheinlichkeit. Der Grund dürfte darin liegen, dass die Orientierung der Geschiedenen auf die Ehe als bevorzugte Lebensform umso stärker ist, je länger diese Lebensform praktiziert worden ist.
- *Kinder aus erster Ehe:* Einerseits wollen geschiedene Mütter ihren Kindern häufig eine „vollständige" Familie bieten. Andererseits bedeutet die Ein-Eltern-Situation eine starke Konzentration auf das Haus und damit eine verstärkte soziale Isolation mit geringeren Chancen zur Kontaktaufnahme. In der Bundesrepublik ist der erste Effekt bedeutsamer. Geschiedene mit Kindern unter 6 Jahren aus der ersten Ehe haben eine wesentlich höhere Neigung, wieder zu heiraten. „Vermutlich ist die Heiratswahrscheinlichkeit geschiedener Mütter in der Kleinkindphase auf Grund des größeren Wunsches der Frau nach Wiederherstellung einer ‚vollständigen' Familie und der schnelleren gegenseitigen Akzeptanz zwischen den Kindern und einem neuen Partner der Frau erhöht, während sich in der Pubertätsphase wegen des ausgeprägten Widerstands der Kinder gegen die Aufnahme eines neuen Partners der Frau in die Familie die Wiederheiratswahrscheinlichkeit verringert" (Engstler 2002, 211).
- *Rechtliche Regelungen:* Je mehr Kinder geschiedene Väter finanziell unterstützen müssen („Zahlkinder") und je höher deshalb ihre Unterhaltsverpflichtungen sind, desto geringer ist die Wiederverheiratungswahrscheinlichkeit. Bei Beendigung der Unterhaltszahlen

steigt die Wiederheiratsrate der geschiedenen Väter wieder an. Auch befristete Alimentenpflichten des Mannes gegenüber seiner Ex-Frau haben eine aufschiebende Wirkung auf die Wiederheirat der Männer. Je länger geschiedene Frauen Anspruch auf nachehelichen Unterhalt gegenüber ihrem Ex-Mann haben, desto seltener heiraten sie erneut.

Auch heute ist das *Scheidungsrisiko von Zweit- und Drittehen* größer als das von Erstehen. Über die Ursachen kann nur spekuliert werden (Hellwig 2001). Unter den Wiederheiratenden finden sich erstens möglicherweise gehäuft Personen, die psychisch gestört sind. Die Persönlichkeitsstörungen können schon vor der ersten Heirat bestanden haben, sie können aber auch erst aufgrund der der Scheidung vorausgehenden Ehekonflikte oder als Folge traumatischer Trennungserfahrungen entstanden sein. Ein zweiter Erklärungsansatz führt die größere Scheidungsanfälligkeit von Zweitehen auf die Anwesenheit von Stiefkindern zurück, die vielfältige Probleme mit sich bringen und das Zusammenwachsen der Partner zum Paar häufig erschweren oder gar unmöglich machen (vgl. *Abschnitt 7.1).* Drittens hat die soziale Norm von der Unauflösbarkeit der Institution Ehe für Menschen, die den Scheidungsprozess bereits durchlaufen haben, vermutlich an Verbindlichkeit eingebüßt. Die Scheidung wird weniger als „Katastrophe“ angesehen, und man ist entsprechend eher geneigt, bei Konflikten die Konsequenzen zu ziehen. Insgesamt ist die Differenz zwischen den Scheidungsquoten von Erst- und Zweitehen in der Bundesrepublik aber relativ gering, für Heekerens (1988) ein Anzeichen dafür, dass die Zweitehe auch Stärken aufweisen muss. Vorteilhaft kann sich auswirken, dass bestimmte Heiratsmotive – wie die Flucht aus der Abhängigkeit vom Elternhaus oder der soziale Druck der Umwelt – weitgehend entfallen. Auch sind „Muss-Heiraten“ seltener, und Geschiedene gehen die Zweitehe möglicherweise mit gedämpfteren (realistischeren?) Erwartungen ein.

7 Entkoppelung von biologischer und sozialer Elternschaft

Immer häufiger fallen biologische und soziale Elternschaft auseinander. Die Blutsverwandtschaft zwischen Eltern und Kindern löst sich ab von der familialen Lebensgemeinschaft (= *Erosion der bio-sozialen Einheit der Familie).* Da Scheidung zu einem Massenphänomen geworden ist und gleichzeitig die Zahl der Wiederverheiratungen hoch ist, hat sich einmal die Anzahl von *Stiefkindschaften* erhöht. Daneben wachsen immer mehr Kinder nur noch bei einem biologischen Elternteil, also in einer *Ein-Eltern-Familie* auf. Quantitativ weniger bedeutsam sind zwei weitere Phänomene, die ebenfalls ein Zerbrechen der bio-sozialen Einheit der Familie anzeigen: die *Adoptivfamilie* (Elternschaft ohne jegliches biologisches Verwandtschaftsverhältnis) und die *heterologe Inseminationsfamilie,* bei der aufgrund der Entwicklung „neuer" Reproduktionstechnologien die Einheit von Reproduktionstriade und erziehender Familie auseinanderfällt. Generell gilt: Immer mehr Kinder sind nicht mehr „eigene" Kinder, immer mehr Kinder leben nicht mehr mit den „eigenen" Eltern. Laut Gross und Honer (1990) wird man in Zukunft zu unterscheiden haben zwischen altmodischen Kernfamilienkindern, „normalen" mobilen Mehrkernfamilienkindern (z. B. Stiefkindern) und künstlich gezeugten „geschichtslosen" Kindern.

Neben den institutionalisierten Formen gibt es eine *„verdeckte" Form fragmentierter Elternschaft,* die dann entsteht, wenn Kinder außerehelich gezeugt werden und als gemeinsame Kinder der Ehepartner aufwachsen. Juristen sprechen in dem Fall, dass die wahre Vaterschaft verheimlicht wird, von *„Kindesunterschiebung"*. Die Kooperationsgemeinschaft der freien Sachverständigen für Abstammungsgutachten in Deutschland (Valid) geht davon aus, dass 10 Prozent aller Kinder in Deutschland nicht von ihrem vermeintlichen Vater stammen. Für ländliche Gebiete Nordhessens reichen die Schätzungen sogar bis zu 17 Prozent (Hassebrauck/Küpper 2002). Das Bundesverfassungsgericht hat am 13.2.2007 entschieden, dass Vaterschaftstests, die ohne die Einwilligung der Mutter durchgeführt wurden, nicht als Beweismittel vor Gericht angeführt werden dürfen, da sie in das Selbstbestimmungsrecht über persönliche Informationen von Mutter und Kind eingreifen. Der Gesetzgeber muss allerdings Vätern bis zum 31. März 2008 einen einfachen Weg eröffnen, Zweifel an der biologischen Abstammung ihres Nachwuchses durch einen legalen Gentest zu überprüfen. Denn das Recht von Mutter und Kind, Gendaten nicht preiszugeben, ist grundsätzlich weniger schützenswert als der Anspruch des angeblichen Vaters auf Kenntnis der Abstammung, so die Richter (zur Geschichte der sog. „Vaterschaftslüge" und den rechtlichen und psychischen Folgen für die betroffenen Nicht-Väter, Väter, Kinder und Mütter siehe Haas/Waldenmaier 2004). Nach einer neueren Entscheidung des Schleswig-Holsteinischen Oberlandesgerichts (OLG) kann ein Ehemann für ein „Kuckuckskind" vom tatsächlichen Erzeuger nachträglich seine bislang geleisteten Kindesunterhaltszahlungen zurückfordern. Dabei spielt es keine Rolle, ob der „Scheinvater" sich irrtümlich für den leiblichen Vater hielt oder ob er die Umstände kannte, die für die Vaterschaft eines anderen Mannes sprachen.

7.1 Stieffamilien

Stieffamilien sind keine Erfindung der Neuzeit. In England und Frankreich waren zwischen dem 16. und 18. Jahrhundert etwa 25 bis 30 Prozent aller Ehen aufgrund der geringen Lebenserwartung und der hohen Müttersterblichkeit keine Erstehen. Um das wirtschaftliche Überleben der Familie zu sichern, war der verwitwete Elternteil gezwungen, erneut zu heiraten. Heute werden Stieffamilien hingegen frei gewählt und entstehen meist nach einer Scheidung oder Trennung. Eine wissenschaftliche Beschäftigung mit Stieffamilien fand bis in die 1970er Jahre in der Bundesrepublik kaum statt. Das geringe Interesse ist sicherlich dadurch mitbedingt, dass die Stieffamilie nach außen wie eine „normale" (vollständige) Familie erscheint, ihr „Anderssein" also nicht auf den ersten Blick erkennbar ist, und dass sich Stieffamilien auch selbst selten als solche zu erkennen geben, um nicht als „anders" als die Normalfamilie zu erscheinen. Erst mit der Ausbreitung dieser Familienform im Gefolge der steigenden Scheidungsziffern und des steigenden Anteils nichtehelicher Geburten geriet die besondere Situation von Stieffamilien ins Blickfeld der Öffentlichkeit. Die Forschung ist bisher vorwiegend klinisch orientiert, was darauf hindeutet, dass die Stieffamilie eine besonders problembehaftete Familienform darstellt.

Bei Stieffamilien handelt es sich um das quantitativ gesehen bedeutsamste Beispiel von *fragmentierter Elternschaft bzw. gebrochener Filiation.* Biologische und soziale Elternschaft fallen *teilweise* auseinander. Die soziale Elternschaft wird nicht mehr von beiden biologischen Eltern gemeinsam praktiziert – zumindest wird sie in die Form getrennter elterlicher Verantwortung überführt –, und die soziale Elternschaft wird zusätzlich einer weiteren Person, der Stiefmutter oder dem Stiefvater, zugeteilt. Mit dem Begriff *Stieffamilie* werden eine Vielzahl heterogener Familientypen bezeichnet, denen eines gemeinsam ist: „Zu den beiden leiblichen Elternteilen tritt mindestens ein sozialer Elternteil hinzu, oder ein verstorbener Elternteil wird durch ein soziales gewissermaßen ersetzt" (Bien u. a. 2002, 87). Unter diese Definition fallen auch ledige Mütter, die einen anderen Mann als den Vater des Kindes heiraten. Die Definition stellt also nicht auf das Kriterium der Wiederverheiratung ab, sondern geht von der Zusammensetzung der neuen Familie aus.

Stieffamilien erstrecken sich in der Regel über mehrere Haushalte. Viele Kinder haben sowohl einen Stiefvater als auch eine Stiefmutter, da beide leiblichen Eltern wieder geheiratet haben. Diejenige Familie, in deren Haushalt das Kind mit seinem leiblichen Elternteil und dessen neuem Partner/neuer Partnerin, unabhängig von der jeweiligen Sorgerechtsregelung, überwiegend wohnt, wird als *primäre Stieffamilie* (oder Alltagsstieffamilie) bezeichnet, die Familie des außerhalb lebenden Elternteils mit neuem Partner/neuer Partnerin, in der sich das Kind zeitweise, z. B. am Wochenende oder in den Ferien, aufhält, als *sekundäre Stieffamilie* (oder Wochenendstieffamilie). Eine Stiefkonstellation liegt also vor, wenn ein Kind bei einem leiblichen Elternteil lebt und mindestens einer der leiblichen Elternteile eine neue Partnerschaft eingegangen ist.

Typologisch lassen sich folgende *Formen primärer Stieffamilien* danach unterscheiden, welcher Partner Kinder in die Beziehung einbringt (Bien u. a. 2002):

- *Einfache Stieffamilie:* Ein Partner bringt Kinder in die Beziehung ein, ohne dass weitere gemeinsame Kinder im Haushalt leben. Es existiert also ein leiblicher Elternteil und ein Stiefelternteil. Bringt der leibliche Vater nach dem Tod der Partnerin oder nach der Ehescheidung Kinder in die Beziehung ein, spricht man von *Stiefmutterfamilien.* Bringt die leibliche Mutter Kinder in die Beziehung ein, so handelt es sich um *Stiefvaterfami-*

lien. Im Falle der *legitimierenden Stieffamilie* heiratet die Mutter eines nichtehelichen Kindes einen anderen Mann als den leiblichen Vater des Kindes.

- *Zusammengesetzte Stieffamilie:* Beide Partner bringen Kinder in die Beziehung ein, ohne dass weitere gemeinsame Kinder im Haushalt leben. Beide Elternteile sind also gleichzeitig leibliche Elternteile und Stiefelternteile.
- *Komplexe Stieffamilie:* Zu den Stiefkindern treten gemeinsame leibliche Kinder hinzu. Dieser Familientyp kann entweder aus einer einfachen oder einer zusammengesetzten Stieffamilie hervorgehen (zur Fertilität in Stieffamilien siehe Klein/Eckhard 2004). Thomson (2004) weist anhand der Daten des Family and Fertility Survey 1992 für diverse europäische Länder – auch für West- und Ostdeutschland – nach, dass Paare einen starken Drang nach (mindestens) einem *gemeinsamen Kind* verspüren, auch wenn bereits ein Kind oder mehrere Kinder aus einer früheren Beziehung vorhanden sind. Das neue Paar hofft auf diese Weise, die gemeinsame Bindung zu stärken und eine „richtige Familie" zu werden. Im Generations and Gender Survey 2005/2006 machten die komplexen Stieffamilien einen Anteil von 3,9 Prozent an allen Familienformen aus (Hullen 2006).
- *Mehrfach fragmentierte Stieffamilie:* Die Zusammensetzung der Familie verändert sich aufgrund wiederholter Scheidung bzw. wiederholten Todes eines Elternteils mit anschließender Wiederheirat mehr als einmal.

Zusätzlich werden primäre Stieffamilien in *eheliche und nichteheliche Stieffamilien* unterteilt. Ein erweiterter Begriff von Stieffamilie berücksichtigt auch „living-apart-together"-Beziehungen. Am verbreitetsten sind eheliche komplexe Stieffamilien sowie eheliche und nichteheliche einfache Stiefvaterfamilien. In der Vergangenheit war meist der Tod eines Elternteils Anlass für eine Wiederheirat und für die Gründung einer Stieffamilie. Heute entstehen in der Bundesrepublik wesentlich mehr Stieffamilien als Folge von Ehescheidungen als als Folge von Verwitwungen. *Stiefvaterfamilien* konstituieren sich meist durch Scheidung und Wiederheirat der sorgeberechtigten Mutter, *Stiefmutterfamilien* meist aufgrund des Todes der leiblichen Mutter und Wiederheirat des Vaters (Schwarz 1984). Die meisten Stiefkinder erleben nicht den physischen Verlust eines Elternteils, sondern werden zu einem *„elternreichen" Kind*, da die soziale Familie um ein Stiefelternteil und eventuell um die neue Familie des getrennt lebenden Elternteils erweitert wird (Walper 1993).

Vom Statistischen Bundesamt wird die Familienform Stieffamilie wegen erhebungstechnischer Probleme und rechtlicher Bedenken (Datenschutz) nicht gesondert erfasst. In Deutschland liegt lediglich eine einzige größere empirische Untersuchung zur Situation von Stieffamilien vor. Die repräsentative Studie stammt von Bien u. a. (2002; 2002a) auf der Grundlage einer Auswertung der dritten Welle des Familiensurveys, einer Befragung von über 8 000 Personen in West- und Ostdeutschland im Jahr 2000. Dabei wurden Stiefkonstellationen aus der Sicht mehrerer Mitglieder untersucht und sowohl die Perspektive der Erwachsenen als auch die der Kinder erfasst. Anders als in den Medien verbreitet sind Stiefkinder und Stieffamilien in Deutschland vergleichsweise selten (vgl. *Tabelle 44).* Von den 12,5 Millionen minderjährigen Kindern in Deutschland, die im Jahr 2000 bei verheirateten Eltern lebten, sind 535 000 (= 4,3 Prozent) *Stiefkinder.* Der Anteil in den alten Bundesländern liegt mit 3,4 Prozent weit unter dem Anteil in den neuen Bundesländern (8,9 Prozent). Nach Angaben des in den Jahren 2005/2006 durchgeführten Generations and Gender Survey (GGS) wachsen heute in Ost- wie in Westdeutschland 8,4 Prozent aller minderjährigen Kinder mit einem Stiefelternteil auf (Hullen 2006). Der leibliche Elternteil hat einen neuen Partner bzw. eine neue Partnerin, mit dem/der er verheiratet zusammen wohnt.

Von den 752 000 minderjährigen Kindern in nichtehelichen Lebensgemeinschaften sind laut Familiensurvey 315 000 Stiefkinder (= 42 Prozent aller Kinder in nichtehelichen Lebensgemeinschaften; vgl. *Tabelle 44)*. Ebenfalls 315 000 Stiefkinder wachsen bei einem alleinerziehenden Elternteil auf, der in einer Partnerschaft mit getrennten Haushalten lebt (= 15,7 Prozent aller Kinder von Alleinerziehenden). Legt man eine weite Definition von Stieffamilie zugrunde und berücksichtigt auch nichteheliche Partnerschaften und Partnerschaften mit getrennten Haushalten, dann lebten in Deutschland im Jahr 2000 insgesamt rund 1,17 Millionen Stiefkinder (= 7,6 Prozent aller Minderjährigen). Dabei ist der Anteil in den neuen Bundesländern mit 12,5 Prozent fast doppelt so hoch wie in den alten Bundesländern (6,6 Prozent). Den Daten des Generations and Gender Survey zufolge lebten 2005/2006 in Deutschland 9,2 Prozent aller Minderjährigen mit ihrer Mutter mit neuem Partner oder ihrem Vater mit neuer Partnerin in einer Stieffamilie, wobei es sich um eine eheliche oder nichteheliche Partnerschaft handeln kann (Hullen 2006). Der Anteil in Ostdeutschland liegt mit 10,3 Prozent nur leicht über dem Anteil in Westdeutschland (8,9 Prozent).

Tabelle 44: Stiefkinder unter 18 Jahren in Ehen, nichtehelichen Lebensgemeinschaften und „living apart together"-Partnerschaften (Deutschland 2000)

Familienform		Alte Bundesländer	Neue Bundesländer	Deutschland
Kinder in Ehen	N Kinder	10 602 000	1 920 000	12 522 000
	N Stiefk.	365 000	170 000	535 000
	% Stiefk.	3,4 %	8,9 %	4,3 %
Kinder in nichtehelichen Lebensgem.	N Kinder	435 000	317 000	752 000
	N Stiefk.	205 000	110 000	315 000
	% Stiefk.	47,0 %	35,0 %	42,0 %
Kinder bei Alleinerziehenden	N Kinder	1 524 000	482 000	2 006 000
	N Stiefk.	255 000	60 000	315 000
	% Stiefk.	16,7 %	12,5 %	15,7 %
Gesamt	N Kinder	12 561 000	2 719 000	15 280 000
	N Stiefk.	825 000	340 000	1 165 000
	% Stiefk.	6,6 %	12,5 %	7,6 %

Quelle: Bien u. a. 2002, 91

Zählt man anstelle der Stiefkinder die *Stieffamilien*, so zeigt sich folgendes Bild (vgl. *Tabelle 45)*: Von den rund 7,9 Millionen Familien in Deutschland mit Kindern unter 18 Jahren, bei denen die Eltern verheiratet oder unverheiratet zusammen wohnen, sind 640 000 (= 8,1 Prozent) Stieffamilien. Jede zweite eheliche Stieffamilie und 15 Prozent der nichtehelichen Stieffamilien sind *komplexe Familien.* Berücksichtigt man auch Partnerschaften mit getrennten Haushalten, dann gab es in Deutschland im Jahr 2000 885 000 Stieffamilien. Das sind 9,5 Prozent aller Familien mit minderjährigen Kindern. Der Anteil in den neuen Bundesländern liegt mit 14,5 Prozent deutlich über dem Anteil in den alten Bundesländern (8,3 Prozent). Der Generations and Gender Survey (GSG) kommt für die Jahre 2005/2006 sogar auf einen etwas höheren Anteil von 10,8 Prozent Haushalten mit Stieffamilien an allen Haushalten mit minderjährigen Kindern. Von allen Stieffamilien in Deutschland sind 45 Prozent verheiratete Familien, 27 Prozent nichteheliche Lebensgemeinschaften und 28 Prozent alleinerziehende Eltern, die in einer Partnerschaft mit getrennten Haushalten leben. Bei den Verheirateten gibt es in mehr als der Hälfte der Familien neben den Stiefkindern auch gemeinsame leibliche Kinder. Die Werte in Westdeutschland liegen in der Größenordnung Italiens und Spaniens, die Werte in Ostdeutschland ähneln denen in Skandinavien.

Tabelle 45: Stieffamilien mit Kindern unter 18 Jahren (Ehen, nichteheliche Lebensgemeinschaften und „living apart together"-Partnerschaften) (Deutschland 2000)

Familienform		Alte Bundesländer	Neue Bundesländer	Deutschland
Ehen	N Familie	6 116 000	1 248 000	7 364 000
	N Stieff.	280 000	120 000	400 000
	% Stieff.	4,6 %	9,6 %	5,4%
Nichteheliche Lebensgemeinschaft	N Familie	306 000	225 000	531 000
	N Stieff.	150 000	90 000	240 000
	% Stieff.	49,0 %	40,0 %	45,2 %
Alleinerziehende	N Familie	1 064 000	354 000	1 418 000
	N Stieff.	190 000	55 000	245 000
	% Stieff.	18,0 %	16,0 %	17,0 %
Gesamt	N Familie	7 486 000	1 827 000	9 313 000
	N Stieff.	620 000	265 000	885 000
	% Stieff.	8,3 %	14,5 %	9,5 %

Quelle: Bien u. a. 2002, 91

Was die *wirtschaftliche Lage* betrifft, so bestehen zwischen Stieffamilien und Kernfamilien, unabhängig davon, ob die Eltern verheiratet sind oder in einer nichtehelichen Lebensgemeinschaft leben, keine gravierenden Unterschiede (Bien u. a. 2002). Das durchschnittliche Äquivalenzeinkommen von Stieffamilien liegt bei 94 Prozent des Äquivalenzeinkommens von Kernfamilien und damit deutlich über dem Äquivalenzeinkommen von Ein-Eltern-Familien (78 Prozent). Lediglich komplexe Stieffamilien, die in der Regel eine überdurchschnittlich hohe Kinderzahl aufweisen, verfügen über ein deutlich niedrigeres Haushaltseinkommen als Kernfamilien und bewegen sich auf dem Einkommensniveau alleinerziehender Mütter. Für alleinerziehende Mütter ist somit die Heirat oder Wiederheirat häufig tatsächlich der erfolgversprechendste Weg, ihre ökonomische Lage zu verbessern (Walper 1993). Die geringen finanziellen Unterschiede zwischen Stieffamilien und Kernfamilien in den alten Bundesländern lassen sich damit erklären, dass Mütter aus Stieffamilien häufiger Vollzeit erwerbstätig sind als Mütter aus Kernfamilien (25 vs. 11 Prozent). In den neuen Bundesländern ist dagegen annähernd jede zweite Mutter mit minderjährigen Kindern – dies gilt für Kern- wie für Stieffamilien gleichermaßen – Vollzeit erwerbstätig. Stieffamilien unterscheiden sich, sieht man einmal davon ab, dass die Mütter im Falle einer Trennung/Scheidung und Wiederheirat etwa 3 Jahre „reproduktiver Zeit" verlieren, US-Befunden nach zu urteilen in ihrem Geburtenverhalten nicht wesentlich von „normalen" Familien (Li 2006).

Die Forschung über Stieffamilien hat sich vorwiegend mit den strukturell induzierten Belastungen und dem typischen Konfliktpotential dieser Familienform befasst (Maier-Aichen 2001; Textor 2005; Walper/Wild 2002). Erst in neuerer Zeit ist man darauf aufmerksam geworden, dass die Stieffamilie auch besondere Chancen bietet. So dürften Partnerbeziehungen bewusster „gepflegt" werden, und aufgrund der Ausdehnung der Eltern-

und Großelternketten (Furstenberg Jr., 1987a, spricht in diesem Sinn von einer *„neuen erweiterten Familie"*) erhöhen sich die Kontaktmöglichkeiten für die Kinder und die potentiellen Quellen von Beistand und Unterstützung in Krisenzeiten.

Stieffamilien zeichnen sich im Vergleich zur Normalfamilie durch eine besondere *strukturelle Komplexität* aus. Nach der Scheidung lebt ein biologischer Elternteil außerhalb der neuen familialen Einheit. Stellt er nicht völlig den Kontakt zur ehemaligen Familie ein, so ist eine Klärung der Beziehungsstrukturen und eine Abstimmung der Erziehungskonzepte erforderlich. Selbst die Auflösung der ehemaligen Familie durch Tod schließt nicht aus, dass der verstorbene Elternteil „psychisch anwesend" ist und das Geschehen in der Stieffamilie (z. B. in der Erinnerung der Familienmitglieder und in der Sprachtradition) mit beeinflusst. „Die Geschichte der alten Familie wirkt in die gegenwärtigen Beziehungen der neuen Partner zueinander und zum Kind hinein ... Jede Dyade innerhalb der neuen stieffamilialen Einheit kann vor dem Hintergrund einer anderen Dyade verortet werden, einer vergangenen oder gegenwärtigen" (Hoffmann-Riem 1989, 402).

Vor allem die *klinische Forschung* hat sich anhand von Fallanalysen intensiv mit den (strukturbedingten) Problemen von Stieffamilien auseinandergesetzt. Aus der DDR sind keine Studien bekannt. Ein wesentlicher Konfliktherd resultiert aus der *fehlenden gemeinsamen Geschichte* der Mitglieder der neukonstituierten Familie. Während in der Normalfamilie die Partner Gelegenheit haben, Schritt für Schritt eine gemeinsame familiale Teilwelt (gemeinsame Gewohnheiten, Wertvorstellungen) aufzubauen (Berger/Kellner 1965), trifft in der Stieffamilie eine Person auf eine bereits bestehende komplexe Teilfamilie, die schon eine längere Geschichte und oft zahlreiche Konflikte hinter sich hat. Besonders in der Gründungsphase ist die Entwicklung der neuen Partnerbeziehung wegen der gleichzeitigen Anforderungen an die Partner als Eltern stark belastet. Der leibliche Elternteil ist häufig so stark auf das Kind fixiert, dass der Stiefelternteil leicht in eine Außenseiterrolle gerät. Seine Bemühungen um Intensivierung der Partnerbeziehung konkurrieren mit den kindlichen Ansprüchen. Gelingt es dem Stiefelternteil nicht, rasch ein gutes Verhältnis zum Kind aufzubauen, wird die Beziehung zerbrechen, denn im Ernstfall besitzen für die leiblichen Eltern fast immer die Kinder Priorität.

Der erforderliche Anpassungsprozess wird zusätzlich dadurch erschwert, dass es keine klaren, eindeutigen *Rollendefinitionen* für den Stiefelternteil und die Stiefkinder gibt (Coleman u. a. 2000). Stieffamilien sind „unvollständige Institutionen", da für sie keine gesellschaftlich anerkannten Rollen und Normen existieren. Der Stiefelternteil ersetzt den leiblichen Elternteil nicht einfach, sondern er muss eine gesellschaftlich kaum vorstrukturierte Rolle gegenüber dem Kind *neben* den biologischen Eltern entwerfen (Walper/Wild 2002). Die Rollenambiguität zeigt sich daran, dass Stiefeltern häufig nicht wissen, wie sie ihre Kinder behandeln sollen – als Eltern, Freunde oder (was immer dies auch heißen mag) als Stiefeltern? Die Verunsicherung äußert sich häufig in einer extremen Sensibilisierung und in einem Überengagement des Stiefelternteils. Jedes Verhalten des Kindes wird zum Prüfstein, ob er vom Kind akzeptiert wird oder nicht, was sich gerade in der Gründungsphase der Stieffamilie als sehr belastend erweisen kann. Dabei nehmen die Probleme – so die Ergebnisse einer deutschen Längsschnittstudie – im Laufe der Zeit sogar noch zu (Graf/Walper 2002). Nach US-amerikanischen Befunden beteiligen sich Stiefväter auch in schon lange bestehenden Stieffamilien nur marginal an der Erziehung der Kinder und nehmen eine eher unterstützende Haltung ein (Hetherington/Stanley-Hagan 2000).

Für die Kinder bedeutet die Wiederverheiratung meist den Verlust (oder den befürchteten Verlust) einer besonders engen Eltern-Kind-Beziehung. Während der Phase der Ein-

Eltern-Familie, die der Gründung der Stieffamilie meist zeitlich vorausgeht, übernehmen Kinder häufig Aufgaben des nicht mehr im Haushalt lebenden Elternteils. Im Extremfall kommt es zu einem *Überschreiten der Generationsgrenzen.* Ältere Jungen, die bei einer alleinerziehenden Mutter aufwachsen, werden leicht zu einem Ersatzpartner der Mutter. Ein Rivalitätskonflikt mit dem Stiefvater, der als Bedrohung der privilegierten Position aufgefasst wird, ist damit schon vorprogrammiert. Dass auch Mädchen einem Stiefvater oft ablehnend begegnen, führt Walper (2002) darauf zurück, dass Töchter durch die Gründung einer Stieffamilie mehr zu verlieren haben als Söhne, da sie oft eine besonders enge Beziehung zu ihrer alleinerziehenden Mutter entwickelt haben, die in ihren Augen gefährdet ist. Somit überrascht es nicht, dass die Beziehung der Kinder zum leiblichen Elternteil, zumeist der Mutter, häufig zumindest vorübergehend leidet. In einer Studie von Visher und Visher (1995) tendierten die Kinder dann verstärkt zu Verhaltensabweichungen, wenn die Wiederverheiratung konkrete Formen annahm (10 Prozent zum Zeitpunkt der Trennung/ Scheidung, 50 Prozent zum Zeitpunkt der Wiederverheiratung).

Kinder und Jugendliche in Stieffamilien befürchten nicht nur den Verlust ihrer engen Beziehung zum sorgeberechtigten Elternteil. Sie verweigern auch häufig deshalb die Beziehung zum Stiefelternteil, weil sie nicht in *Loyalitätskonflikte* mit dem außerhalb lebenden Elternteil geraten wollen. Der Entschluss, dem Stiefelternteil gegenüber Zuneigung zu zeigen, ohne disloyal gegenüber dem außerhalb lebenden leiblichen Elternteil zu sein, ist für viele Kinder ein unlösbares Problem. Entsprechend lautet die Empfehlung an Stiefeltern, möglichst nicht mit dem außerhalb der Stieffamilie lebenden leiblichen Elternteil zu konkurrieren, sondern eine eigenständige Beziehung zum Kind (als Freund) aufzubauen. Die Bedeutung von Loyalitätsbeziehungen ist auch daran ablesbar, dass die Beziehungen zum Stiefelternteil dann besser sind, wenn die Erstehe durch Tod und nicht durch Scheidung gelöst wurde (Ferri 1984). Stiefmütter, die stärker als Stiefväter mit dem „Mythos sofortiger Liebe“ (Visher/Visher 1995) konfrontiert sind, bemühen sich intensiver um das Kind, greifen stärker in die Erziehung ein und erfahren besonders leicht Widerstand und Ablehnung, besonders seitens der Töchter. Auch müssen sie damit fertig werden, dass sich die leiblichen Mütter intensiv „einmischen“ und die neue Ehe stärker belasten als außerhalb lebende leibliche Väter (Walper 1993). Entsprechend erwies sich in einer Studie von O'Connor u. a. (2001) das Zusammenleben in Stiefmutterfamilien als konfliktreicher als das Zusammenleben in Stiefvaterfamilien.

Häufig bestehen unter den Mitgliedern der Stieffamilie sehr unterschiedliche Vorstellungen darüber, wo die *Außengrenze der Familie* verläuft. Ritzenfeldt (1998) hat in ihrer qualitativen Studie 20 Stiefvaterfamilien und 20 Kernfamilien mit mindestens einem Kind im Alter zwischen 7 und 11 befragt. Kein einziger Erwachsener in den Stieffamilien betrachtete den leiblichen Vater der Kinder als zur Familie zugehörig, aber alle zählten (mit einer Ausnahme) den Stiefvater dazu. Umgekehrt betrachteten bis auf zwei Kinder alle Kinder ihren leiblichen Vater als zur Familie zugehörig. Nur sechs nannten den Stiefvater (davon fünf sowohl den leiblichen Vater als auch den Stiefvater) als Mitglied der Familie (ähnlich die Ergebnisse der neuen qualitativen Studie von Röhr-Sendlmeier/Greubel 2004). Auch unterschieden sich die Erwachsenen und die Kinder ganz erheblich bei der Einschätzung der Stiefvater-Kind- und der Vater-Kind-Beziehung. Während die Stiefväter und Mütter die Stiefvater-Stiefkind-Beziehung als wesentlich enger ansahen als die Beziehung zwischen leiblichem Vater und Kind, bezeichneten die Kinder umgekehrt ihre Beziehung zum leiblichen Vater als intensiver. Auch im DJI Kinderpanel 2002 konkurrierten die Stiefelternteile mit einem außerhalb lebenden leiblichen Elternteil um die Gunst des

Kindes (Marbach 2005). Die acht- bis neunjährigen Kinder in Stiefvaterfamilien bewerteten ihre Beziehung zum außerhalb lebenden leiblichen Vater als besser als die zum Stiefvater. Für die Stieffamilie bedeutet dies, dass es ihr schwer fällt, eine *Identität als Familie* zu entwickeln (Zartler u. a. 2004). Es entsteht leicht ein Gefühl von fehlender Geborgenheit und ein Gefühl der Desorganisation. Die Stieffamilie muss also Grenzen finden, die einerseits den Stiefelternteil mit einschließen und andererseits den abwesenden leiblichen Elternteil nicht völlig ausschließen.

Auch die *Verarbeitung der „Andersartigkeit“* der Stieffamilie in den Außenbeziehungen und gegenüber dem Kind kann erhebliche Probleme bereiten. Einige Stieffamilien neigen dazu, die eigene familiale Andersartigkeit geheim zu halten und wie eine „normale“ Familie zu erscheinen. Hoffmann-Riem (1989) spricht in diesem Sinne von einer *„Normalisierung als ob“*. Um die eigene Verletzbarkeit zu verringern, wird das Stieffamiliensein tabuisiert, indem z. B. auf kernfamiliale Anredeformen (Mutter, Vater, Sohn, Tochter) zurückgegriffen wird. Hingegen ist die völlige Verheimlichung des Stiefelternstatus gegenüber dem Kind äußerst selten. In Fallstudien wird eher von einer Strategie berichtet, den außenstehenden Elternteil gegenüber dem Kind möglichst nicht zu thematisieren mit der Konsequenz, „dass die psychische Präsenz des anderen Elternteils in der Phantasiearbeit der Kinder verstärkt zum Ausdruck kommt“ (Hoffmann-Riem 1989, 399). Die Strategie des Negierens oder der Verharmlosung der Andersartigkeit verhindert oder erschwert eine konstruktive Auseinandersetzung mit anfallenden Problemen. Nicht unerwartet waren in einer US-Studie, in der 100 Stieffamilien mit „normalen“ Familien verglichen wurden, diejenigen Stieffamilien am ehesten zum Scheitern verurteilt, die sich unrealistisch am Modell der „normalen“ Familie orientierten (Bray/Kelly 1998).

Mit den innerfamilialen Kommunikationsbeziehungen in Stieffamilien und den unterschiedlichen Formen der Bewältigung der Stieffamiliensituation befasst sich die Studie von Bien u. a. (2002) anhand der Daten des Familiensurveys 2000. Dabei wurden Interviews mit 57 Müttern, 43 Stiefvätern, 59 Kindern und 12 leiblichen Vätern geführt. Die Stieffamilien lassen sich *idealtypisch drei Kommunikationstypen* zuordnen:

- die *gescheiterte Stieffamilie:* Familien dieses Typs, in denen die Integration des Stiefelternteils auch nach Jahren völlig misslungen ist, zeichnen sich durch eine sehr intensive Mutter-Kind-Beziehung aus, die aus Sicht des Kindes vom Stiefelternteil bedroht wird. Das Familienleben wird als konfliktreich geschildert. Der Stiefelternteil wird weder von Seiten der Mutter noch von Seiten des Stiefkindes zur Familie gezählt. Der leibliche Vater spielt im Familiennetzwerk in der Regel keine Rolle.
- die *erweiterte Stieffamilie*: Charakteristisch für diese Familienform sind sehr enge Beziehungen zwischen den Mitgliedern der Stieffamilie, eine positive Beziehung zum externen Elternteil und ein als harmonisch beschriebenes Familienklima. Das Kind sieht im Stiefvater einen Freund. Für das Kind zählt neben der Mutter und dem Stiefvater auch der leibliche Vater weiterhin zur Familie. In der Realität findet sich die erweiterte Stieffamilie, die für das Kind als idealer Weg gilt, die elterliche Trennung positiv zu verarbeiten, jedoch relativ selten.
- die *Als-ob-Normalfamilie*: Familien dieses Typs sind darum bemüht, wie eine normale Kernfamilie zu erscheinen. Der leibliche externe Vater wird ausgegrenzt und ist auch kein Gesprächsthema. Das Familienklima wird in der Regel von allen als harmonisch erlebt. Der Stiefvater betrachtet das Kind als sein eigenes. Zur Familie rechnet man die Mutter und den Stiefvater, die Kinder sowie die Eltern der Mutter und des Stiefvaters.

„Normalfamilien“ dieses Typs sind immer dann besonders gefährdet, wenn das Kind den Kontakt zum leiblichen Vater sucht, dieser aber unterbunden wird.

Da Stieffamilien in den ersten Jahren nach der Gründung starke Veränderungen durchmachen, können bis zur Erreichung eines Gleichgewichts mehrere dieser Typen durchlaufen werden. Wie das Beispiel der erweiterten Stieffamilie zeigt, fühlen sich Eltern und Kinder dann besonders wohl, wenn es ihnen gelingt, ein gemeinsames Familienbild zu entwickeln, das die Besonderheiten der Stieffamilie akzeptiert.

Dass *therapeutisch orientierte Forscher* ein sehr konflikthaftes Bild von Stieffamilien zeichnen, liegt sicherlich mit daran, dass sie besonders mit solchen Familien befasst sind, die wegen familiärer Schwierigkeiten zu ihnen kommen und dass sie als Therapeuten besonders für problembehaftetes Verhalten sensibilisiert sind. Aber auch in *Repräsentativuntersuchungen* fielen Kinder, die in Stieffamilien aufwuchsen, häufiger durch Anpassungsprobleme auf als Kinder in „Normalfamilien“. Walper und Wendt (2005) haben anhand der Daten des 1. DJI-Kinderpanels aus dem Jahr 2002 die Entwicklungsbelastungen von Kindern aus Kernfamilien, aus Familien mit alleinerziehender Mutter und aus Stiefvaterfamilien verglichen. Erfasst wurden 1 971 Kinder im Kindergartenalter (5 bis 6 Jahre) oder im Grundschulalter (8 bis 9 Jahre) sowie deren Mütter und leibliche Väter. Insgesamt bieten Kernfamilien ein günstigeres Entwicklungsmilieu für die Kinder als Stieffamilien und Familien alleinerziehender Mütter, wenn die Effekte auch eher moderat ausfallen und, US-Befunden nach zu urteilen, im Laufe der Zeit mit der Normalisierung von Stieffamilien geringer geworden sind (Amato 2001). Die alleinerziehenden Mütter und die Mütter in Stieffamilien fielen vor allem durch erhöhte Werte in den deutlich sichtbaren Bereichen des Problemverhaltens (wie Aggressivität, Störung Anderer und Wutanfälle) auf. Nach Angaben der Kinder sind aber auch weniger sichtbare Bereiche betroffen, wie z. B. ein vermindertes Selbstwertgefühl und ein verstärktes internalisierendes Problemverhalten (Ängstlichkeit, Traurigkeit, Einsamkeit). Auch in mehreren österreichischen Studien (Kindersurvey, Linzer Stieffamilien-Studie) fühlten sich die Kinder in Stieffamilien weniger wohl und waren öfter traurig und einsam (Wilk/Zartler 2004). Sie beschrieben ihr Familienleben insgesamt als weniger harmonisch, fühlten sich häufiger ungerecht behandelt und erlebten häufiger Konflikte als die Kinder in anderen Familienformen.

Stiefkinder sind gegenüber Kindern aus Kernfamilien auch im schulischen Bereich deutlich benachteiligt (Bien u. a. 2002). Sie besuchen häufiger eine Hauptschule und seltener ein Gymnasium. Die Eltern sind mit ihren schulischen Leistungen unzufriedener, und ihr Risiko, sitzen zu bleiben, ist mehr als doppelt so hoch wie das Risiko von Kindern aus Kernfamilien. Auch wirkt sich die Gründung einer Stieffamilie negativ auf die Kontakthäufigkeit des Kindes zu seinem externen biologischen Elternteil aus. In der DJI-Studie aus dem Jahr 2000 hatte jedes dritte Kind in einer Stieffamilie keinen Kontakt mehr zum außerhalb lebenden leiblichen Vater (Bien u. a. 2002a). Etwa gleich viele sahen ihren leiblichen Vater nur sporadisch, knapp 30 Prozent sahen den leiblichen Vater mehrmals im Monat, und nur jedes zehnte Stiefkind sah ihn mehrmals die Woche oder täglich. Eine hohe Schulbildung der Eltern und das gemeinsame Sorgerecht wirken sich positiv auf die Kontakthäufigkeit aus. Geht der externe Elternteil eine neue Partnerschaft ein, wirkt sich dies noch zusätzlich hemmend auf die Kontaktintensität aus.

Die *Entstehung einer Stieffamilie* ist ein langer Prozess. Dass es bis zu 5 Jahre braucht, bis sich zwischen Stiefelternteil und Kind eine tragfähige Beziehung entwickelt, ist nicht die Ausnahme, sondern die Regel. Die Bewältigung der Trennung der leiblichen Eltern und die Gründung der Stieffamilie sind dann am unproblematischsten, wenn das Kind jünger als zwei Jahre ist oder sich noch im Kindergarten- oder Vorschulalter befindet. Kinder zwischen 6 und 12 Jahren haben es am schwersten, weil sie häufig Loyalitätskonflikten ausgesetzt sind. Besonders Mädchen haben oft eine sehr enge Beziehung zur Mutter aufgebaut und erleben den Stiefvater als Bedrohung (Hetherington/Stanley-Hagan 2000). Bei Kindern im Jugendalter besteht die Herausforderung für den Stiefelternteil vor allem darin, von den Jugendlichen Autorität zuerkannt zu bekommen. Nach Untersuchungsbefunden aus den USA dauert der Prozess der Restabilisierung bei gerade geschiedenen Familien in der Regel zwei bis drei Jahre, bei Stieffamilien dagegen fünf bis sieben Jahre (Hetherington/Stanley-Hagan 2000). 60 Prozent der wiederverheirateten Paare lassen sich irgendwann erneut scheiden, und die Scheidungsrate von Stieffamilien liegt 60 Prozent über der Scheidungsrate von kinderlosen Fortsetzungsehen.

7.2 Adoptivfamilien

Unter *Adoption* (sog. Volladoption) ist die Annahme eines Kindes „als Kind" durch ein Ehepaar oder eine alleinstehende Person zu verstehen (ausführlich Paulitz 2006). Durch eine Adoption erlangt das Kind die rechtliche Stellung eines ehelichen Kindes der annehmenden Eltern bzw. des aufnehmenden Elternteils. Die abgebenden Eltern haben keine Pflichten, aber auch keine Rechte mehr gegenüber ihrem leiblichen Kind. Sie kennen meist die aufnehmende Familie nicht *(Inkognito-Adoption),* und Kontaktwünsche zu den sozialen Eltern oder zum Kind sind von ihnen nicht einklagbar. Allerdings hat das Kind ab dem 16. Lebensjahr das Recht, zu erfahren, wer seine leiblichen Eltern sind (zum Adoptionsrecht vgl. Textor 2004). Da immer häufiger die leiblichen Mütter die potentiellen Adoptiveltern kennen lernen möchten, setzen sich mehr und mehr anstelle der herkömmlichen Inkognito-Adoptionen *offene Adoptionen* durch, bei denen die Beteiligten voneinander wissen (Brüning 1999).

Mit einer Adoption soll Kindern, die sonst ohne Eltern aufwachsen müssten oder deren Eltern auf absehbare Zeit nur ein sehr ungünstiges Erziehungsumfeld bieten können, die Chance für eine bessere Entwicklung ihrer Persönlichkeit gegeben werden. Bei den *Adoptionsverhältnissen* unterscheidet man drei Formen:

- *Fremdadoption* (oder *Nichtverwandtenadoption):* Keiner der beiden aufnehmenden Elternteile steht in einem Verwandtschaftsverhältnis zum Kind;
- *Verwandtenadoption:* Das Kind wird von einer Person adoptiert, die mit einem leiblichen Elternteil des Kindes verwandt ist;
- *Adoption durch Stiefeltern:* Das Kind wird vom neuen Ehepartner seiner leiblichen Mutter oder von der neuen Ehepartnerin seines leiblichen Vaters adoptiert.

Adoptivfamilien spielen quantitativ nur eine untergeordnete Rolle. Ihre *Verbreitung* lässt sich nur indirekt über die Anzahl der erfolgten Adoptionen schätzen. Die Zahl der im früheren Bundesgebiet zur Adoption freigegebenen minderjährigen Kinder stieg von rund 8 000 vermittelten Kindern Anfang der 1960er Jahre auf rund 11 000 im Jahr 1978. Seitdem ist eine rückläufige Entwicklung zu verzeichnen. 2005 wurden in Deutschland nur noch 4 762 Kinder und Jugendliche adoptiert. Damit liegt in beiden Teilen Deutschlands der Anteil der Adoptivkinder an der Gesamtzahl der Minderjährigen deutlich unter einem Prozent.

Bis Ende der 1970er Jahre handelte es sich im früheren Bundesgebiet bei mehr als zwei Dritteln aller Adoptionen um *Fremdadoptionen.* Seit dem Höchststand im Jahr 1978 (7 669) sind die Fremdadoptionen kontinuierlich zurückgegangen. 1988 sank die Zahl der Fremdadoptionen erstmals unter die Zahl der *Adoptionen durch Stiefeltern.* Die Gründe für die Zunahme der Adoptionen durch Stiefeltern liegen in der steigenden Anzahl von Ehescheidungen, der Zunahme erneuter Eheschließungen Geschiedener mit Kindern und der steigenden Zahl nichtehelich geborener Kinder. 2006 wurden in Deutschland 54 Prozent der adoptierten Kinder (besonders häufig im schulpflichtigen Alter) von einem Stiefelternteil adoptiert. Bei 41 Prozent handelte es sich um Adoptionen, bei denen Adoptiveltern und Kind einander „fremd" waren (= Fremdadoptionen) und bei 5 Prozent um Verwandtenadoptionen (Statist. Bundesamt 2007a). Für einen erheblichen Teil der Adoptierten war die Adoption demnach nicht mit einer Veränderung der Lebensumstände (einer neuen Bezugsperson) verbunden. 40 Prozent aller adoptierten Kinder und Jugendlichen waren unter 6 Jahre alt, 30 Prozent zwischen 6 und 11 Jahre und 30 Prozent 12 Jahre oder älter. 29 Prozent der Adoptierten besaßen nicht die deutsche Staatsangehörigkeit.

Der Rückgang der Adoptionen ist vorwiegend eine Folge der sinkenden Zahl vermittelbarer Kinder und nicht eines nachlassenden Interesses an einem Adoptivkind. Bis 1965 gab es im früheren Bundesgebiet noch mehr zur Adoption vorgemerkte Kinder als *Adoptionsbewerber.* Dagegen standen 2006 rein rechnerisch in Deutschland einem zur Adoption vorgemerkten Minderjährigen zehn mögliche Adoptiveltern gegenüber. Der Kinderwunsch unfreiwillig kinderloser Paare, auf den Fremdadoptionen meist zurückgehen, lässt sich also immer seltener erfüllen. Die beträchtliche Diskrepanz zwischen Angebot und Nachfrage wird mit dem allgemeinen Geburtenrückgang, verbesserten Verhütungsmethoden, der gestiegenen Akzeptanz nichtehelicher Geburten und der hohen Zahl von Schwangerschaftsabbrüchen begründet.

Die relativ geringe Zahl adoptionsfähiger Kinder hängt aber auch damit zusammen, dass viele Eltern, die ihr Kind nicht selbst aufziehen können oder wollen, das Kind nicht zur Adoption freigeben, sondern in einer *Pflegefamilie* unterbringen (Textor 2004a). Familienersetzende Dauerpflegschaften dienen – als kostengünstige Alternative zur Heimunterbringung – der Unterbringung eines Kindes, das über längere Zeit von seinen Eltern nicht (angemessen) betreut werden kann oder gar vor ihnen geschützt werden muss. Pflegefamilien unterscheiden sich von Adoptivfamilien darin, dass das Sorge- und Verfügungsrecht über das Pflegekind bei der Herkunftsfamilie verbleibt und oft vom Jugendamt wahrgenommen wird. Die Pflegschaft ist von Seiten der leiblichen Eltern und des Jugendamts bis ins zweite Jahr jederzeit widerrufbar. Pflegeverhältnisse sind überwiegend auf Dauer angelegt, nur 11 Prozent sind zeitlich befristet (DJI 2007). 1998 befanden sich 54 020 Kinder in Dauerpflege (Textor 2004a). Pflegekinder bilden eine besonders belastete und verletzliche Untergruppe der Kinder und Jugendlichen in unserer Gesellschaft. Bei etwa 30 Prozent der Pflegekinder wurden klinisch bedeutsame internalisierende Verhaltensstörungen (z. B. Ängste, sozialer Rückzug) beschrieben, bei etwa 40 Prozent der Pflegekinder ebenfalls in klinisch bedeutsamem Ausmaß externalisierende Verhaltensauffälligkeiten (z. B. Aggressivität, soziale Unruhe). Mehr als die Hälfte der Pflegekinder besuchte eine Sonderschule, hatte bereits eine Schulklasse wiederholt oder litt unter Lernschwierigkeiten (DJI 2007).

In der neueren Forschung ist daneben von einer „skipped generation" die Rede, wenn – bei abwesenden Eltern – die Enkel von den Großeltern erzogen werden (Brake/Büchner 2007). Auf der Basis einer 1980 durchgeführten Befragung von Jugendämtern in Deutschland kommt man auf eine Zahl von etwa 140 000 Großelternpflegeverhältnissen. Pflegefamilien sind, wie Gehres (2007) nachweist, keine Ersatzfamilien, sondern Familien eigener Art. Für die Identitätsbildung der betroffenen Kinder ist es wichtig, dass die Pflegefamilie einen variablen Umgang mit den Familiengrenzen pflegt und die Herkunftsfamilie und das Herkunftsmilieu nicht ausblendet.

Studien über Adoptivfamilien (hier: Fremdadoptionen) vermitteln ein relativ einheitliches Bild (Textor 2004). Die (meist ledigen) *leiblichen Mütter* gehören besonders häufig der sozialen Unterschicht an. Über 60 Prozent sind ohne Berufsausbildung. 80 Prozent der zur Adoption freigegebenen Kinder wurden nichtehelich geboren. Die Mütter nennen besonders häufig schlechte wirtschaftliche Verhältnisse als Grund dafür, dass sie ihr Kind zur Adoption freigegeben haben. Jede zweite Mutter nennt als Hauptmotiv die nichteheliche Geburt des Kindes. Die Entscheidung zu diesem Schritt ist den meisten Müttern schwer gefallen und erfolgte in 70 Prozent der Fälle erst nach längeren Gesprächen in einer Vermittlungsstelle. Die *Adoptiveltern* sind wesentlich älter als die leiblichen Eltern. Ihre schulische und berufliche Qualifikation liegt deutlich über der des Bevölkerungsdurchschnitts, was auf einen gezielten Selektionseffekt durch die Vermittlungsstellen hindeutet. Adoptivmütter gehen nur selten einer ganztägigen Erwerbsarbeit nach. Das vorherrschende Motiv, ein Kind zu adoptieren, ist die Infertilität eines Partners.

Die *fehlende biologische Verortung* von Adoptivkindern wirft eine Reihe von Fragen und Problemen auf (Hoffmann-Riem 1989; Kasten 2000):

- Im *Verhältnis zur Außenwelt* verfolgen die meisten Adoptiveltern die Strategie, den Unterschied zwischen sich und der auf biologisch-sozialer Elternschaft basierenden Normalfamilie zu leugnen oder zu minimieren. Man tut so, als ob man eine „normale" Familie sei. Diese „Normalisierung als ob" (Hoffmann-Riem 1989) durch Verschweigen beruht auf der Annahme, dass die eigene abweichende Familienform leicht diskreditierbar ist, eine Befürchtung, die vor allem im dörflichen und kleinstädtischen Milieu nicht ganz unberechtigt ist (Ebertz 1987). In den letzten Jahren bekennen sich Adoptiveltern häufiger zu ihrer Andersartigkeit und „leben diese offen aus" („Normalisierung eigener Art"; Hoffmann-Riem 1984).
- Die Frage der *Aufklärung des Kindes/Jugendlichen* über die biologische Herkunft wird, selbst wenn diese außerhalb der Familie bekannt ist, innerhalb der Adoptivfamilie selten thematisiert, teilweise sogar absichtsvoll verschwiegen. „Das normative Potential des dominanten Familientyps entfaltet seine Wirksamkeit auch in der Adoption" (Hoffmann-Riem 1984, 12). Spätestens zwischen 10 und 15 Jahren erfolgt gewöhnlich die „Aufklärung", oft ungeplant über die Schulkameraden oder sonstige Dritte. Alle von Ebertz (1987) befragten Adoptierten zeigten großes Interesse an ihrer (genealogischen) Vorgeschichte, die häufig Anlass zur Selbstreflexion war (z. B. bei Geburtstagen, bei der Heirat, beim Tod eines Elternteils). Die späte Entdeckung der eigenen Herkunft, sei es durch Aufklärung oder durch die Anhäufung von Indizien, löst häufig einen Vertrauensbruch zwischen dem Adoptierten und seinen Adoptiveltern aus und kann zu beträchtlicher Verunsicherung und zu Identitätsproblemen führen. Werden die Kinder über ihren Status aufgeklärt, so drehen sich fast alle Gespräche um die Vorstellung von der leiblichen Mutter. Da der leibliche Vater nur eine sekundäre Rolle spielt, hält es Ebertz (1987) für angebracht, eher von einem *„Leben mit doppelter Mutterschaft"* zu sprechen als von einem *„Leben mit doppelter Elternschaft"* (Hoffmann-Riem 1984).

- Ein dritter Problembereich kreist um die Frage, wie die Eltern mit der Tatsache der Andersartigkeit ihrer Familie umgehen. Welche Bedeutung hat die Frage der biologischen Abstammung im Alltag, insbesondere für die *Beziehung der Ehepartner* untereinander? Der Entschluss zur Adoption geht meist von der Frau aus, die ihren Lebensentwurf stärker mit Elternschaft verknüpft. Ein wesentlicher Unterschied zur biologischen Familiengründung besteht – sieht man einmal davon ab, dass die Adoptionsbewerber ihre Qualifikation zur Elternschaft nachweisen müssen und ihnen das Erlebnis von Schwangerschaft und Geburt fehlt – darin, dass die Bewerber nicht allmählich in ihre Elternrolle hineinwachsen, sondern möglichst rasch eine affektive Beziehung zum Kind herstellen müssen. Hoffmann-Riem (1984, 187) spricht vom Prozess der *„emotionalen Normalisierung"*, der erst dann erfolgreich beendet ist, wenn das Kind „wie ein eigenes Kind" ist, was in den meisten Fällen gelingt. Indem die sozialen Eltern die biologischen Eltern aber aus dem Familienleben ausblenden, sind sie ständig mit dem Problem der *Enthüllung der Herkunft* und mit dem Problem der *Unaufrichtigkeit* (z. B. bei Themen wie Ähnlichkeit, Vorfahren) konfrontiert. Besonders starke Verunsicherungen treten immer dann auf, wenn ein Kind „auffällige" Verhaltensweisen oder Eigenschaften zeigt, die den Eltern in irgendeiner Weise befremdlich erscheinen und mit entsprechenden Normalisierungstechniken „bearbeitet" werden müssen.

Den Ergebnissen von Längsschnittstudien nach zu urteilen führen die strukturellen Probleme von Adoptivfamilien in der Regel nicht zu langfristigen Anpassungsschwierigkeiten der Kinder. Bohmann und Sigvardsson (1982) haben das Schicksal einer Gruppe schwedischer Kinder, die kurz nach der Geburt adoptiert worden waren, über mehr als 20 Jahre verfolgt. Die jungen Erwachsenen unterschieden sich in ihrem Sozialverhalten (z. B. Verhaltensauffälligkeiten) nicht signifikant von einer Vergleichsgruppe nicht adoptierter Kinder. In den meisten internationalen Studien konnten langfristig keine wesentlichen Unterschiede zwischen adoptierten und nicht adoptierten Kindern (Selbstbild, Selbstwertgefühl, Einstellung gegenüber den Eltern, soziale, emotionale und kognitive Entwicklung der Kinder) festgestellt werden (Schaffer/Kral 1988). Lansford u. a. (2001) haben die Daten von 799 Familien ausgewertet, die bei einer repräsentativen nationalen Befragung in den USA gewonnen wurden. Adoptiv- und Stiefmütter berichteten etwas häufiger von Verhaltensproblemen ihrer Kinder als Mütter mit eigenen Kindern. Insgesamt waren aber die Ähnlichkeiten zwischen den verschiedenen Familienformen größer als die Unterschiede. Die biologische Verwandtschaft oder die Vollständigkeit einer Familie ist nicht primär dafür ausschlaggebend, wie wohl sich die Mitglieder fühlen oder wie gut ihre Beziehungen untereinander sind. Die optimale Familienform, in der die Kinder am besten gedeihen und alle Mitglieder am glücklichsten sind, gibt es nicht, so das Fazit der Autorinnen.

7.3 Inseminationsfamilien

Seit 1978 in England das erste „Retortenbaby" geboren wurde, sind die „neuen" Reproduktionstechnologien zu einem Lieblingsthema auch der bundesdeutschen Medien geworden (siehe z. B. Spiegel-Titel 4/2002: „Der Künstliche Kindersegen. Baby-Boom aus der Retorte"). Unter *Reproduktionstechnologien* werden alle Formen medizinischer Eingriffe und Hilfen verstanden, die heute verfügbar sind, um ein Kind – oder kein Kind – zu bekommen. Allen Fortpflanzungstechnologien ist gemeinsam, dass Fortpflanzung und Sexualität immer machbarer, planbarer, immer stärker aus den Vorgaben der Natur herausgelöst werden. Hier interessieren nicht so sehr die neuen Formen der Geburtenkontrolle („Pille"), sondern die neuen Formen der Unfruchtbarkeitsbehandlung, die zur Entstehung neuer familialer Lebensformen und neuer Begriffsbildungen wie „fragmentierte Elternschaften", „gespaltene Elternschaft", „multiple Elternschaften" oder „Inseminationsfamilie" geführt haben.

Viele können sich die Erfüllung ihres Kinderwunsches mit Hilfe künstlicher Befruchtung nicht mehr leisten, da sie aufgrund der Gesundheitsreform seit dem 1.1.2004 die Hälfte der Kosten selbst tragen müssen. Dementsprechend hat sich die Zahl der *reproduktionsmedizinischen Behandlungen* von über 100 000 (2003) auf unter 50 000 (2004) mehr als halbiert (Deutsches IVF-Register). 2003 kamen noch 1,6 Prozent der Babys nach künstlicher Befruchtung zur Welt, nach der Reform rutschte die Quote auf 0,8 Prozent ab. Laut Urteil des Bundesverfassungsgerichts vom 28.2.2007 haben unverheiratete Paare anders als verheiratete Paare für die Kosten der In-vitro-Fertilisation keinerlei Anspruch auf Beihilfe von der Krankenkasse.

Eine unbeabsichtigte Nebenwirkung der künstlichen Befruchtungen war ein starker Anstieg von *Mehrlingsgeburten* (Hullen 2004). Zwischen 1975 und 1999 hat die Zahl der Zwillingsgeburten um 60 Prozent (auf nunmehr 11 481) zugenommen; die Zahl der Drillingsgeburten hat sich im gleichen Zeitraum sogar fast versiebenfacht. Die europäische Gesellschaft für menschliche Reproduktion und Embryologie hat im Juli 2001 die weltweit erste Studie zu der Frage veröffentlicht, ob sich *Retortenkinder* in ihrer sozialen und mentalen Entwicklung von natürlich gezeugten Kindern unterscheiden (vgl. Spiegel 4/2002). Die 400 untersuchten Retortenbabys aus Großbritannien, Italien, Spanien und den Niederlanden zeigten keinerlei systematische Auffälligkeiten. Die „generell emotional gesunden, ausgeglichenen Kinder", so das Fazit dieser Studie, „gedeihen unter der Obhut stabiler und liebender Eltern".

Für 48 bis 75 Prozent der betroffenen Personen stellt die Diagnose und Behandlung einer Fertilitätsstörung eine starke psychische Belastung dar (Robert Koch Institut 2004). Ängstlichkeit und Depressivität nehmen vor allem nach erfolglosen Behandlungen zu. Nur 16 Prozent verarbeiten die Behandlung problemlos. Walter Schuth von der Universitäts-Frauenklinik in Freiburg, der rund 200 Paare befragt hat, kommt zu dem Schluss, dass sich die Fixierung auf die Reproduktionsmedizin und das ungezeugte Kind destruktiv auf die partnerschaftliche und individuelle Lebensqualität auswirkt. Von den von Nave-Herz u. a. (1996) befragten Frauen, die sich einer reproduktionsmedizinischen Behandlung unterzogen hatten, hatten fast zwei Drittel ihren Kinderwunsch jahrelang verschoben, da sie der Ansicht waren, nur dann eine „gute Mutter" sein zu können, wenn sie nicht mehr erwerbstätig waren. Die Reproduktionsmedizin hat also einen paradoxen Effekt bewirkt: „Sie hat durch die Entwicklung der modernen Antikonzeptiva zunächst die Möglichkeit der zuverlässigen Verhinderung einer Schwangerschaft geboten, aber bei einem Teil der Frauen um den Preis, dass nunmehr wieder nur mit medizinischer Hilfe die inzwischen eingetretene Zeugungs- und Konzeptionsunfähigkeit aufgehoben werden kann" (Onnen-Isemann 1998, 68).

Dabei ist die Anwendung neuer Techniken der Fortpflanzungsmedizin ihrer moralischen Reflexion weit vorausgeeilt. Die Pioniere der neuen Reproduktionstechnologien betonen die positiven Folgen, die biologischen Resultate der neuen Verfahren. Die Optionen werden erweitert, ungewollt kinderlose Paare können mit medizinischer Hilfe (eventuell) doch noch Nachwuchs bekommen. Sozialwissenschaftler machen demgegenüber verstärkt auf die ungewollten und ungeplanten Nebenfolgen der technischen Eingriffe aufmerksam, denn mit den Fortpflanzungstechnologien sind nicht nur *neue Handlungsmöglichkeiten,* sondern auch *neue Handlungszwänge* im Bereich des generativen Verhaltens verbunden (Beck-Gernsheim 2006). Neue Möglichkeiten schaffen neue Bedürfnisse, aber auch neue Zwänge und Abhängigkeiten. Während der Behandlung mit immer neuen Techniken rückt das Kind immer mehr ins Zentrum des Denkens und Fühlens. Da es immer wieder neue Behandlungsmethoden gibt, entsteht ein Zwang, trotz der gesundheitlichen Risiken und emotionalen Belastungen (auch der Zweierbeziehung) immer neue, oft schmerzhafte Behandlungen über sich ergehen zu lassen, bis schließlich vielleicht doch noch der erhoffte Erfolg eintritt. „Wo Unfruchtbarkeit früher vorgegebenes Schicksal war, wird sie heute in gewissem Sinn zur selbstgewählten Entscheidung, denn diejenigen, die aufgeben, bevor sie nicht noch die neueste und allerneueste Methode versucht haben (ein Kreislauf ohne Ende), sind nun selber schuld. Sie hätten es ja noch weiter versuchen können ... So wird aus der Fortpflanzungstechnologie die Fortpflanzungsideologie" (Beck-Gernsheim 1991, 55). Von den von Onnen-Isemann (2004) befragten Frauen bejahten 79 Prozent das Statement „Obwohl es mir während der einzelnen Behandlungsphasen nicht sehr gut geht, werde ich die Behandlung vor Ablauf der möglichen Versuche nicht abbrechen, um mir später keine Vorwürfe zu machen".

Die für die Menschheitsgeschichte bisher gültige *„biologisch-soziale Doppelnatur" der Familie* (König 1946) kann mit Hilfe der Reproduktionstechnologien abgeschwächt oder ganz aufgehoben werden. Das Prinzip der *Filiation* – der verwandtschaftlichen Bindung zwischen zwei Generationen – kann einmal dadurch abgeschwächt werden, dass nur noch ein (sozialer) Elternteil mit dem Kind biologisch verbunden ist. Oder aber soziale und biologische Elternschaft treten völlig auseinander. Als weithin akzeptabel gilt die *homologe Insemination,* die künstliche Befruchtung der Eizelle einer Ehefrau mit der Samenzelle ihres Mannes, da hier die Identität von natürlicher Reproduktionstriade (das biologische Phänomen) und Vater-Mutter-Kindschaft (das soziale Verhältnis) erhalten bleibt. Der Zeugungsakt wird lediglich durch Einschaltung eines Arztes entprivatisiert. Strittiger sind diejenigen Reproduktionstechniken, bei denen die *natürliche Einheit von biologischer und sozialer Elternschaft durchbrochen* wird:

- *Heterologe Insemination:* Diese tritt in zwei Formen auf:
  a) Durch künstliche Befruchtung der Eizelle mit der Samenzelle eines anderen Mannes als des Ehemannes (des Samenspenders) wird eine teil-filiative Eltern-Kind-Beziehung hergestellt.
  b) Die soziale Mutter erhält die Eizelle einer fremden Frau (der Eispenderin), lässt diese (in vitro) mit dem Samen ihres Mannes befruchten und trägt sie aus. Die biologische Mutter ist hier genetisch eindeutig die andere Frau. Die soziale Mutter ist lediglich Austrägerin bzw. Gebärerin.
- *Pränatale Ammenschaft:* Eine Eizelle der sozialen Mutter wird (in vitro) mit dem Samen ihres Mannes befruchtet und dann von einer anderen Frau ausgetragen. Die soziale Mutter ist genetisch eindeutig auch die biologische Mutter; d. h. die natürliche Einheit von biologischer und sozialer Elternschaft bleibt erhalten. Die Frau, die das befruchtete Ei austrägt, ist lediglich so etwas wie eine „pränatale Amme".
- *Miet- oder Leihmutterschaft* (Ersatzmutter): Eizelle und Körper einer Frau werden von einer (zukünftigen) sozialen Mutter „gemietet", um unter Verwendung einer Samenzelle ihres Mannes ein Kind zu zeugen.

- *Doppelt-heterologe Insemination:* Aufgrund von Ei- und Samenspende fallen biologische und soziale Elternschaft völlig auseinander. Die soziale Mutter trägt das Kind lediglich aus.

Im Falle der heterologen Insemination (Samen- oder Eispende) und im Fall der Mietmutterschaft zerfällt die bio-soziale Einheit der Familie zur Hälfte. Es handelt sich um artifizielle Familien, die von ihrer biologischen Struktur her der Stieffamilie ähneln. Die doppelt-heterologe Inseminationsfamilie entspricht biologisch der Adoptivfamilie, da die sozialen Eltern das fremde Kind bewusst und freiwillig an Kindes statt aufnehmen.

Als *Inseminationsfamilien* werden Paare bezeichnet, deren Nachwuchs mit einer Samen- und/oder Eispende künstlich gezeugt wurde. Das einzige in der bundesdeutschen Arztpraxis zulässige Verfahren ist die künstliche Befruchtung einer Frau mit Spendersamen. In einer Infratest-Umfrage aus dem Jahr 2005 sprachen sich in Deutschland 29 Prozent der Bevölkerung für ein gesetzliches Verbot aus, eine Schwangerschaft mit Eizellen von Spenderinnen herbeizuführen. 60 Prozent plädierten für eine Lockerung. Generell wird die Zulässigkeit der Eispende auch international deutlich zurückhaltender beurteilt als die Zulässigkeit der Samenspende (Koch 2001). Das Verbot der Eispende wird vor allem mit der „Verdoppelung" der Mutterschaft und den hiermit (angeblich) einhergehenden Gefahren für das Kindeswohl begründet.

Jedes Jahr kommen in Deutschland rund tausend Kinder zur Welt, die durch eine *Samenspende* gezeugt wurden. Seit Anfang der 70er Jahre des 20. Jahrhunderts sind mindestens 50 000 Kinder mit der Eizelle der Mutter und Spendersamen gezeugt worden (Psychologie Heute 1/2003). Nach der Rechtsprechung des Bundesverfassungsgerichts besitzt das Kind, welches aufgrund einer Samenspende gezeugt wurde, gegenüber dem Arzt einen Auskunftsanspruch auf Nennung des Samenspenders. Somit ist jede Vereinbarung des Arztes mit dem Samenspender unwirksam, die darauf abzielt, dem Samenspender Anonymität zuzusichern. Ob demnach in der Bundesrepublik die Anzahl der mit Spendersamen gezeugten Kinder weiter ansteigen wird, ist, da das Kind unterhalts- und erbrechtliche Ansprüche an den biologischen Vater stellen kann, sehr fraglich.

Sind die Bemühungen erfolgreich, so stellt sich im Falle der heterologen Insemination das Problem der *familialen Verarbeitung der „Andersartigkeit"* – der doppelten Vaterschaft – durch die betroffenen Familien, denn die Familien unterscheiden sich hinsichtlich ihrer Struktur und Dynamik erheblich von auf natürlichem Wege zustande gekommenen Familien (Berger 1993). Ein grundlegendes Problem resultiert aus der *asymmetrischen biologischen Beziehung beider Eltern zum Kind.* Die Paare begründen die Überlegenheit der heterologen Insemination gegenüber der Adoption damit, dass das Kind „mehr" ihr eigenes sei. Schwangerschaft und Geburt begründen ihrer Ansicht nach eine engere Bindung an das Kind und erleichtern es der Frau, sich als Frau „vollständig" zu fühlen (Snowden u. a. 1985). Dabei sind allerdings auf Seiten des sozialen Vaters besondere Anstrengungen erforderlich, um das Kind ohne biologische Absicherung als eigenes Kind zu definieren. Häufig muss erhebliche Verdrängungsarbeit geleistet werden, um den Dritten – den Samenspender – nicht ins Bewusstsein treten zu lassen (Amendt 1986). Eine gewisse Verunsicherung aufgrund der Asymmetrie der biologischen Beziehung auch auf Seiten der Mütter äußert sich darin, dass sie sich besonders intensiv darum bemühen, den Partner in die Kommunikation mit dem Kind einzubeziehen und unerfreuliche Aspekte auf Seiten des Kindes von ihm fernzuhalten, um eine mögliche Distanz von vornherein nicht aufkommen zu lassen.

Im Vergleich zur Adoptivfamilie ist es aufgrund von Schwangerschaft und Geburt wesentlich leichter, die *„Andersartigkeit" der Familie nach außen* – gegenüber Freunden und

Verwandten – zu verbergen. Und aufgrund der erhöhten *Diskreditierbarkeit dieser Familienform* hält die Mehrheit der Eltern (etwa 90 Prozent) ihre Abweichung auch tatsächlich geheim. Die damit einhergehende Angst vor Aufdeckung und vor Verständnislosigkeit selbst der eigenen Eltern sowie die Schwierigkeiten, die Täuschung über Jahre aufrecht zu erhalten – nach Hoffmann-Riem (1988, 228) muss „die Fiktion der gemeinsamen biologischen Elternschaft ständig neu inszeniert werden (z. B. bei Themen wie Ähnlichkeit und Vorfahren)" –, wirken sich nachteilig auf den Umgang mit Interaktionspartnern aus und stellen eine starke soziale Barriere dar.

Die Andersartigkeit der aus heterologer Insemination hervorgegangenen Familie muss nicht nur in den familialen Außenbeziehungen, sondern auch *gegenüber dem Kind* verarbeitet werden. Nach internationalen Befunden bekennen sich nur zwischen 9 und 23 Prozent zur (späteren) Aufklärung des Kindes (Bernat 2002). Auch in der Studie von Snowden u. a. (1985) wollten fast alle durch heterologe Insemination zu Eltern gewordenen Paare ihr Kind nicht über seine biologische Abstammung aufklären. Die Eltern begründeten ihre Strategie der „Normalisierung als ob" damit, dass sie das Kind vor gesellschaftlicher Stigmatisierung und persönlicher Verunsicherung schützen wollten. Ob diese Befürchtungen gerechtfertigt sind, lässt sich nicht eindeutig entscheiden. Der Fortpflanzungsmediziner Thomas Katzorke berichtet, dass es in seiner langjährigen Praxis mit Tausenden von Paaren noch kein einziges Paar gegeben habe, das die Entscheidung für die Fremdinsemination bereut habe, und dass er keine Identitätskrisen und psychogenen Störungen habe erkennen können (Psychol. Heute 1/2003). Einer jüngeren niederländischen Studie zufolge beurteilten 98 Prozent von insgesamt 134 befragten Paaren die Inseminationstherapie mit Samenspender positiv. Sie gaben an, ihr Leben sei nach der Geburt des Kindes wie bisher weitergegangen, aber mit neuen, positiven Inhalten bereichert worden (Bernat 2002). Auch die Kinder haben, solange sie nicht zufällig oder von Außenstehenden aufgeklärt werden, kein Problem mit ihrer Zeugungsart, wie eine im Jahr 2000 veröffentliche Studie belegt, in der 16 mittlerweile Erwachsene Auskunft gaben. In den sieben von Snowden und seinen Mitarbeitern (1985) genannten Fällen, in denen die inzwischen jungen Erwachsenen über die eigene Herkunft aufgeklärt wurden, wirkte dies sogar eher wie eine Befreiung als wie ein Trauma.

8 Der soziale Wandel der Rolle der Frau in Familie und Beruf

Die traditionale Rolle des Vaters als Familienoberhaupt, als Autoritätsperson, die die Familie nach außen vertritt, hat im Verlauf des 20. Jahrhunderts stark an Geltung eingebüßt. Mitverantwortlich für den Bedeutungsrückgang waren die Ausbreitung der unselbständigen Erwerbsarbeit, in deren Gefolge Arbeit und Gelderwerb immer unsichtbarer wurden, die zunehmende außerhäusliche Erwerbstätigkeit der Frau, die diese auch finanziell unabhängiger gemacht hat, wirtschaftliche Wandlungsprozesse sowie die Bildungsexpansion der 1970er Jahre, die die „Vererbbarkeit" beruflicher Positionen eingeschränkt hat. Die Studentenbewegung und die feministische Bewegung haben diese Entwicklungstendenzen noch beschleunigt. All dies ist nicht ohne Folgen für die traditionale Arbeitsteilung zwischen den Geschlechtern geblieben, wie am Beispiel des Wandels der geschlechtsspezifischen Arbeitsteilung und der Ausbreitung alternativer Ehe- und Familienformen erörtert wird.

8.1 Individualisierung des weiblichen Lebenszusammenhangs

Mit dem Übergreifen des Individualisierungsprozesses auf den weiblichen Lebenslauf Mitte der 60er Jahre des 20. Jahrhunderts haben die traditionalen Geschlechtsrollen an Geltung und Überzeugungskraft eingebüßt. Bis dahin waren die Lebensentwürfe junger Frauen primär familienorientiert. Verheiratete Frauen waren in der Regel „nur im Notfall", wenn das Geld nicht ausreichte, erwerbstätig (Pfeil 1968). In einer 1958 in Westdeutschland durchgeführten Umfrage befürworteten 55 Prozent der Männer und 61 Prozent der Frauen (!) die Einführung eines Gesetzes, das Müttern mit Kindern unter 10 Jahren die Erwerbsarbeit verbot (Pfeil 1961). Nur 9 Prozent hatten keine Bedenken gegen eine Erwerbsbeteiligung von Müttern. Der seitdem stattgefundene Wandel des weiblichen Lebenszusammenhangs lässt sich mit Beck-Gernsheim (1983) auf die Formel *„Vom Dasein für Andere"* zum *„Anspruch auf ein Stück eigenes Leben"* bringen. Neben dem wachsenden Interesse des Arbeitsmarkts an Frauen als Arbeitskräfte für Industrie und Verwaltung war es vor allem die staatliche Bildungspolitik, die die Qualifizierung und die damit zusammenhängende Selbständigkeit der Frauen vorangetrieben hat. Zu den zentralen Elementen, die die Bewusstseins- und Persönlichkeitsstrukturen der modernen Frauengeneration maßgeblich geprägt und eine *Individualisierung der weiblichen Biografie* initiiert haben, gehören (Beck 1986; Rerrich 1988):

- die *demographische Freisetzung der Frauen* (Imhof 1981), die bewirkt hat, dass das Dasein für das Kind zu einem vorübergehenden Lebensabschnitt der Frauen geworden ist, dem noch durchschnittlich drei Jahrzehnte des „leeren Nests" folgen (die im Rahmen des Alterssurveys 1996 befragten west- und ostdeutschen Frauen waren beim Auszug ihres letzten Kindes durchschnittlich 50 bzw. 48 Jahre alt);

- die *Dequalifizierung der Hausarbeit* aufgrund technischer Rationalisierungsprozesse und der zunehmenden sozialen Isolation der Hausarbeit;
- die Aufhebung der bis dahin gesetzlich fixierten Zuständigkeit der Frau für Hausarbeit und Familie durch die *Reform des Ehe- und Familienrechts 1976;*
- die *Neuordnung des Scheidungsrechts* mit der Folge, dass Frauen nun prinzipiell durch eigene Erwerbstätigkeit für ihren Lebensunterhalt aufkommen müssen, in Verbindung mit stark ansteigenden Scheidungszahlen;
- die verbesserten *Planungsmöglichkeiten der Schwangerschaft* und eine sich ändernde öffentliche Einstellung zur (voreheIichen) Sexualität der Frau;
- der intellektuell-moralische Aufbruch der *Studenten- und Frauenbewegung;*
- die revolutionäre *Angleichung der Bildungschancen junger Frauen* („Feminisierung der Bildung"), der *Anstieg qualifizierter Berufsarbeit* und der *Erwerb eigenen Einkommens* als Voraussetzung ökonomischer Selbständigkeit.

Frauen haben in besonderer Weise von der *Bildungsexpansion* profitiert. Der Anteil der Frauen mit höheren schulischen Qualifikationen hat sich in den vergangenen 40 Jahren deutlich erhöht. 1960 waren im früheren Bundesgebiet noch 60 Prozent der Jugendlichen an Gymnasien männlich und nur 40 Prozent weiblich. Inzwischen haben in Deutschland die jungen Frauen die Männer an Realschulen und Gymnasien nicht nur eingeholt, sondern überholt (vgl. *Tabelle 46).* Auch an den Universitäten ist der Frauenanteil seit Jahren ständig gestiegen und lag im Studienjahr 2005 nur noch knapp unter dem Anteil der Männer: bei den Studienanfängern/innen bei 49 Prozent, bei den Studierenden bei 48 Prozent und bei den Hochschulabsolventen/innen bei 49 Prozent (Statist. Bundesamt 2005b). Allerdings wirkt sich, obwohl die Bewerberinnen um einen Ausbildungsplatz deutlich bessere Schulabschlüsse als ihre männlichen Mitbewerber haben, die Verknappung des Ausbildungsangebots immer noch zu Lasten junger Frauen aus. Auch als ausgebildete Fachkräfte haben sie größere Schwierigkeiten als Männer, eine ausbildungsadäquate Stelle zu finden, was teilweise an der immer noch bestehenden schwerpunktmäßigen Verteilung der beiden Geschlechter auf die Berufsbereiche nach traditionalen Rollenbildern liegen dürfte (BA 2005; Stürzer u. a. 2005).

Tabelle 46: Deutsche Absolventen und Absolventinnen nach Abschlussarten in West- und Ostdeutschland im Entlassungsjahr 2003 (Angaben in Prozent)

Abschlussarten	Frauen West	Männer West	Frauen Ost	Männer Ost
Ohne Hauptschulabschluss	6	10	7	14
Mit Hauptschulabschlus	25	32	14	20
Mit Realschulabschluss	41	37	48	45
Mit (Fach-)Hochschulreife	28	21	31	21

Quelle: Stürzer u. a. 2005, 38

Mit mehr Bildung sind immer auch *Bewusstwerdungsprozesse* verbunden. Frauen entwickeln neue Denkformen, die auf Selbständigkeit und eigene berufliche Leistung ausgerichtet sind. Schul- und Berufsausbildung sowie Arbeit und Beruf werden von mehr als vier Fünfteln aller jungen Frauen im Alter zwischen 16 und 23 Jahren in den alten und neuen Bundesländern als „wichtig" oder „sehr wichtig" eingeschätzt mit einem deutlichen Bedeutungsanstieg seit Beginn der 1990er Jahre (Stürzer 2002; Stürzer u. a. 2005). Ebenso wie die jungen Männer richten sich auch die jungen Frauen heute auf eine qualifizierte Ausbildung ein und streben eine volle Berufstätigkeit an. Die noch zu Beginn der 1990er Jahre dominierende Bereitschaft, die Berufstätigkeit zugunsten der Kindererziehung zu opfern, hat sich inzwischen deutlich abgeschwächt. Im Bamberger-Ehepaar-Panel, in dem u. a. auch danach gefragt wurde, wie wichtig die Lebensbereiche „Familie und Kinder" und „Arbeit und Beruf" für junge Menschen sind, genossen beide Lebensbereiche einen ähnlich hohen Stellenwert im Präferenzsystem junger Paare (Mühling u. a. 2006). Zwei Drittel der Frauen im Alter zwischen 20 und 60 sehen dabei den Hauptzweck ihres Berufs in der finanziellen Unabhängigkeit (Emnid 2002). 92 Prozent der Frauen und 80 Prozent der Männer in Westdeutschland (und ein noch höherer Anteil in Ostdeutschland) halten es für wichtig, dass eine Frau, auch wenn sie verheiratet ist, wirtschaftlich auf eigenen Füßen steht, und nur jede zehnte erwerbstätige Frau im Osten und jede vierte im Westen würde ihre Berufstätigkeit gerne aufgeben, wenn sie auf das Geldverdienen nicht mehr angewiesen wäre (Engelbrech 1994).

Die in den 1960er Jahren in der Bundesrepublik einsetzende *Entfamilialisierung der Frauen* lässt sich besonders am *Anstieg der Erwerbsquote* (= Anteil der Erwerbstätigen und Erwerbslosen an der Bevölkerung im erwerbsfähigen Alter, 15 bis unter 65 Jahre) ablesen. 1972 betrug die weibliche Erwerbsquote 48 Prozent. Bis 2004 hat sie sich auf 65 Prozent erhöht, und dies trotz bedeutender Rückgänge bei den jüngeren Frauen durch den vermehrten Besuch von weiterführenden Schulen und Hochschulen und trotz früheren Ruhestands. Besonders der Anstieg der Erwerbsbeteiligung verheirateter Frauen und die häufigere und frühere Rückkehr von Müttern nach der Geburt von Kindern in den Arbeitsmarkt kennzeichnen den Wandel der Erwerbsmuster von Frauen in den vergangenen Jahrzehnten (Kreyenfeld u. a. 2007). Die Erwerbstätigenquote (= Anteil der Erwerbstätigen an der Bevölkerung im erwerbsfähigen Alter) von *Müttern mit minderjährigen Kindern* im Haushalt ist zwischen 1965 und 2004 von 35 auf 62 Prozent angestiegen. Die Erwerbstätigenquote der *aktiv erwerbstätigen Mütter* – d. h. diejenigen Mütter, die vorübergehend beurlaubt sind, weil sie sich z. B. in Elternzeit befinden, werden herausgerechnet – betrug 2004 in Westdeutschland rund 58 Prozent. Die Zeit der Nichterwerbstätigkeit beschränkt sich inzwischen mehr und mehr auf die Familienphase, in der die Kinder noch nicht zur Schule gehen. Schwarz (1993-94c, 555) nennt als Voraussetzungen für den Wandel der weiblichen Erwerbsquote „die verbesserte Schul- und Berufsausbildung der Frauen, das größer gewordene Angebot an Arbeitsplätzen, die früher für Frauen mehr oder weniger verschlossen waren oder heute für Frauen besonders geeignet erscheinen, wie die Büroberufe oder die Lehrerberufe, die Verlagerung von Haushaltstätigkeiten auf die Marktproduktion, die Mechanisierung der Haushalte, den Übergang von Erziehungsaufgaben an Kindergarten und Schule, die veränderten Auffassungen von der Rolle der Frau und – gerade damit sehr eng verbunden – den Rückgang der Kinderzahlen". Besonders der Geburtenrückgang hat Freiräume geschaffen, durch die die Zunahme der außerhäuslichen Frauenerwerbstätigkeit überhaupt erst möglich wurde.

Die Erwerbstätigenquote allein kann den Wandel der Erwerbsbeteiligung von Frauen allerdings nicht adäquat abbilden (Kreyenfeld u. a. 2007). Sie ist im Hinblick auf den Wandel der Ungleichheit der Geschlechter irreführend, denn die ökonomische Unabhängigkeit von Frauen setzt deren volle Integration in den Arbeitsmarkt, also eine *Vollzeiterwerbstätigkeit* voraus. Zwar stellen Frauen inzwischen fast die Hälfte der Beschäftigten in Deutschland. Doch Beschäftigungsgewinne sind erst die halbe Wahrheit und spiegeln die tatsächliche Beteiligung von Frauen und Männern an der Erwerbsarbeit nur unzureichend wider (Wanger 2005). Die Zunahme der Frauenerwerbstätigkeit in den vergangenen Jahrzehnten beschränkte sich auf Teilzeitarbeit einschließlich geringfügiger Beschäftigung. In Westdeutschland sind heute drei von vier erwerbstätigen Müttern mit minderjährigen Kindern Teilzeit beschäftigt mit entsprechenden Nachteilen beim Einkommen, der Karriere und der sozialen Sicherung. Obwohl die Anteile kinderloser, nicht verheirateter und höher gebildeter Frauen in den letzten drei Jahrzehnten gewachsen sind – also jener Gruppen, die der Tendenz nach eine stärkere Erwerbsorientierung aufweisen –, ist der Anteil Vollzeit erwerbstätiger Frauen insgesamt sogar rückläufig (Kreyenfeld u. a. 2007).

Erst ein Blick auf das *geleistete Arbeitsvolumen* – das Produkt aus Erwerbstätigenzahl und Arbeitszeit – ergibt ein realistisches Bild. Das Arbeitsvolumen von Frauen ist in den vergangenen 30 Jahren sogar gesunken und verteilt sich auf eine weitaus größere Zahl von Frauen. In allen Altersgruppen ist der Anteil der Frauen am Arbeitsvolumen wesentlich geringer als an der Beschäftigtenzahl (sog. *„Arbeitszeit-Lücke"* der Frauen), am geringsten in der Familienphase. Die „Arbeitszeit-Lücke" der Frauen wurde also größer, obwohl ihr Beschäftigtenanteil stieg. Im Zeitvergleich zeigt sich außerdem eine zunehmende Differenzierung im Ausmaß der Vollzeiterwerbstätigkeit von Frauen mit hohem und niedrigem Ausbildungsniveau, die die These von der bildungsspezifischen Polarisierung der Erwerbsmuster von Frauen unterstreicht. Hochqualifizierte Frauen üben am häufigsten eine Vollzeiterwerbstätigkeit aus (Kreyenfeld u. a. 2007).

Trotz unbestreitbarer Individualisierungstendenzen war im Jahr 1998 in Westdeutschland noch jede fünfte Frau zwischen 18 und 38 *Hausfrau*, in den höheren Altersgruppen sogar jede dritte (Weick 1999). 2002 fanden 41 Prozent der Westdeutschen, dass Hausfrau zu sein genauso erfüllend ist wie gegen Bezahlung zu arbeiten (Wernhart/Neuwirth 2007). Die meisten Hausfrauen (61 Prozent) sind Hausfrau „aus Neigung". Das „Hausfrauenmodell" findet sich am häufigsten unter Frauen ohne beruflichen Abschluss. Wichtige Gründe für die Hausfrauentätigkeit sind fehlende Möglichkeiten der Kinderbetreuung, eine fehlende Berufsausbildung, Schwierigkeiten, eine geeignete Arbeitsstelle zu finden und die Überzeugung, dass „eine Mutter nicht arbeiten sollte".

In der *DDR* bestand nicht nur das Recht auf Arbeit, sondern auch die Pflicht zur Arbeit. Die Entwicklung in Richtung steigender Müttererwerbstätigkeit und hin zum Zweiverdienermodell hatte sich unter dem Einfluss des DDR-Leitbildes, flankiert durch den starken Ausbau ganztätiger Betreuungseinrichtungen für Kinder aller Altersgruppen, wesentlich früher und massiver vollzogen als in Westdeutschland. Vor der Wiedervereinigung waren neun von zehn Müttern berufstätig, und zwar überwiegend Vollzeit. Die meisten Frauen kehrten spätestens ein Jahr nach der Geburt eines Kindes ins Arbeitsleben zurück. Nach der Wiedervereinigung kam es in den neuen Bundesländern in der ersten Hälfte der 90er Jahre als Folge der sozialen Umstrukturierung zu einem deutlichen Rückgang des Anteils erwerbstätiger Frauen. Zwar lag die weibliche Erwerbsquote 2004 mit 73 Prozent noch über dem Wert im Westen (65 Prozent), doch nähern sich die Quoten in West- und Ostdeutschland immer mehr an (BA 2005). Besonders die *Erwerbstätigkeit der Mütter* ist, bedingt durch die anwachsende Arbeitslosigkeit, von der Mütter überdurchschnittlich betroffen sind, erheblich zurückgegangen und lag 2004 nur noch bei 70 Prozent. Aber auch heute noch definiert sich in Ostdeutschland kaum eine Frau als Hausfrau, und in Schweden gelten Hausfrauen inzwischen „als ‚überholt' und müssen sich die Frage gefallen lassen, womit sie sich eigentlich den ganzen Tag lang beschäftigen" (Veil 2003, 14).

Auf dem *Gehaltskonto* hat sich die Höherqualifizierung der Frauen bislang noch nicht wesentlich ausgezahlt. Das Einkommen der Frauen liegt in Deutschland, gleich welchen Datensatz man zugrunde legt, bei gleicher Arbeitszeit mindestens 20 Prozent unter dem der Männer (Cornelißen u. a. 2005). Der monatliche Bruttoverdienst von Arbeiterinnen in Prozent des Männerverdienstes hat sich zwischen 1960 und 2004 von 59,5 auf 74,2 erhöht, der entsprechende Verdienst von weiblichen Angestellten von 54,5 auf 70,9. Allerdings ist es voreilig, aufgrund dieser Zahlen eine Diskriminierung durch die Unternehmen zu vermuten. Denn die älteren Arbeitnehmerinnen sind im Durchschnitt nicht so hoch qualifiziert wie ihre Kollegen. Überdies weisen Frauen aufgrund von Kinderpausen eine geringere durchschnittliche Betriebszugehörigkeit auf, und sie sind seltener in den gut bezahlten gewerblich-technischen Berufen zu finden (zu den Mechanismen geschlechtsspezifischer Entlohnung siehe auch Achatz u. a. 2005).

Westdeutsche Frauen der Geburtsjahrgänge 1936–1955 erzielen nur 43 Prozent des *Lebenserwerbseinkommens* westdeutscher Männer. Dabei hängt das Lebenserwerbseinkommen direkt von der Kinderzahl ab (Klammer 2006). Am Ende ihres Erwerbslebens verfügen westdeutsche Frauen mit einem Kind über 58 Prozent, Frauen mit zwei Kindern über 43 Prozent und Frauen mit drei Kindern sogar nur über 30 Prozent des versicherungspflichtigen Lebenserwerbseinkommens kinderloser Frauen. Bei den ostdeutschen Frauen der gleichen Geburtskohorten ist der Kindereffekt wesentlich schwächer ausgeprägt. In Westdeutschland führen darüber hinaus längere Unterbrechungen der Erwerbstätigkeit, Teilzeitarbeit, geringfügige Beschäftigung sowie ein Rückzug aus dem Erwerbsleben nach der Familiengründung bei Frauen auch zu einer wesentlich geringeren *eigenständigen Alterssicherung* als bei Männern (Rasner 2007). Die über Jahrzehnte höhere Erwerbsbeteiligung ostdeutscher Frauen hat dagegen deutlich sichtbare positive Auswirkungen auf die Höhe der Renten. 2003 erhielten ostdeutsche Frauen im Durchschnitt etwa 70 Prozent der Rente der Männer, westdeutsche Frauen nur knapp 50 Prozent. Als ausschlaggebend für eine bessere künftige Alterssicherung sieht Rasner (2007) eine stärkere Erwerbsbeteiligung von Frauen.

Trotz eigener Erwerbstätigkeit ist für die meisten Mütter in Paarhaushalten der *Lebensunterhalt* nur durch den Familienzusammenhang gewährleistet. Auswertungen der Einkommens- und Verbrauchsstichprobe 1998 machen deutlich: In Westdeutschland stammt in den Paarhaushalten 20- bis 40-jähriger Frauen mit zwei Kindern im Durchschnitt nur 11 Prozent des Haushaltseinkommens und in Ostdeutschland 27 Prozent des Haushaltseinkommens aus den Erwerbseinkünften der Frau (Engstler/Menning 2003). Ein ähnlich großer Ost-West-Unterschied findet sich bei Ein-Kind-Familien (14 vs. 29 Prozent) und bei Drei-Kind-Familien (7 vs. 35 Prozent). Ist die Frau Vollzeit erwerbstätig, so liegt ihr Beitrag zum Haushaltseinkommen in Westdeutschland je nach Kinderzahl zwischen 36 und 42 Prozent und in Ostdeutschland zwischen 29 und 45 Prozent. Nach wie vor sind also trotz Erwerbstätigkeit der Partnerinnen immer noch überwiegend die Männer die Familienernährer, so dass man nur von einer sehr eingeschränkten Durchsetzung des *„adult worker model"* in Deutschland sprechen kann.

Mehrere aktuelle Untersuchungen belegen: Das Bild in den *Führungsetagen von Unternehmen und Behörden* in Deutschland ist nach wie vor durch Männer geprägt, doch sind die Frauen in den vergangenen Jahrzehnten etwas häufiger in Führungspositionen aufgerückt (Bundesregierung 2006):

- 2004 waren laut Hoppenstedt-Datei – Datengrundlage sind die 80 000 größten Unternehmen in Deutschland – 7 Prozent der Stellen im Top-Management der Großunternehmen und 10 Prozent im mittleren Management mit Frauen besetzt (1995: 3 bzw. 6 Prozent). In mittelständischen Unternehmen betrug der Anteil 9 bzw. 14 Prozent und in Verbänden und Behörden 13 bzw. 20 Prozent (Statist. Bundesamt 2005).

- 2004 waren fast die Hälfte aller Beschäftigten (45 Prozent) in den rund 1,9 Millionen deutschen Betrieben der Privatwirtschaft Frauen (IAB-Führungskräftestudie; Brader/Lewerenz 2006). Auf der obersten Führungsebene (Geschäftsführung, Eigentümer, Vorstand) waren Frauen aber nur mit knapp einem Viertel (24 Prozent) vertreten.
- Die Unternehmensspitzen präsentieren sich fast ausschließlich als Männerdomäne. 2002 wurden in den größten Unternehmen der Old Economy in Deutschland im Durchschnitt 92 Prozent der Aufsichtsratsposten und 99 Prozent der Sitze in Vorständen von Männern wahrgenommen (Koch 2007).

Das Nürnberger Marktforschungsinstitut GfK hat Anfang 2002 in einer Repräsentativuntersuchung knapp 2 500 Personen ab 14 Jahren danach gefragt, was sie über „Erfolg" denken. 40 Prozent der berufstätigen Frauen (und 53 Prozent der berufstätigen Männer) meinen „Karriere zu machen ist für mich sehr wichtig". Jede(r) Zweite ist bereit, für die berufliche Karriere zusätzlich am Wochenende zu arbeiten.

Schneider (2007) hat 164 weibliche und männliche Führungskräfte in Großunternehmen in Deutschland danach befragt, mit welchen Karrierehemmnissen Frauen in Managementpositionen konfrontiert sind. Manager und Managerinnen sind sich in einem Punkt vollkommen einig: An der Führungskompetenz von Frauen mangelt es nicht. Auch vertreten beide fast einhellig die Meinung, dass ein männerförderndes Selektionsprinzip („Männer fördern Männer"), die schwierige Vereinbarkeit von Kind und Karriere für Frauen und eine männerdominierte Unternehmenskultur die drei wichtigsten Karrierehindernisse darstellen. Dabei bezeichnet der Begriff der Männerkultur die in einem spezifischen sozialen Kontext dominierenden Männlichkeitsbilder und die darauf aufbauenden Erwartungsstrukturen und Routinen, die in der Regel zu einer Abwertung und Ausgrenzung von Frauen führen (Matthies 2007). So müssen Frauen in männlich dominierten Organisationen mit ihrer Weiblichkeit reflektiert umgehen, denn ein „Zuviel" kann sie in der Wahrnehmung ihrer männlichen Kollegen zu sehr sexualisieren, und ein „Zuwenig" kann sie ihren Kollegen als zu ähnlich und damit als Bedrohung erscheinen lassen (von Alemann 2007). Dies führt zu konfligierenden Verhaltenserwartungen. Um Karriere zu machen, müssen sie sich wie Männer verhalten. Verhalten sie sich aber wie Männer, wird ihnen dies wiederum als „unweibliches" Verhalten zum Vorwurf gemacht.

Nach Geißler (2006, 309) gilt auch heute noch für Deutschland „das *‚Gesetz' der hierarchisch zunehmenden Männerdominanz:* Je höher die Ebene der beruflichen Hierarchie, umso kleiner der Anteil der Frauen und umso ausgeprägter die Dominanz der Männer". In den Chefetagen der Berufswelt – etwas abgeschwächt selbst in „feminisierten" Bereichen wie im Gesundheits- und Bildungswesen – sind die Männer immer noch weitgehend unter sich (Holst 2005). Wesentliche *Hindernisse für den beruflichen Aufstieg der Frauen* sind:

- Spitzenpositionen sind meist „*Anderthalb-Personen-Berufe*", setzen also einen helfenden Partner voraus, der den Berufstätigen entlastet. Hinter einem erfolgreichen Mann steht meist eine sorgende Frau (Dressel 2005). Die Partnerinnen von männlichen Führungskräften sind mehrheitlich nicht erwerbstätig (29 Prozent) oder nur Teilzeit erwerbstätig (34 Prozent). Etwa jede Vierte (26 Prozent) ist Vollzeit erwerbstätig, und nur 7 Prozent haben selbst Führungsfunktionen inne (Mikrozensus 2004; Kleinert 2006). Frauen in Führungspositionen leben dagegen zum überwiegenden Teil mit Partnern zusammen, die selbst stark auf Beruf und Karriere hin orientiert sind. Die Partner sind mehrheitlich Vollzeit erwerbstätig und häufig selbst Führungskräfte (32 Prozent).

- Eine Spitzenkarriere erfordert den *Einstieg im richtigen Alter und das ständige „Am-Ball-Bleiben“* – einen Einstieg mit voller Kraft –, und zwar in einer Lebensphase, in der viele Frauen durch Heirat und Kinder „belastet“ sind. Somit überrascht nicht, dass die Beteiligung der Frauen an Führungspositionen während der Familiengründungs- und Kinderbetreuungsphase bis zum Alter von 40 Jahren sinkt und danach auf geringem Niveau verbleibt (Kleinert 2006).
- Frauen haben aufgrund der geschlechtsspezifischen Sozialisation oft *niedrigere berufliche Ambitionen* und tendieren stärker als Männer dazu, Probleme der Vereinbarkeit von Familie und Beruf zugunsten der Kinder und des Partners und auf Kosten ihrer Karrierewünsche zu lösen. Sie steigen vorübergehend aus dem Beruf aus oder weichen auf Teilzeitarbeit aus, was beides gleichbedeutend ist mit einem Verzicht auf beruflichen Aufstieg oder sogar einem beruflichen Abstieg.
- Viele hochqualifizierte Frauen steigen aber auch ganz aus den klassischen Karrierewegen aus, ein Phänomen, das in den USA schon länger unter dem Begriff „*Opt-out-Revolution*“ diskutiert wird. Trotz ausgezeichneter Chancen auf dem Arbeitsmarkt nehmen sie häufiger als ihre männlichen Mitstreiter Ausstiegsoptionen. Bischoff (2005) stellt in ihrer Studie über Männer und Frauen in Führungspositionen der Wirtschaft fest: Je mehr Männer in der Hierarchie erreicht haben, desto häufiger streben sie nach mehr. Von den Frauen lehnt dagegen mit dem Aufstieg ein immer größer werdender Anteil weiteren Aufstieg für sich selbst ab. Von den Frauen, die in der ersten Managementebene angelangt sind, wollen nur noch 24 Prozent weiter nach oben, 57 Prozent entscheiden sich dagegen. Die Gründe hierfür sind vielfältig. Frauen haben andere Vorstellungen vom Leben. Sie wollen inhaltlich interessante Arbeit statt zeitliche Überlastung und Stress. Besonders unzufrieden sind Frauen mit ihren Vorgesetzen und ihrem im Vergleich zu den Männern immer noch niedrigeren Gehalt und der immer noch vorhandenen frauenfeindlichen Personalpolitik.

Setzen Frauen umgekehrt auf beruflichen Aufstieg, so wirkt sich dies dramatisch auf die Familiensituation aus. Unter weiblichen Führungskräften in der Wirtschaft ist der Anteil der Ledigen mit 45 Prozent um das 12-fache höher als unter männlichen Führungskräften. Scheidungen kommen dreimal so häufig vor (Geißler 2006). 2004 lebten nur 32 Prozent der weiblichen Führungskräfte gegenüber 53 Prozent der männlichen Führungskräfte in Familienformen mit Kindern. Frauen in leitenden Positionen haben vor allem seltener als ihre männlichen Kollegen zwei oder mehr Kinder und seltener jüngere Kinder im betreuungsintensiven Alter (Kleinert 2006).

Abele (2003) hat sich in prospektiven Langzeitstudien mit etwa 2 000 Hochschulabsolventen/innen mit der Frage beschäftigt, warum Akademikerinnen trotz hervorragender Qualifikationen in den Führungspositionen in Wirtschaft und Wissenschaft stark unterrepräsentiert sind. Anders als die Männer, bei denen der Karriereaspekt im Vordergrund stand, waren die gut ausgebildeten Frauen stärker *integrationsorientiert.* Sie wollten sowohl beruflich erfolgreich sein als auch zumindest zeitweise (z. B. in Form von Elternzeit) die traditionale Partnerinnen- und Mutterrolle ausfüllen. Ein solcher „*Motivmix*“ schließt zwar eine berufliche Karriere nicht aus, erschwert sie aber beträchtlich. „Frauen sind (deshalb?) an Karrierepositionen von vornherein weniger interessiert, trauen sich das auch weniger zu, und sind schließlich auch zufrieden mit anderen Formen von Erwerbstätigkeit, die nicht in eine Führungsposition münden“ (Abele 2003, 59). Der geringere berufliche Erfolg der Frauen war aber auch mitbedingt durch in der Gesellschaft vorherrschende *stereotype Vorstellungen von der Rolle der Frau* (besonders im Hinblick auf berufstätige Frauen mit Kleinkindern), die von den betreffenden Frauen selbst verinnerlicht wurden und ihr Handeln mitbestimmten. Jede zweite Akademikerin im Alter von 35 bis 36 löste diesen Konflikt, indem sie gewollt kinderlos blieb.

Eine bundesweite Befragung von 500 Müttern in Führungspositionen aus dem Jahr 2005 ergab, dass Mütter mit hoher beruflicher Verantwortung stark engagierte und motivierte Führungskräfte sind (Lukoschat/Walther 2006). Familienbezogene Kompetenzen und wirtschaftliche Führungskompetenzen greifen stark ineinander und verstärken sich gegenseitig positiv. Gleichzeitig verschafft die Familie Abstand zum Beruf und verhindert die Gefahr einseitiger Überlastung. Sehr viele der Befragten haben ihre Berufstätigkeit nach der Geburt des Kindes nur kurz unterbrochen. Zu den auffälligsten Befunden der Studie gehört, dass in den meisten Fällen die Partner die berufliche Karriere der Frauen unterstützen und sich partnerschaftlich an den Familienpflichten beteiligen. Die Interviewpartnerinnen berichten von einer großen Zufriedenheit mit der Entwicklung ihrer Kinder, die sie als sehr selbständig und kontaktfreudig erleben. Auch neuere Forschungsergebnisse aus den USA, Frankreich und Deutschland bestätigen übereinstimmend die Erfolge von Frauen in Führungspositionen. Nicht nur die *„soft skills"* (wie Kommunikation, Integrationskraft und Delegationsfähigkeit) sind bei weiblichen Führungskräften stärker ausgeprägt. Die Managerinnen übertreffen ihre Kollegen in sämtlichen Managementfähigkeiten, auch in Entschlusskraft, Innovationsfähigkeit, Führungskompetenz und anderen, traditional dem Mann zugeschriebenen Qualitäten (Assig/Beck 1998). Nach Daten des International Labour Office stehen Unternehmen mit Frauen in Führungspositionen betriebswirtschaftlich besser da als reine Männerunternehmen. Erklärt wird dies damit, dass gerade die Mischung aus „männlichen" und „weiblichen" Kompetenzen zum Erfolg des Unternehmens führt (von Alemann 2007). Behnke und Meuser (2003a) erklären die in neuerer Zeit zu beobachtende wachsende Aufgeschlossenheit großer Unternehmen für das Problemfeld Familie und Beruf damit, dass eine familienfreundliche Personalpolitik ein wichtiger Imagefaktor für das Unternehmen ist, dass aber auch handfestere Motive wie Mitarbeiterbindung und Personalrekrutierung eine erhebliche Rolle spielen.

Für die Zukunft ist mit einer weiteren Steigerung der Erwerbsbeteiligung von Müttern besonders in Westdeutschland zu rechnen, wozu mehrere Entwicklungen beitragen (Dressel u. a. 2005a): a) Da sich der Arbeitsmarkt im Dienstleistungsbereich ausweitet, verbessern sich die Chancen von Frauen in Relation zu denen der Männer; b) Mit dem Umbau des Sozial- und Steuersystems könnten einige Fehlanreize für Ehefrauen schwinden, sich vom Arbeitsmarkt fernzuhalten (z. B. beitragsfreie Mitversicherung in der Krankenversicherung oder Streichung des Ehegattensplittings); c) Die Chancen der Frauen auf dem Arbeitsmarkt steigen aufgrund der höheren Erwerbsqualifikation der heranwachsenden Generation und deren stärkerer Erwerbsorientierung; d) die angespannte Lage auf dem Arbeitsmarkt (geringere Arbeitsplatzsicherheit) erfordert den Einsatz aller Familienmitglieder.

8.2 Probleme der Vereinbarkeit von Familie und Beruf

Die *Anteil der aktiv erwerbstätigen Mütter* hat in den vergangenen 10 Jahren deutschlandweit (wenn auch allein aufgrund der Entwicklung in Westdeutschland) deutlich zugenommen, während der Anteil der aktiv erwerbstätigen Väter vor allem wegen des Verlusts von Arbeitsplätzen abgenommen hat. Anders als bei Männern hängt bei Frauen der Beteiligungsgrad und der zeitliche Umfang der Erwerbstätigkeit ganz wesentlich von der *Zahl und dem Alter ihrer Kinder* ab. Für das *frühere Bundesgebiet* zeigt sich für das Jahr 2004 (vgl. *Tabelle 47):*

- Mehr als zwei Drittel der Frauen mit Kleinkindern blieben zu Hause – als Nichterwerbspersonen oder im Erziehungsurlaub/in Elternzeit. Nur 29 Prozent gingen einer Erwerbstätigkeit nach, und 4 Prozent waren erwerbslos gemeldet, suchten also eine Arbeit.
- Je älter die Kinder waren, desto höher war der Anteil der Vollzeit erwerbstätigen und vor allem der Anteil der Teilzeit beschäftigten Mütter.
- Die gleiche Tendenz zeigte sich auch *innerhalb* der Gruppe der Mütter mit Kleinkindern (Bothfeld u. a. 2005). 2003 waren 17 Prozent der Frauen, deren Kinder das erste Jahr noch nicht vollendet hatten, aktiv erwerbstätig. Im zweiten Lebensjahr des Kindes lag diese Quote bei 27 Prozent und im dritten Lebensjahr bei 36 Prozent.
- Besonders Teilzeitbeschäftigung entspricht den Wünschen von Müttern minderjähriger Kinder (Dorbritz/Fiedler 2007). Fast jede zweite westdeutsche Frau (48 Prozent) im Alter zwischen 20 und 44 hält das Modell „Familie und Teilzeitarbeit" für die günstigste Lösung, gefolgt von dem Wunsch nach einem zeitlich begrenzten Ausstieg aus dem Erwerbsleben, solange die Kinder klein sind (26 Prozent). Vollzeiterwerbstätigkeit spielt eine eher untergeordnete Rolle (13 Prozent).

Tabelle 47: Erwerbsbeteiligung der Frauen im Alter von 15 bis 64 Jahren mit Kindern im Haushalt nach Alter des jüngsten Kindes[1], Mikrozensus 2004 (Angaben in Prozent)

Alter des jüngsten Kindes im Haushalt (in Jahren)	erwerbstätig, 36 u. mehr Stunden	erwerbstätig, unter 36 Stdn.	erwerbslos	beurlaubt	Nichterwerbsperson
Früheres Bundesgebiet (einschließlich Berlin-West)					
unter 3	9	20	4	19	49
3 – 5	10	44	9	2	36
6 – 14	14	53	7	1	25
15 u. mehr	24	42	5	0	28
Neue Länder (einschließlich Berlin-Ost)					
unter 3	24	20	15	11	30
3 – 5	32	34	26	0	8
6 – 14	42	30	22	0	6
15 u. mehr	50	24	16	0	9

[1] ledige Kinder, die in einer Eltern-Kind-Gemeinschaft leben

Quelle: Dressel u. a. 2005a, 285

Kreyenfeld und Geisler (2006) gelangen aufgrund ihrer Auswertung von Mikrozensusdaten zu dem Schluss, dass in Westdeutschland in den letzten Jahrzehnten ein deutlicher Rückgang des „Hausfrauen"-Anteils zu konstatieren ist, begleitet von einem leichten Rückgang der Vollzeiterwerbstätigkeit (vgl. auch Kreyenfeld u. a. 2007b). Das typische Erwerbsmuster von Müttern mit minderjährigen Kindern ist Teilzeitarbeit oder geringfügige Beschäftigung. Zwischen 1976 und 2004 hat sich der Anteil geringfügig erwerbstätiger Mütter (im Alter zwischen 18 und 45 Jahren) mehr als vervierfacht, und der Anteil Teilzeit erwerbstätiger Mütter ist um das Eineinhalbfache gestiegen (vgl. *Tabelle 48).* Der Anteil vollzeiterwerbstätiger Mütter hat dagegen um ein Viertel abgenommen. Der Rückgang war besonders ausgeprägt unter den Frauen mit Kindern unter 3 Jahren und geht vermutlich auf die sukzessive Ausweitung des Erziehungsurlaubs/der Elternzeit Ende der 1980er und Anfang der 1990er Jahre zurück. Aber auch unter Müttern mit älteren Kindern sind die Anteile der Vollzeiterwerbstätigen gesunken, und die Anteile der geringfügig und der Teilzeit Beschäftigten haben zugenommen. Damit hat sich die frühere Polarisierung zwischen (wenigen) Vollzeit- und (vielen) Nichterwerbstätigen immer mehr zugunsten der *Beschäftigten mit reduzierten Arbeitszeiten* aufgelöst.

Tabelle 48: Erwerbsbeteiligung von westdeutschen Müttern im Alter von 18 bis 45 Jahren (Angaben in Prozent)

	1976	1982	1989	1996	2000	2004
Vollzeit (über 29 Stunden)	24	24	23	21	21	18
Teilzeit (15 bis 29 Stunden)	14	16	17	20	22	23
Geringfügig (bis 14 Stunden)	3	4	4	9	13	14
Freistellung/Elternzeit	1	2	4	7	8	8
Erwerbslos	2	4	7	4	3	6
Nichterwerbspersonen	56	50	46	30	33	31

Quelle: Kreyenfeld u. a. 2007b, 4

Besonders der Erwerbsumfang gering qualifizierter Frauen hat sich reduziert, und es hat sich eine immer deutlichere *bildungsspezifische Polarisierung der Erwerbsmuster* herauskristallisiert. Im Jahr 2005 ist der Anteil Vollzeit erwerbstätiger Frauen mit Kindern im Haushalt unter Akademikerinnen doppelt so hoch wie unter Frauen ohne beruflichen Ausbildungsabschluss (27 vs. 13 Prozent). Der Grund dafür dürfte u. a. darin zu suchen sein, dass sich besonders für gering qualifizierte Frauen die Optionen auf dem Arbeitsmarkt seit den 1980er Jahren überproportional verschlechtert haben (Kreyenfeld u. a. 2007a; 2007b). Berücksichtigt man das *Bildungsniveau beider Partner*, so zeichnet sich das folgende Muster ab (Kreyenfeld/Geisler 2006): Die Erwerbsneigung der Frau ist gering, wenn beide Partner ohne Abschluss sind. Aber auch Frauen mit höher qualifiziertem Partner weisen eine niedrige Erwerbsneigung auf. Letztendlich ist „der Rückzug aus dem Arbeitsmarkt zum einen ein Privileg von Frauen mit hinreichend einkommensstarken Männern, zum anderen ein Kennzeichen von Frauen, die aufgrund des geringen Einkommens des Partners einen besseren Zugang zu einkommens- und bedarfsabhängigen Transfermöglichkeiten haben" (Kreyenfeld/Geisler 2006). Mütter, die in Partnerschaften leben, in denen beide einen Hochschulabschluss haben, sind besonders häufig Vollzeit erwerbstätig.

Da der Anstieg der Erwerbsbeteiligung der Mütter im Wesentlichen auf der Zunahme von Teilzeittätigkeiten und der Zunahme von geringfügigen Tätigkeiten beruht, kann man in der Familienphase mit Kindern im Kindergarten- und Schulalter von einem Wandel vom *traditionalen Ernährermodell* (Mann Vollzeit/Frau nicht erwerbstätig; auch *„Hausfrauen-Ehe"* oder *„Versorger-Modell")* zum *modifizierten Ernährermodell* (Mann Vollzeit/ Frau Teilzeit; auch *„Hinzuverdienerin-Ehe"* oder *„modernisiertes Versorgermodell")* sprechen (Pfau-Effinger 2001). Das modernisierte Versorgermodell sieht die mütterliche Erwerbsarbeit zwar prinzipiell vor, allerdings nur in Form von Teilzeitbeschäftigung und/oder geringfügiger Beschäftigung. Zwar bleibt in diesem Fall die finanzielle Abhängigkeit der Mütter oft über Jahre erhalten, doch gegenüber dem Hausfrauen-Modell eröffnet die beschränkte Erwerbsarbeit den Müttern wenigstens begrenzte berufliche Entwicklungsmöglichkeiten (Dressel u. a. 2005a). Von einer wachsenden Gleichstellung der Frauen (und auch der Mütter) kann aber nicht die Rede sein. Im Gegenteil: Geht man „davon aus, dass für eine Gleichstellung von Frauen und Männern auf dem Arbeitsmarkt und die Durchsetzung von Dual-Earner-Familien nicht Teilzeit-, sondern Vollzeiterwerbstätigkeit das zentrale Kriterium ist, dann verweist der Trend einer Abnahme der Vollzeiterwerbstätigkeit von Müttern auf eine seit den 1970er Jahren *zunehmende*, sich an die Familiengründung anschließende Ungleichheit der Geschlechter auf dem Arbeitsmarkt und damit eine *abnehmende* Verbreitung von Doppelernährerfamilien" (Kreyenfeld u. a. 2007, 33). Doch auch im Doppelversorgermodell sind Konfliktlinien vorgezeichnet. Abgesehen davon, dass dieses Modell häufig an die Grenzen der Belastbarkeit führt, besteht ein Widerspruch zwischen der ungleichen Beanspruchung von Männern und Frauen in Familie und Haushalt und der gleichen Beanspruchung durch Erwerbsarbeit.

Etwas anders sieht die Situation in den *neuen Bundesländern* aus. Auch heute noch ist das *Doppelversorgermodell*, wie es in der DDR in den 60er Jahren prägend war, in den östlichen Bundesländern stärker verbreitet als im Westen (vgl. *Tabelle 47)*. Seit der Vereinigung ist aber auch hier ein Trend in Richtung des *modernisierten Versorgermodells* zu verzeichnen. Infolge von Strukturveränderungen und Rationalisierungen auf dem ostdeutschen Arbeitsmarkt ging die Quote der aktiv erwerbstätigen Mütter zwar insgesamt zurück, doch ist der Anteil der Vollzeit erwerbstätigen Mütter noch etwa dreimal höher und der Anteil der Teilzeit erwerbstätigen Mütter deutlich niedriger als im früheren Bundesgebiet (Dressel u. a. 2005a). Denn die ökonomische Notwendigkeit zu arbeiten ist für Mütter in den neuen Ländern größer, da sie häufiger alleinerziehend sind und auch häufiger mit der Erwerbslosigkeit des Vaters ihres Kindes und einem geringeren Einkommen des Partners rechnen müssen. Auch wird in den neuen Bundesländern die Vereinbarkeit von Vollzeiterwerbstätigkeit und Familie nicht nur häufiger praktiziert als in den alten Bundesländern, sondern auch häufiger angestrebt (43 Prozent). Erst an zweiter Stelle steht hier der Wunsch nach einer Teilzeitbeschäftigung (41 Prozent). Einen befristeten Ausstieg aus dem Erwerbsleben wünschen sich lediglich 9 Prozent (Dorbritz/Fiedler 2007).

Insgesamt besteht in Deutschland eine große *Kluft zwischen realisiertem und gewünschtem Arbeitszeitmodell*. In einer Repräsentativumfrage aus dem Jahr 2000 wurden etwa 3 000 Frauen, die seit Einführung des dreijährigen Erziehungsurlaubs ein Kind geboren oder adoptiert hatten, zu ihren Arbeitszeitwünschen und zu ihrer Beschäftigungssituation befragt (Beckmann 2002). Fragt man die Mütter, wie ihrer Ansicht nach die Erwerbsarbeit idealerweise auf die Eltern verteilt sein sollte und wie diese Vorstellungen von der Realität abweichen, so stößt man auf einige auffallende Diskrepanzen, wobei zu bedenken ist, dass die Antworten möglicherweise auch die gegenwärtige Betreuungssituation der Kinder mit reflektieren. In den *alten Bundesländern* zeigt sich (vgl. *Tabelle 49):*

- Besonders in der Gruppe der Mütter mit Kleinkindern besteht eine erhebliche Diskrepanz zwischen dem von den Müttern gewünschten und dem von den Müttern gelebten Arbeitszeitmodell. Während 77 Prozent der Mütter einen Vollzeit erwerbstätigen Partner hatten und selbst nicht erwerbstätig waren (= Hausfrauenmodell), wünschten sich dies lediglich 14 Prozent der Mütter. Den meisten Müttern (63 Prozent) wäre es am liebsten, wenn sie Teilzeit arbeiten könnten und ihr Partner eine Vollzeitstelle hätte, ein Arbeitszeitmodell, das nur von 16 Prozent tatsächlich praktiziert wird. Dieses Vollzeit/Teilzeit-Modell ist, unabhängig vom Alter des jüngsten Kindes, die am häufigsten gewünschte Arbeitszeitform in Westdeutschland.
- Wird das Kind älter, so ändert sich am Wunsch nach einer Erwerbstätigkeit nur relativ wenig, aber der Anteil der tatsächlich erwerbstätigen Mütter erhöht sich auf 50 Prozent (jüngstes Kind 3 bis unter 6 Jahre) bzw. 60 Prozent (jüngstes Kind 6 bis unter 9 Jahre).

- Es kommt kaum vor und wird auch nicht für wünschenswert erachtet, dass beide Eltern Vollzeit arbeiten. Auch dem Wunsch relativ vieler Mütter nach einer Teilzeitbeschäftigung beider Eltern wird nur relativ selten entsprochen.

Tabelle 49: Aktuelle und gewünschte Arbeitszeitmodelle von Familien mit Kindern[1] *nach Alter des jüngsten Kindes (Angaben der Mütter in Prozent)*

	Westdeutschland 2000		**Ostdeutschland 2000**	
	Gewünschtes Arbeitszeit-modell	**Aktuelles Arbeitszeit-modell**	**Gewünschtes Arbeitszeit-modell**	**Aktuelles Arbeitszeit-modell**
Jüngstes Kind unter 3 Jahre				
Vollzeit/nicht erwerbstätig	14	77	4	67
beide Teilzeit[2]	16	5	12	7
Vollzeit/Teilzeit	63	16	66	13
beide Vollzeit	7	3	18	13
Jüngstes Kind 3 bis unter 6 J.				
Vollzeit/nicht erwerbstätig	17	50	3	33
beide Teilzeit[2]	14	3	9	6
Vollzeit/Teilzeit	65	42	63	27
beide Vollzeit	4	5	25	34
Jüngstes Kind 6 bis unter 9 J.				
Vollzeit/nicht erwerbstätig	11	40	7	29
beide Teilzeit[2]	18	4	6	6
Vollzeit/Teilzeit	65	46	68	30
beide Vollzeit	6	10	19	35

1 Berücksichtigt werden nur die Angaben verheirateter oder in Lebensgemeinschaften lebender Eltern.

2 In den Prozentangaben für das aktuelle Arbeitszeitmodell sind neben „beide arbeiten Teilzeit" die Kombinationen „beide sind nicht erwerbstätig" und „eine(r) arbeitet Teilzeit, der/die andere ist nicht erwerbstätig" enthalten.

Quelle: Beckmann 2002, 15

In den *neuen Bundesländern* ist die Diskrepanz zwischen Wunsch und Wirklichkeit noch ausgeprägter als im früheren Bundesgebiet. Zwei Drittel der Mütter mit einem jüngsten Kind im Kleinkindalter sind nicht erwerbstätig, obwohl sich dies nur 4 Prozent wünschen. Nur 13 Prozent praktizieren ein Vollzeit/Teilzeit-Modell, welches von zwei Drittel angestrebt wird. Mit zunehmendem Alter des jüngsten Kindes nimmt diese Diskrepanz zwar ab, ohne aber völlig zu verschwinden. Das in der DDR vorherrschende Modell, wonach in der Regel beide Eltern Vollzeit erwerbstätig waren, fand sich im Jahr 2000 nur noch bei jeder dritten Familie mit einem jüngsten Kind zwischen 3 und 9 Jahren. Nur jede fünfte Mutter wünschte sich dieses Arrangement.

Die Erwerbssituation von Eltern hat sich trotz aller noch bestehenden Unterschiede in West- und Ostdeutschland seit der Vereinigung angenähert. Das Versorger-Modell hat in der westdeutschen Realität zugunsten der Vollzeit/Teilzeit-Variante an Bedeutung verloren. In den neuen Bundesländern hat das ehemalige DDR-Arbeitszeitmodell (beide Vollzeit) vor allem bei Müttern mit Grundschulkindern an Gewicht eingebüßt, und da die meisten Vollzeit erwerbstätigen Frauen lieber Teilzeit arbeiten würden, dürfte dieses Modells noch weiter an Bedeutung abnehmen. Der Trend in Deutschland verläuft insgesamt in Richtung des *„modernisierten Versorgermodells"*. In beiden Teilen Deutschlands geht es also nicht um ein „entweder Familie *oder* Beruf", sondern es wird – im Osten noch stärker als im Westen – nach Möglichkeiten einer *Vereinbarkeit von Familie und Beruf* gesucht (zur *Vereinbarkeit von Elternschaft und Ausbildung* siehe das Gutachten „Elternschaft und Ausbildung"; Wissenschaftlicher Beirat 2004).

Eine Grundvoraussetzung für die bessere Vereinbarkeit von Familie und Beruf sind *öffentliche Betreuungseinrichtungen* für Kinder, die sowohl finanziell erschwinglich als auch erreichbar und organisatorisch mit einer Erwerbstätigkeit vereinbar sind. Westdeutschland gehört zu den Ländern mit relativ niedrigem Versorgungsgrad an Betreuungsinfrastruktur. Das Angebot im *Krippen- und Hortbereich* ist seit den 1970er Jahren unverändert niedrig geblieben (vgl. *Tabelle 50;* DJI 2005). 2002 betrug die *Versorgungsquote* im Krippenbereich lediglich 3 Prozent und im Hortbereich 6 Prozent. In Ostdeutschland ist zwar seit 1990 die Versorgung mit Betreuungsplätzen im Krippen- und im Hortbereich rückläufig, doch war die Versorgungsquote auch 2002 immer noch um ein Vielfaches höher als in Westdeutschland. Große Unterschiede gibt es bei den *Besuchsquoten* der Kinder unter 3 Jahren (= Anteil der in Tagesstätten tatsächlich betreuten Kinder). Während im Westen gerade einmal 6,8 Prozent eine Einrichtung besuchten, lag die Quote im Osten mit 36,7 Prozent mehr als fünfmal so hoch (Lange/Schilling 2007). In einer neueren Repräsentativbefragung waren 61 Prozent der Befragten mit Kindern unter drei Jahren mit den Möglichkeiten, Beruf und Familie zu vereinbaren, unzufrieden (Politbarometer März 2007).

Tabelle 50: Anteil der Plätze in Kindertageseinrichtungen nach Anzahl der Kinder der jeweiligen Altersgruppe (Versorgungsquoten, Angaben in Prozent)

	Westdeutschland				**Ostdeutschland**			
	1990	**1994**	**1998**	**2002[1]**	**1990**	**1994**	**1998**	**2002[1]**
Krippe	2	2	3	3	56	41	37	37
Kindergarten	78	85	102	103	113	117	132	121
Hort	5	5	6	6	88	34	48	59

Anmerkung: Die Versorgungsquote berechnet sich aus der Anzahl der Plätze pro 100 Kinder der jeweiligen Altersgruppe. Für die Berechnung der Versorgungsquote für die Krippe wurde die Altersgruppe der 0- bis unter 3-Jährigen, für den Kindergarten die Altersgruppe der 3- bis unter 6-Jährigen und für den Hort die Altersgruppe der 6- bis unter 10-Jährigen zugrunde gelegt.

[1] ohne Berlin

Quelle: Konietzka/Kreyenfeld 2005, 39

Wesentlich günstiger sieht die Entwicklung im *Kindergartenalter* aus, was teilweise im Zusammenhang mit der Einführung des Rechtsanspruchs auf einen Kindergartenplatz zum 1.1.1996 steht. Obwohl die Versorgungsquote im Westen erkennbar angestiegen ist, bestehen noch immer gravierende West-Ost-Unterschiede, denn fast alle Betreuungsplätze in Westdeutschland sind Halbtagsbetreuungsplätze und in Ostdeutschland Ganztagsbetreuungsplätze. Im früheren Bundesgebiet (ohne Berlin) lag die Besuchsquote für Kinder im Alter von 3 bis unter 6 Jahren Anfang 2006 bei 85,7 Prozent und in den neuen Bundesländern (ohne Berlin) bei 92,1 Prozent (Lange/Schilling 2007). In Ostdeutschland kann man für diese Altersgruppe damit annähernd von einer Vollversorgung ausgehen. Als Fazit bleibt festzuhalten, dass vor allem in Westdeutschland sich auch heute noch wegen der mangelnden Betreuungsmöglichkeiten (einschließlich der restriktiven Öffnungszeiten der Kindergärten) Ausbildung/Erwerbstätigkeit und Familientätigkeit nur schwer miteinander vereinbaren lassen.

Eine erhebliche Rolle im Zusammenhang mit Problemen der Vereinbarkeit von Familie und Beruf spielen des Weiteren weit verbreitete, von den Frauen selbst verinnerlichte *stereotype Vorstellungen über die optimalen Entwicklungsbedingungen eines Kindes*, die sie zeitweise an der Ausübung ihres Berufes hindern oder sie zumindest verunsichern. Zwar sind in den letzten Jahrzehnten die Vorbehalte gegen eine Erwerbstätigkeit von Müttern mit Kleinkindern im Westen wie im Osten geringer geworden. Eine klare Mehrheit von 87 Prozent ist heute der Meinung, dass eine erwerbstätige Mutter eine genauso herzliche und enge Beziehung zu ihrem Kind haben kann wie eine nichterwerbstätige Mutter (vgl. *Tabelle 51;* Scheuer/Dittmann 2007). Aber gleichzeitig stimmt fast jeder Zweite (49 Prozent) der Aussage zu, dass ein Vorschulkind wahrscheinlich unter der Berufstätigkeit seiner Mutter leiden wird, 27 Prozent meinen, dass Kinder aus KITAS Probleme haben werden, und über die Hälfte (57 Prozent) hält die Vollzeiterwerbstätigkeit der Frau eher für bedenklich, wenn eine Familie vorhanden ist.

Tabelle 51: Zustimmung zu Aussagen zur Situation des Kindes im Kontext von außerhäuslicher Kinderbetreuung und Erwerbstätigkeit der Mutter, 20- bis 65-Jährige, 2003 (Angaben in Prozent)

Aussagen	Insgesamt	West	Ost
1. Es ist gut für die Entwicklung des Kindes, wenn sich auch andere darum kümmern	61	–	–
2. Kinder aus KITAS werden Probleme haben	27	–	–
3. Die beste Betreuung sind die eigenen Eltern	82	–	–
4. Eine erwerbstätige Mutter kann eine genauso herzliche und enge Beziehung zu ihren Kindern haben wie eine nicht erwerbstätige Mutter	87	85	95
5. Ein Vorschulkind wird wahrscheinlich unter der Berufstätigkeit seiner Mutter leiden	49	54	28
6. Das Familienleben leidet unter einer Vollzeiterwerbstätigkeit der Frau	57	63	33

Quelle: Dorbritz/Fiedler 2007, 25; Dorbritz u. a. 2005, 48/49 (Population Policy Acceptance Study)

Zwischen West- und Ostdeutschland bestehen im Hinblick auf die Einschätzung der Folgen außerhäuslicher Kinderbetreuung immer noch deutliche Unterschiede. Ostdeutsche sind viel seltener davon überzeugt, dass es einem Vorschulkind schadet, wenn seine Mutter arbeitet und dass das Familienleben unter einer Vollzeiterwerbstätigkeit der Frau leidet. In Westdeutschland beurteilen nach den Daten des Eurobarometers 2006 die Älteren – insbesondere die über 65-Jährigen – und Personen mit niedrigem Bildungsniveau eine Berufstätigkeit der Mutter wesentlich kritischer als die Jüngeren und Höhergebildeten (Scheuer/Dittmann 2007). In Ostdeutschland sind vergleichbare strukturelle Unterschiede kaum anzutreffen. Die Vorstellung, dass Familie und Beruf prinzipiell vereinbar sind, ist hier fast einheitlich in der ganzen Gesellschaft verankert. In West- wie in Ostdeutschland haben Männer ein etwas konventionelleres Bild von der Rolle der Frau als Frauen.

Wie stark die Skepsis gegenüber der Vereinbarkeit von Familie und Beruf ist, kann man auch einigen weiteren Befragungen entnehmen: Im Politbarometer März 2007 glaubten 44 Prozent der Befragten in Deutschland, dass die Betreuung von unter Dreijährigen außer Haus die Entwicklung der Kinder eher fördert. 31 Prozent gingen von einem Schaden für die Entwicklung des Kindes aus, und 19 Prozent sahen keinen großen Unterschied. Von den von Infratest Ende 2003 in Deutschland interviewten berufstätigen Männern und Frauen mit minderjährigen Kindern hatten 43 Prozent oft/sehr oft und 26 Prozent gelegentlich ein schlechtes Gewissen, weil sie glaubten, wegen ihrer Berufstätigkeit zu wenig Zeit für ihr Kind zu haben.

In zahlreichen Studien wurden die sozialisatorischen Folgen der Berufstätigkeit von Müttern für die Persönlichkeitsentwicklung ihrer Kinder erforscht, wobei sich der Schwerpunkt der Fragen weg von einer pathologiezentrierten Sichtweise, die jegliche mütterliche Erwerbsarbeit unter Hinweis auf die natürliche Bestimmung der Frau als schädlich ansieht, hin zu einer differenzierteren Sichtweise verschob (Lange 2007a). Als zentrale intervenierende Variable kristallisierte sich die Zufriedenheit der Mütter mit ihrer Erwerbssituation heraus. Ergebnissen von US-Studien nach zu urteilen ist in den frühen Lebensjahren eine mütterliche Erwerbstätigkeit von über 30 Wochenstunden eher abträglich. Für Schulkinder wurden insgesamt mehr positive als negative Folgen berichtet. So erbringen nach den meisten Forschungsergebnissen der letzten 50 Jahre Kinder (besonders Töchter) berufstätiger Mütter z. B. bessere Schulleistungen als Kinder von Hausfrauen.

Anders als in den 1950er und 1960er Jahren wird auch in Westdeutschland die Erwerbstätigkeit von Müttern heute nicht mehr völlig abgelehnt oder auf Notfälle beschränkt. Die Doppelorientierung von Frauen wird weitgehend akzeptiert und nur für die familienintensive Lebensphase in Frage gestellt. Die Unvereinbarkeit von Familie und Beruf ist von einer lebenslangen sozialen Norm zu einer phasenweisen, lebenszyklisch spezifischen Möglichkeit geschrumpft. Dabei gehört, wie eine Repräsentativbefragung des Emnid-Instituts aus dem Jahr 2004 unterstreicht, *Zeitstress* für berufstätige Mütter in Deutschland zum Alltag. Jede zweite berufstätige Mutter bekommt Familie und Beruf nicht ohne Zeitprobleme unter einen Hut. Fast 70 Prozent der Akademikerinnen kämpfen mit Dauerstress. Trotzdem sind berufstätige Mütter, wie das Deutsche Institut für Wirtschaft in Berlin 2003 herausgefunden hat, insgesamt zufriedener als nicht berufstätige Mütter (DIW 2003). Das gilt allerdings nur für Teilzeit arbeitende Mütter. Die vollzeiterwerbstätigen Mütter, die die Doppelbelastung Familie und Beruf bewältigen müssen, sind am unzufriedensten. Fest steht aber, dass die meisten Frauen in Deutschland unter geeigneten Rahmenbedingungen – der Beruf muss eine gewisse Qualität haben, Freude machen, eine gute Betreuung der Kinder muss gewährleistet sein, und der Partner muss die Berufstätigkeit unterstützen – arbeiten wollen und unter dem Verlust der Berufstätigkeit durch die Mutterschaft leiden. Wie und mit welchen Arrangements in Familien mit hochqualifizierten Frauen in ausgewählten familienzyklischen Phasen berufliche Karriere und Kinder miteinander verknüpft werden, zeigt detailliert und alltagsnah die qualitative Studie von Dierks (2005).

Nach Ansicht von Barnett und Hyde (2001) wird beim Thema „Vereinbarkeit von Familie und Beruf" das Augenmerk zu sehr auf die hiermit verbundenen Schwierigkeiten und Konflikte gelegt. Aus ihrer Übersicht über vorliegende Arbeiten ziehen sie den Schluss, dass *multiple Rollen* für Männer wie für Frauen vorteilhaft sind. Die Doppelbelastung durch Familie und Beruf mündet paradoxerweise oft in einer höheren Zufriedenheit der Mütter. Je mehr Rollen ein Mensch ausübt, desto geschützter ist er. Wer sich im Beruf und in der Familie in gleicher Weise engagiert – dies gilt auch für Mütter von Vorschulkindern –, ist gesünder, psychisch stabiler und zufriedener mit seinem Leben. So stecken Frauen häuslichen Ärger und Sorgen besser weg, wenn sie im Beruf Erfolgserlebnisse haben. Viele Rollen zu haben schließt in der Regel außerdem ein hohes Maß an sozialer Unterstützung ein, und die Partner können sich besser austauschen, mehr Verständnis füreinander entwickeln.

8.3 Destandardisierung des weiblichen Lebenslaufs

Aus der Lebenslaufperspektive betrachtet finden sich in den letzten Jahrzehnten bei Männern und Frauen Anzeichen für eine *Destabilisierung der Lebensverläufe*. Erwerbsarbeit verläuft immer weniger im Rahmen der „Normalarbeitszeit" (BMFSFJ 2005a). Man erkennt dies an der Zunahme von geringfügigen Beschäftigungsverhältnissen, Teilzeitarbeit und befristeten Arbeitsverhältnissen sowie an der Ausweitung von Schicht- und Wochenendarbeit, Überstunden und Gleitzeiten sowie „untypischen" Arbeitszeiten. Bei den Männern nehmen seit den Geburtsjahrgängen zu Beginn der 1950er Jahre (Kohorte der „Bildungsexpansion") die Erwerbsverläufe mit langfristiger Vollzeiterwerbstätigkeit und standardisierter zeitlicher Dauer und Lage der Arbeit – die Normalerwerbsverhältnisse – an Gewicht ab, und die *diskontinuierlichen Verläufe* nehmen (besonders in Ostdeutschland), bedingt durch krisenhafte Entwicklungen auf dem Arbeitsmarkt, in Richtung einer „steigenden Unübersichtlichkeit" zu (Berger/Sopp 1992). Die Ergebnisse des GLOBALIFE-Projekts zeigen, dass sich in Deutschland, wie in den anderen untersuchten Ländern, eine quantitativ bedeutsame Gruppe männlicher Langzeitarbeitsloser findet, denen es nicht gelingt, erfolgreich in den Arbeismarkt zurückzukehren (Blossfeld u. a. 2006). Darüber hinaus „pendelt" eine beträchtliche Anzahl männlicher Arbeitnehmer zwischen Arbeitslosigkeit und Jobs mit geringem beruflichen Status.

Die *weiblichen Lebensverläufe* sind noch heterogener und unsteter als die der Männer, da sie durch die Konkurrenz von Familien- und Erwerbsorientierung geprägt sind. Die wesentlich komplexere Organisation des weiblichen Lebensverlaufs ist eher zufällig entstanden als ungeplante Organisation des Lebensverlaufs von Frauen und Müttern in einer Arbeitswelt, die dem Modell der Männer entspricht (Bertram 2006). Von den im Bamberger-Ehepaar-Panel befragten Frauen waren im Verlauf von 12 Jahren nur 12 Prozent durchgehend bzw. seit dem Berufseinstieg konstant erwerbstätig (Mühling u. a. 2006). Insgesamt trifft man bei den Müttern auf zahlreiche unterschiedliche Berufsverläufe, deren Gestaltung im Wesentlichen von der Kinderzahl abhängt. Die Erwerbsunterbrechungen von Müttern fallen biografisch betrachtet in einen Lebensabschnitt, in dem die entscheidenden Weichen für die berufliche Zukunft gestellt werden, so dass die Wahrscheinlichkeit, sich berufliche Nachteile einzuhandeln, groß ist. Krüger und Levy (2000) weisen am Beispiel deutscher Frauen nach, dass die diskontinuierlichen Erwerbsverläufe von Frauen und Müttern nicht nur kurzfristig zu beruflichen Nachteilen führen, sondern sich häufig auch längerfristig als Abstieg von einer in jungen Jahren qualifizierten Position zu Aushilfstätigkeiten vollziehen. Zeitgeschichtlich betrachtet finden sich folgende Wandlungsprozesse (Schwarz 1993-94c):

- Das *Zwei-Phasen-Modell* – Erwerbstätigkeit bis zur Geburt des ersten Kindes, dann endgültige Aufgabe der Erwerbstätigkeit – nimmt quantitativ beträchtlich ab.
- Das *männliche Normalerwerbsverlaufs-Modell* – die durchgängige Erwerbstätigkeit der Frauen bis zum Ruhestand – gewinnt (besonders für Kinderlose) an Bedeutung. In der DDR hatten sich die Erwerbsverlaufsmuster der Frauen, abgesehen von der Phase kurz

nach der Geburt eines Kindes, schon früh immer stärker dem männlichen Normalerwerbsverlauf angenähert.

- Das *Drei-Phasen-Modell* weiblicher Erwerbsbiografien – Erwerbstätigkeit bis zur Geburt von Kindern, Unterbrechung der Erwerbstätigkeit, solange die Kinder klein sind oder noch im elterlichen Haushalt leben, Wiederaufnahme der Erwerbstätigkeit bis zum Ruhestand – wird ebenfalls etwas häufiger als früher praktiziert.
- Das *Viel-Phasen-Modell* (Berger/Sopp 1992), das sich besonders unter den jüngeren Geburtsjahrgängen (nach 1950) findet, nimmt zu. Hierzu zählen Formen *partieller Arbeitsmarktintegration* (eine Tendenz zu Teilzeitverläufen) und Formen *sequentieller Arbeitsmarktintegration,* d. h. eine Tendenz zu diskontinuierlichen Verläufen, z. B. ein häufigerer Wechsel zwischen beruflichem und familialem Bereich (auch *„Modell des weiblichen Normallebenslaufs"* genannt).

Die Ergebnisse des GLOBALIFE-Projekts zeigen für Frauen in Deutschland, dass die Schaffung neuer, flexibler Beschäftigungsmöglichkeiten für Frauen, die wachsende Notwendigkeit eines zweiten Haushaltseinkommens, die zunehmende gesellschaftliche Akzeptanz der Erwerbstätigkeit verheirateter Frauen und ihre wachsende Bildungsbeteiligung zu einer Steigerung der weiblichen Erwerbsbeteiligung und zu einer Verkürzung von Erwerbsunterbrechungen beigetragen haben (Blossfeld/Hofmeister 2006; Hofäcker 2007a). Allerdings werden Frauen auch zunehmend mit steigenden Arbeitsmarktrisiken konfrontiert. Jüngere Frauen kehren nach Kinderpausen zwar immer häufiger und früher in den Arbeitsmarkt zurück, müssen dafür aber das Risiko beruflicher Abstiege beim Wiedereinstieg in den Arbeitsmarkt in Kauf nehmen. Beim Wiedereintritt in den Arbeitsmarkt arbeiten sie häufig nur Teilzeit und sie sind eher bereit, sich auf flexibilisierte, unsichere Arbeitsformen (z. B. befristete Arbeitsverträge) einzulassen (Blossfeld u. a. 2007).

Auf einen Trend in Richtung zunehmender Müttererwerbstätigkeit und kürzerer Unterbrechungen der Erwerbstätigkeit verweisen die Daten der Untersuchung „Altersvorsorge in Deutschland" (AVID). Von den zwischen 1936 und 1940 geborenen Frauen haben noch 83 Prozent ihre Erwerbstätigkeit für mindestens ein Jahr unterbrochen, um minderjährige Kinder zu versorgen (Klammer 2006). Diese Phasen summierten sich im Lebensverlauf auf insgesamt 12,6 Jahre. Von den zwischen 1951 und 1955 geborenen Frauen weisen „nur" noch zwei Drittel diese Form der Erwerbsunterbrechung auf mit einer kumulierten „Hausfrauenzeit" von 8 (Westdeutschland: 10) Jahren. Hierbei sind Zeiten der Nichterwerbstätigkeit ohne Kinder noch nicht mitgerechnet.

Ein immer stärkeres Gewicht kommt der *Teilzeitarbeit* zu (Klammer 2006). Laut AVID werden vier von fünf der zwischen 1951 und 1955 geborenen Frauen mindestens ein Jahr ihrer Erwerbsbiografie Teilzeit erwerbstätig gewesen sein. Im Durchschnitt kommen diese Frauen auf 12 Teilzeitjahre. Nicht berücksichtigt sind Phasen *geringfügiger Beschäftigung,* deren Gewicht noch zunehmen dürfte. Ein immer wichtigerer Bestandteil von Erwerbsbiografien sind Zeiten der *Arbeitslosigkeit,* von der beide Geschlechter ähnlich stark betroffen sind. Von den 1951–1955 geborenen Frauen und Männern werden rund 54 Prozent der Männer und 56 Prozent der Frauen mindestens ein Jahr in ihrem Erwerbsleben arbeitslos sein. In der frühen Phase des Erwerbslebens, in der zentrale private Lebensentscheidungen, wie z. B. die Gründung einer Familie, getroffen werden, ist das Risiko, mit Arbeitslosigkeit konfrontiert zu werden, besonders groß. Mit jeder Geburtskohorte seit 1941/1945 ist das Risiko von Arbeitslosigkeit weiter angestiegen. Von den zwischen 1941 und 1945 Geborenen waren 8 Prozent der Männer und 4 Prozent der Frauen mindestens einmal arbeitslos, bevor sie das 30. Lebensjahr vollendet hatten. Von den 1961–1965

Geborenen war bereits jeder Zweite in diesem Alter (jeweils 53 Prozent der Männer und Frauen) von Arbeitslosigkeit betroffen.

Junge Frauen befinden sich heute in einer *widersprüchlichen Situation*, denn ein einheitliches Lebensmodell besteht nicht mehr (Oechsle 1998; Keddi 2003). Wie ambivalent die Frauenrolle von der jüngeren Generation gesehen wird, illustrieren die PPAS-Daten aus dem Jahr 2003 (vgl. *Tabelle 52)*. Zwar steht die Bevölkerung dem Wandel der Geschlechtsrollen mehrheitlich positiv gegenüber. Drei Viertel der 20- bis 65-Jährigen sind der Ansicht, dass eine Berufstätigkeit für eine Frau die beste Möglichkeit ist, unabhängig zu sein. Und „nur" noch jede(r) Vierte meint, dass es Aufgabe des Mannes ist, Geld zu verdienen, und Aufgabe der Frau, sich um Heim und Familie zu kümmern. Sind allerdings Kinder vorhanden, so ändert sich die Einstellung. Zwar sind fast alle davon überzeugt, dass eine erwerbstätige Mutter eine genauso herzliche und enge Beziehung zu ihren Kindern haben kann wie eine nicht erwerbstätige Mutter. Aber gleichzeitig stimmt jeweils etwa jede(r) Zweite den Aussagen zu, dass ein Vorschulkind wahrscheinlich unter der Berufstätigkeit seiner Mutter und dass das Familienleben unter der Vollzeiterwerbstätigkeit der Frau leiden werden (vgl. *Tabelle 51)*.

Tabelle 52: Einstellung zur Rolle der Frau zwischen Beruf und Familie, 20- bis 65-Jährige, 2003 (überwiegende oder volle Zustimmung, Angaben in Prozent)

Aussage	**Insgesamt**	**West**	**Ost**
1. Eine Berufstätigkeit ist für eine Frau die beste Möglichkeit, unabhängig zu sein	77	75	81
2. Die meisten Frauen müssen heutzutage arbeiten, um ihre Familie zu unterstützen	86	85	92
3. Hausfrau zu sein ist genauso erfüllend wie erwerbstätig zu sein	37	40	24
4. Was die meisten Frauen wirklich wollen, ist ein Heim und Kinder	27	29	18
5. Es ist die Aufgabe des Mannes, Geld zu verdienen, und die der Frau, sich um Heim und Familie zu kümmern	27	30	17

Quelle: Dorbritz u. a. 2005, 48/49 (Auszug) (Population Policy Acceptance Study)

Bestätigt werden die aufgezeigten Trends durch eine Sekundäranalyse der Daten des DJI-Familiensurveys 2000 und des Allbus 2004 (Statist. Bundesamt 2006d). Den typischen weiblichen Lebensentwurf gibt es nicht mehr; die Familienleitbilder sind verstärkt durch Inkonsistenzen und Ambivalenzen geprägt. Zwar ist Berufstätigkeit ein selbstverständliches Element des weiblichen Lebensentwurfes geworden. Doch wird das Statement „Wenn Frauen berufliche Karriere machen wollen, sollten sie auf Kinder verzichten" in nahezu gleichem Maße akzeptiert wie abgelehnt (DJI-Familiensurvey 2000). Auch sind deutliche Kohortenunterschiede feststellbar. Jüngere Frauen und Frauen im fertilen Alter können weniger Befriedigung aus der Haushaltsführung ziehen als ältere Frauen. Auch stellen Frauen häufiger als Männer das male-breadwinner-Konzept in Frage, wodurch ein zunehmender Aushandlungsbedarf in Paarbeziehungen entsteht.

Die von Erler u. a. (1988) befragten 18- bis 33-jährigen *Hausfrauen und Mütter mit beruflichem Rückkehrwunsch* vertraten besonders hohe Standards für Familie und Beruf. Es ist die Gruppe mit den größten inneren Widersprüchen und Ambivalenzen. Die Gruppe der *Hausfrauen mit Langzeitperspektive* zeigte hingegen die größte „innere Harmonie". Sie akzeptierte – auch mangels Alternativen (es handelt sich um die bildungsmäßig unterprivilegierteste Frauengruppe) – am stärksten die traditionale Arbeitsteilung. Aufgrund der Klarheit ihrer Option für die Familie und gegen den Beruf entfällt jene Ambivalenz, die berufstätigen Müttern und Müttern mit beruflichem Rückkehrwunsch so sehr zu schaffen macht.

8.4 Wandel der innerfamilialen Arbeitsteilung zwischen den Geschlechtern

Die in einem Haushalt zu leistende Arbeit kann allgemein in Produktionsarbeit und Reproduktionsarbeit unterteilt werden. *Produktionsarbeit* (= bezahlte Arbeit) bezeichnet die finanzielle Versorgung des Haushalts qua Erwerbstätigkeit, während *Reproduktionsarbeit* (= unbezahlte Arbeit) alle Tätigkeiten umfasst, deren Erledigung für das Wohlergehen der Haushaltsmitglieder erforderlich ist, die aber – zumindest, solange die Haushaltsmitglieder sie selbst ausführen – nicht entlohnt werden. Hierunter fallen die Hausarbeit im engeren Sinne (Einkaufen, Waschen, Putzen etc.), die Kinderpflege- und betreuung und sonstige Tätigkeiten wie die Versorgung und Pflege alter und kranker Familienangehöriger, Emotionsarbeit sowie die Aufrechterhaltung von Kontakten zu Verwandten und Bekannten.

Frauen und Männer beteiligen sich nicht an allen Arbeiten im gleichen Umfang. Zum Leitbild der modernen bürgerlichen Kleinfamilie gehört die *Polarisierung der Geschlechtsrollen:* die Zuständigkeit des Mannes für den Unterhalt der Familie durch in der Regel außerhäusliche Erwerbstätigkeit (für die Produktionsarbeit) und die komplementäre Zuständigkeit der Frau für Haushaltsführung und Kindererziehung (für die Reproduktionsarbeit). Zahlreiche Erhebungen kommen bei allen Unterschieden in den Erhebungsmethoden und der Stichprobenauswahl immer wieder zum gleichen Ergebnis: Obwohl für immer mehr Frauen die eigene berufliche Tätigkeit eine große und wachsende Bedeutung besitzt und im Jahr 2003 nur noch 30 Prozent der 20- bis 65-Jährigen in Westdeutschland und 17 Prozent der Altersgleichen in Ostdeutschland der Ansicht sind, dass es „die Aufgabe des Mannes ist, Geld zu verdienen und die der Frau, sich um Heim und Familie zu kümmern" (Dorbritz u. a. 2005), lag und liegt nach wie vor die zeitliche Belastung der Frauen durch *Haus- und Familienarbeit* stets deutlich über der Belastung der Männer (Mischau u. a. 1998; Künzler/Walter 2001; Huinink u. a. 2000).

8.4.1 Gesamtbelastung durch bezahlte und unbezahlte Arbeit

Zur Ermittlung des Umfangs der *Haus- und Familienarbeit* stehen zwei Methoden zur Verfügung: 1. das Verfahren der Zeitbudgeterhebung (Zeitverwendungstagebücher), bei dem die Befragten mehr oder weniger minutiös in Tagebüchern eintragen, mit welchen Tätigkeiten sie ihren Tag verbringen, und 2. direkte Fragen an einen oder beide Partner nach dem Ausmaß der Beschäftigung mit Haus- und Familienarbeit (Zeitschätzungen). Während Zeitschätzungen mit relativ geringem Aufwand durchgeführt werden können, sind Untersuchungen mit Zeitverwendungstagebüchern erheblich zeit- und kostenintensiver, weshalb der Zeitschätzung trotz höherer Validität der Tagebuchmethode im Rahmen empirischer Erhebungen meist der Vorzug gegeben wird. In der ifb-Zeitverwendungsstudie von Schulz und Grunow (2007) überschätzten Frauen ihr Zeitbudget für Haushaltstätigkeiten, verglichen mit den Tagebucheintragungen, um 27 Prozent und Männer um 36 Prozent. Den Zeitaufwand für einzelne, genau spezifizierte Tätigkeiten konnten die Befragten wesentlich besser einschätzen.

Zur Erfassung der *Gesamtbelastung* der Männer und Frauen durch bezahlte und unbezahlte Arbeit wurde in den Jahren 2001/2002 vom Statistischen Bundesamt (2003a) im gesamten Bundesgebiet eine *zweite Zeitbudgeterhebung* durchgeführt (eine erste fand in den Jahren 1991/1992 statt; Blanke u. a. 1996). In rund 5 400 Haushalten wurden über 12 000 Personen mit insgesamt 37 000 Tagesabläufen erfasst. Um die Zeitverwendung möglichst exakt abbilden zu können, wurden alle Personen (ab 10 Jahren) gebeten, an jeweils drei Tagen ihren Tagesablauf minutengenau in ein Tagebuch einzutragen. Die gewonnenen Daten wurden auf die Bevölkerung hochgerechnet. Demnach verbringen Frauen wöchentlich im Durchschnitt 31 Stunden und Männer 19,5 Stunden mit *unbezahlter Arbeit* (Haus- und Gartenarbeit, handwerkliche Tätigkeiten, Einkaufen, Haushaltsplanung, Pflege und Betreuung von Kindern und Erwachsenen, Zeit für ehrenamtliche Tätigkeiten und soziale Hilfeleistungen). Umgekehrt sieht das Bild in Bezug auf *bezahlte Arbeit* aus (Haupt- u. Nebenerwerbstätigkeit, Weiterbildung während der Arbeitszeit, Arbeitssuche, Weg zur Arbeit). Männer sind durchschnittlich wöchentlich 22,5 Stunden und Frauen zwölf Stunden erwerbstätig. Die Gesamtarbeitszeit von Männern und Frauen ist somit mit 42 bzw. 43 Stunden nahezu identisch. Gegenüber dem Beginn der 90er Jahre des 20. Jahrhunderts wird in Deutschland generell weniger (bezahlt und unbezahlt) gearbeitet, wobei die unbezahlten Tätigkeiten heute mehr Stunden umfassen als die bezahlte Arbeit. Müsste man die (in der Statistik bisher unsichtbaren) unbezahlten Arbeiten entlohnen, so würde die Bruttowertschöpfung der privaten Haushalte selbst bei vorsichtiger Bewertung in etwa der Bruttowertschöpfung der deutschen Industrie (Produzierendes Gewerbe ohne Baugewerbe) sowie des Bereichs Handel, Gastgewerbe und Verkehr entsprechen.

Die folgenden Ausführungen konzentrieren sich auf *Paarhaushalte mit und ohne Kinder*. Von den (verheiratet und unverheiratet zusammenwohnenden) Paaren leisteten die Frauen 2001/2002 täglich durchschnittlich zwei Stunden mehr *unbezahlte Arbeit* (Haus- und Familienarbeit) als ihre Partner, wobei diese Mehrarbeit je nach Alter, der Einbindung ins Berufsleben und der Familienstruktur zwischen einer Dreiviertelstunde und mehr als vier Stunden schwankte. Wie sehr die Belastung von Mann und Frau durch bezahlte und unbezahlte Arbeit vom Ausmaß der Erwerbstätigkeit beider Partner und dem Vorhandensein von Kindern beeinflusst wird, verdeutlicht *Tabelle 53:*

- Bei *erwerbstätigen kinderlosen Paaren* leisten die Frauen mit fast 3,5 Stunden fast eine Stunde mehr unbezahlte Arbeit als die Männer. Die gesamte Arbeitszeit – einschließlich der Erwerbsarbeit – ist mit knapp acht Stunden nahezu gleich auf Frauen und Männer verteilt.
- Bei *Paaren mit Kindern* (unter 18 Jahren) erhöht sich im Falle der *Nichterwerbstätigkeit der Frau* („Nur-Hausfrau“) deren unbezahlte Arbeitszeit um etwa vier Stunden auf über sieben Stunden. Bei den Männern erhöht sich die unbezahlte Arbeit nur um gut eine halbe Stunde, doch weisen sie aufgrund ihrer Erwerbsarbeit eine höhere Gesamtarbeitszeit auf als ihre Partnerinnen.

- Sind bei den *Paaren mit Kindern* auch die *Partnerinnen erwerbstätig*, so reduzieren diese ihre unbezahlte Arbeit im Vergleich zu nicht erwerbstätigen Partnerinnen um über zwei Stunden. Trotzdem entspricht ihre Gesamtbelastung in etwa der Belastung der Männer.

Tabelle 53: *Arbeitsteilung von Paaren mit und ohne Kinder unter 18 Jahren (Angaben in Stunden : Minuten je Tag, 2001/02)*

	Unbezahlte Arbeit		**Bezahlte Arbeit**		**Gesamtzeit**	
	w	**m**	**w**	**m**	**w**	**m**
ohne Kind, beide erwerbstätig	3:26	2:33	4:28	5:25	7:54	7:58
mit Kindern, Mann erwerbstätig	7:33	3:11	0:09	5:33	7:42	8:44
mit Kindern, beide erwerbstätig	5:22	2:48	3:06	5:51	8:28	8:39
ohne Kind, beide nicht erwerbstätig, über 60 Jahre	5:16	4:11	0:00	0:02	5:16	4:13

Anmerkung: Die Zeiten für Erwerbsarbeit fallen generell so niedrig aus, weil die angegebenen Zeitkontingente Durchschnittswerte auf der Basis von Wochentagen und den Tagen an Wochenenden sind.

Quelle: Statistisches Bundesamt 2003a, 15; 2004

In den vergangenen zehn Jahren hat sich die Arbeitsteilung in Paarhaushalten mit Kind(ern) unter 15 Jahren, in denen beide Partner erwerbstätig sind, leicht verändert (Gille/Marbach 2004). Zwar wenden die Männer heute nicht wesentlich mehr Zeit für unbezahlte Arbeit auf als Anfang der 1990er Jahre, aber die Frauen haben ihren Zeitaufwand für die Arbeiten in Haushalt und Familie seit 1991/92 um fast eine halbe Stunde reduziert. Ob hierfür eine stärkere Auslagerung von Haus- und Familienarbeit verantwortlich ist (z. B. ein verstärkter Rückgriff auf außerfamiliale Kinderbetreuung) oder eine Veränderung von Haushaltsroutinen und Haushaltsnormen, kann nicht entschieden werden. 1991/92 haben die Frauen im früheren Bundesgebiet 1,8 mal so viel Zeit mit unbezahlter Arbeit verbracht wie die Männer; 2001/02 waren es „nur" noch 1,6 mal so viel Zeit (Schäfer 2004). In den neuen Bundesländern hat sich das Verhältnis von 1,6 auf 1,4 reduziert. Somit ist in beiden Teilen Deutschlands eine annähernd gleich starke Entwicklung hin zu einer stärker gleichberechtigten Teilung der unbezahlten Arbeit festzustellen.

Ähnliche Tendenzen der innerfamilialen Zeitverwendung wurden im Rahmen des Projekts „Familiale Arbeitsteilung in der Europäischen Union" ermittelt (Künzler u. a. 2001; Walter/Künzler 2002). Im Sommer 2000 wurden etwa 3 000 zufällig ausgewählte Personen deutscher Nationalität im Alter zwischen 20 und 50 in West- und Ostdeutschland telefonisch befragt. Auch hier ergaben sich charakteristische Unterschiede (in diesem Fall zwischen *Müttern und Vätern)* im Ausmaß bezahlter und unbezahlter Arbeit (vgl. *Tabelle 54).* Mütter wenden durchschnittlich 28 Stunden und Väter 18 Stunden pro Woche für Kinderbetreuung auf. Damit ist das Ungleichgewicht bei Weitem nicht so ausgeprägt wie im Falle von Erwerbstätigkeit (einschließlich Fahrten u. Bildung/Ausbildung) und Hausarbeit. Für Erwerbstätigkeit wenden die Frauen im Schnitt 18 und die Männer 52 Stunden auf, für Hausarbeit 40 bzw. 16 Stunden. Die Gesamtbelastung der Väter und Mütter ist somit mit 86 Wochenstunden gleich groß. Aber immer noch fällt der Frau die Haushalts- und Familienarbeit zu, und der Mann versieht vorrangig die Rolle des Ernährers, und das, obwohl die *Vorstellung einer partnerschaftlichen Organisation der Hausarbeit* („Gleichheitsrhetorik") von den meisten Paaren (auch den Männern) prinzipiell begrüßt wird. So waren

Tabelle 54: Bezahlte und unbezahlte Arbeit von Müttern und Vätern (Stunden pro Woche)

	Mütter	Väter
Erwerbsbezogener Zeitaufwand	18	52
Zeitaufwand für Kinderbetreuung	28	18
Zeitaufwand für Hausarbeit	40	16
Insgesamt	86	86

Quelle: Walter/Künzler 2002, 106

in einer neueren Repräsentativstudie 90 Prozent der Frauen und Männer zwischen 18 und 35 Jahren davon überzeugt, dass sich beide Partner um Haushalt und Familie kümmern sollten. 80 Prozent glaubten: „Emanzipierte Frauen machen den Haushalt nicht allein" (BiB-Mitteilungen 2/2000). Und im ALLBUS 2002 stimmten in den neuen Bundesländern 68 Prozent der Frauen und 57 Prozent der Männer und in den alten Bundesländern 63 Prozent der Frauen und 53 Prozent der Männer voll und ganz der Ansicht zu „Männer sollten mehr Hausarbeit übernehmen" (Scheller 2005).

Dabei schließt selbst eine ausgeglichene Gesamtarbeitszeit eine *soziale Ungleichheit zwischen den Geschlechtern* nicht aus. Denn „da Erwerbsarbeit ... bezahlt und sozial abgesichert ist, Haus- und Familienarbeit dagegen unbezahlt und durch Abhängigkeit vom ‚Hauptverdiener' bzw. ‚Familienernährer' gekennzeichnet ist, kann die traditionelle geschlechtsspezifische Arbeitsteilung als ein Hauptmerkmal der sozialen Ungleichheit der Geschlechter bezeichnet werden" (Steinbach 2004, 5). Auch ist eine Gleichverteilung der Gesamtarbeitszeit zwischen den Geschlechtern nicht gleichbedeutend mit einer Gleichverteilung der *Belastungen und Chancen.* Dass sich die berufstätigen Mütter trotz vergleichbarer Gesamtarbeitszeit subjektiv belasteter fühlen als die Väter, hängt ganz wesentlich mit der *Struktur der Zeitverwendung* im Arbeitsalltag des Haushalts zusammen (Gille/Marbach 2004). Damit ist die Vielfalt der verschiedenen Tätigkeiten gemeint, die im Lauf eines Tages ausgeübt werden, sowie die Häufigkeit, mit der zwischen Einzeltätigkeiten gewechselt wird und/oder Paralleltätigkeiten ausgeübt werden, so dass die Zeitverwendung geschachtelt und verdichtet wird.

Im Unterschied zu der von Terminen und Taktzeiten bestimmten *„formalen" Reglementierung von Tätigkeiten,* wie sie charakteristisch für das Erwerbsleben ist, handelt es sich bei der in der Familie vorherrschenden Struktur der Zeitverwendung um eine *„figurale"*, von Bedürfnissen und darauf abgestellten Tätigkeiten bestimmte flexible Zeitverwendung, die sich durch eine hohe Turbulenz auszeichnet. Cornelißen und Blanke (2004) belegen anhand der Daten der Zeitbudgetstudie mit einem *Indikator „Zeitstress"*, der die Turbulenz der Zeitverwendung erfasst, dass Frauen aufgrund ihres höheren Anteils an Haus- und Familienarbeit unabhängig von ihrer Erwerbsarbeitszeit tatsächlich den Alltag im Vergleich zu Männern als wesentlich turbulenter erfahren. Vor allem kleine Kinder fordern eine Zeitverwendung ein, die nicht auf Termine und Taktzeiten, sondern auf die Befriedigung von Bedürfnissen ausgerichtet ist. Turbulenz ist somit der Haus- und Familienarbeit inhärent. „Es ist die sperrige Eigendynamik frühkindlicher Entwicklungsbedürfnisse. Sie verlangt verantwortliche Präsenz, ständigen Wechsel von Tätigkeiten, Spontanreaktionen, Paralleltätigkeiten, Kompromisse, Hängepartien, kurz: eine figurale Zeitverwendung. Ihr Turbulenzpotential entfaltet diese Art der Zeitverwendung vor allem dann, wenn sie in Konkurrenz zu einer funktional geglätteten Zeitverwendung nach dem Uhrzeitmodell treten muss, also immer dann, wenn neben der Hausarbeit Erwerbstätigkeit geleistet wird bzw. werden muss" (Gille/Marbach 2004, 110/111).

Immer noch strittig ist die *Erklärung der innerfamilialen Arbeitsteilung* (Haberkern 2005; 2007). Die intensivste Auseinandersetzung mit der innerfamilialen Arbeitsteilung findet seit den 1960er Jahren in der Mikroökonomie statt. Ökonomische Theorien führen die geschlechtsspezifische Arbeitsteilung auf Unterschiede in der Humankapitalausstattung oder auf einkommensbegründete Machtasymmetrien zurück. Der populäre Ansatz der *New Home Economics* von Becker (1981) geht auf der Basis der Rational-Choice-Theorie davon aus, dass Individuen nutzenorientiert handeln, wobei die Maximierung des individuellen Nutzens über die Maximierung des Gesamtnutzens der Familie erfolgt, der sich durch Arbeitsteilung und Spezialisierung auf bestimmte familiale Positionen (Rollen) steigern lässt. Entsprechend ihrer unterschiedlichen Ausstattung mit Kompetenzen (Humankapital) spezialisieren sich die Partner entweder auf die Versorgung der Familie qua Erwerbstätigkeit oder auf die Haus- und Familienarbeit. Der Partner mit dem höheren Stundenlohn arbeitet also länger am Markt und weniger im Haushalt. *Austauschmodelle* nehmen dagegen auf der Basis verhandlungs- und machttheoretischer Überlegungen an, dass die Arbeitsteilung in Paarhaushalten das Ergebnis von Verhandlungen zwischen den Partnern ist, wobei das individuelle Einkommen die entscheidende Machtressource zur Beeinflussung der Arbeitsteilung darstellt. Je höher die individuellen Ressourcen (z. B. das Einkommen) sind, desto größer ist die Verhandlungsmacht eines Partners und desto eher kann er die Arbeitsteilung zu seinen Gunsten beeinflussen. Dabei nimmt dieser Ansatz – anders als das Modell der New Home Economies – an, dass Hausarbeit unangenehm ist und beide Partner bestrebt sind, ihren Aufwand möglichst gering zu halten.

Kritisiert wird, dass in den ökonomischen Ansätzen der Einfluss sozialer Normen und institutioneller Rahmenbedingungen auf die Arbeitsteilung weitgehend vernachlässigt wird. Traditionale Rollenvorstellungen verpflichten die Frau auf häusliche Tätigkeiten, während Männer von diesen weitgehend entbunden werden. Der *„gender display"-Ansatz* basiert auf der Annahme, dass die Zeitverwendung nicht nur Mittel ist, um – wie bei Becker – den Haushaltsnutzen oder – wie in den Austauschtheorien – den eigenen Nutzen zu maximieren, sondern auch ein Mittel, um die eigene geschlechtliche Identität auszudrücken. Finanziell abhängige Personen übernehmen zwar im Allgemeinen einen größeren Anteil der Hausarbeit, doch gilt dieser Zusammenhang nur solange, wie normative Geschlechtsrollen nicht verletzt werden. Frauen, die erwerbstätig und zudem Hauptverdienerin sind, kompensieren diesem Ansatz zufolge die Rollenverletzung im Bereich der Einkommenserzielung durch eine höhere Hausarbeitszeit (Evertsson/Nermo 2004). Der Rollenverletzung im Bereich der Einkommenserzielung und Erwerbsarbeit steht also eine verstärkte Rollenbestätigung im Familien- und Hausarbeitsbereich gegenüber.

Die empirische Überprüfung dieser Theorien durch Haberkern (2005) mit Hilfe der Daten der Zeitbudgeterhebung 2001/2002 erbrachte, dass ökonomische Determinanten wie Arbeitseinkommen und finanzielle Abhängigkeit vom Partner die Hausarbeitsaufteilung ganz entscheidend beeinflussen. Ihre Wirkungsweise kann aber nur dann angemessen erfasst werden, wenn zusätzlich Geschlechtsnormen berücksichtigt werden. So können Frauen ihre Hausarbeitszeit mit wachsender finanzieller Unabhängigkeit vom Partner nur dann reduzieren, solange sie die Geschlechtsnorm des männlichen Familienernährers nicht verletzen und nicht mehr verdienen als ihre Partner. In Haushalten mit einer Haupteinkommensbezieherin kompensieren Frauen die Abweichung von der Norm des männlichen Familienernährers, indem sie im Haushalt stärker die weibliche Rolle betonen und mehr

Hausarbeit übernehmen. Nach Brines (1994) dient ihr Verhalten dem Ausdruck der geschlechtlichen Identität („gender display"), für Greenstein (2000) stellt es eine Korrektur der Abweichung von der Norm des männlichen Familienernährers dar („deviance neutralization"), und nach Williams (2000) drückt es eine implizit bestehende „moralische Verpflichtung" der Frau aus, den Mann in seiner „Männlichkeit" zu unterstützen.

8.4.2 Zeitaufwand für Hausarbeit

2000 wendeten die Frauen in Westdeutschland 35 Stunden und die Frauen in Ostdeutschland 34 Stunden wöchentlich für die typischen *Routinetätigkeiten im Haushalt* auf. Die Männer in beiden Teilen Deutschlands kamen auf eine Belastung von jeweils 17 Wochenstunden. Auch wenn von einer Gleichberechtigung im Sinne einer ausgewogenen Beteiligung bis heute nicht die Rede sein kann, ist die Beteiligung der Männer an den Haushaltstätigkeiten (Kochen, Geschirr spülen und abtrocknen, Wäsche waschen, Bügeln, Aufräumen und Putzen, Einkaufen) seit den 1960er Jahren in Richtung von mehr Egalität verlaufen (Künzler u. a. 2001). Wird der Zeitaufwand für Hausarbeit der Frauen zu dem der Männer ins Verhältnis gesetzt, beträgt die Relation im Jahr 2000 in West- wie in Ostdeutschland 2 : 1. Frauen wenden also doppelt so viele Stunden für Hausarbeit auf wie Männer. 1965 betrug das Verhältnis in Westdeutschland noch 11 : 1 und in Ostdeutschland 4 : 1. Der wesentliche Wandel fand in Westdeutschland zwischen 1965 und 1991 (2,4 : 1) statt. Seitdem hat sich die Relation nur noch geringfügig weiter zu Gunsten der Frauen verbessert. In Ostdeutschland hat seit 1991 (1,8 : 1) sogar eine leichte Retraditionalisierung geschlechtsspezifischer Arbeitsteilungsmuster eingesetzt, die sich zum einen mit dem deutlichen Rückgang weiblicher Erwerbsbeteiligung in Ostdeutschland seit der Wende und zum anderen mit dem starken Rückzug ostdeutscher Männer aus dem Haushaltsbereich erklären lässt (Meier u. a. 2004).

Auch die Zeitbudgetstudie des Statistischen Bundesamtes (2003a) zeichnet für Deutschland seit Beginn der 1990er Jahre eine ausgewogenere Arbeitsteilung zwischen den Geschlechtern in der Hauswirtschaft. Aber auch 2001/02 haben sich die Männer nur halb so viel an der Haushaltsführung beteiligt wie die Frauen. Der Beitrag der Frauen ist am geringsten, wenn keine Kinder im Haushalt leben und beide Partner erwerbstätig sind (vgl. *Tabelle 55).* Ist allein der Mann erwerbstätig und sind Kinder vorhanden, so erreicht die Beteiligung der Frau einen Spitzenwert von über fünf Stunden täglich.

Tabelle 55: Arbeitsteilung von Paaren bei der Haushaltsführung (Stunden : Minuten je Tag; 2001/2002)

	Arbeitsteilung bei der Haushaltsführung	
	m	**w**
ohne Kind, beide erwerbstätig	2:11	3:08
mit Kindern, Mann erwerbstätig	2:03	5:03
mit Kindern, beide erwerbstätig	1:59	3:56

Quelle: Statistisches Bundesamt 2003a, 17

Dabei ist unter den Männern eine *zunehmende Polarisierung* zu verzeichnen: Immer weniger Männer verrichten Hausarbeit. Aber diese Wenigen (z. B. männliche Alleinwohnende aller Altersgruppen, Väter bzw. Partner von Vollzeit erwerbstätigen Müttern) leisten ein immer höheres Quantum, was – vergleicht man die Zeitbudgetdaten von 1991/92 und 2001/02 – das durchschnittliche Zeitbudget aller Männer erhöht hat (Meier-Gräwe/Zander 2005). Frauen investieren dagegen heute absolut gesehen etwas weniger Zeit in die hauswirtschaftlichen Tätigkeiten als vor zehn Jahren. Dieser Befund steht in einem direkten Zusammenhang mit dem steigenden Technisierungsgrad der Privathaushalte und dem häufigeren Rückgriff auf Convenience-Produkte und bezahlte Dienstleistungen. So ist der Ausstattungsgrad mit einer Geschirrspülmaschine innerhalb von 10 Jahren von 37 auf 90 Prozent gestiegen.

Zu den Faktoren, die die ungleiche Beteiligung an Hausarbeit maßgeblich beeinflussen, gehören die Erwerbsarbeit, das Alter, das Bildungsniveau, das Haushaltseinkommen und die Geschlechtsrolleneinstellung (Künzler/Walter 2001). Als wichtigster Einflussfaktor für die ungleichgewichtige Beteiligung von (verheirateten) Männern und Frauen an der Hausarbeit wurde von Künzler u. a. (2001) die Zeit für Erwerbsarbeit identifiziert (vgl. *Tabelle 56):*

- Unabhängig vom Haushaltstyp ist es nach wie vor die Frau, die den größten Anteil an Hausarbeit leistet.
- Je mehr Zeit die Frauen für die Erwerbsarbeit aufwenden, desto weniger Stunden investieren sie in Hausarbeit.
- Je stärker die Frau in den Arbeitsprozess eingebunden ist, desto größer ist die Mitwirkung ihres Partners.
- In den neuen Ländern hat sich zwischen 1995 und 2000 das Ungleichgewicht in allen Erwerbskonstellationen zu Ungunsten der Frauen entwickelt.
- Im früheren Bundesgebiet ist das einst starke Ungleichgewicht zumindest in den Einverdienerhaushalten etwas abgebaut worden.

Tabelle 56: Hausarbeit nach Umfang der Erwerbstätigkeit der Partner in West- und Ostdeutschland, 1995–2000 (Hausarbeit in Stunden/Woche)

Haushaltstyp	Jahr	Westdeutschland			Ostdeutschland		
		Frauen	Männer	Verhältnis Frauen : Männer	Frauen	Männer	Verhältnis Frauen : Männer
Einverdienerhaushalt	1995	38,1	10,9	3,5	38,0	16,1	2,4
	2000	44,1	14,5	3,0	44,4	12,9	3,4
Zweiverdienerhaushalt:	1995	28,4	12,1	2,4	27,5	16,0	1,7
Frau teilzeitbeschäftigt	2000	37,7	14,7	2,6	36,9	15,1	2,5
Zweiverdienerhaushalt:	1995	21,4	13,7	1,6	24,2	17,5	1,4
Beide vollzeitbeschäftigt	2000	28,7	18,4	1,6	31,1	16,5	1,9

Quelle: Künzler u. a. 2001; SOEP 1995

In *Akademikerhaushalten mit Kindern,* in denen sich die Merkmale hoher Bildungsstand, überdurchschnittliches Haushaltseinkommen und Vollzeiterwerbstätigkeit beider Partner kumulieren, findet sich laut Zeitbudgetstudie 2001/2002 eine überdurchschnittlich hohe Gleichverteilung der Haushaltspflichten (Meier-Gräwe/Zander 2005). Väter aus Akademikerhaushalten sind ihren berufstätigen Partnerinnen bei der täglichen Ernährungsversorgung, der Wäschepflege, der Wohnungsreinigung und bei den Einkäufen in einem größeren Umfang behilflich als der Durchschnitt aller erwerbstätigen Väter mit berufstätigen Ehefrauen. Akademikerinnen führen im Vergleich zu allen erwerbstätigen Müttern diese hauswirtschaftlichen Tätigkeiten nicht nur seltener aus, sondern weisen auch ein um mehr als eine Stunde geringeres Tageszeitbudget dafür auf. „Es scheint, dass Frauen mit hohen Bildungsabschlüssen ... und höherem Einkommen ihre Forderung nach Beteiligung des Mannes eher durchsetzen als andere Frauen und auf mehr Bereitschaft des Partners zählen können, wenn dieser ebenfalls einen höheren Schulabschluss erreicht hat“ (Oberndorfer 1993, 163).

Welche *konkreten Tätigkeiten im Haushalt* sind primär Sache der Frau und welche sind primär Sache des Mannes? Laut ALLBUS 2002 erledigen in den alten und neuen Bundesländern das Kochen, Wäsche waschen und Putzen überwiegend die Frauen und die Reparaturen überwiegend die Männer (vgl. *Tabelle 57).* Daneben gibt es Tätigkeiten – insbesondere das Einkaufen –, bei denen die Freisetzung aus den traditionalen Geschlechtsrollen schon weiter fortgeschritten ist. Auch in der Studie von Blättel-Mink u. a. (2000) wurden traditional „weibliche Aufgaben“ – besonders alltägliche Routinearbeiten – überwiegend von den Frauen erledigt, die in allen Tätigkeitsbereichen gern Entlastung im Sinne einer partnerschaftlichen Gleichverteilung erfahren würden, traditionell „männliche Aufgaben“ dagegen überwiegend von den Männern.

Tabelle 57: Innerfamiliale Arbeitsteilung in Paarhaushalten in Ost und West (Angaben in Prozent)

Art der Aufgabe	Die Arbeit verrichtet							
	immer/meist die Frau		jeder zur Hälfte/beide gemeinsam		immer/meist der Mann		andere Person	
	Ost	West	Ost	West	Ost	West	Ost	West
Wäsche waschen	91	88	8	8	0	2	1	2
Reparaturen im Haus/ in der Wohnung	3	6	8	12	87	80	2	2
Kranke Familienmitglieder betreuen	52	58	42	38	5	3	1	1
Lebensmittel einkaufen	34	51	55	41	10	8	1	0
Wohnung/Haus putzen	69	72	29	23	2	2	0	3
Essen kochen	76	79	18	16	6	5	0	0
Geschirr spülen[1]	54	52	42	42	3	5	1	1
Versicherungsangelegenheiten[1]	33	21	33	30	33	48	1	1
Kontakte zu Behörden[1]	29	25	41	39	29	36	1	0

[1] Allbus 2000

Quelle: Scheller 2005, 218 (Allbus 2002)

Eltern stehen verschiedene Strategien zur Verfügung, um ihre knapp werdende Zeit für Haushalts- und Familientätigkeiten zu kompensieren (Sweet/Moen 2006). Ingesamt wird nicht weniger Zeit für Pflege und Erziehung der Kinder aufgewendet, sondern die größten innerfamilialen Umschichtungen von Zeitkontingenten bestehen in der Reduktion der Zeit für Haushaltstätigkeiten (Bianchi u. a. 2006). Jede siebte Vollzeit erwerbstätige Akademikerin mit Kindern nutzt bezahlte Hilfe und Unterstützung bei der Wohnungsreinigung (Meier-Gräwe/Zander 2005). Auch die in der qualitativen Studie von Rerrich (1993) interviewten erwerbstätigen Frauen bemühten sich darum, zusätzliche *weibliche Ressourcen* zu ihrer Unterstützung zu mobilisieren. Man schätzt, dass in Deutschland – je nach Datenbasis – mehr als 4 Millionen Frauen, häufig Migrantinnen, in Privathaushalten gegen Bezahlung „schwarz" arbeiten (BMFSFJ 2005h; Hess 2003; Lutz 2007). Damit ist der Privathaushalt der Beschäftigungssektor mit dem höchsten Anteil ungeschützter, illegaler Beschäftigung. Die Haushaltshilfen stammen vorwiegend aus der unteren Mittelschicht und Unterschicht, und es werden zuerst solche Tätigkeiten vergeben, die nur wenig Spaß machen, eintönig sind, ein geringes gesellschaftliches Ansehen haben und nur geringe intellektuelle Anforderungen stellen (Odierna 2000). In historischer Sicht handelt es sich um eine Reorganisation alter Arbeitsteilungen zwischen Frauen innerhalb des Reproduktionsbereichs – die Wiederkehr des *Dienstmädchens.* Nach Rerrich (2006) ist die quantitativ bedeutsamste Umschichtung von Familienarbeit, die heute stattfindet, nicht die zwischen Frauen und Männern, sondern zwischen unterschiedlichen Gruppen von Frauen.

Um ihre Mehrbelastung zu reduzieren, senken auch zahlreiche Frauen die *Standards der Haushaltsführung* oder sie *rationalisieren die Hausarbeit* durch den vermehrten Einsatz von moderner Technik (Hampel u. a. 1989). Daneben findet ein stärkeres „Multitasking" , die Erledigung von mehreren Dingen gleichzeitig, statt (Lange/Heitkötter 2007). Eine weitere Entlastung der Eltern von Hausarbeit erfolgt durch die *Mithilfe von Kindern.* Hausarbeit beansprucht die 10- bis 18-jährigen Jugendlichen heute täglich eine gute Stunde, wobei sich nach wie vor eine geschlechtsspezifische Beteiligung abzeichnet (Cornelißen/Blanke 2004). Bereits die 10- bis 14-jährigen Mädchen leisten mehr Hausarbeit als die altersgleichen Jungen, und mit zunehmendem Alter vergrößern sich die geschlechtsspezifischen Zuständigkeiten. Dass die Mädchen gleichzeitig zufriedener mit ihrer Zeitverwendung für Hausarbeit sind als die Jungen, spricht dafür, dass die Norm der Gleichberechtigung weder von den Eltern noch von den Mädchen bei der Einschätzung ihres Beitrages zur Hausarbeit ein wesentlicher Maßstab ist, dass die ungleiche Beteiligung von allen Beteiligten unbemerkt hergestellt wird und vermutlich dazu führt, „dass die Vereinbarungen, die junge Paare biografisch später in Bezug auf ihre Arbeitsteilung im eigenen Haushalt treffen, von der selbstverständlich akzeptierten ungleichen Beteiligung an Hausarbeit in den Herkunftsfamilien geprägt ist" (Cornelißen/Blanke 2004, 174). Sowohl Jungen als auch Mädchen haben ihren Einsatz für Hausarbeit in den vergangenen 10 Jahren reduziert, die Jungen allerdings noch stärker als die Mädchen, ein Trend, der eher für eine Restaurierung als für eine Auflösung der Geschlechterordnung in Familien spricht.

8.4.3 Zeitaufwand für Aktivitäten mit Kindern im Haushalt (parentales Engagement)

Die Pflege und Betreuung von Kindern und anderen Haushaltsangehörigen wird nach wie vor ganz überwiegend von Frauen durchgeführt (1. und 2. Zeitbudgetstudie; Schäfer 2004). Während sich im früheren Bundesgebiet das Verhältnis des Zeitaufwands von Frauen und Männern zwischen 1991/92 und 2001/02 von 2,2 : 1 auf 2,3 : 1 sogar noch etwas weiter zu Ungunsten der Frauen verschoben hat, hat sich in den neuen Ländern und Berlin-Ost seit der Wende die Arbeitsteilung von 2,0 : 1 auf 1,9 : 1 minimal verbessert.

In der Studie von Künzler u. a. (2001) investierten die Männer 19 (West) bzw. 16 (Ost) Stunden pro Woche in Kinderbetreuung. Doch auch beim parentalen Engagement übernahmen die Frauen mit 28 bzw. 22 Wochenstunden den Hauptanteil. Westdeutsche Mütter wendeten somit 1,5 mal soviel Zeit und ostdeutsche Mütter 1,4 mal soviel Zeit für die Kinderbetreuung auf wie die Väter. Die Teilnehmerinnen der LBS-Familien-Studie übernahmen ihren Einschätzungen zufolge etwa 75 Prozent aller rund um das Kleinkind anfallenden Aufgaben. Die selbst eingeschätzte Beteiligung der Männer lag bei knapp 30 Prozent (Peitz 2004). Allerdings wird die aufgabenspezifische Differenzierung zwischen den Geschlechtern auch dadurch begünstigt, dass viele Routinetätigkeiten und kindbezogenen Versorgungsaufgaben sofort erledigt werden müssen und die Väter meist tagsüber berufsbedingt abwesend sind. Obwohl 85 Prozent der befragten jungen Männer zwischen 18 und 21 der Ansicht sind, dass es heutzutage selbstverständlich sein sollte, dass sich auch die Väter an der Erziehung beteiligen (Brake 2003), wird der „Grundbedarf an Kinderbetreuung durch die Mütter als Zeitbudgetmanagerinnen abgedeckt. Die Männer als Haupternährer ziehen sich zum großen Teil aus der Deckung dieses Bedarfs zurück" und engagieren sich nur dann stärker in der Kinderbetreuung, wenn es ihren Präferenzen entspricht (Walter/Künzler 2002, 112).

Die Beteiligung der Väter an „Pleasure-Aktivitäten" ist mit 43 Prozent etwa doppelt so hoch wie ihr Engagement bei der Versorgung des Kindes. Männer spielen heute zwar häufiger mit ihren Kindern. Der Alltag und die Routine der Kindererziehung verbleiben aber in der Zuständigkeit der Mütter. Väter engagieren sich immer dort und intensiv, wo es ihnen Spaß macht und zum Feierabendvergnügen zählt. Entsprechende Zusammenhänge lassen sich nach Befunden des Eurobarometers 2003 auch auf der Einstellungsebene nachweisen (Mühling/Rost 2006). Obwohl insgesamt die Aufgeschlossenheit der Männer gegenüber egalitäreren Rollenkonzepten wächst, sind das Windelnwechseln, das Anziehen der Kinder und andere körpernahe und eher unangenehme Tätigkeiten aus Sicht der Männer (und Frauen) immer noch eher Domänen der Mütter. Nach Urdze und Rerrich (1981, 79) „scheint gleichsam eine Hierarchie der Arbeiten und Beschäftigungen mit dem Kind zu existieren: je ‚unangenehmer' die einzelnen Verrichtungen sind, desto stärker nimmt das Engagement der Väter in der Beschäftigung mit den Kindern ab. Nachts aufstehen oder Wickeln beispielsweise bleibt – bis auf wenige Ausnahmen – Arbeit der Mütter" (sog. „Rosinenmodell" väterlicher Beteiligung). Der Unterschied zwischen Müttern und Vätern in der Betreuungszeit nimmt mit zunehmendem Alter des Kindes ab. Verantwortlich hierfür ist allerdings nicht ein verstärktes Engagement der Väter, sondern eine Abnahme des Betreuungsaufwandes und damit des Zeitaufwands der Mütter. Dabei ist ein geringes väterliches Engagement zum Teil auch ein Resultat der Steuerung durch die Partnerin, ihrer Überwachung, Kontrolle und Kritik an den pflegerischen Aktivitäten des vermeintlich inkompetenten Vaters (Fthenakis u. a. 2002).

Die Zeit, die die Partner für die Kinderbetreuung (einschließlich Fahrdienste und Wegzeiten für die Kinderbetreuung) aufwenden, hängt laut Zeitbudgetstudie 2001/02 vom Geschlecht der betreuenden Person, vom Alter des jüngsten im Haushalt lebenden Kindes und von der eigenen Erwerbstätigkeit und der Erwerbstätigkeit des Partners/der Partnerin ab (vgl. *Tabelle 58)*. Erwerbstätige Frauen mit Kindern unter 6 Jahren wenden für die Betreuung und Versorgung ihrer Kinder mit über zwei Stunden täglich doppelt so viel Zeit auf wie erwerbstätige Männer, nichterwerbstätige Frauen mit über drei Stunden sogar das Dreifache wie erwerbstätige Männer. Mit steigendem Alter der Kinder sinkt die Betreuungszeit spürbar und macht bei Paaren, deren jüngstes Kind zwischen 6 und unter 18 Jahren alt ist, weniger als ein Drittel der Zeit aus, die Eltern mit Kindern unter 6 Jahren aufwenden.

Tabelle 58: Zeitverwendung für Kinderbetreuung bei Paaren mit Kindern 2001/02

	Kinderbetreuung (Stunden je Tag)	
	Kinder unter 6 Jahre	**Kinder 6 bis unter 18 Jahre**
Erwerbstätige Männer	1:06	0:19
Nichterwerbstätige Frauen	3:17	1:05
Erwerbstätige Frauen	2:10	0:38

Quelle: Statistisches Bundesamt 2003a, 25

An der Betreuung von Kindern sind aber nicht nur die Eltern beteiligt. In der Trierer Kindergartenstudie fragte überraschenderweise nicht einmal jede zweite Mutter mit einer 40-Stunden-Arbeitswoche (41 Prozent) Ganztagsangebote nach, am häufigsten noch Mütter mit niedrigem Sozialstatus (Honig u. a. 2004). Anscheinend können die meisten Familien das Problem der Kinderbetreuung selbst mit öffentlichen Halbtagsangeboten lösen. Die vollzeiterwerbstätigen Müttern pro Werktag fehlenden drei bis vier Betreuungsstunden werden auf andere Weise und mit anderen Personen als den Erzieherinnen in den Kindergärten überbrückt.

Einen Einblick in den *Betreuungsalltag von Familien* gibt die aktuelle Kinderbetreuungsstudie des DJI (Bien u. a. 2006). Grundlage ist eine repräsentative Elternbefragung in etwa 8 000 bundesdeutschen Privathaushalten mit Kindern unter 7 Jahren. Seit Einführung des Rechtsanspruchs auf einen Kindergartenplatz hat sich die Betreuungssituation von Kindern ab einem Alter von 4 Jahren deutlich verbessert. Lediglich 10 Prozent der 4- bis 6-Jährigen besuchen keinen Kindergarten. Problematischer sieht es für den Altersbereich der 1- bis 3-jährigen Kinder aus. Bundesweit werden weniger als 10 Prozent aller Kinder unter 3 Jahren in einer Kindertageseinrichtung betreut. In Familien, in denen beide Eltern Vollzeit erwerbstätig sind, ist es immerhin jedes fünfte Kind. Die Mehrheit der Kinder in Deutschland wächst mit einem *Betreuungsmix* auf, der öffentliche und private Angebote miteinander verknüpft. Ein Drittel aller Kinder wird von den Großeltern mitbetreut, die bei den unter 3-Jährigen nach wie vor die wichtigste Betreuungsressource neben den Eltern sind. Auch bei Kindern im Kindergartenalter stellen Großeltern – neben Nachbarn, Bekannten oder Tagesmüttern – eine wichtige Flexibilitätsreserve dar. Bei den Tagesmüttern handelt es sich häufig um Migrantinnen. Da diese in ihrem Heimatort mit Hilfe von Geld und sonstigen Geschenken Betreuungsdienste für ihre eigenen Kinder sichern müssen, entstehen auf diese Weise transnationale Formen der Mutterschaft und globale Betreuungsketten, die sich über Länder und eventuell Kontinente spannen (Beck-Gernsheim 2006).

Bedenklich muss stimmen, dass immer dort, wo das öffentliche Betreuungsangebot lückenhaft ist, vor allem *bildungsferne Familien* mit geringen Ressourcen herausfallen (Bien u. a. 2006). Mittlerweile finden sich in den Kinderkrippen für unter 3-Jährige häufiger Kinder aus besser situierten Familien. Auch Tagesmütter und andere bezahlte Helfer können sich nur finanziell starke Familien leisten. Die weniger privilegierten Familien greifen aber auch nicht häufiger auf familiale oder nachbarschaftliche Hilfe zurück. Ganz im Gegenteil: Finanziell besser gestellte Familien erhalten auch häufiger soziale Unterstützung aus ihrem familialen und sozialen Umfeld. In den Familien der sozialen Unterschicht ist Kinderbetreuung dagegen häufiger ausschließlich Sache der Eltern.

Neben deutlichen Unterschieden im Zeitaufwand für Aktivitäten mit Kindern besteht auch eine unterschiedliche *Handlungsstruktur von Müttern und Vätern* (Künzler u. a. 2001). Bei Müttern übt der Bedarf, der durch Kinder und ihre altersbedingten Betreuungsnotwendigkeiten bestimmt wird, den stärksten Einfluss auf die Kinderbetreuungszeit aus: Je jünger das Kind ist, desto höher ist der Zeitaufwand. An zweiter Stelle folgt die zeitliche Verfügbarkeit. Je höher der erwerbsbezogene Zeitaufwand der Mütter ist, desto weniger Zeit bleibt ihr für gemeinsame Aktivitäten mit ihren Kindern. Auch das Bildungsniveau der Mütter übt einen starken Einfluss auf die Kinderbetreuungszeit aus. Mit der Bildung steigt offenbar der Anspruch an die Kinderbetreuung, die entsprechend extensiver gestaltet wird. Einkommensunterschiede zwischen den Partnern und eine traditionale Einstellung der Mütter haben keinen spürbaren Einfluss auf ihr Engagement in der Kinderbetreuung.

Etwas anders sieht das Muster bei den befragten Vätern aus. Im Vordergrund steht hier die Reduktion von kindbezogener Zeit durch Erwerbsarbeit und das Alter des jüngsten Kindes. Je höher der Umfang der Erwerbstätigkeit ist, desto geringer ist die Beteiligung der Väter an der Kinderbetreuung. Am größten ist die Beteiligung bei kleinen Kindern, und mit steigender Kinderzahl ziehen sich Väter immer mehr aus der Kinderbetreuung zurück. Leben nur Jungen im Haushalt, erhöht sich die Beteiligung der Väter, was Walter und Künzler (2002) mit der Präferenz von Vätern für gleichgeschlechtliche Aktivitäten begründen. Väter, die sich selbst mit femininen Stereotypen wie „feinfühlig" oder „empfindsam" beschreiben, engagieren sich generell stärker für ihre Kinder. Insgesamt gilt: Mütter *müssen* als Zeitbudgetmanagerinnen den Grundbedarf abdecken; Kinderbetreuung ist für sie eine Pflichtaufgabe. Die Väter ziehen sich als Hauptverdiener aus der Deckung des Grundbedarfs zurück. Sie *können* sich um die Kinder kümmern, wenn es ihren Präferenzen entspricht, müssen es aber nicht. Dabei ist „die Aufteilung der kindbezogenen Aktivitäten in stärkerem Maße (als die Hausarbeit) durch ein habituelles ... Familienfrau-Ernährer-Schema geprägt" und wird auch nicht zu einem aushandelbaren Thema (Walter/Künzler 2002, 112).

8.4.4 Männer auf dem Weg zum „neuen Mann" und „aktiven Vater"?

Üblicherweise wird angenommen, dass Konflikte, die aus der Vereinbarkeit von Familie und Beruf resultieren, nur erwerbstätige Frauen betreffen. Aber auch Männer haben ein Vereinbarkeitsproblem (Werneck u. a. 2006; Döge/Behnke 2005; Levine/Pittinsky 2002). Die vierte Europäische Erhebung über Arbeitsbedingungen – Ende 2005 wurden fast 30 000 Gespräche mit Arbeitnehmerinnen und Arbeitnehmern in 31 Ländern geführt – ergab, dass Väter, vor allem aufgrund ihrer langen Arbeitszeiten, noch häufiger als Mütter unter der schlechten Vereinbarkeit von Beruf und Familie leiden (Newsletter BMFSFJ, 8.1.2007). Häufig wagen sie es nicht, über ihr Vereinbarkeitsproblem zu sprechen, da sie befürchten, ungeschriebene gesellschaftliche Normen zu verletzen und „unmännlich" zu erscheinen (BMFSFJ 2006). Mit dem Aufkommen des sogenannten „*Metrosexuellen*" – hierunter versteht man Männer, die gut ausgebildet und wohlhabend sind, in Großstädten leben, sich über bestehende Restriktionen im Männerbild hinwegsetzen und auch ihre „femininen Seiten pflegen" – könnte sich dies laut Döge (2006) möglicherweise ändern.

Die Modernisierung der männlichen Rolle vollzieht sich insgesamt sehr viel langsamer als die der weiblichen Rolle (Cyprian 2007). Aber obwohl die tatsächliche Familienarbeit nach wie vor zu einem ganz überwiegenden Teil von den Müttern geleistet wird, machen die Ergebnisse neuerer Studien zur *Einstellung von Männern* auf einen nicht unerheblichen Wandel im Selbstverständnis eines beträchtlichen Anteils der Männer aufmerksam (Döge 2006; BMFSFJ 2006). Im Jahr 1978 legte Helge Pross unter dem Titel „Die Männer" die erste bahnbrechende Untersuchung zu den Einstellungen von Männern in der Bundesrepublik vor (Pross 1978). Die Männer zwischen 20 und 50 Jahren definierten sich fast ausschließlich als Familienernährer. Lediglich 10 Prozent – von den jüngeren Männern im Alter zwischen 20 und 25 waren es 16 Prozent – konnten sich vorstellen, Erwerbstätigkeit und Hausarbeit mit ihren Ehefrauen paritätisch zu teilen. Leichte Veränderungstendenzen kündigten sich dann in der 1986 durchgeführten Studie „Der Mann" von Metz-Göckel und Müller (1986) an. Zwar war das Bild des Mannes als „Erwerbsmann" noch weitgehend ungebrochen, doch konnten sich nun immerhin 18 Prozent die Rolle des Nur-Hausmanns für sich selbst vorstellen und 44 Prozent wollten sich die Erziehungsaufgaben mit der Partnerin teilen. Einen grundlegenden Wandel konstatiert die 1990 von Hollstein (1990) veröffentlichte Untersuchung „Die Männer – Vorwärts oder zurück?". Zwar sind die bundesrepublikanischen Männer in ihren Einstellungen inzwischen deutlich partnerschaftlicher geworden, doch schlägt sich dies kaum in der realen Verteilung der Hausarbeit nieder. Nur 30 Prozent der deutschen Männer werden der „Veränderungsfraktion" zugerechnet, 20 Prozent leisten Widerstand, und 50 Prozent der Männer sind „Zauderer".

Bestätigt werden diese Tendenzen in der letzten großen bundesdeutschen Studie zur Einstellung von Männern, die 1998 unter dem Titel „Männer im Aufbruch" von Zulehner und Volz (1999) publiziert wurde. Empirische Grundlage der Studie ist die Befragung von 1 200 Männern und 812 Frauen (vgl. *Abbildung 15).* Jeder fünfte Mann fällt unter den Typus des *„neuen Mannes"*, der die Frauenemanzipation für unterstützenswert hält und für eine gleichmäßige Verteilung der Haushaltspflichten und Kinderbetreuung und für die Berufstätigkeit beider Partner plädiert. Ebenfalls ein Fünftel bildet dessen Gegenpol – den *„traditionellen Mann"*, der sich an traditionalen Geschlechtsrollen orientiert und als Ernährer der Familie definiert. Der *„pragmatische Mann"*, der traditionale mit neuen Rollenelementen zu integrieren versucht, aber nach wie vor glaubt, dass Frauen Kinder besser erziehen können als Männer, macht einen Anteil von 25 Prozent aus. Mit 37 Prozent dominiert der *„unsichere Mann"*, der die traditionale Männerrolle ablehnt, mit der neuen aber auch nicht zurecht kommt. Männerstudien in Österreich auf der Basis des Fragebogens der bundesdeutschen Männerstudie belegen, dass der Anteil der „neuen Männer" zwischen 1992 und 2002 zugenommen und dass die Anteile der „traditionellen" und der „pragmatischen Männer" abgenommen haben. In etwa gleichgeblieben ist der Prozentsatz der „unsicheren Männer" (Zulehner 2004).

In der Studie „Die Rolle des Vaters in der Familie" von Fthenakis und Minsel (2002) wurde das Vaterschaftskonzept auf einer relativ abstrakten, idealisierten Ebene erhoben und zur realisierten Vaterschaft in Beziehung gesetzt. Demnach kann man bundesweit von einer „sanften Revolution" im *Vaterschaftskonzept* sprechen. 66 Prozent der Männer definieren sich – unabhängig davon ob sie Kinder haben oder nicht – primär als „Erzieher des Kindes" und nur 34 Prozent als „Brotverdiener der Familie", eine Auffassung, die von ihren Partnerinnen und den befragten Jugendlichen weitgehend geteilt wird. Allerdings ver-

Abbildung 15: *Verteilung der Rollen-Typologien in der Studie „Männer im Aufbruch" (Angaben in Prozent)*

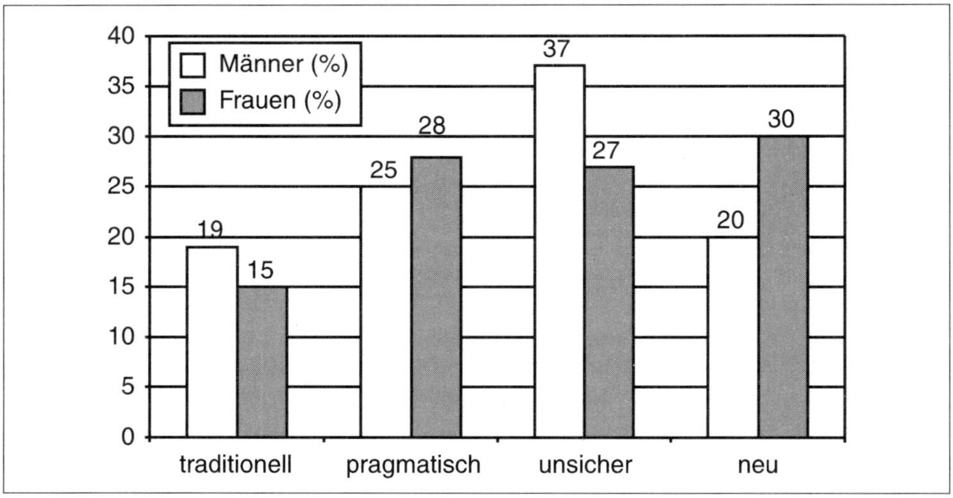

Quelle: Döge 2006, 13

anlasste die Geburt des ersten Kindes zahlreiche Paare, ein traditionales Modell zu etablieren, das nicht in Einklang mit ihren Konzepten stand, häufig begleitet von einer Verschlechterung der Partnerschaftsqualität. Am größten war die Divergenz zwischen subjektiver Konstruktion von Vaterschaft und gelebter Vaterschaft bei den Personen mit der egalitärsten Einstellung, am geringsten bei den Personen mit einer traditionalen Einstellung.

Zwar hat sich seit den 70er Jahren des 20. Jahrhunderts der Bereich gemeinsamer Zuständigkeiten in Haushalt und Familie etwas erweitert. Aber *völlig egalitäre Ehen* sind immer noch selten. In der Studie „männer leben", die auf der Befragung von etwa 1 500 Männern im Alter zwischen 25 und 54 in Gelsenkirchen, Freiburg und Leipzig basiert, praktizierten nur 5 Prozent im Westen und 11 Prozent in Leipzig ein egalitäres Modell, d. h. beide (Ehe-)Partner trugen gleichermaßen zum Haushaltseinkommen bei und waren gleichermaßen für den Haushalt zuständig (Helfferich u. a. 2004). Auch in der qualitativen Studie von Ludwig und Schlevogt (2002) mit 60 erwerbstätigen Müttern mit Kindern im Alter zwischen 3 und 10 waren *„neue oder aktive Väter"* in der Praxis (noch) eine Rarität (zur Situation von Elternpaaren mit egalitärer Rollenteilung – Vater und Mutter sind teilzeiterwerbstätig und teilen sich die Verantwortung für die Familienarbeit – siehe auch Bürgisser 2006; welche Handlungsstrategien Paare entwickeln, die sich um egalitäre Arrangements bemühen und welche „Traditionalisierungsfallen" ihnen in ihrem Bemühen im Wege stehen, analysiert Rüling (2007) anhand von Fallstudien).

Obwohl über 90 Prozent der Frauen eine Aufgabenteilung im Haushalt fordern und nur noch jeder siebte Mann Hausarbeit grundsätzlich als Frauensache betrachtet, wird das neue Leitbild nur von wenigen Männern in die eigene alltägliche Lebensgestaltung umgesetzt (Hampel u. a. 1989). Da die tägliche Routine der Haushaltsführung im Zuständigkeits- und Verantwortungsbereich der Frau bleibt, sprechen Oberndorfer und Rost (2002) von einer „verbalen Aufgeschlossenheit bei weitgehender Verhaltensstarre". Dabei tragen auch die derzeitigen *gesellschaftlichen Strukturen* dazu bei, dass der Mann nur in den seltensten Fällen bei der Geburt eines Kindes seine Erwerbsarbeit aufgibt oder reduziert.

Denn unter Kosten-Nutzen-Überlegungen ist es rational, dass derjenige, der den schlechter bezahlten Arbeitsplatz mit der ungünstigeren beruflichen Perspektive hat (meist ist dies die Frau), seine Arbeitszeit reduziert bzw. sich (vorübergehend) ganz auf die Haus- und Familienarbeit konzentriert und der andere Partner (meist ist dies der Mann) sich primär beruflich engagiert. Auch die jeweilige Betriebskultur ist relevant für das väterliche Engagement in der Familie, denn die Arbeitszeitreduzierung von Männern – und damit auch von Vätern – wird im Betrieb als unpassend empfunden und familiale Verpflichtungen werden nicht als legitimer Grund anerkannt (Döge/Volz 2004). Auch trifft man auf Mütter, die sehr traditionale Geschlechterbilder vertreten und „neue Väter" nicht wollen (Volz 2007).

Insgesamt befinden sich aber trotz Beharrungstendenzen die Einstellungen der Männer im Wandel. Dass die traditionalen Normen an Selbstverständlichkeit eingebüßt haben und die Orientierung an tradierten Männlichkeitsmustern in Frage gestellt ist, erkennt man auch daran, dass die heutigen Väter, anders als die Väter der älteren Generationen, die gegebene Ungleichverteilung der Hausarbeit *begründen*, wenn auch die persönlichen Entschuldigungen (fehlendes Geschick, Zeitmangel) wenig überzeugend sind (Meuser 1998). „Die Ungleichheit zwischen den Geschlechtern und die Verweigerung gleicher Rechte für Frauen (sind) legitimationsbedürftig geworden" (Geissler/Oechsle 2000, 16). Geißler (2006) sieht in der zunehmenden „Entlegitimisierung" der Ungleichheit zwischen Frauen und Männern eine Illustration des *„Tocqueville-Paradox"*: mit dem Abbau sozialer Ungleichheiten erhöht sich gleichzeitig die Sensibilität gegenüber den verbliebenen Ungleichheiten (zu „weißen Flecken" in der bisherigen Diskussion zur „neuen Vaterrolle" siehe Cyprian 2005).

8.4.5 Geschlechtsspezifische Gesamtorganisation und -koordination des Familienalltags

Der zeitlichen Höherbelastung der Frauen und ihrer Hauptverantwortung für Haushalt und Familie entspricht eine ausgeprägte geschlechtsspezifische *innerfamiliale Entscheidungsstruktur* (Keddi/Seidenspinner 1991; Dannenbeck 1992). Der Frau obliegt die Entscheidung über alltäglich anfallende Aufgaben und damit die *Hauptverantwortung für das alltägliche „Funktionieren"* des familialen Zusammenlebens. Auf der Ebene der gravierenden Entscheidungen bestimmen die Partner dagegen meist gemeinsam. Auch die *Gesamtkoordination und -organisation des Alltags*, die empirisch nur schwer greifbar ist, wird fast durchgängig von den Frauen übernommen. Jurcyk und Rerrich (1993) sprechen von der „Alltagsvergessenheit" der Männer. Es bleibt den Frauen überlassen, das Alltägliche zu einem stimmigen Ganzen zusammenzufügen. Während für Männer *Segmentation* im Alltag typisch ist, sie sich in der Regel also etwas ganz Konkretes, genau Umgrenztes in der Familie vornehmen, ist für Frauen eher *Integration* charakteristisch. Sie versuchen, „ihren Tagesablauf ... um die Abläufe der anderen Familienmitglieder herumzudrapieren" (Cyprian 1996, 79).

Auch für die *„unsichtbare" Beziehungsarbeit* in der Familie ist immer noch die Frau zuständig. Hierzu zählen die Lösung oder Harmonisierung widersprüchlicher Ansprüche der Familienmitglieder, die Entwicklung familiärer Sinngebung und die Herstellung von alltäglicher Gemeinschaft (Cyprian 1996). Gefühle gelten primär als Frauensache. Es sind immer noch vorrangig die Frauen und Mütter, die als „Liebesexperten" und „Wohlbefindensmanagerinnen“ den Gefühlshaushalt der übrigen Familienmitglieder managen, während sich Männer durch weitgehende Abstinenz hinsichtlich der „Emotionsarbeit“ auszeichnen (Lange/Szymenderski 2007)

Im Unterschied zur Verteilung von Haus- und Familienarbeit ist über den praktischen *Umgang mit monetären Ressourcen und deren Verteilung* innerhalb des Haushalts relativ wenig bekannt. Untersuchungen in den 1980 und frühen 1990er Jahren haben gezeigt, dass innerhalb von Paarbeziehungen eine beträchtliche Ungleichheit der Geldarrangements und speziell beim Zugang zu Geld für persönliche Ausgaben besteht. In einer neueren Studie unter Verwendung der Daten des Niedrig-Einkommens-Panels aus dem Jahr 1999 verfügten in den meisten Paarbeziehungen hingegen beide Partner über den gleichen Geldbetrag, und in den Fällen, in denen dies nicht der Fall war, verfügten die Männer genauso häufig wie die Frauen über mehr Geld als der jeweilige Partner (Ludwig-Mayerhofer u. a. 2006). Die Verfügung über Geld verschiebt sich zu Gunsten des Mannes, wenn dieser höher qualifiziert ist als die Frau. Die in neuerer Zeit zu beobachtende relative Gleichheit der Allokation von Geld in Paarbeziehungen könnte möglicherweise darauf zurückgehen, dass sich Männer aus ihrer geringen Beteiligung an Familienarbeiten quasi „herauskaufen“, indem sie den Partnerinnen gleichen Zugang zu finanziellen Ressourcen gewähren (Ludwig-Mayerhofer u. a. 2006).

Auch in der aktuellen Analyse von Arrangements der Geldverwaltung in Paarhaushalten durch Holst und Schupp (2005) anhand von SOEP-Daten erwies sich eine partnerschaftliche Verwaltung der Haushaltseinkommen als die Regel. Auf die Frage „Von wem wird das Einkommen im Haushalt verwaltet?“ gaben 57 Prozent der Befragten an, gemeinsam über das Haushaltseinkommen zu verfügen. Bei jeweils einem Zehntel verwaltete entweder die Frau oder der Mann oder beide verwalteten individuell getrennt das Haushaltseinkommen. In den übrigen Fällen wurde das Geld teilweise zusammengelegt, und jeder behielt einen Teil für sich. In Haushalten mit nichterwerbstätigen Frauen bestimmte überdurchschnittlich häufig der Mann. Besonders jüngere Menschen, bei denen das Risiko einer Trennung noch relativ hoch ist, bevorzugten individuelle Formen der Ressourcenverwaltung. Eine individuelle Geldverwaltung fand sich auch häufiger bei unverheiratetet Zusammenlebenden und dann, wenn mindestens einer der Partner bereits eine Scheidung erlebt hatte. Nach Ludwig-Mayerhofer und Allmendinger (2004) könnte dies dafür sprechen, dass es in Ehen eine Norm der gemeinsamen Geldverwaltung gibt, um z. B. wechselseitiges Vertrauen zu signalisieren, die vor der Ehe oder nach ungünstigen Erfahrungen mit der Ehe weniger Wirksamkeit entfaltet (siehe auch Schneider u. a. 2005).

8.4.6 Ungleiche Beteiligung der Geschlechter an der Reproduktionsarbeit: die Sichtweise des Symbolischen Interaktionismus

Backett (1987) interessiert sich in ihrer qualitativen Studie besonders dafür, warum sich Mütter, obwohl sie großen Wert auf eine Gleichverteilung der innerfamilialen Arbeiten legen, mit dem geringen Beitrag ihrer Partner zufrieden geben, welche Prozesse ablaufen, die diese ungleiche Belastung erträglich machen. Im Mittelpunkt steht also der Prozess des *Aushandelns von Wirklichkeit.* Die Befragung von 22 Mittelschichteltern mit mindestens einem Kind im Vorschulalter erbrachte, dass die Partner gegenseitig annehmbare Arrangements aushandelten, die es ihnen erlaubten, ihre Überzeugung (genauer: ihre Illusion) aufrecht zu erhalten, dass der Vater an der Erziehung „angemessen“ bzw. „fair“ beteiligt war, obwohl er faktisch so gut wie nichts tat. Jedes Paar entwickelte eine situationsspezifische Norm, was als „akzeptabler Beitrag" des Vaters angesehen wurde (z. B. der Vater „interessiert sich für die Entwicklung des Kindes"; er steht „prinzipiell" zur Verfügung; er spielt mit dem Kind). Was dabei im Einzelnen als „fairer Beitrag" gilt, wird unter Rückgriff auf bestimmte *Alltagstheorien* (z. B. „eine Mutter besitzt die letzte Verantwortung für das Kind"; „eine Mutter besitzt bessere Kenntnisse vom Kind und seinen Bedürfnissen") von den Beteiligten ausgehandelt. Das entscheidende Hindernis für die Gleichstellung der Geschlechter sind solche gemeinsam geteilten Vorstellungen von Fairness und angemessener Beteiligung. Die Studie zeigt auch, wie bereitwillig Mütter den Mythos männlicher Hausarbeitsleistung nähren, sofern die Männer die weibliche Extraarbeit anerkennen.

Auch einige weitere qualitative Untersuchungen vermitteln einen Eindruck davon, wie die Mehrzahl der Paare es schafft, Norm und Realität zu versöhnen, wie sich entgegen einem egalitären Selbstverständnis der sozialen Akteure im alltäglichen Handeln immer wieder traditionale Muster geschlechtsspezifischer Arbeitsteilung durchsetzen. Nach Rohmann und Bierhoff (2002) ist die ungleiche Verteilung der Hausarbeit zwischen Mann und Frau, die zusammen wohnen und gleich stark beruflich belastet sind, unbestreitbar und widerspricht der vorherrschenden Gerechtigkeitsnorm von der Gleichheit zwischen den Geschlechtern. Trotzdem empfinden viele Frauen ihre Mehrbelastung nicht als ungerecht, da sie bestimmte *Rechtfertigungsstrategien* einsetzen. Erstens betrachten sich viele Frauen aufgrund der verinnerlichten Ideologie der Geschlechter-Unterschiede von Natur aus als kompetenter und motivierter, die Hausarbeit zu erledigen als ihre Partner. Zweitens finden die Vergleiche häufig sozial selektiv statt. Die Frauen vergleichen ihren Anteil an der Hausarbeit nicht mit dem Anteil ihres Partners, sondern mit dem Beitrag anderer Frauen, die noch wesentlich mehr Hausarbeit leisten. Im Vergleich dazu „sind sie noch ganz gut weggekommen". Drittens nehmen Frauen häufig eine Umbewertung des Sinngehalts von Hausarbeit vor, indem sie sich selbst davon überzeugen oder zu überzeugen versuchen, dass ihre Arbeit im Haushalt in erster Linie ein Ausdruck von Liebe und Fürsorge für den Partner oder die Familie ist. Nach Hochschild und Machung (1997) reicht dabei häufig schon die emotionale Unterstützung durch den Mann aus, um an der Idee geteilter Arbeit festzuhalten. Nach Coltrane (1996), der die Väter seiner Studie in „Teilende", „Mithelfende" und „Sich-Entziehende" einteilt, prägt eine „Ökonomie der Dankbarkeit" die Arbeitsteilung auf eine Art und Weise, die mit ressourcen- und austauschtheoretischen Modellen nicht erklärbar ist. „Angesichts der neuen Norm größerer Gleichheit zwischen den Geschlechtern mussten Wege gefunden werden, das Faktum, dass Vieles – vor allem an der häuslichen ‚Front' – gleichgeblieben war, zu übertünchen" (Lewis 2004, 71).

Insgesamt nimmt aber eine wachsende Zahl der Frauen ihre benachteiligte Situation nicht mehr hin und äußert Unzufriedenheit. Besonders die häusliche Arbeitsteilung wird immer häufiger zur Quelle von *Irritationen, Spannungen und Auseinandersetzungen in der Partnerschaft.* In einer Allensbach-Umfrage hielten 73 Prozent der westdeutschen und 61 Prozent der ostdeutschen Frauen das Problem der Teilung der Hausarbeit für besonders konfliktträchtig (Klammer/Klenner 2004). Die Befragung von 40 ostdeutschen Paaren im dritten Schwangerschaftsmonat und erneut im dritten Lebensmonat des Kindes offenbart, dass die Zufriedenheit mit der praktizierten traditionalen Verteilung der alltäglichen Arbeiten, wie sie in einer Familie und im Haushalt anfallen, ein permanenter Konfliktstoff ist und sich nach der Geburt des Kindes noch verstärkt (Ettrich u. a. 2001). Am zufriedensten mit der traditionalen Arbeitsteilung sind nichterwerbstätige Frauen, am unzufriedensten junge und gebildete Frauen, insbesondere berufstätige Mütter (Mischau u. a. 1998).

Auch im Rahmen von Trennungs- und Scheidungsprozessen spielt die Unzufriedenheit mit der traditionalen Rollenverteilung eine erhebliche Rolle. Allerdings geht es da, wo sich Konflikte um die Arbeitsteilung entzünden, häufig um mehr als den Haushalt. Die Verbissenheit, mit der Kämpfe um die Verteilung der häuslichen Arbeiten ausgetragen werden, ist nur verständlich, wenn man bedenkt, dass für die Frauen der jüngeren Generation *Gleichheitserwartungen* Teil ihres Selbstbildes geworden sind, denen in der Berufswelt und im Privatleben spürbare *Ungleichheitserfahrungen* gegenüberstehen (Peuckert 1997). Es geht also um unterschiedliche Selbstkonzepte und Identitätsentwürfe beider Geschlechter, um „konfligierende Vorstellungen von Gleichheit, Gerechtigkeit, richtigem Leben" (Beck-Gernsheim 1992).

8.5 Doppelkarrierepaare: eine besonders konfliktbehaftete Lebensform?

Als Folge der in den 70er Jahren des 20. Jahrhunderts einsetzenden Individualisierung des weiblichen Lebenszusammenhangs hat die Partnerschaftsform des Doppelkarrierepaares enorm an Bedeutung gewonnen. Eine begriffliche Abgrenzung der Doppelkarrierepaare (und Doppelkarriereehen) von verwandten Phänomenen ist allerdings schwierig, da die Übergänge fließend sind. Von *Doppelverdienerehen* spricht man, wenn beide Ehepartner in irgendeiner Form erwerbstätig sind. Für kinderlose Doppelverdiener hat sich der Begriff *„dinkies"* (double income – no kids) eingebürgert. Unter *Doppelkarrierepaaren* versteht man „Paare, in denen beide Partner eine hohe Bildung und Berufsorientierung besitzen sowie eine eigenständige *Berufslaufbahn* verfolgen" (Solga/Wimbauer 2005, 9). Ein besonders hohes Potential für Doppelkarrieren haben Partnerschaften, in denen beide Partner über einen akademischen Abschluss verfügen (= *Akademikerpartnerschaften*).

Doppelkarrierepaare sollten auch nicht mit der herkömmlichen *Zwei-Personen-Karriere* verwechselt werden, bei der nur der Mann beruflich Karriere macht und die Frau sich darum bemüht, seinen Aufstieg nach Kräften zu unterstützen bzw. seine soziale Position abzusichern (Böhnisch 1999). Neben der Erledigung der Haushalts- und (eventuell) Familienpflichten wird von ihr „Statusarbeit" erwartet, z. B. die Kultivierung eines gehobenen Lebensstils (Einladungen, ehrenamtliche Tätigkeiten). Eine eigene Berufstätigkeit spielt bestenfalls eine untergeordnete Rolle. Eine Single-Existenz wirkt sich für männliche Führungskräfte – anders als bei Single-Frauen – immer noch eher kontraproduktiv auf den beruflichen Erfolg aus (Liebold 2001).

8.5.1 Verbreitung von Doppelkarrierepaaren (-ehen)

Die Hausfrauenehe befindet sich in Deutschland eindeutig auf dem Rückzug. Inzwischen dominieren die *Doppelverdienerhaushalte* (vgl. *Tabelle 59).* Dabei gibt es deutliche Unterschiede zwischen Paarhaushalten mit und ohne Kind(ern). Im Jahr 2000 arbeiteten bei fast jedem zweiten kinderlosen Paar beide Partner Vollzeit. Nur noch 30 Prozent lebten in einer Hausfrauenehe. Unter den Paarhaushalten mit Kind(ern) gibt es einen höheren Anteil an Einverdienerhaushalten und an Haushalten, in denen der Mann Vollzeit und die Frau Teilzeit arbeitet. Der Haushaltstyp, in denen beide Vollzeit arbeiten, ist hier wesentlich seltener anzutreffen. Insgesamt finden sich nur wenige Hinweise auf Arbeitszeitvereinbarungen, die einer gerechteren Verteilung von bezahlter und unbezahlter Arbeit entsprechen, indem z. B. beide Partner eine mittlere Vollzeitbeschäftigung oder eine lange Teilzeitbeschäftigung in irgendeiner Weise kombinieren.

Tabelle 59: Paarhaushalte mit wenigstens einem erwerbstätigen Partner, Deutschland 2000 (Angaben in Prozent)

	Kinderlose Paare	Paare mit Kind(ern)
Mann Vollzeit/Frau nicht erwerbstätig	30	40
Beide Vollzeit	48	26
Mann Vollzeit/Frau Teilzeit	20	33
Mann Teilzeit/Frau Vollzeit	1	1
Beide Teilzeit	1	1

Quelle: Franco/Winqvist 2002

Doppelkarrierepaare sind in den angelsächsischen Ländern, anders als in Deutschland, seit Ende der 1960er Jahre intensiv erforscht worden (Rapoport/Rapoport 1971). Wie verbreitet Doppelkarrierepaare/-ehen in Deutschland sind, ist nicht bekannt. Ostermann (2002) schätzt den Anteil der Ehen, in denen beide Partner eine berufliche Karriere verfolgen, auf 6,5 bis 8 Prozent aller Ehen. Berücksichtigt man darüber hinaus auch unverheiratete Paare, so sind in Deutschland nach Schulte (2002) – basierend auf Forschungsergebnissen und Rahmendaten – mindestens 15 bis 20 Prozent aller berufstätigen Paare der Gruppe der „dual-career couples" zuzurechnen.

Hinweise auf die Verbreitung von Doppelkarrierepaaren gibt die Zahl der *Akademiker-Partnerschaften*, wobei nicht übersehen werden sollte, dass die Männer und Frauen in Akademiker-Partnerschaften zwar über erhebliche Potentiale für Karrieren verfügen, dass diese Potentiale aber – dies gilt besonders für die hoch qualifizierten Frauen – nur sehr eingeschränkt auch tatsächlich in Doppelkarrieren umgesetzt werden. 1997 lebten in Deutschland 27 Prozent der Akademiker und 46 Prozent der Akademikerinnen in einer Akademiker-Partnerschaft (vgl. *Tabelle 60)*. Dies entspricht einem Anteil von 6 Prozent aller zusammenlebenden Paare. Bis zur Geburtskohorte 1950–59 hat sich der Anteil der Akademiker und Akademikerinnen in einer Akademiker-Partnerschaft bis auf 34 bzw. 54 Prozent erhöht. Für die jüngeren Geburtskohorten können keine verlässlichen Angaben gemacht werden, da wegen des niedrigen Alters noch ein sehr hoher Anteil partnerlos ist.

Aufgrund der hohen Berufs- *und* Familienorientierung junger Frauen sollte nicht nur die Anzahl von Doppelkarrierepaaren/-ehen, sondern auch die Anzahl der *Doppelkarrierefamilien* zugenommen haben. Da das betriebliche Karrieresystem darauf basiert, dass die Führungskräfte dem Betrieb uneingeschränkt zur Verfügung stehen, ist allerdings mit einer *wachsenden Polarisierung* zu rechnen. Die moderne Alternative lautet immer häufiger: Engagement für die Familie auf Kosten einer beruflichen Karriere und Einschränkung des Lebensstandards oder berufliche Karriere auch der Frau bei Verzicht auf Kinder. Eine dritte Alternative – Realisierung einer beruflichen Doppelkarriere und Erfüllung des Kinderwunsches – ist nur bei Einstellung von Haushaltshilfen möglich. Die Berufs- und Familienarbeit wird dann nicht mehr wie in der modernen Kleinfamilie nach Geschlecht, sondern nach Sozialschicht aufgeteilt. Karriereorientierten Paaren, die wenig Zeit für Haus- und Erziehungsarbeit aufbringen können, stehen statusniedrigere Paare (häufig mit eigenen

Tabelle 60: Partnerschaften von Personen mit einem akademischen Abschluss

	ohne Partner[1]	Partner ohne akademischen Abschluss	Partner mit akademischem Abschluss *(Akademiker-Partnerschaften)*	Keine Angaben zum Abschluss des Partners
Männer	25	47	**27**	1
Frauen	34	20	**46**	1
Männer nach Geburtskohorten				
bis 1929	16	65	**16**	3
1930–39	12	64	**22**	2
1940–49	15	53	**31**	1
1950–59	21	44	**34**	1
1960–69	42	33	**24**	1
1970–79	78	13	**7**	0
Frauen nach Geburtskohorte				
bis 1929	67	8	**25**	0
1930–39	36	15	**49**	0
1940–49	26	17	**56**	1
1950–59	24	22	**54**	1
1960–69	35	23	**41**	1
1970–79	63	9	**18**	0

[1] Diese Kategorie beinhaltet sowohl Personen ohne Partner als auch Living-apart-together-Arrangements.

Quelle: Solga/Wimbauer 2005, 10 (Mikrozensus 1997)

Kindern, häufig Ausländer) gegenüber, die den beruflich Erfolgreichen einen Teil dieser Arbeit abnehmen.

8.5.2 Realisierungschancen von Doppelkarrierepartnerschaften

1987/88 wurden erstmals Karrierepaare in der Bundesrepublik über ihre Erfahrungen befragt (Domsch/Krüger-Basener 1991). Die 68 Paare stammten aus unterschiedlichen Branchen, waren mehrheitlich verheiratet und zwischen 30 und 40 Jahre alt. Die Frauen berichteten häufiger als die Männer von einem Zwang zu Kompromissen, mussten häufiger zugunsten der Männer „zurückstecken". Entsprechend waren 51 Prozent der Männer, aber nur 30 Prozent der Frauen als Führungskräfte tätig, und auch bei den Einkommen bestanden deutliche Unterschiede zum Nachteil der Frauen. Der Mann hatte in der Laufbahn immer noch „die führende Rolle".

Behnke und Meuser (2003; 2005) haben biographische Interviews (Paarinterviews) mit 15 Doppelkarrierepaaren (mit und ohne Kinder) durchgeführt, um das *Vereinbarkeitsmanagement* – das Zusammenfügen und Zusammenhalten zweier individueller Karrierestränge unter dem Dach einer Beziehung bzw. einer Familie – zu rekonstruieren. Die Altersspanne der Paare lag zwischen Ende 20 und Anfang 60, und die Paare waren in der Wissenschaft, in freien Berufen und im Management großer Unternehmen tätig. Typisch für Paararrangements mit doppelter Karriere ist – unabhängig von der Generationszugehörigkeit und der jeweiligen Lebensphase –, dass es immer die Karrieren der Frauen sind, die Modifikationen, Unterbrechungen und Einschränkungen erfahren. „Es ist die Arbeit der

Frauen, kontinuierlich dafür Sorge zu tragen, dass das Gesamtarrangement funktioniert. Sie managen zwei Karrieren so, dass eine *gemeinsame* Lebensführung möglich ist" (Behnke/Meuser 2003, 172). Die Karriere des Mannes hat Vorrang und setzt den Rahmen, in dem die Frau ihre eigenen (reduzierten) Karrierepläne verfolgt. Letztendlich wird somit auch in dieser Extremgruppe stark beruflich orientierter Paare die geschlechtstypische Arbeitsteilung, wenn auch in modifizierter Gestalt, reproduziert, wobei sich die Familienarbeit als in höherem Maße geschlechtstypisiert erweist als die berufliche Karriere. Die „gefühlte" Zuständigkeit der Frauen für das erforderliche Vereinbarkeitsmanagement war dabei nicht das Ergebnis eines langwierigen und konflikthaften Aushandlungsprozesses zwischen den Partnern, sondern sie ergab sich „gleichsam wie von selbst".

Besonders die US-amerikanische Forschung hat sich intensiv mit der Frage befasst, unter welchen Bedingungen sich am ehesten *Doppelkarrieren realisieren* lassen (Solga/Wimbauer 2005). Welchen Einfluss die *Alterskonstellation der Partner* auf die Realisierungschancen von Doppelkarrieren ausübt, untersucht die neuere deutsche Studie von Solga u. a. (2005) am Beispiel von *Akademiker-Partnerschaften.* Eine Doppelkarriere liegt vor, wenn beide Partner einer professionellen Tätigkeit nachgehen, d. h. eine Tätigkeit ausüben, bei der ein akademischer Abschluss formale Zugangsvoraussetzung oder die Regel ist. Auch in dieser Studie zeigt sich: Wesentlich mehr Männer als Frauen konnten ihren akademischen Abschluss in eine professionelle Karriere umsetzen. Auf der Basis des Mikrozensus 1997 fanden sich folgende *Karrieremuster:*

- Bei 29 Prozent der Paare üben beide Partner Vollzeit eine professionelle Tätigkeit aus.
- Bei 19 Prozent ist der Mann Vollzeit und die Frau Teilzeit erwerbstätig.
- Bei rund einem Viertel der Akademikerpartnerschaften geht nur der Mann einer professionellen Tätigkeit nach, obgleich beide Partner über einen akademischen Abschluss verfügen.
- In jeder zehnten Akademikerpartnerschaft übt nur die Frau eine professionelle Tätigkeit aus.
- Nur 2 Prozent haben unübliche Doppelkarrieremuster, d. h. beide Partner arbeiten Teilzeit oder die Frau übt Vollzeit und der Mann Teilzeit eine professionelle Tätigkeit aus.

Die Autorinnen prüfen zwei in der Literatur gängige Erklärungsmuster für das häufige *Scheitern des Zustandekommens von Doppelkarrieren* in Akademiker-Partnerschaften:

- *Altershypothese:* Eine entscheidende Rolle für das Zustandekommen von Doppelkarrieren spielt die *geschlechtsneutral definierte Alterskonstellation.* Unabhängig vom Geschlecht hat der ältere Partner einen Karrierevorsprung. Der Altersabstand definiert einen natürlichen Karriereabstand in der Partnerschaft. Der ältere Partner geht (ungewollt) voraus, er gibt den Ton an, und der jüngere Partner „hinkt" quasi hinterher. Es ist also der Karrierevorsprung des älteren Partners (meist des Mannes), der mit seinen Karriereinvestitionen die nachfolgenden Entscheidungen in gewisser Weise vorstrukturiert und die Karriere des jüngeren Partners (meist der Frau) einschränkt, wenn nicht gar verhindert.
- *Geschlechterhypothese:* Geschlechtsrollen (vor allem im Hinblick auf die traditionale innerfamiliale Arbeitsteilung) und geschlechtstypisch ungleiche Arbeitsmarktchancen schränken die Karrierechancen von Frauen unabhängig von der Alterskonstellation der Partnerschaft ein. Männer schlagen also unabhängig von der Alterskonstellation häufiger eine professionelle Karriere ein als Frauen.

Die *Altershypothese*, die geschlechtsneutral einen Karrierevorsprung des jeweils älteren Partners definiert, wird durch die Daten eindeutig widerlegt. Nicht immer gibt der ältere Partner „den Ton an". In Partnerschaften, in denen die Frau die Ältere ist, muss der jüngere Mann nicht auf seine Karriere verzichten, obwohl sich hier etwas häufiger Doppelkarrieren finden als in Partnerschaften, in denen der Mann der Ältere ist. Aber auch die *Geschlechterhypothese*, der zufolge Frauen in der Regel das Nachsehen haben, unabhängig davon, ob sie jünger oder älter sind als ihre Partner, wird durch die Daten widerlegt. In altersuntypischen Partnerschaften – die Frau ist älter als der Mann – haben Frauen eine höhere Chance, eine professionelle Tätigkeit auszuüben und eine Doppelkarriere zu realisieren, als in alterstypischen Partnerschaften. Als erklärungskräftiger erweist sich nach Solga u. a. (2005) eine dritte Hypothese, die Hypothese von den *geschlechtskodierten Alterskonzepten*. Demnach ist die Alterskonstellation für die Realisierung professioneller Karrieren in Akademiker-Partnerschaften zwar von Bedeutung, allerdings nicht geschlechtsneutral. Für die Durchsetzung von Doppelkarrieren macht es also durchaus einen Unterschied, ob der Mann oder die Frau älter ist, wobei noch ungeklärt ist, inwieweit „unterschiedliche Abhängigkeits- und Machtbeziehungen den Aushandlungsprozessen und innerpartnerschaftlichen Geschlechterarrangements alterstypischer und -untypischer Partnerschaften zugrunde liegen" (Solga u. a. 2005, 47).

Weitere Faktoren, die weibliche professionelle Karrieren (und damit auch Doppelkarrieren) behindern, sind die an der männlichen Normalbiografie ausgerichteten institutionellen Regelungen (so gelten z. B. Kinder als „Privatangelegenheit") und die geschlechtsneutral definierten Kriterien der Leistungsbewertung, die die Verantwortlichkeit für eine Familie ausblenden und somit eine Benachteiligung weiblicher Karrieren bedeuten (Solga/Wimbauer 2005). So verringern Kinder generell die Wahrscheinlichkeit von Doppelkarrieren. Auch das Arbeitgeberverhalten wirkt sich diskriminierend auf die Realisierung von Doppelkarrieren aus. In US-Studien beurteilten Arbeitgeber Akademikerinnen als weniger produktiv und karriereorientiert als Akademiker, da sie befürchteten, dass Frauen eher als Männer ihr berufliches Engagement zugunsten familiärer Verpflichtungen reduzieren oder ganz aufgeben könnten. Auch die unzureichenden institutionellen Kinderbetreuungsangebote beeinträchtigen die Vereinbarkeit von Familie und Beruf und gehen letztendlich zu Lasten weiblicher Karrieren.

8.5.3 Chancen und Probleme von Doppelkarrierepaaren

Im Falle von Doppelkarrierepaaren müssen beide Partner ihre eigenen beruflichen Pläne nicht nur mit den Anforderungen ihres Ehe- und Familienlebens abstimmen, sondern auch mit den jeweiligen beruflichen Belangen des Partners. In einer empirischen Studie von Carlisle (1994) wurde besonders auf die Arbeitsüberlastung (82 Prozent) und die geringe Zeit für die Partnerschaft (63 Prozent) verwiesen. Als Vorteile von Dual-Career-Beziehungen wurden durchweg immaterielle genannt, und zwar höhere Selbstachtung (77 Prozent), Anerkennung durch den Partner (58 Prozent), größerer Zusammenhalt (58 Prozent) und mehr Autonomie (48 Prozent). Die meisten der von Lewis und Cooper (1991) befragten 151 Karrierepaare fühlten sich zwar gelegentlich überlastet; ausgeprägte Konflikte waren aber eher selten. Als wichtige Ursachen für den erfahrenen Stress nannten sie: eine generelle Rollenüberlastung, Probleme bei der Koordination familialer und beruflicher Anforderungen, die Übertragung der am Arbeitsplatz erfahrenen Belastungen auf den privaten Bereich sowie die Schwierigkeit, von Verhaltensweisen, die am Arbeitsplatz als angemessen gelten, auf ein nicht konkurrenzbestimmtes Verhalten im familialen Bereich „umzuschalten". Die innerfamiliale Arbeitsteilung war zwar ausgeglichener als in herkömmlichen Ehen, doch lag auch hier die Zuständigkeit für Haushaltsarbeiten mehrheitlich bei den Frauen. Da der Beruf viel Zeit in Anspruch nimmt, die der Familie fehlt, und da häufig eine Diskrepanz zwischen der selbst erfahrenen Geschlechtsrollensozialisation und dem gegenwärtig praktizierten Lebensstil besteht, mussten die Mütter häufig mit Schuldgefühlen und Identitätsproblemen fertig werden. Strategien, mit diesen Schuldgefühlen umzugehen, waren Überkompensation (z. B. wurde die gesamte Zeit außerhalb des Berufs den Kindern gewidmet), das Eingehen von Kompromissen (z. B. wurde das berufliche Engagement reduziert) und Versuche der Rationalisierung (z. B. wurde die größere Selbständigkeit des Kindes betont).

In der deutschen Studie von Domsch und Krüger-Basener (1991) traten bei den meisten Karrerepaaren erhebliche *Abstimmungsprobleme im Alltag* (beim gemeinsamen Freizeitverhalten, beim Einkaufen, bei der Kinderbetreuung) und bei Entscheidungen, die die künftige Laufbahn beider Partner betrafen (Arbeitsplatz- und Wohnortwechsel, Familiengründung und -erweiterung), auf. Die Paare verfügten über einen eher eingeschränkten Bekanntenkreis, und besonders die Frauen mussten sich mit diskriminierenden Urteilen der sozialen Umwelt auseinandersetzen. Doppelkarrierepaare erlebten häufiger *Konflikte zwischen Berufs- und Privatsphäre* als männliche Führungskräfte, die nicht mit einer beruflich ambitionierten Partnerin zusammenlebten. Jede(r) Zweite sah hier Probleme, jede(r) Fünfte – mehr Frauen als Männer – gab an, dass zwischen dem Berufs- und Privatleben ein ständiger Konflikt bestand. Die Scheidungsrate bei Karrierepaaren ist überdurchschnittlich hoch, was sich aber eventuell auch damit erklären lässt, dass es den Frauen aufgrund ihrer finanziellen Unabhängigkeit eher gelingt, sich aus unbefriedigenden Beziehungen zu lösen.

8.6 Commuter-Ehen/Beziehungen und andere mobile partnerschaftliche Lebensformen

In der Diskussion über die Ausbreitung alternativer Lebensformen ist eine Eheform fast unbeachtet geblieben, obwohl sie von manchen als *die* Lösung der strukturellen Spannungen angesichts der Individualisierungstendenzen in modernen Gesellschaften angesehen wird: die Commuter-Ehe, bei der beide Partner in Verfolgung ihrer beruflichen Karriereambitionen getrennte Haushalte gründen (Peuckert 1989). Zunächst wird ein Überblick über die Verbreitung, Entstehung und die Vor- und Nachteile der wichtigsten Mobilitätsformen gegeben. Anschließend wird ausführlicher auf Commuter-Partnerschaften eingegangen.

8.6.1 Mobile partnerschaftliche Lebensformen in Deutschland

Den differenziertesten Einblick in die *Lebenssituation mobiler Menschen und ihrer Familien* in der Bundesrepublik vermittelt die (nicht repräsentative) Erhebung „Mobil, flexibel, gebunden" von Schneider u. a. (2002). Im Blickpunkt der Studie stehen beruflich mobile berufstätige oder in Ausbildung befindliche Personen zwischen 20 und 59 Jahren mit oder ohne Kinder, die zum Befragungszeitpunkt im Jahr 2000 in einer partnerschaftlichen Beziehung lebten. Im Rahmen der Studie wurden standardisierte Telefonbefragungen und leidfadengestützte qualitative Interviews mit mobilen und nicht mobilen Personen und ihren Partnern/Partnerinnen geführt. Insgesamt liegen 1 095 verwertbare Interviews vor. Die Studie unterscheidet fünf *Mobilitätsformen* und zwei Vergleichsgruppen. Nicht berücksichtigt wurden die *Auslandsmobilen* (= Beschäftigte, die für mindestens ein Jahr vom Unternehmen ins Ausland entsendet worden sind) und die *„Jobnomaden"* (= berufstätige Personen, die an ständig wechselnden Orten tätig sind und keinen regelmäßigen Aufenthaltsort haben). Zu jeder Mobilitätsform gibt es ein spezifisches Profil:

- *„Shuttles"* (Wochenendpendler): Es existiert ein Zweithaushalt am Arbeitsplatz der mobilen Person. Die Wochenenden verbringt der Pendler im gemeinsamen „Familienhaushalt".
- *„Fernbeziehungen"* (living apart together): Partnerschaften mit zwei getrennten Haushalten ohne einen gemeinsamen Haupthaushalt. Die Personen sind meist jung, kinderlos und verfügen über eine hohe Schulbildung.
- *„Fernpendler"* (Berufspendler) Der einfache tägliche Arbeitsweg von einem der Partner beträgt mindestens eine Stunde. Fernpendler sind meist männlich, nicht mehr ganz jung und Familienväter. Sie akzeptieren die Strapazen des langen Arbeitswegs, weil sie sich einen Umzug zum neuen Arbeitsplatz nicht vorstellen können. Jeder zweite Fernpendler lebt im Eigenheim oder in der Eigentumswohnung.
- *„Umzugsmobile":* Paare bzw. Familien, die am gemeinsamen Haushalt festhalten und beruflich bedingt innerhalb der letzten fünf Jahre umgezogen sind (Fernumzug).
- *„Varimobile"* (mobile Berufe/Berufsgruppen): Ein Partner kommt variierenden Mobilitätsanforderungen mit wiederkehrenden Abwesenheiten vom Wohnort nach. Die Mobilität ist häufig inhärenter Bestandteil des Berufsbildes (Vertreter, Flugpersonal, Außendienstmitarbeiter etc.).
- *„Ortsfeste":* Die Paare leben noch in der Geburtsregion.
- *„Rejectors"* (Mobilitätsverweigerer): Die beruflichen Mobilitätserfordernisse werden, zum Teil unter Verzicht auf eine berufliche Karriere, zugunsten von Partnerschaft und Familie zurückgewiesen.

Nach Berechnungen von Schneider u. a. (2002) anhand von Daten des Mikrozensus und des Sozio-ökonomischen Panels lebte 1996/1997 in Deutschland beinahe jeder sechste Erwerbstätige (16 Prozent) im Alter zwischen 20 und 59 in einer partnerschaftlichen berufsmobilen Lebensform, davon jeder vierte mit minderjährigen Kindern. Die größte Gruppe stellen Fernbeziehungen (9 Prozent) dar (davon sind 4 Prozent aus rein persönlichen Gründen, also nicht beruflich bedingt, entstanden), gefolgt von den Fernpendlern (3 Prozent), Varimobilen (3 Prozent) sowie den Shuttles und Umzugsmobilen (je 1 Prozent). Männer sind häufiger berufsmobil als Frauen, und die Bereitschaft zur Mobilität steigt mit dem Bildungsgrad (Limmer 2005).

Etwa jede dritte mobile Lebensform entsteht *ungewollt in Folge beruflicher Umstände*, wobei das Ausmaß an Selbstbestimmtheit je nach Lebensform deutlich variiert. Besonders häufig berichten Personen in Fernbeziehungen sowie Shuttles von einer durch äußere Einflüsse geprägten Entscheidung, die eher als Notlösung gesehen werden muss, da persönliche Präferenzen nur eingeschränkt zum Tragen kamen (vgl. *Tabelle 61).* Einen großen Einfluss auf die Mobilitätsentscheidung haben berufliche Gründe, vor allem bessere Karrierechancen und die Vermeidung von Arbeitslosigkeit. Eine erhebliche Rolle spielt auch die Rücksichtnahme auf die Kinder, denen man Mobilität nicht zumuten möchte. Jeder zweite Berufsmobile definiert die eigene Lebensform als Durchgangsstadium, jeder Dritte betrachtet die aktuelle Lebensform als Dauerlösung, und 15 Prozent können die Dauer ihrer Lebensform nicht einschätzen (Limmer 2005).

Tabelle 61: *Entstehung mobiler Lebensformen und wahrgenommene Gesamtbelastung*

Lebensform	**Entstehung ist**			**Wahrgenommene Gesamtbelastung**[1]	
	völlig/ überwiegend freiwillig %	**teil-teils** %	**eher/völlig ungewollt** %	**Mittelwert der mobilen Person**	**Mittelwert des Partners**
Fernpendler	41	19	40	2,42	3,07
Varimobile	43	35	23	2,74	2,60
Shuttles	35	13	52	2,58	2,74
Fernbeziehungen	26	17	57	3,16	3,10
Umzugsmobile	61	19	19	4,13	3,93
Ortsfeste	71	16	13	4,51	4,33
Rejectors	65	21	15	4,00	4,77

1 5-stufige Ratingskala: 1 = „sehr belastend", 5 = „gar nicht belastend", d. h. je niedriger der Mittelwert, desto höher die wahrgenommene Belastung

Quelle: Schneider 2004

Sennett (2000) gelangt in seinen Studien über die Konsequenzen erhöhter Mobilität zu dem Schluss, dass mobile Menschen meist nur kurzfristig zu den Gewinnern gehören. Für die meisten Männer und Frauen ist es eine schwer zu lösende Aufgabe, berufliche Mobilität mit individuellen Bedürfnissen nach Stabilität, Nähe und Intimität zu verbinden. Dass selbst *Umzugsmobilität* die Stabilität von Partnerschaften beeinträchtigen kann, zeigt erstmals eine Untersuchung aus Österreich (Boyle u. a. 2006). Ein Paar, das mindestens zweimal den Wohnort wechselt, trennt sich 2,5-mal häufiger als ein sesshaftes Paar. Erklärt wird dies damit, dass ein Wechsel des Wohnorts der Karriere des Mannes meist förderlich und für die Partnerin eher mit beruflichen Nachteilen verbunden ist und so zur Unzufriedenheit in der Beziehung führt.

In der Studie von Schneider u. a. (2002) fühlten sich 69 Prozent aller Mobilen, aber nur 20 Prozent der nichtmobilen Personen durch ihre Lebensform belastet, wobei die *Gesamtbelastung* zwischen den einzelnen Lebensformen erheblich variierte. Eindeutig zeichnen sich vier Verlierer ab – die Fernpendler, die Shuttles, die Varimobilen sowie Personen in Fernbeziehungen. Dabei ist stets das gleiche Argumentationsmuster erkennbar: „Mobilitätsbedingter Stress und chronische Zeitknappheit, die als zentrale Belastungsfaktoren dargestellt werden, erzeugen zermürbende Alltagswidrigkeiten und sind wesentlich dafür mitverantwortlich, dass die Bedürfnisse nach Nähe und gemeinsamer Zeit nicht ausreichend befriedigt werden können ... Mobilitätsinduzierte Stressoren führen zu einer Verringerung der Partnerschaftszufriedenheit und können das Trennungsrisiko erhöhen" (Schneider 2005, 119). Besonders häufig wird auf die Gefahr der Entfremdung und der Entwicklung getrennter Lebenswelten hingewiesen und – bei Paaren mit Kindern – auf den Mangel an gemeinsamer Freizeit. Auch begünstigt männliche Mobilität eine Traditionalisierung der Geschlechtsrollen. Vollzeiterwerbstätige mobile Männer werden weitaus häufiger von Familienarbeit entlastet als vollzeiterwerbstätige mobile Frauen.

In etwa jeder zweiten mobilen Lebensform nimmt die berufliche Mobilität auch Einfluss auf die *Familienentwicklung*. Kinder werden entweder später geboren, oder die Paare entscheiden sich mobilitätsbedingt ganz gegen Elternschaft. 62 Prozent der berufsmobilen Frauen – 79 Prozent der Wochenendpendlerinnen – sind kinderlos. Besonders folgenreich ist Mobilität – dies gilt besonders für Shuttles – für die *Beziehung zu Freunden* (vgl. *Tabelle 62)*. „Mobilität führt zu einer Beeinträchtigung der privaten sozialen Beziehungen, insbesondere der Beziehungen zu Personen außerhalb der eigenen Familie" (Schneider 2005, 123). Unter den Varimobilen und Shuttles findet sich auch der größte Anteil an Befragten, die über Beeinträchtigungen ihrer *Gesundheit* berichten (Schneider 2007).

Tabelle 62: Subjektive Einschätzungen der Auswirkungen der aktuellen Lebensform auf unterschiedliche Lebensbereiche[1]

Lebensform	Berufliche Situation	Finanzielle Situation	Beziehung zum Partner	Beziehung zu den Kindern[3]	Beziehung zu Freunden	Lebensbereiche insges.	Gesundheit[2]
Fernpendler	2,1	2,5	3,2	3,5	3,3	2,9	76 %
Varimobile	1,7	2,3	2,9	3,2	3,4	2,7	92 %
Shuttles	2,1	3,0	3,2	3,4	3,6	3,1	85 %
Fernbeziehungen	1,9	3,5	3,0	2,3	3,0	2,7	61 %
Umzugsmobile	1,6	2,2	1,9	2,0	3,0	2,2	76 %
Ortsfeste	2,1	2,4	1,7	1,7	1,7	1,9	–
Rejectors	2,5	3,4	1,6	1,5	1,7	2,1	–
Insgesamt	2,0	2,9	2,8	2,7	3,1	2,7	76 %

1 Mittelwerte einer 5-stufigen Ratingskala: (1) = sehr positiv; (5) = sehr negativ
2 Anteil der Befragten in den verschiedenen Lebensformen, die über Beeinträchtigungen ihrer (psychischen oder physischen) Gesundheit berichten
3 nur bei Eltern erhoben

Quelle: Schneider 2005, 123/124

Überraschenderweise fühlen sich zwei Drittel der Partner und Partnerinnen mobiler Personen durch deren Mobilität ebenso oder sogar stärker belastet als die mobile Person selbst. Jeder dritte Partner gibt an, „alles alleine zu erledigen". Etwa jeder zweite Mobile klagt über Einsamkeitsgefühle und darüber, dass zu wenig Zeit füreinander bleibt. Fast alle Befragten (91 Prozent) können ihrer Lebensform aber auch *positive Seiten* abgewinnen. Zwei Drittel nennen Vorteile im beruflichen Bereich, vor allem einen attraktiven Arbeitsplatz. Jeder Dritte (35 Prozent) – besonders häufig Shuttles – spricht von einer Verbesserung der Beziehungsqualität. Vor allem Befragte in Fernbeziehungen und Shuttles verweisen darauf, dass die mobile Lebensform ein hohes Maß an Autonomie gewährt.

8.6.2 Die Commuter-Ehe/Beziehung als Anpassungsmechanismus angesichts wachsender Mobilitätserfordernisse

Zur Definition der modernen Ehe (und Familie) gehört, dass die Ehepartner (mit den Kindern) zusammen in einem Haushalt wohnen. Familienzusammengehörigkeit begründet Zusammenwohnen, gemeinsame Haushaltsführung, gemeinsames Wirtschaften und Füreinandersorgen. Eine auch nur zeitweilige Trennung gilt bereits als Anzeichen für Destabilisierungstendenzen der Ehe. Auch im Scheidungsrecht wird das Getrenntleben der Ehepartner als Indikator für das Scheitern der Ehe angesehen.

Das historisch Neue seit den 1960er Jahren ist, dass die gestiegene Bildungs- und Berufsmotivation junger Frauen mit Engpässen am Arbeitsmarkt zusammenfällt, die es immer schwieriger gestalten, für zwei qualifizierte Partner am selben Ort eine der Ausbildung adäquate Beschäftigung zu finden. Die *traditionale Doppelkarriereehe* wird also strukturell erschwert. Die Commuter-Ehe, in der die Partner in zwei räumlich getrennten Haushalten wohnen, hat in dieser Situation den entscheidenden Vorteil, dass die Ehepartner nicht mehr auf einen gemeinsamen Haushaltsstandort und einen entsprechend engen regionalen Arbeitsmarkt beschränkt sind (Peuckert 1989). Dass gerade in den 70er und 80er Jahren des 20. Jahrhunderts immer häufiger diese Lebensform praktiziert wird, hat aber auch ideologische Gründe. Die feministische Bewegung hat ein Klima geschaffen, in dem es Frauen leichter fällt, ohne Schuldgefühle im Berufsleben ihre Selbstverwirklichung zu suchen. Diese moderne „Lösung" des Konflikts zwischen zwei divergierenden Karriereentwürfen bedeutet also eine weitere Ausdifferenzierung der modernen Kleinfamilie unter veränderten ökonomischen und kulturellen Bedingungen.

Unter einer *Commuter-Ehe* („two-location marriage" oder „long-distance marriage") versteht man eine Eheform, bei der die Ehepartner in zwei räumlich getrennten Haushalten wohnen und beabsichtigen, die Ehebeziehung aufrecht zu erhalten. Die Trennung erfolgt, da *beide Partner karriereorientiert* sind und am selben Ort nicht gleichzeitig eine ihrer Ausbildung angemessene berufliche Anstellung finden können. Die Trennung ist nicht aufgezwungen, sondern erfolgt (mehr oder weniger) *„freiwillig"* aus persönlichem Entschluss. Ursache für den Entschluss, zwei getrennte Haushalte zu gründen, ist dabei die *Karriereorientierung der Frau*, die es erst rechtfertigt, von einem „alternativen" Lebensstil zu sprechen. Da zwei Haushalte gegründet werden, muss mindestens ein Ehepartner zwischen beiden Haushalten mehr oder weniger regelmäßig pendeln.

Das Merkmal der *räumlichen Trennung* unterscheidet die Commuter-Ehe von der einfachen Doppelkarriereehe. Commuter-Ehen sind auch nicht identisch mit den sog. *„Shuttles"* (Wochenendpendlern), worunter Schneider u. a. (2002) eine Lebensform verstehen, bei der die Partner an den Wochenenden oder in anderen zeitlichen Phasen den gemeinsamen „Haupthaushalt" teilen und sich angesichts bestehender Mobilitätserfordernisse dafür entscheiden, einen Zweithaushalt am Arbeitsort eines Partners zu gründen (eine Art Ableger oder Satellit), der von diesem arbeitsbezogen genutzt wird. Nur in den Fällen, in denen diese Lösung vor dem Hintergrund einer ausgeprägten *Karriereorientierung beider Partner* erfolgt, handelt es sich um eine Commuter-Ehe (auch „dual-career-shuttle"). Da häufig andere individuelle Motive (z. B. befristete Arbeitsverträge, fehlender Arbeitsplatz des Partners am neuen Arbeitsort, Wohneigentum, enge soziale Kontakte, Schulbesuch der Kinder) vorliegen, die an den gemeinsamen Wohnort binden, bilden Commuter eine Teilmenge der Shuttles.

Für die Bundesrepublik liegt keine repräsentative Studie über Commuter vor. Wichtige Informationen vermitteln Untersuchungen über *Wochenendpendler*, bei denen es sich in der Mehrzahl der Fälle um Commuter handeln dürfte. So hatten unter den von Schneider u. a. (2002) identifizierten 106 Shuttles (Wochenendpendler) 84 Prozent einen (Fach-) Hochschul- oder Ingenieurschulabschluss und 80 Prozent gaben als Hauptgrund für die Wahl dieser Lebensform eine attraktive Arbeitsstelle an. Die starke Berufsorientierung, ein weiteres Merkmal der Commuter, ist auch an den langen Arbeitszeiten von Shuttles ablesbar. 46 Prozent arbeiten zwischen 41 und 50 Stunden pro Woche und nochmals 31 Prozent mehr als 50 Stunden. Von den Wochenpendlern in der Studie von Gräbe und Ott (2003) hatte über die Hälfte Abitur/Fachhochschulreife und/oder einen Studienabschluss. Fallstudien zeigen, dass bei der Entscheidung zum Wochenpendeln Karriereambitionen eine wichtige Rolle spielten, wobei der Entscheidungsprozess von den Befragten durchweg als schmerzlich beschrieben wird.

Gräbe und Ott (2003) kommen für das Jahr 1992/93 auf über 1,5 Mill. Haushalte in Deutschland mit Wochenpendlern, d. h. mit Personen mit Zweitwohnung am Arbeitsort, die in wöchentlichem, mehrwöchentlichem, monatlichem oder längerem Abstand wieder in die Hauptwohnung zurückkehren. Dies entspricht einem Anteil der Haushalte mit Wochenpendlern von 4,3 Prozent – ein Anstieg in Westdeutschland seit 1960 um etwa 500 Prozent. Nicht bekannt ist, wie hoch der Anteil der Commuter an den Shuttles bzw. Wochenpendlern ist. Laut einer Repräsentativbefragung der Gesellschaft für Konsumforschung/Nürnberg zu Beginn des Jahres 2002 sind von den Berufstätigen in Deutschland 17 Prozent bereit, für ihre berufliche Karriere auch von der Familie getrennt zu leben.

8.6.3 Auswirkungen der räumlichen Trennung auf Ehe und Familie

Die Erfahrungen, über die Commuter-Paare berichten, vermitteln gleichzeitig Einblicke in die Chancen und Probleme des Zusammenlebens in herkömmlichen Ehen. Wie stark sich die Partner auf die traditionale Ehe beziehen, wird deutlich, wenn sie beschreiben, was ihnen in der veränderten Beziehung fehlt. Das zentrale Problem von Commuter-Ehen ist die *Einschränkung der täglichen Kontakte*. In herkömmlichen Ehen verbringen die Partner viel Zeit gemeinsam, sei es mit Gesprächen, trivialen Alltagsaktivitäten oder auch mit Nichtstun. Commuter-Paaren fehlt diese Erfahrung täglicher Interaktion, der kontinuierliche Austausch von Erfahrungen und Empfindungen, der zusammenwohnenden Paaren *emotionale Sicherheit und Unterstützung* gewährt. Der fehlende gemeinsame Alltag, das fehlende Gespräch, die allgegenwärtige Zeitknappheit können sich leicht zu einer schweren Belastung für die Partnerschaft auswachsen. Jede(r) Vierte der von Schneider u. a. (2002) befragten Shuttles sieht die Gefahr, dass man sich fremd wird, und auch den von Gräbe und Ott (2003) befragten Wochenpendlern ist die Gefahr der Entfremdung sehr bewusst.

Noch schwerwiegender fällt, dass aufgrund der räumlichen Trennung die *sinnstiftende Qualität der Ehe*, die gemeinsame, als selbstverständlich unterstellte Teilwelt, in Frage gestellt ist. „Die gesellschaftlich konstruierte Welt muss dem Einzelnen fortlaufend vermittelt und von ihm aktualisiert werden, damit sie auch seine Welt wird und bleibt" (Berger/Kellner 1965, 221). Diese sinn- oder realitätsstiftende Funktion der Ehe setzt eine kontinuierliche Interaktion und gemeinsame eheliche Gespräche voraus. Die Beziehung zwischen den Partnern kann als ein fortlaufendes Gespräch angesehen werden, in dem immer wieder von Neuem die grundsätzlichen Definitionen der Realität, die Plausibilität und Stabilität der als gesellschaftlich verstandenen Welt bestätigt und fortwährend neu ausgestaltet werden. Wichtig ist dabei, dass eine *räumliche Einheit* vorhanden ist. Die täglichen Aktivitäten kreisen um dieses räumliche Zentrum, das der Beziehung einen äußeren Halt verleiht und auch eine wichtige symbolische Funktion erfüllt.

Jeder zweite Shuttle fühlt sich aufgrund der langen Abwesenheitsphasen nirgends richtig zu Hause (Schneider u. a. 2002). Die von Gerstel und Gross (1984) befragten Commuter berichten, dass sie sich bei jedem Treffen zu Beginn immer wieder „wie Fremde fühlen". Sie sind verwirrt, verunsichert und müssen sich „erst wieder kennen lernen", um die anfängliche Distanz und Fremdheit zu überwinden. Sie berichten von Reaktionen, die sie selbst als „verwirrend" bezeichnen und sich nicht erklären können, z. B. von einer Tendenz, sich „wie ein Besucher zu fühlen" bzw. umgekehrt „wie ein Gastgeber aufzutreten". Sie haben das unbestimmte Gefühl, dass „irgendetwas nicht stimmt" und können sich nicht entspannen. Sie fühlen sich, vor allem zu Beginn jedes Zusammentreffens, unwohl, als Eindringlinge in eine fremde Welt. Die Probleme beim jeweiligen Wiedereintritt in die Beziehung zeigen, dass den Partnern die Vertrautheit und Sicherheit fehlt, die das kontinuierliche Zusammenwohnen in einem gemeinsamen Haushalt bietet. Die physische Distanz trägt in die Beziehung eine psychische Distanz hinein.

Als weitere Nachteile des Pendelns bezeichnen zwei von drei Shuttles das Fahren zwischen den Wohnorten und die Zeitknappheit (Schneider u. a. 2002). Man hat zu wenig Zeit füreinander und fühlt sich oft einsam. Die nicht mobilen Partner mit Kindern klagen darüber, dass die Partner kaum Zeit für die Kinder haben (72 Prozent) und dass die Erziehung hauptsächlich durch sie selbst geleistet werden muss (52 Prozent). In der Kindererziehung hat sich die „klassische" Rollenverteilung zwischen den Ehepartnern etabliert – meist gegen den Willen der Betroffenen (Gräbe/Ott 2003). Da sich der mobile Partner nicht ausreichend an den Hausarbeiten und der Kindererziehung beteiligen kann, treten in jeder fünften Beziehung Partnerschaftskonflikte auf (Schneider u. a. 2002).

Die Einschränkungen der sozialen Kontakte werden selten durch eine *Intensivierung anderer Sozialbeziehungen* kompensiert. Im Gegenteil: Bestehende Freundschaftsbeziehungen werden eher geschwächt, und selten werden neue Kontakte angeknüpft. 58 Prozent der Shuttles sehen negative Auswirkungen auf den Freundeskreis (Schneider u. a. 2002). Viele Paare in konventionellen Ehen nehmen an, dass Commuter-Ehen konfliktbehaftet sind oder kurz vor der Auflösung stehen. Die soziale Isolation gehört zu den bittersten Erfahrungen in der neuen Lebensform. Auch die Befragung von Wochenpendlern durch Gräbe und Ott (2003) ergab, dass die Zeitknappheit am Wochenende geradezu einen Rückzug in die Partnerschaft unter Vernachlässigung anderer sozialer Kontakte fördert. Der Verlust von Freunden und die Schwierigkeiten beim Anknüpfen neuer Freundschaften haben zur Folge, dass die Commuter-Paare stark aufeinander fixiert sind und ihre erhöhten Erwartungen zwangsläufig enttäuscht werden. Sie hängen, weil sie getrennt wohnen, noch stärker voneinander ab. Die häufig geäußerte Vermutung, dass Commuter aufgrund der modifizierten Ehestruktur (geringe soziale Kontrolle, veränderte Gelegenheitsstruktur) häufig außereheliche Beziehungen anknüpfen, konnte allerdings nicht bestätigt werden. Untreue und Eifersucht spielen auch bei den Shuttles eher eine untergeordnete Rolle (Schneider u. a. 2002).

Die raum-zeitliche Trennung bringt aber auch *Vorteile* mit sich. Bedingt durch die Trennung kann die Ehe eine neue positive Qualität gewinnen. 60 Prozent der Shuttles geben an, dass sie die gemeinsame Zeit miteinander intensiver verbringen (Schneider u. a. 2002). In der Studie „Geliebt wird nur am Wochenende" – befragt wurden über 4 000

Männer und Frauen – meinte jede(r) Zweite, die Beziehung sei gefestigter und intensiver geworden (Freymeyer/Otzelberger 2000). Einige der von Gerstel und Gross (1984) interviewten Commuter sprechen davon, dass man sich „wieder entdeckt", dass neue Eindrücke und Erfahrungen in die Ehe eingebracht werden. Viele Commuter betonen die erhöhte Kommunikationsdichte. Die trivialen Alltagskonflikte spielen keine so große Rolle mehr; die *„romantische Liebe"* wird wiederentdeckt. Die Partner in einer Commuter-Ehe befinden sich dabei in einem Dilemma. Sie sehnen sich nach einer sicheren Beziehung, obwohl diese häufig mit nachlassender Attraktivität des Partners, Langeweile und erhöhtem Spannungspotential verbunden ist. Indem sie nun getrennt wohnen, gewinnt das Ideal der romantischen Liebe wieder an Bedeutung, allerdings auf Kosten der täglichen Begegnungen, was viele nur schwer verkraften.

Als wichtigste Vorteile ihrer Lebensform bezeichnen Shuttles, dass man eine attraktivere berufliche Tätigkeit ausüben kann (83 Prozent), dass man sich am Arbeitsort ganz auf den Beruf konzentrieren kann (72 Prozent), dass keiner der beiden Partner seine Berufstätigkeit aufgeben muss (77 Prozent) und dass jeder seine eigenen Interessen verfolgen (47 Prozent) und sich ein Stück Unabhängigkeit vom Partner bewahren kann (28 Prozent; Schneider u. a. 2002). Das tägliche Leben wird vereinfacht, und aufgrund der räumlichen Trennung kann besonders die Berufstätigkeit der Frauen intensiviert werden. Die Abnahme familialer Verantwortlichkeit und die Vereinfachung des Lebens werden von einem gestiegenen Selbstwertgefühl der Frauen begleitet, die sich nicht länger als Anhängsel ihres Ehemannes betrachten. Latent im Hintergrund steht aber bei vielen Frauen die Furcht, dass die gewonnene Freiheit und Unabhängigkeit auf das Konto von Ehe und Familie gehen könnten. Entsprechend sind sie besonders sensibilisiert hinsichtlich möglicher Verhaltensauffälligkeiten ihrer Kinder. Auch wirkt sich die kulturelle Erwartung, dass für Frauen die Beziehung wichtiger ist als der Beruf, selbst bei karriereorientierten Frauen dahingehend aus, dass sie sich für die Beziehungsarbeit in Commuter-Ehen verantwortlich fühlen (Holmes 2004).

Wie sich speziell der Faktor *„räumliche Trennung"* auf die Lebenssituation und Zufriedenheit von Commuter-Paaren auswirkt, lässt sich am exaktesten anhand eines Vergleichs von Commuter-Paaren mit zusammenwohnenden Doppelkarrierepaaren überprüfen. Bunker et al. (1992) befragten 90 Commuter und 133 Personen, die in einer nicht räumlich getrennten Doppelkarrierebeziehung lebten. Commuter sind im Vergleich mit zusammen wohnenden Doppelkarrierepaaren zufriedener mit ihrem Berufsleben und mit der Zeit, die sie für sich selbst haben, und unzufriedener mit ihrer Partnerbeziehung und ihrem Familienleben. Insgesamt waren die Commuter mit ihrem Leben weniger zufrieden als die „dual-career"-Paare, die Frauen allerdings zufriedener als die Männer. Erstaunlicherweise konnten zwischen den Befragten, die pendelten, und jenen, die am gemeinsamen Wohnort blieben, keine Unterschiede in der Bewertung ihrer Lebensform festgestellt werden.

Jeder zweite Shuttle empfindet die Lebensform insgesamt als eher belastend (Schneider u. a. 2002). Inwieweit Commuter-Ehen als *alternative Lebensform* geeignet sind, hängt aber auch ganz wesentlich von den *Bedingungen der Trennung* ab (Gerstel/Gross 1984). Mit wachsender Entfernung und zunehmender Dauer der Trennung wächst die Unzufriedenheit. Die *„Wochenendpaare"* sind am zufriedensten, da sie vom üblichen Wochenrhythmus anderer Doppelkarriereehen – die Wochentage sind arbeitsorientiert, das Wochenende ist freizeit- bzw. familienorientiert – nur unwesentlich abweichen und keine unrealistischen Erwartungen aufgebaut haben. *Unregelmäßige Zusammenkünfte* werden als besonders belastend empfunden, da räumliche und zeitliche Fixpunkte fehlen, um die sich das gemeinsame Leben kristallisiert und die das Fundament der Ehe bilden. Die Partner haben in diesem Fall das Gefühl, dass sie in getrennten Welten leben und dass ihre Ehe keine „richtige Ehe" mehr ist. Wichtig ist auch, ob die Zeit des Getrenntwohnens als dauerhaft oder als vorübergehend definiert wird. Über die Hälfte aller Shuttles pendelt bereits länger als 5 Jahre, so dass man nicht von einer kurzfristigen Lebensform sprechen kann (Schneider u. a. 2002). Nichtsdestotrotz ist das Pendeln aus Sicht der Befragten meist eine Übergangsphase. 61 Prozent der Shuttles haben vor, diese Lebensform in absehbarer Zeit zu beenden.

Die Lebensform erfordert weiterhin ein flexibles Rollenverständnis beider Partner (Loslösen von der traditionalen Definition der Frauen- und Mutterrolle) und ein hohes Einkommen, um die Mehrfachbelastungen auszugleichen. Wichtig ist auch, in welcher *Phase des Familienzyklus* sich die Partner befinden und in welchem Maße sie sich bereits beruflich etabliert haben. Am häufigsten wird ein Commuter-Arrangement in der Gründungsphase des Familienzyklus (Eheschließung/unverheiratetes Zusammenwohnen bis zur Geburt des ersten Kindes) gewählt (Gerstel/Gross 1984). In dieser Zeit sind die beruflichen Ansprüche beider Partner und auch ihre Bereitschaft zu geographischer Mobilität besonders hoch. Die Commuter-Ehe hat aber nur dann Aussicht auf Erfolg, wenn die Partner schon einige Zeit zusammen gewohnt haben, ein Zusammengehörigkeitsgefühl entwickelt und eine eigene sinnstiftende Teilwelt aufgebaut haben. Besonders die *Anwesenheit kleiner Kinder* belastet die Commuter-Ehen, da die familialen Ansprüche sehr stark mit den beruflichen Anforderungen kollidieren. In der Studie von Gerstel und Gross (1984) litten die jeweils abwesenden Elternteile unter erheblichen Schuldgefühlen, während sich bei den mit den Kindern zusammen lebenden Elternteilen starke Gefühle des Ressentiments zeigten. Am zufriedensten mit der Commuter-Ehe sind die Ehepaare in der *nachelterlichen Phase.* Sie können auf eine lange Zeit gemeinsamen Zusammenlebens zurückblicken und betrachten häufig das Commuter-Dasein als letzte Chance für die Frau, ihre zurückgestellten Karriereambitionen doch noch (wenigstens teilweise) zu realisieren.

Generell handelt es sich bei Commuter-Ehen um eine *ambivalente Lebensform,* die für karriereorientierte Paare in spezifischen Phasen des Familienzyklus große persönliche Entfaltungsmöglichkeiten bietet, mit der aber auch erhebliche Nachteile verbunden sind, und mit der sich inzwischen eine umfangreiche Ratgeberliteratur befasst (z. B. Wendl 2005; Koller 2004). Nur jeder dritte Shuttle hat sich selbstbestimmt und aktiv für diese Lebensform entschieden (Schneider u. a. 2002). Jeder zweite berichtet von einer zwangsläufigen Entwicklung, in der persönliche Präferenzen kaum zum Tragen kamen.

8.7 „Hausmänner" und „Väter mit Doppelrolle" oder: der Mythos von den „neuen" Männern und Vätern

Wenn die Hausmänner so stark ins Blickfeld der Öffentlichkeit geraten sind, dann sicherlich nicht deshalb, weil sie in quantitativer Hinsicht eine bedeutende Rolle spielen. Hausmänner sind vor allem deshalb interessant, weil sie besonders radikal von der *traditionalen Familienideologie* im Hinblick auf die Bedürfnisse von Kleinkindern abweichen: Die Mutter ist außerhäuslich erwerbstätig, der Vater übernimmt die Versorgung der Kinder und erledigt die Hausarbeit. In einer Repräsentativerhebung von Männern zwischen 20 und 50 in der Bundesrepublik waren nur 2 Prozent der Männer zum Zeitpunkt der Befragung (im

Jahr 1985) Hausmänner (Metz-Göckel/Müller 1986). Unter Hausmänner fallen auch Väter, die sich im *Erziehungsurlaub* bzw. in *Elternzeit* befinden. Der Anteil der Väter an den Elternzeit nehmenden Eltern ist seit der Novellierung des Bundeserziehungsgeldgesetzes am 1.1.2001 bis zum Jahr 2003 von 1,5 auf knapp 5 Prozent spürbar angestiegen. In Schweden, wo schon länger die Möglichkeit einer Vaterschaftspause von zwei Monaten besteht, die nicht auf die Frau übertragen werden kann und es während der Elternzeit einen gehaltsbezogenen Einkommensersatz von 75 Prozent des Einkommens gibt, entscheidet sich jeder dritte Vater für die Elternzeit (Prognos 2005).

Wie sich die Situation in Deutschland ab dem 1.1.2007 mit der Einführung des ähnlich konzipierten einkommensabhängigen *Elterngeldes* entwickeln wird, bleibt abzuwarten. Von den berufstätigen Männern unter 45 würden unter den genannten Bedingungen des Elterngeldes immerhin 48 Prozent einen Berufsausstieg zumindest für einige Monate „erwägen". 35 Prozent empfinden das Elterngeld nicht als Anreiz für eine Beteiligung an der Elternzeit (Allensbach 2005a). Wie das Statistische Bundesamt auf der Basis erster vorläufiger Auswertungen der neuen Elterngeldstatistik mitteilt, wurden im ersten Quartal 2007 rund 7 Prozent aller Elterngeldanträge für Väter gewährt (Pressemitteilung vom 16.5.2007). Beim Erziehungsgeld lag der Anteil der Bewilligungen für Väter im vergleichbaren Zeitraum des Vorjahres mit 3,5 Prozent nur halb so hoch. 30 Prozent der Väter, deren Anträge im ersten Quartal 2007 bewilligt wurden, nahmen Elterngeld für zwölf Monate in Anspruch, knapp die Hälfte (47 Prozent) für zwei Monate.

Qualitativen Befragungen nach zu urteilen beruht die überwiegende Nutzung der Elternzeit durch die Mütter fast immer auf einer gemeinsamen, im Konsens beschlossenen Familienstrategie, wobei neben dem Wunsch der Mütter, sich um ihr Kind am Anfang selber zu kümmern und der Überzeugung, besser für das Kind sorgen zu können als der Partner, sich viele Familien eine „Vaterzeit" und damit den zeitweiligen Ausfall der Haupteinkommensquelle in einer Phase steigenden Finanzbedarfs einfach nicht leisten können (Klammer/Klenner 2004). Die im Bamberger-Ehepaar Panel befragten Väter nannten als wichtigste Gründe gegen ihre Beteiligung an der Elternzeit befürchtete Einkommensverluste, die Angst, im Beruf den Anschluss zu verlieren sowie die fehlende Bereitschaft, auf die beruflichen Karrierechancen zu verzichten (vgl. *Tabelle 63).* Auch in einer Studie des BMFSFJ (2004) wurde die finanzielle Situation von über 40 Prozent der Befragten als Hauptargument für die gewählte (traditionale) Arbeitsteilung genannt. Väter beteiligten sich häufiger an der Elternzeit, wenn beide Partner gleich viel verdienten oder das Einkommen der Mutter höher war als das des Vaters. Auch ein hohes berufliches Engagement der Mutter und eine gleichberechtigte Partnerschaft wirkten sich positiv auf die Bereitschaft der Väter zur Teilnahme an der Elternzeit aus.

Die von Allensbach (2005a) im Jahr 2005 befragten jungen Männer unter 45 verwiesen ebenfalls am häufigsten auf finanzielle Einbußen und auf die Furcht vor beruflichen Nachteilen. 89 Prozent der Väter (77 Prozent der kinderlosen Männer) erklärten, dass die „Einkommensverluste meist viel größer sind, wenn der Vater zu Hause bleibt, als wenn die Mutter zu Hause bleibt". 79 Prozent der Väter und 70 Prozent der kinderlosen Männer nannten als Hinderungsgrund für die Nutzung der Elternzeit die Furcht vor beruflichen Nachteilen. Auch das berufliche Vorankommen (55 Prozent), geschlechtsspezifische Leitbilder, die während der eigenen Kindheit verinnerlicht wurden (55 Prozent), und der Wunsch der Mütter, die Betreuung des Kindes selbst zu übernehmen (44 Prozent), spielten eine erhebliche Rolle. Für höher Gebildete und Besserverdienende hatten die Karriereargumente die größte Bedeutung, doch setzten alle Befragtengruppen ähnliche Schwerpunkte.

Tabelle 63: *Von Vätern vorgebrachte Gründe gegen ihre Beteiligung an der Elternzeit (Mehrfachnennungen, Angaben in Prozent)*

Das Erziehungsgeld hätte nicht ausgereicht, um den Einkommensverlust auszugleichen	74
Ich hatte Angst, den Anschluss im Beruf zu verlieren	32
Ich wollte nicht auf berufliche Karrierechancen verzichten	31
Bei meinem Beruf ist bzw. war eine Unterbrechung nicht möglich	31
Ich hatte nie daran gedacht, Erziehungsurlaub zu nehmen	20
Ich hatte Angst, nicht an meinen Arbeitsplatz zurückkehren zu können	19
Ich konnte mir nicht vorstellen, zu Hause zu bleiben	16
Erziehungsurlaub kommt für mich nicht in Frage	12
Ich war in Sorge wegen der Reaktion von Vorgesetzten und Kollegen	10

Quelle: Oberndorfer/Rost 2005, 54 (Bamberger Ehepaar-Panel)

In Deutschland liegen nur wenige Studien zur Lebenssituation von Hausmännern vor. In der umfangreichsten Untersuchung von Strümpel u. a. (1988) aus den Jahren 1984/85 wurden nur Männer berücksichtigt, die ihre Entscheidung selbst als „freiwillig" bezeichneten. Neben Intensivinterviews mit zwölf Hausmännern fand eine quantitative Befragung von 193 Hausmännern und deren Partnerinnen statt. Die Befragungen wurden nach einem Jahr wiederholt. In der Studie „Väter und Erziehungsurlaub" von Vaskovics und Rost (1999) wurden 24 Paare mit Vätern im Erziehungsurlaub einbezogen. Gräfinger (2004) hat im Jahr 2000 in Österreich zehn problemzentrierte Interviews mit Karenzvätern durchgeführt. Generell fällt auf, dass die Situation von Hausmännern – mehrheitlich handelt es sich um „späte" Väter zwischen 30 und 40 – eher durch Merkmale gekennzeichnet ist, die sonst für Frauen typisch sind: durch ein jeweils im Verhältnis zur Partnerin niedrigeres Einkommen, ein niedrigeres Bildungs- und Ausbildungsniveau und einen niedrigeren Berufsstatus (Strümpel u. a. 1988).

8.7.1 Lebenssituation, Chancen und Probleme von Hausmännern

Bereits vor dem Übergang zur Elternschaft ist die Rollenverteilung überwiegend partnerschaftlich ausgerichtet, so dass die meisten Väter mit ihrer Rolle als Hausmann gut zurecht kommen. Die Partnerinnen übernehmen – trotz eigener Berufstätigkeit – mit einem Drittel der Hausarbeiten einen wesentlich höheren Anteil als Männer in Hausfrauenehen (Strümpel u. a. 1988). Dabei hat in den 15 Monaten zwischen beiden Befragungen das Engagement der Hausmänner besonders für zeitintensive Tätigkeiten – wie die Wohnung säubern und Waschen – deutlich nachgelassen. Hausmänner beteiligen sich zwar stärker an der Kinderversorgung als berufstätige Väter, doch auch hier übernehmen die Partnerinnen fast die Hälfte der Aufgaben, und im Laufe der Zeit nimmt die Beteiligung der Väter auffallend ab. Einige Väter beklagen sich darüber, dass sich die Partnerinnen zu sehr in die Haushaltsführung und Kinderversorgung einmischen und sie wie Hilfskräfte behandeln. Jeweils etwa 40 Prozent der Hausmänner äußern mehr Verständnis für den Lebensbereich der Partnerin bzw. glauben, dass sich die Beziehung zu den Kindern in den 15 Monaten verbessert hat. Auch Väter, die den Erziehungsurlaub partnerschaftlich geteilt haben, bewerten diese Zeit überwiegend positiv. Besonders hervorgehoben wird das intensive Erleben der kindlichen Entwicklung und das gewachsene Verständnis für die Situation der Mutter (Vaskovics/Rost 1999).

Schwierigkeiten ergeben sich aus der Einschränkung des Lebensstandards, der fehlenden Bestätigung in der Rolle des Hausmanns, der unzureichenden Abgrenzung des Familien-/Haushaltsbereichs vom Freizeitbereich und dem Fehlen der erhofften Freiräume. Das Dasein als Hausmann bedeutet für viele Isolation, Monotonie und Langeweile. Die Hausmänner leiden darunter, dass die Umwelt kaum Verständnis für ihre Situation zeigt und ehemalige Kollegen und Freunde ihre Kontakte reduziert oder ganz eingestellt haben (Strümpel u. a. 1988; vgl. auch BMFSFJ 2006). Selbst die eigenen Eltern und Schwiegereltern reagieren häufig ablehnend (Oberndorfer/Rost 2002). 2003 meinten jeweils ein knappes Drittel der West- und Ostdeutschen, dass es nicht gut ist, wenn der Mann zu Hause bleibt und sich um die Kinder kümmert und die Frau arbeiten geht (Dorbritz u. a. 2005). Auch die Arbeitgeber äußern überwiegend Unverständnis für die Haltung der Väter, und selbst die Partnerinnen sind sehr reserviert (Gesterkamp 2005). Sie haben häufig Schuldgefühle, glauben, zu wenig vom Kind zu haben und befürchten negative Reaktionen der Umwelt (Strümpel u. a. 1988).

8.7.2 Hausmänner: freie Entscheidung oder situativer Zwang?

Welche *Motive* nennen Hausmänner für ihren Entschluss, sich aus dem Beruf zurückzuziehen? Handelt es sich um die Realisierung eines „neuen" Lebensstils oder um die resignative Anpassung an situative Zwänge? An erster Stelle rangiert mit 91 Prozent eindeutig das Motiv der *aktiven Kinderbetreuung*. 58 Prozent nennen als weiteren Grund, dass sie der Partnerin die Berufstätigkeit ermöglichen wollen. Gleichzeitig betonen die meisten ausdrücklich die Freiwilligkeit ihrer Entscheidung (Strümpel u. a. 1988). Auch Gräfinger (2004) hebt das hohe Interesse der Karenzväter an der Kindesentwicklung hervor, wobei auch eigene Kindheitserfahrungen – das Erleben oder das Fehlen eines engagierten Vaters – motivierend wirken können. Ein weiteres wichtiges Motiv ist auch hier die Rücksicht auf die Berufs- und Lebensgestaltungswünsche der Partnerin.

Ein Vergleich von Hausmännern mit *teilzeitarbeitenden Männern* zeigt aber deutlich, dass die Entscheidung für den Rollentausch viel stärker durch *situativen Druck* geprägt ist als die Entscheidung für Teilzeiterwerbstätigkeit (Strümpel u. a. 1988). Teilzeitarbeitende nennen häufiger Motive wie „mehr Zeit für sich persönlich haben", „mehr Zeit für das Zusammensein mit der Partnerin haben", „nicht für den Beruf leben wollen" sowie die verbesserten Möglichkeiten zur Selbstentfaltung. Hausmänner weisen häufiger auf die situativen Zwänge der Arbeitswelt hin, auf ihre Unzufriedenheit mit der beruflichen Situation und dem letzten Arbeitsplatz, auf die Kündigung des Arbeitsverhältnisses (44 Prozent der Karenzväter in Österreich waren zuvor arbeitslos) und auf fehlende Möglichkeiten einer Teilzeitbeschäftigung für die Partnerin. Ein wichtiges Motiv, die Rolle des Hausmanns zu übernehmen, liegt für sie auch in dem höheren Einkommen der Partnerin. Die „Motivation der befragten Hausmänner ist deutlich durch situativen Druck bestimmt. Die Äußerungen lassen in diesen Fällen vermuten, dass die anfangs als ‚freiwillig' deklarierte Entscheidung doch manchmal am Rande der ‚Unfreiwilligkeit' gefällt wurde" (Strümpel u. a. 1988, 71).

Hausmänner haben mit ihrer Entscheidung für den (meist nur vorübergehenden) Ausstieg aber nicht nur auf situativen Druck in der Arbeits- und Privatsphäre reagiert, sondern ihre Entscheidung wurde mitgeprägt durch grundlegende *Wertorientierungen* (Strümpel u. a. 1988). Im Vergleich mit einem repräsentativen Querschnitt deutscher Männer der gleichen Altersstufe und des gleichen Bildungsniveaus betonen Hausmänner häufiger Werte wie „sich selbst verwirklichen" und „sich für seine politischen und gesellschaftlichen Überzeugungen einsetzen". Materielle Lebensziele, wie „beruflichen Erfolg haben", „sich etwas leisten können" und „ein eigenes Haus haben", spielen für sie eine eher untergeordnete Rolle. Ihre stärkere Ausrichtung an einem *postmaterialistischen Lebensstil* äußert sich auch in der Bevorzugung spezifischer Gesellschaftsziele. Höherer Lebensstandard, Wirtschaftswachstum und technischer Fortschritt sind für sie fast bedeutungslos. Stattdessen plädieren sie für mehr Gemeinsamkeit, weniger Konkurrenzkampf, für bessere Arbeitsbedingungen, ein einfacheres und bescheideneres Leben, geringe Einkommensunterschiede und verstärkten Umweltschutz.

Die Rolle des Hausmanns ist relativ *konfliktbehaftet.* Obwohl Hausmänner im Laufe der Zeit ihre Situation etwas positiver bewerten, sind sie selten bereit, sich auf Dauer hiermit abzufinden. Nur jeder vierte Hausmann will auf längere Sicht Hausmann bleiben. Etwa jeder zweite ist in dieser Frage noch unentschieden (Strümpel u. a. 1988). Auch die Partnerinnen sind häufig mit dieser Rollenverteilung unzufrieden und bevorzugen eine Teilzeitarbeit von Mann und Frau. In der Studie „Väter und Erziehungsurlaub" konnten sich die Väter nur in Ausnahmefällen vorstellen, dauerhaft Hausmann zu sein (Vaskovics/Rost 1999). Die meisten Hausmänner wollen wieder ins Berufsleben einsteigen, sobald das Kind nicht mehr eine so intensive Betreuung benötigt (Strümpel u. a. 1988). Häufig genannte Motive für den baldigen beruflichen Wiedereinstieg sind die Befürchtung, in dem erlernten Beruf später keine Arbeit mehr zu finden, die fehlende Anerkennung der Arbeit im Haushalt sowie die Unausgefülltheit durch die Hausarbeit. Obwohl das Dasein als Hausmann negativ bewertet wurde, waren 15 Monate nach der Erstbefragung noch 70 Prozent der Hausmänner weiterhin als Hausmann tätig. Als Modell für ein alternatives Zusammenleben kommt die Rollenumkehr unter den gegebenen Umständen aber bestenfalls für eine Minderheit in Betracht. Nach einem Urteil des Bundesgerichtshofs aus dem Jahr 2006 muss ein Hausmann – oder im umgekehrten Fall eine Hausfrau – einen Nebenjob annehmen, wenn dies für den Unterhalt seiner/ihrer Kinder aus einer früheren Ehe notwendig ist. Außerdem muss er den Kindern das zukommen lassen, was ihm an „Taschengeld" von der Frau zusteht.

8.7.3 Väter mit Doppelrolle und „cross-class-families"

Weniger Beachtung als die Hausmänner haben zwei weitere Familienformen gefunden, die nicht ganz so radikal vom herkömmlichen Rollenmodell abweichen: die Familie mit Doppelbelastung des Mannes sowie „cross-class-families", bei denen die Frau einen höheren Berufsstatus besitzt als ihr Partner. Im Fall der *Doppelbelastung des Mannes* sind beide Partner erwerbstätig, und der Mann kümmert sich zusätzlich um den Haushalt und die Kinder. In der (nicht repräsentativen) Studie „männer leben" findet sich in den West-Regionen ein Anteil von 20 Prozent und in Leipzig ein Anteil von 24 Prozent an Familien, in denen der Mann einen größeren Beitrag zum Haushaltseinkommen leistet und mindestens gleichermaßen für den Haushalt zuständig ist wie seine Partnerin oder in denen beide

Partner gleichermaßen zum Haushaltseinkommen beitragen und der Mann stärker für den Haushalt zuständig ist (Helfferich u. a. 2004). Der umgekehrte Fall – die *Doppelbelastung der Frau* – findet sich nur bei 8 Prozent aller Familien im Westen und bei 30 Prozent aller Familien im Osten. Ob man sich freiwillig für diese Form der Arbeitsteilung entschieden hat oder äußere Umstände hierfür ausschlaggebend gewesen sind, welche typischen Konflikte auftreten, und wie lange dieser Lebensstil durchgehalten wird, ist nicht bekannt.

Unter einer *„cross-class-family"* versteht McRae (1986) eine Ehe zwischen einem Arbeiter und einer Frau in einer höheren, nicht-manuellen Berufsposition. In ihrer Studie stammten in den meisten Fällen beide Partner aus Arbeiterfamilien, wobei der Mann, wie sein Vater, einen manuellen Beruf ausübt und die Frau über den Weg einer weiterführenden Schulbildung eine höhere Berufsposition erlangt hat. Seltener kam es vor, dass die Ehepartner aus unterschiedlichen Sozialschichten (Frau: Mittelschicht; Mann: Arbeiterschicht) stammten oder der Mann im Vergleich zu seiner Herkunftsfamilie einen beruflichen Abstieg erfahren hatte. Ein Vergleich der *beruflichen Stellungen (Karrierestufen) von Paaren* – beide Partner sind erwerbstätig – anhand der Daten des DJI-Familiensurveys 2000 zeigt deutlich, dass in Westdeutschland das traditionale Muster, wonach der Mann eine höhere berufliche Position als seine Partnerin innehat, nur noch von etwa der Hälfte der Paare in ihrer aktuellen Partnerschaft realisiert wird (Heß-Meining/Tölke 2005). In etwa jeder zweiten Partnerschaft ist die Partnerin beruflich entweder gleich (25 Prozent) oder sogar besser gestellt (25 Prozent). In den ostdeutschen Bundesländern zeichnet sich insgesamt ein noch weniger traditionales Muster ab. Nur bei etwa 40 Prozent nimmt der Mann die höhere Position ein.

Theorien des „Doing Gender" versuchen zu erklären, warum in Paarkonstellationen, in denen die Frau über gleichwertige – oder wie in diesem Falle sogar über größere – Ressourcen verfügt als ihr Partner, ihre Durchsetzungsmacht gleichwohl hinter den Ressourcen zurückbleibt (Ludwig-Mayerhofer/Allmendinger 2004). Der wichtigste Grund dürfte darin zu suchen sein, dass derartige Konstellationen die geschlechtliche Identität der Beteiligten, die vielfach noch auf Vorstellungen männlicher Dominanz beruht, bedrohen, so dass Verhaltensweisen hervorgebracht werden, die dieser Bedrohung entgegenwirken. *Konflikte* traten in der Studie von McRae (1986) nicht nur dann auf, wenn sich die Frauen mit ihrer überlegenen Position identifizierten und ihre Partner dies nur schwer verkraften konnten, sondern auch dann, wenn die Frauen ihre dominante Rolle wegen ihrer „bedrohten Weiblichkeit" nur schwer ertragen konnten.

Wie sehr dieses Arbeitsteilungsmuster den konventionellen sozialen Normen widerspricht, erkennt man daran, dass viele Paare auf *Mechanismen* zurückgreifen, die darauf abzielen, den überlegenen Status der Frau zu verschleiern und/oder die Beiträge des Mannes besonders herauszustellen. Die Männer können dem „Makel" der Unterlegenheit z. B. dadurch begegnen, dass sie sich innerhalb der Paarbeziehung besonders „männlich" geben, wobei sie von ihren Frauen eventuell noch unterstützt werden. Auch finden sich Paare, bei denen die Frauen trotz ihres höheren Berufsstatus nur teilzeitbeschäftigt sind, so dass das höhere Einkommen der Männer deren niedrigeren Berufsstatus quasi „ausgleicht". Auch weigern sich viele Männer, an geselligen Treffen mit Kollegen ihrer Frauen teilzunehmen, da ihre Abweichung vom gängigen Geschlechtsrollenstereotyp in diesem Fall besonders akzentuiert wird. Auffallend viele Frauen vertreten traditionale Ansichten in Bezug auf Haushalt und Familie. Sie übernehmen allein die Hausarbeit, um – wie McRae (1986) vermutet – ihr „unweibliches" Verhalten zu kompensieren und sich ihrer Weiblichkeit zu versichern. Oder sie bezeichnen, wie in einer Untersuchung von Potuchek (1997), bei gleichem Verdienst den Mann als Hauptverdiener und ihr eigenes Einkommen nur als Zusatzverdienst. In einer Studie von Stamp (1985) hoben Frauen, die mehr als ihr Partner verdienten, besonders die „Gemeinsamkeit" der Geldverwaltung hervor, um auf diese Weise die Diskrepanz zwischen dem gesellschaftlichen Bild des überlegenen Mannes und seiner faktischen (ökonomischen) Unterlegenheit in der Paarbeziehung aufzulösen.

In zwei aktuellen Untersuchungen aus den Niederlanden wurde analysiert, wie sich das im Vergleich zum Partner höhere Einkommen der Frau und ihre höhere wöchentliche Arbeitszeit auf das körperliche und psychische Wohlbefinden der Männer auswirken (Spruijt/Duindam 2003). Die Ergebnisse bestätigen die *„Unfulfilled-Husband-Hypothese"*, die die symbolische Bedeutung des Beitrags der Frau betont. Erbringt die Frau einen bedeutenderen Anteil des Familieneinkommens bzw. übertrifft ihre Erwerbstätigkeit die ihres Partners, so kommt es dieser Hypothese zufolge zu einer Verunsicherung des Mannes und zu Versagensängsten, abzulesen an der Beeinträchtigung seines körperlichen und vor allen Dingen seines psychischen Wohlbefindens. Insgesamt zeigt sich: „Väter fühlen sich offenbar immer noch am wohlsten, wenn sie sich selbst als Hauptverdiener und Ernährer der Familie betrachten können" (Spruijt/Duindam 2003, 117).

9 Partnerschaft und Sexualität

Zum Leitbild der modernen bürgerlichen Ehe und Familie gehört die lebenslange, monogame Ehe zwischen einem Mann und einer Frau. Wie sehr heute von diesem Prinzip abgewichen wird und welche Veränderungen seit der Blütezeit der bürgerlichen Familie Mitte der 50er bis Mitte der 60er Jahre des 20. Jahrhunderts stattgefunden haben, wird am Beispiel sexuell nichtexklusiver Ehen und Partnerschaften – auch gleichgeschlechtlicher Partnerschaften – erörtert.

9.1 Sexuell nichtexklusive Partnerschaften

Unter *sexuell nichtexklusiven Partnerschaften* versteht man Partnerschaften, in denen mindestens ein Partner eine sexuelle Beziehung zu einer Person außerhalb der Partnerschaft unterhält (Weis 1985). Bis in die 1960er Jahre herrschte eine *restriktive Sexualmoral*. Selbstverständlicher Maßstab war die lebenslange Ehe, verbunden mit der Ablehnung vorehelicher und erst recht außerehelicher Sexualität. Erst mit dem Aufkommen der Studentenbewegung und der Frauenbewegung und dem kritischen Hinterfragen der bestehenden sozialen Institutionen geriet auch der sexuell exklusive (monogame) Charakter der bürgerlichen Ehe ins Visier. Sicherlich hat es schon früher einzelne Autoren gegeben, die sich mit alternativen Ehe- und Beziehungsmodellen befasst haben (z. B. Russell 1929). Neu ist, dass alternative Modelle des Zusammenlebens (wie die „offene Ehe"; McNeil/McNeil 1972) in der Öffentlichkeit diskutiert, wenn auch seltener praktiziert wurden.

Insgesamt – dies sollte vorausgeschickt werden – nimmt die *Sexualität in heutigen Beziehungen* nicht den Stellenwert ein, der ihr häufig zugeschrieben wird. Schmidt u. a. (2006) haben in ihrer Studie „Spätmoderne Beziehungswelten" auf eine offene Frage an die zum Zeitpunkt der Befragung fest Liierten die „Geschichten" ausgewertet, die zu diesem Thema erzählt wurden. In allen Altersgruppen, bei Frauen wie bei Männern, zeigte sich als dominanter Trend: „Sex ist wichtig, aber nicht das wichtigste." In allen drei Generationen – in der Generation der 1942, der 1957 und der 1972 Geborenen – wurden im Hinblick auf die Bedeutungen, die der Sexualität zugeschrieben wurden, primär *„Intimitätsgeschichten"* erzählt. Mit Sexualität wurde Nähe, Geborgenheit, Zuneigung und Vertrauen ausgedrückt oder hergestellt. Eine bedeutende Rolle spielten auch „Sex gehört einfach dazu Geschichten", „Lust- und Spaßgeschichten" sowie „Ausgeglichenheit und Wohlbefinden Geschichten". Triebgeschichten waren dagegen allen Generationen gleichermaßen eher fremd. In der Paarbildungsphase unterscheiden sich die sexuellen und zärtlichen Wünsche von Frauen und Männern nicht wesentlich voneinander. Aber „... mit der Etablierung der Partnerschaft werden die Männer mehr und mehr für ‚sinnliche Strebungen', die Frauen mehr und mehr für die ‚zärtlichen Strebungen' des Paares zuständig, d. h. die Wünsche nach Sex und Zärtlichkeit werden zunehmend ‚gegendert'" (Schmidt u. a. 2004, 132).

Einen ersten Eindruck von den *Formen sexuell nichtexklusiver Partnerschaften* vermittelt eine empirische Untersuchung von Haavio-Mannila u. a. (2003), die 166 Autobiographien, die finnische Männer und Frauen der Jahrgänge 1917 bis 1973 über ihr Sexual- und Beziehungsleben geschrieben haben, ausgewertet und hieraus *fünf Typen sexueller Lebensstile* destilliert haben: „zufriedene Monogamie", „devitalisierte Beziehungen", „serielle Beziehungen", „Parallelbeziehungen" und „Partnersuche". Die Verbreitung dieser Lebensstile wurde für drei Generationen verglichen: für die Generation der sexuellen Restriktion (Jahrgänge 1917 – 1936), die Generation der sexuellen Revolution (1937 – 1956) und die Generation der Geschlechterangleichung/ „gender equalization" (1957 – 1973). Die Autoren befanden sich zum Zeitpunkt der Untersuchung in sehr unterschiedlichen Lebensphasen. Einige waren junge Alleinwohnende auf Partnersuche, die Mehrheit war verheiratet oder lebte unverheiratet mit einem Partner/einer Partnerin zusammen. Die wichtigsten Ergebnisse enthält *Tabelle 64:*

Tabelle 64: Vorrangiger sexueller Lebensstil in den Autobiographien in Finnland (1992) nach Geschlecht und Generation (Angaben in Prozent)

Sexueller Lebensstil	**Geschlecht**		**Generation der sexuellen**		
	m	**w**	**Restriktion (1917–1936)**	**Revolution (1937–1956)**	**Geschlechter-angleichung (1957–1973)**
Zufriedene Monogamie	17	15	20	15	14
Devitalisierte Beziehung	14	10	14	13	7
Serielle Beziehung	14	30	26	25	23
Parallelbeziehung	35	21	31	29	18
Partnersuche	16	21	9	18	38
Andere	4	4	–	–	–
Gesamt	100	101	100	100	100

Quelle: Haavio-Mannila u. a. 2003, 148

- *Zufriedene Monogamie:* Jede sechste finnische Lebensgeschichte lässt sich dem Typus „zufriedene Monogamie" zuordnen. Der erste Untertyp, die *traditionelle Monogamie* – Monogamie ist ein selbstverständliches Ideal, das auch dann aufrechterhalten wird, wenn die Beziehung nicht mehr befriedigend ist –, findet sich am häufigsten in der älteren Generation. Unter den Jüngeren dominiert der zweite Typ, die *reflexive Monogamie*, die auf der hohen Qualität der gegenwärtigen Beziehung basiert. Insgesamt befindet sich die dauerhafte Monogamie in beiden Versionen auf dem Rückzug.
- *Devitalisierte Beziehung:* Der Kern der devitalisierten Beziehung besteht darin, dass die Partner zusammenbleiben, obwohl die Ehe fassadenhaft geworden ist, sei es emotional, sexuell oder beides. Die devitalisierte Beziehung tritt ebenfalls in zwei Varianten auf: als *nachlassende Liebe*, die nicht ausschließt, dass weiterhin eine sexuell befriedigende Beziehung existiert, und als *sexuell unbefriedigende Partnerschaft*, bei der die Partnerschaft zwar sexuell unbefriedigend ist, die Partner aber weiterhin eine enge emotionale Beziehung bindet.

Für 14 Prozent der finnischen Autoren und 10 Prozent der Autorinnen ist die devitalisierte Beziehung oft über große Lebensspannen hinweg der vorrangige Beziehungstyp. Nach Bodenmann (2002) bleibt europaweit ein Drittel der Ehen stabil, jedoch sind die Paare innerlich voneinander distanziert, unzufrieden mit ihrer Beziehung oder leben in einer zerrütteten Partnerschaft. Im mittleren Alter erhöht sich dieser Prozentsatz sogar auf 40 bis 50 Prozent. Ein zentrales Persönlichkeitsmerkmal von unglücklich verheirateten Personen, in denen sich diese von Geschiedenen unterscheiden, ist US-Befunden zufolge deren Bindungsunsicherheit (Davila/Bradbury 2001). Da bindungsunsichere Menschen in einem extremen Maße auf ihre Partnerschaft fixiert sind und gleichzeitig unter Verlassensängsten leiden, sind sie bestrebt, auch eine schlechte (devitalisierte) Beziehung um jeden Preis aufrecht zu erhalten. In der Generation der sexuellen Revolution werden devitalisierte Beziehungen häufig von seriellen Beziehungen (Frauen) bzw. Parallelbeziehungen (Männer) abgelöst. In der jüngsten Generation enden sie häufiger mit einer Trennung (Haavio-Mannila u. a. 2003).

- *Serielle Beziehung:* Serielle Monogamie wird immer mehr zum vorherrschenden Lebensstil. Dabei handelt es sich um mehrere (monogame) Beziehungen, die aufeinander folgen. Hierunter fallen 14 Prozent der finnischen Autobiographien der Männer und 30 Prozent der Berichte der Frauen. Serielle Beziehungen kommen in allen drei Generationen etwa gleich häufig vor. Nach Haavio-Mannila u. a. (2003) hat sich die serielle Monogamie als neue Norm der sozialen Organisation der Sexualität durchgesetzt. Dies ist ein Lebensstil, der zunächst (d. h. in der älteren Generation) häufiger von Frauen praktiziert wurde als von Männern, die wiederum stärker zu Parallelbeziehungen tendierten. Inzwischen haben sich aber die sexuellen Lebensstile der jüngeren Männer denen der Frauen angenähert.
- *Parallelbeziehung:* Parallelbeziehungen finden sich wesentlich häufiger bei Männern als bei Frauen. 35 Prozent der Finnen und 21 Prozent der Finninnen lassen sich diesem Lebensstil – oft als Folge einer unbefriedigenden Partnerschaft – zuordnen. Haavio-Mannila u. a. (2003) unterscheiden dabei zwei sexuelle Skripte. Nach dem *ersten sexuellen Skript* gelten Parallelbeziehungen als akzeptabel, solange sie außerhalb der Wohnung der festen Beziehung (bei der Arbeit, auf Reisen etc.) gelebt werden (= situationsgebundene Parallelbeziehungen). Das *zweite sexuelle Skript* verurteilt Parallelbeziehungen generell, besonders wenn die Hauptbeziehung stabil ist. Nach Haavio-Mannila u. a. (2003, 154) ist es einigen Autobiographen gelungen, „eine ‚Balance des Terrors' aufrechtzuerhalten und sexuelle Beziehungen mit verschiedenen Partnern über lange Zeit gleichzeitig zu führen".

  Parallelbeziehungen finden sich häufiger unter den Älteren und werden dort auch anders gerechtfertigt. Die älteste Generation begründet die Parallelbeziehung oft mit ihrer devitalisierten Hauptbeziehung. Die mittlere Generation verweist häufiger auf den Genuss, den „Affären" bereiten. Männer und Frauen der jüngsten Generation bewerten Treue in Partnerschaften hoch und hatten bisher selten Parallelbeziehungen.
- *Partnersuche:* Etwa jede fünfte Autobiographie – am häufigsten in der jüngsten Generation – fällt unter den Typ „Partnersuche". Die meisten Angehörigen der jungen Generation sind in ihrer festen Beziehung, solange sie andauert, treu. Doch es finden sich auch eine Reihe von Geschichten über sexuelle Experimente/Abenteuer und über mehrere Beziehungen gleichzeitig oder nacheinander.

Neuere Umfragedaten in Deutschland bringen deutlich zum Ausdruck, dass das *Prinzip der Monogamie* im Sinne einer wechselseitigen Treueerwartung für die meisten (verheiratet oder unverheiratet) zusammen wohnenden Paare, solange ihre Beziehung andauert, auf der *Einstellungsebene* Gültigkeit besitzt. Ein Leben mit mehreren oder häufig wechselnden Partnern wird abgelehnt. In den alten wie in den neuen Bundesländern tendiert die Liebe zur Ausschließlichkeit: nur das Nacheinander *(„serielle Monogamie")*, nicht das Nebeneinander wird propagiert. Von den Hamburgern und Leipzigern im Alter zwischen 30 und 60 wünschten sich über 90 Prozent – Alte wie Junge, Männer wie Frauen – Treue von ihrem gegenwärtigen Partner oder verlangten sie sogar (Schmidt u. a. 2006). Ähnlich viele wollten auch selbst treu sein. In einer aktuellen Repräsentativbefragung der GfK/Nürnberg gaben fast zwei Drittel der Deutschen ab 16 Jahren an, sie könnten dem festen Partner bzw. der festen Partnerin einen Seitensprung nicht verzeihen. Sechs von zehn Befragten würden die Beziehung beenden, wenn sie von der Untreue des Partners/der Partnerin erführen.

Ein etwas anderes Bild bietet sich auf der *Verhaltensebene*, wobei bei den Angaben zur *praktizierten Sexualität* immer berücksichtigt werden muss, dass die Teilnehmer an Studien zur Sexualität als überdurchschnittlich unangepasst, permissiv und sexuell erfahren geschildert werden, so dass die erzielten Resultate nicht ohne Weiteres generalisierbar sind. In diversen Studien wurde nachgewiesen, dass in der jungen Generation der unter 30-Jährigen jeweils über 90 Prozent der Frauen und Männer *voreheliche Sexualerfahrungen* und zwischen 30 und 40 Prozent mindestens einmal *sexuelle Kontakte außerhalb der Ehe/festen Partnerschaft* („*Seitensprünge*") gehabt haben (Schneider 1994). In einer Gewis-Repräsentativbefragung vom November 2003 gaben 43 Prozent der Frauen im Alter zwischen 20 und 60 und 51 Prozent der altersgleichen Männer zu, in ihrer festen Beziehung schon ein oder mehrmals „fremdgegangen" zu sein oder es gerade zu tun. Männer nutzen die Gelegenheit am häufigsten im Alter zwischen 40 und 50 und Frauen im Alter zwischen 30 und 40 Jahren. Berufstätige Frauen tendieren stärker zum „Fremdgehen" als Nur-Hausfrauen.

Von den in der Studie „Spätmoderne Beziehungswelten" interviewten Hamburgern und Leipzigern sind, wenn man alle bisherigen (ehelichen und nichtehelichen) Beziehungen zugrundelegt, genau die Hälfte *in allen bisherigen Beziehungen* treu geblieben (57 Prozent der heute 60-Jährigen und jeweils 47 Prozent der heute 45-Jährigen und 30-Jährigen). Jeder Zweite war also zumindest in einer Beziehung untreu. Von einem Wandel im Treueverhalten in den letzten Jahrzehnten kann dabei nicht die Rede sein. „Die heute 60-Jährigen sind mit 45 oder 30 genauso oft oder genauso wenig fremdgegangen wie die heute 45-Jährigen bzw. 30-Jährigen. Ohne größere Unterschiede nach Stadt und Generation sind *im Verlaufe der gegenwärtigen Beziehung* 28 Prozent fremd gegangen – in Langzeitbeziehungen nicht häufiger als in kürzeren, in ehelichen Beziehungen genauso häufig wie in nichtehelichen" (Starke 2005a, 164). Aber nur 2 Prozent haben aktuell ein „Verhältnis" (Starke 2005). Dabei bleibt sexuelle Untreue meist *sporadisch* und *temporär*. Drei von vier Befragten sagen, dass sich das Fremdgehen „einfach so ergeben hat", und genauso viele sprechen vom „Reiz des Neuen" bzw. „fühlen sich sexuell angezogen". 45 Prozent – fast doppelt so viele Frauen wie Männer – geben Verliebtheit als Beweggrund an. Weniger verbreitet sind Ursachen, die sich aus einer gestörten oder defizitären Partnerschaft ergeben. „Die meisten erwischt es in der an sich guten Beziehung, aus Zufall, infolge der Wahrnehmung anderer liebenswerter Personen, aus Lust und Lebensfreude und aus vielen anderen, an und für sich nicht negativen Gründen. Doch kann ein Defizit in der bestehenden Beziehung durchaus ein auslösender Faktor sein" (Starke 2005a, 170). Nur 16 Prozent bereuen die Außenbeziehung, von der gut die Hälfte der Partner nichts wissen.

Helms und Bierhoff (2001) haben 96 Personen zwischen 19 und 35 befragt, die zur Zeit der Untersuchung in einer Beziehung lebten und überwiegend nicht verheiratet und kinderlos waren. Sie unterscheiden zwei Formen der Untreue: *sexuelle Untreue*, die sich auf sexuelle Aktivitäten bezieht, und *emotionale Untreue*, die „die Umleitung von romantischen Gefühlen und die Konzentration von Aufmerksamkeit auf einen anderen Partner bzw. eine andere Partnerin betrifft" (Helms/Bierhoff 2001, 7). Die Männer und Frauen waren gleich häufig fremd gegangen und unterschieden sich – anders als in US-amerikanischen Untersuchungen, in denen Männer eher zu sexueller und Frauen eher zu emotionaler Untreue tendieren – auch nicht in der Form der Untreue. Allerdings reagieren in Deutschland Männer eifersüchtiger auf sexuelle und Frauen eifersüchtiger auf emotionale Untreue (Hassebrauck/Küpper 2002).

Sexuell nichtexklusive Partnerschaften können in unterschiedlichen Formen auftreten. Es kann sich z. B. um eheähnliche Verhältnisse handeln, da die bestehende Ehe aus unterschiedlichen Gründen (noch) nicht geschieden wurde. Hierunter fallen aber auch Paare, die (z. B. berufsbedingt) häufig räumlich getrennt leben und sich gegenseitig sexuelle Gelegenheitskontakte zugestehen. Daneben gibt es „heimliche Affären", die eingegangen werden, um das sexuelle Leben abwechslungsreicher zu gestalten. Die meisten Kontakte erfolgen ohne Wissen des Ehepartners; es dominiert also das *„heimliche Fremdgehen"*. Frauen gehen häufiger (neben einer festen Beziehung) eine längere Beziehung mit einem Geliebten ein. Männer bevorzugen eher das „Fremdgehen" mit wechselnden Partnern (Starke/Weller 1994). Zwei spezifische *Formen sexuell nichtexklusiver Partnerschaften* haben besondere Aufmerksamkeit gefunden:

- Beim Modell der *sexuell offenen Ehe* (Buunk/van Driel 1989) handelt es sich um einen Lebensstil, bei dem sich beide Partner auf eine Tolerierung außerehelicher Beziehungen verständigen. Man lehnt Besitzansprüche an den Partner ab und ist skeptisch, was die Selbstentfaltungsmöglichkeiten im Rahmen einer ausschließlichen Zweierbeziehung betrifft. Je nachdem, welche zusätzlichen Vereinbarungen getroffen werden, kann dieser Lebensstil sehr unterschiedlich ausgestaltet werden. Die meisten Regeln dienen in irgendeiner Weise dem Schutz der bestehenden Ehe/Partnerschaft. Häufig einigen sich die Partner darauf, außerhalb der Ehe nur zeitlich befristete Beziehungen einzugehen. Häufig werden auch persönliche Freunde aus dem Kreis potentieller Partner ausgeschlossen, obwohl es umgekehrt auch Paare gibt, die sexuelle Beziehungen nur dann tolerieren, wenn sie innerhalb *„intimer Freundschaftsgruppen"* (Ramey 1976) stattfinden.

  Wie schwierig es dabei ist, Besitzansprüche an den Partner aufzugeben, belegen Ergebnisse von Buunk und van Driel (1989). Nur jeder fünfte Partner in einer sexuell offenen Ehe ist nie eifersüchtig gewesen, und die Eifersucht hatte in den 5 Jahren zwischen beiden Befragungen nicht ab-, sondern zugenommen. Auch Watson (1981) schließt aufgrund der Ergebnisse seiner Längsschnittstudie, dass sexuell offene Ehen nur eine spezifische zeitliche Phase innerhalb der Ehebiografie, aber keinen dauerhaften Lebensstil darstellen. Schätzungen nach zu urteilen macht der Anteil dieser Beziehungsform maximal 1 Prozent an allen außerehelichen Beziehungen aus (Reiss u. a. 1980).
- Ganz anders strukturiert ist der Lebensstil des *„Swinging"* (Gilmartin 1977). Es handelt sich um eine Art sexueller Freizeitgestaltung, an der sich mehrere (Ehe-)Paare gemeinsam beteiligen. Dabei dominieren sexuelle Interessen; eine emotionale Beteiligung wird in der Regel abgelehnt. Es gibt nur relativ wenige Swingers, die diesen Lebensstil über mehrere Jahre praktizieren. Meist werden die zu Beginn zahlreichen gemeinsamen Kontakte als Paar im Verlauf der Zeit eingeschränkt, und es entwickeln sich dauerhafte individuelle Beziehungen zwischen einzelnen Personen. Hinweise auf die Häufigkeit des Swingings in der Bundesrepublik kann man einer 1991 durchgeführten Repräsentativbefragung aller Erwachsenen zwischen 15 und 59 Jahren in den alten Bundesländern entnehmen (Hunnius/Jung 1994). Demnach haben sich 6 Prozent der Befragten schon an *Gruppensex* und 4 Prozent an *Partnertausch* beteiligt. Von den von Schmidt u. a.

(2006) im Jahr 2002 befragten Großstädtern hat in den vergangenen 12 Monaten laut eigener Aussage nur eine Minderheit von 1 bis 2 Prozent Sex zu Dritt oder Partnertausch praktiziert.

Im Unterschied zum „heimlichen Fremdgehen" sind ausgeprägte sexuell nichtexklusive Lebensstile selten, und einige gesamtgesellschaftliche Entwicklungstendenzen sprechen dafür, dass sich das Fremdgehen in Zukunft weiter ausbreiten wird. Aufgrund der weiterhin zunehmenden weiblichen Erwerbstätigkeit kommen immer mehr verheiratete Frauen und Männer in Kontakt miteinander, so dass sich die Gelegenheitsstrukturen zu außerehelichen und außerpartnerschaftlichen „Affären" erhöhen. Auch die stärkere Gleichberechtigung von Mann und Frau, verbesserte Verhütungsmethoden, die steigende soziale Mobilität und die damit einhergehende Abnahme sozialer Kontrolle legen einen weiteren Anstieg sexuell nichtexklusiver Beziehungen nahe.

Lenz und Funk (2005) charakterisieren die Entwicklung in modernen westlichen Industriegesellschaften als *Entgrenzung von Sexualität*, d. h. als Abkehr von einem eng gefassten Normalitätsentwurf von Sexualität. Seit der Nachkriegszeit haben zwei Diskurse die sexuellen Verhältnisse bestimmt: zum einen der *liberale Diskurs* der 1960er und 1970er Jahre, der sexuelles Handeln und sexuelle Normen enttraditionalisierte und pluralisierte (= *sexuelle Revolution)*, und zum anderen der *Selbstbestimmungsdiskurs* der 1980er Jahre *(„Genderrevolution")*, der sexuelle Rechte, Chancen und Optionen geschlechtsgerechter machte (Schmidt 2004). Als Folge dieser moralischen Modernisierung – der Demokratisierung der Moral – ist ein neuer Sexualkodex entstanden, der „den sexuellen Umgang friedlicher, kommunikativer, berechenbarer, rationaler verhandelbar, herrschaftsfreier machen oder regeln will" (Schmidt 2004a, 11). Während die „alte" *essentialistische Sexualmoral* bestimmte sexuelle Handlungen (z. B. Homosexualität oder vor- und außereheliche Sexualität) prinzipiell als verwerflich qualifizierte – sie war eine reine Moral der Akte – und einen engen Entwurf von sexueller Normalität beinhaltete, eröffnet die *Verhandlungs- oder Konsensmoral* einen großen Freiraum. Wichtig ist allein, dass die Sexualpraktiken im gegenseitigen Einvernehmen praktiziert werden und das Ergebnis von Verhandlungsprozessen sind. So hat von den 30-jährigen Hamburgern und Leipzigern bereits fast jede(r) Dritte *Untreuemodalitäten* vereinbart (Starke 2005a). Auch wenn es unter den Bedingungen der Verhandlungsmoral nicht mehr die „einzig richtige" Form des sexuellen Austauschs gibt, nimmt das heterosexuelle Begehren weiterhin eine Vormachtstellung ein.

An die Stelle einer enggefassten Normal-Sexualität ist eine Vielfalt für die Subjekte und Paare wählbarer und vor allem kombinierbarer Sexualformen getreten, auf die auch Sigusch (2005) mit dem Begriff der *„Neosexualitäten"* verweist. Nicht äußere Autoritäten (Staat, Kirche) bestimmen, was richtig oder falsch ist, sondern die Akteure, von denen eine besondere Sensibilität für die Wünsche und Grenzen und Grenzverletzungen des anderen verlangt wird. Die Verhandlungsmoral setzt auch die alte Automatik sexueller Interaktion außer Kraft, der zufolge aus einem Schritt unweigerlich der nächste folgt („wer sich küssen lässt, der will auch mehr"). Den neuen Sexualverhältnissen ist dabei eine moderne Beziehungsform adäquat, die Giddens (1993) als *„reine Beziehung"* bezeichnet (vgl. Abschnitt 3.1).

Deutliche Hinweise auf einen *Wandel der Treuevorstellungen* finden sich in der qualitativen Studie von Burkart (1991a), der 50 Erwachsene im Alter zwischen 25 und 45 in unterschiedlichen sozio-regionalen Milieus befragt hat. Demnach hat *Treue als moralisches Prinzip* und letzter Wert (außer im Arbeitermilieu) deutlich an Kraft eingebüßt. An die Stelle des alten Moral-Modells ist tendenziell ein utilitaristisches, ein an Nützlichkeitserwägungen orientiertes Verständnis von Treue getreten. Untreue ist nicht mehr länger moralisch verwerflich, sollte aber im Interesse der Partnerschaft kontrolliert werden, da sie die Beziehung gefährden kann *(„Treue aus Vernunft“)*. Während das moralische Prinzip, das einen z. B. daran hindert, eine günstige Gelegenheit zum Seitensprung zu nutzen, an Bedeutung eingebüßt hat, bedeutet der pragmatische Umgang mit dem Treue-Anspruch, dass man nach Möglichkeit von vornherein auf beziehungsbelastende Experimente verzichten sollte. Gleichzeitig sind Tendenzen einer *Remoralisierung von Treue* erkennbar. Damit ist nicht eine Rückkehr zu alten rigiden Moralvorstellungen im Sinne von sexueller Ausschließlichkeit gemeint. Der Treue-Anspruch wird vielmehr in einen übergreifenden Wertkomplex – den Anspruch auf Offenheit, Vertrauen, Rücksichtnahme und umfassende Loyalität – integriert. Gelegentliche Untreue gefährdet stärker die „anspruchsvoller“ gewordene Beziehung.

Ein zentrales Moment der Entgrenzung von Sexualität sind die massiven Wandlungstendenzen der weiblichen Sexualität *(„sexuelle Revolution der Frauen“)*. Junge Frauen sind heute nicht nur sexuell aktiver als in früheren Zeiten, sondern sie verfügen inzwischen auch über mehr sexuelle Erfahrungen als gleichaltrige Männer. Die lange Zeit existierende *Doppelmoral* ist zwar nicht völlig verschwunden, hat sich aber deutlich abgeschwächt. Die Initiative zur Paarbildung und zum „ersten Mal“ geht immer noch häufiger vom Mann als von der Frau aus, und es gibt immer noch Unterschiede in der männlichen und weiblichen Erotik. „Die männliche Erotik scheint insgesamt stärker visuell und genital fixiert zu sein, während das weibliche Begehren stärker an umfassendem Hautkontakt und an der Ganzheitlichkeit des Erlebens orientiert ist“ (Lenz 2005, 145). Auch sind sexuelle Interaktionen – besonders die Beziehungsanfänge – aufgrund der Unbestimmtheit der Situationen für Frauen mit erheblichen Risiken (wie sexueller Gewalt) behaftet.

Exkurs: Wandel der Jugendsexualität

Die gleichen Entwicklungen – Enttraditionalisierung/Liberalisierung der Sexualität (= Freisetzung sexuellen Verhaltens und sexueller Moral aus traditionalen Ordnungen und Vorschriften) und „gender equalisation“ (= Angleichung von Frauen und Männern im Hinblick auf Rechte, Optionen und Selbstbestimmtheit) finden sich auch im Bereich der Jugendsexualität. Die Entraditionalisierung zeigt sich bereits an der *biografischen Vorverlagerung des Einstiegs in das Sexualleben.* In der Studie „Spätmoderne Beziehungswelten“ hatten von den 30-jährigen Hamburgern und Leipzigern 53 bzw. 60 Prozent ihre erste feste Beziehung bereits vor ihrem 18. Lebensjahr, von den 60-Jährigen waren es erst 2 bzw. 34 Prozent (Starke 2005). Der Umbruch jugendlichen Sexualverhaltens erfolgte Ende der 1960er, Anfang der 1970er Jahre in der Periode, die oft als *sexuelle Revolution* bezeichnet wird. Die 16- und 17-jährigen Großstadtjugendlichen vertraten Ende der 1960er Jahre mehrheitlich wesentlich *permissivere voreheliche Standards* („Freizügigkeit bei Liebe“) als die altersgleichen Jugendlichen der 1950er und frühen 1960er Jahre (Schmidt 1993; Sigusch/Schmidt 1993). Die 16- und 17-Jährigen verhielten sich Ende der 1960er Jahre ähnlich wie die 19- und 20-Jährigen 10 Jahre zuvor.

Dabei war die Vorverlagerung des Beziehungsstarts bei den Mädchen sehr viel ausgeprägter als bei den Jungen. Der Anteil der Hamburger Frauen, die in einem Alter von 16 Jahren und jünger ihre erste feste Beziehung hatten, hat sich von 19 Prozent (heute 60-Jährige) auf 48 Prozent (heute 30-Jährige) mehr als verdoppelt und der Anteil der Leipziger Frauen von 15 auf 50 Prozent mehr als verdreifacht. „In Leipzig war und ist es die große Ausnahme, jenseits der 20 noch keine feste Beziehung gehabt zu haben" (Starke 2005, 93/94). Hieran zeigt sich der zweite Prozess, der mit der Enttraditionalisierung verknüpft ist: die sexuelle Selbstbestimmung von Frauen bzw. die Geschlechterangleichung in der Sexualität. Dieser Prozess der *„gender equalisation*" hat sich während der Geschlechterrevolution der 1980er Jahre dramatisch beschleunigt.

Die meisten Hamburger und Leipziger haben nach dem Beginn der festen Beziehung auch nicht lange mit sexuellen Kontakten gewartet (Schmidt u. a. 2006). Sechs Monate nach Beziehungsbeginn hatten von den heute 30-Jährigen 95 Prozent Geschlechtsverkehr. Für jeden dritten 30-jährigen Hamburger begann die derzeitige Beziehung sogar mit einem Koitus. „Aufs Ganze gesehen handelt es sich um ein neues soziokulturelles Phänomen der Paarfindung und des Aufbaus einer festen Beziehung. Das miteinander Schlafen wird in beeindruckend vielen Fällen das Siegel der Beziehung, so wie andererseits der Geschlechtsverkehr nicht die Beziehung als Bedingung hat: Man schläft zusammen und prüft dann, ob mehr daraus wird. Die Intimität des sexuellen Zusammenseins schafft eine psychologische Situation, die die Definition einer Liebesbeziehung erleichtert" (Starke 2005, 102).

Das sexuelle Verhalten der Jugendlichen – besonders das der Mädchen – war auch Ende der 1960er Jahre nach wie vor durch Wertvorstellungen von Liebe und Treue bestimmt, doch ist das alte Verhaltensmuster *„Monogamie vor der Ehe"* inzwischen von dem Verhaltensmuster *„passagere Monogamien vor der Ehe"* (d. h. mehrere feste Liebesbeziehungen vor der Ehe) abgelöst worden. Außerpartnerschaftliche Sexualität wird dagegen nach wie vor weitgehend abgelehnt. Bei einer Befragung von jeweils 1 500 14- bis 17-jährigen Jungen und Mädchen durch das EMNID-Institut Ende 1994 hielten nur jeder hundertste Junge und jedes hundertste Mädchen „Intimkontakte vor der Ehe nicht für richtig". Aber die meisten akzeptierten und praktizierten voreheliche Sexualbeziehungen nur dann, wenn eine Liebesbeziehung bestand. Die übliche Form des Partnerwechsels besteht nun in der *Aufeinanderfolge fester Liebesbeziehungen* (*„serielle Monogamie"*) und nicht in Fremdgehen oder Promiskuität. Nur 18 Prozent der koituserfahrenen westdeutschen Jungen und 6 Prozent der Mädchen sind ihrer Partnerin bzw. ihrem Partner in der gegenwärtigen Beziehung untreu gewesen (Schmidt 1993). Mehrere Partner oder Partnerinnen zu haben ist für Deutschlands Jugendliche, so auch das Fazit der EMNID-Studie, normal, nur eben nicht neben-, sondern nacheinander.

Vergleichbare Ergebnisse finden sich auch in einer neuen Repräsentativstudie aus Frankreich, in der 3 128 sexuell aktive Jugendliche im Alter zwischen 15 und 18 zu ihrem Sexualverhalten befragt wurden (Levinson 2004). Die Jugendlichen sollten den Beginn und das Ende jeder sexuellen Beziehung über die Dauer der zurückliegenden drei Jahre angeben. 81 Prozent der Jungen und 64 Prozent der Mädchen fallen unter den *Typ „serielle Beziehungen":* die erste Beziehung war beendet, bevor die zweite Beziehung begann. Bei einer beachtlichen Minderheit der Jugendlichen – 19 Prozent der Jungen und 36 Prozent der Mädchen – überschnitten sich die erste und die zweite Beziehung. Es handelt sich also um gleichzeitige Beziehungen oder *Parallelbeziehungen.* Bei etwa der Hälfte dieser Parallelbeziehungen zeigte sich ein scharfer Kontrast zwischen einer langen, ernsthaften Beziehung und einem „Ausrutscher", zu dem es meist unter dem Einfluss von Marihuana oder Alkohol auf einer Party kam. Überraschend kurz war im allgemeinen die *Dauer der Beziehungen.* Jede zweite Beziehung der Jungen hielt nicht einmal einen Monat; zwei Drittel wurden vor dem vierten Monat beendet. Bei den Mädchen war jede fünfte Beziehung kürzer als ein Monat, und jede zweite Beziehung endete vor dem fünften Monat. Die Befragten begründen dies mit Langeweile, Monotonie und dem Bedürfnis nach Abwechslung, Veränderung und etwas Neuem. Eine vier Monate dauernde Beziehung hielten die meisten Jungen für „sehr lang" und die meisten Mädchen für „ziemlich lang".

Auch das sexuelle Verhalten Jugendlicher folgt nun immer mehr dem Code der *Verhandlungsmoral.* An die Stelle der Kontrolle durch elterliche und gesellschaftliche Verbote ist die Eigenverantwortung Jugendlicher für ihr sexuelles Handeln getreten. Mit der Bindung der Jugendsexualität an eine feste Beziehung geht eine *Romantisierung der männlichen Sexualität* einher. Zu den wichtigsten neueren Entwicklungen gehört, dass besonders die Jungen romantischer geworden sind und Sexualität heute stärker an *Liebe und Treue* binden (Schmidt 1993). Der Aussage „Man verspricht sich Treue und ist sich auch treu" stimmten im früheren Bundesgebiet 1970 lediglich 56 Prozent, 1990 hingegen 89 Prozent der Jungen zu (Mädchen 73 bzw. 95 Prozent). In der Shell Jugendstudie 2006 bezeichneten 81 Prozent der Jugendlichen im Alter zwischen 12 und 25 – mehr weibliche Jugendliche als männliche Jugendliche – „Treue" als einen Wert, der „in" ist (Langness 2006). Fast neun von zehn der Anfang der 1990er Jahre interviewten Jugendlichen und jungen Erwachsenen zwischen 14 und 24 würden am liebsten in einer sexuell treuen Beziehung leben (Plies/Schmidt 1999). Deutlich mehr männliche als weibliche Befragte wünschten sich sowohl sexuelle Nebenbeziehungen als auch Sexualität ohne feste Partnerschaft.

Eine weitere Konsequenz der Verhandlungsmoral zeigt sich an der zunehmendem *Selbstbestimmung der weiblichen Sexualität.* 1970 sagten noch 80 Prozent der weiblichen Jugendlichen, sie hätten es das erste Mal „dem Jungen zuliebe" getan; heute behaupten dies weniger als 20 Prozent. Die Mädchen übernehmen 1990 (im Vergleich zu 1970) häufiger die Kontrolle in heterosexuellen Situationen und fordern mehr Autonomie in Partnerbeziehungen (Schmidt 1993). Junge Männer haben „gelernt, Wünsche, die junge Frauen äußern, und Grenzen, die sie setzen, zu respektieren; und junge Frauen haben gelernt, Grenzen zu ziehen und ihre Wünsche selbstbewusst zu äußern – und sie haben heute (zumeist) die Macht, ihre Belange durchzusetzen" (Schmidt 2004a, 111). Zugenommen hat auch das Ausmaß, in dem Eltern die Sexualität ihrer Kinder akzeptieren (Schmidt 1993). Vier von fünf koituserfahrenen Jugendlichen können ungestört mit Wissen und Duldung ihrer Eltern „sexuell zusammenkommen".

Mit der Liberalisierung der Sexualität sind aber auch *neue Zwänge* aufgetreten. Das Wegbrechen selbstverständlicher, unhinterfragter Normen hat „eine neue Dimension von Verunsicherungen in die subjektiv immer mit Gefühlen von Unsicherheit verbundene sexuelle Entwicklung Jugendlicher gebracht. Denn in dem Maße, wie sexuelle Freiheiten zugenommen haben und Orientierungsmuster vielfältiger und unübersichtlicher geworden sind, sind die Anforderungen an Jugendliche gewachsen ... Sie müssen sich mit zuweilen widersprüchlichen Erwartungen auseinander setzen und selbständig und eigenverantwortlich entscheiden und das eigene Verhalten in der sexuellen Beziehung abstimmen" (Stich 2003, 100). Verstärkt werden diese neuen Zwänge durch die *mediale Allgegenwärtigkeit von Sexualität.* Kinder und Jugendliche erwerben heute schon früh, bereits vor der Pubertät und um die Pubertät herum, differenzierte *heterosexuelle Skripte* (Anschauungen über sexuelle Aktivitäten), während frühere Generationen in diesem Alter kaum Bilder über den Ablauf intimen oder sexuellen Geschehens hatten. Sie waren – wie es Schmidt (2004a) nennt – in dieser Hinsicht „underscribed" und ziemlich orientierungslos. Heute sind Kinder und Jugendliche dagegen „heterosexuell overscribed", und es fällt ihnen möglicherweise schwer, die vorfabrizierten medialen Schablonen abzuschütteln. Somit hat die mit sexuellen Bildern und Geschichten vollgestopfte Medienwelt einerseits dazu geführt, dass Jugendliche mit sexuellen Reizen relativ gelassen umgehen. Andererseits können, wie Dannenbeck und Stich (2002) herausgefunden haben, die medial erzeugten Vorstellungen auf Jugendliche aber auch einen enormen Druck ausüben. Dabei nimmt bei den Jungen die Angst, beim ersten Mal „zu versagen", einen breiteren Raum ein als bei den Mädchen.

Neben den Prozess der zunehmenden Angleichung von Frauen und Männern im Hinblick auf Selbstbestimmung, Rechte, Chancen und Aufgaben tritt seit etwa 10 Jahren eine weitere Entwicklung: Unsere tägliche Umwelt wird wieder geschlechtsbetonter, sexualisierter. Neben die „gender equalization" tritt bei vielen Jugendlichen die *sexualisierte Betonung des Geschlechts.* Während in der Terminologie von Bech (2000) die *sozialen Geschlechtsunterschiede* tendenziell verschwinden – die Präsenz der Frauen im gesellschaftlichen und öffentlichen Leben ist alltäglich und selbstverständlich geworden –, bleiben die *kulturellen Geschlechtsunterschiede* – die Darstellung und Inszenierung von Männlichkeit und Weiblichkeit durch Outfit, Gestus und Attitüde – bestehen bzw. sie werden, vor allem bei jungen Menschen, noch stärker akzentuiert. Sie werden „aufpoliert und zugespitzt, ästhetisiert und zunehmend sexualisiert und spielerisch in Szene gesetzt – auf der Straße, in der Schule, der Uni, im Büro, zu Hause, in den Medien" (Schmidt 2004a, 47).

9.2 Gleichgeschlechtliche Paargemeinschaften

Als Homosexuelle werden Personen bezeichnet, die „sich als homosexuell Empfindende identifizieren, das gleiche Geschlecht begehren und gleichgeschlechtlichen Sex praktizieren" (Mascher 2005, 162). Studien zur Homosexualität haben sich früher (vor 1970) meist mit dem einzelnen Homosexuellen befasst. Man interessierte sich vorwiegend für die sexuellen Praktiken und Präferenzen Homosexueller, für ihre Einbindung und ihre soziale Repression. Die von Bochow (2006) in seiner qualitativen Studie „Schwule Männer im dritten Lebensalter" (im Alter zwischen 53 und 78 Jahren) Befragten hatten ihre Jugend und Adoleszenz, viele auch noch Phasen ihres Erwachsenenlebens in Zeiten der Kriminalisierung und massiven Diskriminierung Homosexueller gelebt. Entsprechend hatten viele einen heterosexuellen Lebensentwurf mit Frau und Kindern umzusetzen versucht, ein spätes Coming-out gehabt oder ihre Homosexualität viele Jahre „verdeckt" gelebt.

Homosexuelle Partnerschaften hat es bis in die jüngste Zeit recht selten gegeben. Erst in den 1970er Jahren gerieten, sicherlich auch als Folge der Schwulenbewegung, die Partnerbeziehungen Homosexueller ins Blickfeld. Kaum eine Lebensform ist in der öffentlichen Diskussion derzeit so präsent wie die „Homo-Ehe" und die lesbische bzw. schwule Elternschaft, wozu sicherlich auch das am 1.8.2001 in Kraft getretene familienrechtliche Institut der „Eingetragenen Lebensgemeinschaft" beigetragen hat, das in einigen Rechtsbereichen eine Gleichstellung gleichgeschlechtlicher Lebensgemeinschaften mit ehelichen Lebensformen bewirkt hat. Obwohl in der Minderheit, sind Schwule inzwischen zu Leitfiguren und Trendsettern in Mode, Lifestyle, Kunst und Kultur geworden (Spiegel 13/2001).

Bei den Angaben zur *Verbreitung von Homosexualität* handelt es sich um Schätzungen, die sich auf Daten stützen, die in mehr oder weniger repräsentativen Befragungen ermittelt wurden und denen eine „Selbstidentifikation" zugrunde liegt. Nach Angaben von Vaskovics (2000) dürfte die Dunkelziffer bei etwa 50 Prozent liegen. Auch sind die Ergebnisse abhängig davon, ob nach gleichgeschlechtlichen Kontakten im Laufe des Lebens, während einer bestimmten Zeitspanne (oft in den vergangenen 12 Monaten) oder in der bestehenden Beziehung gefragt wird, ob die Selbstdefinition der Befragten zugrundegelegt wird und ob eine bisexuelle Orientierung eingeschlossen ist. Seit den 1990er Jahren zeichnet sich eine Konvergenz der Schätzungen des Anteils Homosexueller und Bisexueller ab (Lüscher/Grabmann 2002):

- In der Repräsentativerhebung von Hunnius und Jung (1994) gaben 1991 im früheren Bundesgebiet 5 Prozent an, in den vergangenen 12 Monaten homosexuelle Kontakte gehabt zu haben.
- In der DDR hatten von den 1990 Interviewten laut eigener Aussage 6 Prozent der Männer und 3 Prozent der Frauen in den letzten 12 Monaten homosexuelle oder bisexuelle Kontakte (Häder/Kiehl 1994).
- Von den westdeutschen Studierenden hatten sich 1996 5 Prozent der Männer und 2 bis 3 Prozent der Frauen in den letzten 12 Monaten homo- oder bisexuell betätigt (Schmidt u. a. 2000).
- Im Jahr 2002 gaben jeweils 6 Prozent der Leipziger Männer und Frauen, 10 Prozent der Hamburger Frauen und 17 Prozent der Hamburger Männer homosexuelle Erfahrungen an. Bemerkenswert ist der Anstieg homosexueller Erfahrungen von Generation zu Generation: von 5 Prozent bei den heute 60-Jährigen über 13 Prozent bei den heute 45-Jährigen auf 16 Prozent bei den heute 30-Jährigen (Starke 2005a).

Dabei hat sich die einst starre Verknüpfung zwischen der Selbstdefinition der eigenen sexuellen Orientierung und entsprechenden sexuellen Erfahrungen und entsprechender geschlechtlicher Anziehung ein wenig gelockert (vgl. *Tabelle 65*). In allen drei Generationen bezeichneten sich 6 Prozent der befragten Hamburger und Leipziger Männer selbst als homo- oder bisexuell. Bei den Frauen waren es in den beiden älteren Generationen deutlich weniger. Im Falle einer streng *monosexuellen Fixierung* – der lebenslangen Festlegung auf nur ein Partnergeschlecht – müsste sich dies auch in den Aussagen zur sexuellen Beziehungspraxis und zur gleichgeschlechtlicher Attraktivität und Erotik widerspiegeln. Dies trifft aber lediglich für die 60-jährigen Männer zu. Von den 1972 Geborenen hat dagegen schon mehr als jeder Zehnte seit dem 18. Lebensjahr gleichgeschlechtlichen Sex gehabt, und jeder fünfte Mann und jede dritte Frau fühlt sich gelegentlich von Personen des gleichen Geschlechts angezogen oder kann sich ein lustvolles gleichgeschlechtliches sexuelles Erlebnis vorstellen.

Tabelle 65: Gleichgeschlechtliche Sexualität nach Generation und Geschlecht (in Prozent)

	Männer			**Frauen**		
	1942	**1957**	**1972**	**1942**	**1957**	**1972**
Selbstdefinition als homo- oder bisexuell	6	6	6	0	1	4
jemals gleichgeschlechtliche feste Beziehung	6	6	5	0	3	6
gleichgeschlechtlicher Sex seit dem 18. Lebensjahr	7	15	13	3	10	14
„Ich fühle mich gelegentlich von Personen des gleichen Geschlechts angezogen“	8	15	20	7	26	35
„Ich kann mir ein lustvolles gleichgeschlechtliches sexuelles Erlebnis vorstellen“	7	11	17	8	21	31

Quelle: Schmidt u. a. 2006, 133

In der Repräsentativbefragung von Runkel (2003) bezeichneten sich von den Männern, die sich im letzten Jahr vor der Befragung ausschließlich homosexuell betätigt hatten, nichts desto trotz knapp 20 Prozent als heterosexuell und 5 Prozent als bisexuell. Von den entsprechenden Frauen definierten sich 17 Prozent als heterosexuell. Dass die Vorstellung von der sexuellen Orientierung eines Menschen als einer früh determinierten, stabilen und letztlich unveränderlichen Eigenschaft nicht zutrifft, zeigt sich schließlich auch daran, dass die Zahl der Frauen steigt, die sich lange Zeit selbst als heterosexuell eingestuft haben und dann Liebesbeziehungen und Partnerschaften mit Frauen eingegangen sind (sog. *sequentielle Hetero- und Homosexualität*). Der US-Psychologe Robert Epstein hat 750 Befragte anhand von 20 Fragen zu sexuellen Phantasien und tatsächlichem sexuellen Verhalten auf einer Skala danach eingestuft, wie homo- oder heterosexuell sie sind. Nur 4 Prozent erwiesen sich als eindeutig schwul oder eindeutig heterosexuell. Bei den übrigen zeigte sich oft ein dramatischer Unterschied zwischen wahrgenommener und tatsächlicher Orientierung (Spiegel 11/2006).

Übereinstimmend gelangen alle Studien zu dem Schluss, dass unter *homosexuellen Männern (Schwulen)* entgegen gängigen Stereotypen eine ausgeprägte Neigung zur Bildung *gleichgeschlechtlicher Partnerschaften* besteht. Von den im Jahr 1996 über 3 000 befragten homosexuellen Männern in West- und Ostdeutschland lebte jeder Zweite in einer „festen Beziehung“ (Bochow 1994). Obwohl ein starkes Bedürfnis nach einer festen Freundschaft besteht, sind die Beziehungen allerdings – besonders unter jungen männlichen Homosexuellen – meist nur von relativ kurzer Dauer. Nach Untersuchungsbefunden von Starke (1994) bestand jede zweite Beziehung nur maximal ein Jahr. Allerdings erhöht sich der Anteil langjähriger Beziehungen mit dem Alter der Befragten, so dass man nicht generell von einer „Partnerschaftsunfähigkeit“ sprechen kann (Dannecker 1989).

Hinweise darauf, wie viele (männliche und weibliche) Homosexuelle eine *gleichgeschlechtliche Lebensgemeinschaft* praktizieren – also zusammen wohnen und wirtschaften – liefert der Mikrozensus. Im Mikrozensus 2005 bekannten sich rund 60 000 Paare offen als gleichgeschlechtliche Lebensgemeinschaften (Statist. Bundesamt 2006b). Über die Hälfte (36 000) der gleichgeschlechtlichen Lebensgemeinschaften wurde von Männern geführt, 24 000 von Frauen. Die Anzahl gleichgeschlechtlicher Lebensgemeinschaften wird im Mikrozensus aber vermutlich erheblich unterschätzt, da die Antwort auf die Frage freiwillig ist und sich zahlreiche Betroffene nicht „outen“ möchten. Mit Hilfe eines Schätzverfahrens gelangt man für das Jahr 2005 auf rund 173 000 gleichgeschlechtliche Partnerschaften, also auf etwa dreimal so viele wie nach den Ergebnissen des Mikrozensus 2005. Allerdings handelt es sich hierbei um eine Obergrenze, da in diese Schätzung z. B. auch Wohngemeinschaften von zwei Studenten ohne partnerschaftlichen Hintergrund einfließen. Von einer Million schwulen und lesbischen Paaren, wie häufig zu lesen ist (zuletzt bei Dackweiler 2006), kann demnach nicht die Rede sein.

Obwohl die meisten *homosexuellen Männer* auf ein gut funktionierendes privates Netzwerk von Freunden, Bekannten und Familienangehörigen zurückgreifen können, klagte von den 1 500 im Jahr 2002 befragten Schwulen jeder Fünfte aktuell über Einsamkeit, Selbstwertprobleme, Depressionen und Selbstmordgedanken (Buba/Weiß 2003). Insgesamt finden sich *vier Formen sozialer Ausgrenzung und Integration:*

- 51 Prozent der Befragten wurden als *kaum/nicht isoliert* eingestuft. Sie sind in Kontakte zu Familienangehörigen, Verwandten und Freunden eingebunden, haben einen festen Partner und fühlen sich nicht diskriminiert/ausgegrenzt.

- Die *teilweise Isolierten* (23 Prozent) haben ebenfalls eine aus Sicht der Befragten funktionierende Partnerschaft. Ihre Kontakte zu Eltern und Freunden sind aber weniger zufriedenstellend.
- Die als *isoliert* bezeichnete Gruppe (18 Prozent) lebt in keiner festen Partnerbeziehung. Sie hat weitgehend unbelastete Kontakte zur Familie, eingeschränkte Kontakte zu Freunden und fühlt sich in der Öffentlichkeit und im Bereich Arbeit stark diskriminiert.
- Die *sehr Isolierten* (8 Prozent) sind weder in eine gelingende Partnerbeziehung noch in Familienbeziehungen eingebunden und halten ihre Homosexualität in der Familie und teilweise auch gegenüber Freunden geheim. Die Kontakte am Arbeitsplatz und in der Öffentlichkeit sind hochgradig belastet.

Die Beziehungen unter Schwulen sind nur selten *sexuell exklusiv*. Man erwartet vom Partner hauptsächlich emotionale Sicherheit und kein sexuelles Monopol. In der Studie von Bochow (1994) aus den 1990er Jahren bezeichnete nur jeweils jeder fünfte ost- und westdeutsche Schwule seine Beziehung als (eher) monogam. In einer Erhebung von Dannecker (1991), an der 900 homosexuell empfindende Männer teilnahmen, die in einer „festen" Beziehung lebten, hatten 83 Prozent in den letzten 12 Monaten homosexuelle Kontakte außerhalb ihrer Beziehung. Nicht Monogamie, sondern emotionale Verläßlichkeit gilt als Maßstab der Treue. „Sexuelle Treue ist in homosexuellen Beziehungen die Ausnahme und nicht die Regel. Schon nahezu vom Beginn einer festen Freundschaft an gehört sexuelle Untreue zum Erscheinungsbild" (Dannecker/Reiche 1974, 180). Auffallend hoch ist auch der Anteil der männlichen Homosexuellen, die selbst bei Bestehen einer festen Freundschaft nebenher eine *Vielzahl von Sexualpartnern* haben. In einer österreichischen Untersuchung hatten die Interviewten im letzten Monat vor der Befragung durchschnittlich drei und im letzten Jahr vor der Befragung durchschnittlich 14 Sexualpartner (Dür u. a. 1992). Fast jeder Dritte hatte seine sexuellen Kontakte auf zufällige Sexualpartner beschränkt. In einer Studie von Runkel (2003) hatten über 60 Prozent der Homosexuellen zwischen zwei und fünf Sexualpartner pro Jahr. Dabei hat keine andere Gruppe ihr Sexualverhalten im Zeitalter von *Aids* – zumindest vorübergehend – so gravierend verändert wie die homosexuellen Männer. 1971 erklärten 42 Prozent, 1987 hingegen 70 Prozent, dass sie in dem Jahr vor der Befragung maximal 10 Partner hatten. Der Anteil mit sehr hohen Partnerzahlen (mehr als 50) hat sich im gleichen Zeitraum von 14 auf 7 Prozent halbiert (Dannecker 1989). Bis 1993 ging auch die Zahl der HIV-Neuinfektionen in den USA zurück, doch seitdem ist, besonders unter jungen homosexuellen Männern, die Infektionsrate wieder angestiegen. 1999 lag sie bei 4 Prozent, was bei unveränderter Rate bedeutet, dass jeder zweite heute 18-jährige Schwule im Alter von 30 Jahren HIV-infiziert sein wird (Mascher 2005).

Weibliche Homosexuelle (Lesben) in der Bundesrepublik leben mehrheitlich in *Partnerschaft mit einer anderen Frau*. Mehr als die Hälfte der von Akkermann u. a. (1990) befragten 350 (insgesamt eher jüngeren) Lesben befanden sich in einer festen Liebesbeziehung, die durchschnittlich schon knapp drei Jahre andauerte. Von den 151 von Schafer (1977) interviewten weiblichen Homosexuellen zwischen 18 und 35 Jahren lebten zum Zeitpunkt der Befragung sogar 72 Prozent in einer ebenfalls schon länger bestehenden „festen Beziehung". Die meisten teilten mit ihrer Partnerin den Haushalt. Die Beziehungen wurden in 80 Prozent aller Fälle in *monogamer Form* praktiziert und zeichneten sich durch große emotionale Nähe und Verbundenheit aus.

Frauen tendieren aufgrund ihrer geschlechtsspezifischen Sozialisation stärker als Männer dazu, die Sexualität auf feste Intimbeziehungen zu beschränken. Als mögliche Alternative zur Paarbeziehung wird das Eingebundensein in ein Netzwerk, in eine Clique lesbischer Freundinnen gesehen (Kokula 1983). Die stärkere Paarorientierung weiblicher Homosexueller ist auch beim Anknüpfen neuer Freundschaften erkennbar. Die sexuelle Beziehung entwickelt sich meist aus einer Freundschaftsbeziehung heraus, während bei Schwulen die Beziehung meist mit einem „sexuellen Abenteuer" beginnt. Auch gehen Lesben nach der Trennung relativ rasch eine neue feste Beziehung ein, während bei Schwulen häufiger Single-Phasen mit Paar-Phasen abwechseln. Typische Symptome wie Selbstwertprobleme, Depressionen, Selbstmordgedanken und Einsamkeit werden von Lesben etwas seltener berichtet als von Schwulen. Art und Ausmaß sozialer Isolation von Schwulen und Lesben unterscheiden sich dagegen nur geringfügig (Buba/Weiß 2003).

Männliche – und stärker noch weibliche – homosexuelle Partnerschaften weisen gegenüber heterosexuellen Paargemeinschaften ein *geringeres Machtgefälle* und eine *partnerschaftlichere Arbeitsteilung* auf. Die US-amerikanische Forschung zeigt übereinstimmend, dass die Hausarbeit bei schwulen und lesbischen Paaren relativ gleich verteilt ist (Schürmann 2005). Eine Imitation des heterosexuellen „male breadwinner-female homemaker-Modells" gilt als empirisch widerlegt. Die insgesamt egalitärere Verteilung der Hausarbeit bei lesbischen Paaren wird mit der stärkeren Ausprägung egalitärer Partnerschaftsnormen erklärt. Auch in der einzigen deutschen Studie – befragt wurden 178 zusammenwohnende Paare – war die Hausarbeit bei schwulen und lesbischen Paaren relativ gleich verteilt (Buba/Vaskovics 2001). Dabei war die Verteilung der Hausarbeit von den Paaren selten bewusst geplant. 76 Prozent der Befragten gaben an, die Arbeitsteilung habe sich „ohne große Absprache so eingespielt". Die häufig anzutreffende Behauptung, Beziehungen von Schwulen mit großen Altersunterschieden würden vor allem deshalb eingegangen, weil der jüngere Partner am höheren Sozialstatus des Älteren partizipieren möchte, wurde in einer Studie von Bochow (2006) widerlegt. Der jüngere Partner hatte, gemessen am Bildungsniveau und Einkommen, entweder einen vergleichbaren sozialen Status wie der ältere Partner oder sogar einen leicht höheren (zur These von den Lesben und Schwulen als „Avantgarde emotionaler und sexueller Demokratisierung" siehe kritisch Klesse 2006).

Keine andere Lebensform löst vermutlich solche heftigen Emotionen und ideologisch begründeten Diskussionen aus wie die gleichgeschlechtliche Lebensgemeinschaft mit Kindern *(gleichgeschlechtliche Familie; gleichgeschlechtliche Elternschaft; lesbische und schwule Elternschaft)*. Über 40 Prozent der Lesben und 30 Prozent der Schwulen möchten „gerne mit Kindern zusammenleben" (Berger u. a. 2000). Aber nur in etwa jeder fünften lesbischen und in jeder neunten schwulen Lebensgemeinschaft wuchsen 2004 tatsächlich Kinder auf (Statist. Bundesamt 2005; 2005a). Insgesamt zogen die 56 000 gleichgeschlechtlichen Paare 11 500 ledige Kinder groß, darunter 9 500 minderjährige Kinder. Dabei lassen sich zwei typische biographische Konstellationen im Kontext lesbisch-schwuler Elternschaft unterscheiden (Wegener 2005). Die erste (häufigere) Form lesbisch-schwuler Elternschaft setzt sich aus Lesben und Schwulen zusammen, deren Kinder aus *vorherigen heterosexuellen Beziehungen* stammen und die mit ihren Kindern in gleichgeschlechtlichen Partnerschaften leben oder allein erziehend sind. Die zweite Form umfasst die (wachsende) Gruppe derjenigen Lesben und Schwulen, die *nach ihrem Coming-out* ihren Kinderwunsch per Insemination, Adoption oder In-Pflege-Nehmen umgesetzt haben. Seit Anfang 2005 haben Männer und Frauen in homosexuellen Lebensgemeinschaften die Möglichkeit der Adoption, soweit es sich um leibliche Kinder ihres Partners oder ihrer Partnerin handelt (= Stiefkindadoption). Adoptionen von fremden Kindern, wie in den USA, sind in Deutschland bisher (noch) nicht möglich.

Entgegen anders lautenden Vermutungen (besonders prononciert Amendt 2002) unterscheiden sich die Kinder homosexueller Eltern, was ihre intellektuelle, emotionale und soziale Entwicklung (psychische Störungen, Verhaltensprobleme) und insbesondere ihre sexuelle Identität und ihr Geschlechtsrollenverhalten anbelangt, nicht systematisch von den Kindern heterosexueller Eltern (Fthenakis/Ladwig 2004; Eggen 2004). Nach Untersuchungsbefunden aus den USA und Großbritannien liegt die gleichgeschlechtliche sexuelle Orientierung bei den Kindern homosexueller Mütter und Väter in der gleichen Größenordnung wie in der Gesamtbevölkerung (Sielert 2001). Auch die Expertise von Berger u. a. (2000) bestätigt, dass Kinder gleichgeschlechtlich orientierter Eltern im Vergleich zu Kindern heterosexueller Eltern keine signifikanten Unterschiede in der Entwicklung ihrer Geschlechtsidentität, ihres Rollenverhaltens sowie ihrer Orientierung auf gleich- oder gegengeschlechtliche Sexualpartner bzw. -partnerinnen aufweisen.

Inzwischen finden sich Anzeichen dafür, dass sich die *homophobe Einstellung* weiter Teile der Gesellschaft aufweicht (Buba/Vaskovics 2001), auch wenn es übertrieben sein dürfte, wie DER SPIEGEL (13/2001) von einer „Homosexualisierung der Gesellschaft“ zu sprechen. Auch die Ausbreitung von Aids hat nicht zu einer Verschärfung der Diskriminierung homosexueller Männer geführt. Knapp die Hälfte der Schwulen aus der Unterschicht und etwa zwei Drittel der Schwulen aus der Mittelschicht leben „offen schwul“ und fühlen sich sozial akzeptiert (Bochow 1994). 2005 fanden 45 Prozent der Deutschen, dass homosexuelle Paare die gleichen Rechte haben sollten wie heterosexuelle Paare; 33 Prozent waren dagegen (BiB 2005). Allerdings fänden es mehr als zwei Drittel der Männer und etwa die Hälfte der Frauen negativ, ein homosexuelles Kind zu haben (Spiegel 13/2001).

Wie sehr der Alltag lesbischer Frauen nach wie vor – entgegen dem öffentlichen Anschein einer gewachsenen Akzeptanz lesbischer Lebensweisen – durch vielfältige Formen von Diskriminierung, Ausgrenzung und Gewalterfahrung bedroht ist, belegen die Ergebnisse einer 1998 durchgeführten Befragung von 757 lesbischen Frauen durch Holzbecher u. a. (2000; vgl. auch Funk 2005). Verbale Abwertungen und Ausgrenzungen nehmen den größten Raum ein. Diskriminierende Sprüche gehören zum Alltag fast aller Lesben. Fast jede Zweite hat schon sexualisierte Grenzverletzungen erlebt, wurde z. B. zu sexuellen Handlungen aufgefordert oder sexuell belästigt, und jede Vierte wurde in der Öffentlichkeit mit körperlichen Übergriffen und Bedrohungen konfrontiert. Jede Zweite musste die Erfahrung machen, dass ihr Lesbischsein in ihrer Herkunftsfamilie geleugnet oder totgeschwiegen wurde. Diskriminierungen erlebten die Frauen auch im Freundeskreis. Oft brachen langjährige Freundinnen und Freunde den Kontakt ab, sobald sie erfuhren, dass die Freundin lesbisch war. 38 Prozent fühlten sich wegen ihres Lesbischseins im beruflichen/schulischen Bereich benachteiligt.

In einer Untersuchung der Senatsverwaltung für Schule, Jugend und Sport (Berlin), an der sich 217 junge Schwule und Lesben beteiligten, wurden etwa die Hälfte der Jungen und Mädchen, deren Eltern von der Homosexualität ihres Kindes wissen, zumindest von einem Elternteil – meist vom Vater – nicht mehr voll anerkannt (vgl. Psychol. Heute 12/1998). Zwei Drittel der weiblichen und knapp die Hälfte der männlichen Interviewten reagierten auf den psychischen Druck mit dem Gebrauch von Drogen oder Alkohol. Etwa jede(r) Fünfte hatte bereits einen Suizidversuch hinter sich. Bei einer Befragung von 358 Homo- und Bisexuellen beiderlei Geschlechts waren alle Indikatoren für Suizidalität bei homosexuellen Personen ausgeprägter als bei heterosexuellen Personen (Plöderl 2005). Als noch gefährdeter erwiesen sich die bisexuellen Teilnehmer. Die Homo- und Bisexuellen berichteten häufiger als Heterosexuelle über Diskriminierungen einschließlich körperlicher Gewalt und litten häufiger unter Depressionen und unter einem verminderten Selbstwertgefühl.

Erst im Zuge der deutschen Vereinigung wurde der Paragraph 175 endgültig aus dem Strafgesetzbuch gestrichen. Am 1.8.2001 ist in Deutschland das *Lebenspartnerschaftsgesetz (LPartG)* in Kraft getreten. Kernstück ist die „eingetragene Lebenspartnerschaft" (sog. „Homo-Ehe"). Zwei Personen gleichen Geschlechts begründen eine Lebensgemeinschaft, wenn sie gegenseitig persönlich und bei gleichzeitiger Anwesenheit erklären, dass sie miteinander eine Partnerschaft auf Lebenszeit führen wollen. Diese Erklärungen werden von der zuständigen Behörde eingetragen. Damit sind schwule und lesbische Paare in wichtigen Fragen Eheleuten gleichgestellt – z. B. bei der Namenswahl, bei der Unterhaltspflicht (die grundsätzlich auch bei Getrenntleben fortbesteht), bei gleichen Erb- und Pflichtteilsrechten im Falle eines Todes, beim Zeugnisverweigerungsrecht, bei der Einbeziehung in die Kranken- und Pflegeversicherung u. a. (Eggen 2002). Die Lebenspartnerschaft wird auf Antrag eines oder beider Lebenspartner durch gerichtliches Urteil aufgehoben,

- wenn 1. beide Lebenspartner erklärt haben, die Lebenspartnerschaft nicht fortsetzen zu wollen, und seit der Erklärung 12 Monate vergangen sind,
- wenn 2. ein Lebenspartner erklärt hat, die Lebenspartnerschaft nicht fortsetzen zu wollen, und seit der Zustellung dieser Erklärung an den anderen Lebenspartner 36 Monate vergangen sind,
- wenn 3. die Fortsetzung der Lebenspartnerschaft für den Antragsteller aus Gründen, die in der Person des anderen Lebenspartners liegen, eine unzumutbare Härte wäre.

Andere Länder gehen noch weiter. So können sich in Frankreich seit 1999 *alle* Partnerschaften, also auch heterosexuelle Lebensgemeinschaften und gleichgeschlechtliche Partnerschaften (wie z. B. Geschwister oder langjährige Freundinnen, die in einer sozialen und emotionalen Gemeinschaft ohne sexuelle Beziehung leben) registrieren lassen. In Deutschland bewerten 35 Prozent die Möglichkeit für gleichgeschlechtliche Partnerschaften, ihre Lebensgemeinschaft eintragen zu lassen, als positiv, 35 Prozent als weder positiv noch negativ und 30 Prozent als negativ (Dorbritz 2004b). Ergebnisse aus Staaten, in denen es bereits registrierte Partnerschaften – mit teilweise noch weitergehender rechtlicher Gleichstellung, wie Dänemark 1989, Norwegen 1993, Schweden 1995, die Niederlande 1998 und Frankreich 1999 – gibt, lassen vermuten, dass nur eine Minderheit homosexueller Männer und Frauen ihre Partnerschaft registrieren lässt.

Die zumindest auf den ersten Blick begrüßenswerte rechtliche Regelung von Lebensgemeinschaften gleichgeschlechtlich orientierter Menschen wird aber gerade von schwul-lesbischen Organisationen abgelehnt, da sie ihrer Meinung nach nicht dem schwul-lesbischen Lebensstil entspricht (Mascher 2005). Auch von einigen Sozialwissenschaftlern, so z. B. von Lautmann (2001), wird das LPartG kritisch gesehen. Die traditionelle Diskriminierung der Gleichgeschlechtlichkeit wird hierdurch zwar tendenziell abgebaut. Gleichzeitig wird aber deren alternative kulturelle Einbettung, wie sie dem Selbstverständnis vieler Homosexueller entspricht, zurückgedrängt. Der Avantgardecharakter von Homosexualität wird aufgegeben. „Die Ambivalenzen ergeben sich aus dem integrativen Charakter der Verrechtlichung: Entdiskriminierung, Gleichstellung und Anerkennung einerseits, Aufgeben des Andersseins, Anpassung an Normalitätsvorstellungen und Verleugnung der eigenen Geschichte andererseits" (Lüscher/Grabmann 2002, 47).

10 Rückgang der Mehrgenerationenhaushalte und demographische Alterung der Bevölkerung

Neben dem kernfamilialen Haushaltstyp hat ein weiterer Haushaltstyp deutlich an Gewicht eingebüßt: der *Mehrgenerationenhaushalt*, zu dem mindestens drei durch Abstammung oder Adoption miteinander verbundene Generationen – Großeltern(teil), Eltern (-teil) und Kind(er) – gehören. Haushalte mit drei und mehr Generationen haben allerdings in West- und Mitteleuropa auch in *vorindustrieller Zeit* nicht die Bedeutung gehabt, die ihnen häufig zugeschrieben wird. Zwar gab es eine große Anzahl von Haushalten mit Eltern, Geschwistern, sonstigen Verwandten und vor allem mit Gesinde. Als eindeutig falsifiziert gilt aber inzwischen die Vorstellung, dass die damaligen Familienverhältnisse durch das Zusammenwohnen von Angehörigen zumindest dreier Generationen bestimmt gewesen seien.

Schon von den demographischen Voraussetzungen her bestand in West- und Mitteleuropa (anders als in Osteuropa) eine geringe Chance des Zustandekommens von *Dreigenerationenhaushalten*. Das mittlere Sterbealter der Verheirateten war niedrig – es lag z. B. in Frankreich im 16./17. Jahrhundert zwischen 55 und 60 Jahren –, und das durchschnittliche Heiratsalter in Erstehen lag zwischen 25 und 30 Jahren. Berücksichtigt man noch die hohe Sterblichkeit der Säuglinge, Kinder und Jugendlichen und die oft hohen Geburtenabstände, so ist schon die statistische Wahrscheinlichkeit dafür, dass Großvater (-mutter), Eltern und Kinder längere Zeit in einem gemeinsamen Haushalt wohnten, äußerst gering. Auch die begrenzte Belastbarkeit der bäuerlichen Güter ließ den Typus des Dreigenerationenhaushalts nur selten zu, so dass Mitterauer (1977) zu Recht vom *„Mythos der Großfamilie"* spricht. Auch sollte nicht übersehen werden, dass es sich – anders als in gängigen harmonisierenden Darstellungen anklingt – häufig um eine sehr konfliktbehaftete Lebensform gehandelt hat, die eher durch wirtschaftliche Notwendigkeit als durch die Präferenz der Haushaltsmitglieder begründet war und die bei verbesserten Einkommens- und Wohnverhältnissen möglichst rasch aufgegeben wurde.

10.1 Verbreitung von Mehrgenerationenhaushalten und Mehrgenerationenfamilien

Die historische Familienforschung konnte nachweisen, dass sich Dreigenerationenhaushalte in größerer Zahl erst im *demographischen Übergang* des späten 19. und frühen 20. Jahrhunderts im Gefolge der Agrarrevolution und Industrialisierung herausbilden konnten, dass erst hier die erforderlichen demographischen Voraussetzungen – relativ hohe Lebenserwartung und relativ niedriges Ersttheiratsalter – vorlagen (Laslett/Wall 1972). Mit dem Rückgang der bäuerlichen Bevölkerung sank schon in der ersten Hälfte des 20. Jahrhunderts der Anteil der Dreigenerationenhaushalte, und dieser Rückgang hat sich seitdem verstärkt fortgesetzt. Nur eine kleine Anzahl der nach dem Filiationsprinzip verbundenen Familienmitglieder bildet nach dem Kriterium des Haushalts einen Familienhaushalt aus drei und mehr Generationen. 1972 gab es im früheren Bundesgebiet noch 768 000 *Drei- und Mehrgenerationenhaushalte* mit Großeltern, Eltern, Enkel und eventuell Urenkel (= 3,3 Prozent aller Privathaushalte). Bis 2005 hat sich die Anzahl in Deutschland auf 252 000 reduziert (Westdeutschland 206 000, Ostdeutschland 46 000). Heute sind nur noch 0,7 Prozent aller Privathaushalte in Westdeutschland und 0,5 Prozent aller Privathaushalte in Ostdeutschland Haushalte mit drei und mehr Generationen (Statist. Bundesamt 2006b).

Auch für ältere Menschen ist der gemeinsame Haushalt mit den erwachsenen Kindern und Enkelkindern eine eher seltene Lebensform. 2000 lebten von den 65-jährigen und älteren Menschen in Westdeutschland 2,8 Prozent in einem Dreigenerationenhaushalt, von den hochaltrigen Frauen und Männern (80 Jahre und älter) 3,7 bzw. 2,2 Prozent (Engstler/Menning 2003). Während sich bei der Bevölkerung im Alter ab 50 der Schwerpunkt zunächst immer mehr auf den Haushaltstyp Ehepaar ohne Kinder verlagert, stellt bei den älteren Menschen ab 65 der Einpersonenhaushalt mit 49 Prozent die häufigste Lebensform dar (sog. *„Singularisierung des Alters")*. Dabei gibt es auffallende Unterschiede zwischen den Geschlechtern. So wohnten im Jahr 2000 drei Viertel aller hochaltrigen Frauen, aber nur ein Drittel aller hochaltrigen Männer allein im Haushalt. Für Männer bleibt der Zwei-Personen-Haushalt die typische Lebensform bis ins hohe Alter. Die Gründe für das häufigere Alleinwohnen von Frauen in den höheren Lebensjahren liegen in ihrer höheren Lebenserwartung und dem Altersunterschied zwischen den Ehegatten: das Verwitwungsrisiko der Frauen ist wesentlich höher als das der Männer.

Wesentlich verbreiteter als Mehrgenerationenhaushalte sind *Hausfamilien*, bei denen mehrere Generationen eines Familienverbandes zwar in separaten Wohnungen, aber unter einem Dach, in einem Haus zusammen wohnen (Fuchs 2003). Deutschlandweit findet man einen Anteil von 6,9 Prozent Hausfamilien, in denen 13,1 Prozent der Bevölkerung wohnen. Die in Hausfamilien lebende Population weist im Vergleich zur Normalbevölkerung einen höheren Anteil an 60 Jahre alten und älteren Menschen und wesentlich mehr Kinder auf. Bei 70 Prozent aller Haushalte handelt es sich um *Dreigenerationenkonstellationen*. Zwar verfügt die überwiegende Zahl der Teilhaushalte über eine eigene infrastrukturelle Ausstattung der Wohnung, doch finden sich vor allem bei den Mahlzeiten und bei der Freizeitgestaltung innerhalb der Hausfamilien sehr weitgehende Vernetzungen.

In kleinen und kleinsten Gemeinden leben wesentlich mehr Menschen in Hausfamilien als in Mittel- und Großstädten. Hausfamilien mit ihrer starken Verwandtenorientierung treten vor allem in einem traditionalen Milieu auf, das von konfessioneller Bindung und konservativer politischer Orientierung geprägt ist. Etwa jeder Zweite nennt aber auch wirtschaftliche Gründe für das Zusammenwohnen unter einem Dach. Die überwiegende Mehrzahl bezeichnet das Zusammenwohnen mit Verwandten in einer Hausfamilie als „sehr gut" oder „gut". Nur 5 bzw. 4 Prozent bezeichnen das Zusammenleben als „ungenügend" oder „mangelhaft" und die Hausfamilie als Zwangsgemeinschaft. Fuchs (2003, 245/246) charakterisiert, seine Studie zusammenfassend, Hausfamilien als „Familienverbände, innerhalb derer sich gewisse Grenzen individueller Autonomie und selbständigen Haushaltens realisieren lassen. Trotz getrennter Wohnungen finden wir beträchtliche alltägliche soziale Vernetzungen und Hilfeleistungen zwischen den Teilhaushalten und Personen einer Hausfamilie. Hausfamilien repräsentieren diesbezüglich eine Mischform – halb individualisierte Lebensform, halb Interdependenz und Abhängigkeit der Mitglieder –, die unabhängig von konkreten Notsituationen gebildet wird."

Während die Anzahl der Mehrgenerationenhaushalte sinkt, hat die Anzahl der *Mehrgenerationenfamilien* deutlich zugelegt. Die Mehrgenerationenfamilie ist gegenüber der Zweigenerationenfamilie dadurch definiert, dass mindestens drei zu einer Familie gehörende Generationen gleichzeitig leben. Die gestiegene Lebenserwartung – die durchschnittliche Lebenserwartung von Frauen und Männern beträgt heute in Deutschland 82,1 bzw. 76,6 Jahre – und die sinkende Geburtenrate haben zu einer Veränderung der generationalen Familienstruktur – des *Generationenaufbaus* – geführt. Der Rückgang der Kinderzahl hat eine Verkleinerung der verwandtschaftlichen Netzwerke, eine *intragenerationale Verschmälerung* bewirkt. Heiraten z. B. zwei Einzelkinder und bekommen sie wiederum nur ein Kind, so verfügt dieses exklusiv über zwei Eltern und vier Großeltern (evtl. Urgroßeltern), jedoch weder über Geschwister noch Onkel, Tanten, Cousins und Cousinen. Da gleichzeitig aufgrund der enorm zugenommenen Langlebigkeit am oberen Ende der Abstammungslinie Generationen gewissermaßen hinzugefügt worden sind und sich damit die Wahrscheinlichkeit des Auftretens von Drei- und Vier-Generationen-Familien gegenüber früheren Epochen erhöht hat, spricht man vom Entstehen einer *Multi-Generationenfamilie* (auch: „beanpole-" bzw. Bohnenstangenfamilie), einem Familiensystem, das einer Bohnenstange gleicht, da es immer mehr in direkter Linie gleichzeitig lebende Generationen umfasst, aber nur jeweils wenige Mitglieder derselben Generation (Bengtson u. a. 1990).

Die von Lauterbach (2004) mit SOEP-Daten durchgeführten Analysen zeigen, dass es im Verlauf des 20. Jahrhunderts tatsächlich zu einer Vergrößerung der *Anzahl der zugleich lebenden Generationen in einer Familie* gekommen ist. Unabhängig von der Zugehörigkeit zu einer bestimmten Altersgruppe befinden sich die meisten verheirateten oder in einer auf Dauer angelegten Partnerschaft lebenden Menschen in einer Familie mit gleichzeitig drei lebenden Generationen. Annähernd 30 Prozent aller Familien befinden sich in einer Struktur, in der sogar noch vier Generationen (Urgroßeltern, Großeltern, Eltern und Kinder) leben. Dem Alterssurvey 2002 zufolge, einer repräsentativen Befragung von 40- bis 85-Jährigen in Deutschland, lebte im Jahr 2002 von den 55- bis 69-Jährigen und von den 70- bis 85-Jährigen jeweils jeder Zweite in einer Alterskonstellation, die drei Generationen umfasst; etwa jeder Fünfte lebte in einer Vier-Generationen-Konstellation (vgl. *Tabelle 66)*. Aufgrund der niedrigen Fertilität wird sich dies in Zukunft mit hoher Wahrscheinlichkeit ändern. Die nachwachsenden Geburtsjahrgänge älterer Menschen werden seltener die eigene Großelternschaft erfahren, da die erwachsenen Kinder häufiger kinderlos bleiben.

Tabelle 66: Generationenkonstellationen im Familienverbund nach Altersgruppen (Angaben in Prozent)

	40–54	55–69	70–85	40–85
1-Generationen-Konstellation	3	7	13	6
2-Generationen-Konstellation	21	19	11	18
3-Generationen-Konstellation	61	50	53	55
4-Generationen-Konstellation	14	23	23	19
5-Generationen-Konstellation	1	1	1	1

Quelle: BMFSFJ 2005f, 309 (Alterssurvey 2002)

Frauen sind in Familiengenerationen vor allem aufgrund ihrer höheren Lebenserwartung und der höheren kriegsbedingten Sterblichkeit der Männer stark überrepräsentiert *(„Feminisierung des Alters")*. Enkelkinder wachsen also im Familienkontext immer häufiger mit Großmüttern auf *(„Feminisierung der Großelternschaft;* Höpflinger 2004). Die Generationenkonstellationen ändern sich auch hier in Abhängigkeit vom Lebensalter, wobei individuell entscheidend ist, wie groß der Altersabstand zwischen Generationen ist und ob die Generationenabfolge durch Kinderlosigkeit unterbrochen wird (Hoff 2006). Welche Verschiebungen der Generationenkonstellationen von Frauen im Verlauf der zweiten Lebenshälfte stattgefunden haben, zeigt *Tabelle 67.* Im Alter zwischen 60 und 79 leben die meisten Frauen in einer 3-Generationen-Konstellation; fast jede zweite 80-jährige oder ältere Frau lebt in einer 4-Generationen-Konstellation. Die älteren Frauengenerationen haben mehrheitlich auch Enkelkinder, teilweise sogar Urenkelkinder.

Tabelle 67: Generationenkonstellationen von Frauen in der zweiten Lebenshälfte, Deutschland 2004

	Zuhause lebende Frauen im Alter von			
	50–59	**60–79**	**70–79**	**80+**
Generationenkonstellation				
1 Generation	6%	11%	17%	18%
2 Generationen	26%	19%	8%	6%
3 Generationen	46%	59%	51%	28%
4 Generationen	22%	11%	23%	48%
5 Generationen	0%	0%	1%	0%
Biologische Eltern				
Mutter & Vater	17%	0%	0%	0%
Nur Mutter	34%	15%	3%	2%
Nur Vater	6%	2%	0%	0%
Keine Eltern mehr	43%	83%	97%	98%
Lebende Kinder				
0	14%	12%	17%	18%
1	25%	23%	24%	32%
2	39%	36%	29%	24%
3 und mehr	22%	29%	30%	26%
Lebende Enkelkinder				
0	51%	24%	9%	7%
1	18%	13%	12%	11%
2	17%	20%	23%	20%
3 und mehr	14%	43%	56%	62%

Quelle: Kohli u. a. 2005c (Survey of Health, Ageing and Retirement, SHARE 2004)

Jedoch gehen den Großeltern wegen des Rückgangs der Kinderzahlen immer häufiger die Enkel aus. Die durchschnittliche Enkelzahl ist, wie ein Vergleich der Alterssurveys von 1996 und 2002 zeigt, deutlich gesunken (Tesch-Römer 2004). Während die zwischen 1911 und 1916 Geborenen noch durchschnittlich 3,3 Enkel hatten, können sich die Jahrgänge zwischen 1935 und 1940 nur noch an durchschnittlich 2,3 Enkeln erfreuen. Auch die Wahrscheinlichkeit, überhaupt Enkelkinder zu haben, hat sich – wenn auch nur leicht – reduziert. Von den Frauen, die zwischen 1947 und 1952 Mutter geworden sind, hatten mit 70 Jahren 82 Prozent Enkelkinder, von den Frauen, die zwischen 1959 und 1962 Mutter wurden, nur noch 75 Prozent. Da immer mehr Menschen ins Großelternalter kommen, die selbst nur wenige oder überhaupt keine Kinder haben, wird der Anteil der Enkellosen in Zukunft voraussichtlich noch deutlich zunehmen.

Gleichzeitig hat die Erhöhung der Lebenserwartung im Verlauf des 20. Jahrhunderts dazu geführt, dass sich die gemeinsame Lebenszeit von Eltern und Kindern und die gemeinsame Lebenszeit von Großeltern und Enkelkindern verlängert hat. Die *gemeinsame Lebenszeit von zwei Generationen* hat sich nahezu verdoppelt. Das Alter der Kinder beim Tod der Mutter ist für die zwischen 1875 und 1940 geborenen Frauen von 43 Jahre auf 57 Jahre angestiegen, beim Tod des Vaters sogar von 28 auf 49 Jahre (Lauterbach 2004). Die Lebensverläufe von Eltern und Kindern überschneiden sich also immer länger. Vergleichbare Tendenzen lassen sich im Hinblick auf den Wandel der *gemeinsamen Lebenszeit von drei Generationen* – zwischen Großeltern und Enkelkindern – nachweisen. Die Familienphase Großelternschaft ist eine Erscheinung des 20. Jahrhunderts, speziell seit der Zeit nach dem Zweiten Weltkrieg. Erst seit den 60er Jahren des 20. Jahrhunderts beträgt der Anteil der Großväter und -mütter, die ihre Enkel noch über Jahre erleben, mehr als 50 Prozent. Bei den Familienbeziehungen im Alter dominieren wegen der höheren Lebenserwartung die Frauen. „Männer haben im Alter im Durchschnitt Beziehungen zu Kindern und zur Ehefrau. Mütter hingegen häufig nur noch zu jüngeren Familiengenerationen" (Lauterbach 2004, 227).

Während für junge Erwachsene wegen der verlängerten Ausbildung und der damit verbundenen längeren finanziellen Abhängigkeit eine neue biographische Lebensphase, die *Postadoleszenz*, entstanden ist, hat sich parallel dazu auf Seiten der Eltern eine *„nachelterliche Familienphase"* als neue biographisch eigenständige Phase im Familienzyklus herausgebildet, in der Eltern trotz räumlicher Trennung von ihren Kindern beträchtliche Solidarleistungen erbringen. Vaskovics (2002) bezeichnet die Phase, die mit der Ablösung des letzten Kindes vom Elternhaus beginnt, als *„postfamiliale Elternschaft"*. Durchschnittlich beginnt diese Phase zu einem Zeitpunkt, an dem die Mütter etwa 50 Jahre alt sind, und sie dauert 20 bis 25 Jahre. Nach Berechnungen von Lauterbach (2004) erleben in den jüngsten Kohorten nahezu 80 Prozent der Mütter und Väter noch eine Zeitspanne von mindestens 15 Jahren nach dem Auszug der Kinder. Die späte Familienphase dauert häufig 25 bis 35 Prozent der gesamten Lebensspanne und damit länger als die kernfamiliale Periode, und selbst Großelternschaft erstreckt sich häufig noch über zwei Jahrzehnte. Dabei geht es „aus Sicht der Eltern nicht primär um die Problemlösung der eingetretenen ‚Zweisamkeit', sondern um das ‚Wie' der Wahrnehmung der Elternschaft unter Berücksichtigung der aktuellen und veränderlichen Lebenslage der Kinder" (Vaskovics 2002, 151). Die Vorstellung, dass mit der *„empty-nest"-Phase* (ab 50/55 Jahre) die Phase der *„nachelterlichen Gefährtenschaft"* beginnt, dürfte für einen beträchtlichen Teil heutiger Eltern irreführend sein.

Die Beziehungen zwischen Eltern und Kindern können also gegenwärtig nicht mehr nur unter der Perspektive der erwachsenen Eltern zu ihren minderjährigen Kindern betrachtet werden, sondern sie müssen um die Perspektiven von Großeltern und Enkeln ergänzt werden (zu den Funktionen von Großelterntätigkeit ausführlicher Brake/Büchner 2007). Damit verändert sich aber auch die *Bedeutung von Rollen* – insbesondere der Rolle als Mutter – und die Bedeutung von Beziehungen in Familien generell (Lauterbach 2004). Mit dem Auszug ihrer Kinder haben Mütter noch eine lange Lebensspanne von 20 bis 25 Jahren vor sich, in der sie kaum Erziehungs- und Betreuungsleistungen gegenüber ihren Kindern zu erfüllen haben. Die Rolle als Mutter kann somit kaum mehr sinnstiftend für den überwiegenden Teil des Lebenslaufs sein, sondern stellt nur noch eine Phase im Lebenslauf dar. Kulturelle Vorstellungen, ein eigenes Leben zu leben, treten wieder stärker in den Vordergrund.

10.2 Kontakt, Nähe und Distanz in Mehrgenerationenfamilien

Untersuchungen zum Mehrgenerationenzusammenhang von Familien waren in der Bundesrepublik bis vor etwa 30 Jahren selten. Dies überrascht umso mehr, als gerade der Generationenzusammenhang – neben der Geschlechts- und Alterszugehörigkeit – eine der grundlegenden Dimensionen gesellschaftlichen Zusammenlebens ist. Von der geringen Verbreitung von Dreigenerationenhaushalten und dem Trend zum Alleinwohnen darf nicht ohne Weiteres auf eine soziale Isolation älterer Menschen in unserer Gesellschaft geschlossen werden. Repräsentativstudien zu den *haushaltsübergreifenden Familienstrukturen* und zu den *familialen Netzwerken* offenbaren eine ganz andere Wirklichkeit. Räumliche Nähe, enge emotionale Beziehungen, häufige soziale Kontakte und umfangreiche Transferbeziehungen bestehen trotz getrennter Haushalte bis zum Tod der Eltern (Szydlik 2000; 2002).

Die – trotz Erweiterung der Zahl der intergenerationalen Verwandtenbeziehungen – geringe Verbreitung und der starke Rückgang der Mehrgenerationenhaushalte sind nicht, wie gern beklagt wird, Zeichen einer nachlassenden *Generationensolidarität* (Backes 1998). Der „Rückzug" aus den Mehrgenerationenhaushalten erfolgt in der Regel freiwillig. Eine Rückkehr zum Mehrgenerationenhaushalt streben weder die jungen noch die alten Menschen an (Schütze 1993). Am ehesten akzeptieren ältere Menschen ein Zusammenwohnen mit verheirateten Kindern nach dem Tod ihres Ehepartners oder im Falle von Pflegebedürftigkeit. Der größten Entfremdungsgefahr sind weit voneinander entfernt wohnende Familiengenerationen ausgesetzt. Finanzielle Unterstützungen dienen genauso als Beziehungskitt wie die Aussicht auf eine Erbschaft. Bedenklich muss allerdings stimmen, dass eine stärkere Bedürftigkeit aufgrund eines niedrigen Lebensstandards oder schlechten Gesundheitszustands die Enge der intergenerationalen Beziehungen eher verringert (zum Problem der Generationenambivalenzen siehe Pillemer/Müller-Johnson 2007).

Die *Wohnentfernung* ist ein bedeutender struktureller Faktor für die Realisierung familialer Beziehungen und für die Kontakthäufigkeit. Nach den Ergebnissen des 2. Alters-Survey 2002 wohnen viele erwachsene Kinder in der Nähe ihrer Eltern (Hoff 2006; Kohli u. a. 2005c). Von den 70- bis 85-jährigen Deutschen leben 22 Prozent der nächstwohnenden Kinder im selben Haus wie ihre Eltern, 19 Prozent in der Nachbarschaft und 29 Prozent im gleichen Ort. 22 Prozent der Kinder wohnen weiter entfernt, sind aber noch innerhalb von zwei Stunden erreichbar. Je höher die Bildungsqualifikation und der berufliche Status der Eltern und/oder der erwachsenen Kinder ist, desto größer ist aufgrund der erhöhten Mobilitätserfordernisse die Wohndistanz zwischen dem Haushalt der Eltern und dem der Kinder (Lauterbach 2004). Mit dem Älterwerden der Eltern und nach krisenhaften Lebensereignissen – wie z. B. einer Ehescheidung oder Verwitwung – nimmt die räumliche Entfernung zwischen Eltern und ihren erwachsenen Kindern (in erster Linie gilt dies für die Töchter) ab, was als Befolgung eines *normativen Solidaritätspostulats* interpretiert werden kann (Lauterbach 2004).

Welche zentrale Rolle Familienbeziehungen im Leben von Menschen in der zweiten Lebenshälfte spielen, kann man *Tabelle 68* entnehmen. Von einer Krise der Familienbeziehungen ist, betrachtet man die *subjektive Bewertung der Beziehung zur Familie*, nichts zu spüren. „Unter den Bedingungen gesellschaftspolitischer und ökonomischer Krisenerscheinungen hat die Familie offenbar noch an Bedeutung gewonnen. So ist die Wertschätzung der Familie im Urteil der Teilnehmerinnen und Teilnehmer am Alterssurvey seit 1996 gestiegen: nahezu 80 Prozent der 40- bis 69-Jährigen und sogar etwas mehr als 80 Prozent der 70- 85-Jährigen schätzten im Jahr 2002 ihre Familienbeziehungen als ‚sehr gut' oder ‚gut' ein" (Hoff 2006, 264). Die Frauen bewerteten ihre Familienbeziehungen noch etwas positiver als die Männer. Als weiterer Indikator für die Qualität der Generationenbeziehungen wurde die *Verbundenheit mit den am nächsten stehenden Familienangehörigen* betrachtet. 95 Prozent der Befragten berichten ein „enges" oder sogar „sehr enges" Verhältnis zu ihren jugendlichen oder erwachsenen Kindern (Hoff 2006). Das gilt für alle Altersgruppen und Geburtskohorten und ebenso für die alten wie für die neuen Bundesländer. Auch die Beziehungen der erwachsenen Kinder zu ihren Eltern zeichnen sich durch hohe Verbundenheitswerte, wenngleich auf nicht ganz so hohem Niveau, aus. Nur jeder zehnte Befragte weist auf Konflikte zwischen den Generationen hin (BMFSFJ 2005f). Im Generationen-Barometer 2006 wurde der vermutete Zusammenhalt in den Familien in Deutschland von 47 Prozent der Befragten als „eher gering" eingeschätzt, während der empfundene Zusammenhalt in der eigenen Familie von 84 Prozent als „stark/sehr stark" beurteilt wurde (Allensbach 2006).

Tabelle 68: Subjektive Bewertung der Beziehung zur Familie und Kontakthäufigkeit der Eltern zu den erwachsenen Kindern außerhalb des Haushalts nach Altersgruppen, 1996 und 2002 (Angaben in Prozent)

	Alter (in Jahren)							
	40–54		**55–69**		**70–85**		**Gesamt**	
	1996	**2002**	**1996**	**2002**	**1996**	**2002**	**1996**	**2002**
Subjektive Bewertung der Beziehung zur Familie								
gut und sehr gut	76	79	77	79	82	84	–	–
mittel	21	17	19	17	14	13	–	–
schlecht und sehr schlecht	3	4	4	3	4	3	–	–
Kontakthäufigkeit zu Kindern:[1]								
täglich	74	73	51	42	48	42	59	52
mindestens wöchentlich	20	20	37	48	40	46	31	38
weniger häufig	5	6	11	9	11	11	10	6
nie	1	1	1	1	1	0	1	1

1 Kontakthäufigkeit der Befragten zu demjenigen ihrer Kinder ab 16 Jahren, mit dem sie am häufigsten kommunizieren.

Quelle: Hoff 2006 (Alterssurvey 1996 und Replikationsstudie 2002)

Ein weiteres Maß für die Qualität der intergenerationalen Beziehungen ist die hohe *Kontaktdichte zwischen Eltern und ihren erwachsenen Kindern* (vgl. *Tabelle 68*). 2002 hatten 90 Prozent der deutschen Eltern täglich oder mindestens wöchentlich Kontakt mit einem außerhalb des Haushalts lebenden Kind. Nur bei einem Prozent war der Kontakt völlig abgebrochen. Auch in der „empty nest"- Phase wird also ein intensives Familienleben gepflegt. Die engsten Beziehungen bestehen zwischen Müttern und Töchtern, die flüchtigsten zwischen Vätern und Söhnen, was die zentrale Bedeutung der *Frau als familiale Integrationsfigur* bestätigt (Szydlik 2000). Allerdings ist 2002 in allen Altersgruppen gegenüber 1996 ein deutlicher Rückgang der täglichen Kontakte zu beobachten, was möglicherweise mit den insgesamt steigenden Wohnentfernungen zusammenhängt.

Nach Rosenmayr (1976) erlaubt erst eine gewisse räumliche Trennung zwischen den Generationen eine optimale Mischung von Nähe und Distanz. Litwak (1960) hat für diese Familienform, bei der die Beziehungen in der Dreigenerationenfamilie trotz fehlender Haushaltsgemeinschaft aufrechterhalten werden, den Begriff *„modifizierte erweiterte Familie"* eingeführt. Andere, z. B. Bien (1994), Bertram (2000) oder Lauterbach (2004), sprechen von einer *„multilokalen Mehrgenerationenfamilie"*. Diese kommt in optimaler Weise den Präferenzen der Familienmitglieder entgegen, da sie eine gewisse innere Stufung des Intimitätscharakters erlaubt. Der jeweiligen Situation und den jeweiligen Bedürfnissen entsprechend kann entweder stärker der Wunsch nach Distanz oder das Bedürfnis nach Intimität zur Geltung kommen. Gefragt ist *„Intimität auf Abstand"* (Rosenmayr 1976) bzw. *„innere Nähe durch äußere Distanz"* (Tartler 1961). „Eine Intimität auf Distanz und die zunehmende Bedeutung von Generationsbeziehungen zwischen erwachsenen Kindern und Eltern führt notwendigerweise dazu, dass Familienbeziehungen multilokal werden, ohne aber zu verschwinden. Daher erscheint es gerechtfertigt, die multilokale Mehrgenerationenfamilie als einen Familientypus zu bezeichnen, der heute in der Bundesrepublik ... eine erhebliche Bedeutung hat. Hilfeleistungen, Unterstützung und Fürsorge füreinander, das heißt familiäre Solidarität, ist nicht haushaltsgebunden, sondern generationsbezogen" (Bertram 2000, 118).

10.3 Tauschbeziehungen: Uneigennützigkeit oder Berechnung?

Sind die Tauschbeziehungen zwischen den Generationen in erster Linie von Orientierungen an *altruistischen Normen der Generationensolidarität* bestimmt oder folgen sie einem *Kosten-Nutzen-Kalkül*, bei dem die Frage der Reziprozität der Leistungen, des balancierten Gebens und Nehmens im Mittelpunkt steht? Anders ausgedrückt: Überwiegt Uneigennützigkeit oder Berechnung (Bien 1994; Alt/Bien 1994)? Übertragen auf die Großeltern-Enkel-Beziehung sollten nach der Altruismustheorie die Großeltern primär ein Interesse am Wohlbefinden ihrer Enkel haben, ohne eine direkte Gegenleistung zu erwarten. Nach der Austauschtheorie sollte dagegen die Unterstützung der Enkel durch eine Gegenleistung zumindest teilweise ausgeglichen werden.

Nach den Befunden der Mehr-Generationen-Studie des Deutschen Jugendinstituts aus dem Jahr 1992 wirken Enkel stimulierend auf die Beziehungen zwischen ihren Eltern und Großeltern (Bien 1994). Die Großeltern helfen im Haushalt, betreuen ihre Enkelkinder und unterstützen die Familie auch finanziell. Sowohl für die Annahmen der Altruismus- als auch für die Annahmen der Austauschtheorie finden sich empirische Belege. Die Großeltern übernehmen häufig, und zwar unabhängig davon, ob sie erwerbstätig sind oder nicht, die Enkelbetreuung, wobei gelegentliche Betreuung im Sinne des Altruismusmodells eher „verschenkt" als „ausgetauscht" wird. Erfolgt die Kinderbetreuung regelmäßig, so wird der zunächst einseitige Transfer in relativ kurzer Zeit durch entsprechende Gegenleistungen der mittleren Generation (oft in Form von Haushaltshilfe) beantwortet. Die verschiedenen Generationen sind insgesamt in ein familiales Tauschnetz integriert, in dem auf lange Sicht das Geben und Nehmen über alle Generationen hinweg als sehr ausgeglichen erlebt wird.

Von der im Allbus 2002 befragten erwachsenen Bevölkerung in West- und Ostdeutschland stimmte jeweils etwa 70 Prozent der Aussage zu, dass „erwachsene Kinder die Pflicht (haben), sich um ihre betagten Eltern zu kümmern". Von den Befragten des Alters-Surveys 1996 waren 82 Prozent der Ansicht, dass sie einfach die Pflicht haben, ihren Angehörigen zu helfen (vgl. *Tabelle 69)*. Abgesehen von der Orientierung an normativen Regeln und der Zuneigung spielen auch hier *Reziprozitätsvorstellungen* eine erhebliche Rolle. So möchten 79 Prozent ihren Eltern, die soviel für sie getan haben, auch etwas zurückgeben, und 70 Prozent meinen, dass sie, wenn sie ihren Angehörigen helfen, von ihnen auch selbst Hilfe erwarten können. Und die in der bundesweiten Repräsentativbefragung von Herlyn u. a. (1998) interviewten Großmütter unterstützten ihre Kinder bei der Enkelbetreuung auch deshalb, weil sie als junge Frauen und Mütter selbst häufig von matrilinearer Solidarität profitiert hatten.

Tabelle 69: Motive für die Unterstützung von Angehörigen (Angaben in Prozent)[1]

Motive	**40–54 Jahre**	**55–69 Jahre**	**70–85 Jahre**	**Gesamt**
Wenn meine Angehörigen Hilfe brauchen, werde ich immer einspringen	92	93	93	92
Wen ich von meinen Angehörigen nicht mag, dem helfe ich auch nicht	37	40	36	38
Ich finde, dass ich einfach die Pflicht habe, meinen Angehörigen zu helfen	80	83	84	82
Erwachsene Kinder sollten auf eigenen Beinen stehen und keine Unterstützung von ihren Eltern erwarten	67	72	74	70
Was soll ich in meinem Alter noch Geld sparen? Meine Angehörigen können es jetzt viel besser gebrauchen	27	40	55	36
Ich brauche meinen Angehörigen nicht zu helfen, weil es ja genügend staatliche Hilfen gibt	14	20	19	17
Was meine Eltern mir gegeben haben, das möchte ich an die folgende Generation weitergeben	82	86	84	84
Meine Eltern haben soviel für mich getan, dass ich ihnen auch etwas zurückgeben möchte	79	80	76	79
Wenn ich meinen Angehörigen helfe, kann ich von ihnen auch selbst Hilfe erwarten	67	73	76	70
Wer etwas von mir erben will, sollte auch etwas dafür tun	47	55	54	51

[1] Die ursprünglichen Antwortvorgaben „stimme voll zu" und „stimme eher zu" wurden zusammengefasst.

Quelle: Kohli u. a. 2005b, 197 (Alters-Survey 1996)

Auf der Grundlage des Alters-Surveys 2002 können die intergenerationalen materiellen Transfers und instrumentellen Hilfeleistungen detailliert beschrieben werden (vgl. *Tabelle 70)*. In vielen Fällen verlaufen die familialen Solidar- und Hilfeleistungen in beide Richtungen: von der jüngeren Generation zur älteren Generation, aber auch von der älteren Generation zur jüngeren Generation.

Tabelle 70: Erhalt und Leistung sozialer Unterstützung in der zweiten Lebenshälfte, Deutschland 2002

	Frauen			Männer		
Altersgruppe	**40–54**	**55–69**	**70–85**	**40–54**	**55–69**	**70–85**
Instrumentelle Unterstützung[1]						
leisten	36%	24%	15%	39%	34%	17%
erhalten	20%	18%	40%	25%	24%	30%
Geld- und Sachtransfers						
leisten	27%	35%	29%	28%	38%	35%
erhalten	14%	6%	4%	12%	5%	2%
Kognitive Unterstützung						
leisten	94%	84%	76%	88%	83%	73%
erhalten	83%	76%	75%	77%	73%	65%
Emotionale Hilfe						
leisten	93%	86%	77%	85%	81%	69%
erhalten	83%	68%	67%	65%	56%	57%

[1] Arbeiten im Haushalt, z. B. beim Saubermachen, bei kleinen Reparaturen oder beim Einkaufen.

Quelle: Hoff 2006 (Alterssurvey 2002)

- Was die *materiellen Transfers* betrifft, so ist eine klare Asymmetrie erkennbar: Geld und größere Sachgeschenke fließen vornehmlich entsprechend einem Kaskadenmodell von den älteren zu den jüngeren Generationen. Etwa jeder dritte 70- bis 85-Jährige hat in den letzten 12 Monaten materielle Transfers an mindestens eines der (außerhalb des Haushalts wohnenden) erwachsenen Kinder oder an die Enkel geleistet. Sozialpolitisch bedenklich ist, dass die Transferquoten zwischen 1996 und 2002 in Westdeutschland leicht und in Ostdeutschland, vermutlich aufgrund der sinkenden Alterseinkommen, stark zurückgegangen sind (Kohli u. a. 2005b; Motel-Klingebiel 2004). Materielle Transferströme in umgekehrter Richtung sind nach wie vor kaum zu verzeichnen. Für die Häufigkeit und Höhe der Transfers sind vornehmlich drei Faktoren relevant: die Ressourcen (finanzielle Lage) der Geber, die Bedarfslage (insbes. die Erwerbssituation) der Empfänger und die Kontakthäufigkeit bzw. emotionale Verbundenheit zwischen den Familiengenerationen (Kohli u. a. 2005b). Mit den kleineren Transfers der Älteren an ihre Kinder dürften meist Not- und Bedarfslagen abgefedert werden. Große Transfers sind stärker durch einen „Matthäus-Effekt" gekennzeichnet: Wer hat, dem wird gegeben.
- Auf der anderen Seite haben 40 Prozent der 70- bis 85-Jahre alten Frauen und 30 Prozent der gleichaltrigen Männer von den Kindern *instrumentelle Unterstützung* (z. B. beim Einkaufen oder Saubermachen) erhalten, während nur 15 bzw. 17 Prozent ihre erwachsenen Kinder in dieser Form unterstützt haben. Die Älteren, die über mehr Zeit verfügen, geben also häufiger Geld an ihre erwachsenen Kinder, die wiederum – obgleich sie weniger Zeit haben – ihren Eltern häufiger instrumentelle Hilfe leisten. Nach Ansicht von Kohli u. a. (2005b, 195) drängt dieses Paradox „die Vermutung auf, dass manche finanzielle Leistungen durch instrumentelle Hilfeleistungen ‚vergolten' werden oder ‚eingeklagt' wurden".
- Im Falle *kognitiver und emotionaler Hilfe* verlaufen die Hilfeleistungen in allen Altersstufen auf hohem Niveau in beide Richtungen.

Bei der Beurteilung der verwandtschaftlichen Hilfe und Solidarität sollte man bedenken, dass die Bedeutung der Solidarität weniger in der Bewältigung des Alltagslebens liegt, sondern dass die haushaltsübergreifenden familialen Netzwerke primär die Aufgabe eines flexiblen Hilfepotentials haben, das in speziellen Situationen (Krisen, Krankheiten) mobilisiert wird (Höpflinger 2007). Auch wird die verwandtschaftliche Solidarität zwischen den Generationen primär in vertikaler Richtung ausgeübt. Horizontale Verwandtschaftsbeziehungen (z. B. zwischen Geschwistern) spielen eine nur untergeordnete Rolle.

Aufgrund der beschriebenen Ergebnisse könnte man das Ausmaß an Unterstützung als eher gering ansehen, darf aber nicht vergessen, dass hier nur eine relativ kurze Zeitspanne betrachtet wird. Wie viel umfangreicher die Leistungen sind, die die Befragten seit dem Erreichen der Volljährigkeit von ihren Eltern/Schwiegereltern erhielten bzw. die sie seitdem für ihre Eltern/Schwiegereltern erbracht haben, lässt sich dem Generationen-Barometer 2006 entnehmen (Haumann 2006). Eine Betrachtung der Gesamtleistungen zwischen Eltern und Kindern in den verschiedenen Generationen macht klar, dass die Unterstützungen nicht etwa einseitig gewährt werden, sondern dass es sich um ein Geben und Nehmen handelt, das in allen Generationen in der einen oder anderen Art wenigstens 90 Prozent der Bevölkerung erreicht (vgl. *Abbildung 16)*. Von den 30- bis 65-Jährigen berichten 68 Prozent, dass ihre Eltern sie seit dem Erreichen der Volljährigkeit in irgendeiner Form finanziell unterstützt haben. 35 Prozent von ihnen haben ihrerseits die Eltern finanziell unterstützt. 61 Prozent haben von den Eltern instrumentelle, praktische Hilfe erhalten; 88 Prozent haben sie ihren Eltern gewährt. In einer neueren französischen Studie haben in-

Abbildung 16: Gegenseitige Unterstützung der Generationen in der Familie in Deutschland, Bevölkerung ab 16 Jahre, März 2006 (jeweils Angaben der Kinder)

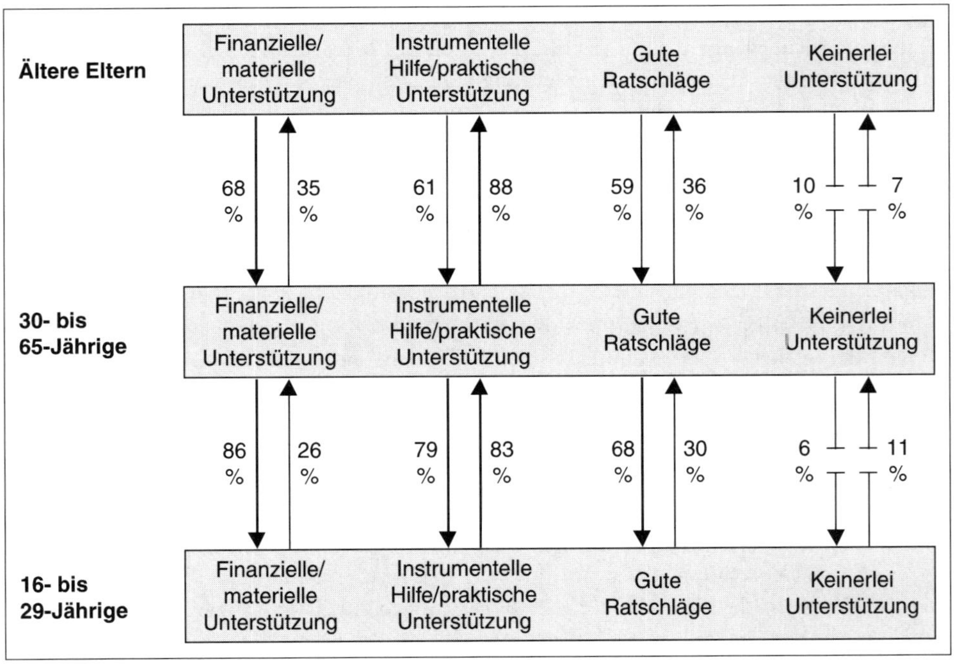

Quelle: Haumann 2006, 190 (Generationen-Barometer 2006)

nerhalb von 5 Jahren zwei Drittel der älteren Menschen an ihre erwachsenen Kinder Transfers geleistet (BMFSFJ 2005h).

Auch prospektive *Erbschaften* können sich, einmal abgesehen davon, dass durch sie die soziale Ungleichheit reproduziert und sogar noch vergrößert wird (Schupp/Szydlik 2004), im Sinne von Reziprozitätsvorstellungen auf die Generationenbeziehungen in der Familie auswirken, denn vermögende Familienmitglieder sind in der Lage, familiale Solidarität „anzuregen“, wenn sie explizit oder implizit mit Vererbungen locken oder mit Enterbungen drohen können (ausführlicher Lettke 2003).

Die Befunde ergeben insgesamt ein klares Muster: Dem *öffentlichen Generationenvertrag* – der Umlage von den Erwerbstätigen zu den Rentnern – entspricht ein *privater Transfer* innerhalb der Familien in umgekehrter Richtung. Ein Teil der öffentlichen Transfers an die Älteren wird von diesen also unmittelbar an ihre Nachkommen weiter- bzw. zurückgereicht. Der durchschnittliche Transferbetrag belief sich für die über 59-jährigen Geber im Jahr 1996 auf umgerechnet 3 700 Euro. Dies entspricht einer Transfersumme von insgesamt 17,5 Milliarden Euro und damit rund 9 Prozent der 1996 geleisteten Zahlungen der gesetzlichen Altersversorgungssysteme (Kohli/Künemund 2005a). Da die Älteren einen erheblichen Teil ihrer familialen Transfers nur deshalb erbringen können, weil ihnen der öffentliche Generationenvertrag dazu die Mittel gibt, wird die Familie als Solidarsystem durch den Wohlfahrtsstaat demnach nicht geschwächt, wie oft behauptet wird, sondern ganz im Gegenteil zu neuen Leistungen erst befähigt. So treffen Kürzungen bei den Renten nicht nur die Rentner selbst, sondern auch die jüngeren Altersgruppen, die von den Älteren in vielfacher Weise unterstützt werden. „Der wohlfahrtsstaatliche Generationenvertrag trägt auf diese Weise entscheidend zur Stärkung des Kittes zwischen den Generationen in der Familie und damit auch des gesellschaftlichen Zusammenhalts insgesamt bei“ (Kohli/Künemund 2005a, 367). Positiv wirkt sich auch aus, dass Familien besser als staatliche Umverteilungssysteme dazu fähig sind, Notlagen zu beobachten und gezielt auf sie einzugehen.

Künemund und Vogel (2006) gehen ebenfalls der Frage nach, inwiefern familiale Generationensolidarität durch einen gut ausgebauten Sozialstaat geschwächt oder gestärkt wird („crowding out“ bzw. „crowding in“). Die neuen Daten des „Survey of Health, Aging and Retirement in Europe“ (SHARE) für zehn europäische Länder zu den im letzten Jahr vor der Befragung getätigten Generationentransfers (Geld- oder Sachgeschenke) zeigen eindeutig, dass von einer Verdrängung der Familiensolidarität durch den Wohlfahrtsstaat nicht die Rede sein kann. Im Gegenteil finden sich eher Hinweise auf eine Stärkung der privaten durch die öffentliche Generationensolidarität. Familienmitglieder werden also gerade durch den Wohlfahrtsstaat überhaupt erst in die Lage versetzt, sich untereinander durch finanzielle Transfers zu unterstützen. Es spricht einiges dafür, dass „der Effekt des *crowding in* stärker ausfällt und die Familienbeziehungen in vielfältiger Weise entlastet und gestärkt, aber auch soziales und gesellschaftliches Engagement insgesamt gefördert und ermöglicht werden, wenn die Älteren durch die wohlfahrtsstaatliche Umverteilung maßvoll begünstigt werden“ (Künemund/Vogel 2006, 285). Private Generationentransfers stabilisieren Familienbeziehungen und haben zudem oft starken Symbolcharakter. Man zeigt, dass man sich unterstützt und füreinander einsteht. Umgekehrt können sich über Generationentransfers aber auch Machtbeziehungen in Familien ausdrücken. Wer über Geld- oder Sachwerte verfügt, kann die eigene Machtposition erhalten und stärken.

Auch bei der Übernahme *häuslicher Pflege* durch Familienmitglieder spielen beide Prinzipien – familiale Solidarität und Reziprozität – eine erhebliche Rolle. Die emotionale und alltagspraktische Unterstützung alter und sehr alter Menschen wird auch heute noch überwiegend in der Familie geleistet. Im Dezember 2005 waren 2,13 Millionen Menschen in Deutschland nach Kriterien der Pflegeversicherung als pflegebedürftig eingestuft (Statist. Bundesamt 2007). Dies entspricht einem Anteil von etwa 2,5 Prozent an der Bevölkerung. Hinzu kommen etwa drei Millionen Hilfebedürftige, die in keiner Pflegestufe erfasst sind (Müller u. a. 2006). Pflegebedürftigkeit trifft überwiegend ältere Menschen und steigt mit zunehmendem Alter exponentiell an (vgl. *Abbildung 17)*. So war Ende 2005 von den 70- bis unter 75-Jährigen „nur" jeder zwanzigste (5 Prozent) pflegebedürftig; unter den 90- bis unter 95-Jährigen wurde die höchste Pflegequote von 61 Prozent ermittelt (Statist. Bundesamt 2007). Da Frauen eine höhere Lebenserwartung als Männer haben und da im Alter ab 65 die Pflegebedürftigkeit mit jedem Altersjahrgang zunimmt, sind Frauen unter den Pflegebedürftigen stark – und mit steigendem Alter immer stärker – überrepräsentiert. 2005 waren von allen Pflegebedürftigen 68 Prozent Frauen.

Abbildung 17: Pflegebedürftigkeit in Deutschland, 2005

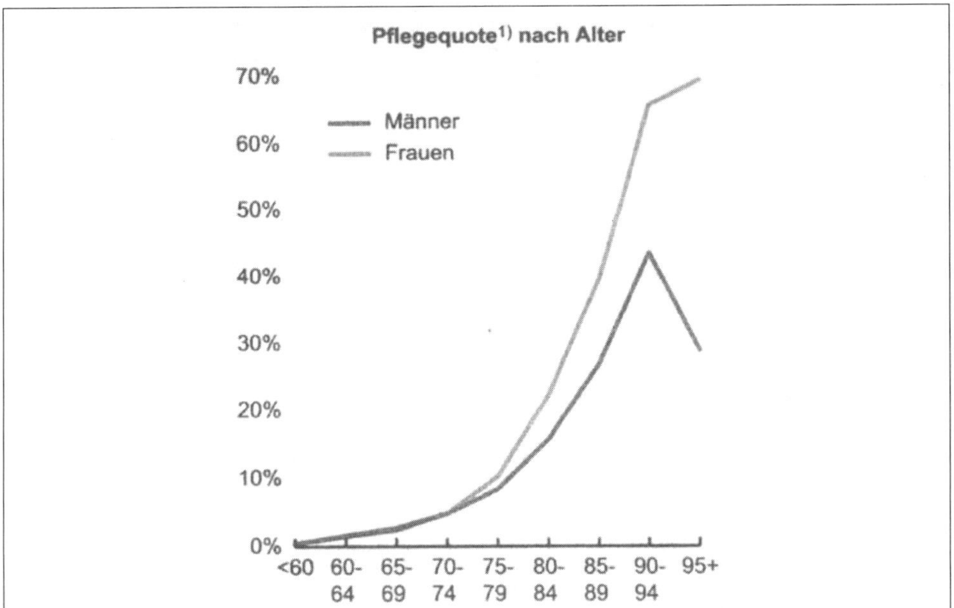

[1] Anteil der Pflegebedürftigen an der jeweiligen Bevölkerungsgruppe

Quelle: Tivig/Hetze 2007, 111

Ein knappes Drittel (677 000) der Pflegebedürftigen wird in institutionellen Einrichtungen betreut und mehr als zwei Drittel (1,45 Millionen) der Pflegebedürftigen werden zu Hause versorgt, davon wiederum zwei Drittel allein durch Angehörige, insbesondere durch Ehefrauen, Töchter und Schwiegertöchter, und ein Drittel durch die Unterstützung von Pflegediensten (BMFSFJ 2005d). Seit Beginn der 1990er Jahre ist der Anteil der Männer, die im Alltag die häusliche Pflege tragen, von 17 auf 27 Prozent angestiegen. Dass häufiger Töchter und Schwiegertöchter als Söhne und Schwiegersöhne Pflegearbeiten übernehmen, lässt sich nach US-Befunden vor allem mit der häufigeren Erwerbstätigkeit, den längeren

Arbeitszeiten und dem höheren Einkommen der Söhne erklären (Sarkisian/Gerstel 2004). Die meisten Hauptpflegepersonen im erwerbsfähigen Alter waren zu Beginn der Pflege nicht erwerbstätig (51 Prozent) oder sie haben ihre Erwerbstätigkeit im Zuge der Pflege eingeschränkt oder ganz aufgegeben (21 Prozent; BMFSFJ 2005d). Die meisten pflegenden Angehörigen (60 Prozent) sind bereits 55 Jahre oder älter. „Es ist im Kern die ‚dritte Lebensphase', also die sich beruflich aber auch familiär entpflichtende Generation der ‚jungen Alten', die die Pflege ihrer hochbetagten Angehörigen trägt" (BMFSFJ 2005d, 4). Daneben finden sich mit einem Anteil von 8 Prozent auch private Arrangements, bei denen die Pflege von Freunden, Nachbarn oder Bekannten abgesichert wird – in der Regel deshalb, weil keine engen familiären Angehörigen verfügbar sind

Die *Pflegebereitschaft* (im Sinne tatsächlicher Durchführung einer Pflegetätigkeit) ist, entgegen anderslautenden Behauptungen, in den vergangenen Jahrzehnten nicht zurückgegangen (Müller u. a. 2006). Die meisten Kinder folgen der sozialen Norm vom „Zurück"geben-Müssen, und auch bei den meisten älteren Menschen herrschen entsprechende Pflegeerwartungen an die Kinder vor (Halsig 1995). Meist verweisen Kinder auf Gefühle der „Dankbarkeit" oder „Verpflichtung", seltener auf allgemeine Normen familialer Solidarität. Die meisten Kinder plädieren zwar bei Pflegebedürftigkeit der Eltern prinzipiell für eine Familienpflege (Schütze/Wagner 1995; Mayer/Baltes 1996). Dies gilt aber nur solange, wie das Risiko, die Pflege auch tatsächlich leisten zu müssen, gering ist, solange die Eltern also relativ gesund sind und nicht allein wohnen. Kinder, deren Eltern bereits pflegebedürftig sind, votieren dagegen verstärkt für Heimpflege.

Bei Pflegesituationen als Form der Generationensolidarität darf man nicht deren *Schattenseiten* übersehen. Denn Pflege bedeutet eine immense zeitliche, körperliche, finanzielle, soziale und psychische Belastung (BMFSFJ 2005h). Auch sind Hilfeleistende und Pflegebedürftige oft so miteinander verstrickt, dass starke Konflikte bis hin zu psychischer und physischer Gewalt ausbrechen können. Der Bereich der Pflege ist generell durch *intergenerationale Ambivalenzen*, durch den Umgang mit empfundenen unlösbaren Widersprüchen geprägt. Jeder Zweite verweist bei der Frage nach einer möglichen Pflege der eigenen Eltern auf das Dilemma der Wahl zwischen vollstationärer Pflege und privater, häuslicher Betreuung (Müller u. a. 2006). Beide Optionen werden negativ beurteilt und führen zu einer Entscheidungsambivalenz. Stationäre Pflege kollidiert mit der Solidaritätsnorm, die von einer moralischen Verpflichtung zur Angehörigenpflege ausgeht. Im Falle familiärer Pflege werden persönliche Konflikte, z. B. aufgrund einer möglichen Überlastung oder im Rahmen des Pflegeverhältnisses, antizipiert. Nach Befunden aus dem Bremer Projekt „Statuspassagen und Risikolagen im Lebensverlauf" sind die meisten erwerbstätigen Frauen trotz pflegerischer Aufgaben nicht bereit, ihre Beteiligung am Arbeitsmarkt zu reduzieren oder ganz aufgeben. Über die Hälfte (54 Prozent) der Pflege wird in Phasen der Erwerbstätigkeit der Pflegenden – meist in Kombination mit Vollzeiterwerbstätigkeit – geleistet (Müller u. a. 2006). Nur ein knappes Viertel (23 Prozent) der Pflegeepisoden ist mit ausschließlicher Familientätigkeit kombiniert.

Ob eher die Angehörigen oder eher die Gesellschaft für die Pflege älterer Menschen verantwortlich sind, wird von der Bevölkerung sehr widersprüchlich gesehen. Einerseits sind 84 Prozent der Befragten der Ansicht, dass sich „die Gesellschaft in erster Linie durch die Bereitstellung von angemessenen Institutionen und Diensten um ältere Menschen kümmern sollte" (Dorbritz u. a. 2005). Andererseits finden 74 Prozent, dass sich im Bedarfsfall die Kinder bzw. die Angehörigen um die älteren Menschen kümmern sollten. Nach einer Umfrage aus dem Jahr 2005 gehen 63 Prozent der über 65-Jährigen davon aus, dass sie „unter Umständen“ die Pflege der Eltern persönlich übernehmen (polis 2005). Nur 15 bis 20 Prozent meinen, dass die Pflege alter Eltern nicht Aufgabe der Kinder sein sollte.

10.4 Frauen zwischen Erwerbstätigkeit, Pflege und Kinderbetreuung: der gerontologische Mythos von der „Sandwich-Generation“

Frauen mittleren Alters (im Alter zwischen 40 und 59) werden in zahlreichen Arbeiten durch die erstmals vor 30 Jahren von Schwartz (1977) eingeführte Metapher von der *„Sandwich“-Generation* gekennzeichnet. Andere, wie Lüscher und Liegle (2003) sprechen lieber von der *„Scharniergeneration“*, da der Begriff der Sandwich-Generation zur sehr die Vorstellung von Belastungen betont, während die Beziehungspotentiale und die damit einhergehenden Chancen vernachlässigt werden. Im Falle der *echten Sandwich-Konstellation (enge Definition)* werden die Frauen „eingeklemmt gesehen zwischen den Anforderungen der älteren und jüngeren Generation und außerdem zunehmend konfrontiert mit den Erfordernissen ihres beruflichen Engagements“ (Hörl/Kytir 1998, 730).

Die empirische Relevanz der Sandwich-Situation ist aber umstritten. Künemund (2006) zeigt auf der Grundlage des 2. Alterssurveys 2002, dass Sandwich-Generationen zwar im Sinne einer *weiten Definition* – allein auf der Grundlage der Generationenkonstellationen – empirisch die Regel sind, eine Gleichzeitigkeit von Pflege und Betreuung älterer und jüngerer Angehöriger verbunden mit eigener Erwerbstätigkeit im Sinne einer engen Definition aber recht selten ist. Wie im Falle des 1. Alterssurveys 1998 (Künemund 2002) lässt sich bei den betroffenen Frauen (und Männern) wiederum kein signifikanter Einfluss auf die Lebenszufriedenheit oder die emotionale Befindlichkeit nachweisen. Die Sandwich-Situation bringt also keine besonderen Belastungen mit sich. Im Einzelnen zeigt sich (Künemund 2006):

- Über 75 Prozent der 40- bis 44-jährigen Frauen, aber nicht einmal 50 Prozent der 55- bis 59-jährigen Frauen befinden sich in einer Sandwich-Situation *im weiten Sinne*, d. h. sie haben Angehörige jeweils mindestens einer älteren und mindestens einer jüngeren Generation. Der überwiegende Anteil der älteren Angehörigen ist jedoch weder hilfe- noch pflegebedürftig, so dass der Schluss von diesen Generationenkonstellationen auf Belastungssituationen unzulässig ist.
- Legt man eine *enge Definition* zugrunde, so ergibt sich ein grundsätzlich anderes Bild. Nur 3 Prozent der 40- bis 44-jährigen, 8 Prozent der 45-bis 49-jährigen und 3 Prozent der 50-bis 54-jährigen Frauen betreuen einen (Schwieger)Elternteil, haben gleichzeitig Kinder im Haushalt oder betreuen Enkelkinder und gehen auch noch mindestens eine Stunde monatlich einer Erwerbstätigkeit nach. In der Altersgruppe 40 bis 54 insgesamt befinden sich damit nur 5 Prozent in einer echten Sandwich-Position. Die häufig beschworene Sandwich-Generation ist demnach eine eher seltene Konstellation, ein *„gerontologischer Mythos“*.
- Vernachlässigt wird in der Regel (meist ist die Rede von „women in the middle“), dass auch Männer von der Sandwich-Konstellation betroffen sein können. Vor allem wegen der höheren Erwerbsbeteiligung der Männer ist eine echte Sandwich-Konstellation bei

ihnen ebenso häufig (oder selten) vorfindbar wie bei den Frauen, nämlich bei 4 Prozent der Männer im Alter zwischen 40 und 54.

Allerdings muss grundsätzlich unterschieden werden zwischen dem Risiko einer Mehrfachbelastung zu einem bestimmten Zeitpunkt oder in einer bestimmten Altersphase und ihrer Eintretenswahrscheinlichkeit im Verlauf eines Lebens. Höpflinger und Baumgartner (1999) schätzen, dass gegenwärtig jede fünfte Frau zumindest irgendwann im Laufe ihres Lebens mit einer echten Sandwich-Position konfrontiert wird.

Der Rückgang der Mehrgenerationenhaushalte ist, so lässt sich als vorläufiges Fazit sagen, nicht gleichzusetzen mit einer Abnahme intergenerationaler Solidarität. Zwar haben sich die Abhängigkeitsbeziehungen zwischen Eltern und ihren Kindern verringert. Der Druck der Tradition (familiale Loyalität, Solidarität, Verbundenheit) und der ökonomischen und materiellen Sanktionen hat nachgelassen. Der Erweiterung der intergenerationalen Verwandtschaftsbeziehungen aufgrund demographischer Veränderungen steht eine steigende Individualisierung als Wertorientierung moderner Gesellschaften gegenüber, die sich in einer wachsenden *Symbolisierung der Familienbeziehungen* äußert. Die Bedeutung der intergenerationalen Beziehungen basiert also immer stärker auf der Qualität der Beziehung selbst (Knipscheer 1987). Auch wird das vorgegebene soziale Netzwerk immer mehr ergänzt – in der Regel aber nicht ersetzt – durch ein individuell organisiertes soziales Netzwerk, das auf persönlicher Anziehung aufgrund kultureller Nähe (ähnlichen Einstellungen und einem ähnlichen Lebensstil) beruht.

10.5 Lebenssituation älterer Menschen in Deutschland

Im höheren Lebensalter kommt es zu einem Auseinanderfallen der *Lebensformen* von Frauen und Männern. Männer verbringen ihr Alter vergleichsweise selten allein oder in Institutionen. Sie haben selbst im Alter noch (meist jüngere) Lebenspartnerinnen. Frauen leben dagegen aufgrund ihrer höheren Lebenserwartung und ihres niedrigeren Heiratsalters häufiger alleine oder in Seniorenheimen. Im Jahr 2005 führten 40 Prozent der 60-jährigen und älteren Frauen alleine einen Haushalt, aber nur 16 Prozent der Männer. Dagegen waren Männer mit 71 Prozent (gegenüber 52 Prozent) deutlich häufiger in Zweipersonenhaushalten anzutreffen, wobei mit zunehmendem Alter diese Unterschiede immer markanter werden (vgl. *Abbildung 18)*. Der *Witwenstand* ist der dominante Familienstand älterer Frauen (Roloff 2006; Henry-Huthmacher/Hoffmann 2006). Verwitwete Männer befinden sich in der Minderheit und gehen im Alter häufiger als verwitwete Frauen eine neue Ehe ein. Von allen Verwitweten im Alter von über 60 Jahren, die 2005 eine neue Ehe eingingen, waren 79 Prozent Männer und nur 21 Prozent Frauen. Verwitwete Männer gehen im Alter nicht nur häufiger eine Folgeehe ein als Frauen. Sie leben auch häufiger in nichtehelichen Lebensgemeinschaften (zur Lebensqualität Hochaltriger siehe BMFSFJ 2002).

2004 lag die *Erwerbsquote* der 60- bis 65-jährigen Männer und Frauen lediglich bei 38 bzw. 20 Prozent, und dies trotz eines deutlichen Anstiegs der Erwerbsbeteiligung älterer Menschen in den letzten Jahren (Büttner 2005). Das durchschnittliche Rentenzugangsalter in Deutschland hat sich in den letzten 10 Jahren um ein Jahr auf nunmehr 60,8 Jahre (2005) erhöht. Anscheinend haben die Abschlagsregelungen bei vorgezogenem Renteneintritt dazu geführt, dass ältere Menschen später in Rente gehen. Auch Umfrageergebnissen nach zu urteilen stellen sich immer mehr Menschen darauf ein, länger zu arbeiten (Engst-

Abbildung 18: *Lebensformen Älterer in Deutschland, 2003*

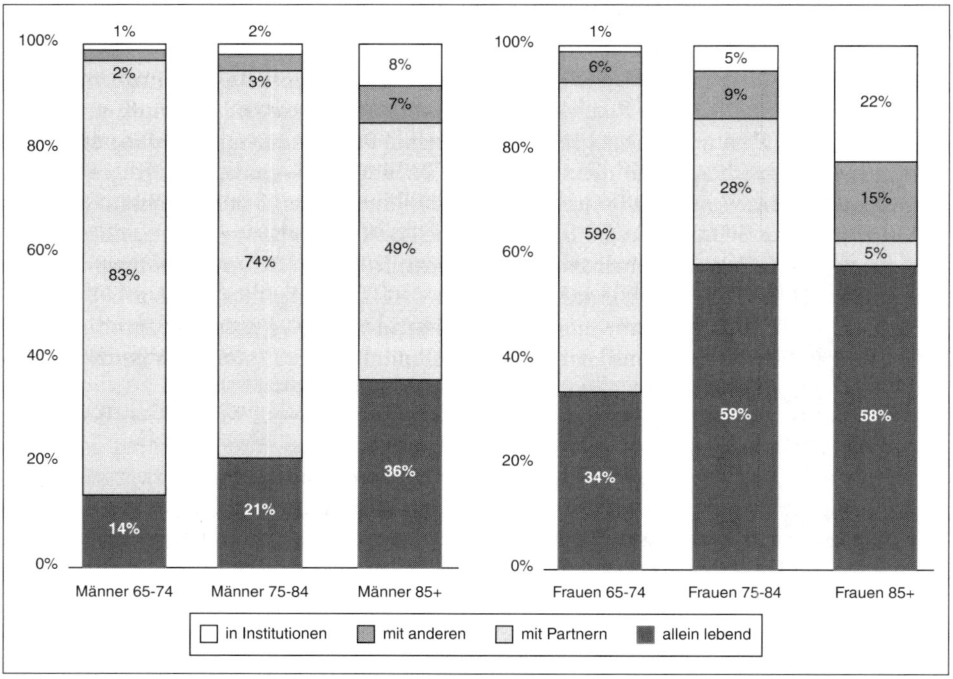

Quelle: Tivig/Hetze 2007, 40

ler 2004). 1996 wollte noch jeder zweite über 40-jährige Erwerbstätige mit spätestens 60 Jahren aus dem Erwerbsleben ausscheiden. 2002 traf dies nur noch auf 35 Prozent zu, wobei besonders der Anteil derjenigen stark zugenommen hat, die sich über den genauen Zeitpunkt des Renteneintritts noch unsicher sind.

In Deutschland sind die 55- bis 64-Jährigen häufiger von Arbeitslosigkeit betroffen als jüngere Arbeitnehmer, was sich vor allem mit den schlechteren Wiedereinstellungschancen älterer Arbeitnehmer erklären lässt (Frosch 2007). In einer aktuellen Studie des Rostocker Zentrums für Demografischen Wandel wurden für über 113 000 männliche Personen in Westdeutschland, die zwischen 1975 und 2001 mindestens einen Monat lang arbeitslos waren, die Wiederbeschäftigungsquoten für verschiedene Altersgruppen bestimmt. Von den 55- bis 59-Jährigen fanden nur knapp 30 Prozent innerhalb von zwei Jahren wieder eine Stelle, von den über 60-Jährigen waren es sogar nur 10 Prozent.

Die jüngeren Jahrgänge gehen heute im Vergleich zu den älteren Jahrgängen häufiger aufgrund von Arbeitslosigkeit oder Entlassung und seltener direkt aus der Erwerbsarbeit in den Ruhestand (vgl. *Tabelle 71).* Die *nahtlosen Übergänge von der Arbeit in die Rente* sind also seltener geworden. Von den Jahrgängen 1923–27 waren noch 74 Prozent bis zum Ruhestand erwerbstätig, von den Jahrgängen 1938–42 waren es nur noch 53 Prozent. Deutlich zugenommen hat dagegen der Anteil jener, die beim Übergang in die Rente arbeitslos waren bzw. sich im Vorruhestand befanden. Auch der Teilzeitarbeit und der geringfügigen Beschäftigung kommt als „Brücke" zwischen Erwerbsaustritt und Renteneintritt nunmehr eine wachsende Bedeutung zu. Auswertungen des Scientific Use File Versicherungsrentenzugangs 2004 belegen, dass die Wahlfreiheit, was den individuellen Zeitpunkt des Renteneintritts betrifft, aufgrund mangelnder Beschäftigungschancen älterer Arbeitnehmer häufig stark eingeschränkt ist (Radl 2007). Späte Renteneintritte werden vermehrt bei Hochqualifizierten und Gutverdienern beobachtet.

Tabelle 71: Verteilung der Erwerbssituationen unmittelbar vor dem Ruhestand nach Geburtsjahrgang (Angaben in Prozent)

Übergang in die Altersrente aus ...	**Geburtsjahrgang**				
	1917–22	**1923–27**	**1928–32**	**1933–37**	**1938–42**
Erwerbstätigkeit	72	74	71	63	53
Arbeitslosigkeit/Vorruhestand	3	4	11	19	23
Tätigkeit als Hausfrau/-mann	18	14	11	9	12
sonstigem Status[1]	7	8	7	9	12

[1] z. B. Erwerbsunfähigkeit oder längerfristige Krankheit

Quelle: Engstler 2004, 110 (2. Alters-Survey 2002)

Die *Einkommensposition* der älteren Menschen in Deutschland hat sich in den vergangenen 20 Jahren deutlich verbessert (Grabka/Krause 2005). Das durchschnittlich verfügbare Pro-Kopf-Einkommen älterer Menschen (65 Jahre und älter) lag 2003 nur 3 Prozent unter dem Durchschnitt der Bevölkerung (SOEP 2003). Eine finanziell etwas schwächer gestellte Gruppe der Älteren bilden die alleinlebenden Frauen (Motel-Klingebiel 2004). Auch die noch zu Beginn der 1980er Jahre öffentlich stark thematisierte *Altersarmut* ist im Verlauf der letzten 20 Jahre merklich zurückgegangen. Die Armutsrate der älteren Menschen lag 2003 aber noch 13 Prozent über dem Durchschnitt der Gesamtbevölkerung. Insgesamt sind die Älteren im Vergleich zur jüngeren Bevölkerung mit ihrem Haushaltseinkommen, der sozialen Sicherung und dem Lebensstandard überdurchschnittlich zufrieden (Statist. Bundesamt 2006d).

Zwar nimmt die Anzahl schwerer *Erkrankungen* mit steigendem Alter zu – 79 Prozent der 70- bis 85-Jährigen berichten über das Vorhandensein von mindestens zwei Erkrankungen oder Funktionseinbußen –, doch zeichnet sich eine Tendenz ab, dass die nachfolgenden Generationen gesunder ins Alter kommen. Vergleicht man anhand der Alterssurveys 1996 und 2002 gleichaltrige Personen, die in unterschiedlichen Jahren geboren wurden, so zeigt sich: Später Geborene berichten über weniger Erkrankungen als früher Geborene. Dies gilt in besonderer Weise für die Altersgruppen ab 58 (Wurm/Tesch-Römer 2004; Wurm 2004). „Die durch eine höhere Lebenserwartung ‚gewonnenen' Lebensjahre zeichnen sich – bereits bei der Betrachtung einer eher kurzen Kohortendifferenz von 6 Jahren – als Lebenszeit ab, die nicht einfach ein Mehr an Jahren in schlechter, sondern auch ein Mehr an Jahren in guter Gesundheit bedeuten" (Wurm/Tesch-Römer 2004, 327). Auch eine neue Studie des MPI für demografische Forschung zeigt, dass zwischen 1991 und 2003 der Anstieg der Lebenserwartung generell mit einer besseren Gesundheit einhergeht und das Risiko, im Alter pflegebedürftig zu werden, geringer geworden ist (Ziegler/Doblhammer 2005). Vor allem Männer haben von dem Rückgang profitiert. Im Alters-Survey 1996 fühlten sich die Befragten im Mittel rund 10 Jahre jünger, als sie ihrem chronologischen Alter nach waren – die Frauen noch etwas jünger als die Männer (Kohli/Künemund 2005a).

Anders als in zahlreichen Veröffentlichungen – meist im Zusammenhang mit Problemen der Alterssicherung – heraufbeschworen, lassen sich in Deutschland keine Anzeichen für einen *Generationenkonflikt* oder *Generationenkrieg* erkennen. Die Repräsentativbefragung „Alternde Gesellschaft“ aus dem Jahr 2005 macht deutlich, dass in Deutschland der Generationenpakt auf familiärer Basis funktioniert (polis 2005). 91 Prozent aller Personen ab 14 Jahren berichten von einem „guten Verhältnis“ zu den eigenen Eltern und Großeltern. Beziehungsabbrüche sind ausgesprochen selten. Auch in der PPAS 2003 fanden alle Aussagen, die die ältere Generation positiv darstellten, unabhängig vom Alter und der Schulbildung der Befragten eine hohe Zustimmung (Roloff 2004a). Nur 10 bzw. 16 Prozent waren der Meinung, dass die älteren Menschen eine „Last für die Gesellschaft“ bzw. ein „Hindernis für Veränderungen“ sind. Bedenklich muss allerdings stimmen, dass bei allen negativen Aussagen ein relativ hoher Anteil von Befragten mit einer indifferenten Haltung anzutreffen ist und besonders jüngere Befragte zwischen 20 und 29 die Rolle der Älteren in der Gesellschaft skeptisch beurteilen.

Die Auswertung der Tagebucheinträge der 2. Zeitbudgeterhebung 2001/02 erbrachte, dass die in der „neuen Freiheit“ des Ruhestands gewonnene Zeit zu einem Großteil in den Bereich der unbezahlten Arbeit einfließt, wie es das Diktum der „späten Freiheit“ nahe legt (Engstler u. a. 2004; Künemund 2004). Männer und Frauen im Alter ab 65 Jahren verwenden mehr Zeit als jüngere Menschen für ehrenamtliche Aufgaben, Hilfeleistungen für andere Haushalte (wie zum Beispiel Kinderbetreuung oder Nachbarschaftshilfe) sowie für die Teilnahme an politischen und sozialen Veranstaltungen (Stuck 2006). Sie investieren auch mehr Zeit für die Mediennutzung, vor allem für das Fernsehen. Die in den früheren Lebensphasen erworbene geschlechtsspezifische Aufgaben- und Zeiteinteilung schwächt sich im Altersruhestand zwar ab, gleicht sich jedoch nicht aus. Es sind immer noch in erster Linie die Frauen, die Hausarbeiten und andere unbezahlte Arbeiten verrichten und dafür in geringerem Umfang Freizeitaktivitäten nachgehen, während die handwerkliche Hilfe und die Gartenarbeit sowie die Transportaufgaben häufiger von Männern übernommen werden.

Insgesamt sind laut 2. Alterssurvey 2002 über 80 Prozent der 40- bis 85-jährigen Frauen und Männer (auch der 70- bis 85-jährigen) mit ihrem Leben zufrieden, etwas mehr Frauen als Männer und (trotz Angleichungstendenzen) etwas mehr West- als Ostdeutsche (Tesch-Römer/Wurm 2004). Gesundheit, ein hoher Lebensstandard und das Vorhandensein eines Partners sind die bedeutsamsten Prädiktoren subjektiven Wohlbefindens. 20 Prozent haben Angst vor dem Älterwerden und vor Einsamkeit im Alter (polis 2005). Jeweils etwa die Hälfte der älteren kinderlosen Paare und der älteren kinderlosen Alleinwohnenden machen sich manchmal Sorgen, dass sie im Alter einsam und allein sind (Haumann 2006). Da die *Lebenszufriedenheit* – über verschiedene Altersgruppen betrachtet – empirisch nachweisbar weitgehend stabil bleibt, obwohl mit dem Altern in der Regel immer mehr Verlusterfahrungen verbunden sind, sprechen Tesch-Römer und Wurm (2004) von einem „*Paradox der Lebenszufriedenheit in hohem Alter*“.

Überraschenderweise bewerten ehemals Erwerbstätige ihre Lebenssituation nach dem Übergang in den Ruhestand deutlich besser als vor dem Ruhestand (Gärtner u. a. 2005). Die heutigen Pensionäre zeigen mehrheitlich eine positive Gesundheitsentwicklung und eine geringere Beschwerdeintensivität als vor dem Ruhestand. Die gängige These vom gesundheitlichen „*Pensionierungsschock*“ nach dem Eintritt in den Ruhestand ist demnach empirisch nicht haltbar (zur Frage, welche Veränderungen Paare beim Übergang in den Ruhestand erleben und wie sie diese bewältigen bzw. nicht bewältigen, siehe die qualitative Studie von Buchebner-Ferstl 2005).

10.6 Die demographische Alterung der Bevölkerung und ihre Folgen für die sozialen Sicherungssysteme

Zu den drängendsten Themen der Sozialpolitik zählt die Frage, wie die *sozialen Sicherungssysteme* (gesetzliche Rentenversicherung, gesetzliche Krankenversicherung, soziale Pflegeversicherung) unter veränderten demographischen Rahmenbedingungen erhalten werden können. Kennzeichnend für Deutschland wie für alle Länder der Europäischen Union ist die *demographische Alterung der Bevölkerung*. Eine Bevölkerung altert, wenn die jüngeren Altersgruppen zahlenmäßig kleiner werden oder langsamer wachsen als die älteren. Mit kleineren Schwankungen ist die Bevölkerung in Deutschland seit dem 19. Jahrhundert stetig gealtert (Mai 2005). Die demographische Alterung wird bestimmt durch

- die Anzahl der Lebendgeborenen bzw. die durchschnittliche Kinderzahl je Frau,
- die Entwicklung der Lebenserwartung zum Zeitpunkt der Geburt sowie die fernere Lebenserwartung der älteren Bevölkerung,
- die Anzahl und die Altersstruktur der Zu- und Abwandernden und
- den gegenwärtig bestehenden Altersaufbau der Bevölkerung (Dorbritz 2004a).

Die wichtigste Ursache für die ausgeprägte demographische Alterung bis 2050 ist die niedrige Geburtenrate der Vergangenheit (= *fertilitätsgeleitetes Altern der Bevölkerung*). Mit dem Einsetzen des *Geburtenrückgangs*, dem tragenden Element der demographischen Alterung, wurde der Altersaufbau der Bevölkerung von unten her immer mehr eingeengt. Den stark besetzten Geburtsjahrgängen aus den 50er und 60er Jahren des 20. Jahrhunderts folgen schwach besetzte Jahrgänge aus den 70er und 80er Jahren. 1960 betrug die zusammengefasste Geburtenziffer im früheren Bundesgebiet noch 2,36, im Jahr 2006 hingegen nur noch 1,34. Da die Eltern, die heute Kinder zur Welt bringen müssten, um einen Ausgleich zu schaffen, niemals geboren worden sind, spricht Birg (2005) von der *ausgefallenen Generation*. Selbst eine extreme Erhöhung der Geburtenrate könnte die demographische Alterung bis Mitte des 21. Jahrhunderts nicht mehr verhindern.

Eine zusätzliche Alterung erfolgt von der Spitze des Altersaufbaus aufgrund des *Rückgangs der Alterssterblichkeit*, die in Deutschland seit Beginn der 1970er Jahre besteht (= *mortalitätsgeleitetes Altern der Bevölkerung*). Im Deutschen Reich (hier 1871/1881) betrug die durchschnittliche *Lebenserwartung* für Jungen 35,6 Jahre und für Mädchen 38,5 Jahre. Nach der aktuellen Sterbetafel 2004/2006 des Statistischen Bundesamtes beträgt die durchschnittliche Lebenserwartung in Deutschland für ein neugeborenes Mädchen 82,1 Jahre und für einen neugeborenen Jungen 76,6 Jahre (Pressemitteilung Statist. Bundesamt 27.8.2007). Nach der aktuellen Modellrechnung zur Schätzung der Lebenserwartung nach Geburtsjahrgängen kann ein neugeborener Junge des Jahrgangs 2004 inzwischen mit einer durchschnittlichen Lebenserwartung zwischen 81,7 und 84,9 Jahre und ein neugeborenes Mädchen mit einer Lebenserwartung zwischen 87,8 und 90,4 Jahre rechnen. Zwei Drittel der zwischen den Geburtsjahrgängen 1925 und 1955 gewonnenen Lebensjahre können auf das erhöhte Bildungsniveau zurückgeführt werden (Schulze/Unger 2006). Der Bildungseinfluss umfasst alle direkten und indirekten Effekte, die mit der Höherqualifizierung in Verbindung stehen, also z. B. nicht nur gesündere Verhaltensweisen, sondern auch die verbesserten Möglichkeiten der Einkommenserzielung, durchgängige Erwerbsverläufe und geringere gesundheitliche Belastungen im Beruf. Auch für ältere Menschen ist die Lebenserwartung gestiegen. Nach der aktuellen Sterbetafel 2004/2006 können 60-jährige

Männer statistisch noch mit einer ferneren Lebenserwartung von 20,6 Jahren und 60-jährige Frauen mit einer ferneren Lebenserwartung von 24,5 Jahren rechnen. Da bereits seit den 1970er Jahren die Lebenserwartung in Deutschland ein sehr hohes Niveau erreicht hat, altert die Bevölkerung sowohl von der Basis als auch von der Spitze.

Wir haben es also mit einem mehr als 30 Jahre währenden fertilitäts- und mortalitätsgeleiteten Alterungsprozess zu tun, der sich tief in den *heutigen Altersaufbau der Bevölkerung* eingebrannt und in Gestalt des heutigen Altersaufbaus eine Eigendynamik erhalten hat. Die demographische Alterung der Bevölkerung ist ein irreversibler Prozess, der sich in den nächsten 50 Jahren nicht mehr stoppen lässt. Denn wenn ein demographischer Prozess ein Vierteljahrhundert in die falsche Richtung läuft, dauert es ein Dreivierteljahrhundert, um ihn aufzuhalten. „Im heutigen Altersaufbau der Bevölkerung ist das Altern auch ohne die zukünftig zu erwartende niedrige Geburtenhäufigkeit und hohe Lebenserwartung aufgrund unserer demographischen Vergangenheit bereits angelegt. Das Zusammenspiel der drei Komponenten Altersstruktur, fertilitäts- und mortalitätsgeleitetes Altern wird diesem Prozess in den kommenden Jahrzehnten eine neue, bislang ungekannte Dynamik verleihen“ (BiB 2004, 14). Die Alterungsprozesse aufgrund der gestiegenen Lebenserwartung (der „gewonnenen Jahre“) haben zusammen mit rückläufigen Geburtenraten zu einem *„demographischen Paradox“* geführt. „Der individuelle Gewinn an persönlicher Lebensgestaltung und Emanzipation der Frauen ist mit einer Geburtenrate unterhalb der Bestandserhaltung der Bevölkerung verbunden. Und der individuelle Gewinn an Lebenszeit für die ältere Generation führt zu einer extremen Belastung der sozialen Sicherungssysteme“ (Bertram 2006, 208/209).

Einen modulierenden Einfluss auf die Alterung der Gesellschaft hat das *Wanderungsgeschehen*, das nur schwer zu prognostizieren ist. Selbst eine sehr hohe Zuwanderung kann den aufgrund des langfristig niedrigen Geburtenniveaus und der sinkenden Alterssterblichkeit vorprogrammierten Alterungseffekt nicht wesentlich abschwächen oder gar aufhalten. Um die aktuelle Bevölkerungszahl von 82 Millionen zu halten, ist bei einem konstanten Geburtenniveau von 1,4 Kindern je Frau ein jährlicher Wanderungssaldo von sechs bis sieben Millionen Personen erforderlich (Roloff 2003a). Solch hohe Zuwanderungsgewinne sind aber kaum realistisch und auch politisch nicht umsetzbar, von der Frage der Finanzierung der nötigen Integrationsmaßnahmen ganz zu schweigen. Birg (2003) zufolge wird der Anteil der Zugewanderten, worunter er die als Ausländer registrierte Bevölkerung und ihre Nachkommen versteht, von 1998 bis 2030 von 9,0 auf 19,6 Prozent zunehmen. Diese Entwicklung trägt auf der einen Seite zur ethnischen und kulturellen Vielfalt bei. Die Kehrseite ist die Ethnisierung von Konflikten. Wollte man die demographische Alterung durch die Einwanderung Jüngerer aufhalten, wäre nach Birg (2005) bis 2050 eine Netto-Einwanderung nach Deutschland von 188 Millionen Menschen erforderlich. Selbst im Falle eines (äußerst unwahrscheinlichen) drastischen und anhaltenden Anstiegs der Geburtenzahlen – einer Verdreifachung der Geburtenrate – würde es Jahrzehnte dauern, bis der in der Altersstruktur *einprogrammierte Alterungseffekt* nachgebessert wäre. Die demographische Alterung stellt sich somit als unausweichliches Schicksal.

In Deutschland ist nach den Ergebnissen der 11. koordinierten Bevölkerungsvorausberechnung des Statistischen Bundesamts (2006e) in den kommenden Jahrzehnten ein deutlicher Bevölkerungsrückgang zu erwarten, und das zahlenmäßige Verhältnis zwischen älteren und jüngeren Menschen wird sich erheblich verschieben. Die Ergebnisse beruhen auf dem gegenwärtigen Altersaufbau und auf Annahmen zur Geburtenhäufigkeit, zur Lebenserwartung sowie zu den Wanderungsbewegungen. Der Bevölkerungsvorausberechnung, auf die sich die folgende Darstellung bezieht, liegen folgende Annahmen zugrunde: eine konstante Geburtenhäufigkeit von durchschnittlich 1,4 Kindern pro Frau; die Erhöhung der Lebenserwartung Neugeborener bis zum Jahr 2050 für Jungen auf 83,5 Jahre und für Mädchen auf 88,0 Jahre und ein jährlicher positiver Wanderungssaldo ab 2006 von 200 000 Personen.

Treffen diese Annahmen zu, so ist bis 2050 mit einer weiteren Alterung der Gesellschaft in Deutschland zu rechnen. Die Zahl der unter 20-Jährigen wird zwischen 2005 und 2050 von 16,5 Millionen um mehr als fünf Millionen schrumpfen. Die Bevölkerung im Erwerbsalter wird in den nächsten 10 Jahren zunächst weitgehend stabil bei rund 50 Millionen liegen. Danach ist bis 2050 ein Rückgang um 11 bis 15 Millionen zu erwarten. Die Zahl der 65-Jährigen und Älteren steigt von 15,9 Millionen im Jahr 2005 auf 22,9 Millionen im Jahr 2050. Außerdem lässt sich in Deutschland in den letzten 15 Jahren eine regionale Zweiteilung des demographischen Alterungsprozesses feststellen: In Westdeutschland war die Alterung schwächer ausgeprägt – und zwar verursacht durch die wachsende Zahl Älterer (Roloff 2007). In Ostdeutschland war die Alterung wesentlich stärker – hier vor allem infolge einer starken Abnahme der jüngeren Bevölkerung. Mitte des 21. Jahrhunderts werden in Deutschland über zehn Millionen Hochaltrige (80-Jährige und Ältere) leben. 2005 waren es erst 3,7 Millionen (ausführlicher zur Situation Hochaltriger BMFSFJ 2005b). Nach der Altersvalidierungsstudie sind in Deutschland bereits 970 Frauen und Männer – vor allem Frauen – zwischen 1989 und 2002 mindestens 105 Jahre alt geworden, und die Zahl steigt weiter an (Scholz/Maier 2005).

Um die quantitative Verschiebung der Generationenverhältnisse und damit den Alterungsprozess in den kommenden Jahrzehnten deutlich zu machen, berechnet man die Beziehung zwischen den verschiedenen Altersgruppen anhand von Quotienten (vgl. *Abbildung 19).*

- Wird der Bevölkerung im erwerbsfähigen Alter die jüngere Bevölkerung, für deren Aufwachsen, Erziehung und Ausbildung gesorgt werden muss, gegenübergestellt, so ergibt sich der *Jugendquotient:* die Anzahl der unter 20-Jährigen je 100 Personen im Alter von 20 bis unter 65 Jahren. Der Jugendquotient hatte sein Maximum um 1970 mit einem Wert von 53 erreicht, sicherlich eine Folge des Geburtenbooms der 1950er/1960er Jahre. Heute beträgt er 33. In den nächsten Jahrzehnten wird der Jugendquotient relativ stabil bleiben mit leicht sinkender Tendenz (2050: 29).
- Wird die Bevölkerung im Rentenalter als Gruppe potentieller Empfänger von Leistungen der Rentenversicherung und anderer Alterssicherungssysteme auf die Bevölkerung im Erwerbsalter bezogen, ergibt sich der *Altenquotient*: die Anzahl der 65-Jährigen und Älteren je 100 Personen im Alter von 20 bis unter 65 Jahren. Der Altenquotient ist seit 1950 zuerst langsam angestiegen und hat lange bei einem Wert von 24 verharrt, bevor er Ende der 1990er Jahre dann stark zugenommen hat. 2005 betrug er 32. Demnach standen 100 Menschen im Erwerbsalter 32 Personen im Rentenalter gegenüber. Zu diesem Anstieg in den letzten Jahren kam es, weil die stark besetzten Geburtsjahrgänge Mitte bis Ende der 1930er Jahre vom Erwerbsalter in das Rentenalter wechselten und die schwächer besetzten Geburtsjahrgänge in das Erwerbsalter aufrückten. Nach 2010 wird der Altenquotient in die Höhe schnellen und sich bis 2050 fast verdoppeln. Die Folgen dieser gravierenden Verschiebung der Alterspyramide nach oben (der *„Vergreisung der Gesellschaft")* werden sich vermutlich noch das ganze 21. Jahrhundert bemerkbar machen. Die Altenquote wird in den neuen Ländern noch wesentlich schneller ansteigen als in den alten.

- Der *Gesamtquotient* (= Summe von Jugend- und Altenquotient) gibt an, in welchem Ausmaß die mittlere Altersgruppe (im Erwerbsalter) für die junge und ältere, nicht im Erwerbsleben stehende Bevölkerung zu sorgen hat. Die demographische Gesamtversorgungslast wird sich voraussichtlich von 65 im Jahr 2005 auf 80 im Jahr 2030 und 89 im Jahr 2050 erhöhen. Auf 100 Personen im erwerbsfähigen Alter entfallen dann 89 noch nicht oder nicht mehr Erwerbstätige.

Abbildung 19: Jugend-, Alten- und Gesamtquotient mit den Altersgrenzen 20 und 65 Jahren[1]

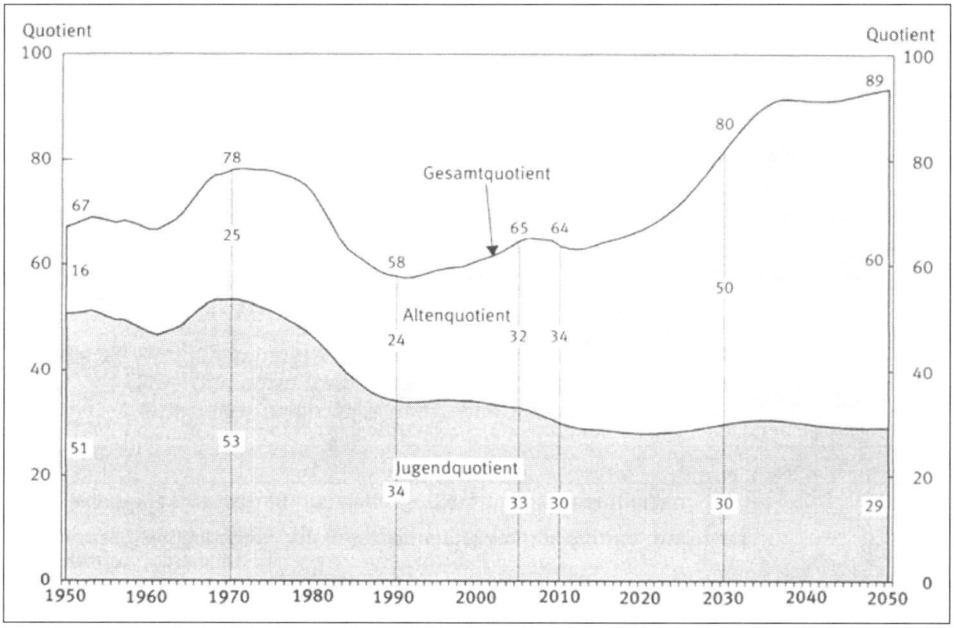

Ab 2006 Ergebnisse der 11. koordinierten Bevölkerungsvorausberechnung; Variante: „mittlere Bevölkerung", Obergrenze

[1] Jugendquotient: unter 20-Jährige je 100 Personen im Alter von 20 bis 64 Jahren; Altenquotient: 65-Jährige und Ältere je 100 Personen im Alter von 20 bis 64 Jahren; Gesamtquotient: unter 20-Jährige und ab 65-Jährige je 100 Personen im Alter von 20 bis 64 Jahren.

Quelle: Statistisches Bundesamt 2006e, 45

Die für die Alterssicherungssysteme bzw. Pflegeleistungen wichtigen Größenverhältnisse zwischen den jüngeren und älteren Generationen werden in den *Unterstützungskoeffizienten* abgebildet:

- Der *potentielle Unterstützungskoeffizient* zeigt das Verhältnis der (im erwerbsfähigen Alter stehenden) 20- bis 64-Jährigen zu den 65-Jährigen und Älteren. 1910 waren noch zehn Personen im Alter zwischen 20 und 64 Jahren potentiell für eine ältere Person zuständig. 2004 sind es nur noch 3,3, und bis 2050 wird sich diese Relation vermutlich weiter auf 1,8 : 1 verringern (BiB 2004).
- Der *intergenerationelle Unterstützungskoeffizient* bildet das Verhältnis zweier Generationen ab, die aus der Sicht z. B. der *Pflegeleistungen* unmittelbar aufeinander bezogen sind:

die schon sehr alten Menschen über 80 Jahre zu 100 Menschen der nachfolgenden Generation im Alter zwischen 50 und 64 Jahren. 1910 kamen auf 100 Personen im Alter zwischen 50 und 64 etwa fünf Personen im Alter von 80 und mehr. 2000 waren es bereits 20 Personen, und im Jahr 2050 werden es vermutlich 60 Personen sein, die in irgendeiner Form Unterstützungs- und Pflegeleistungen von der nachfolgenden Generation benötigen (BiB 2004).

Da das Aufbringen der nachwachsenden Generation zu etwa drei Vierteln von deren Eltern getragen wird, während die Unterhaltskosten der älteren Generation weitgehend kollektiviert sind, wirkt sich „die Steigerung der Altenquote auf die sozialpolitische Umverteilungsmasse stärker aus als das Sinken der Jugendquote" (Kaufmann 2005, 213). Derzeit (bis etwa 2010) befindet sich Deutschland aus demographischer Sicht immer noch in einem besonders günstigen Bereich, was den Unterhalt der nachwachsenden wie der älteren Generation angeht. Die aktuellen Finanzierungsprobleme der Rentenversicherung sind noch nicht demographisch bedingt, doch wird sich diese günstige Konstellation bald ändern.

Der demographische Wandel wird sich besonders auf die sozialen Sicherungssysteme auswirken (Kerschbaumer/Schroeder 2005). Die *Rentenfrage* dürfte dabei das wichtigste Problem sein, das es in Folge der demographischen Alterung zu lösen gilt (Stadtmüller 2004). Dem Rentenversicherungssystem liegt der sog. *Drei-Generationen-Vertrag* zugrunde. Die noch nicht und die nicht mehr erwerbsfähigen Generationen werden von den Beiträgen und/oder Steuern der erwerbstätigen Generation unterhalten. Da aufgrund der demographischen Alterung die Relation zwischen Beitragszahler und Rentenempfänger langfristig immer ungünstiger wird, treten erhebliche Probleme auf. Als Maßnahmen zur Kostendämpfung der Alterssicherung stehen mehrere Handlungsoptionen zur Diskussion, die miteinander kombiniert werden können: (1) die Erhöhung des Beitragssatzes, (2) die Kürzung des Rentenniveaus, (3) die Erhöhung der Zahl der Beitragszahler, z. B. durch eine Erhöhung der Erwerbsbeteiligung der Frauen oder eine Verkürzung der Ausbildungszeiten, und (4) die Verringerung der Zahl der Rentenbezieher durch eine Anhebung des Ruhestandsalters. Mit der Einführung des „demographischen Faktors" in der Rentenformel wurde bereits eine automatische Absenkung des Rentenniveaus gesetzlich beschlossen. Die dadurch wachsende Versorgungslücke soll von den Bürgern durch höhere Sparleistungen mit privat finanzierten, kapitalgedeckten Zusatzversicherungen geschlossen werden, die vom Staat gefördert werden („Riester-Rente"; Birg 2005).

Die Teilnehmer am PPAS 2003 wurden auch nach den *gewünschten Maßnahmen zur Alterssicherung* gefragt (Dorbritz u. a. 2005). In Deutschland lehnen 18 Prozent der Befragten – in Ostdeutschland sogar 29 Prozent – alle angebotenen Maßnahmen ab, obwohl sich fast alle der Problematik des demographischen Wandels bewusst sind und es die weitaus meisten Bundesbürger (80 Prozent) aller Altersgruppen für unwahrscheinlich halten, dass der Generationenvertrag auf längere Sicht Bestand haben wird (polis 2005). Das probateste Mittel sehen die Befragten in der Abschaffung der Frühverrentungsprogramme (Dorbritz u. a. 2005). Maßnahmen, die das jetzige Rentensystem grundlegend reformieren würden, sind in Deutschland unpopulär. Gerade einmal 7 Prozent plädieren für eine Senkung der monatlichen Renten. Noch weniger Zuspruch erfährt mit 2 Prozent die private Vorsorge. Eine stärkere Individualisierung der Alterssicherung wird also von den Ergebnissen kaum gestützt. „Offensichtlich herrscht eine Diskrepanz zwischen den aktuellen politischen Maßnahmen zur Reform des Sozialstaats, die auf eine stärkere Privatisierung von Lebensrisiken ausgerichtet sind, und den Präferenzen der Bürger“ (Wunder/Schwarze 2004, 19).

Die demographische Alterung führt auch zu steigenden Aufwendungen zur Sicherung der *alterungsbedingten Krankheitskosten,* da ältere Menschen einem höheren Krankheitsrisiko unterliegen und der medizinische Fortschritt immer mehr neue und kostspielige Diagnose- und Behandlungsmethoden mit sich bringt (Stöbel-Richter 2004). Eine Dämpfung der Kosten ohne wesentliche Steigerung der Krankenversicherungsbeiträge ist nur über den Ausschluss von nicht zentralen Kosten (z. B. Massagen) möglich. Vor allem bei Hochbetagten (über 80-Jährige), deren Anteil sich bis 2035 voraussichtlich von derzeit knapp 4 auf 12 Prozent verdreifachen wird, steigt außerdem das Risiko der *Hilfs- bzw. Pflegebedürftigkeit.* Die weit verbreitete Ansicht, dass mit der Zunahme des Anteils der alten Menschen an der Gesamtbevölkerung die Zahl der pflegebedürftigen Menschen proportional steigen wird, ist aber nicht länger haltbar. Die Höhe des Anstiegs hängt im Wesentlichen vom Gesundheitszustand künftiger Kohorten ab. In Deutschland ist das Risiko, im Alter pflegebedürftig zu werden, von 1991 bis 2003 sogar leicht zurückgegangen (Ziegler/Doblhammer 2005). Auch kann die Familie künftig für die Versorgung hilfsbedürftiger alter Menschen noch wichtiger werden. Denn nach den Ergebnissen des EU-Projekts FELICIE (Future Elderly Living Conditions in Europe) wird bis 2030 die Zahl derjenigen pflegebedürftigen Menschen im Alter von über 75 Jahren steigen, die über eine *Familienanbindung* – sei es durch Partner oder durch Kinder – verfügen (Doblhammer/Ziegler 2007). Der Anteil der pflegebedürftigen Frauen, die sowohl einen Partner als auch mindestens ein Kind haben und somit dem geringsten Risiko ausgesetzt sind, die Pflege in einem Heim in Anspruch nehmen zu müssen, wird sich zwischen 2000 und 2030 voraussichtlich von 13 auf 28 Prozent mehr als verdoppeln. Das größte Risiko für die Heimpflege tragen alleinstehende, kinderlose Frauen, deren Anteil sich im gleichen Zeitraum von 7 auf 4 Prozent fast halbieren wird. Der Anteil der Frauen mit mittlerem Risiko, Frauen mit entweder einem Partner oder mindestens einem Kind, wird sich von 80 auf 68 Prozent verringern. Fraglich ist allerdings, inwieweit Frauen (Ehefrauen, Töchter und Schwiegertöchter), die zwei Drittel des Pflegepersonals stellen, bei steigender weiblicher Erwerbstätigkeit in Zukunft noch bereit und in der Lage sind, häusliche Pflege zu übernehmen (Weick 2006).

Aufgabe der Politik sollte es sein, aufgrund des zunehmenden Ungleichgewichts zwischen Beitragszahlern und Rentenbeziehern rechtzeitig für die Sicherung der Alterseinkommen zu sorgen und die Versorgung von immer mehr älteren Menschen zu gewährleisten, ohne die mittlere Generation, die Beitragszahler und pflegenden Familienmitglieder, zu stark zu belasten. Dabei dürfte es aufgrund der Altersstruktur – 2010 werden in Deutschland die Hälfte und 2050 fast 60 Prozent der Wahlberechtigten über 50 Jahre alt sein – politisch immer schwieriger werden, etwas zu Lasten der älteren Generation durchzusetzen (Mai 2005).

Das Altern der Bevölkerung wird in den nächsten 50 Jahren massive Probleme für fast alle Bereiche des gesellschaftlichen Lebens aufwerfen (Hradil 2004; Institut der dt. Wirtschaft 2005; Hamm u. a. 2007). Bis 2020 wird rund die Hälfte aller deutschen Städte und Gemeinden mit mehr als 5 000 Einwohnern von Bevölkerungsschrumpfung betroffen sein mit entsprechendem Wohnungsleerstand und Unterauslastung der sozialen Infrastruktur (Bertelsmann Stiftung 2006). Da die Erwerbstätigen im Durchschnitt immer älter werden, wird frisch erworbenes Wissen knapp werden, wobei zweifelhaft ist, ob der Erfahrungsvorsprung der immer zahlreicheren älteren Arbeitenden deren sinkende Anpassungs- und Mobilitätsfähigkeit ausgleichen wird. Da auch die Bevölkerung im erwerbsfähigen mittleren

Lebensalter abnehmen wird, wird auch die Zahl verfügbarer Arbeitskräfte ab 2010 drastisch schrumpfen. Viel zu wenigen qualifizierten und hochqualifizierten stehen dann zu viele gering qualifizierte Erwerbspersonen gegenüber. Erst in neuerer Zeit wird auch auf die Chancen der alternden Gesellschaft verwiesen (siehe z. B. SPIEGEL spezial 8/2006: „Jung im Kopf. Die Chancen der alternden Gesellschaft").

Nach Birg (2005) muss sich die Bundesrepublik in naher Zukunft auf neue, demographisch bedingte *Interessengegensätze* einstellen. Die Gesellschaft spaltet sich, wobei sich mindestens vier nationale demographisch verursachte Konfliktlinien unterscheiden lassen. 1. Von dem wachsenden *Verteilungsstress zwischen den Generationen* ist besonders die mittlere Generation betroffen, die die Versorgungsleistungen für die Kinder und Jugendlichen und für die ältere Generation erwirtschaften muss, ohne – aus zwingenden demographischen Gründen – auf eine entsprechende eigene Versorgung im Alter zählen zu können. 2. Die demographische Spaltung des Landes in *wachsende und schrumpfende Bundesländer* verschärft sich (Kröhnert u. a. 2006). Vor allem der Gegensatz zwischen den neuen und alten Bundesländern nimmt zu, denn die Ost-West-Wanderungen von den neuen in die alten Bundesländer wirken selektiv: Junge, gut ausgebildete Menschen sind besonders mobil und stärken besonders die südlichen alten Bundesländer. 3. Von dem Auseinanderdriften der *zugewanderten und der autochthonen Bevölkerung* ist vor allem die jüngere Altersgruppe betroffen. Aufgrund der höheren Geburtenziffern wächst die zugewanderte Population. Gleichzeitig bilden die Zugewanderten wegen der ungünstigeren Bildungsvoraussetzungen eine ethnisch geprägte Unterschicht, die einen wachsenden Anteil der staatlichen Sozialleistungen beansprucht. 4. Aufgrund der steigenden Kinderlosigkeit spaltet sich die Gesellschaft in zwei Teilgesellschaften: *eine mit und eine ohne Nachkommen.* Durch die verfassungswidrige Bevorzugung von Menschen ohne Nachkommen in der Renten-, Kranken- und Pflegeversicherung entsteht ein neuer Typ von sozialer Ungerechtigkeit – die „Transferausbeutung der Familien". Wie die Gesellschaft mit den wachsenden Spannungen umgeht, ob diese sie z. B. durch ein Mehr an Solidarität entschärft werden oder ob sich die Spannungen konfliktreich entladen, dazu vermögen demographische Analysen allerdings keine Antwort zu geben.

11 Theoretische Erklärungsansätze für den sozialen Wandel von Ehe, Familie und Partnerschaft

Welche gesellschaftlich-historischen Ursachen haben zur Pluralisierung der Lebensformen und zur Deinstitutionalisierung des bürgerlichen Ehe- und Familienmusters geführt? Und warum setzte der radikale Umbruch in der Bundesrepublik (wie in den meisten westlichen Industriegesellschaften) gerade Mitte der 1960er Jahre ein? Ein überzeugender, empirisch abgesicherter Erklärungsansatz liegt bis heute nicht vor. Den größten Erkenntnisgewinn versprechen die Individualisierungstheorie (-these) und die Theorie der gesellschaftlichen Differenzierung.

11.1 Die Individualisierungsthese von Ulrich Beck

Der gegenwärtig populärste Erklärungsansatz, die Individualisierungsthese von Beck (1986; 1994), knüpft an Aussagen der Klassiker gesellschaftstheoretischen Denkens (Emile Durkheim, Ferdinand Tönnies, Georg Simmel und Max Weber) an, die den Übergang in die Moderne als Prozess der Freisetzung des Menschen aus ständischen Bindungen und als Zunahme des Entscheidungsspielraums beschreiben (Kippele 1998; Schroer 2000; Kron 2000; Junge 2002). Die demographischen und familialen Veränderungen seit Mitte der 1960er Jahre werden analog als Ergebnis eines langfristig stattfindenden *Modernisierungs- und Individualisierungsprozesses* gedeutet, der sich beschleunigt und eine neue Qualität gewonnen hat. In der vormodernen Gesellschaft (der vorindustriellen Zeit) wurde das Leben der Menschen durch eine Vielzahl traditionaler Bindungen bestimmt. Ein zentrales Moment des Übergangs in die Moderne ist – als Folge der Ausbreitung rechtlich freier Lohnarbeit, der Durchsetzung der bürgerlichen Grundrechte, der Zunahme des Wohlstandes, der Ausweitung der Bildungschancen und vielem anderen mehr – die Freisetzung der Individuen aus traditional gewachsenen Bindungen, Glaubenssystemen und Sozialbeziehungen.

Individualisierung bezeichnet nach Hradil (1995, 82) „in *kultureller Hinsicht* eine zunehmende Verselbständigung des Einzelnen gegenüber übergeordneten Sinn- und Geltungszusammenhängen, die in traditionalen Gesellschaften den Erfahrungshorizont des Einzelnen begrenzen und ihn in ein festes Gefüge der Wirklichkeitssicht und der Lebensinterpretation einbinden; in *sozialer Hinsicht* einen Trend zur Verselbständigung des Einzelnen gegenüber den sozialen Gemeinschaften, die ihm früher traditionale Verhaltenserwartungen und Wirklichkeitsdeutungen in aller Verbindlichkeit vermittelten; in *wirtschaftlicher Hinsicht* die Herausbildung einer Gesellschaft von Handelnden, die eigenständig ihren Lebensunterhalt erzielen – durch Erwerbsarbeit am Arbeitsmarkt und/oder durch gesellschaftliche Transferleistungen". Einen etwas anderen Akzent setzt Strohmeier (1993,

12/13). Der (schillernde und mehrdeutige) Begriff der Individualisierung bezeichnet ihm zufolge die „zunehmende Unabhängigkeit des individuellen Lebenslaufs von Instanzen, die das Eintreten bestimmter biographischer Ereignisse und Übergänge, wie z. B. die Geburt des ersten Kindes, die Eheschließung, den Eintritt ins Berufsleben, in der Vergangenheit gesteuert haben. In erster Linie sind dies Geschlecht, Alter und soziale und regionale Herkunft gewesen ... Individualisierung charakterisiert den Ablauf einer individuellen Biographie und den Grad der Außensteuerung, bezeichnet also Merkmale sozialer Mikroprozesse, die in unterschiedlichen gesellschaftlichen Gruppen in unterschiedlichem Maße gegeben sind". Die mit der Aufgabe der handlungsleitenden traditionalen Selbstverständlichkeiten eröffnete „Bestimmtheitslücke" wird dabei durch neue soziale Strukturen (durch formale Regelungen und Rechtsnormen und durch die „Gesetze" des freien Marktes) wieder geschlossen, die die neuen Kriterien für individuelles Handeln setzen und in deren Zentrum nun der Einzelne als Akteur mit seinen spezifischen Interessen und Zielen steht (Huinink/Wagner 1998).

Die *erste Phase der Individualisierung* bezeichnet die Zeit vom Beginn des Industrialisierungsprozesses bis Mitte des 20. Jahrhunderts. Der frühe Individualisierungsprozess, der hier nur typisierend und nicht in seiner widersprüchlichen Entwicklung dargestellt werden kann, blieb im Wesentlichen auf die Männer beschränkt. Der Mann musste sich mit neuen Anforderungen auseinandersetzen, die auf Selbstbehauptung in einer durch Marktgesetze bestimmten Gesellschaft ausgerichtet sind. Die Frau (der bürgerlichen Schichten) wurde gleichzeitig „entindividualisiert", stärker auf den Bereich des privaten Heims und auf ein Dasein für die Familie verwiesen, wobei die sozialen Beziehungen innerhalb der Familien immer weniger durch die ökonomischen Interessen ihrer Mitglieder und immer mehr durch persönliche Bindungen bestimmt sind. Die intimisierte Familie entwickelte sich zu einem Gegengewicht der Vergemeinschaftung gegenüber der Vergesellschaftung im wirtschaftlichen und öffentlichen Leben.

Im Verlauf dieses ersten Individualisierungsprozesses ging die Vielfalt vormoderner Familienformen allmählich in eine Homogenisierung in der Verteilung der Lebensformen mit einer Dominanz der modernen, bürgerlich eingefärbten Kleinfamilie über (Huinink/Wagner 1998). Aber erst in den 50er und 60er Jahren des 20. Jahrhunderts erlaubte das gestiegene Einkommens- und Wohlstandsniveau der überwiegenden Mehrheit der Bevölkerung die Übernahme des bürgerlichen Familienmodells des verheirateten Ehepaares mit Kindern und der nichterwerbstätigen Mutter, das aber schon auf dem Weg zu seiner Blütezeit einem erheblichen Wandel unterworfen war, wie der stetige, nur durch die Nachkriegszeit unterbrochene Anstieg der Erwerbsbeteiligung verheirateter Frauen seit Ende des 19. Jahrhunderts veranschaulicht.

Seit den *60er Jahren des 20. Jahrhunderts* zeichnet sich ein neuer *Individualisierungsschub* ab. In allen hochentwickelten Industrieländern und besonders deutlich in der Bundesrepublik Deutschland „hat sich in der wohlfahrtsstaatlichen Nachkriegsentwicklung ein gesellschaftlicher Individualisierungsschub von bislang unerkannter Reichweite und Dynamik vollzogen, und zwar unter dem Deckmantel weitgehend konstanter Ungleichheitsrelationen. Das heißt: Auf dem Hintergrund eines vergleichsweise hohen materiellen Lebensstandards und weit vorangetriebener sozialer Sicherheiten wurden die Menschen in einem historischen Kontinuitätsbruch aus traditionalen Klassenbindungen und Versorgungsbezügen der Familie herausgelöst und verstärkt auf sich selbst und ihr individuelles (Arbeitsmarkt-)Schicksal mit allen Risiken, Chancen und Widersprüchen verwiesen" (Beck 1994, 44). Die Individuen „entledigen sich ihrer Einbindung in Klassen und Schichten, in lokale und regionale Gemeinschaften und erfahren Bindungsverluste bis hinein in Familie und Partnerschaft“ (Hradil 1995, 84). Besonders der Ausbau des wohlfahrtsstaatlich organisierten Arbeitsmarktes, ein hohes Wohlstandsniveau, die Ausweitung der schulischen und beruflichen Qualifizierung, die veränderte soziale Rolle der Frau, die sich steigernde Arbeitsmarktmobilität, die zunehmenden Konkurrenzbeziehungen der Menschen untereinander und die Ausweitung der Freizeit haben die Individualisierung der Lebenslagen und Lebenswege beschleunigt. Die Biographie der Menschen wurde immer mehr aus traditionalen Vorgaben herausgelöst. Die Menschen sind nun immer mehr gezwungen, sich selbst zum Zentrum ihrer eigenen Lebensplanung zu machen. *„Normalbiographie“* wird zur *„Wahlbiographie“* (Ley 1984).

Seit Ende des 19. Jahrhunderts und noch deutlicher seit den 60er Jahren des 20. Jahrhunderts hat der gesellschaftliche Individualisierungsprozess verstärkt auf den *weiblichen Lebenslauf* übergegriffen (vgl. Abschnitt 8.1). Auch in der weiblichen Normalbiographie setzt sich immer mehr die Logik individueller Lebensentwürfe durch. Der Wandel des weiblichen Lebenslaufmusters lässt sich mit Beck-Gernsheim (1983) global als Entwicklung vom *„Dasein für Andere“* zum *„Anspruch auf ein Stück eigenes Leben“* bezeichnen. Die biographische Selbstverständlichkeit von Ehe und Mutterschaft hat nachgelassen. Die Berufskarriere als konkurrierender Wert zur Familie ist in den Lebensentwürfen zahlreicher Frauen immer wichtiger geworden. Bertram und Borrmann-Müller (1988) sprechen von einem Wandel von der *„Hausfrau zur Berufsfrau“*. Für die von ihnen befragten jungen Frauen der Geburtsjahrgänge 1962 bis 1966 steht bei ihrer Zukunftsplanung die Selbstverwirklichung in Form einer qualifizierten Berufstätigkeit an erster Stelle. Trotzdem sehen die Frauen „Beruf und Familie nicht als sich ausschließende Alternativen an, sondern interpretieren beides als wesentliche Elemente des weiblichen Lebenslaufs“ (Bertram/Borrmann-Müller 1988, 258).

Individualisierungsprozesse beruhen nach Beck (1986) nicht auf der freien Entscheidung der Individuen, sind also nicht ohne Weiteres gleichzusetzen mit einem Zuwachs an Freiheiten, sondern zeichnen sich durch *Widersprüche und Ambivalenzen* aus. Einerseits bedeutet Individualisierung einen Gewinn an Handlungsspielräumen/Optionen (= *Freisetzungsdimension*). Die Modernität eröffnet dem Individuum vorher unbekannte Wahlmöglichkeiten und Bahnen der Mobilität. Alte Abhängigkeiten und Zwänge verlieren an prägender Kraft. Andererseits bedeutet Individualisierung einen tendenziellen Geltungsverlust der Sicherheit und Handlungswissen garantierenden sozialen Normen (= *Entzauberungsdimension*). An die Stelle nicht hinterfragter Lebensmuster treten unverbindliche Lebenskonstruktionen. Das Individuum kann sich immer weniger an einer um das traditionale Familien- und Berufsmodell zentrierten Normalbiographie orientieren, sondern die Definition der Lebenskarriere wird eine individuelle Entscheidung – und zwar gleichermaßen für Mann und Frau. Das Individuum sieht sich mit einer Vielzahl konkurrierender Orientierungsmuster in der biographischen Abfolge konfrontiert, die in einen sinnhaften Lebensentwurf integriert werden müssen (Lau 1988; Weymann 1989). Da es sich immer weniger an kollektiv verbindlichen Leitbildern und Handlungsmustern orientieren kann und seinen Lebenslauf selbst entwerfen muss, bedeutet dies ein hohes Maß an Entscheidungszumutungen. Als Folge wachsender Handlungsspielräume treten die unter dem Begriff der Anomie geläufigen Probleme der Entscheidungsselektion und Identitätsgewinnung (-findung) auf.

Gleichzeitig entstehen neue Widersprüche, Unfreiheiten und Zwänge (= *Kontrolldimension*). Indem sich der Einzelne als eigenständige Person entwickeln und behaupten muss, wird er gleichzeitig eingebunden in ein System von institutionellen Anforderungen, Kontrollen und Zwängen. Die freigesetzten Individuen werden arbeitsmarktabhängig und damit bildungsabhängig, konsumabhängig, abhängig von sozialrechtlichen Regelungen und Versorgungen. „An die Stelle traditioneller Bindungen und Sozialformen (soziale Klasse, Kleinfamilie) treten sekundäre Instanzen und Institutionen, die den Lebenslauf des Einzelnen prägen und ihn gegenläufig zu der individuellen Verfügung, die sich als Bewusstseinsform durchsetzt, zum Spielball von Moden, Verhältnissen, Konjunkturen und Märkten machen" (Beck 1986, 211). Man kann nicht nur unter mehr Optionen wählen, man muss es auch. Es besteht nicht nur die Chance, sondern auch ein Zwang zu einer stärker individualisierten Lebensführung. Individualisierung bedeutet *Wahl unter Restriktionen.* Kennzeichnend sind *Entscheidungsdilemmata* und *biographische Unsicherheiten* (Wohlrab-Sahr 1993).

Ein wichtiges Kennzeichen dieser institutionellen Vorgaben ist, dass sie ein Ehe- und Familienleben eher belasten und verhindern als erleichtern. Die *„strukturelle Rücksichtslosigkeit der Gesellschaft gegenüber Familien"* (Kaufmann 1995) zeigt sich daran, dass die meisten Anforderungen, vor allem die Anforderungen des modernen Arbeitsmarktes, ganz auf Individuen bezogen sind, der Rationalität des Marktes und nicht den Bedürfnissen der Familie folgen. Die institutionellen Vorgaben sind nur an der Oberfläche neutral, erschweren aber de facto die Paarbildung und Familiengründung. Die Deinstitutionalisierungstendenzen im Bereich von Ehe und Familie seit den 1960er Jahren wurden noch dadurch forciert, dass mit dem verstärkten Übergreifen des Individualisierungsprozesses auf den weiblichen Lebenszusammenhang nicht mehr nur jeweils eine *Einzelperson* (sprich: der Mann) mit immer mehr und oft widersprüchlichen Entscheidungszwängen konfrontiert ist, sondern dass die Vorstellungen und Wünsche *zweier selbständiger Individuen* mit jeweils eigenen Lebensplänen, Rechten und Zwängen koordiniert werden müssen. Es treffen zwei Menschen aufeinander, die „beide den Möglichkeiten und Zwängen einer ‚selbstentworfenen Biographie' unterstehen" (Beck-Gernsheim 1986, 223).

Die Frage dabei ist, inwieweit in einer Zeit, in der Unabhängigkeit und Selbstverwirklichung von Mann und Frau sehr stark mit der Berufsausübung verknüpft sind, noch Raum bleibt für einen Partner bzw. eine Partnerin mit eigenen Lebensplänen und Zwängen. Es müssen *neue Arragements von Familie und Beruf*, neue Regelungen und Umgangsformen gefunden werden. Da ein allgemein verbindliches Muster, wie es die bürgerliche Ehe und Familie darstellten, fehlt, werden jetzt mehr und mehr Entscheidungen fällig. Die Partner müssen jeweils aushandeln, wessen Pläne und Vorstellungen Priorität besitzen bzw. welcher Kompromiss tragfähig erscheint. Dabei bergen die Aushandlungsprozesse „das Risiko in sich, sich zu ‚Beziehungskisten' zu entwickeln, und ihr mögliches Ende in einer ‚Wochenend-Partnerschaft', im Auseinanderleben, in Trennung und Scheidung, in einem Single-Dasein zu finden" (Hradil 1995, 86). Inwieweit es sich bei dem jeweiligen Ergebnis um „behelfsmäßige Konstruktionen" oder um „echte alternative Lebensformen" handelt, muss im Einzelfall geprüft werden. Dabei geht der Druck, neue Lebensformen auszuprobieren, stärker von den Frauen aus, die ihre Lebensperspektive heute häufiger in einer dauerhaften, qualifizierten Berufstätigkeit sehen und den traditionalen Beziehungsmustern skeptisch gegenüberstehen. Lebensstile und Beziehungsformen außerhalb der Ehe versprechen ihnen einen erhöhten Verhandlungsspielraum gegenüber dem Partner. Berufstätige Frauen mit hohem Bildungsniveau sprechen sich am entschiedensten gegen die Ehe aus. „Die durch die qualifizierte Berufstätigkeit erreichte ökonomische Unabhängigkeit gibt ihnen die Möglichkeit, sich von dem Zwang zur Versorgungsehe freizumachen, ihr Leben finanziell autonom zu gestalten, und befriedigendere neue Lebensformen mit oder ohne Männer auszuprobieren“ (Meyer/Schulze 1989, 27).

11.2 Empirische Untersuchungen zur Individualisierungthese

Es liegen nur relativ wenige Versuche vor, die Individualisierungsthese bzw. spezifische Aspekte dieser These empirisch zu prüfen. Betrachtet man als zentralen Bestandteil von Individualisierung das *Herauslösen von Männern und Frauen aus ihren angestammten (prägenden) Sozialmilieus,* so sollte sich der Individualisierungsprozess am Ausmaß und an den Veränderungen der *beruflichen Mobilität* (sowohl im Vergleich zur Elterngeneration als auch im Verlauf des eigenen Berufslebens) ablesen lassen. Berger (1995) hat die Mobilitätsdynamik für Westdeutschland mit Hilfe der Daten des sozioökonomischen Panels überprüft. Ein Vergleich der Mobilitätsraten unterschiedlicher *Berufseintrittskohorten* bekräftigt den von der Individualisierungsthese behaupteten Eindruck einer „intergenerationellen Öffnung“ der westdeutschen Sozialstruktur. In der Kohortenfolge – von den 1940er Jahren bis zum Beginn der 1980er Jahre – ist die *Intergenerationen-Berufsmobilität* zwischen den Berufspositionen der Väter und den Eintrittspositionen ihrer Kinder stetig gestiegen. Mehr als zwei Drittel der zwischen 1971 und 1980 ins Erwerbsleben tretenden Männer und über vier Fünftel der Frauen haben in Relation zu ihrem Elternhaus berufliche Mobilität erlebt und sind aus ihrem Herkunftsmilieu herausgelöst worden. Der seit den 1980er Jahren nur noch geringfügig zunehmende Anteil an vertikaler Mobilität für westdeutsche Männer ist in erster Linie auf eine stetige Zunahme von Abstiegen zurückzuführen (Statist. Bundesamt 2006d). Die westdeutschen Frauen haben dagegen in den letzten 30 Jahren ihre Aussichten auf bessere Positionen weiter steigern können. Soziale Aufstiege haben zu- und soziale Abstiege haben abgenommen. Inwieweit die Statusdiskontinuitäten von den Betroffenen auch als explizite Brüche mit ihren jeweiligen Herkunftsmilieus erlebt werden, muss offen bleiben. Nach Berger (1995) ist es auf jeden Fall gewiss, dass immer mehr Männer und Frauen in ihren biographischen Entwürfen auf sich selbst zurückgeworfen sind, ohne auf Vorbilder aus der Elterngeneration zurückgreifen zu können.

Nicht nur im Bereich der Intergenerationen-Mobilität, auch im Bereich der *Intragenerations-Berufsmobilität* (*Karrieremobilität*) kann man Veränderungen beobachten, die sich im Sinne von Individualisierungsprozessen interpretieren lassen. Über die Hälfte der Männer und über zwei Drittel der Frauen in Westdeutschland haben ihre berufliche Eintrittsstellung bis Mitte der 1980er Jahre wieder verlassen, und auch in der zweiten Hälfte der 1980er Jahre hat die intragenerationelle Beweglichkeit weiter zugenommen (Berger 1995). Dabei sind soziale Aufstiege sehr viel häufiger als soziale Abstiege, d. h. berufliche Mobilität im Lebenslauf ist in der Regel eher mit positiven als mit negativen Erfahrungen verbunden. In der Nachkriegsgeschichte zeichnet sich „auch in intragenerationeller Hinsicht eine größere ‚Offenheit‘ ab ..., in der eine gestiegene individuelle Beweglichkeit im Raum beruflicher Stellungen und entsprechende Statusdiskontinuitäten zum ‚normalen‘ Bestandteil sozialstruktureller Erfahrungen und karrierebezogener Erwartungsmuster werden können“ (Berger 1995, 75). Die 1970er Jahre, in denen die Bildungsexpansion zur Verbesserung von Mobilitätschancen beitrug, und auch noch die 1980er Jahre, die eine ungewöhnlich große Arbeitsmarktdynamik mit sich brachten, könnten sich dabei „im Nachhinein als eine historische Periode herausstellen, die durch einen besonders nachhaltigen Mobilitäts-

und ‚Individualisierungsschub' im Bereich von Erwerbstätigkeit und Berufsarbeit geprägt war" (Berger 1995, 79).

In die gleiche Richtung weisen die in den jüngeren Geburtskohorten (1951 – 1955) feststellbaren Tendenzen einer verstärkten *Diversifizierung von Erwerbsverläufen* (Berger/Sopp 1992). Die Erwerbsverläufe sind nach einer vor allem bei den Männern ausgeprägten Periode der „Ruhe" in den 1960er Jahren im Sinne einer „steigenden Unübersichtlichkeit" instabiler und vielfältiger geworden. Auch in der jüngeren Frauengeneration findet sich eine gewisse Abkehr vom (weiblichen) Normallebensverlauf. Phasen der Erwerbstätigkeit wechseln häufiger ab mit Phasen der Familientätigkeit, so dass die Frauen der jüngeren Generation in ihrer Lebensführung erheblich umfangreichere „Unplanbarkeiten" und „Unvorhersehbarkeiten" zu bewältigen haben als die Frauen der älteren Generation (Berger/Sopp 1992).

Einen anderen empirischen Zugang zur Überprüfung der Individualisierungsthese wählt Tölke (1991), die für Westdeutschland für den Bereich von Partnerschaft und Ehe eine seit den 1950er Jahren bestehende Tendenz zur *Entstandardisierung des Lebenswegs* nachweist (Familiensurvey 1988). Die Entstandardisierung äußert sich darin, dass sich für das einzelne Individuum ein immer größeres Verhaltensspektrum ausbreitet, dass es zunehmend herausgefordert ist, *persönlich Entscheidungen zu treffen.* Eine Gegenüberstellung gleicher Lebensabschnitte (Phase des jungen Erwachsenenalters bis 30 Jahre) von Personen unterschiedlicher Geburtskohorten (1934 – 1961) zeigt, dass die erste länger andauernde Partnerbeziehung in einem immer jüngeren Alter aufgenommen wird. Da gleichzeitig die Menschen bis zum Alter von 30 Jahren immer mehr Beziehungen „durchlaufen", hat die jüngere Generation auch sehr viel mehr *Trennungserfahrungen* gemacht als in früheren Zeiten. Auch in der Studie von Schmidt u. a. (2003) hatten die Hamburger und Leipziger des Geburtsjahrgangs 1972 im Alter von 30 Jahren fast doppelt so viele feste Beziehungen wie die Befragten des Jahrgangs 1942 (3,6 vs. 1,9), und die heutigen 30-Jährigen haben sogar mehr feste Beziehungen erlebt als die 60-Jährigen in ihrem viel längeren Leben (3,6 vs. 2,8). Entsprechend muss sich die junge Generation häufiger und intensiver mit ihren Vorstellungen von Beziehungen auseinandersetzen, als das noch vor wenigen Jahrzehnten der Fall war. Da partnerschaftliche Beziehungen ohne Trauschein besonders in jüngerem Alter (zumindest für eine gewisse Zeit) eine attraktive Alternative zur Ehe geworden sind und der normative Druck zur Eheschließung abgenommen hat, ist Heirat zu einer immer stärker individuell zu begründenden Entscheidung geworden.

Dabei sind die gestiegenen Optionen gruppenspezifisch verteilt. Die bereits in den älteren Geburtskohorten bestehenden Unterschiede zwischen Männern und Frauen und zwischen den Absolventen/Absolventinnen unterschiedlicher Schulabschlüsse haben sich nicht etwa verringert, sondern noch vergrößert. So heiraten Abiturientinnen heute im Vergleich zu Hauptschulabgängerinnen immer später. Es handelt sich also „um eine an traditionellen Strukturmerkmalen ausgerichtete Individualisierung" (Tölke 1991, 150). Auch Strohmeier (1993, 18) fand in seiner Untersuchung über die Pluralisierung und Polarisierung der Lebensformen, dass „in der Bundesrepublik sowohl eine schichtabhängige Verteilung der Lebensformen als auch eine hochgradige Schichtabhängigkeit der Lebensverläufe (vorliegt), was auf bedeutsame sozialstrukturelle Differenzierungen des Individualisierungsprozesses hinweist". Und Bertram und Dannenbeck (1991) verweisen darauf, dass Indikatoren, die auf Individualisierungsprozesse hinweisen, regional außerordentlich ungleich verteilt sind und eher in städtischen als in ländlichen Regionen anzutreffen sind.

Die bisher vorgestellten Arbeiten konzentrieren sich auf die Analyse struktureller Wandlungsprozesse und thematisieren nicht, wie die sich objektiv bietenden Handlungsspielräume von den Individuen *erlebt und ausgefüllt* werden. Die Erfahrungen von Diskontinuität und steigender Mobilität können nicht nur als Gewinn, als gesteigerte Erfahrungsvielfalt, sondern auch als Verlust von Selbstverständlichkeiten, als verunsichernd und identitätsbedrohend erlebt werden. Dies gilt vor allem dann, wenn die Bewegungen – wie in der ehemaligen DDR – zu schnell und abrupt erfolgen und soziale Abstiege überwiegen (Berger 1995a). Die meisten empirischen Arbeiten zur Individualisierungsthematik rücken die *Wahrnehmung und Auseinandersetzung mit Freisetzungsprozessen* in den Mittelpunkt und konzentrieren sich auf die *Freisetzung der jungen Frauengeneration.* Eine systematische Verknüpfung und empirische Überprüfung des Zusammenhangs zwischen objektiven Freisetzungsprozessen und den unterschiedlichen Formen ihrer subjektiven Bewältigung steht noch aus.

Den meisten Frauen der jüngeren Generation sind ihre im Verhältnis zur Elterngeneration gestiegenen Optionen und Freiheiten durchaus bewusst. Die jungen Frauen in der Schering-Frauenstudie vom März 1992 sehen ihr Leben geradezu als Kontrast, als Gegenentwurf zur Situation und zum Selbstverständnis der altersgleichen Frauen der 1950er und beginnenden 1960er Jahre (Allensbach 1993). Die Veränderungen werden fast ausschließlich als Gewinn und Befreiung erlebt, als Befreiung aus der Abhängigkeit von einem Partner, als Befreiung aus Rollenzwängen, als neu gewonnene Freiheit, in Beruf und Freizeit eigene Ziele realisieren zu können. Vier von fünf Frauen sind davon überzeugt, dass sie ihre eigenen Interessen besser verwirklichen können als ihre Mütter das konnten, und ebenso viele glauben, dass sie mehr Freiheiten haben als ihre Mütter hatten, als diese im gleichen Alter waren. Die *Ambivalenzen* dieser Einschätzungen werden erst erkennbar, wenn man sie mit anderen Beurteilungen der gleichen Frauen kontrastiert. Etwa jede dritte Frau hat das Gefühl, dass der im Generationenvergleich gewonnene Freiheitsspielraum mit größeren Belastungen erkauft werden musste. Vor allem die Doppelorientierung der Frauen auf familiales und partnerschaftliches Leben einerseits und berufliche Tätigkeit andererseits, die kennzeichnend für den heutigen weiblichen Lebenszusammenhang ist, wirft erhebliche Koordinationsprobleme auf. Eine wachsende anomische Spannung resultiert auch daraus, dass die Verbesserung der beruflichen Chancen der Frauen hinter den noch stärker gestiegenen Ansprüchen der Frauen zurückgeblieben ist, dass sich die Kluft zwischen Wunsch und Realität verschärft hat, wobei die Frauen der jüngeren Generation für die Wahrnehmung dieser Diskrepanz immer stärker sensibilisiert worden sind (Peuckert 1997).

Dass für die junge Frauengeneration der traditionale weibliche Lebenslauf keine gültige Vorgabe mehr für das eigene Leben ist und dass mit der gesteigerten Erfahrungsvielfalt gleichzeitig erhebliche Ambivalenzen verbunden sind, belegen mehrere Studien aus dem Umfeld der Frauenforschung. Exemplarisch sei auf die Studie von Geissler und Oechsle (1996) verwiesen, in der 77 qualitative Leitfaden-Interviews mit jungen erwerbstätigen, kinderlosen Frauen im Alter zwischen 20 und 30 Jahren durchgeführt wurden. Fast alle Befragten (ohne Hochschul- und Fachhochschulabschluss) sind sich dessen bewusst, dass sich ihre Lebenssituation im Vergleich zur Situation früherer Frauengenerationen tiefgreifend verändert hat. Nur eine Minderheit erlebt den gesellschaftlichen Wandel als Verlust an Einbindung und Sicherheit. Die überwiegende Mehrheit begreift die Auflösung traditionaler Strukturen als *Erweiterung ihrer Handlungsräume* in Richtung einer autonomen Lebensführung. Das Dilemma, in dem sich die jungen Frauen befinden, besteht darin, dass sie zwei Lebensbereiche (Familie und Beruf) in Einklang bringen wollen, dass es hierfür aber kein biographisches Modell, keinen „Normallebenslauf" gibt. Sie müssen individuelle Lösungen suchen, neue weibliche Lebenslaufmodelle konstruieren. Die meisten jungen Frauen streben das *Modell der doppelten Lebensplanung* im Sinne einer relativen Gleichgewichtigkeit von Familie und Beruf an, relativ deshalb, weil begrenzte Phasen familienbedingter Unterbrechungen in Kauf genommen werden und im Konfliktfall letztlich die Familie Priorität besitzt. Eine Minderheit entscheidet sich für eine *familienzentrierte Lebensplanung* im Rahmen der traditionalen Frauenrolle, wobei den Frauen die erhöhten Risiken dieser Lebensweise durchaus bewusst sind und sie ihre Lebensziele gegenüber anderen Lebensweisen legitimieren müssen. „Auch die Orientierung an einem familienzentrierten Lebenslauf wird heute zu einem Akt individueller Entscheidung. Sie ist nicht mehr Schicksal, sondern Wahl" (Geissler/Oechsle 1994, 159). Im Zentrum der *berufsorientierten Lebensplanung* steht die Sicherung der Erwerbskontinuität, im Zentrum der *individualisierten Lebensplanung* die möglichst vielseitige Entwicklung der Persönlichkeit. „Charakteristisch für die individualisierte Lebensplanung ist die selbstreflexive Struktur biographischer Entscheidungen, und zwar im Hinblick auf alle Lebensbereiche" (Geissler/Oechsle 1994, 163).

Bertram u. a. (2005) unterscheiden in Anlehnung an Hakim (2003) drei Lebensentwürfe, die sich in allen sozialen Gruppen und auf allen Ebenen des Ausbildungssystems finden (vgl. *Tabelle 72):*

- eine erste Gruppe ausschließlich berufsorientierter Frauen, die auch nach der Geburt eines Kindes ihre Priorität nicht ändern,
- eine zweite Gruppe familien- und haushaltsorientierter Frauen, in der die Haushaltsführung und die Sorge für Kinder und Familie zentrale Lebensinhalte sind und die nur dann außerhalb der Familie arbeiten, wenn finanzielle Probleme auftreten,
- eine dritte Gruppe adaptiver Frauen, die eine Balance zwischen Familie und Arbeitswelt – häufig über Teilzeitarbeit – anstreben.

Tabelle 72: Die Verteilung der präferierten Arbeitstypen für Männer und Frauen in Deutschland, Familiensurvey 2000

	berufsorientiert	**adaptiv**	**familienorientiert**
Frauen	21	65	14
Männer	67	33	0

Quelle: Bertram u. a. 2005, 29

Die meisten (65 Prozent) im Familiensurvey 2000 befragten Frauen gehören zur adaptiven Gruppe (1995: 60 Prozent). Die Gruppe der berufsorientierten Frauen, die 1995 noch 26 Prozent umfasste, ist – im Wesentlichen bedingt durch die Entwicklung in Ostdeutschland seit der Wende – auf 21 Prozent zurückgefallen. Besonders der familienorientierte Arbeitstyp hat stark an Bedeutung eingebüßt. Die Männer vertreten mehrheitlich eine berufsorientierte Lebensperspektive, aber etwa ein Drittel bevorzugt inzwischen einen adaptiven Lebensentwurf. Insgesamt optiert gegenwärtig also nur eine Minderheit der jüngeren Frauengeneration für ein Modell, das im Wesentlichen der männlichen Erwerbsrolle entspricht, und nur eine Minderheit wählt – dies gilt auch für Mütter mit mehreren Kindern – die Hausfrauen- und Mutterrolle als Alternative zur männlichen Erwerbsrolle (Bertram u. a. 2005). Die meisten Frauen plädieren, in Abhängigkeit vom Lebensalter und der Entwicklung der Kinder, für unterschiedliche Varianten von Teilzeittätigkeit. Nicht die Vollzeiterwerbstätigkeit wird als Alternative zur Hausfrauen-Tätigkeit gesehen, sondern das Modell einer interaktiven Vereinbarkeit von Familie und Beruf. Selbst von den Frauen mit Hochschulreife wünschen sich nur 18 Prozent eine kontinuierliche Erwerbstätigkeit. 73 Prozent bevorzugen eine Erwerbstätigkeit, die in Abhängigkeit vom Lebensalter des Kindes unterschiedliche Zeitmodelle ermöglicht.

Allgemein zeigt sich: Die Lebenspläne junger Frauen lassen sich nicht mehr – dieser Trend ist in allen neueren Studien sichtbar (zusammenfassend Wetterer 2003) – auf ein dominantes Muster der „weiblichen Normalbiographie" reduzieren. Frauen und Männer sind heute gleich gut ausgebildet, setzen die Gleichheit der Geschlechter als selbstverständlich voraus, formulieren neue Ansprüche und sind überzeugt davon, dass sie selbst über ihr künftiges Leben bestimmen. Für die Selbstinterpretation der jungen Frauen ist Individualisierung zu dem maßgeblichen Deutungsmuster geworden (Geissler/Oechsle 2000). Es hat eine Vervielfältigung der Lebenskonzepte stattgefunden, wobei die größte Gruppe diejenigen bilden, die sowohl auf Familie als auch auf Beruf hin orientiert sind.

Die *Grenzen der Individualisierung* sind allerdings spätestens bei der Geburt des ersten Kindes deutlich erkennbar, denn es ist in der Regel nach wie vor die Frau, die ihre Berufstätigkeit unterbricht, Elternzeit in Anspruch nimmt und schließlich, wenn überhaupt, auf Teilzeitbasis in den Beruf zurückkehrt. Da in den Aushandlungsprozessen junger Paare, anders als in früheren Zeiten, zur Begründung der *Re-Traditionalisierung der Arbeitsteilung zwischen den Geschlechtern* auf die deutlich besseren Karriere- und Einkommenschancen der Männer verwiesen wird, nähert sich die Berufs- und Familienbiografie junger Frauen nach der Geburt eines Kindes letztendlich doch der Berufs- und Familienbiografie ihrer Mütter an. Unterschiedlich sind nur der Ausgangspunkt – die heutige Gleichstellung von Mann und Frau vor Eintritt in den Beruf – und die Deutungsmuster. Während sich die Mütter der älteren Generation selbst dann noch als familienorientiert definierten, wenn sie de facto erwerbstätig waren, halten die Töchter ihr Selbstverständnis auch dann noch aufrecht, wenn sie einem geschlechtstypischen Muster folgen. Sie betrachten ihre Entscheidung „als Ergebnis einer individuellen und gemeinsam mit dem Partner ausgehandelten Wahl" (Wetterer 2003, 16). Nicht normative Vorgaben sind ausschlaggebend, sondern sie selbst haben sich für diesen Weg entschieden.

Auch die Ergebnisse einer Studie von Born und Krüger (2001) verdeutlichen, dass sich zwischen den Kohorten der Nachkriegs- und der Studentenbewegungszeit einerseits und den Kohorten der 1990er Jahre andererseits zwar die Muster bei der Aushandlung der Frage innerfamilialer Arbeitsteilung bei Geburt eines Kindes nachhaltig gewandelt haben, nicht aber die Lösungen. „Das ‚Wie' der Aushandlungen ändert sich von schlichter normativer Setzung von Zuständigkeiten in der ältesten Kohorte zu partnerschaftlich-rationalen Verhandlungen in den jüngeren Kohorten, doch das Ergebnis dieser Debatten blieb dasselbe: Es waren vorrangig die Frauen, die ihre Erwerbsarbeit reduzierten bzw. ihre Erwerbsarbeit unterbrachen, während die Partner zwar mehr Bereitschaft zur Kinderbetreuung zeigten, dies aber unter den Bedingungen männlicher Karrieremobilität ... Rationalität und Normativität überlagern sich in partnerschaftlichen Aushandlungsprozessen, wobei die Rationalität heute zugleich die in Berufsstrukturen und Übergangswege gegossene Normativität von gestern ist" (Krüger 2003, 505).

Abgesehen von generellen Vorbehalten gegenüber der begrenzten Generalisierbarkeit qualitativer Fallstudien ist zu diesen und ähnlich konzipierten Untersuchungen (z. B. Diezinger 1991, Burkart/Kohli 1992, Keddi u. a. 1999) kritisch anzumerken, dass lediglich ein (meist sehr differenziertes) Zustandsbild geliefert wird, dass die für die Diskussion der

Individualisierungsthese aber zentrale Frage des sozialen Wandels weitgehend unbeantwortet bleibt. Diverse Sozialwissenschaftler kritisieren auch die mangelnde Präzision des Konzepts „Individualisierung" sowie die fehlenden historischen Analysen und unzureichenden empirischen Belege. Bis heute ist die Individualisierungsthese weder hinreichend expliziert noch hinreichend empirisch getestet worden. Nach Friedrichs (1998) sollte genauer spezifiziert werden, welche gesellschaftlichen Bedingungen es genau sind, aus deren Zwängen das Individuum entlassen wurde und in welcher Form sie das Verhalten der Individuen beeinflusst haben. Es sind also sowohl die Art der Verhaltensrestriktionen als auch deren Wirkungsmechanismen genauer zu bestimmen.

11.3 Wertewandel und Postmaterialismus

Der gesellschaftliche Individualisierungsprozess in der Nachkriegszeit im Sinne einer zunehmenden Freisetzung aus sozialen Bindungen wurde von einem *sozialen Wertewandel* begleitet, der sich schon seit den 1950er Jahren nachweisen lässt und der in den 1960er und beginnenden 1970er Jahren eine schubartige Beschleunigung erfahren hat (Klages 1984; 1988; 1993; Meyer 1992). Eine tendenzielle Rangverminderung haben die traditionalen *Pflicht- und Akzeptanzwerte* bzw. die *materialistischen Werte* (wie Betonung von Ordnung, Leistung und Pflichterfüllung) erfahren. An Bedeutung gewonnen haben die *Selbstentfaltungswerte* bzw. *postmaterialistischen Werte* (wie die Betonung von Autonomie, Gleichbehandlung und Selbstverwirklichung). Kennzeichnend für diesen Wertewandlungsprozess ist, dass sich oft alte Vorstellungen mit neuen Wertvorstellungen mischen. Es handelt sich also weniger um einen Wertetausch in dem Sinne, dass alte Werte vollständig durch neue ersetzt wurden. Vielmehr bildet sich ein zunehmend heterogenes und diffuses instabiles System von (teilweise konkurrierenden) Normen und Werten heraus (Herbert 1988). Da die das Verhalten steuernden modernen Werte inhaltlich kaum festgelegt sind, müssen sie vom Individuum jeweils situations- und kontextabhängig interpretiert werden. Mit dem inhaltlichen Wandel der Werte geht also zwangsläufig eine *Individualisierung des Umgangs mit den Wertorientierungen* einher. Die Gestaltung wird immer mehr in den freien Entscheidungsraum des Einzelnen gestellt, wobei Reflexions- und Selbststeuerungsprozesse auch aufgrund der Bildungsexpansion an Relevanz gewonnen haben.

Die Population Policy Acceptance Study aus dem Jahr 2003 zeigt für Deutschland eine Polarisierung zwischen materialistischen und postmaterialistischen Wertetypen (Dorbritz u. a. 2005). 51 Prozent der Befragten vertreten postmaterialistische Werte oder gehören zum postmaterialistischen Mischtyp. 49 Prozent sind materialistisch orientiert oder bilden den materialistischen Mischtyp. Die vier Typen verteilen sich in folgender Weise auf die Befragten:

- Postmaterialisten: 21 Prozent (West: 23 Prozent; Ost: 13 Prozent)
- Postmaterialistischer Mischtyp: 30 Prozent
- Materialisten: 20 Prozent (West: 19 Prozent; Ost: 24 Prozent)
- Materialistischer Mischtyp: 29 Prozent

In den alten Ländern ist der Anteil derjenigen, die ein hohes Maß an Selbstverwirklichung und individualistischen Orientierungen artikulieren, mit 23 Prozent erheblich größer als in den neuen Ländern (13 Prozent). Besonders ein hoher Bildungsabschluss, aber auch eine gehobene Berufsposition und ein höheres Einkommen sind günstige Voraussetzungen für die Ausprägung postmaterialistischer, individualistischer Werte. Auffallend ist auch die höhere Bedeutsamkeit des Strebens nach Selbstverwirklichung unter den jüngeren Personen (unter 30) im Vergleich zu den älteren Befragten (Kramer 2005).

Die Wertewandlungsprozesse, die oft noch widersprüchlich sind, wirken sich in spezifischer Weise auf die Formen der Lebensführung aus. Sie beeinflussen negativ die Eheschließungsbereitschaft, die Bindungskraft der Ehe und die Bereitschaft, Kinder in die Welt zu setzen und tragen zur steigenden Scheidungshäufigkeit und zur Pluralisierung der Lebensformen bei (Klages 1984; Dorbritz u. a. 2005). Postmaterialistisch orientierte Menschen sind seltener der Ansicht, dass eine Frau Kinder haben muss, und sie akzeptieren eher eine nichteheliche Elternschaft (Inglehart 1989). Sie sind liberaler eingestellt gegenüber Fragen der Scheidung, Abtreibung und Homosexualität. Auch weisen Länder mit einem höheren Anteil an Postmaterialisten tendenziell eine geringere Geburtenrate auf. Da für Postmaterialisten im Vergleich zu Materialisten empirisch nachweisbar Ehe und Kinder als Lebenssinn von geringerer Bedeutung sind, kann nach Bertram (1992, 232) „davon ausgegangen werden, dass das Aufkommen dieser Wertmuster einiges zur Veränderung von Ehe und Familie sowohl in der west- als auch in der ostdeutschen Gesellschaft beigetragen hat".

Auch nach Surkyn und Lestaeghe (2004) haben markante Verschiebungen hin zu „unkonventionellen" Werten, die zwischen aufeinanderfolgenden Generationen auftreten, ganz mitentscheidend zur „second demographic transition" und damit zur Pluralisierung der Haushaltsformen beigetragen. Die neuen Lebensformen, vor allem die nichteheliche Lebensgemeinschaft, sind Ausdruck einer säkularen und antiautoritären Gesinnung höher gebildeter junger Geburtsjahrgänge mit einer starken Betonung „höherer Bedürfnisse" (wie Selbstverwirklichung) und expressiver Werte. In ihrer empirischen Studie, die sich auf den europäischen Wertesurvey (EVS) aus dem Jahre 1999 stützt, untersuchen die Autoren den Zusammenhang zwischen einer Vielzahl von Wertorientierungen einerseits und der Wahl spezifischer Lebensformen andererseits. Die Befragten sind zwischen 18 und 45 Jahre alt. Berücksichtigt werden zwei iberische (Spanien, Portugal), drei westeuropäische (Belgien, Frankreich, Deutschland) und zwei skandinavische Länder (Schweden, Dänemark). Die Profile der Wertorientierungen basieren auf 80 Items, die sich auf sehr unterschiedliche Dimensionen beziehen (Religiosität, unkonventionelle bürgerliche Moral und Ethik, Familienwerte, Gender-Rollenorientierung, Protestneigung, Postmaterialismus u. a.). Der eine Wertepol kennzeichnet die *nonkonformistischen und liberalen Werte.* Charakteristisch hierfür sind die expressiven Werte Persönlichkeitsentfaltung, Selbstverwirklichung, individuelle Autonomie und die Ablehnung institutioneller Autorität. Der entgegengesetzte Pol kennzeichnet eine *hohe Konformität* und die *Respektierung von Traditionen und Autorität.* Untersucht wird die Nähe der jeweiligen Werte zu acht unterschiedlichen Haushaltstypen. *Tabelle 73* enthält für jeden Haushaltstyp die Zahl der Abweichungen in nonkonformistischer Richtung. Das maximale Nonkonformitäts-Gesamtergebnis bildet der Wert 80. Je mehr sich der entsprechende Haushaltstyp diesem Wert annähert, desto nonkonformistischer ist sein Werteprofil.

Insgesamt wurde ein eindeutiger statistischer Zusammenhang zwischen einer Vielzahl von Wertorientierungen einerseits und unterschiedlichen Haushaltstypen andererseits ermittelt, der auch nach Kontrolle von Alter, Geschlecht, Bildungsgrad, Beruf und Urbanität bestehen bleibt. Insgesamt sind die Muster der Werteprofile nach Haushaltstypen in den verschiedenen europäischen Regionen relativ ähnlich, sieht man einmal davon ab, dass das Einsetzen der „second demographic transition" in Skandinavien dem in den iberischen Ländern um etwa 20 Jahre vorausgeht. Länderübergreifend zeigt sich:

Tabelle 73: Zahl der positiven Nettoabweichungen (= in nonkonformistischer Richtung) bei 80 Werte-Items nach Haushaltstyp

	Haushaltstyp							
	1	**2**	**3**	**4**	**5**	**6**	**7**	**8**
Skandinavien	29	44	63	49	44	22	35	34
Westeuropa	63	61	63	47	29	14	29	57
Iberische Länder	52	54	64	45	35	16	29	46

1: wohnt bei Eltern
2: war nie verheiratet und lebt in keiner NEL
3: NEL und keine Kinder
4: NEL mit Kindern
5: verheiratet und keine Kinder
6: verheiratet mit Kindern und nie in einer NEL gelebt
7: verheiratet mit Kindern und bereits in einer NEL gelebt
8: früher verheiratet oder in einer NEL, noch keine neue Lebensgemeinschaft

Quelle: Surkyn/Lesthaeghe 2004, 78

- Bringt man die einzelnen Haushaltypen in eine Reihenfolge von „traditional" bis „nonkonformistisch", so weisen kinderlose nichteheliche Lebensgemeinschaften bei den einzelnen Wertegruppen, die sich auf Säkularisierung, Ethik, bürgerliche Moral, Egalitarismus, Antiautoritarismus, expressive Werte u. a. beziehen, unter allen Haushaltstypen die ausgeprägteste nonkonformistische Orientierung auf (63/64 von 100).
- Alle Übergänge in die Ehe und/oder Elternschaft sind mit Werteänderungen und einer verstärkten Konformität verbunden. Auch nach den Ergebnissen der PPAS ist der Faktor „Selbstverwirklichung, Karriere, Gleichberechtigung" am engsten mit der Orientierung auf Kinderlosigkeit verknüpft (Dorbritz u. a. 2005).
- Nichteheliche Lebensgemeinschaften mit Kindern sind immer noch relativ stark nonkonform orientiert (45/49 von 100), liegen aber deutlich unter den kinderlosen nichtehelichen Lebensgemeinschaften.
- Verheiratete Eltern, die nie zuvor in einer nichtehelichen Lebensgemeinschaft gelebt haben, weisen die höchste Konformität auf. Haben die verheirateten Eltern hingegen schon zuvor einmal unverheiratet mit einem Partner/einer Partnerin zusammengelebt, so sind sie nicht ganz so konform eingestellt, ein Hinweis darauf, dass die frühere Erfahrung in einer Lebensgemeinschaft sich langfristig in Richtung einer nonkonformistischen Haltung auswirkt.
- Das Leben als Single geht ebenfalls mit einer stark ausgeprägten Nonkonformität einher.
- Geschiedene und Getrennte, die noch keine neue Lebensgemeinschaft eingegangen sind, kehren im Vergleich zu den Verheirateten zu nonkonformistischeren Werten zurück.

Aufgrund der *Querschnittsbetrachtung* ist es nicht möglich, die *Dynamik des Prozesses*, der diese Unterschiede nach Haushaltstyp begründet, zu erforschen. Hierzu benötigt man Längsschnittstudien. Panel-Erhebungen aus den USA und Westeuropa lassen laut Surkyn und Lestaeghe (2004, 90) *zwei Mechanismen* erkennen. „Dazu gehört erstens die von den Individuen selbst getroffene Entscheidung für bestimmte Haushaltspositionen, die unter anderem von den bereits vor dem Übergang bestehenden Wertorientierungen abhängt. Dies ist das Merkmal der *wertebasierten Selektion und Auswahl*. Zweitens gibt es die Änderung oder Verstärkung bestehender Werte abhängig von dem jeweils gerade vollzogenen Haushaltsübergang. Dies ist das Merkmal der *übergangsbedingten Werteadaption.* Gemeinsam stellen diese beiden Merkmale das *rekursive Modell der Selektion und Adaption* dar, und dieses Modell, das seine Wirkung zwar im Zeitverlauf zeigt, muss zu einem bestimmten Zeitpunkt ein spezifisches Querschnittsprofil der von den einzelnen Haushaltstypen bevorzugten Werte ergeben ... Diese Werteprofile nach Haushaltstyp werden als sichtbare Auswirkungen des Selektions-Adaptionsmodells bezeichnet".

11.4 Die Theorie gesellschaftlicher Differenzierung privater Lebensformen

Die Individualisierungsthese richtet ihr Augenmerk auf die in den letzten Jahrzehnten feststellbaren *Entstrukturierungsprozesse des familialen und privaten Zusammenlebens,* auf die Entwicklungen weg von der Normalfamilie. Sie vermag aber keine Antwort darauf zu geben, auf welche *neuen Strukturmuster* sich diese Veränderungen hin bewegen. Erfolgversprechender erscheint in dieser Hinsicht die Systemtheorie, insbesondere die *Theorie der sozialen Differenzierung* zu sein, die davon ausgeht, dass die Differenzierung der Gesellschaft in unterschiedliche Teilsysteme nicht bei dem Teilsystem „Normalfamilie" stehen geblieben ist, sondern dass sich aufgrund der Anpassungserfordernisse der modernen Industriegesellschaft das relativ einheitliche bürgerlich-moderne Familienmuster in mehrere *Privatheitstypen,* d. h. *spezialisierte Subsysteme mit jeweils charakteristischen „Eigenrationalitäten"* ausdifferenziert, die mit den Anforderungen der komplexer werdenden Umwelt besser fertig werden als die Normalfamilie (Meyer 1992; 1993; Nave-Herz 1999). Familialer Wandel kann aus dieser Sicht als *Ausdifferenzierung der Privatheit* verstanden werden. Idealtypisch betrachtet sind neben die Normalfamilie als einem „kindorientierten Privatheitstyp" zwei neue Privatheitsysteme getreten: der „partnerorientierte" und der „individualistische" Privatheitstyp.

Strukturprägend für die Kleinfamilie als einem primär *kindorientierten (oder -zentrierten) Privatheitstyp* sind *erzieherische Handlungsthemata.* Je stärker in den letzten Jahrzehnten mit dem Bedeutungszuwachs der Kinder (Normkomplex der „verantworteten Elternschaft"; Kaufmann 1995) die Erziehungs- und Sozialisationsfunktion an Bedeutung gewonnen hat, desto mehr hat gleichzeitig die Ehebeziehung eine Bedeutungs- und Qualitätsminderung hinnehmen müssen. Die starke Kindzentrierung heutiger Ehen lässt sich z. B. daran ablesen, dass neben „Liebe" immer häufiger der Kinderwunsch als Hauptmotiv für die Eheschließung genannt wird. Die Verantwortung für das Kind gewinnt eine so herausragende Bedeutung, dass die Partner ihre bisherige Lebensform aufgeben und die Ehe mit ihrem höheren Verpflichtungscharakter wählen. Auch mit dem Begriff der *„Parentalisierung"* der Ehebeziehung soll hervorgehoben werden, dass immer mehr die Pflichten gegenüber den Kindern und nicht die Leistungen der Ehepartner füreinander die Vorstellungen von der Familie bestimmen.

Strukturprägend für den *partnerschaftsorientierten Privatheitstyp* (nichteheliche Lebensgemeinschaft, kinderlose Ehe) ist eine *partnerschaftliche Handlungsthematik,* die Beziehung selbst. Es handelt sich um ein funktional auf Liebe und Emotionalität spezialisiertes Partnerschaftssystem. Im Zentrum steht das Paar, die Qualität der Beziehung. Die zunehmende Entkoppelung von Liebe und Ehe bedeutet, dass im Unterschied zur Ehe und Familie nicht das Kind, sondern die „affektive, die erotisch-sinnliche und die sexuell-körperliche Dimension zur Grundlage der nichtehelichen Lebensgemeinschaft werden" (Meyer 1993, 29). Die Partnerschaftsvorstellungen zeichnen sich durch ein besonders hohes Maß an Affektivität und Emotionalität aus. Die nichteheliche Lebensgemeinschaft unterscheidet sich von der Ehe auch durch eine unbestimmte und offene Zeit- und Zukunftsperspektive. Es fehlt die für das bürgerliche Familienmuster charakteristische Ausrichtung auf die Familienbildung. Die Möglichkeit der Kündbarkeit und des Scheiterns der Beziehung wird von vornherein in Kauf genommen.

Kennzeichnend für den *individualistischen Privatheitstyp*, worunter vor allem die (freiwillig) Alleinwohnenden und Wohngemeinschaften, aber auch das „living apart together" fallen, ist eine *individualistische Handlungsthematik*. Strukturprägend für diese Lebensform sind ein ausgeprägtes Interesse an Autonomie, Unabhängigkeit und individueller Selbstverwirklichung sowie eine Betonung des Berufs- und Freizeitbereichs. Singles vertreten stärker als die Angehörigen der übrigen Privatheitstypen individualistische Werte und Einstellungen. Individualität ist dabei nicht gleichzusetzen mit Isolation, sondern wird als eingebettet gesehen in die Kommunikation mit Gleichgesinnten, die emotionalen Rückhalt geben. Meist handelt es sich, im Fall von Wohngemeinschaften noch stärker als im Fall von Singles, um Lebensformen ohne langfristige Perspektive, also um biographische Übergangsphasen.

Die Pluralisierung der Lebensformen im Sinne eines Monopolverlusts der Normalfamilie und die Ausdifferenzierung kind-, partnerschafts- und individualistisch orientierter Lebensformen können nach Meyer (1993) als Entwicklung verstanden werden, die die *Anpassungsfähigkeit an die moderne Gesellschaft* steigert. Der Differenzierungsprozess bedeutet also Fortschritt, nämlich Steigerung der Flexibilität und gesteigerte Anpassungsfähigkeit an sich verändernde Umweltbedingungen. Ein wichtiger Grund für die rasche Expansion der neuen Privatheitstypen in den letzten Jahrzehnten dürfte darin zu sehen sein, dass diese mehr Unabhängigkeit und Reversibilität garantierenden Lebensformen insbesondere mit den *Anforderungen des Arbeitsmarktes* besser fertig werden als die weniger spezialisierte, auf Dauer angelegte, geschlechtsspezifisch strukturierte Normalfamilie. „Im Gegensatz zur problematisch werdenden ‚Passung' zwischen der starren und relativ unbeweglichen Ehe- und Familiensituation und ihrer komplexen Umwelt erscheinen die latent kündigungsdisponierten, prinzipiell flexibleren, zukunftsoffeneren und zeitlich elastischeren Privatheitsformen mit den Mobilitätserfordernissen, Aus-, Fort- und Weiterbildungszwängen wie individualistischen Wertmustern der modernen Gesellschaft eher kompatibel" (Meyer 1993, 37). Insofern erscheint hier die Privatheitsdynamik als ein Stück ganz normaler Modernität. Allerdings ist die Gleichsetzung von fortschreitender Differenzierung und Spezialisierung – der Ausdifferenzierung eines Teilsystems privater Lebensformen – mit erhöhter Umweltangepasstheit nicht unproblematisch. So sind die längerfristigen Folgen der Kinderlosigkeit von immer mehr Erwachsenen zur Zeit noch nicht absehbar, und auch die eher unfreiwilligen Lebensformen (wie die Ein-Eltern-Familie) lassen sich schwerlich als Steigerung der Anpassungsfähigkeit an die moderne Gesellschaft und damit als Fortschritt interpretieren.

Auch Spiegel (1983; 1986) beruft sich auf die Theorie der gesellschaftlichen Differenzierung, wenn sie behauptet, dass ein *Wandel von heterogenen zu homogenen Lebensformen* zu verzeichnen ist. Die moderne Kleinfamilie ist sowohl in Bezug auf Alter und Geschlecht der Familienmitglieder als auch in Bezug auf die herrschende Rollenverteilung und Autoritätsstruktur ein sehr heterogenes Gebilde. Diese Heterogenität ist solange funktional, wie die Familie auf Zeugung, Geburt und Aufzucht von Kindern angelegt ist. Fehlt diese Orientierung oder wird sie auf eine kurze Zeitspanne gemeinsamen Lebens beschränkt, so bilden sich neue Lebens- und Haushaltsformen heraus, die aufgrund der größeren Homogenität ihrer Mitglieder besser in der Lage sind, sich auf die gegenseitigen (emotionalen) Bedürfnisse und Interessen zu spezialisieren. Die neuen Familienformen und Haushaltstypen (Wohngemeinschaft, nichteheliche Lebensgemeinschaft, Alleinwohnen) haben sich demnach deshalb so rasch ausgebreitet, weil sie „bessere Voraussetzungen bieten, einander nach Alter, Interessen, Lebenssituationen und -erfahrungen ähnliche Personen zusammenzubringen als es die Familie zumindest in ihrer traditionellen Rollenverteilung tun konnte" (Spiegel 1983, 85).

12 Die Zukunft von Ehe und Familie in den alten und in den neuen Bundesländern

Im Folgenden wird noch einmal systematisch die Frage nach der Zukunft von Ehe und Familie in Deutschland aufgegriffen. Aufgrund der unterschiedlichen Entwicklungen in beiden Teilen Deutschlands wird diese Frage getrennt für die alten und die neuen Bundesländer erörtert.

12.1 Ehe und Familie im Modernisierungsprozess: die Entwicklung in Westdeutschland

Seit dem Golden Age of Marriage, das sich durch eine hohe Geburtenhäufigkeit oberhalb des Reproduktionsniveaus, niedrige Kinderlosigkeit, eine fast vollständige Verheiratung der Generationen, geringe Scheidungsraten, einem niedrigen Erstheiratsalter und einem frühen Beginn der Familienbildungsphase auszeichnete, haben aus demographischer Sicht dramatische Veränderungen stattgefunden (vgl. *Tabelle 74).* Unter den heutigen Verhältnissen ist davon auszugehen, dass nur noch etwa 60 Prozent der jüngeren Generation zumindest einmal in ihrem Leben heiraten, dass durchschnittlich nur noch knapp 1,4 Kinder je Frau geboren werden und dass über 40 Prozent aller Ehen mit einer Scheidung enden. Beinahe jedes vierte Kind wird nichtehelich geboren, und das durchschnittliche Erstheiratsalter und das Alter der verheirateten Frauen bei der Geburt des ersten Kindes haben sich jeweils um knapp 5 Jahre bis auf fast 30 Jahre erhöht.

Tabelle 74: Entwicklung ausgewählter demographischer Indikatoren im früheren Bundesgebiet, 1960 – 2004

Demographische Indikatoren	1960	2004
zusammengefasste Erstheiratsziffer je 100 Frauen	106	57
durchschnittliches Erstheiratsalter der Frauen (in Jahren)	23,7	28,4
zusammengefasste Scheidungsziffer je 100 Ehen	12,2[1]	43,6
zusammengefasste Geburtenziffer je Frau	2,37	1,34[3]
Nichtehelichenquote	6,3	23,1[2]
Alter der verheirateten Frauen bei Geburt des 1. Kindes (in Jahren)	25,0	29,6[4]

[1] 1965; [2] 2005; [3] 2006; [4] Gesamtdeutschland.

Quelle: Eigene Zusammenstellung von Mikrozensusdaten; Grünheid 2006

Angesichts dieser Entwicklungen kann kaum daran gezweifelt werden, dass Ehe und Familie einen bedeutsamen Strukturwandel erleben. Unterschiedliche Auffassungen bestehen allerdings im Hinblick auf Art, Richtung und Intensität dieses Wandels. Die vorherrschenden Ansichten können in *drei Modellen* zusammengefasst werden (Dorbritz 1998):

- Die *These vom Zerfall der Familie,* wie sie besonders pointiert von Hoffmann-Nowotny (1995) vertreten wird, geht von einer weitgehenden Deinstitutionalisierung, einem Verbindlichkeitsverlust der Institution Ehe und einer damit verbundenen Erweiterung der Optionen aus. Die Deinstitutionalisierung führt zu einer weiteren Individualisierung und Pluralisierung der Lebensformen und – bei Fortbestehen der relativ engen Verknüpfung von Ehe und generativem Verhalten, wie es in Westdeutschland der Fall ist – zu einer weiteren *Polarisierung in einen schrumpfenden Familien- und einen wachsenden Nichtfamiliensektor* mit steigender Kinderlosigkeit und weiterem Rückgang der Fertilität. Schneider (2001) spricht in einer abgemilderten Version von einer „*Pluralisierung in Grenzen*".
- Nach der *These von der Reduktion der institutionellen Qualität,* einer eingegrenzten Deinstitutionalisierung (Tyrell 1988), verliert die Institution Ehe ihren stark normierenden Charakter, wird unverbindlicher. Nach diesem Modell ist mit einer Stabilisierung des gegenwärtigen niedrigen Geburtenniveaus und einem Einfrieren der Unterteilung der Bevölkerung im Familienlebensalter in einen Familien- und Nichtfamiliensektor auf dem derzeitigen Niveau zu rechnen. Alles in allem besteht die gegenwärtige Situation fort.
- Der *These vom institutionellen Wandel* zufolge (Nave-Herz 1989) haben Ehe und Familie einen *Bedeutungswandel* und nicht einen Bedeutungsverlust erfahren. Eine generelle Abkehr von der Ehe ist nicht zu erkennen, wohl aber eine Veränderung des Phasenverlaufs bis zur Eheschließung. Lebensformen, die als echte Alternativen zur Ehe gewählt werden, sind selten. Hauptmotiv für die Heirat ist der Kinderwunsch oder die Geburt eines Kindes. Früher legitimierten Ehen Kinder, heute legitimieren Kinder Eheschließungen (Allerbeck/Hoag 1985). Ein Wiederanstieg der Geburtenrate über eine Stärkung der Mehr-Kinder-Familie wird zumindest nicht ausgeschlossen.

Die Analyse der demographischen Situation spricht eindeutig gegen einen nachhaltigen Wiederanstieg der zusammengefassten Geburtenziffer. *Erstens* besteht in Deutschland seit über 70 Jahren ein niedriges, den Ersatz der Elterngeneration unterschreitendes Geburtenniveau, und die Entwicklung der Geburtenziffern liefert keinerlei Hinweise auf einen deutlichen Wiederanstieg der Fertilität. Der langfristige Trend deutet eher auf eine Stagnation der Geburtenentwicklung im Sinne von Modell 2 und eine Verfestigung des Musters „kleine Familie" hin (Dorbritz 1998). Die Analyse der Paritätsverteilung der Lebendgeborenen lässt *zweitens* sogar einen Geburtenrückgang wahrscheinlicher erscheinen als eine weitere Stagnation auf niedrigem Niveau. Denn der Trend zu steigender Kinderlosigkeit hält an, und es deutet sich auch kein Ausgleich über eine Zunahme kinderreicher Familien an. *Drittens* hat sich auch die Heiratsneigung kontinuierlich verringert. Von den in den 30er und 40er Jahren des 20. Jahrhunderts Geborenen haben noch mindestens 90 Prozent irgendwann geheiratet. Vom Geburtsjahrgang 1965 werden voraussichtlich nur noch 60 Prozent mindestens einmal im Leben die Ehe schließen. Die sinkende Heiratsneigung und die steigende Kinderlosigkeit führen voraussichtlich zu einer Zunahme des Nichtfamiliensektors auf Kosten des Familiensektors. *Viertens* bedeutet das Hinausschieben der Erstheirat und Familienbildung, dass das Risiko, dauerhaft ehe- und kinderlos zu bleiben, steigt.

Denn in jungem Alter verschobene Eheschließungen und Geburten werden später nicht mehr völlig kompensiert, da sich häufig ein Lebensstil verfestigt, in dem Kinder keinen Platz mehr haben (Dorbritz 1998). Insgesamt lassen sich somit keine überzeugenden demographischen Argumente finden, die für einen Wiederanstieg des Geburtenniveaus in der näheren Zukunft sprechen.

Die demographischen Wandlungsprozesse haben sich in einer wachsenden *Pluralisierung der Lebensformen* auf Kosten der Normalfamilie niedergeschlagen. Bei der Pluralisierung handelt es sich weniger um die Entstehung neuer Lebensformen als vielmehr darum, dass neben der Normalfamilie andere Privatheitsformen an Gewicht gewonnen haben. Die Pluralisierung betrifft vor allen Dingen die *nichtfamilialen Lebensformen* (Alleinwohnende, kinderlose Ehepaare, kinderlose nichteheliche Lebensgemeinschaften, „living apart together"-Beziehungen) und findet sich inzwischen in allen sozialen Milieus (Brüderl/Klein 2003). Aber auch die *familialen Lebensverhältnisse* haben sich aufgrund der steigenden Anzahl nichtehelicher Lebensgemeinschaften mit Kindern, Alleinerziehender und der Ausbreitung von Stieffamilien zu Lasten der Normalfamilie pluralisiert (Alt 2003). Gleichzeitig hat sich der Anteil der Familien erhöht, bei denen zwar der kernfamiliale Haushalt – Ehepaar mit Kind(ern) – unangetastet bleibt, die aber in anderer Hinsicht, besonders im Hinblick auf die geforderte Polarität der Geschlechtsrollen, vom Leitbild der bürgerlichen Ehe und Familie abweichen.

Vergleicht man die Haushaltsstrukturen, in denen Menschen gegenwärtig leben und vor 30 Jahren gelebt haben, so zeichnet sich nicht nur eine Pluralisierung, sondern auch eine *Polarisierung der Lebensformen in einen Familiensektor und einen Nichtfamiliensektor* ab. Der Anteil der Bevölkerung, der in Haushalten mit Kindern lebt, hat im früheren Bundesgebiet zwischen 1972 und 2002 von knapp 69 auf 54 Prozent abgenommen (Statist. Bundesamt 2003). Dobritz (2003) hat die Polarisierungsthese für Frauen in Westdeutschland mit Hilfe der Daten des Mikrozensus 2002 geprüft (vgl. *Tabelle 75).* Die meisten Frauen in der traditionalen Familienphase (zwischen 30 und 44) leben in der klassischen Lebensform „Ehepaar mit Kind(ern)". In der Altersgruppe 35 bis 39, in der nur noch wenige Erstkinder geboren werden und die Kinder in den seltensten Fällen den elterlichen Haushalt bereits verlassen haben, sind 60,8 Prozent verheiratet und wohnen mit eigenen Kindern und/oder Stiefkindern im Haushalt. Unter den 30- bis 34-Jährigen dominiert der

Tabelle 75: Lebensformen von Frauen nach dem Familien- und Nicht-Familiensektor und dem Alter in Westdeutschland, 2002 (Angaben in Prozent)

Lebensformen	**Altersgruppe (Jahre)**		
	30 – 34	**35 – 39**	**40 – 44**
Familiensektor (mit Kindern)			
Ehepaare	51,6	60,8	60,9
NEL	4,0	3,9	3,1
Alleinerziehende	7,6	10,4	10,3
Anteil des Familiensektors	63,2	75,0	74,2
Nicht-Familiensektor (ohne Kinder)			
Ehepaare	11,9	9,3	12,1
NEL	8,9	4,4	3,6
Alleinlebende	15,9	11,3	10,1
Anteil des Nicht-Familiensektors	36,8	25,0	25,8

Quelle: Dorbritz 2003, 409 (Mikrozensus 2002)

Familiensektor mit fast zwei Drittel zu einem Drittel und unter den 35- bis 44-Jährigen mit drei Viertel zu einem Viertel. Dabei hat sich seit 1996 die Größenordnung zwischen dem Familien- und Nicht-Familiensektor zu Gunsten des Nicht-Familiensektors etwas verschoben, wenn auch der Umverteilungsprozess nur langsam voranschreitet. Eine aktuelle Allensbach-Umfrage deutet auf eine Polarisierung der Bevölkerung auch auf der *Bewusstseinsebene* hin (Allensbach 2004). Es wächst der Anteil der deutschen Bevölkerung kontinuierlich an, der kaum Kontakte zu Kindern und Jugendlichen hat und sich von Kindern entfremdet.

Berücksichtigt man zusätzlich das unterschiedliche *Bildungsniveau der Frauen*, so muss die Polarisierungsthese modifiziert werden. Eine echte Polarisierung ist nur in den höheren Qualifikationsgruppen zu erkennen. Frauen mit einem Hochschulabschluss sind seltener verheiratet und häufiger kinderlos und leben häufiger allein oder in nichtehelichen Lebensgemeinschaften. „Von einer eindeutigen Polarisierung in einen Familien- und einen Nicht-Familiensektor kann nur in den höheren Qualifikationsgruppen gesprochen werden, womit die ‚*Hochqualifizierten-Polarisierungsthese*' formuliert wäre" (Dorbritz 2003, 412). Eine wichtige Ursache der Polarisierung ist darin zu sehen, dass Deutschland gekennzeichnet ist durch das sog. „pro-traditional model", in dem wenig für die Vereinbarkeit von Beruf und Familie – z. B. durch die Förderung von Institutionen der Kinderbetreuung – getan wird und stattdessen viel Geld in Ehe und Familie transferiert wird. In einem solchen familienpolitischen Regime ist ein Entscheidungszwang zwischen Familiengründung und Erwerbstätigkeit angelegt, den immer mehr hochqualifizierte jüngere Frauen zu Gunsten von Erwerbstätigkeit und Karriere lösen. Das Zusammenleben mit Kindern ist in diesem „Karrieremilieu" – gemeint sind vollzeiterwerbstätige, hochqualifizierte, unverheiratete Frauen – eher eine Ausnahme (Dorbritz 2003).

Noch deutlicher als die Verschiebungen in der Größenordnung zwischen beiden Sektoren sind die *Umverteilungen zwischen den einzelnen Lebensformen*. Innerhalb des Familiensektors ist der Anteil der Ehepaare mit Kindern gesunken und der Anteil der Alleinerziehenden und der unverheiratet Zusammenlebenden mit Kindern gestiegen. Im Nicht-Familiensektor ist der Anteil der kinderlosen Ehepaare gesunken, während sich die Anteile der nichtehelichen Lebensgemeinschaften und der Alleinwohnenden erhöht haben. Kinderlose private Lebensformen finden sich vor allem in Großstädten und städtischen Zentren, während Familien vorwiegend im Stadtumland oder in einem eher traditionalen ländlichen Umfeld wohnen (Kaufmann 2005).

Ob es zu einer weiterführenden Deinstitutionalisierung oder zu einer Stabilisierung kommen wird, lässt sich definitiv nicht sagen. So gut wie ausgeschlossen ist ein Wiederanstieg der zusammengefassten Geburtenziffer. In einem günstigen Fall, falls die Polarisierung der Lebensformen Ergebnis eines zeitlich begrenzten Individualisierungsschubs ist, wird sich entsprechend Modell 2 ein relativ stabiles Nebeneinander eines Familien- und Nichtfamiliensektors einstellen mit einer (quantitativen) Dominanz des Familiensektors und einer stabilen zusammengefassten Geburtenziffer zwischen 1,2 und 1,6 (Dorbritz 1998). Wahrscheinlicher ist aber die erste Variante. Die beschriebenen demographischen Trends – steigende Scheidungsneigung, rückläufige Heirats- und Wiederverheiratungsneigung, Aufschieben der Familiengründung und wachsende Kinderlosigkeit auf über 30 Prozent – sprechen eher für eine weitere Polarisierung und Individualisierung der Lebensformen.

Die demographische Analyse wird durch eine Reihe von Studien untermauert, die mit „weichen" Daten (Einstellungsmessungen) arbeiten. Die *Institution Ehe* hat besonders in der jüngeren Generation eine starke Legitimitätseinbuße erlitten. Zwar lehnt in Befragungen nur eine Minderheit die Ehe explizit ab, aber es breitet sich – besonders in den gebildeten Schichten – eine *indifferente Einstellung gegenüber der Ehe* aus. In der Population Policy Acceptance Study 2003 ist es inzwischen für 86 Prozent der Befragten im Alter zwischen 20 und 65 in Ordnung, wenn ein Paar unverheiratet zusammenlebt (Dorbritz u. a. 2005). Die Ehescheidung wird immer öfter als legitime Form ehelicher Konfliktlösung und immer seltener als moralisches Versagen der Ehepartner interpretiert. 74 Prozent der Westdeutschen und 81 Prozent der Ostdeutschen halten laut Allbus 2002 „eine Scheidung im Allgemeinen für die beste Lösung, wenn ein Paar seine Eheprobleme nicht lösen kann".

Die Krise betrifft in erster Linie die Institution der lebenslangen, monogamen Ehe, nicht aber das *Zusammenleben als Paar generell.* Der Rückgang der Heiratsquote wird zu einem erheblichen Teil durch die Zunahme der Quote unverheirateter Paare ausgeglichen. Betrachtet man die drei wichtigsten Partnerschaftsformen – Ehe, living apart together und nichteheliche Lebensgemeinschaften – zusammen, so wird im jungen Erwachsenenalter sogar eine *zunehmende Bindungsquote* über die Generationen hinweg sichtbar (Klein 2005). Für fast 95 Prozent der von Schmidt u. a. (2006) befragten Großstädter ist die feste Zweierbeziehung nach wie vor das angestrebte Beziehungsideal. Gefragt nach den wichtigsten von vier vorgegebenen Lebensbereichen gibt knapp die Hälfte der etwa 1 500 von IPOS (2004) im September 2004 Befragten die Partnerschaft an, gefolgt von Kindern (28 Prozent). Weit abgeschlagen folgen Beruf und Freunde.

Enge stabile private Beziehungen sind eine wichtige Quelle sozialer und emotionaler Anerkennung, Unterstützung und Orientierung, und „es ist diese Lebenswelt, die im Gegensatz zum systemischen Charakter der Umwelt, zur modernen nationalen Gesellschaft steht, in denen Menschen und ihre Aktivitäten auf rationale, weitgehend affektfreie Aufgabenerfüllung reduziert werden" (Hill/Kopp 2002, 177). Zahlreiche Studien belegen: Männer und Frauen, die in einer Partnerschaft leben, sind glücklicher als jene, die nicht in einer Partnerschaft leben. Und eine Untersuchung eineiiger dänischer Zwillinge zeigt: In einer Beziehung zu leben wirkt sich positiv auf die eigene Zufriedenheit aus (Kohler u. a. 2005). Männer profitieren noch stärker von der Partnerschaft als Frauen, und ein erstgeborenes Kind verstärkt bei beiden Partnern den positiven Effekt auf das Wohlbefinden.

Dabei wird sich mit fortschreitender Modernisierung das Bedürfnis nach Intimität und emotionaler Absicherung vermutlich noch erhöhen. Denn je turbulenter alles in Bewegung ist, je mehr Beziehungs- und Entfaltungsmöglichkeiten sich eröffnen, desto größer ist auch die Sorge, den Vergänglichkeiten eine dauerhafte Zweierbeziehung entgegensetzen zu können. Die Menschen werden „in den ausgedünnten Sozialbeziehungen in die Zweisamkeit, in die Suche nach dem Partnerglück hineingetrieben. Das Bedürfnis nach geteilter Innerlichkeit ... wächst mit den Verlusten, die die Individualisierung als Kehrseite ihrer Möglichkeiten beschert ... Mit der Ausdünnung der Traditionen wachsen die Verheißungen der Partnerschaft" (Beck 1990, 37/49). Da die Ehe ihre Symbolkraft verloren hat, aber auch das unverheiratete Zusammenwohnen als Paar veralltäglicht worden ist, wird die Entscheidung für oder gegen die Ehe – abgesehen von der Legitimation gemeinsamer Kinder – immer häufiger pragmatisch entschieden (Burkart u. a. 1989). Dabei hat das Prinzip der *Monogamie,* wenn auch in veränderter Form, überlebt. Immer stärker in Frage gestellt wird die normative Verbindlichkeit der lebenslangen Monogamie, an deren Stelle die *soziale Norm einer Monogamie auf Zeit* (serielle Monogamie) getreten ist.

Von einer vergleichbaren Deinstitutionalisierung der *Institution Familie* kann, traut man den Umfragen, nicht die Rede sein. Immer noch ist die überwältigende Mehrheit der

Bevölkerung trotz drastischen Rückgangs der Geburtenzahlen der Ansicht, Kinder würden das Leben intensiver und erfüllter machen. Doch können sich gleichzeitig immer mehr Menschen trotz persönlicher Wertschätzung von Kindern „ein Leben auch gut ohne Kinder vorstellen“ (Allensbach 1993). Im Wohlfahrtssurvey 1998 bezeichneten 80 Prozent die Familie als „sehr wichtig“, von den 18- bis 30-Jährigen 74 Prozent (Weick 1999). Aber nicht einmal 5 Prozent der befragten jungen Erwachsenen zwischen 18 und 21 sehen in der Tatsache, dass „immer mehr Paare sich ein glückliches Leben auch ohne Kinder vorstellen können“, eine sehr schlimme Entwicklung (Brake 2003). Die Wertschätzung für Kinder gerät immer stärker in Konkurrenz zu anderen, nicht kindzentrierten Lebenszielen, vor allem zu der stark gestiegenen Berufsorientierung der nachwachsenden Frauengeneration. Die Realisierung des (meist vorhandenen, wenn auch rückläufigen) Kinderwunsches – 72 Prozent der jungen Erwachsenen wollen laut eigener Aussage später bestimmt eine eigene Familie (Brake 2003) – wird zunehmend strukturell erschwert und ist das Ergebnis einer mehr oder weniger rationalen Abwägung zwischen rivalisierenden Wertorientierungen. Entscheidet man sich für ein Kind, so stellt das Leitbild der modernen Kleinfamilie mit eigenen Kindern auch heute noch die soziale Norm dar, an der sich selbst die hiervon Abweichenden – z. B. Adoptiv- und Stiefeltern, Alleinerziehende und unverheiratete Paare mit Kind(ern) – orientieren. „Die tatsächlich zu beobachtende Pluralisierung familialer Lebensformen ist also nicht als Signal einer neuen Familienauffassung zu werten, sondern als Symptom für die zunehmenden Schwierigkeiten, dem nach wie vor gültigen Familienleitbild zu entsprechen“ (Kaufmann 1990, 119).

Alles spricht dafür, dass sich der gesellschaftliche Modernisierungsprozess im Sinne einer stärkeren Durchdringung aller gesellschaftlichen Bereiche nach dem *Marktmodell* fortsetzen wird. Die Dominanz des Typus der modernen Kleinfamilie dürfte irreversibel verloren gegangen sein, denn seine Wiederherstellung würde die Rückgängigmachung der Modernisierung, letztlich die Verdrängung der Frauen aus dem weiterführenden Bildungssystem verlangen. Auch gibt es keine Anzeichen dafür, dass die moderne Kleinfamilie durch eine andere, ähnlich dominante Familienform ersetzt wird. Mit einer weiteren Ausdifferenzierung und Pluralisierung der Lebensformen werden sich diejenigen Lebens- und Beziehungsformen durchsetzen, die den gesellschaftlichen Modernisierungsprozessen *strukturell am besten angepasst* sind. Konkret bedeutet dies:

- Die *Attraktivität langfristiger Festlegungen* wird vermutlich weiter abnehmen. „Die Dynamik moderner Gesellschaftsentwicklung setzt alle auf Dauerhaftigkeit gerichteten institutionellen Legitimationen unter zumindest faktischen, wenn nicht auch normativen Druck“ (Kaufmann 1988, 409). Das bedeutet u. a., dass die Zahl der Eheschließungen weiter zugunsten nichtehelicher, leichter revidierbarer Paarbeziehungen und anderer zeitlich nicht festgelegter Beziehungsformen sinken wird.
- Die *Norm der lebenslangen Monogamie* wird weiter erodieren, so dass dauerhafte Paargemeinschaften seltener werden. Das Scheidungs- und Trennungsniveau steigt weiter an.
- Die künftigen Partnerschafts- und Familienformen werden komplexer. *Nicht institutionalisierte Formen* werden an Bedeutung gewinnen (Strohmeier/Schultz 2005). Die Lebensformen werden sich weiter pluralisieren, und auch sukzessive Familienmodelle werden weiter an Bedeutung gewinnen.
- Aus der Tendenz zur zeitlichen Befristung persönlicher Verpflichtungen, wie sie schon in neueren Wortschöpfungen (wie „Lebensabschnittbegleiter“) zum Ausdruck kommt, folgt, dass es im Verlauf der Einzelbiographie zu einem häufigeren *Wechsel der Lebensformen* kommt. Die Fluktuation in den Paarbeziehungen wird weiter zunehmen. „Zwi-

schen die Extreme Familie oder Nichtfamilie gestellt, beginnt sich eine wachsende Zahl von Menschen für einen dritten Weg: einen widerspruchsvollen, pluralistischen Gesamtlebenslauf im Umbruch zu ‚entscheiden' ..., zu einem Wechsel zwischen Familien gemischt mit und unterbrochen durch andere Formen des Zusammen- oder Alleinlebens" (Beck 1990, 51).

- Besonders solche Lebensformen werden attraktiver, die es gestatten, den *selbständigen Interessen von Mann und Frau* nachzugehen. Vor allem Elternschaft wird leicht zu einem Hindernis, da sie die individuellen Entwicklungs- und Partizipationschancen (insbesondere der Frauen) nachhaltig einschränkt.
- Fraglich ist, ob im Widerspruch zwischen den Erfordernissen des Arbeitsmarkts und den Erfordernissen der Familie tatsächlich mit einer Zunahme *individualisierter Existenzführungen* zu rechnen ist, ob Gleichheit der Geschlechter – speziell die Erwerbstätigkeit von Mann und Frau – letztendlich die *vollmobile Single-Gesellschaft* bedeutet. So heißt es bei Beck (1990, 52/53): „In dem zu Ende gedachten Marktmodell der Moderne wird die familien- und ehelose Gesellschaft unterstellt ... Das Marktsubjekt ist in letzter Konsequenz das alleinstehende, nicht partnerschafts-, ehe- oder familien(behinderte) Individuum." Auch nach Hoffmann-Nowotny (1995) ist die Existenz als Single konsequentester Ausdruck eines der modernen Gesellschaft angepassten Lebensstils. Ob es sich dabei allerdings auch um eine attraktive Alternative zur Aufnahme einer Zweierbeziehung handelt, muss angesichts des starken und wachsenden Bedürfnisses nach Intimität und Emotionalität bezweifelt werden.

Die Veränderungen im Bereich von Paarbeziehungen, Ehe und Familie laufen auch nicht überall in gleicher Weise ab, sondern der Prozess der Pluralisierung verläuft hochgradig *schicht- und milieuabhängig*. Die Träger des Rückzugs aus traditionalen (familialen) Lebensformen sind junge Frauen und Männer der höheren Bildungsschichten, obwohl sich Anzeichen einer Pluralisierung der Lebensformen inzwischen selbst im bäuerlichen Milieu finden, wobei den Frauen auch hier eine wesentliche Gestaltungskraft zukommt (Goldberg 2003; Fliege 1998). Insgesamt deutet sich nach den Befunden von Burkart und Kohli (1989) eine wachsende *sozialstrukturelle Segmentierung*, eine Polarisierung zwischen Familiarismus und Individualismus an. Das *individualisierte Paar* dominiert unter höher qualifizierten Paaren. An erster Stelle rangiert die berufliche Orientierung beider Partner. Die Verwirklichung des Kinderwunsches wird davon abhängig gemacht, ob Kinder mit der Berufsbiographie der Frau vereinbar sind. Das *familienorientierte Paar* findet sich vorwiegend in ländlichen Regionen und unter Frauen mit niedrigem Bildungsstatus. Kinder sind selbstverständlich, und der Kinderwunsch wird zum Anlass der Eheschließung. Die Geschlechtsrollen sind relativ traditional, die Berufstätigkeit der Frau ist der des Mannes nachgeordnet. Auch den Ergebnissen des SOEP nach zu urteilen ist der berufstätige Single als Alternative zur Familie eindeutig ein mittelschichtspezifisches Phänomen, während Verheiratetsein und Elternschaft ausgesprochen unterschichttypisch sind. Im Alter zwischen 30 und 34 sind noch über die Hälfte der Personen mit Abitur, aber nur jeder vierte Hauptschulabsolvent kinderlos. 44 Prozent der Angehörigen der unteren Sozialschichten, aber nur 25 Prozent der Angehörigen der höheren Sozialschichten leben in Hausfrauenehen (Strohmeier/Schulze 1995). „Die besonders belasteten und benachteiligten traditionellen Lebensformen innerhalb des (insgesamt ohnehin benachteiligten) Familiensektors bleiben heute vor allem den Angehörigen der unteren Sozialschichten vorbehalten" (Strohmeier 1993, 22).

12.2 Ehe und Familie im sozialen Transformationsprozess: die Entwicklung in Ostdeutschland

Vergleicht man die Situation von Ehe und Familie in der *DDR bis zur Wende* mit der Situation im Bundesgebiet, so finden sich neben zahlreichen Übereinstimmungen auch einige frappierende Divergenzen. Das Golden Age of Marriage, das in der DDR – anders als im früheren Bundesgebiet – bis in die 1970er Jahre hinein fortbestand, zeichnete sich analog zur Situation in der Bundesrepublik durch eine fast vollständige Verheiratung und Familiengründung der erwachsenen Bevölkerung aus (vgl. *Tabelle 76)*. Die zusammengefasste Scheidungsziffer lag mit 21 je 100 Ehen deutlich über dem Niveau in Westdeutschland, und die Normalbiographie in der DDR war, anders als im früheren Bundesgebiet, gekennzeichnet durch die relative Gleichzeitigkeit der Ablösung vom Elternhaus, Aufnahme einer festen Partnerbeziehung, Berufseinmündung und früher Familiengründung.

Tabelle 76: Entwicklung ausgewählter demographischer Indikatoren in West- und Ostdeutschland 1970 – 2004

Demographische Indikatoren	1970		1989		1991		2004	
	West	Ost	West	Ost	West	Ost	West	Ost
zusammengefasste Erstheiratsziffer je 100 Frauen	97	98	63	76	62	31	57	54
zusammengefasste Scheidungsziffer je 100 Ehen	16	21	30	37	30	6	44	37
zusammengefasste Geburtenziffer je Frau	2,02	2,19	1,39	1,56	1,39[2]	0,77[2]	1,34[5]	1,30[5]
Nichtehelichenquote	6	13	10	34	11[1]	42[1]	23[4]	60[4]
Alter der Ehefrauen bei Geburt des 1. Kindes	24,3	23,9	26,8	23,8	27,1	24,9	29,0[3]	28,4[3]

[1] 1992; [2] 1993; [3] 2000; [4] 2005; [5] 2006.

Quelle: Eigene Zusammenstellung von Mikrozensusdaten; Grünheid 2006

In den *1970er* und insbesondere in den *1980er Jahren* war ein starker Geburtenrückgang zu verzeichnen. Die zusammengefasste Geburtenziffer von 1,56 kurz vor der Wende lag deutlich unterhalb des Reproduktionsniveaus. Auch die Heiratsneigung in der DDR war bereits seit den 1970er Jahren rückläufig, übertraf aber 1989 mit einer zusammengefassten Erstheiratsziffer von 76 ebenfalls noch deutlich den Wert für Westdeutschland. Ähnlich wie im früheren Bundesgebiet zeichnete sich auch die Entwicklung in der DDR – allerdings auf einem niedrigeren Niveau – durch eine wachsende Pluralisierung der privaten Lebensführung aus. Die im Vergleich zu Westdeutschland sehr hohe Heirats-Scheidungs-Wiederheiratsdynamik manifestierte sich in einer größeren Anzahl von Ein-Eltern- und Stieffamilien. Auffallend waren des Weiteren die hohe Nichtehelichenquote, die geringere Verbreitung des Alleinwohnens und der Kinderlosigkeit sowie die wesentlich höhere Erwerbsbeteiligung von Müttern mit Kleinkindern.

Wichtige Bedingungen für diese im Vergleich zum früheren Bundesgebiet stärkere *Konservierung der traditionalen Fertilitäts- und Heiratsmuster* mit ihrer starken Orientierung auf Familie waren laut Dorbritz und Philipov (2002): (1) ein hohes Maß an sozialer Sicherheit (Vollbeschäftigung, niedrige Kinderkosten, stabile Einkommenssituation), wodurch die Entscheidung für langfristige und kaum revidierbare Entscheidungen, wie die Geburt eines Kindes, erleichtert wurde, (2) eine schwache Betonung von individueller Autonomie und Selbstverwirklichung, (3) eine auf die Gleichstellung der Geschlechter gerichtete Politik (insbes. Maßnahmen zur Erleichterung der Vereinbarkeit von Familie und Beruf für die Frau), die eine frühe Familiengründung mit (begrenzter) Kinderzahl erleichtert, (4) ein Mangel an attraktiven Alternativen zur Verhaltensoption Familiengründung sowie (5) eine pronatalistisch angelegte Familien- und Bevölkerungspolitik.

Fast zeitgleich mit dem Zusammenbruch der DDR und dem *Prozess der deutschen Vereinigung* haben dramatische Veränderungen eingesetzt. In keinem anderen mittel- und osteuropäischen Reformstaat hat sich in einem so kurzen Zeitraum (zwischen 1989 und 1991/93) ein vergleichbarer *demographischer Einbruch* und abrupter *Wandel der Muster der Familienbildung* vollzogen (vgl. *Tabelle 76*). Besondere Beachtung hat der zu Beginn des Jahres 1990 als Reaktion auf die soziale Krisensituation einsetzende drastische *Rückgang der Geburten* gefunden. Unter den Verhältnissen zu Beginn der 90er Jahre ist davon auszugehen, dass nur etwa ein Drittel der jüngeren Generation im Leben zumindest einmal heiratet und dass durchschnittlich nur noch 0,77 Kinder je Frau geboren werden – ein weltweites Rekordtief. Das Zwei-Kinder-Modell ist dem 1-Kind-Modell gewichen, und Kinderlosigkeit breitet sich aus. Überraschend hoch ist die Nichtehelichenquote von 42, könnte man doch annehmen, dass in Krisenzeiten Geburten eher unter dem Sicherheit spendenden Schutz der Ehe erfolgen. Der drastische Rückgang der *Scheidungsziffer* ist sicherlich mitbedingt durch die hohe Scheidungshäufigkeit in der DDR, also dem Fall von einem sehr hohen Niveau, und der Einführung des bundesdeutschen Scheidungsrechts.

Der mit der Transition einsetzende extreme demographische Wandel lässt sich damit erklären, dass in der Phase des politischen und sozialen Strukturumbruchs Schritt für Schritt die Faktoren entfallen sind, die die traditionalen Muster der Familienbildung in der DDR gestützt haben. Der drastische Geburtenrückgang ist „im Wesentlichen durch die Summe der individuellen Verunsicherungen in der Strukturbruchphase, hauptsächlich durch den auf den Individuen lastenden ökonomischen Druck ausgelöst worden" (Dorbritz/Philipov 2002, 457). Hierzu gehören der Anstieg der Arbeitslosigkeit, die Entwertung von Bildung und Qualifikationen, die Erhöhung der Kinderkosten, die Verteuerung der Mieten und der weitgehende Zusammenbruch des staatlichen Kinderbetreuungssystems. Mit dem Untergang des „vormundschaftlichen" Staates, dem Austausch der Wirtschafts- und Sozialordnung und dem Übergang in die Marktwirtschaft sind bisher als selbstverständlich erachtete *Sicherheiten und Geborgenheiten* (insbes. im Beschäftigungsbereich) verloren gegangen, und die Menschen in den neuen Bundesländern sind mit *neuen Entscheidungszwängen und Verunsicherungen* konfrontiert worden, wobei sich das Fehlen habitualisierter oder institutionalisierter Verhaltensrahmen problemverschärfend ausgewirkt hat. Laut Wohlfahrtssurvey 1993 waren im Bereich der subjektiven Lebensqualität (Einsamkeit, Unglücklichsein, Ängste, Orientierungsprobleme/Anomie) die Belastungssymptome im Osten deutlich ausgeprägter als im Westen. Jede(r) dritte Ostdeutsche konnte sich nicht zurechtfinden, jeder(m) zweiten fehlte die „positive Zukunftszuversicht" (Habich/Zapf 1994). Fast 80 Prozent aller deutschen Frauen und Männer zwischen 20 und 39 in den neuen Ländern nannten 1992 die wirtschaftlichen Schwierigkeiten und die damit verbundene hohe Arbeitslosigkeit sowie die hohen Kosten der Kindererziehung als wichtigste Gründe für den Geburtenrückgang (Störtzbach 1993-94). Auch in der Gotha-Studie führten die meisten Interviewten die nach dem Systemwechsel eingetretenen wirtschaftlichen und sozialen Unsicherheiten als Hauptursache für den Geburtenrückgang an (Franz/

Herlyn 1995). Drei von vier Befragten glaubten es aufgrund der unsicheren Situation nicht verantworten zu können, jetzt ein Kind zu bekommen.

Wie die Umbruchsituation erlebt und verarbeitet wurde, hängt dabei ganz entscheidend von dem Alter ab, in dem sich die Betroffenen zum Zeitpunkt der „Wende" befanden. Dorbritz (1997) sowie Dorbritz und Philipov (2002) gelangen aufgrund ihrer altersspezifischen Beschreibung der demographischen Lage zu dem Schluss, dass die Familienbildung in Ostdeutschland am besten durch ein Nebeneinander von *Schock* („Verzicht auf Kinder"), *Anpassung* und *Nachholen* beschreibbar ist, wobei in den ersten Jahren eindeutig die Schockreaktionen überwogen. Ihre These eines *generationenspezifischen demographischen Wandels* besagt:

- Die in den *50er Jahren geborenen Frauen* waren 1990 bereits über 30 Jahre alt und hatten aufgrund des frühen Beginns der Familienbildungsphase ihre Geburtenbiographie bereits weitgehend abgeschlossen.
- Die *Geburtsjahrgänge 1960 bis 1966* erlebten das Ende des Sozialismus, als ihre Familienbildungsphase bereits weit fortgeschritten war bzw. kurz vor dem Abschluss stand, so dass sie durch den Systemwechsel in ihrer Familienbiographie nicht ernsthaft betroffen wurden. Diese Jahrgänge haben ihre Geburtenbiographien abgebrochen und später auch nicht wieder aufgenommen.
- Die *Geburtsjahrgänge 1967 bis 1972* sind die eigentlichen Träger des Geburtenrückgangs, da sie ihre ursprünglichen Pläne nicht mehr realisieren konnten. Diese Frauen wurden vom Systemwechsel zu Beginn ihrer Familiengründungsphase überrascht. Da sie aufgrund des einsetzenden Systemwechsels relativ wenige Kinder haben und auch nur zu einem geringen Teil Geburten nachgeholt haben, können sie als die eigentlichen demographischen Verlierer des Ende des Sozialismus bezeichnet werden.
- Kennzeichnend für die jüngeren *1973 und später geborenen Frauen,* die zum Zeitpunkt des Zusammenbruchs der DDR ihre Familienbildungsbiographie noch nicht aufgenommen hatten, ist als Folge der Anpassung an die veränderte gesellschaftliche Situation ein Aufschieben der Geburten und eine allmähliche Übernahme des westdeutschen Fertilitätsmusters.

Insgesamt lässt sich eine Überlagerung verschiedener Bevölkerungsweisen beobachten, die durch die generationsspezifische Prägung gekennzeichnet ist. „Die verschiedenen Geburtsjahrgänge haben in hohem Maße gleichzeitig, altersspezifisch jedoch mit verschiedenen Verhaltensmustern, Stoppverhalten, Timing und Altersmustertransformation, auf den Systemwechsel reagiert" (Dorbritz/Philipov 2002, 449). Dabei haben die 10 bis 15 Jahre Nachwendezeit ein *demographisches Echo,* das noch lange nachwirken wird. Denn geringe Geburtenraten führen zu kleinen Geburtskohorten und verringern bei gleichbleibendem Geburtenniveau die Geburtenzahlen.

Gleichzeitig wurden im Transitionsprozess die *Voraussetzungen für Individualisierungs- und Pluralisierungsprozesse* geschaffen, die auch längerfristig die Muster der Familienbildung bestimmen werden. Mit der Auflösung zentralistischer Strukturen, dem Übergang in eine marktwirtschaftliche Ordnung, dem Austausch sozialer Institutionen und dem damit verbundenen Umbruch der Werte und Normen haben sich die *Spielräume bei der individuellen Lebensgestaltung* sprunghaft erweitert. Die Zunahme der Wahlmöglichkeiten bedeutet mittel- und langfristig eine Schwächung des Familiensektors. Elternschaft ist zu *einer* biographischen Option unter anderen geworden. Mehr junge Erwachsene können heute studieren, und die Einkommens- und Freizeitmöglichkeiten haben sich enorm verbessert. All dies spricht für ein Leben ohne Kinder oder zumindest gegen eine frühe Familiengründung. Die Auflösung der traditionalen Werte bringt es mit sich, dass die Entscheidung für und gegen Kinder vermehrt unter dem Gesichtspunkt *ökonomischer Rationalität* getroffen wird – aus Sicht der Kinderkosten, der Risiken für den eigenen Lebensstandard, der sozialen Sicherheit und insbesondere der beruflichen Karriere.

Für die Richtigkeit dieser These spricht die Entwicklung der demographischen Indikatoren (vgl. *Tabelle 76).* Bereits Mitte der 1990er Jahre setzte ein Wiederanstieg der Eheschließungen, Ehescheidungen und Geburten ein, der aber bis heute noch nicht zu einer völligen Angleichung an das Niveau in Westdeutschland geführt hat. Die neuen Länder kennzeichnet 2004 (wie in den Vorjahren) immer noch ein etwas niedriges Heirats-, Geburten- und Scheidungsniveau. Nach den Verhältnissen des Jahres 2004 werden nur 54 Prozent der Frauen irgendwann in ihrem Leben die Ehe eingehen. Auch die *Geburtenneigung* ist zwar gestiegen, hat aber noch nicht ganz die westdeutschen Werte erreicht. Die zusammengefasste Geburtenziffer von 1,30 für das Jahr 2005 zeigt an, dass 1 000 Frauen dann, wenn die Verhältnisse des Jahres 2005 über ihr gesamtes gebärfähiges Alter konstant bleiben würden, nur 1 300 Kinder bekommen würden. Die Kindergeneration würde bei einem solch niedrigen Geburtenniveau die Elterngeneration nur zu knapp 60 Prozent ersetzen. Die *Scheidungsintensität* ist bis 2004 wieder deutlich angestiegen. Bei der Scheidungsneigung des Jahres 2004 ist zu erwarten, dass von 100 Ehen in den neuen Bundesländern 37 innerhalb der ersten 25 Ehejahre geschieden werden. Weiter angestiegen ist auch der Anteil der *nichtehelich Lebendgeborenen* auf nunmehr 60 Prozent im Jahr 2005. Wegen des Anstiegs des *Alters bei Erstheirat* und des *Alters bei der Geburt des ersten ehelichen Kindes* seit Beginn der 1990er Jahre um jeweils 4 Jahre auf nunmehr 28,0 bzw. 28,4 Jahre kann man heute für die neuen Bundesländer auch nicht mehr vom DDR-typischen Muster einer frühen Eheschließung und Familiengründung sprechen.

Laut Wohlfahrtssurvey 1998 halten immer noch 85 Prozent aller Ostdeutschen die Familie für sehr wichtig für ihr Wohlbefinden und für ihre Zufriedenheit, in der Altersgruppe 18 – 30 Jahre sind es 81 Prozent (Weick 1999). Die meisten Frauen wollen aber auch erwerbstätig sein und lehnen den (auch nur befristeten) Rückzug in die Familie ab. Gleichzeitig ist in Ostdeutschland die Vereinbarkeit von Familie und Beruf immer mehr zum Problem geworden. Die Entscheidung für oder gegen Kinder wird immer mehr aus der Sicht der durch Kinder induzierten Kosten (Betreuungsaufwand, berufliche Chancen, Forderung von Mobilität und Flexibilität), der beruflichen Karriere und der sozialen Sicherheit getroffen und führt häufiger zum Verzicht auf Kinder.

Anhand der drei Wellen des Familiensurveys lässt sich nachweisen, dass zwischen 1988/90 und 2000 die *Vielfalt privater Lebensformen* in Deutschland zugenommen hat (Marbach 2003). In Ost- wie Westdeutschland hat der Anteil der Ledigen auf Kosten des Anteils der Verheirateten, insbesondere der verheirateten Eltern, zugenommen. Allerdings ging der Wandel in Ostdeutschland erheblich rascher vonstatten. Die Ursachen hierfür sind in Veränderungen im Gefolge der in kurzer Zeit vollzogenen Integration der neuen Bundesländer in eine von Westdeutschland geprägte politische und sozioökonomische Kultur sowie in ökonomischen Krisenmomenten zu suchen. Es handelt sich um eine Form der *Anpassung an importierte westdeutsche Verhältnisse unter ökonomischem Stress* – oder der Furcht vor diesem. Die starke Zunahme von Singles und die beschleunigte Abnahme der Ehepaare mit Kind(ern) gleichen „einem Reaktionsmuster, das sich zu Lasten familiärer Verpflichtungen Optionen offen halten will, um Krisen bewältigen und Unsicherheit auffangen zu können“ (Marbach 2003, 181). Gleichzeitig kann man in den neuen Bundesländern analog zur Situation im alten Bundesgebiet eine zunehmende *Polarisierung in einen Familien- und Nichtfamiliensektor* feststellen. Einem kleineren, aber wachsenden Teil der Bevölkerung, der nicht heiratet und keine oder nur wenige Kinder bekommt, steht ein schrumpfender Bevölkerungsteil gegenüber, der sich für Ehe und Kinder entscheidet. Der stärkste Rückgang ist in den jüngeren Altersstufen zu beobachten (vgl. *Tabelle 77).* Bei den 25- bis 29-Jährigen hat sich innerhalb von 9 Jahren der Familienanteil von 64 auf 51 Prozent verringert, bei den 30- bis 34-Jährigen von 81 auf 66 Prozent und bei den 35- bis 44-Jährigen von 85 auf 76 Prozent.

Tabelle 77: Private Lebensformen der Bevölkerung im Alter von 18 und mehr Jahren nach Alter, Neue Länder und Berlin-Ost, 2003 (Angaben in Prozent)

Lebensformen	**Alter der Person (in Jahren)**				
	18–24	**25–29**	**30–34**	**35–44**	**18 u. älter**
Ledige Kinder bei Eltern(teil)	65	21	8	3	10
Alleinlebende					
ledig	17	27	18	8	8
nicht mehr ledig	?	1	2	5	12
Mit Partner, ohne Kinder					
verheiratet zusammenlebend	1	4	5	6	30
unverheiratet zusammenlebend	8	15	7	3	5
Mit Partner und Kind(ern)					
verheiratet zusammenlebend	1	14	35	56	25
unverheiratet zusammenlebend	3	11	16	9	4
Alleinerziehende[1]	2	5	7	8	4
Sonstige Personen[2]	3	3	2	1	2
Familiensektor insgesamt	71	51	66	76	43

1 ohne Lebenspartner im Haushalt
2 Personen, die in sonstiger Gemeinschaft mit verwandten und nicht verwandten Personen leben

Quelle: Engstler/Menning 2003 (u. aktualis. Tabelle Nov. 2004)

Für *Deutschland* insgesamt gilt nach Ansicht der von Strohmeier und Schultz (2005, 71) befragten Experten und Expertinnen auf dem Gebiet der Familiensoziologie, „dass die beschriebenen familialen Entwicklungstrends, die auf eine Diversifizierung familialer Arrangements und Destrukturierung familialen Zusammenlebens hinweisen, noch nicht ihren Höhepunkt erreicht haben" und dass mit einer Verschärfung der Polarisierung zwischen Familien- und Nichtfamiliensektor und insbesondere mit einer Erhöhung der Opportunitätskosten des Kinderhabens vor allem in den mittleren Sozialschichten zu rechnen ist. Besonders bedeutsam für die künftige Familienentwicklung sind die als Folge des *wirtschaftlichen Strukturwandels* (Globalisierung, Tertiarisierung, Krise der Arbeitsgesellschaft) auftretenden Tendenzen zur Deregulierung von Arbeitsverhältnissen, die steigenden Arbeitslosenquoten, die Flexibilisierung der Arbeitszeiten, die verschärfte Konkurrenz auf dem Arbeitsmarkt und die Erosion der Normalerwerbsbiografie – allgemein: die zunehmende „Marktformierung der Familie" (Strohmeier/Schultz 2005, 75) –, die eine gesicherte Lebensplanung immer mehr in Frage stellen oder zumindest erschweren (Blossfeld u. a. 2005). In die gleiche Richtung wirkt die *Krise des Sozialsystems,* wie die allmähliche Absenkung des Wohlfahrtsniveaus und der Abbau von Versorgungsgarantien im Rahmen des Wohlfahrtsstaates.

13 Die strukturelle Rücksichtslosigkeit der gesellschaftlichen Verhältnisse gegenüber Familien

Nur wenig spricht dafür, dass sich mit fortschreitender gesellschaftlicher Modernisierung die grundlegende Tendenz zur Kinderarmut in Deutschland in absehbarer Zeit abschwächen oder gar umkehren wird. Aufgabe der staatlichen Politik sollte es in dieser Situation nicht sein, im Sinne einer *pronatalistischen Bevölkerungspolitik* den Kinderwunsch durch materielle Anreize und/oder geistige Beeinflussung junger Menschen direkt zu stärken. Dies sieht auch die Mehrheit der Bundesbürgerinnen und Bundesbürger so. Nur jeder Fünfte (21 Prozent) ist der Ansicht, dass man „der Gesellschaft etwas schuldig bleibt, wenn man sich entscheidet, keine Kinder zu haben" (Allensbach 2004). Fast zwei Drittel (65 Prozent) – mehr Jüngere als Ältere – pochen darauf, dass der Kinderwunsch etwas ganz Privates ist und von jedem selbst zu entscheiden ist und nicht im Blick auf die Gesellschaft.

Staatliche Familienpolitik kann lediglich die Rahmenbedingungen beeinflussen, unter denen Menschen ihre Entscheidungen für oder gegen Kinder treffen. Zielsetzung einer *nachhaltigen Familienpolitik* sollte es nach Ansicht der Sachverständigenkommission des 7. Familienberichts aus dem Jahre 2005 sein, „jene sozialen, wirtschaftlichen und politischen Rahmenbedingungen zu schaffen, die es der nachwachsenden Generation ermöglichen, in die Entwicklung und Erziehung von Kindern zu investieren, Generationensolidarität zu leben und Fürsorge für andere als Teil der eigenen Lebensperspektive zu interpretieren" (BMFSFJ 2005c, 5). Eine nachhaltige Familienpolitik sollte dabei die Ziele horizontale und vertikale Gerechtigkeit anstreben. Die Entscheidung für Kinder darf erstens nicht zu einer immer stärkeren Diskrepanz zwischen denjenigen, die sich für Kinder entscheiden, und denjenigen, die das nicht tun, führen. *Horizontale Gerechtigkeit* bedeutet dabei „nicht nur einen Ausgleich unterschiedlicher ökonomischer Aufwendungen, sondern es bedeutet, dass die Partizipation in unterschiedlichen Lebensbereichen, wie etwa im Berufsbereich, nicht durch die Entscheidung für Kinder benachteiligt oder gar beeinträchtigt wird" (Bertram 2006a, 7). Zweitens bedeutet nachhaltige Familienpolitik im Sinne *vertikaler Gerechtigkeit* aber auch die Sicherung/Herstellung von Chancengleichheit für Kinder aus Familien mit unterschiedlichem Bildungshintergrund und aus unterschiedlichen kulturellen Milieus.

Ein charakteristisches Merkmal der bundesrepublikanischen Gesellschaft ist die *strukturelle gesellschaftliche Rücksichtslosigkeit gegenüber Familien* (BMFuS 1994). Die herrschenden gesellschaftlichen Normen und Strukturen nehmen in der Regel keine Rücksicht darauf, ob Menschen Elternverantwortung tragen oder nicht. Elternschaft gilt als Privatsache, wobei die Privatisierung der Elternverantwortung den Kinderlosen beträchtliche Konkurrenzvorteile bringt. Zu den wichtigsten gesellschaftlichen Strukturen, die die Privilegierung eines Lebens ohne Kinder bewirken, gehören nach Ansicht von Kaufmann (1995): 1. die mangelnde *Rücksichtnahme der Wirtschaft* auf familiale Belange (z. B. leistungsbezogener Individuallohn ohne familienbezogene Bedarfskomponente und ökonomische Konkurrenzvorteile der Kinderlosen aufgrund ihrer größeren beruflichen Disponibilität und Mobilität) und 2. die *mangelnde Rücksichtnahme des Staates* gegenüber der Familie (z. B. geringer Stellenwert der Familienpolitik in der Hierarchie politischer Prioritäten und ökonomische Benachteiligung von Familien). Erforderlich ist eine grundlegende Neuorganisation von Erwerbsarbeitszeit und privater Zeit (BMFSFJ 2005c). In Deutschland beherrschen bislang kurzfristige ökonomische Erwägungen die Politik, ohne die Konsequenzen für das Privatleben zu bedenken. So werden bei den Debatten um verlängerte Arbeitszeiten oder um verlängerte Ladenöffnungszeiten die Implikationen für Familien nie mitdiskutiert. Erst in neuerer Zeit ist die Vereinbarkeit von Familie und Beruf auch zu einem Thema in Unternehmen und Familienfreundlichkeit ist zu einem strategischen Management-Instrument und Standortfaktor geworden, eine Entwicklung, die sich, wie sich am Unternehmensmonitor Familienfreundlichkeit 2006 ablesen lässt, in den letzten Jahren beschleunigt hat (BMFSFJ 2006d; 2006e).

Lindecke (2005) hat anhand ausgewählter Gesetze und Gesetzesvorhaben nachgezeichnet, wie die in den 1990er Jahren vorherrschende Politik zur *Gleichstellung der Geschlechter* in den letzten Jahren immer mehr hinter familien- und bevölkerungspolitischen Konzepten zurückgetreten ist. Die Gleichstellung der Geschlechter ist spätestens seit 2002 von dem Ansatz einer nachhaltigen Familienpolitik überlagert worden. Familie hat sich inzwi-

Tabelle 78: Rangfolge möglicher Maßnahmen der Familienpolitik, Frauen und Männer, 20 – 39 Jahre, Deutschland 2003 (Angaben in Prozent / Anteile der Antworten „sehr dafür“ und „eher dafür“)

möglich Maßnahme	**Anteile in %**
1. Flexible Arbeitszeiten für berufstätige Eltern mit kleinen Kindern	90
2. Bessere Möglichkeiten zur Tagesbetreuung von Kindern ab drei Jahren bis zum Schulalter	89
3. Mehr und bessere Teilzeitarbeitsmöglichkeiten für Eltern mit Kindern	89
4. Niedrigere Lohn- und Einkommenssteuern für Eltern minderjähriger Kinder	87
5. Ein finanzieller Zuschuss für Familien mit Kindern, dessen Höhe vom Familieneinkommen abhängig ist	85
6. Bessere Regelungen zum Mutterschaftsurlaub für berufstätige Frauen	84
7. Finanzielle Unterstützung für Mütter oder Väter, die ihre Berufstätigkeit aufgeben, weil sie sich um ihre Kinder kümmern möchten, solange diese klein sind	83
8. Bessere Möglichkeiten zur Tagesbetreuung von Kindern unter drei Jahren	83
9. Betreuungseinrichtungen für Kinder im Schulalter vor und nach der Schule und in den Schulferien	82
10. Ein beträchtlicher Anstieg des Kindergeldes auf 250 Euro pro Kind und Monat	79
11. Verbesserung der Wohnsituation für Familien mit Kindern	78
12. Eine starke Verringerung der Ausbildungskosten	75
13. Ein finanzieller Zuschuss bei der Geburt eines Kindes	73

Quelle: Dorbritz u. a. 2005, 41 (Population Policy Acceptance Study)

schen zu einem wichtigen Politikfeld entwickelt. Auch in der Bevölkerung ist die soziale *Akzeptanz von Familienpolitik* generell hoch (Lengerer 2004). Die höchste Zustimmung erfahren Maßnahmen, die auf die Vereinbarkeit von Familie und Erwerbstätigkeit ausgerichtet sind, insbesondere auf die Gestaltung der Arbeitszeiten (vgl. *Tabelle 78).* Im Vergleich zur PPAS 1992 hat in der Bevölkerung insgesamt eine Orientierung in Richtung Vereinbarkeit stattgefunden, während finanzielle Unterstützungsleistungen etwas an Bedeutung eingebüßt haben (Robert Bosch 2006). Frauen stimmen dem Ausbau familienpolitischer Leistungen, besonders den Maßnahmen zur Verbesserung der Vereinbarkeit von Familie und Beruf, durchgängig noch stärker zu als Männer.

Die folgenden Ausführungen konzentrieren sich schwerpunktmäßig auf zwei Maßnahmenbündel, die heute das Familienleben und damit die Entscheidung für Kinder erleichtern sollen: auf die finanzielle Förderung von Familien und auf Maßnahmen zur besseren Vereinbarkeit von Familien- und Erwerbstätigkeit.

13.1 Finanzielle Förderung von Familien und das Armutsrisiko von Kindern

Verfolgt man ein heute geborenes, in jeder Hinsicht durchschnittliches Kind über seinen gesamten Lebenszyklus und bilanziert alle zusätzlichen Einnahmen und Ausgaben des Staates, die aus der Existenz dieses Kindes resultieren, so ergibt sich nach Berechnungen des Ifo-Instituts für Wirtschaftsforschung ein Überschuss der an den Staat entrichteten Abgaben über die laufend in Anspruch genommenen staatlichen Leistungen in Höhe von 76 900 Euro (Robert Bosch 2005). So hoch ist der ökonomische Vorteil für Dritte, nämlich für andere Steuerzahler und andere Empfänger staatlicher Leistungen, den Eltern mit der Geburt und Erziehung eines Kindes im Durchschnitt erzeugen. Das Fiskalsystem bewirkt also eine Umverteilung von jungen und zukünftigen Generationen zur mittleren und älteren Generation und innerhalb jeder Generation zugleich eine Umverteilung von Finanzmitteln von Familien mit durchschnittlicher und überdurchschnittlicher Kinderzahl zu Kinderarmen und Kinderlosen (ausführlicher Robert Bosch 2005).

Die *sozioökonomische Lebenssituation von Kindern und Jugendlichen* leitet sich ganz wesentlich aus der vom Bildungsniveau abhängigen Beteiligung und Stellung der Eltern im Erwerbssystem und dem damit verbundenen Einkommen her und steht in einem engen Zusammenhang mit der Familienform (Paarhaushalt oder Ein-Eltern-Familie) sowie der Anzahl und dem Alter der Kinder. Die materielle Benachteiligung von Familien lässt sich aus dem *bedarfsgewichteten Nettoeinkommen der Familien* erschließen. Der Bedarfsgewichtung liegt dabei die Annahme zugrunde, dass der finanzielle Bedarf pro Haushaltsmitglied in größeren Haushalten – als gemeinsam wirtschaftenden Einheiten – geringer ist als in kleineren und dass er für Kinder niedriger ist als für Erwachsene. Nach Berechnungen auf der Grundlage der Ergebnisse der Einkommens- und Verbrauchsstichprobe 2003 sinken die Pro-Kopf-Einkommen mit steigender Kinderzahl. Im Jahr 2003 verfügte in Deutschland eine Familie mit einem Kind nur über 67 Prozent, eine Familie mit zwei Kindern über 59 Prozent und eine Familie mit drei Kindern über 52 Prozent des Pro-Kopf-Einkommens kinderloser Paare (Münnich 2006). Da Mütter und Väter bei den Ausgaben für den privaten Konsum zuerst an ihrer eigenen Lebenshaltung Abstriche machen und Wohlstandsverluste hinnehmen, ehe sie die Ausgaben für ihr(e) Kind(er) reduzieren, steht Kinderarmut in der Regel erst am Ende einer von Eltern und Elternteilen nicht mehr beherrschbaren Lage.

Je nach *Familienphase* entwickelt sich die Einkommenslage sehr unterschiedlich (Strantz 2005). Am schlechtesten ist die Einkommenssituation bei einem niedrigen Alter des jüngsten Kindes. Ist ein Kind unter 3 Jahren vorhanden, so liegt die relative Wohlstandsposition – das durchschnittliche bedarfsgewichtete Pro-Kopf-Einkommen – bei Ehepaaren bei 77 Prozent und bei nichtehelichen Lebensgemeinschaften bei 72 Prozent des Durchschnittseinkommens. Noch deutlich prekärer stellt sich mit einem Pro-Kopf-Einkommen von 46 Prozent die Einkommenssituation alleinerziehender Mütter mit einem Kind unter 3 Jahren dar (ähnlich die Ergebnisse des SOEP 2003; Grabka/Krause 2005). Gerade in der Aufbauphase der Familie, in der hohe Kosten anfallen und weitreichende generative Entscheidungen fallen, erfahren Familien also erhebliche Einkommensnachteile gegenüber gleichaltrigen Kinderlosen. Entsprechend plädieren die Sachverständigen des 7. Familienberichts dafür, die finanzielle Förderung besonders auf jene Lebensphase zu konzentrieren, in der Familien relativ wenig Geld zur Verfügung steht – nämlich auf junge Familien (BMFSFJ 2005c).

Auch das *Armutsrisiko für Kinder* ist in den letzten Jahren deutlich gestiegen. Parallel dazu wächst ein ebenfalls steigender Anteil von Kindern und Jugendlichen in sehr wohlhabenden Familien auf (Unverzagt/Hurrelmann 2001). Während in den alten Bundesländern noch in den 1960er Jahren vor allem ältere Menschen *Sozialhilfeempfänger* waren, sind es mittlerweile – im Wesentlichen bedingt durch die Arbeitslosigkeit der Eltern – in erster Linie Kinder (sog. *„Infantilisierung der Armut"*). Mit der Einführung von Hartz IV (Abschaffung der Arbeitslosenhilfe) hat sich die Kinderarmut in Deutschland noch drastisch verschärft. Mitte 2007 lebten nach Angaben des Kinderschutzbundes 2,6 Millionen der 15 Millionen Kinder und Jugendlichen in Deutschland – dies entspricht 17 Prozent aller Minderjährigen – auf Sozialhilfeniveau, eine Steigerung binnen Jahresfrist um 100 000. Würden Familien knapp über der Hartz-IV-Grenze hinzugezählt, käme man gar auf insgesamt fünf Millionen (zu den Maßnahmen zur Verringerung bzw. Vermeidung von Kinderarmut siehe Butterwegge 2005; Heekerens/Ohling 2005).

Als *relativ arm* gilt nach der Definition der Europäischen Union, wer in einem Haushalt lebt, dessen Äquivalenzeinkommen (das bedarfsgewichtete verfügbare Haushaltsnettoeinkommen) weniger als 60 Prozent des Medians aller Lebensformen beträgt. Die *Armutsrate* (oder *Armutsquote*) weist den Umfang der Armutspopulation in Prozent aus. 2003 lebten nach SOEP-Angaben 15,5 Prozent der gesamtdeutschen Bevölkerung in relativer Armut. Ohne soziale Transferleistungen wie Arbeitslosengeld, Sozialhilfe, Wohngeld oder Kindergeld wäre sogar fast ein Viertel (24 Prozent) der Bevölkerung armutsgefährdet (Statist. Bundesamt 2006f). Besonders stark von Einkommensarmut sind Ein-Eltern-Familien betroffen, deren Armutsrate 2003 bei knapp 40 Prozent lag (vgl. *Abbildung 20).* Bei Alleinerziehenden wie bei zusammenlebenden Paaren mit Kindern besteht ein deutlicher Einfluss des Alters des jüngsten Kindes: Je jünger das jüngste Kind ist, desto höher ist die Armutsrate (Eggen 2006a). Auch die Kinderzahl wirkt sich massiv auf die Armutsgefährdung aus. So erhöht sich bei Ehepaaren mit drei und mehr Kindern das Armutsrisiko auf 22 Prozent. Besonders schlecht gestellt sind außerdem ausländische Kinder und Aussiedlerkinder. Armutsrisiken sind vor allem Arbeitslosigkeit und fehlende Bildungsabschlüsse (Statist. Bundesamt 2006f). Über 40 Prozent der Arbeitslosen und jeweils ein Viertel der Personen ohne abgeschlossene Schul- oder Berufsausbildung sind armutsgefährdet, aber nur 5 Prozent der Erwerbstätigen.

Abbildung 20: Armutsrate[1] 2003 bei Paaren und Alleinerziehenden nach dem Alter des jüngsten Kindes (SOEP)

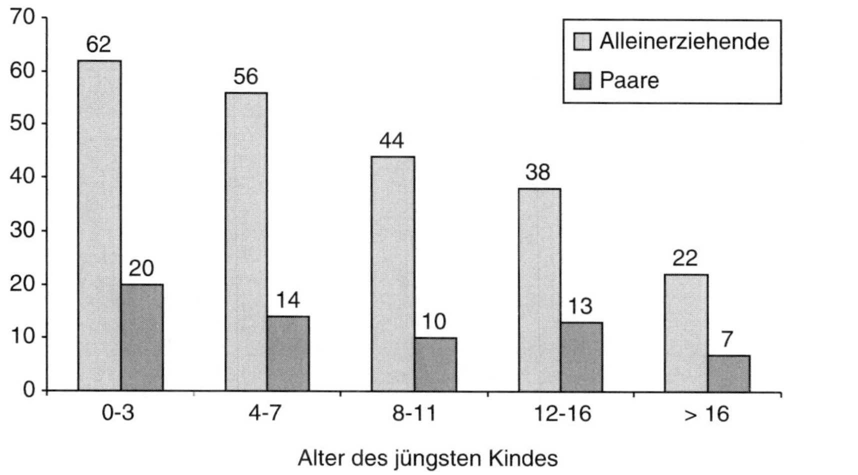

[1] Armutsschwelle 60-Prozent-Median

Quelle: Grabka/Krause 2005

Abbildung 21 zeigt einen Vergleich des Armutsrisikos der Bevölkerung nach *Altersklassen.* Das Armutsrisiko hat in der Gesamtbevölkerung zwischen 1984 und 2003 insgesamt zugenommen. Der Anteil der Kinder und Jugendlichen im Alter bis zu 20 Jahren, die von relativer Armut betroffen sind, ist seit 1984 um etwa 7 Prozent angestiegen. Der hohe Zuwachs der Armutsrate der jungen Erwachsenen zwischen 20 und 30 resultiert aus den verlängerten Ausbildungszeiten und wachsenden Problemen beim Übergang von der Ausbildungsphase ins Erwerbsleben. Dabei sind die Ausgrenzungsrisiken bei Kindern und Jugendlichen in extremer Weise nach klassenspezifischer und ethnischer Herkunft differenziert. „Kinderarmut steht im Schnittfeld mehrfacher gesellschaftlicher Spaltungsprozesse: zwischen kinderreichen und kinderlosen Lebensformen, zwischen Arbeiterklassen und höheren sozialen Klassen, zwischen Einheimischen und Zugewanderten" (Groh-Samberg/Grundmann 2006, 14).

Kinder allen Alters sind nicht nur häufiger von Armut betroffen als der Rest der Bevölkerung, sondern sie verweilen auch länger in Armut (BMFSFJ 2005a). Etwa jedes fünfte Kind in Westdeutschland mit Armutserfahrung weist über 5 Jahre einen durchgängigen Armutsverlauf auf (sog. *„Sockelarmut")*. Das Phänomen der *Verfestigung von Armut* findet sich besonders in Haushalten, in denen das jüngste Kind zwischen 0 und 5 Jahre alt ist sowie in der generellen Risikogruppe der Alleinerziehenden (Krause/Zähle 2005). Zwar ist für die überwiegende Mehrheit Armut nur eine Phase im Lebensverlauf, doch kann sich für eine Minderheit eine sich selbst verstärkende Spirale der Armut über mehrere Generationen entwickeln (Corak 2004). Staatliche Interventionen (Sozialleistungen und Steuererleichterungen) haben die Kinderarmut in Deutschland immerhin um etwa 44 Prozent Prozent gegenüber dem Anteil gesenkt, der zu erwarten wäre, überließe man die wirtschaftliche Lage der Familie allein den Kräften des Marktes (UNICEF 2005).

Abbildung 21: *Armutsrate[1] 1984 und 2003 nach Altersklassen, SOEP 2003 (Angaben in Prozent)*

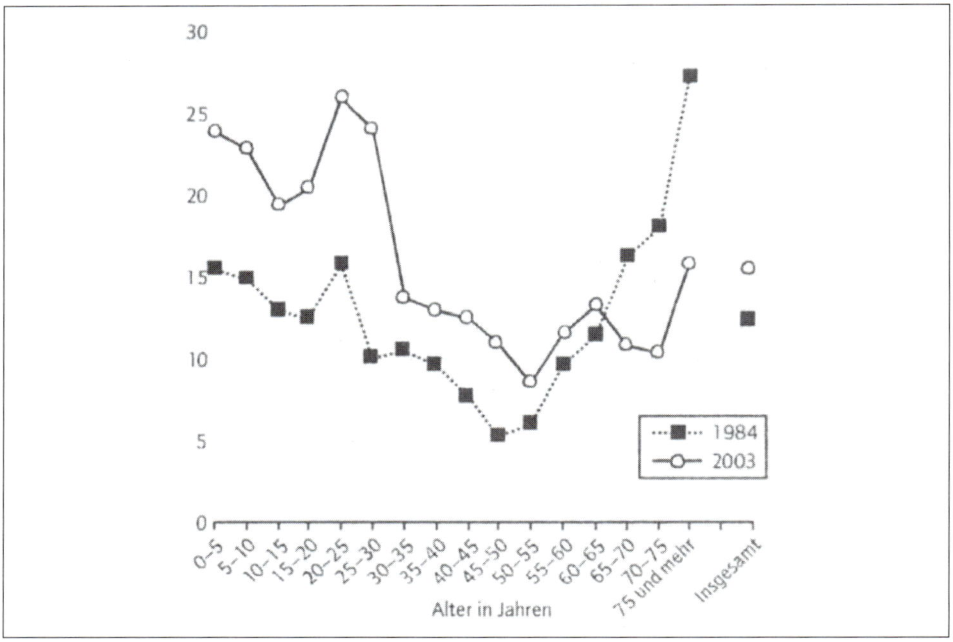

[1] Anteil der Personen, deren verfügbares Einkommen weniger als 60 Prozent des Medians der Gesamtbevölkerung beträgt.

Quelle: Grabka/Krause 2005, 160

Aufwachsen in Armut korreliert signifikant mit schlechtem Gesundheitszustand, Teenagerschwangerschaften, Drogenmissbrauch, kriminellem und dissozialem Verhalten, einem niedrigen Bildungsabschluss, sozialer Isolation, Niedrigentlohnung, Arbeitslosigkeit und Langzeitsozialhilfeabhängigkeit (BMGS 2005; Klocke 2006; Zander 2005; Holz 2006). Auch zeichnen sich Kinder und Jugendliche, die unter finanziellen Belastungen aufwachsen, durch ein besonders hohes Ausmaß an Depressivität und durch ein geringes Selbstwertgefühl aus (Walper 2005). Sie sind aggressiver und erfahren häufiger Ablehnung durch Gleichaltrige. Die benachteiligte Einkommenssituation und das hohe Armutsrisiko spiegeln sich auch direkt in der *Wohnsituation der Familien* wider (Häußermann/Siebel 2002). „Als Problemgruppen des Wohnungsmarktes sind nach wie vor einkommensschwache junge Familien, einkommensschwache kinderreiche Familien und Alleinerziehende anzusehen“ (BMFuS 1994, 136; über die verheerenden Auswirkungen von Armut auf Kinder aus Kindersicht informiert die qualitative Studie von Chassé u. a. 2003; zu Familien in armutsnahen „prekären“ Lebenslagen – zwischen bekämpfter Armut und relativem Wohlstand – siehe die Studie von Bien/Weidacher 2004).

Während immer mehr Familien ökonomische Einbußen hinnehmen müssen, haben sich die *Kosten für Kinder* ständig erhöht (Münnich 2006). 2003 gaben Eltern mit einem Kind durchschnittlich 549 Euro im Monat für ihren Nachwuchs aus, 11 Prozent mehr als 1998. Dabei variieren die von Familien je Kind getätigten Geldausgaben mit der Anzahl der zu versorgenden Kinder, dem Alter der Kinder, der sozialen Stellung der Eltern und der Familienform. In Familien mit zwei Kindern betrugen die Kosten monatlich 948 Euro, in Familien mit drei Kindern 1 356 Euro. Nach Berechnungen des empirica-Instituts für Forschung und Beratung (empirica 2005) bewegen sich die gesamten Kinderkosten – die direkten Kosten und die indirekten Kosten, insbes. die *Opportunitätskosten*, die dadurch entstehen, dass ein Ehepartner (meist die Frau) familienbedingt die Erwerbstätigkeit ganz oder vorübergehend unterbricht – bei einer Normalfamilie mit zwei Kindern zwischen 225 000 Euro (Arbeiterhaushalt) und 405 000 Euro (Akademikerhaushalt mit hohem Einkommen). Unter die Opportunitätskosten fallen auch die Minderung des Folgeeinkommens nach Wiederaufnahme der Erwerbstätigkeit aufgrund des *Kompetenzverlusts* und der *Reduktion der Karrierechancen* sowie der mit Erwerbsarbeit gekoppelte *Verlust an Sozialleistungsansprüchen* (u. a. Rentenansprüche). Eine Studie der Rentenversicherer weist nach, dass Ehepaare umso weniger Rente bekommen, je mehr Kinder sie erzogen haben (Stegmann 2007). Für ein kinderloses, westdeutsches Paar der Geburtsjahrgänge 1936 bis 1955 errechnet sich eine gemeinsame Rente von durchschnittlich 2 215 Euro. Mit steigender Kinderzahl sinkt der Betrag bis auf 1 667 Euro bei einem Paar mit drei und mehr Kindern. Der Verlust fällt im Vergleich zu Kinderlosen ohne Erwerbsunterbrechung umso höher aus, je qualifizierter die Tätigkeit ist (Althammer/Pfaff 1999). In der DDR gab es in dieser Hinsicht keine Unterschiede zwischen Eltern und kinderlosen Paaren, da die Frauen sehr bald nach der Geburt der Kinder wieder in den Beruf eingestiegen sind.

Ein Überblick über das *System staatlicher Familienleistungen* findet sich im Monitor Familienforschung Nr. 6/2006 (BMFSFJ 2006b). Deutschland investiert demnach 2,9 Prozent des Bruttoinlandsprodukts in familienpolitische Sach- und Barleistungen (ohne Steuerfreibeträge) und liegt damit über dem EU 15-Schnitt von 2,1 Prozent. Das Bundesfamilienministerium beziffert unter der Bezeichnung *familienbezogene Leistungen und Maßnahmen des Staates* die Höhe der Familienförderung in Deutschland mit jährlich über 184 Milliarden Euro. Dieser Betrag verteilt sich auf folgende ehe- und familienbezogene Leistungen:

- *Ehegattensplitting* und andere Förderungen der Ehe — 73,7 Mrd. Euro
- *Kindergeld* und diverse Steuervergünstigungen — 42,1 Mrd. Euro
- *Erziehungsgeld, Elterngeld* und andere Geldleistungen — 25,3 Mrd. Euro
- *Sozialversicherung*: Beitragsfreie Mitversicherung, Aufschläge auf Arbeitslosengeld u. a. — 25,1 Mrd. Euro
- *Kinderbetreuung, Jugendhilfe* — 18,3 Mrd. Euro

Nach Ansicht des Familienbundes der Katholiken (Pressemitteilung vom 10.4.2007) wird mit diesen Zahlen in der öffentlichen Diskussion der Eindruck erweckt, Familien erhielten zuviel Geld, so dass hier ein Einsparpotential verborgen sei. Tatsächlich seien diese Zahlen aber viel zu hoch angesetzt, da hier Leistungen enthalten seien, die der Staat gar nicht gewährt. Moniert wird, dass Maßnahmen, die die Ehe betreffen und auch von Kinderlosen in Anspruch genommen werden (wie das Ehegattensplitting), der Familienförderung zugerechnet werden, und dass Maßnahmen berücksichtigt werden, die die Familien in großem Umfang selbst finanzieren (z. B. über Steuern und Sozialversicherungsbeiträge). Und obwohl von den ausgezahlten 35 Milliarden Euro Kindergeld rund 20 Milliarden ausschließlich Steuerrückerstattung sind und lediglich 15 Milliarden als direkte Förderung an Familien fließen, wird immer wieder der gesamte Betrag als „Familienförderung" dargestellt. Die vom Familienbund berechnete Summe der „echten" Familienförderung des

Staates beläuft sich nicht auf 184 Milliarden Euro, sondern lediglich auf rund 56 Milliarden Euro.

Der Hauptanteil der Familienleistungen in Deutschland sind Barleistungen, während andere Länder mehr Geld für Infrastruktur ausgeben. Bei der Verteilung der finanziellen Leistungen gibt es nur wenige zielgerichtete Schwerpunktsetzungen. Vor allem fehlt eine differenzierte Unterstützung nach Familientypen und -phasen und nach notwendigem Bedarf. Es dominiert das „*Gießkannenprinzip*", d. h. alle Familien erhalten im Wesentlichen die gleiche Förderung. Bis Ende 1995 erfolgte der Familienlastenausgleich durch Kinderfreibeträge bei der Einkommensteuer und ein daneben gezahltes Kindergeld *(System des dualen Familienlastenausgleichs)*. Seit Anfang 1996 erfolgt der *Familienleistungsausgleich* entweder durch den Kinderfreibetrag oder durch Kindergeld. An der materiellen Benachteiligung von Familien hat das bisher praktizierte System des Familienlasten- bzw. -leistungsausgleichs dabei wenig geändert. Zieht man den Eigenbetrag der Familien (z. B. in Form von Steuern) ab, wird der reine Förderbetrag für Familien auf rund ein Drittel der Kinderkosten geschätzt (BMFSFJ 2006b). In der DDR wurden dagegen schätzungsweise 80 Prozent der materiellen Kinderkosten von der „Gesellschaft" aufgebracht (Schwarz 1993-94a). Da die wichtigste Form der Steuerentlastung, das *Ehegattensplitting*, unabhängig von der Kinderzahl ist und am stärksten die (kinderlose) Hausfrauenehe begünstigt – das Ehegattensplitting hat ein jährliches Volumen von rund 20 Milliarden Euro –, schlägt der wissenschaftliche Beirat für Familienfragen in einem älteren Gutachten den Ausbau des einseitig die Ehe begünstigenden Ehegattensplittings durch Berücksichtigung von Existenz und Anzahl von Kindern zu einem *erweiterten Familiensplittingsystem* vor (BMFuS 1991). Eine Kinderkomponente beim Ehegattensplitting findet laut einer prognos-Umfrage vom Dezember 2006 in der Bevölkerung mit 66 Prozent breite Zustimmung.

Die gestiegene Partizipation von Frauen am Erwerbsleben führt dazu, dass bei der Entscheidung für Kinder eine „*ökonomische Achterbahn*" (Bertram 2006) entsteht, weil zumindest in der Zeit der Kinderbetreuung in den ersten beiden Lebensjahren meist nur noch ein Einkommen zur Verfügung steht. Als Antwort auf diese ökonomische Achterbahn wird für Geburten von 2007 an das bisherige einheitliche Erziehungsgeld durch ein einkommensabhängiges Elterngeld ersetzt (Dettling 2006). Das bislang gültige *Erziehungsgeld* beträgt 300 Euro pro Monat für maximal zwei Jahre, sofern das Haushaltseinkommen eine bestimmte Grenze nicht überschreitet. Das neue *Elterngeld* ersetzt 67 Prozent des vorangegangenen individuellen Einkommens bis maximal 1 800 Euro pro Monat. Es wird bis 14 Monate gewährt, wobei zwei Monate je einem Elternteil vorbehalten sind. Eltern, deren zweites oder drittes Kind im Abstand von höchstens drei Jahren geboren wird, erhalten einen Geschwisterbonus in Höhe von zehn Prozent, mindestens jedoch 75 Euro monatlich. Mit dem Elterngeld soll Vätern und Müttern ermöglicht werden, sich im ersten Lebensjahr des Kindes ohne große finanzielle Verluste intensiv um das Kind zu kümmern. Man erwartet eine höhere Beteiligung der Väter (sog. „Vätermonate") und kürzere „Auszeiten" der Mütter. Auch erhofft man sich, dass diese Regelung dazu beiträgt, dass besonders hochqualifizierte Frauen sich vermehrt für Kinder entscheiden.

Die Bevölkerung in Deutschland ist in der Frage Elterngeld gespalten: die Hälfte begrüßt die Einführung des Elterngeldes, die andere Hälfte lehnt sie ab (Infratest März 2006). In einer Allensbach-Umfrage zum Thema „Elterngeld und Elternzeit: Einstellungen der Verantwortlichen in deutschen Wirtschaftsunternehmen" Mitte 2006 beurteilten fast zwei Drittel (61 Prozent) der Unternehmens- und Personalleitungen in Deutschland das Elterngeld positiv. 59 Prozent hielten es für eine gute Sache, wenn Väter ihre Arbeitszeit zu

Gunsten der Kinderbetreuung reduzieren. Im ersten Halbjahr 2007 wurden rund 200 000 Anträge auf Elterngeld bewilligt, darunter 17 000 Anträge (= 8,5 Prozent) von Vätern (Statist. Bundesamt 2007b). Den Mindestbetrag des Elterngeldes in Höhe von 300 Euro erhielten bundesweit 54 Prozent der Mütter und Väter. Kritiker beklagen, dass das Gesetz „sozial unausgewogen" im Hinblick auf die darin enthaltene „Geringverdienerregelung" ist. Bisher erhält ein Arbeitslosen-II-Empfänger zwei Jahre lang monatlich 300 Euro Erziehungsgeld. Jetzt sind es nur noch 300 Euro Elterngeld über 12 Monate. Das Gesetz geht also zu Lasten der sozial Schwachen. Sozial benachteiligte Familien kommen auch nicht in den Genuss einer Verbesserung der steuerlichen Absetzbarkeit von Kinderbetreuungskosten, die das Elterngeld flankieren (Butterwegge 2006). Schätzungen des DIW nach zu urteilen werden 73 Prozent aller Paare im Vergleich zum bisherigen Erziehungsgeld durch ein höheres Nettoeinkommen von der Elterngeldreform profitieren (Newsletter BMFSFJ, 8.1.2007).

In den nordischen Ländern wurden entsprechende Elterngeldregelungen bereits in den 1970er- und frühen 1980er Jahren eingeführt. Mit der Einführung des Elterngeldes haben sich zwar die Geburtenraten erhöht, doch dürften dafür auch andere Maßnahmen neben dem Elterngeld mitverantwortlich gewesen sein. Auch die „Arbeitsmarktlage, aktive Förderung der Frauenerwerbstätigkeit, Gleichheitspolitik und Ausbau der Kinderbetreuungseinrichtungen können zum Anstieg der Geburtenraten beigetragen haben, so dass trotz der zeitlichen Nähe zwischen Einführung des Elterngeldes und der Veränderungen im Geburtenverhalten diese nicht ausschließlich auf die Elterngeldpolitik zurückgeführt werden können" (Neyer 2006, 3).

Durch staatliche Transferleistungen, die Familien finanziell entlasten, wird zwar mehr „Einkommensgerechtigkeit" zwischen Kinderlosen und Familien geschaffen. Ein direkter Einfluss auf die Geburtenrate ist aber kaum zu erwarten, wie die unverändert niedrige Geburtenrate in Deutschland zwischen 1995 und 2000 trotz Aufstockung des Kindergeldes von 70 DM auf 270 DM zeigt. Kein EU-Land mit relativ hohen Geburtenraten – also die skandinavischen Länder, Irland und Frankreich – zahlt mehr Kindergeld als Deutschland (Engelbrech 2002). Auch besteht im internationalen Vergleich kein systematischer Zusammenhang zwischen den gesamten öffentlichen Ausgaben für Familien und der Höhe der Geburtenziffer (zdwa 2005). Nach Ansicht von Meier (2005), der die Auswirkungen verschiedener familienpolitischer Instrumente auf die Geburtenziffer untersucht hat, können finanzielle Anreize für Familien das Geburtenniveau bestenfalls leicht erhöhen.

13.2 Maßnahmen zur Förderung der Vereinbarkeit von Familie und Beruf

Eichhorst u. a. (2007) ziehen in ihrer aktuellen Studie „Vereinbarkeit von Familie und Beruf im internationalen Vergleich" auf der Basis von Eurostat- und OECD-Daten das Fazit, dass es in Deutschland, ähnlich wie in den südeuropäischen Staaten mit einem traditionalen Rollenverständnis, besonders schwer fällt, die Konflikte zwischen Berufstätigkeit und Elternschaft zu lösen. Während z. B. in Frankreich und Großbritannien über 60 Prozent der Mütter mit Kleinkindern beschäftigt sind, sind es in Deutschland lediglich 44 Prozent. Angesichts der Veränderungen des weiblichen Lebenszusammenhangs sollte es deshalb Zielsetzung staatlicher Politik sein, vor allem die Vereinbarkeit von Familien- und Erwerbstätigkeit durch geeignete arbeitsmarkt- und sozialpolitische Maßnahmen zu erleichtern.

Die deutsche Einigung hat besonders für die Frauen und Mütter in den neuen Bundesländern, die zuvor fast vollständig in den Arbeitsmarkt integriert waren und nun mit Arbeitsplatzverlust und Arbeitsplatzwechsel bei Wegfall des dichten Netzes von Kinderbetreuungseinrichtungen rechnen müssen, das Problem der Vereinbarkeit von Familie und Beruf verstärkt ins Blickfeld gerückt. In einer 2000 durchgeführten Repräsentativbefragung wünschten sich in Ost- und Westdeutschland jeweils knapp zwei Drittel der (erwerbstätigen und der nicht erwerbstätigen) Frauen mit Kindern unter 3 Jahren, dass ein Partner Vollzeit arbeitet und der andere Teilzeit (Beckmann 2002). Tatsächlich praktizierten aber lediglich 16 Prozent im früheren Bundesgebiet und 13 Prozent in den neuen Ländern ein Vollzeit-/Teilzeit-Arbeitszeitmodell. 77 Prozent der westdeutschen und 67 Prozent der ostdeutschen Mütter mit einem Kleinkind waren nicht erwerbstätig, obwohl nur 14 bzw. 4 Prozent dieses Arbeitszeitmodell präferierten. Mit zunehmendem Alter des Kindes nahm die Kluft zwischen Wunsch und Wirklichkeit etwas ab. Umgekehrt möchten nach den Ergebnissen der Studie „Familienfreundlicher Betrieb" aus dem Jahr 2003 vollzeitbeschäftigte Väter und Mütter – unabhängig von der Anzahl ihrer Kinder – ihre tatsächlichen Arbeitszeiten gerne reduzieren (BMFSFJ 2004a). Vollzeitbeschäftigte Mütter wünschen sich eine „große" Teilzeitstelle mit etwa 28 Stunden pro Woche.

Zur Erleichterung der Vereinbarkeit von Familie und Beruf wurde 1986 der Erziehungsurlaub (heute: Elternzeit) eingeführt (BMFSFJ 2004). Für Eltern, deren Kinder seit dem 1.1.2001 geboren werden, gilt folgende Neuregelung der *Elternzeit* (Rancke 2006):

- Elternzeit kann von jedem Elternteil allein oder von beiden gemeinsam genommen werden. Insgesamt stehen den Eltern hierfür 3 Jahre zur Verfügung, die sie untereinander aufteilen können.
- Auch nicht verheiratete Paare haben nun ein Anrecht auf Elternzeit.
- Maximal 12 Monate können mit Zustimmung des Arbeitgebers bis zum Ende des 8. Lebensjahres des Kindes verschoben werden.
- Teilzeitarbeit bis zu 30 Stunden wöchentlich ist für jeden Elternteil, der Elternzeit nimmt, möglich. Vater und Mutter können also bei gemeinsamer Elternzeit zusammen 60 Stunden wöchentlich arbeiten.
- Während der Elternzeit besteht Kündigungsschutz.

40 Prozent der Frauen in Westdeutschland und 22 Prozent der Frauen in Ostdeutschland kehren nach dreijähriger Elternzeit nicht an ihren Arbeitsplatz zurück, obwohl fast zwei Drittel der Frauen mit Kleinkindern bei geeigneten Rahmenbedingungen gerne wieder arbeiten gehen würden (BMFSFJ 2006d).

Das zum 1.1.2007 eingeführte einkommensbezogene einjährige *Elterngeld* soll u. a. den Anreiz vermindern, länger aus dem Erwerbsleben auszuscheiden. Es reflektiert den Strukturwandel des weiblichen Lebenslaufs, ermöglicht es doch jungen Frauen, die viel in ihre Ausbildung investiert haben, die moderne Frauenrolle auch dann beizubehalten, wenn sie sich dafür entscheiden, sich im ersten Lebensjahr des Kindes primär um ihr Kind zu kümmern (Bertram 2006). Aktuelle Schätzungen des DIW Berlin lassen erwarten, dass das Elterngeld tatsächlich zu kürzeren Erwerbsunterbrechungen von Müttern mit kleinen Kindern führen wird und dass die Erwerbsbeteiligung von Müttern mit Kindern im zweiten Lebensjahr auf knapp 40 Prozent ansteigen wird (Spieß/Wrohlich 2006). Kritiker monieren, dass nach Ablauf des ersten Jahres die „Kinderbetreuungsfalle" zuschnappt. Denn in

Deutschland fehlt es in erster Linie an einer Betreuungsinfrastruktur. Ausreichende Betreuungsangebote müssen sichergestellt werden, die es Eltern ermöglichen, tatsächlich wieder in den Beruf einzusteigen.

Nach Untersuchungsbefunden von Eichhorst u. a. (2007) befindet sich Deutschland derzeit in einer Übergangssituation hin zu einer modernen Familienpolitik. Die Experten heben die neuen familienpolitischen Leistungen wie das Elterngeld und die verbesserte steuerliche Absetzbarkeit von Kinderbetreuungskosten als richtige Weichenstellungen hervor. Weitere zentrale Handlungsfelder sind ihrer Ansicht nach die Entwicklung eines privaten Marktes für familienunterstützende Dienstleistungen, die Schaffung eines ausreichenden und qualitativ hochwertigen Angebots an Kinderbetreuung, die Verbesserung der auf Rückkehr in den Beruf ausgerichteten Beurlaubungssregelungen und die Förderung flexibler Arbeitszeiten.

Der wichtigste Beitrag der Unternehmen zur Vereinbarkeit von Familie und Beruf liegt in der Einführung *flexibler Arbeitszeiten* und *längerer Teilzeitarbeit* (Eichhorst u. a. 2007). 86 Prozent der von Allensbach (2005a) im August 2005 interviewten berufstätigen Väter unter 45 halten flexible Arbeitszeiten für hilfreich; 56 Prozent plädieren für die Schaffung zusätzlicher Teilzeitarbeitsplätze. Dabei sind inzwischen bereits die meisten abhängig beschäftigten Frauen in Formen flexibler Arbeitszeit tätig, sei es in traditionalen Formen (wie Gleitzeitarbeit, Schicht- und Wochenendarbeit) oder in „Arbeit auf Abruf" unter Zugrundelegung von Arbeitszeitkonten. 2001 nutzten bereits 29 Prozent der Betriebe und Dienststellen in Deutschland (betroffen sind 40 Prozent aller Beschäftigten) *Arbeitszeitkonten* (Bauer u. a. 2002). Arbeitszeitkonten bieten – abhängig von den konkreten Vereinbarungen – sowohl für die Beschäftigten als auch für die Unternehmen prinzipiell die Möglichkeit, Arbeitszeiten besser an private Zeitbedürfnisse bzw. Produktions- und Marktrhythmen anzupassen. Tatsächlich wird das Potential von Arbeitszeitkonten aber häufig mit Hinweis auf „betriebliche Belange" eingeschränkt; d. h. die von den Beschäftigten angestrebte „Balance von Arbeit und Leben" dient in erster Linie der Anpassung an ökonomische Interessen des Betriebes und erweist sich in der Praxis oftmals als „Schimäre" (Jürgens 2003). Generell wird die Flexibilisierung von Arbeitszeiten und -orten einerseits als Chance für eine größere Zeitsouveränität von Eltern und für „mehr Zeit für Kinder" gesehen (Bauer/Munz 2005). Andererseits wird in der Diskussion um die „Entgrenzung von Familien- und Arbeitswelt" auf die zusätzlichen Belastungen, die erhöhten Anforderungen an familiale Aushandlungsprozesse und den zusätzlichen organisatorischen Aufwand, z. B. bei der Abstimmung von institutionellen Zeitvorgaben von Kindertageseinrichtungen und Schulen, verwiesen.

Auch *Teleheimarbeit* ist entgegen weit verbreiteter Ansicht – in Deutschland gibt es bereits schätzungsweise 2,5 Millionen Telearbeitsplätze – als Instrument zur besseren Vereinbarkeit von Familie und Beruf nur bedingt geeignet (Treier 2001). Vor allem die familialen Belastungen sind groß. Die sich über 17 Monate erstreckenden Befragungen von 308 Teleheimarbeiterinnen und -arbeitern, die Arbeitszeitbeobachtungen und die Auswertung so genannter Störungstagebücher zeigen, dass jede zweite der etwa 2 600 Störungen von Kindern oder anderen Familienangehörigen ausging. Die These, dass Teleheimarbeit zeitflexibel ist, trifft ebenfalls nicht zu, denn wer zu Hause arbeitet, muss ebenfalls zu den üblichen Geschäftszeiten erreichbar und tätig sein. Besonders Frauen, die „nebenbei" Kinder zu versorgen haben und Hausarbeit verrichten, leiden unter den körperlichen und psychischen Belastungen ihrer meist monotonen Tätigkeiten.

Ein weiteres zentrales Handlungsfeld zur besseren Vereinbarkeit von Familie und Beruf ist die Schaffung eines ausreichenden und qualitativ hochwertigen *Angebots an Kinderbetreuung* (Eichhorst u. a. 2007). Die Betreuungsinfrastruktur für Kinder unterschiedlichen Alters, insbesondere für unter Dreijährige, sollte weiter ausgebaut werden. Nach Einführung des Elterngeldes dürften vermehrt besonders Betreuungsangebote für Kinder im zweiten und dritten Lebensjahr nachgefragt werden – mitentscheidend für den Erfolg des Elterngeldes ist somit auch der bedarfsgerechte Ausbau der Betreuungsstrukturen. Frauen mit Kleinkindern sehen vor allem bei der ganztägigen Kinderbetreuung Defizite, Frauen mit Kindergartenkindern fordern eine bessere Mittags- und Ferienbetreuung, und Frauen mit Grundschulkindern wünschen sich eine zusätzliche Nachmittagsbetreuung (Engelbrech 2002). Neun von zehn erwerbstätigen Frauen würden dafür auch höhere Betreuungskosten übernehmen. Die Betreuungseinrichtungen sollten sowohl finanziell erschwinglich als auch erreichbar und organisatorisch mit einer Erwerbstätigkeit vereinbar sein.

Westdeutschland gehört – mit Ausnahme des Kindergartenbereichs – zu den Ländern mit relativ niedrigem Versorgungsgrad an Betreuungsinfrastruktur. Im März 2006 haben die Eltern von rund 2 Millionen Kindern im Kindergartenalter Kindertagesbetreuungsangebote in Anspruch genommen. Die Besuchsquote (Anteil der Kinder in Tagesbetreuung an allen Kindern derselben Altersgruppe) belief sich in Deutschland damit auf rund 89 Prozent (Pressemitteilung Statist. Bundesamt vom 8.3.2007). Dagegen ist das Angebot im Krippen- und Hortbereich seit den 1970er Jahren unverändert niedrig geblieben (siehe *Kapitel 8).* Der Vorschlag der Bundesfamilienministerin, in den nächsten Jahren die Zahl der Krippenplätze zu verdreifachen, findet bei 71 Prozent der Befragten des aktuellen Politbarometers (März 2007) großen Zuspruch. Finanziert werden sollen diese zusätzlichen Krippenplätze nach Meinung von fast zwei Drittel der Befragten durch zusätzliche Steuermittel (zur Kontroverse um die Kinderkrippen siehe Budrich 2007).

Bei den Unternehmern fanden bisher Forderungen, mehr Betreuungseinrichtungen bereit zu stellen, relativ wenig Resonanz. In der vom Institut der deutschen Wirtschaft (2003) in Auftrag gegebenen Studie „Monitor Familienfreundlichkeit" sahen die meisten der 1 000 (von insgesamt 10 000 angeschriebenen) Firmen nach wie vor Kinderbetreuungsangebote und flexible Arbeitszeiten primär als Kostenfaktor, und das, obwohl inzwischen drei Viertel aller Unternehmen Formen der Arbeitszeitflexibilisierung anbieten. Seit 2003 hat die Familienfreundlichkeit der deutschen Wirtschaft – ihre Sensibilität und Aktivität – allerdings in weiten Bereichen deutlich zugenommen. Die Unternehmen haben das Spektrum ihrer familienfreundlichen Maßnahmen erweitert, um den Frauen die Berufstätigkeit zu erleichtern. Unternehmen beziehen das Thema aber inzwischen auch öfter in ihre ökonomischen Entscheidungen ein, „sei es um qualifizierte Fach- und Führungskräfte zu gewinnen, das Know-how und die Erfahrung der Beschäftigten im Betrieb zu halten oder um unnötige Fehlzeiten zu vermeiden" (BMFSFJ 2006e, 3).

Eine wichtige Frage ist, ob familienpolitische Leistungen überhaupt einen *Einfluss auf das Geburtenverhalten* haben, ob bei der Realisierung bestimmter Maßnahmen tatsächlich mehr Kinder geboren werden und damit das Fertilitätsniveau steigt. Die leichtere Umsetzung des Kinderwunsches im Falle einer besseren Verfügbarkeit von institutioneller Kinderbetreuung ist ein Ergebnis, das immer wieder in Meinungsumfragen und Surveys bestätigt wird. Betrachtet man das mögliche Geburtenverhalten von *Frauen ohne Kinderwunsch* unter der Bedingung, dass alle familienpolitischen Leistungen, die diese Frauen für wünschenswert ansehen, eingeführt werden, so zeigt sich in der Population Policy Acceptance

Study 2003: Von den Frauen ohne und mit Kindern würden sich nur 7 bzw. 9 Prozent bei Einführung der von ihnen gewünschten familienpolitischen Leistungen wahrscheinlich für ein (weiteres) Kind entscheiden und lediglich 13 bzw. 17 Prozent würden über ein (weiteres) Kind nachdenken (vgl. *Tabelle 79).* Die Mehrzahl würde trotz familienpolitischer Leistungen mit Sicherheit kein (weiteres) Kind bekommen, und für mehr als zwei Drittel der befragten Frauen sind die familienpolitischen Leistungen einfach eine Selbstverständlichkeit. Anhand dieser Ergebnisse „lässt sich bereits feststellen, dass die Einführung bzw. Verbesserung familienpolitischer Leistungen die Frauen zumeist nicht von ihrem einmal gefassten Vorsatz, Kinder zu haben oder nicht, abbringt" (Roloff 2007a, 134).

Tabelle 79: Folgen wünschenswerter familienpolitischer Leistungen, 20 bis 45 Jahre alte Frauen ohne Kinderwunsch (Angaben in Prozent)

	Frauen ohne Kinderwunsch	
Dem stimme ich zu[1]	**ohne Kinder**	**mit Kindern**
Ich würde über ein (weiteres) Kind nachdenken	13	17
Ich würde mich wahrscheinlich für ein (weiteres) Kind entscheiden	7	9
Ich möchte mit Sicherheit kein (weiteres) Kind	49	78
Maßnahmen = selbstverständlich	64	86

[1] Mehrfachnennungen waren möglich

Quelle: Roloff 2007a, 133

Auch die Befragung der *Frauen mit Kinderwunsch* zeigt, dass mit einer Familienpolitik bestenfalls erreicht werden kann, dass Frauen ihren Kinderwunsch voll realisieren und eventuell ihre geplanten Geburten zeitlich vorziehen (vgl. *Tabelle 80*). Für über zwei Drittel der Frauen wäre es nach der Realisierung wünschenswerter familienpolitischer Leistungen leichter, so viele Kinder zu haben, wie sie sich wünschen. Etwa jede zwei Frau könnte das gewünschte Kind früher bekommen. Für fast alle Frauen sind aber auch hier die familienpolitischen Leistungen einfach selbstverständlich, so dass stark bezweifelt werden muss, dass familienpolitische Leistungen nachhaltig zu Veränderungen im Geburtenverhalten bzw. zu einer höheren Fertilität beitragen.

Tabelle 80: Folgen wünschenswerter familienpolitischer Leistungen, 20 bis 45 Jahre alte Frauen mit Kinderwunsch (Angaben in Prozent)

	Frauen mit Kinderwunsch	
Dem stimme ich zu[1]	**ohne Kinder**	**mit Kindern**
Es wäre so leichter, so viele Kinder zu haben, wie ich mir wünsche	79	64
Es wäre möglich, das (erste/weitere) Kind früher zu bekommen	56	47
Maßnahmen = selbstverständlich	92	90

[1] Mehrfachnennungen waren möglich

Quelle: Roloff 2007a, 140

Empirische Belege für einen direkten Zusammenhang zwischen dem Vorhandensein von Kinderbetreuungsangeboten und dem Geburtenverhalten sind selten, und die vorliegenden Studien kommen zu unterschiedlichen Ergebnissen. In den meisten internationalen Studien finden sich keine Belege für einen Einfluss der Kinderbetreuung auf das Fertilitätsniveau (Ette/Ruckdeschel 2007). Meier (2005) hat für Deutschland die Auswirkungen verschiedener familienpolitischer Instrumente auf die Geburtenziffer untersucht. Der Ausbau der Kinderbetreuungsmöglichkeiten zeigte keinen nennenswerten Effekt. Der optimale „Instrumentenmix" ist bislang noch nicht gefunden. Am ehesten treten *Tempoeffekte* auf, d. h. geplante Geburten werden vorgezogen. An einem nicht vorhandenen Kinderwunsch, wie er heute immer häufiger anzutreffen ist, kann selbst eine ausgesprochen familienfreundliche Politik kaum etwas ändern (Lengerer 2004). Spieker (2007) kritisiert, dass die gegenwärtige Familienpolitik alle Forderungen nach einem Ausbau der Kinderbetreuungseinrichtungen zwar vorwiegend mit dem Geburtenrückgang und der notwendigen Erhöhung der Geburtenrate begründet. Tatsächliche verkümmere die Familienpolitik aber, wie z. B. die einschlägigen Studien der Bertelsmann Stiftung oder des Instituts der Deutschen Wirtschaft veranschaulichen, immer mehr zu einem Instrument der Arbeitsmarktpolitik – sprich: der Mobilisierung des weiblichen Arbeitskräftepotentials. „Die Frage, was dem Wohl des Kindes besser dient, die Erziehung in der Familie oder die Betreuung in öffentlichen Einrichtungen, wird nicht gestellt, geschweige denn seriös erörtert" (Spieker 2007, 11).

Nachhaltige Familienpolitik begründet laut Bertram u. a. (2005a, 6) „ihren Anspruch auf Gestaltung der Rahmenbedingungen familiären Lebens mit dem Grundsatz, zukünftigen Generationen die gleichen Chancen zur Gestaltung eigener Lebensvorstellungen und Ziele zu ermöglichen, wie das für die jetzt aktive Generation der Fall ist". In Deutschland wurden bisher finanzielle Leistungen und Verbesserungen der Infrastruktur, insbesondere die Betreuung im Vorschulbereich, betont. Fragen der Gestaltung von Lebensverläufen wurden bislang kaum beachtet, obwohl die *Neugestaltung der Lebensverläufe junger Erwachsener* seit den 1970er Jahren als eine zentrale Ursache für spätere Partnerschaften, spätere Heiraten und damit auch für spätere Entscheidungen für Kinder – oder gegen Kinder – angesehen werden kann. Besonders die Verlängerung der Ausbildung durch höhere Qualifikationen und ein immer unsicherer Arbeitsmarkt führen zu einer Verkürzung der Zeit, die im Lebensverlauf für eine von den Eltern unabhängige und eigenständige Lebensführung verbleibt und damit auch zu einer Verkürzung der Zeit für Familiengründung. Gefragt sind Modelle von Erwerbslebenszyklen, mit denen sich Ausbildung, Eintritt in das Berufsleben, Partnerschaft und die Entscheidung für Kinder besser miteinander kombinieren lassen als im gegenwärtigen deutschen dreiteiligen Lebensverlaufs-Regime. Erforderlich ist ein „Modell, das Bildung, Weiterbildung und neue Ausbildungsgänge über den Lebensverlauf verteilt, den jungen Erwachsenen eine frühere Selbständigkeit ermöglicht und gleichzeitig im Lebensverlauf Unterbrechungen des Erwerbslebens zulässt, um anderen gesellschaftlich wichtigen Aufgaben nachgehen zu können, wie etwa der Fürsorge für Kinder oder für Ältere oder auch der eigenen beruflichen Qualifikation" (Bertram 2006a, 18).

Dabei darf nicht übersehen werden, dass junge Erwachsene keine homogene Gruppe bilden und sich die Einstellungen von jungen Frauen ganz wesentlich von den Einstellungen junger Männer unterscheiden. Politische Maßnahmen können nur dann eine Wirkung erzielen, wenn sie die *Vielfalt weiblicher Lebensentwürfe* berücksichtigen. „Nur ein intelligenter Mix aus Zeitoptionen, Infrastrukturangeboten und Geldtransfers kann diesen unterschiedlichen Lebensentwürfen gerecht werden" (Bertram u. a. 2005a, 12). Ausschließlich berufsorientierte Frauen, die heute in Deutschland einen Anteil von 21 Prozent ausmachen, sind besonders empfänglich für alle Maßnahmen, die ihre berufliche Entfaltung unterstützen. Familien- und haushaltsorientierte Frauen (14 Prozent) profitieren besonders von Familien- und Sozialpolitiken. Die mit Abstand größte Gruppe der adaptiven Frauen (65 Prozent) ist besonders empfänglich für alle Formen von Zeit- und Infrastrukturpolitik, die ihnen helfen, die beiden Lebensbereiche Familie und Beruf besser miteinander zu vereinbaren. Eine nachhaltige Familienpolitik sollte die Rahmenbedingungen so verbessern, dass die verschiedenen Instrumente familienpolitischen Handelns diese unterschiedlichen Präferenzen berücksichtigen.

Generell muss vor übertriebenen Hoffnungen gewarnt werden, dass über den Ausbau der Familienpolitik das Geburtenniveau der Bevölkerung merklich erhöht werden kann. Die Einführung von Erziehungsgeld mit Erziehungsurlaub und die Anrechnung von Erziehungszeiten in der Rentenversicherung haben keine demographischen Spuren hinterlassen (Schwarz 1993-94a). Der Erfolg aller Maßnamen der Familien- und Sozialpolitik hängt letztendlich davon ab, dass es gelingt, gleichzeitig das *Engagement der Männer für die Familie* (Erziehungs-, Haus- und Pflegearbeiten) zu stärken. Entsprechend lautet auch das Fazit der Sachverständigenkommission für den Fünften Familienbericht (BMFuS 1994, 22 f.): „Aus makrosoziologischer Sicht sind es somit ... vor allem zwei strukturelle Eigenarten unserer Gesellschaft, welche heute das Familienleben erschweren: Die Benachteiligung derjenigen, die familiale Leistungen erbringen und die Einseitigkeit der Verteilung dieser Leistungen auf die Frauen. Beides zusammengenommen bedingt die Ambivalenz vieler, aber vor allem der jungen Frauen, gegenüber einem lebenslangen familialen Engagement. Diese Ambivalenz trägt erheblich zur fortschreitenden Ausbreitung von kinderarmen oder kinderlosen Lebensformen bei ... Eine dauerhafte Restabilisierung der familialen Verhältnisse wird sich nur auf der Basis einer institutionell ermöglichten Vereinbarkeit von Familien- und Erwerbstätigkeit für beide Geschlechter und einer deutlich stärkeren Einbeziehung der Männer in die Aufgaben der privaten Lebensführung erreichen lassen“. Bis heute hat sich an dieser Einschätzung nicht viel geändert, wie auch die Sachverständigenkommission des 7. Familienberichts moniert. „Die Entscheidung für die Übernahme von Familienarbeit ist ... von der Attraktivität der Vaterrolle abhängig. Man braucht neue familiäre Lebensmodelle auch für Männer – ein bislang vernachlässigter Aspekt“ (BMFSFJ 2005c, 11).

Anhang

Die Entwicklung von Ehe und Familie in den Ländern der Europäischen Union und in den ehemals sozialistischen Ländern Mittel- und Osteuropas

Im Folgenden wird die Entwicklung von Ehe und Familie für die Länder der EU-15 und für ausgewählte Reformstaaten Mittel- und Osteuropas dargestellt. Die für Deutschland aufgezeigten demographischen Entwicklungen, die Individualisierung und Pluralisierung privater Lebensformen und der Wandel der äußeren Form und der inneren Gestalt von Familie finden sich in ähnlicher Form in allen westeuropäischen Gesellschaften. Die Variationsbreite privater Lebensformen und -arrangements ist insgesamt breiter geworden, was nicht heißt, dass die Wandlungsprozesse in allen Gesellschaften zeitgleich und mit gleicher Intensität abgelaufen sind und ablaufen. Es gibt auch länderspezifische Entwicklungsmuster, die nicht durch einen „time lag" erklärbar sind. Die generellen Entwicklungen im Bereich von Ehe und Familie werden von *sozio-ökonomischen Rahmenbedingungen* und *soziokulturellen Traditionen* (z. B. dem unterschiedlichen Gewicht religiöser Normen und Werte) überlagert (Höpflinger/Fux 2007). Schweden weist beispielsweise die stärkste Pluralisierung der Lebensformen auf und gehört gleichzeitig zu den Ländern mit den höchsten Geburtenzahlen, während Italien bei niedriger Fertilität kaum außereheliche Formen des Zusammenlebens kennt. Irland wiederum zeichnet sich durch ein noch höheres Geburtenniveau als Schweden aus, während es hinsichtlich der Verbreitung partnerschaftlicher Lebensformen in eine Kategorie mit Italien fällt (Klein u. a. 2002). Neben dem Einfluss unterschiedlicher nationaler Traditionen spielt auch die jeweilige *nationale Familien- und Sozialpolitik* eine Rolle, die – z. B. über unterschiedlich stark geförderte Formen der Vereinbarkeit von Familie und Beruf – maßgeblichen Einfluss auf die Ausgestaltung von Elternschaft hat.

Die Darstellung konzentriert sich zunächst auf die Mitgliedstaaten der Europäischen Union (EU-15), die sich typisierend *drei geographischen Regionen* zuordnen lassen:

- *Nordeuropa* (Dänemark, Finnland, Schweden), wo nicht-traditionale Lebensformen besonders weit verbreitet sind;
- *Westeuropa* (Österreich, Belgien, Luxemburg, Frankreich, England, Deutschland und die Niederlande), wo die moderne Kleinfamilie, wenn auch mit abnehmendem Gewicht, immer noch die dominante Familienform ist;
- *Südeuropa* (Griechenland, Italien, Portugal, Spanien) und *Irland*, die am stärksten landwirtschaftlich geprägten und an Traditionen orientierten Länder, in denen sich die konventionellsten Familienmuster und Haushaltsformen finden.

1 Familiendemographische Trends in der Europäischen Union

In allen Ländern der EU-15 finden sich die gleichen Entwicklungstrends (vgl. *Tabelle 81).* Mitte der 1960er Jahre war die *Erstheiratsintensität* (gemessen an der zusammengefassten Erstheiratsziffer) in den meisten Ländern mit Werten nahe 1 extrem hoch. Heiraten war eine Selbstverständlichkeit. Seitdem ist die Heiratsneigung deutlich gesunken, wobei seit Mitte der 1980er Jahre eine relative Stabilisierung auf niedrigem Niveau zu verzeichnen ist. Das durchschnittliche *Erstheiratsalter* der Männer und Frauen in der EU-15 ist im gleichen Zeitraum auf über 30 Jahre bzw. auf etwa 28 Jahre angestiegen. Trotz rückläufiger Heiratsneigung lehnt aber nur eine Minderheit der Bevölkerung in der EU die Ehe prinzipiell ab (Höllinger 1992). Zwei Drittel betonen die mit der Institution Ehe verbundene Verpflichtung zur Treue gegenüber dem Partner/der Partnerin und die Sicherung der Rechte der Kinder.

Tabelle 81: Zusammengefasste Erstheiratsziffern der Frauen unter 50 Jahren, zusammengefasste Geburten- und Ehescheidungsziffern und Nichtehelichenquoten, EU-15 (Eurostat)

Land	Zusammengefasste Erstheiratsziffern		Zusammengefasste Geburtenziffern		Zusammengefasste Ehescheidungsziffern		Nichtehelichenquoten
	1965	2004	1960	2005	1965	2003	2005
EU-15	0.98	0.57	2.59	1.54[8]	0.11[1]	0.36	32[8]
Belgien	1.07	0.47[7]	2.56	1.68	0.10[1]	0.56	27
Dänemark	0.98	0.76	2.57	1.80	0.18	0.47	45
Deutschland	1.10	0.56	2.37	1.33[9]	0.13	0.42	29
West-Dtschl	1.10	0.57	2.37	1.34[9]	0.12	0.43[8]	23
Ost-Dtschl.	1.05	0.54	2.35	1.30[9]	0.20	0.37[8]	60
Finnland	0.93	0.69	2.72	1.80	0.14	0.50[6]	41
Frankreich	0.99	0.57[7]	2.73	1.94	0.10	0.42	47
Griechenland	1.19	0.68[7]	2.28	1.28	0.06[1]	0.16[3]	5
Großbritannien	1.00	0.54[4]	2.72	1.80	0.11	0.47	42
Irland	1.00	0.59[3]	3.76	1.99	0.00	0.00	32
Italien	1.03	0.64[4]	2.41	1.32	0.00	0.13[6]	15
Luxemburg	0.88[1]	0.51	2.28	1.70	0.06	0.48	26
Niederlande	1.13	0.52	3.12	1.73	0.07	0.35	32
Österreich	0.99	0.52	2.69	1.41	0.14	0.46[8]	36
Portugal	1.04	0.57	3.10	1.40	0.01	0.32	29
Spanien	0.99	0.58[7]	2.86	1.33	0.00	0.10[6]	27
Schweden	0.96	0.57	2.20	1.77	0.23[1]	0.52[8]	55

[1] 1970; [2] 1998; [3] 1999; [4] 2000; [5] 2001; [6] 2002; [7] 2003; [8] 2004; [9] 2006.

Quelle: Engstler/Menning 2003; Schipfer 2004; Leiber u. a. 2005; Europ. Kommission 2006; Huinink/Konietzka 2007

Europaweit wird nicht nur weniger geheiratet, die Ehen sind auch instabiler geworden (vgl. *Tabelle 81).* Fast alle Länder haben ihr Eherecht tiefgreifend geändert. Die Scheidung wurde erleichtert, die erforderliche Trennungszeit verringert und das Verfahren vereinfacht. Fast überall in der Union bedeutet Scheidung heute „Scheidung im gegenseitigen Einverständnis", d. h. die Abkehr vom Schuldprinzip. Die *zusammengefasste Ehescheidungs-*

ziffer hat sich in der EU-15 seit 1965 mehr als verdreifacht. Unter den jetzigen Scheidungsbedingungen wird jede dritte Ehe durch Scheidung aufgelöst.

Aufgeschlüsselt nach *Heiratsjahrgängen* zeigt sich (vgl. *Tabelle 82):* Von den 1960 in den EU-15 Ländern geschlossenen Ehen wurden (bis zu einer Ehedauer von 25 Jahren) 15 Prozent geschieden; von den 1983 geschlossenen Ehen wurden bzw. werden 29 Prozent geschieden. Dabei besteht in Europa nach wie vor ein deutliches Nord-Süd-Gefälle. Die niedrigsten Werte weisen die südeuropäischen Länder auf und die höchsten Werte die skandinavischen Länder. Deutschland gehört mit 36 Prozent zu den Ländern mit einer sehr hohen Scheidungshäufigkeit, aber nicht zur Spitzengruppe. Noch wesentlich häufiger werden nichteheliche Lebensgemeinschaften aufgelöst (Andersson 2002). Da die Scheidungshäufigkeit in Südeuropa schnell ansteigt, während der Anteil geschiedener Ehen in Nordeuropa auf hohem Niveau relativ konstant bleibt, ist insgesamt eine Abschwächung des Nord-Süd-Gefälles zu beobachten. Als häufigstes Motiv, sich nicht scheiden zu lassen, wird das Vorhandensein minderjähriger Kinder genannt.

Tabelle 82: Anteile geschiedener Ehen in den Heiratsjahrgängen 1960 und 1983, EU-15 (Angaben in Prozent)

Land	1960	1983	Land	1960	1983
EU-15	15	29	Luxemburg	14	40
Belgien	15	37	Niederlande	17	33
Dänemark	29	43	Österreich	17	36
Deutschland	18	36	Portugal	4	17
Griechenland	6	13	Finnland	22	45
Spanien	5	14	Schweden	32	47
Frankreich	17	43	Großbritannien	23	43
Italien	3	9			

Quelle: Dorbritz 2002

Die Entwicklung der *Geburtenneigung* wird für die Kalenderjahre 1960 und 2005 anhand der zusammengefassten Geburtenziffer dargestellt (vgl. *Tabelle 81).* Legt man die UN-Definition zugrunde, so gehören alle EU-Länder zu den *Niedrig-Fertilitäts-Ländern,* in denen die durchschnittliche Kinderzahl je Frau nicht ausreicht, um die Elterngeneration zu ersetzen; die zusammengefasste Geburtenziffer (auch: *Gesamtfruchtbarkeitsrate)* liegt unter 2,1. Allerdings ist diese Zahl nur ein Näherungswert, da der Ersatz der Elterngeneration auch durch die jeweiligen Sterblichkeitsverhältnisse bestimmt wird. In Deutschland wäre der Ersatz der Elterngeneration bei einer durchschnittlichen Kinderzahl von 2,08 je Frau gewährleistet. Mit einer Geburtenziffer von 1,34 Kindern je Frau gehört Deutschland heute zu den „Low-Fertility-Ländern" der Welt.

Im Vergleich zu früher werden heute weltweit weniger Kinder geboren (Roloff 2005). Seit Ende 2003 lebt mehr als die Hälfte der Weltbevölkerung in einem Land oder in einer Region, in der das Geburtenniveau unterhalb des Reproduktionsniveaus liegt. Betrachtet man allein die letzten 30 Jahre, so sank die Zahl der Geburten je Frau im Weltmaßstab von 4,5 (1970/1975) auf 2,7 (2000/2005), wobei je nach Hauptregion deutliche Unterschiede zu verzeichnen sind. Die Industrieländer weisen in beiden Untersuchungszeiträumen mit 2,1 bzw. 1,6 das mit Abstand niedrigste Geburtenniveau auf. Auffällig gesunken sind die Geburtenzahlen je Frau in den Entwicklungsländern (von 5,4 auf 2,9), während die am wenigsten entwickelten Länder trotz Rückgangs der Geburtenzahlen von 6,6 auf 5,0 auf einem sehr hohen Niveau verharren. Aber auch innerhalb der Hauptregionen fallen die Geburtenziffern sehr unterschiedlich aus. So differieren die Geburtenzahlen je Frau in Afrika zwischen 1,9 und 8.

Seit den 1960er Jahren sind in allen Ländern der EU beachtliche Rückgänge zu verzeichnen (Kohler u. a. 2006). Die zusammengefasste Geburtenziffer ist in der EU-15 seit 1960 von 2,59 auf 1,54 (2004) gesunken. Dies entspricht einer *Nettoreproduktionsrate* von 0,69. Es werden also nur noch 69 Prozent der Kinder geboren, die nötig sind, um den derzeitigen Umfang der Bevölkerung ohne Zuwanderung langfristig zu gewährleisten. Die Spitzenposition nimmt im Jahr 2005 Irland mit 1,99 Kindern je Frau vor Frankreich (1,94) ein. Das Schlusslicht bildet Griechenland mit 1,28 Kindern je Frau. Auch die Geburtenentwicklung im *Längsschnitt der Geburtsjahrgänge von Frauen* zeigt einen starken, wenn auch nicht ganz so krassen Rückgang der durchschnittlichen Geburtenzahlen (vgl. *Tabelle 83).* Innerhalb der EU-15 werden von den zwischen 1964 und 1969 geborenen Frauen die Deutschen mit durchschnittlich 1,39 Kindern je Frau am wenigsten Nachwuchs bekommen. An der Spitze liegt Irland, gefolgt von Frankreich und Schweden. Selten geworden ist – mit Ausnahme Irlands, wo 22 Prozent der 1960 geborenen Frauen vier und mehr Kinder haben – der Typ der *kinderreichen Familie* (Engstler/Menning 2003).

Tabelle 83: Mittlere endgültige Kinderzahl der 1930 bis 1969 geborenen Frauen in den Ländern der EU-15 und Anteile kinderloser Frauen in ausgewählten Ländern der EU

Land	**Geburtsjahr der Frau**				**Anteil kinderloser Frauen der Geburtsjahrgänge 1960–1970**
	1930	**1950**	**1960**	**1968**	
	Lebendgeborene je Frau				
Irland	3,50	3,00	2,40	2,14[5]	21[6]
Schweden	2,10	2,00	2,10	1,94	15[8]
Frankreich	2,60	2,10	2,10	1,99[6]	8[1]
Ver. Königreich	2,40	2,00	2,00	1,86[6]	21[7]
Griechenland	2,20	2,10	2,00	1,66	19[6]
Finnland	2,50	1,90	2,00	1,88	22[8]
Portugal	3,00	2,10	1,90	1,74	9[9]
Dänemark	2,40	1,90	1,90	1,92[6]	13[8]
Belgien	2,30	1,80	1,90	1,79[3]	–
Niederlande	2,70	1,90	1,90	1,75	19[7]
Luxemburg	2,00	1,70	1,70	1,80	–
Spanien	2,60	2,20	1,80	1,60[4]	18[6]
Österreich	2,30	1,90	1,70	1,57	23[9]
Deutschland	2,20	1,70	1,70	1,39	24[2]
früheres Bundesg.	2,10	1,70	1,60	–	30[5]
ehem. DDR	2,20	1,80	1,80	–	19[5]
Italien	2,30	1,90	1,70	1,52[4]	20[3]
EU-15	2,40	2,00	1,80	1,72[4]	–

[1] 1960; [2] 1961/65; [3] 1964; [4] 1965; [5] 1966; [6] 1967; [7] 1968; [8] 1969; [9] 1970.

Quelle: Engstler/Menning 2003; Dorbritz 2005; Eurostat 2005; Wahl 2003; Europ. Kommission 2006

Die Geburtenziffern sanken zunächst in Nordeuropa, gefolgt von den westeuropäischen Staaten Mitte/Ende der 1960er Jahre. Als letzte Gruppe traten die südeuropäischen Länder in den zweiten Geburtenrückgang ein (zur Entwicklung in den Transformationsländern siehe Abschnitt 5). Je später der Rückgang begann, desto tiefer sank das Geburtenniveau.

In den letzten 10 Jahren hat sich das Tempo des Geburtenrückgangs etwas abgeschwächt. In einigen Ländern hat sich der Trend sogar leicht umgekehrt.

Mit dem Rückgang der Geburten ist in Europa auch die *Kinderlosigkeit* auf dem Vormarsch (Dorbritz 2005). Kinderlosigkeit ist zu einem europäischen Fertilitätsmuster geworden (vgl. *Tabelle 83)*. Allerdings haben die Anstiege auf einem extrem niedrigen Niveau begonnen, und trotz des gemeinsamen Trends bestehen erhebliche Unterschiede zwischen einzelnen Ländern und Regionen. Größenordnungen wie in Westdeutschland in der Nähe von 30 Prozent stehen Anteile kinderloser Frauen von weniger als 10 Prozent (z. B. in Portugal oder Frankreich) gegenüber. Relativ früh ist die Kinderlosigkeit in West- und Nordeuropa angestiegen, während sie für Südeuropa ein relativ neuartiges Phänomen ist (Dorbritz 2005). In Deutschland spricht man inzwischen aufgrund des niedrigen Kinderwunsches und der individualistischen Einstellungen als Ursachen von Kinderlosigkeit von einer *kinderfernen Kultur*.

Das durchschnittliche *Alter der Mütter bei der Geburt des ersten Kindes* hat sich in den letzten Jahrzehnten ständig erhöht und lag 2001 in der EU-15 bei 28,5 Jahren. Auch ist in allen EU-Ländern die *Nichtehelichenquote* seit den 1960er Jahren stark gestiegen. 1980 betrug sie im EU-Durchschnitt noch 10 Prozent, im Jahre 2004 bereits 32 Prozent. Die höchsten Quoten wiesen 2005 die neuen Bundesländer (60 Prozent) und Schweden (55 Prozent) auf, die niedrigsten Quoten Griechenland (5 Prozent) und Italien (15 Prozent). In Schweden und Dänemark liegt das durchschnittliche Erstheiratsalter der Frauen inzwischen über dem durchschnittlichen Alter bei der Geburt des ersten Kindes.

Ingesamt zeigt ein Blick auf die Fertilitätsmuster in der EU sowohl *Einheitlichkeit* als auch *Vielfältigkeit* („Unity in Diversity"; vgl. van de Kaa 1999). Alle Länder sind inzwischen Niedrig-Fertilitäts-Länder. Dabei ist Südeuropa eher durch eine höhere Heirats- und niedrige Geburtenneigung gekennzeichnet, während in Nordeuropa eine höhere Geburten- mit einer niedrigen Heiratsneigung einhergeht. Einheitlichkeit zeigt sich in der Richtung der Trends. Neben den niedrigen und teilweise weiter sinkenden Geburten- und Heiratszahlen und den steigenden Ehescheidungszahlen sind dies das steigende Durchschnittsalter bei der Familiengründung, die Entkoppelung von Ehe und Geburt der Kinder (Anstieg der Nichtehelichenquote) und eine wachsende Kinderlosigkeit (Dorbritz 2000). Ein Ende des Wandels in den Fertilitätsmustern ist bis heute nicht erkennbar und aufgrund des Anstiegs der Kinderlosigkeit in nächster Zeit auch nicht zu erwarten.

2 Der soziale Wandel der Haushalts- und Familienstrukturen

Der demographische Wandel geht mit bedeutsamen Veränderungen in der Zusammensetzung der Haushalte und Familienformen einher. Die Haushaltsstrukturen der EU-Länder sind allerdings nur mit Einschränkungen vergleichbar, da die Haushaltsdefinition international variiert. Die *Anzahl der Haushalte* in den Ländern der EU hat zugenommen, während ihre durchschnittliche *Größe* abgenommen hat, und zwar von 2,8 Personen pro Haushalt 1981 auf 2,4 Personen im Jahre 2000 (Engstler/Menning 2003). Die größten Haushalte findet man in Spanien und Irland, die kleinsten in Schweden, Dänemark, Finnland und Deutschland. In einigen südeuropäischen Ländern gibt es auch heute noch relativ viele *Drei- und Mehrgenerationenhaushalte*. In Griechenland, Spanien und Portugal lebte 1994 noch nahezu jede(r) Fünfte in dieser Haushaltsform, in Dänemark und den Niederlanden nur jede(r) Hundertste. In Südeuropa finden sich auch die engsten Familienbeziehungen zwischen Eltern und ihren erwachsenen Kindern (Survey of Health, Ageing and Retirement in Europe; Hank 2007). Trotz aller Wandlungstendenzen ist in den EU-Mitgliedstaaten aber die aus einem Paar mit Kindern bestehende Familie (die *„Normalfamilie")* die häufigste Haushaltsform geblieben. 36 Prozent der Bürger leben in diesem Haushaltstyp.

Wenn von einer *Pluralisierung der Familienformen* die Rede ist, dann denkt man vor allem an die Zunahme von Ein-Eltern-Familien und Stieffamilien. In der Erhebungswelle 2001 des Europäischen Haushaltspanels belief sich der Anteil der Haushalte von *Alleinerziehenden* an allen Haushalten mit unterhaltsberechtigten Kindern in der EU-15 auf 9 Prozent (Lehmann/Wirtz 2004). Dabei reichte das Spektrum von 22 Prozent in Schweden und 17 Prozent in Großbritannien bis zu 4 Prozent in Italien, Portugal und Griechenland und 3 Prozent in Spanien. Deutschland liegt im Mittelfeld. Die Angaben zu *Stieffamilien* sind besonders ungenau und unvollständig. Höpflinger (1997) schätzt, dass zu Beginn der 1990er Jahre in Mitteleuropa unter Einbeziehung unverheiratet zusammenlebender Elternpaare zwischen 6 und 8 Prozent der minderjährigen Kinder in einer Stieffamilie leben.

Mit der Verzögerung der Eheschließung und der Geburt des ersten Kindes oder gar dem Verzicht auf Heirat und Familiengründung geht bei jungen Erwachsenen in den meisten EU-Staaten eine *Pluralisierung nichtfamilialer Lebensformen* einher. Allerdings sind die neuen Lebensformen – Alleinwohnen, unverheiratetes Zusammenwohnen als Paar, „living apart together" – häufig eher kurzfristiger und vorübergehender Natur und breiten sich auch nicht in allen Ländern gleichermaßen aus, denn der Zeitpunkt der Familiengründung wie auch das Leben in nichttraditionalen Lebensformen werden von sozio-kulturellen Traditionen mitgeprägt. Deutlich zugelegt hat der Anteil der *Einpersonenhaushalte.* 1999 wohnten 12 Prozent der EU-Bevölkerung allein in einem Haushalt gegenüber 8 Prozent im Jahr 1981 (EG 2001). In Spanien und Portugal (je 5 Prozent) ist der Anteil der Alleinwohnenden an der Gesamtbevölkerung viel geringer als in den skandinavischen Ländern und Deutschland, wo 16 Prozent und mehr der Bevölkerung allein wohnen und mehr als jeder dritte Haushalt ein Einpersonenhaushalt ist. Alleinwohnen nimmt in allen Altersgruppen zu: Unter jüngeren Erwachsenen, die nach dem Auszug aus dem Elternhaus häufig vorübergehend allein wohnen, unter älteren Menschen (insbes. nach Verwitwung) und unter Personen im mittleren (Familien-)Lebensalter, wo man sich, zumindest in großstädtischen Gebieten, am ehesten bewusst und langfristig für ein Alleinwohnen entscheidet.

Auch die Anzahl *nichtehelicher Lebensgemeinschaften* ist in den letzten Jahrzehnten europaweit angestiegen. *Tabelle 84* zeigt anhand der Daten des Eurobarometers 2002/2003 den Anteil der 30- bis 39-jährigen Männer und Frauen in der EU 15, die entweder verheiratet sind oder unverheiratet zusammenleben. Auch in der Verbreitung nichtehelicher Lebensgemeinschaften zeigt sich ein ausgeprägtes regionales Nord-Süd-Gefälle von den skandinavischen Ländern über Zentraleuropa bis hin zu den religiös geprägten Mittelmeerländern, wenn auch mit teilweise deutlich unterschiedlichen Entwicklungspfaden (Brüderl 2003). In den skandinavischen Ländern wurde der deutliche Rückgang der Ehen seit den 1960er Jahren durch einen ähnlich starken Anstieg nichtehelicher Lebensgemeinschaften kompensiert, wozu in diesen Ländern ganz wesentlich die Sozialpolitik beigetragen haben dürfte, die die Anreize zur Eheschließung weitgehend abgeschafft hat. In den südeuropäischen Ländern Italien, Spanien und Portugal, in denen der Wandel 10 bis 20 Jahre später einsetzte, sind nichteheliche Lebensgemeinschaften auch heute noch wenig verbreitet.

Tabelle 84: Anteil der im Alter zwischen 30 und 39 Jahren in nichtehelichen Lebensgemeinschaften und in Ehen lebenden Männer und Frauen an allen Paaren gleichen Alters, 2002/2003 (Angaben in Prozent)

Land	NEL	Ehe	Land	NEL	Ehe
Schweden	48	52	Belgien	20	80
Finnland	36	64	Westdt.	15	85
Dänemark	33	67	Italien	14	86
Frankreich	31	69	Spanien	14	86
			Luxemburg	13	87
Großbritannien	28	72	Irland	12	88
Niederlande	25	75			
Ostdeutschland	24	76	Portugal	9	91
Österreich	22	78	Griechenland	8	92

Quelle: Kiernan 2004, 982 (Eurobarometer)

Dass in Nord- und Mitteleuropa ein beträchtlich höherer Anteil jüngerer Menschen allein oder in einer nichtehelichen Lebensgemeinschaft wohnt als in Südeuropa, hat auch mit dem unterschiedlichen *Auszugsalter aus dem elterlichen Haushalt* zu tun (EG 2001). In Nordeuropa verlassen junge Menschen wesentlich früher das Elternhaus als in Südeuropa. So war 1999 bereits jeder zweite Finne mit 18 Jahren ausgezogen. Hingegen lebte jeder zweite Italiener und jeder zweite Spanier mit 29 Jahren noch bei den Eltern. Nach dem späten Verlassen des Elternhauses wird hier dann in der Regel rasch geheiratet. Der in Südeuropa ebenfalls zu beobachtende Rückgang der Ehe wurde teilweise durch steigende Ledigenzahlen kompensiert. Die stärkste Singularisierung findet sich in Italien, wo sich die Bindungsquote im Alter von 24 Jahren von 50 Prozent (Geburtskohorte 1944–1957) auf 20 Prozent (Geburtskohorte 1968–1975) reduziert hat. Fast zwei Drittel aller EU-Bürger und -Bürgerinnen finden, man solle darüber, ob das unverheiratete Zusammenleben als Paar richtig oder falsch sei, nicht urteilen (Europ. Gemeinschaften 1995).

Da die Trennungswahrscheinlichkeit bei nichtehelichen Partnerschaften um mindestens 50 Prozent höher liegt als das Scheidungsrisiko von Ehen und da die Geburtenrate in nichtehelichen Lebensgemeinschaften (mit Ausnahme Skandinaviens und Ostdeutschlands) deutlich unter der Geburtenrate von Ehepaaren liegt, hat die Zunahme dieser Lebensform ganz wesentlich zur Instabilität der Haushaltsstrukturen und zur Verzögerung bzw. zum Rückgang der Geburten beigetragen. Den Ergebnissen der PPAS zufolge werden demographische Trends, in denen eine Gefährdung des Zusammenlebens in Familien angezeigt wird, von der Bevölkerung sehr negativ bewertet (DIALOG 2005). Dazu gehören neben dem Anstieg der Ehescheidungen (im Durchschnitt aller Länder haben 79 Prozent mit negativ oder sehr negativ geantwortet) und dem Rückgang der Geburtenzahlen (75 Prozent) auch die steigende Zahl Alleinerziehender (75 Prozent) sowie die Zunahme der Anzahl der Alleinwohnenden (61 Prozent) und der kinderlosen Paare (60 Prozent; zum Leben der Europäer im Alter von 50 Jahren und darüber, ihrem Gesundheitszustand, ihren Familien und sozialen Netzwerken, ihrer ökonomischen Situation und ihrer Zufriedenheit auf der Grundlage des „Surveys of Health, Ageing and Retirement in Europe“ (SHARE) siehe Börsch-Supan u. a. 2005).

3 Situation der Kinder im internationalen Vergleich

Internationale Vergleiche konzentrieren sich meist auf einzelne Aspekte wie die Förderung der Bildung oder die materielle Armut. 2001 lag Deutschland z. B. bei der *Kinderarmut* im Mittelfeld der EU-Staaten (UNICEF 2005). Die geringste (relative) Kinderarmut wiesen die skandinavischen Länder auf, die höchste Italien, Irland, Portugal und Großbritannien. Eine expansive Familienförderung, die sich überwiegend auf Barleistungen stützt, reicht nicht aus, um das Armutsrisiko von Familien zu verringern. Allein eine Erwerbsbeteiligung beider Eltern kann das Einkommensgefälle teilweise oder sogar ganz ausgleichen (Eggen 2005).

Erstmals versucht UNICEF in dem neuesten Bericht seines Forschungsinstituts Innocenti die eindimensionale Betrachtungsweise zu überwinden (UNICEF 2007; 2007a). Der internationale UNICEF-Bericht zur Situation der Kinder in Industriestaaten aus dem Jahr 2006 zeichnet für Deutschland ein äußerst ernüchterndes Bild. Deutschland ist nur Mittelmaß, wenn es darum geht, verlässliche Lebenswelten für die junge Generation zu schaffen. Auf der Grundlage der jeweils neuesten verfügbaren Daten aus internationalen Studien und Untersuchungen auf Länderebene wurden zentrale Aspekte kindlicher Entwicklung anhand von *sechs Dimensionen* umfassend verglichen:

- materielle Situation (relative Einkommensarmut, Arbeitslosigkeit der Eltern, Mangelsituationen),
- Gesundheit (Säuglingssterblichkeit und Geburtsgewicht, Anteil geimpfter Kinder, Unfälle u. Verletzungen),
- Bildung (schulisches Leistungsvermögen mit 15 Jahren, Besuch weiterführender Schulen, Übergang in die Arbeitswelt),
- Beziehungen zu Eltern und Gleichaltrigen (Familienstruktur, Familienalltag, Beziehungen zu Gleichaltrigen),
- Lebensweise und Risiken (gesunde Lebensweise, risikoreiches Verhalten, Erfahrungen mit Gewalt),
- eigene Einschätzung der Kinder und Jugendlichen (eigene Gesundheit, Situation in der Schule, allgemeine Zufriedenheit).

Der Bericht zeigt insgesamt erhebliche Unterschiede zwischen den Staaten auf, die sich nicht allein auf die jeweilige Wirtschaftskraft zurückführen lassen. Im Gegenteil: Es gibt keinen klaren Zusammenhang zwischen dem Bruttosozialprodukt pro Kopf und der Situation von Kindern. Deutschland erreicht in allen Dimensionen nur durchschnittliche Werte und kommt unter 21 Industrieländern insgesamt auf Rang 11 (vgl. *Tabelle 85).* Die Niederlande führen die UNICEF-Tabelle als kinderfreundlichstes Land an, gefolgt von Schweden, Dänemark und Finnland. Besonders schlecht schneiden Großbritannien und die USA ab.

Einige spezifische Aspekte sollen besonders hervorgehoben werden (UNICEF 2007a). Bei der frühkindlichen Betreuung ist Deutschland im internationalen Vergleich nach wie vor Schlusslicht. Besorgniserregend ist auch das Risikoverhalten deutscher Jugendlicher. Hier liegt Deutschland vor Großbritannien auf dem vorletzten Platz. In keinem anderen Land rauchen so viele junge Menschen wie in Deutschland. Mit Großbritannien teilt sich die Bundesrepublik den zweifelhaften Ruhm, dass die Kinder und Jugendlichne am häufigsten Alkohol trinken. Über die Hälfte der 15-jährigen Deutschen sagen, dass ihre Eltern kaum Zeit haben, sich mit ihnen zu unterhalten. Auch hier liegt Deutschland im Vergleich

Tabelle 85: Zur Lage der Kinder in Industrieländern: die Rangliste im Überblick

	Gesamtrang *(alle Dimensionen)*	***Dimension 1*** **Materielle Situation**	***Dimension 2*** **Gesundheit**	***Dimension 3*** **Bildung**	***Dimension 4*** **Beziehungen zu Eltern und Gleichaltrigen**	***Dimension 5*** **Lebensweise und Risiken**	***Dimension 6*** **eigene Einschätzung**
1. Niederlande	4,2	10	2	6	3	3	1
2. Schweden	5,0	1	1	5	15	1	7
3. Dänemark	7,2	4	4	8	9	6	12
4. Finnland	7,5	3	3	4	17	7	11
5. Spanien	8,0	12	6	15	8	5	2
6. Schweiz	8,3	5	9	14	4	12	6
7. Norwegen	8,7	2	8	11	10	13	8
8. Italien	10,0	14	5	20	1	10	10
9. Irland	10,2	19	19	7	7	4	5
10. Belgien	10,7	7	16	1	5	19	16
11. Deutschland	11,2	13	11	10	13	11	9
12. Kanada	11,8	6	13	2	18	17	15
13. Griechenland	11,8	15	18	16	11	8	3
14. Polen	12,3	21	15	3	14	2	19
15. Tschechien	12,5	11	10	9	19	9	17
16. Frankreich	13,0	9	7	18	12	14	18
17. Portugal	13,7	16	14	21	2	15	14
18. Österr.	13,8	8	20	19	16	16	4
19. Ungarn	14,5	20	17	13	6	18	13
20. USA	18,0	17	21	12	20	20	–
21. Großbritannien	18,2	18	12	17	21	21	20

Die Länder sind in der Reihenfolge aufgelistet, die ihrem durchschnittlichen Rang in allen sechs untersuchten Dimensionen entspricht.

Quelle: UNICEF 2007, 3

von 25 Industrieländern auf dem letzten Platz. Fast jeder dritte 15-Jährige in Deutschland, Frankreich und Großbritannien rechnet damit, keine qualifizierte Arbeit zu finden. Damit rangiert Deutschland auf Platz 20 von 25 Industriestaaten. Trotzdem sind die meisten Jugendlichen mit ihrem Leben insgesamt recht zufrieden. Auf einer Skala von 0 bis 10 Punkten (10 für „das beste mögliche Leben") siedeln sich mehr als 80 Prozent der befragten Jugendlichen in allen betrachteten Industrieländern bei 6 oder höher an. Eine vertiefende Studie für Deutschland auf der Ebene der deutschen Bundesländer zeigt ein enormes regionales Gefälle. So liegen 15-jährige Schüler aus Bayern, Sachsen und Baden-Württemberg beim internationalen Vergleich in der Spitzengruppe, während Bremen zwischen Portugal und Griechenland den vorletzten Platz belegt (Unicef 2006). Insgesamt ist die Lage von Kindern in den westlichen Bundesländern besser als im Osten und im Süden besser als im Norden.

4 Der soziale Wandel der Frauenrolle in den Ländern der Europäischen Union

Der Wandel der Frauenrolle, der entscheidend zur Pluralisierung der Lebensformen und zur Deinstitutionalisierung des bürgerlichen Familienmusters beigetragen hat, ist besonders an der Entwicklung der Frauenerwerbstätigkeit und der innerfamilialen Arbeitsteilung ablesbar.

4.1 Frauen zwischen Familie und Beruf

Laut EG-Vertrag (Art. 137) unterstützt und ergänzt die Gemeinschaft die Tätigkeiten der Mitgliedstaaten zur Herstellung von Chancengleichheit von Männern und Frauen auf dem Arbeitsmarkt und zur Gleichbehandlung am Arbeitsplatz. Obwohl zu den auffälligsten Entwicklungen auf den Arbeitsmärkten aller EU-Länder die seit mehr als 20 Jahren ständig steigende *Erwerbsbeteiligung der Frauen* bei leicht rückläufiger Erwerbsbeteiligung der Männer (= *Feminisierung des Beschäftigungssystems)* zählt, liegt auch im Jahr 2005 in der EU-15 die *Erwerbstätigenquote* der Männer mit 73 Prozent immer noch deutlich über der Quote der Frauen (57 Prozent; vgl. *Tabelle 86).* Die Frauen in Dänemark und Schweden wiesen bereits Mitte der 1970er Jahre Spitzenwerte auf und haben bis zum Jahr 2006 ihre Position gehalten. Schlusslichter sind Italien und Griechenland. Die Frauen in Deutschland nehmen heute mit 62 Prozent innerhalb der EU-15 eine Mittelstellung ein. Der Anstieg der Frauenerwerbsbeteiligung stützt sich in allen Ländern im Wesentlichen auf die Altersgruppen zwischen 25 und 49 Jahren, und hier vor allem auf Mütter und auf Frauen mit mittleren und höheren Qualifikationen. In praktisch allen Mitgliedstaaten ist die Differenz zwischen den Beschäftigungsquoten von Frauen und Männern in der jüngeren Generation geringer als in der älteren, und in allen Ländern nimmt parallel zum Anstieg der Frauenerwerbsquote auch der Anteil der Bevölkerung zu, der sich für eine Erwerbstätigkeit der Frau und gegen eine ausschließliche Familien- bzw. Hausfrauenrolle ausspricht (Gomilschak 2000).

Die Unterschiede zwischen den Ländern in der Erwerbsbeteiligung von Müttern reflektieren das unterschiedliche Maß an Diskriminierung, den Umfang der Kinderbetreu-

Tabelle 86: Schlüsselindikatoren für die Beschäftigung in der EU: Struktur der Frauenerwerbstätigkeit 2004/2006 (EU-15 und Mitgliedsländer)

Land	Erwerbstätigenquote in % der 15- bis 64-j. Bevölkerung[1] 2006		Arbeitslosenquote 2006		Teilzeiterwerbstätigenquote 2005		Befristet Beschäftigte in % der weibl./männl. Beschäftigten 2005	
	Frauen	Männer	Frauen	Männer	Frauen	Männer	Frauen	Männer
EU-15	57[2]	73[2]	8,4	6,5	21	5	15	14
Belgien	54	68	9,7	7,6	22	5	11	7
Dänemark	73	81	5,0	3,8	23	9	11	9
Deutschland	62	73	10,2	8,2	26	5	14	14
Griechenland	47	75	15,5	6,4	4	2	14	10
Spanien	53	76	11,0	6,6	12	3	36	32
Frankreich	58	69	10,1	8,3	18	4	14	13
Irland	59	78	3,8	4,7	14	4	4	3
Italien	46	71	9,7	6,0	12	3	15	11
Luxemburg	55	73	7,8	3,8	21	2	6	5
Niederlande	68	81	5,0	4,3	50	17	17	14
Österreich	64	77	5,6	4,9	24	4	9	9
Portugal	62	74	8,7	6,9	8	3	20	19
Finnland	67	71	8,8	7,7	12	6	20	13
Schweden	71	76	6,3	6,4	27	8	18	14
Vereinigtes Königreich	66	77	4,5	5,4	28	7	6	5

[1] Die Erwerbstätigenquote gibt den prozentualen Anteil der Erwerbstätigen im Alter von 15 bis 64 Jahren an der erwerbsfähigen Bevölkerung desselben Alters an. Mitgezählt werden auch alle Personen, die – z. B. wegen eines Sabbaticals oder wegen Elternzeit – von der Arbeit freigestellt sind.
[2] 2005

Quelle: Jouhette/Romans 2005; Hardarson 2007; Eurostat-Pressemitteilung 102/2007

ungsangebote, die Verfügbarkeit von Teilzeit, die Steuergesetzgebung, die Sozialleistungen und die Einstellung zu Frauen. Eine kontinuierliche Integration der Frauen in den Arbeitsmarkt analog dem männlichen Normalerwerbsverlauf (= *Simultanmodell)* findet sich am ausgeprägtesten in sozialdemokratischen Wohlfahrtsstaaten. In Schweden, Dänemark und Finnland ist selbst die kontinuierliche Erwerbstätigkeit von Frauen mit Kleinkindern – häufig in Form von Teilzeitarbeit – sehr verbreitet, denn der Versorgungsgrad mit Einrichtungen der Kinderbetreuung ist besonders hoch. 2000 wurden in Dänemark 64 und in Schweden 48 Prozent der Kinder unter 3 Jahren fremdbetreut, in Griechenland, Spanien, Italien, Österreich und den Niederlanden nur jeweils zwischen 3 und 6 Prozent und in Deutschland 10 Prozent (Klammer/Daly 2003). Da die familienexterne Kinderbetreuung primär ebenfalls von Frauen erbracht wird, wird die geschlechtsspezifische Arbeitsteilung damit allerdings nur ausgelagert, nicht aufgehoben.

Das *Drei-Phasen-Modell*, bei dem Frauen ihre Erwerbstätigkeit zugunsten von Haus- und Familienarbeit unterbrechen oder zumindest stark einschränken, findet sich besonders häufig in Großbritannien, Westdeutschland und den Niederlanden. Allerdings sind die Erwerbsunterbrechungen kürzer geworden, und die Phasen sind weniger scharf voneinander abgegrenzt als früher. Das traditionale Familienmodell der Hausfrauen-Ehe büßt seine dominante Stellung ein und weicht einer modernisierten Form, in der Frauen sich nicht ganz vom Arbeitsmarkt zurückziehen, sondern in der aktiven Familienphase nach einer Teilzeitbeschäftigung suchen (modernisiertes Ernährermodell). Das *Zwei-Phasen-Modell*, bei dem die Frau bei Heirat und/oder Geburt des ersten Kindes dauerhaft aus dem Erwerbsleben ausscheidet und der Anteil nie erwerbstätig gewesener Frauen besonders hoch ist, findet sich am häufigsten in Griechenland, Spanien, Italien und Irland. Junge Frauen haben hier mit 50 bis 70 Prozent die höchsten Erwerbsquoten, die dann zu den höheren Altersklassen hin schnell abfallen. Eine familienexterne Kinderbetreuung findet kaum statt. Einschränkend muss allerdings gesagt werden, dass in diesen agrarisch geprägten Ländern die offiziellen Erwerbsquoten wegen der Nichtberücksichtigung der Erwerbsarbeit in der Landwirtschaft und in Familienbetrieben die tatsächliche Integration der Frauen in das Erwerbsleben systematisch unterschätzen.

Begünstigt wurde die steigende Frauenerwerbstätigkeit durch den Wandel zur Dienstleistungsgesellschaft, den Wandel in den Arbeitsverhältnissen weg vom männlichen Normalerwerbsverhältnis des unbefristet Vollzeitbeschäftigten hin zu flexiblen und deregulierten Arbeitsverhältnissen und der steigenden Erwerbsorientierung der Frauen und ihrer gestiegenen Qualifikation. Die stärkere Integration der Frauen in die Erwerbsarbeit bedeutet aber nicht, dass Frauen auf den Arbeitsmärkten den Männern nunmehr völlig gleichgestellt sind. Ein erheblicher Teil der Beschäftigungsgewinne der Frauen in der EU ist darin begründet, dass Frauen zu anderen, zu schlechteren Bedingungen beschäftigt werden als Männer. Sowohl im EU-Durchschnitt als auch in jedem einzelnen Mitgliedsland sind relativ mehr Frauen *teilzeitbeschäftigt*. EU-weit übten 2004 von den Frauen zwischen 15 und 64 Jahren 20 Prozent und von den altersgleichen Männern 5 Prozent eine Teilzeitarbeit aus. Besonders weit verbreitet ist die weibliche Teilzeit in den Niederlanden (49 Prozent). In den meisten Ländern sind auch relativ mehr Frauen *befristet beschäftigt* als Männer (vgl. *Tabelle 85)*. Oft fallen Teilzeitbeschäftigung und Befristung zusammen, d. h. viele Teilzeitarbeitsverhältnisse werden nur befristet abgeschlossen, wobei die Befristungsregeln häufig die Schutzrechte für Mütter (z. B. Mutterschutzfrist, Erziehungsurlaub) unterlaufen (Maier 1997).

Vergleicht man die *gewünschten Arbeitszeitmuster* mit den *tatsächlichen Arbeitszeitmustern*, so ist eine erhebliche Diskrepanz erkennbar (vgl. *Tabelle 87).* Generell zeigt sich in allen EU-Ländern der Wunsch weg vom Alleinverdiener-Modell hin zu einer Konstellation, in der beide Partner verdienen. Nicht nur in den skandinavischen Ländern, in denen die Vereinbarkeit von Familie und Beruf relativ einfach ist, wünschen sich die meisten Befragten das Muster „Mann Vollzeit/Frau Vollzeit", sondern auch in traditionalen Ländern wie Portugal, Spanien und Italien. In Deutschland bevorzugt man eher das Modell „Mann Vollzeit/Frau Teilzeit", und die Diskrepanz zwischen dem gewünschten und dem tatsächlichen Zeitmuster ist hier im Falle des Arbeitszeitmusters „Mann Vollzeit/Frau Hausfrau" besonders groß.

Tabelle 87: Tatsächliche und gewünschte Arbeitszeitmuster bei Paaren mit Kindern unter 6 Jahren (Angaben in Prozent)

Land	Mann/Vollzeit Frau/Vollzeit		Mann/Vollzeit Frau/Teilzeit		Mann/Vollzeit Frau/Hausfrau		Andere	
	tats.	gewünscht	tats.	gewünscht	tats.	gewünscht	tats.	gewünscht
Finnland	49	80	6	9	33	10	12	1
Schweden	51	67	13	22	25	7	11	4
Griechenland	42	66	8	11	36	9	14	14
Italien	35	50	12	28	43	11	10	11
Portugal	75	84	5	8	19	4	2	4
Spanien	26	60	6	12	57	20	11	9
Irland	31	31	19	42	37	8	13	19
Großbritannien	25	21	32	42	33	13	10	24
Österreich	19	36	28	40	48	4	5	21
Deutschland	16	32	23	43	52	6	9	19
Niederlande	5	6	55	70	34	11	7	14
Belgien	46	55	19	29	27	13	7	3
Frankreich	39	52	14	22	38	14	8	12
Luxemburg	24	28	27	30	49	12	0	30

Quelle: Rürup/Gruescu 2003, 54

Das von der EU präferierte Geschlechter- und Familienmodell ist durch die Vorstellung gekennzeichnet, dass Frauen und Männer gleichberechtigt erwerbstätig sein sollten. In welchem Ausmaß dieses Leitbild von der Bevölkerung akzeptiert wird, untersucht Gerhards (2005) anhand der Daten der Europäischen Wertestudie 1999/2000. Befragt wurde jeweils ein repräsentativ ausgewählter Querschnitt von mindestens 1 000 Bürgerinnen und Bürgern (vgl. *Tabelle 88).* Die *Idee der gleichberechtigten Erwerbstätigkeit von Mann und Frau* (die Befragten lehnen die Aussage „Wenn Arbeitsplätze knapp sind, haben Männer eher ein Recht auf Arbeit als Frauen" ab) erfährt in den Mitgliedsländern – am deutlichsten in den skandinavischen Ländern – und in den Ländern der ersten Beitrittsrunde eine deutliche Unterstützung. Wesentlich traditionaler eingestellt sind die Bürger der zweiten Beitrittsrunde und insbesondere die Türken, von denen sich nur jeder Dritte für eine gleichberechtigte Erwerbstätigkeit ausspricht. Die Antworten auf die zweite Frage „Ein Beruf ist gut, aber was die meisten Frauen wirklich wollen ist ein Heim und Kinder" weisen auf der Aggregatsebene in die gleiche Richtung, d. h. die Unterstützung des EU-Leitbildes einer berufstätigen Frau sinkt mit der Entfernung der Aufnahme in die EU. Aber auch die Streuung innerhalb der EU-15 ist erheblich. Frauen sprechen sich generell deutlicher für die Gleichberechtigung der Frau aus als die Männer, und je gebildeter ein Befragter ist bzw. je modernisierter das Land ist, aus dem er kommt, desto eher plädiert er für die Gleichberechtigung der Frau.

Tabelle 88: Familien- und Geschlechtsrollenvorstellungen in der EU (Angaben in Prozent)

	Wenn Arbeitsplätze knapp sind, haben Männer eher ein Recht auf Arbeit als Frauen		**Ein Beruf ist gut, aber was die meisten Frauen wirklich wollen ist ein Heim und Kinder**
	Zustimmung	**Ablehnung**	**Zustimmung**
EU 15	20	70	48
Schweden	2	93	39
Dänemark	6	89	18
Finnland	9	85	47
Niederlande	13	83	33
Irland	16	76	37
Griechenland	20	73	65
Großbritannien	21	67	43
Belgien	25	70	56
Frankreich	22	68	66
Spanien	22	63	47
Luxemburg	24	66	55
Portugal	27	61	52
Italien	27	57	68
Österreich	29	53	42
Deutschland-West	28	53	48
Deutschland-Ost	25	59	31
Beitritt I	25	61	71
Beitritt II	37	47	80
Türkei	62	34	–

Quelle: Gerhards 2005

Mit der Frage, ob der tendenzielle Übergang vom traditionalen Ernährermodell (dem „male breadwinner"-Modell) zum „dual-earner"-Modell von einem entsprechenden *kulturellen Einstellungswandel* – einem Wandel des normativen Leitbildes für weibliche Lebens- und Erwerbsverläufe – begleitet wurde, befasst sich auch die Studie von Hofäcker und Lück (2004). In den Jahren 1988, 1994 und 2002 wurden die Einstellungen 25- bis 50-jähriger Frauen und Männer zur geschlechtsspezifischen Arbeitsteilung im internationalen Vergleich erhoben (ISSP-Modul „Family and Changing Gender Roles"). Das traditionale männliche Ernährermodell mit erwerbstätigem Mann und einer auf Haushalt und Kinderbetreuung spezialisierten Ehefrau befindet sich generell auf dem Rückzug. Die überwältigende Mehrheit der Frauen und Männer in Mittel-, Nord- und Südeuropa lehnt das traditionale Ernährermodell ab. Im Jahr 2002 favorisiert in den meisten Ländern nicht einmal jeder Vierte eine solche Konstellation, in den skandinavischen Ländern nicht einmal jeder Zehnte. In Westdeutschland hat sich die Zustimmung zum „male breadwinner"-Modell („Die Aufgabe des Mannes ist es, Geld zu verdienen, die der Frau, sich um Haushalt und Familie zu kümmern") seit 1988 halbiert. 2002 stimmten nur noch 10 bis 20 Prozent der Frauen und Männer der traditionalen Arbeitsteilung zu (Mühling/Rost 2006). In Ostdeutschland waren es nicht einmal 10 Prozent. Zum gleichen Ergebnis kommen auch die neuesten Daten des Eurobarometer 2006 (Scheuer/Dittmann 2007).

4.2 Wandel der innerfamilialen Arbeitsteilung

Die meisten im ISSP-Programm 2002 befragten Männer lehnen das klassische Rollenmodell keineswegs nur „abstrakt" ab, sondern sehen auch die Notwendigkeit einer größeren Eigenbeteiligung an der Haushalts- und stärker noch an der Erziehungsarbeit. In fast allen Ländern sind mindestens 40 bis 50 Prozent der Väter der Ansicht, dass Männer einen größeren Anteil an Hausarbeiten und an der Kinderbetreuung übernehmen sollten, als sie es jetzt tun (Hofäcker 2007). Trotz immer noch bestehender internationaler Unterschiede auch zur Jahrhundertwende deuten nach Hofäcker und Lück (2004, 13) „die Einstellungstrends im Zeitverlauf auf eine schrittweise Konvergenz in Richtung eines egalitären Geschlechterrollenmodells hin".

Schlägt sich dieser positive Einstellungstrend in Richtung einer egalitäreren Rollenverteilung im Reproduktionsbereich auch konkret im *Alltagsverhalten* nieder? Empirisch zeigt sich in diversen Studien: Die traditionale geschlechtsspezifische Arbeitsteilung – der Mann ist primär für Erwerbsarbeit und die Frau ist primär für Haushalt und Familie zuständig – dominiert noch in allen EU-Ländern, wenn es auch deutliche Unterschiede zwischen den Ländern gibt (Künzler 1995). Im International Social Survey Program (ISSP) 2002 zeigte sich, dass die vergleichsweise langen Erwerbsarbeitszeiten – nur ein geringer Anteil aller berufstätigen Väter (10 bis 20 Prozent) arbeitet weniger als 35 Wochenstunden, viele sogar über 40 Wochenstunden – eine bedeutende zeitliche Restriktion für das Engagement von Vätern in familialen Aufgabenfeldern darstellen, die sich in der Zeitverwendung für Hausarbeit (ohne Kinderbetreuung) widerspiegeln (vgl. *Tabelle 89).*

Tabelle 89: Durchschnittliche wöchentliche Hausarbeit von erwerbstätigen Vätern und Müttern im Ländervergleich, Einschätzung der Väter, Angaben in Stunden (ISSP 2002)

Land	Wöchentliche Hausarbeitszeit von erwerbstätigen Vätern und Müttern		Verhältnis der wöchentlichen Hausarbeit von erwerbstätigen Müttern und Vätern (= Hausarbeitsquotient)
	Mütter	Väter	
Dänemark	12,87	8,22	1,57
Finnland	14,14	6,94	2,04
Schweden	14,89	8,20	1,82
Großbritannien	13,42	7,83	1,71
Belgien	20,45	8,27	2,47
Deutschland	20,98	6,36	3,30
Frankreich	11,79	4,38	2,69
Niederlande	15,06	6,34	2,38
Österreich	24,20	7,88	3,07
Portugal	25,13	7,11	3,53
Spanien	31,97	10,25	3,12

Quelle: Hofäcker 2006, 126/127 (gekürzt)

Unabhängig vom Umfang der insgesamt aufgewendeten Zeit wird die Haushaltsarbeit in allen Ländern nur zu einem geringen Ausmaß von Vätern übernommen. Am markantesten ist das geschlechtsspezifische Gefälle (ausgedrückt im *Hausarbeitsquotienten*) in den Ländern, in denen die arbeitsmarkt- und familienpolitischen Rahmenbedingungen ein Ernährermodell favorisieren: in den südeuropäischen Ländern sowie in Deutschland und Österreich. Hier ist der durchschnittliche Aufwand von Müttern für Hausarbeit mehr als dreimal so hoch wie derjenige von Vätern. Gleichmäßiger fällt die Arbeitsteilung in den skandinavischen Ländern und in Großbritannien aus. Hier entspricht die wöchentliche Zeit für Haushaltsarbeit der Frauen etwa dem 1,5- bis 2-fachen des väterlichen Aufwands. Dabei ist die stärkere Egalisierung weitgehend auf die Entlastung der Mütter von Haushaltsaufgaben und weniger auf ein zunehmendes Engagement der Väter zurückzuführen. Die quantitative Differenz im Zeitaufwand von Müttern und Vätern wird, bei nur sehr geringen internationalen Variationen, von einer *qualitativen Differenz* in der geschlechtsspezifischen Übernahme spezifischer Hausarbeitstätigkeiten begleitet (Hofäcker 2007). Nicht einmal jeder dritte Vater beteiligt sich an den typisch weiblichen Tätigkeiten wie Reinigungsaufgaben (Wäsche waschen, Wohnung putzen) und an der Zubereitung der Mahlzeiten, und selbst diese wenigen Väter beteiligen sich nur in einem sehr geringen Umfang.

Zusätzliche Einblicke vermittelt eine vom „Network on Policies and the Division of Paid and Unpaid Work" durchgeführte ländervergleichende Studie aus den Jahren 1998 bis 2000 (Arn/Walter 2004). Die Befragten im Alter zwischen 20 und 49 Jahren wurden u. a. nach der Zeit gefragt, die sie für „Routine-Hausarbeit" aufwenden. In allen Ländern verrichten Mütter mehr Hausarbeit als kinderlose Frauen, und in allen Ländern verrichten Mütter mehr Hausarbeit als Väter. Dabei ist das geschlechtsspezifische Ungleichgewicht in der Hausarbeitsbeteiligung für die einkommensabhängigen Frauen – je nach Land – noch ein- bis dreimal gravierender als für die einkommensunabhängigen Frauen. Nach Hofäcker (2006, 128) zeichnet die Gegenüberstellung von Einstellungs- und Verhaltenstrends insgesamt ein ernüchterndes Bild: „Europäische Väter weisen in allen betrachteten Ländern trotz allgemein positiver Einstellungstrends selbst in familienpolitisch an Geschlechtergleichheit ausgerichteten Staaten de facto noch eine weitreichende Zurückhaltung bei ihrem zeitlichen Engagement für Haushaltsarbeit auf".

Frauen kümmern sich Eu-weit nicht nur intensiver um den Haushalt, sie sind auch für die *Betreuung der Kinder* zuständig. Um die Jahrtausendwende wurden in zahlreichen europäischen Ländern Zeitbudgeterhebungen durchgeführt (Europ. Kommission 2004; Willemsen 2002). Im Vergleich zur Beteiligung an Hausarbeit zeigen Väter bei der Betreuung ihrer Kinder ein zeitlich umfangreicheres Engagement (vgl. *Tabelle 90)*. Sie wenden wöchentlich bis zu 20 Stunden für die Betreuung ihrer Klein- und Vorschulkinder auf, doch auch hier findet sich ein deutlicher geschlechtsspezifischer Unterschied. Ehefrauen investieren in Europa durchschnittlich immer noch etwa doppelt so viel Zeit in Kinderbetreuung wie ihre Partner, wobei sich in Deutschland mit 1,7 das ausgeglichenste Verhältnis findet. Auch finden sich *qualitative Differenzen* in der Aufteilung konkreter Tätigkeiten. Bei Vätern überwiegen Tätigkeiten wie Spielen und das Vorlesen von Geschichten (Willemsen 2002). Tätigkeiten wie Waschen, Ankleiden und Füttern verbleiben weitgehend im Tätigkeitsbereich der Mütter. „Somit bleibt, trotz des vergleichsweise hohen Engagements von Vätern für die Betreuung der Kinder, ein deutliches Gefälle zwischen männlicher Betreuung in meist direkter interaktiver Tätigkeit mit dem Kind und dem weiblichen Engagement, das in deutlich größerem Umfang alltägliche Versorgungsleistungen für das Kind umfasst" (Hofäcker 2006, 133).

Blossfeld und Drobnic (2001) haben mit einem Forscherteam in einer international vergleichenden Längsschnittstudie das *Alltagsmanagement* von rund 30 000 Paaren aus 12 verschiedenen Ländern untersucht und die Länder nach der Art des jeweiligen *Wohlfahrtssystems* kategorisiert. Deutschland und die Niederlande zählen zu den konservativen Systemen sozialer Sicherung, Großbritannien und die USA gelten aufgrund ihrer größeren

Tabelle 90: Zeitlicher Aufwand von Vätern und Müttern für Kinderbetreuung im europäischen Vergleich, Vorschulkinder (unter 7 Jahre), 2002

Land	Wöchentlich (Stunden)[1]			Täglich (Std./Min)[2]		
	Mütter	Väter	Ratio[3]	Mütter	Väter	Ratio[3]
Finnland	31,7	16,5	1,9			
Schweden				2:10	1:07	1,9
Großbritannien				2:22	1:00	2,4
Belgien				1:54	0:51	2,2
Deutschland	37,8	22,5	1,7			
Frankreich	26,1	13,0	2,0			
Niederlande	26,3	12,6	2,1			
Griechenland	36,5	19,9	1,8			
Italien	36,0	19,7	1,8			
Portugal	22,0	11,8	1,9			

1 Der tägliche Zeitaufwand für Kinderbetreuung wurde anhand eines Zeittagebuchs erhoben.
2 Die wöchentlichen Durchschnittswerte wurden anhand einer Retrospektivbefragung erhoben.
3 Ratio: Verhältnis der durchschnittlichen Zeit für Kinderbetreuung der Frauen zu der der Männer.

Quelle: Hofäcker 2006, 133 (Auszug)

Marktorientierung als liberale Wohlfahrtsstaaten. Schweden und Dänemark wurden dem sozialdemokratischen System zugeordnet, Italien und Spanien dem mediterranen, familienorientierten System. Obwohl in allen untersuchten Ländern die Erwerbstätigkeit der verheirateten Frauen zugenommen hat und sich ihre Bildungs- und Karrierechancen verbessert haben, hat sich die geschlechtsspezifische Arbeitsteilung in der Familie nur relativ geringfügig verändert. Die Verantwortung für Haushalt und Kindererziehung liegt weiterhin bei der Frau, und zwar unabhängig davon, ob sie erwerbstätig ist oder nicht und ob sie in einem liberalen, sozialdemokratischen, konservativen oder mediterranen Wohlfahrtsstaat lebt. Zu diesen traditionalen Aufgaben der Frauen ist die marktvermittelte Erwerbstätigkeit hinzugekommen und hat zu einer *Doppelbelastung* geführt. Nach dem Motto „ein erfolgreicher Ernährer ist auch ein guter Ehemann und Vater" konzentrieren sich die Väter – sogar dann, wenn die Frauen einen höheren beruflichen Status haben als sie selbst – auf den beruflichen Erfolg, während die Frauen ihre Erwerbsbeteiligung und Karriere immer wieder an die Bedürfnisse der Familie anpassen.

Garhammer (1997) gelangt in seiner Sekundäranalyse internationaler Zeitbudgetstudien zu dem Fazit, dass die Zuständigkeit der Frauen für unbezahlte Familienarbeit eine Gemeinsamkeit verschiedener Nationen und Kulturen ist. Auch findet europaweit nach der Geburt eines Kindes eine *Refeminisierung der Arbeitsteilung* statt. In allen untersuchten europäischen Ländern (Schweden, Dänemark, Deutschland, Großbritannien) ist der Beitrag des Mannes zur Haushaltsarbeit nach der Geburt eines Kindes geringer als bei kinderlosen Paaren. Da sich die bezahlte Arbeitszeit gegenläufig zur Mehrbelastung der Frauen durch Kinderbetreuung und Hausarbeit entwickelt – in allen Ländern ist der Mann länger beruflich tätig als die Frau, selbst wenn diese vollzeiterwerbstätig ist –, ist die *Gesamtbelastung* für beide Geschlechter nahezu ausgeglichen.

Ergebnisse international vergleichender Studien zum Ausmaß der Geschlechterungleichheit, wie der *Gender Gap Index* des Weltwirtschaftsforums, zeigen die Bundesrepublik auf einem guten neunten Platz – von insgesamt 58 Staaten (Lindecke 2005). Die fünf Spitzenplätze nehmen die nordischen Länder ein, gefolgt (in Europa) von Großbritannien und Deutschland, die in den letzten Jahrzehnten ihre Position erheblich verbessert haben. Auf den hinteren Plätzen in Europa rangieren Italien und Griechenland. Dieses gute Abschneiden Deutschlands verdankt sich allerdings im Wesentlichen den Kriterien „politische Teilhabe" (Rang 6) und „Gesundheit und Wohlbefinden" (Rang 10). Im Bereich „Teilnahme am Arbeitsleben", worunter z. B. die Erwerbstätigenquoten von Männern und Frauen und die Entgeldunterschiede fallen, nimmt Deutschland nur Rang 20 ein. Auch beim Indikator „wirtschaftliche Chancen" (Rang 28), in den auch qualitative Gesichtspunkte, wie z. B. die „Ghettoisierung" von Frauen in bestimmten, zumeist gering entlohnten Berufsbereichen, einfließen, und beim Indikator „Bildungsniveau" (Rang 34) liegt Deutschland nur im Mittelfeld.

5 Veränderungen in den Familienbildungsmustern in den ehemals sozialistischen Ländern Mittel- und Osteuropas

Bis etwa 1990 verliefen die demographischen Trends bei der Familiengründung in den sozialistischen Ländern Mittel- und Osteuropas weitgehend konvergent, unterschieden sich aber fundamental von der Entwicklung in den westeuropäischen Ländern (Dorbritz/Philipov 2002; Philipov/Dorbritz 2003). Die Fertilitäts- und Heiratsmuster der Nachkriegszeit (des Golden Age of Marriage) bestanden – mit Ausnahme der ehem. DDR – bis in die 1980er Jahre hinein fort und zeichneten sich durch folgende Merkmale aus (vgl. *Tabelle 91)*:

- ein relativ hohes, in den 1980er Jahren allerdings leicht sinkendes Geburtenniveau (die zusammengefassten Geburtenziffern lagen 1990 in den meisten Ländern in einem Bereich zwischen 1,8 und 2,1) bei Vorherrschen der Zwei-Kind-Familie,
- eine hohe Heiratsneigung (die zusammengefassten Erstheiratsziffern für Frauen wiesen mit Ausnahme Ungarns bis Ende der 1980er Jahre hohe Werte zwischen 0,9 und 1,0 auf),
- ein leicht ansteigendes Scheidungsniveau mit zusammengefassten Scheidungsziffern – mit Ausnahme Tschechiens – zwischen 0,17 und 0,31,
- eine niedrige Nichtehelichenquote von etwa 10 Prozent (Verheiratetsein und Kinderhaben waren eng miteinander verknüpft) sowie
- ein niedriges Erstheiratsalter und ein niedriges Alter bei der Geburt des ersten Kindes.

Die Konservierung dieses traditionalen Familienmusters wurde gestützt durch eine ausgeprägte pronatalistische Familienpolitik (Kinderfreibeträge, Mutterschaftsurlaub, Geburtenbeihilfen), eine stabile Einkommenssituation, ein hohes Maß an sozialer Sicherheit (Ausbildung, Vollbeschäftigung, preiswerte Grundversorgung), die Erleichterung der Vereinbarkeit von Familie und Beruf für Frauen (Kinderbetreuungssystem) und den Mangel an Alternativen zur Verhaltensoption Familiengründung.

Mit *Beginn des Transitionsprozesses* sind diese stabilisierenden Bedingungen weggefallen („demographischer Schock"), die Handlungsoptionen haben sich erweitert, und in kürzester Zeit hat sich ein völlig neues Familienbildungsmuster herausgebildet. Die zusammengefasste Erstheiratsziffer ist zwischen 1990 und 2004 auf Werte zwischen 0,45 und 0,74 abgesackt (vgl. *Tabelle 91)*. Noch krasser ist die Entwicklung der zusammengefassten Geburtenziffer verlaufen. Hier haben sich bis 2005 Werte zwischen 1,2 und 1,3 herausgebil-

Tabelle 91: *Zusammengefasste Erstheiratsziffern für Frauen unter 50 Jahren, zusammengefasste Geburten- und Ehescheidungsziffern und Nichtehelichenquoten in ausgewählten ehemals sozialistischen Ländern Mittel- und Osteuropas (Eurostat)*

Land	Zusammengefasste Erstheiratsziffern			Zusammengefasste Geburtenziffern			Zusammengefasste Scheidungsziffern			Nichtehelichen-quoten		
	1960	1990	2004	1960	1990	2005	1960	1990	2003	1960	1990	2005
EU-25	0.97[1]	0.69	0.57	2.59	1.64	1.49[4]	0.12[1]	0.26	0.35	5	18	31
Bulgarien	1.05	0.87	0.50	2.31	1.81	1.31	0.10	0.20	0.26	8	12	49
Tschechien	1.04	1.03	0.48	2.11	1.89	1.28	0.16	0.38	0.48	5	9	31
Ungarn	1.00	0.77	0.45	2.02	1.87	1.32	0.18	0.31	0.42	6	13	34
Polen	0.91	0.90	0.56	2.98	2.04	1.24	0.07	0.17	0.18[2]	5	6	17
Rumänien	1.14	0.94	0.74	2.33	1.83	1.32	0.20	0.19	0.21	?	?	29
Slowakei	1.01	0.96	0.52[3]	3.07	2.09	1.25	?	0.24	0.32	5	8	25

[1] 1970; [2] 2002; [3] 2003; [4] 2004.

Quelle: Europ. Kommission 2006

det. Mittel- und Osteuropa ist damit zur *Niedrigst-Fertilitäts-Region der Welt* geworden, und ein Wiederanstieg der sehr niedrigen Geburten- und Heiratshäufigkeit ist nicht in Sicht. Das Zwei-Kind-Modell ist dem Ein-Kind-Modell gewichen; zusätzlich breitet sich Kinderlosigkeit aus. Auch die Nichtehelichenquoten haben sich deutlich erhöht. Lediglich bei den Ehescheidungen finden sich keine eindeutigen kollektiven Reaktionsmuster auf den gesellschaftlichen Strukturwandel.

Um diese Reaktionsmuster zu erklären, muss nach *Geburtsjahrgängen* differenziert werden. Dorbritz und Philipov (2002) haben die Entwicklung am Beispiel Tschechiens, der Slowakei und der neuen Bundesländer empirisch überprüft. Die verschiedenen Geburtsjahrgänge haben zwar alle gleichzeitig auf den Systemwechsel reagiert. Doch haben sich die Betroffenen je nach Alter mit unterschiedlichen Mustern der Familienbildung den Strukturveränderungen angepasst.

- Die Geburtsjahrgänge 1960–1970 haben das Ende des Sozialismus (in Tschechien und der Slowakei und den übrigen Transitionsländern fand der Systemwechsel nicht so abrupt statt) erlebt, als ihre Familienbildungsphase entweder sehr weit vorangeschritten war oder bereits kurz vor dem Abschluss stand. Diese Geburtsjahrgänge haben empirisch nachweisbar mit dem Systemwechsel ihre Geburtenbiographie abgebrochen und später auch nicht wieder aufgenommen.
- Die Geburtsjahrgänge 1971–1974 wurden von dem Systemwechsel zu Beginn ihrer Familienbildungsphase überrascht. Sie sind zunächst dem üblichen Muster der frühen Geburt von Kindern gefolgt. Mit dem Systemwechsel wurde das Geburtenverhalten zunächst gestoppt und anschließend in einem geringen Ausmaß nachgeholt. Diese Träger des Geburtenrückgangs in den Transitionsländern sind die eigentlichen „demographischen Verlierer des Ende des Sozialismus ..., da sie ihren ursprünglich geplanten Familienbildungsbiographien nicht mehr folgen konnten“ (Dorbritz/Philipov 2002, 449).
- Die Geburtsjahrgänge ab 1975 sind erst Ende der 1990er Jahre in die Familienbildungsphase eingetreten und haben mit der späten Geburt von Kindern und geringen Kinderzahlen reagiert.

Insgesamt belegen die Daten, dass die mit der Transition einhergehende Krisensituation (Arbeitslosigkeit, politische Unsicherheiten, Verarmung von Teilen der Bevölkerung, Zusammenbruch der sozialen Sicherungssysteme, Anstieg der Kinderkosten) den Geburtenrückgang ausgelöst hat und auch der wirtschaftliche Aufschwung seit Mitte der 1990er Jahre nicht von einem nennenswerten Wiederanstieg der Geburtenhäufigkeit begleitet war, denn „mit der Auflösung der sozialistischen Gesellschaften sind die Voraussetzungen für Individualisierungs- und Pluralisierungstendenzen geschaffen worden, die längerfristig die Muster der Familienbildung bestimmen können“ (Dorbritz/Philipov 2002, 428; ausführlicher Fahey/Spéder 2004). Nach wie vor weisen die osteuropäischen Länder eine niedrige bzw. sehr niedrige Fertilität auf und das Alter der Mütter bei der Erstgeburt wie auch die Zahl der nichtehelichen Geburten sind in allen Ländern angestiegen.

Literatur

Abkürzungen

AJS	American Journal of Sociology
APuZ	Aus Politik und Zeitgeschichte
ASR	American Sociological Review
BJS	Berliner Journal für Soziologie
BMFuS	Bundesministerium für Familie und Senioren
BMFSFJ	Bundesministerium für Familie, Senioren, Frauen und Jugend
BMJFG	Bundesministerium für Jugend, Familie und Gesundheit
BZgA	Bundeszentrale für gesundheitliche Aufklärung
GWP	Gesellschaft, Wirtschaft, Politik
ISI	Informationsdienst Soziale Indikatoren
JFamPsych	Journal of Family Psychology
JMarr.Fam.	Journal of Marriage and the Family
KZfSS	Kölner Zeitschrift für Soziologie und Sozialpsychologie
ÖZS	Österreichische Zeitschrift für Soziologie
StatJB	Statistisches Jahrbuch
StBA	Statistisches Bundesamt
SW	Soziale Welt
WiSta	Wirtschaft und Statistik
ZfB	Zeitschrift für Bevölkerungswissenschaft
ZfF	Zeitschrift für Familienforschung
ZfFG	Zeitschrift für Frauenforschung, Geschlechterstudien
ZfS	Zeitschrift für Soziologie
ZSE	Zeitschrift für Soziologie der Erziehung und Sozialisation
ZSexualforsch	Zeitschrift für Sexualforschung

Abele, A. E., 2003: Frauenkarrieren in Wirtschaft und Wissenschaft, in: ZfFG 21, H. 4, 49-61.

Abraham, M., 2006: Berufliche Selbständigkeit. Die Folgen für Partnerschaft und Haushalt. Wiesbaden.

Achatz, J., u. a., 2005: Bonus oder Bias? Mechanismen geschlechtsspezifischer Entlohnung, in: KZfSS 57, 466-493.

Ahrons, C. R., 1979: The Binuclear Family: Two Households, One Family, in: Alternative Lifestyles 1, 499-515.

Akkermann, A., u. a., 1990: Nackte Tatsachen, Teil I und II, in: ZSexualforsch 3, 1-24, 140-165.

Alemann, A. von, 2007: Chancengleichheit im Management. Begründungsmuster der Unterrepräsentanz von Frauen in Führungspositionen der Wirtschaft, in: Sozialwissenschaften und Berufspraxis (SuB) 30, 21-38.

Alesina, A./Giuliano, P., 2007: The Power of the Family. Forschungsinstitut zur Zukunft der Arbeit. IZA Discussion Paper Nr. 2750.

Allerbeck, K./Hoag, W., 1985: Jugend ohne Zukunft? München.

Allmendinger, J./Dressel, K., 2005: Familien auf der Suche nach der gewonnenen Zeit, in: APuZ 23-24, 24-29.

Alt, C., 2003: Wandel familialer Lebensverhältnisse minderjähriger Kinder in Zeiten der Pluralisierung, in: *Bien, W./Marbach, J. H.* (Hrsg.), Partnerwahl und Familiengründung. Opladen, 219-244.

Alt, C. (Hrsg.), 2005: Kinderleben – Aufwachsen zwischen Familie, Freunden und Institutionen, Band 1: Aufwachsen in Familien. Wiesbaden.

Alt, C. (Hrsg.), 2005a: Kinderleben – Aufwachsen zwischen Familie, Freunden und Institutionen, Band 2: Aufwachsen zwischen Freunden und Institutionen. Wiesbaden.
Alt, C./Bien, W., 1994: Eigeninteresse oder Solidarität?, in: Diskurs 1, 62-67.
Alt, C., u. a., 2005: Wege aus der Betreuungskrise? Institutionelle und familiale Betreuungsarrangements von 5- bis 6-jährigen Kindern, in: *Alt, C.* (Hrsg.), Kinderleben – Aufwachsen zwischen Familie, Freunden und Institutionen, Band 2. Wiesbaden, 123-155.
Alt, C. u. a., 2005a: Familie und Schule – Übungsfelder der Demokratie, in: APuZ 41, 24-31.
Althammer, J./Pfaff, A. B., 1999: Materielle und soziale Sicherung von Frauen in der Perspektive des Lebenslaufs, in: WSI Mitteilungen 1, 32-40.
Amato, P. R., 2001: Children of divorce in the 1990s: An update of the Amato and Keith (1991) meta-analysis, in: JFamPsych 15, 355-370.
Amato, P. R./Hohmann-Marriott, B., 2007: A Comparison of High- and Low-Distress Marriages that End in Divorce, in: JMarr.Fam. 69, 621-638.
Amato, P. R./Sobolewski, J. M., 2001: The Effects of Divorce and Marital Discord on Adult Children's Psychological Well-Being, in: ASR 66, 900-921.
Amendt, G., 1986: Der neue Klapperstorch. Herbstein.
Amendt, G., 2002: Kultur, Kindeswohl und homosexuelle Fortpflanzung, in: Leviathan 30, 161-174.
Amendt, G., 2004: Scheidungsväter. Bremen.
Andersson, G., 2002: Trennung von Paaren in Europa: Ein vergleichender Überblick, in: ZfB 27, 493-504.
Andreß, H.-J., u. a., 2003: Wenn aus Liebe rote Zahlen werden – Über die wirtschaftlichen Folgen von Trennung und Scheidung. Wiesbaden.
Apelt, K., u. a., 1980: Diagnose partnerschaftlichen Verhaltens. Freiburg.
Apple, R. D., 2006: Perfect Motherhood. Fredericksburg.
Arn, C./Walter, W., 2004: Wer leistet die andere Hälfte der Arbeit? Die Beteiligung von Männern an der Hausarbeit als Bedingung eines „integralen" Modells der Zwei-Verdiener-Familie, in: *Leitner, S.*, u. a. (Hrsg.), Wohlfahrtsstaat und Geschlechterverhältnis im Umbruch. Wiesbaden, 132-155.
Assig, D./Beck, A., 1998: Was hat sie, was er nicht hat? Forschungsergebnisse zu den Erfolgen von Frauen in Führungspositionen, in: APuZ B 22-23, 23-30.

B*A. Bundesagentur für Arbeit* (Hrsg.), 2005: Entwicklung der Chancengleichheit von Frauen und Männern am Arbeitsmarkt.
Bach, A., 2002: Die Renaissance der Ein-Eltern-Familie? Herbolzheim.
Bachmann, R., 1992: Singles. Frankfurt a. M. u. a.
Backes, G. M., 1998: Individualisierung und Pluralisierung der Lebensverhältnisse: Familie und Alter im Kontext der Modernisierung, in: ZfF 10, H. 2, 5-29.
Backes, G. M., u. a. (Hrsg.), 2004: Lebensformen und Lebensführung im Alter. Wiesbaden.
Backett, K., 1987: The negotiation of fatherhood, in: *Lewis, C./O'Brien, M.* (Hrsg.), Reassessing Fatherhood. London u. a.
Barabas, F. K./Erler, M., 2002: Die Familie. 2. völlig überarb. u. erw. Aufl. Weinheim/München.
Barnett, R. C./Hyde, J. S., 2001: Women, Men, Work, and Family, in: American Psychologist 10.
BAT Freizeit-Forschungsinstitut, 2006: Angst vor der Familiengründung. Immer mehr junge Männer verweigern sich, in: Forschung aktuell, Ausgabe 194, 27. Jg., 2.11.2006.
Bauer, F./Munz, E., 2005: Arbeitszeiten in Deutschland: 40plus und hochflexibel. WSI Mitteilungen 1, 40-48.
Bauer, F., u. a., 2002: Arbeits- und Betriebszeiten 2001. Köln.
Bauserman, R., 2002: Child Adjustment in Joint-Custody Versus Sole-Custody Arrangements: A Meta-Analytic Review, in: JFamPsych 16, 91-102.
Bech, H., 2000: Gendertopia, in: ZSexualforsch 13, 212-242.
Beck, N./Hartmann, J., 1999: Die Wechselwirkung zwischen Erwerbstätigkeit der Ehefrau und Ehestabilität unter der Berücksichtigung des sozialen Wandels, in: KZfSS 51, 655-680.
Beck, U., 1986: Risikogesellschaft. Frankfurt a. M.
Beck, U., 1990: Freiheit oder Liebe, in: *Beck, U./Beck-Gernsheim, E.*, Das ganz normale Chaos der Liebe. Frankfurt a. M., 20-64.
Beck, U./Beck-Gernsheim, E., 1994: Individualisierung in modernen Gesellschaften – Perspektiven und Kontroversen einer subjektorientierten Soziologie, in: *dies.* (Hrsg.), Riskante Freiheiten. Frankfurt a. M., 10-39.
Beck-Gernsheim, E., 1983: Vom „Dasein für andere" zum Anspruch auf ein Stück „eigenes Leben", in: SW 34, 307-340.
Beck-Gernsheim, E., 1986: Von der Liebe zur Beziehung?, in: *Berger, J.* (Hrsg.), Die Moderne – Kontinuitäten und Zäsuren. Göttingen, 209-233.
Beck-Gernsheim, E., 1991: Technik, Markt und Moral – Über die Reproduktionsmedizin und Gentechnologie. Frankfurt a. M.
Beck-Gernsheim, E., 1992: Arbeitsteilung, Selbstbild und Lebensentwurf, in: KZfSS 44, 273-291.

Beck-Gernsheim, E., 2001: Deutschland ist bunter geworden – binationale Paare und ihre Familien, in: ZfF 13, H. 2, 74-79.
Beck-Gernsheim, E., 2006: Die Kinderfrage heute. München.
Becker, G. S., 1981: A Treatise on the Family. Cambridge/London.
Becker, T., 2005: Look at the Difference. Erziehungsziele und Erziehungsstile von Müttern in unterschiedlichen Lebenswelten und ihre Erwartungen an institutionelle Unterstützung, in: Thema Jugend Nr. 2, 4-6.
Beckmann, P., 2002: Zwischen Wunsch und Wirklichkeit, in: Bundesarbeitsblatt 11, 13-17.
Behnke, C./Meuser, M., 2003: Vereinbarkeitsmanagement. Die Herstellung von Gemeinschaft bei Doppelkarrierepaaren, in: SW 54, 163-174.
Behnke, C./Meuser, M., 2003a: Doppelkarrieren in Wirtschaft und Wissenschaft, in: ZfFG 21, H. 4, 62-74.
Behnke, C./Meuser, M., 2005: Vereinbarkeitsmanagement, Zuständigkeiten und Karrierechancen bei Doppelkarrierepaaren, in: *Solga, H./Wimbauer, C.* (Hrsg.), „Wenn zwei das Gleiche tun ...". Opladen, 123-139.
Bengtson, V., u. a., 1990: Families and Aging: Diversity and Heterogenity, in: *Binstock, R. H./George, L. K.* (Hrsg.), Handbook of Aging and the Social Sciences. San Diego, 263-287.
Berger, M., 1993: Zur Entwicklung von Kindern nach reproduktionsmedizinischer Behandlung ihrer Eltern, in: Praxis der Kinderpsychologie u. Kinderpsychiatrie 42, 368-373.
Berger, P. A., 1995: Mobilität, Verlaufsvielfalt und Individualisierung, in: *Berger, P. A./Sopp, P.* (Hrsg.), Sozialstruktur und Lebenslauf. Opladen, 65-83.
Berger, P. A., 1995a: Individualisierung: Statusunsicherheit und Erfahrungsvielfalt. Opladen.
Berger, P. A./Sopp, P., 1992: Bewegtere Zeiten? Zur Differenzierung von Erwerbsverlaufsmustern in Westdeutschland, in: ZfS 21, 166-185.
Berger, P. L./Kellner, H., 1965: Die Ehe und die Konstruktion der Wirklichkeit, in: SW 16, 220-235.
Berger, W., u. a., 2000: Lesben – Schwule – Kinder. Eine Analyse zum Forschungsstand. München.
Berlin-Institut für Bevölkerung und Entwicklung (Hrsg.), 2007: Not am Mann. Von Helden der Arbeit zur neuen Unterschicht? Berlin.
Bernardi, L., u. a., 2006: Perceptions of job instability and the prospects of parenthood. A comparison between Eastern and Western Germany. MPIDR Working Paper WP 2006-017.
Bernat, E., 2002: Der anonyme Vater im System der Fortpflanzungsmedizin, in: *Walter, H.* (Hrsg.), Männer als Väter. Gießen, 257-286.
Bernhard, S./Kurz, K., 2007: Familie und Arbeitsmarkt. Eine Längsschnittstudie zum Einfluss beruflicher Unsicherheiten auf die Familienerweiterung. IAB-Discussion Paper Nr. 10.
Bertelsmann Stiftung, 2006: Wegweiser Demographischer Wandel. Gütersloh.
Bertram, H. (Hrsg.), 1991: Die Familie in Westdeutschland. Opladen.
Bertram, H. (Hrsg.), 1992: Die Familie in den neuen Bundesländern. Opladen.
Bertram, H., 1994: Die Stadt, das Individuum und das Verschwinden der Familie, in: APuZ B 29-30, 15-35.
Bertram, H., 2000: Die verborgenen familiären Beziehungen in Deutschland: Die multilokale Mehrgenerationenfamilie, in: *Kohli, M./Szydlik, M.* (Hrsg.), Generationen in Familie und Gesellschaft. Opladen, 97-121.
Bertram, H., 2006: Nachhaltige Familienpolitik im europäischen Vergleich, in: *Berger, P. A./Kahlert, H.* (Hrsg.), Der demographische Wandel. Frankfurt a. M./New York, 203-236.
Bertram, H., 2006a: Handlungsoptionen. Rahmenbedingungen für Familiengründungen verbessern und Investitionen in das Humankapital erhöhen, in: Demographiemonitor, Band II, hrsg. von der Bertelsmann Stiftung. Gütersloh, 1-28.
Bertram, H., 2007: Generationenkonflikt oder Generationensolidarität?, in: *Ministerium für Generationen, Familie, Frauen und Integration des Landes NW* (Hrsg.), Handbuch Demografischer Wandel. Die Stadt, die Frauen und die Zukunft. Online-Publikation.
Bertram, H., 2007a: Keine Zeit für die Liebe: Die Rushhour des Lebens, in: Familiendynamik 32, 108-116.
Bertram, H./Borrmann-Müller, R., 1988: Von der Hausfrau zur Berufsfrau?, in: *Gerhardt, U./Schütze, Y.* (Hrsg.), Frauensituation. Frankfurt a. M., 251-272.
Bertram, H./Dannenbeck, C., 1991: Familien in städtischen und ländlichen Regionen, in: *Bertram, H.* (Hrsg.), Die Familie in Westdeutschland. Opladen, 79-110.
Bertram, H., u. a., 2005: Nachhaltige Familienpolitik. Zukunftssicherung durch einen Dreiklang von Zeitpolitik, finanzieller Transferpolitik und Infrastrukturpolitik. Gutachten für das Bundesministerium für Familie, Senioren, Frauen und Jugend. Berlin.
Bertram, H., u. a., 2005a: Zeit, Infrastruktur und Geld: Familienpolitik als Zukunftspolitik, in: APuZ 23-24, 6-15.
Bianchi, S., u. a., 2006: Changing Rhythms of American Family Life. New York.
BiB. Bundesinstitut für Bevölkerungsforschung, 2004: Bevölkerung. 2. überarb. Aufl. Wiesbaden.
BiB. Bundesinstitut für Bevölkerungsforschung, 2005: Generations and Gender Survey (GGS). Grundauszählung der Stichprobe vom 10.000 Deutschen (Online-Publikation).
Bien, W. (Hrsg.), 1994: Eigeninteresse oder Solidarität. Opladen.

Bien, W./Lange, A., 2005: Zu wenig und die „Falschen"? Kinderlosigkeit als komplexes Bedingungsgeflecht, in: DJI Bulletin 70, 3.
Bien, W./Weidacher, A. (Hrsg.), 2004: Leben neben der Wohlstandsgesellschaft. Familien in prekären Lebenslagen. Wiesbaden.
Bien, W., u. a., 2002: Stieffamilien in Deutschland, in: *Deutsches Jugendinstitut* (Hrsg.), Das Forschungsjahr 2001. München, 87-108.
Bien, W., u. a. (Hrsg.), 2002a: Stieffamilien in Deutschland. Opladen.
Bien, W., u. a. (Hrsg.), 2006: Wer betreut Deutschlands Kinder? DJI-Kinderbetreuungsstudie. Weinheim.
Billari, F. C./Philipov, D., 2006: Lernen und Familie gründen schließen sich nicht aus, in: Demografische Forschung aus Erster Hand 3, Nr. 1, 3.
Birg, H., 2003: Dynamik der demografischen Alterung, in: APuZ B20, 6-17.
Birg, H., 2005: Die ausgefallende Generation. München.
Bischof, N., 1991: Das Rätsel Ödipus. Die biologischen Wurzeln des Konflikts von Intimität und Autonomie. München.
Bischoff, S., 2005: Wer führt in (die) Zukunft? Männer und Frauen in Führungspositionen der Wirtschaft in Deutschland. Bielefeld.
Bittman, M., 2004: Parenting and Employment: What Time-Use Surveys Show, in: *Folbre, N./Bittman, M.*, The Social Organization of Care. London/New York.
Blättel-Mink, B., u. a., 2000: Innerfamiliäre Arbeitsteilung. Wunsch und Wirklichkeit – Die Sicht der Frauen, in: Wechselwirkungen. Jahrbuch aus Lehre und Forschung der Universität Stuttgart. Stuttgart, 22-33.
Blanke, K., u. a., 1996: Zeit im Blickfeld. Ergebnisse einer repräsentativen Zeitbudgeterhebung. Stuttgart u. a.
Bleichroth, W., 1994: Heterologe Insemination, in: Münchner Ärztliche Anzeigen 33, 8-10.
Blossfeld, H.-P./Drobnic, S., 2001: Careers of Couples in Contemporary Society. From Male Breadwinner to Dual-Earner-Families. Oxford.
Blossfeld, H.-P./Hofmeister, H. (Hrsg.), 2006: Globalization, Uncertainty and Women's Careers: An International Comparison. Cheltenham, UK/Northampton, MA.
Blossfeld, H.-P./Timm, A. (Hrsg.), 2003: Who Marries Whom? Dordrecht u. a.
Blossfeld, H.-P., u. a. (Hrsg.), 2005: Globalization, Uncertainty and Youth in Society. London/New York.
Blossfeld, H.-P., u. a. (Hrsg.), 2006: Globalization, Uncertainty and Men's Careers: An International Comparison. Cheltenham, UK/Northampton, MA.
Blossfeld, H.-P. u. a., 2007: Globalisierung, Flexibilisierung und der Wandel von Lebensläufen in modernen Gesellschaften, in: *Szydlik, M.* (Hrsg.), Flexibilisierung – Folgen für Familie und Sozialstruktur. Wiesbaden.
BMFuS, 1991: Leitsätze und Empfehlungen zur Familienpolitik im vereinigten Deutschland. Stuttgart u. a.
BMFuS, 1994: Fünfter Familienbericht: Familien und Familienpolitik im geeinten Deutschland. Bonn.
BMFSFJ, 2002: Vierter Bericht zur Lage der älteren Generation in der Bundesrepublik Deutschland. Berlin.
BMFSFJ, 2004: Bericht über die Auswirkungen der §§ 15 und 16 Bundeserziehungsgeldgesetz, Elternzeit und Teilzeitarbeit während der Elternzeit. Berlin.
BMFSFJ, 2004a: Erwartungen an einen familienfreundlichen Betrieb. Berlin.
BMFSFJ (Hrsg.), 2005: Monitor Familiendemographie Ausgabe Nr. 1: Deutschland: Kinderlos trotz Kinderwunsch? Berlin.
BMFSFJ, 2005a: Zwölfter Kinder- und Jugendbericht. Berlin.
BMFSFJ, 2005b: Vierter Bericht zur Lage der älteren Generation in der Bundesrepublik Deutschland: Risiken, Lebensqualität und Versorgung Hochaltriger – unter besonderer Berücksichtigung demenzieller Erkrankungen. Berlin.
BMFSFJ, 2005c: Zukunft: Familie. Ergebnisse aus dem 7. Familienbericht. Berlin.
BMFSFJ, 2005d: Möglichkeiten und Grenzen selbständiger Lebensführung in Privathaushalten. Ergebnisse der Studie MuG III. Berlin.
BMFSFJ (Hrsg.), 2005e: Monitor Familiendemographie Ausgabe Nr. 2: Wer betreut Deutschlands Kinder? Berlin.
BMFSFJ, 2005f: Fünfter Bericht zur Lage der älteren Generation in der Bundesrepublik Deutschland. Potentiale des Alters in Wirtschaft und Gesellschaft. Der Beitrag älterer Menschen zum Zusammenhalt der Generationen. Berlin.
BMFSFJ (Hrsg.), 2005g: Monitor Familienforschung Ausgabe Nr. 4: Mütter und Beruf: Realitäten und Perspektiven. Berlin.
BMFSFJ, 2005h: Siebter Familienbericht. Familie zwischen Flexibilität und Verlässlichkeit. Perspektiven für eine lebenslaufbezogene Familienpolitik. Berlin.
BMFSFJ, 2006: Facetten der Vaterschaft. Berlin.
BMFSFJ (Hrsg.), 2006a: Monitor Familienforschung Ausgabe Nr. 5: Haushaltsnahe Dienste – Neue Formen der Familienförderung. Berlin.
BMFSFJ (Hrsg.), 2006b: Monitor Familienforschung Ausgabe Nr. 6: In Familien wirksam investieren – Familienleistungen in Deutschland. Berlin.

BMFSFJ (Hrsg.), 2006c: Monitor Familienforschung Ausgabe Nr. 7: Werteorientierte Erziehung in Deutschland. Berlin.
BMFSFJ (Hrsg.), 2006d: Monitor Familienforschung Ausgabe Nr. 8: Familienbewusste Personalpolitik als Bestandteil der Unternehmenskultur. Berlin.
BMFSFJ (Hrsg.), 2006e: Unternehmensmonitor Familienfreundlichkeit 2006. Wie familienfreundlich ist die deutsche Wirtschaft? Berlin.
BMFSFJ (Hrsg.), 2007: Monitor Familienforschung Ausgabe Nr. 10: Kinderreichtum in Deutschland. Berlin.
BMGS. Bundesministerium für Gesundheit und Soziale Sicherung, 2005: Lebenslagen in Deutschland. Der 2. Armuts- und Reichtumsbericht der Bundesregierung. Berlin.
BMJFG, 1985: Nichteheliche Lebensgemeinschaften in der Bundesrepublik Deutschland. Stuttgart u. a.
BMJFG, 1986: Vierter Familienbericht. Bonn.
Bochow, M., 1994: Schwuler Sex und die Bedrohung durch Aids. Berlin.
Bochow, M., 2006: Schwule Männer im dritten Lebensalter. Ergebnisse einer qualitativen Studie, in: ZSexualforsch 19, 187-214.
Bodenmann, G., u. a., 2002: Scheidungsursachen und -verlauf aus der Sicht der Geschiedenen, in: ZfF 14, H. 1, 5-20.
Bodenmann, G., u. a., 2006: Attractors and Barriers to Divorce. A Retrospective Study in Three European Countries, in: Journal of Divorce and Remarriage 45, H. 3/4, 1-23.
Böhnisch, T., 1999: Gattinnen. Die Frauen der Elite. Münster.
Börsch-Supan, A., u. a. (Hrsg.), 2005: Health, Ageing and Retirement in Europe. Mannheim.
Böttcher, K., 2006: Scheidung in Ost- und Westdeutschland. Der Einfluss der Frauenerwerbstätigkeit auf die Ehestabilität, in: KZfSS 58, 592-616.
Böttger, S./Rust, G., 1985: Alleinerziehende Frauen in Hamburg. Hamburg.
Bohman, M./Sigvardsson, S., 1982: Adoption and Fostering as Preventive Measures, in: *Anthon, E. J./Chiland, C.* (Hrsg.), The Child in his Family, Bd. 7. New York.
Bohrhardt, R., 2006: Vom „broken home" zur multiplen Elternschaft, in: *Bertram, H.,* u. a. (Hrsg.), Wem gehört die Familie der Zukunft? Opladen, 169-188.
Bois-Reymond, M. du, 1994: Die moderne Familie als Verhandlungshaushalt. Eltern-Kind-Beziehungen in West- und Ostdeutschland und in den Niederlanden, in: *Bois-Reymond, M. du,* u. a.: Kinderleben. Opladen, 137-219.
Bois-Reymond, M. du, 2001: Negotiation Families, in: *dies.,* u. a. (Hrsg.), Childhood in Europe. New York u. a.
Bois-Reymond, M. du, u. a., 1994: Modernisierungstendenzen im heutigen Kinderleben: Ergebnisse und Ausblick, in: *du Bois-Reymond, M.,* u. a.: Kinderleben. Opladen, 273-282.
Born, C./Krüger, H., 2001: Individualisierung und Verflechtung. Geschlecht und Generation im deutschen Lebenslaufregime. Weinheim/München.
Borscheid, P., 1994: Von Jungfern, Hagestolzen und Singles. Die historische Entwicklung des Alleinlebens, in: *Gräbe, S.* (Hrsg.), Lebensform Einpersonenhaushalt. Frankfurt a. M., 23-54.
Bothfeld, S., u. a., 2005: Erosion des männlichen Ernährermodells? Die Erwerbstätigkeit von Frauen mit Kindern unter 3 Jahren. Hans Böckler Stiftung, hrsg. vom BMFSFJ. Berlin.
Boyle, P. J./Kulu, H., 2006: Does cohabitation prior to marriage raise the risk of marital dissolution and does this effect vary geographically? MPIDR Working Paper WP 2006-051.
Boyle, P. J., u. a., 2006: The effect of moving on union dissolution. MPIDR Working Paper WP 2006-002.
Brader, D./Lewerenz, J., 2006: Frauen in Führungspositionen. An der Spitze ist die Luft dünn. IAB-Kurzbericht Nr. 2, 1-4.
Brake, A., 2003: Familie – Arbeit – Freizeit: Was zählt? Opladen.
Brake, A., 2005: Wohlfühlen in der Familie? Wie Mütter und 8- bis 9-jährige Kinder ihr Zusammenleben bewerten, in: *Alt, C.* (Hrsg.), Kinderleben – Aufwachsen zwischen Familie, Freunden und Institutionen, Bd. 1. Wiesbaden, 45-62.
Brake, A./Büchner, P., 2007: Großeltern in Familien, in: *Ecarius, J.* (Hrsg.), Handbuch Familie. Wiesbaden, 199-219.
Brand, D., 2006: Alleinerziehende mit volljährigen Kindern. Wiesbaden.
Bray, J. H./Kelly, J., 1998: Step Families. New York.
Brines, J., 1994: Economic Dependency, Gender, and the Division of Labor at Home, in: AJS 100, 652-688.
Brockmann, H./Klein, T., 2004: Love and Death in Germany: The Marital Biography and its Effect on Mortality, in: JMarr.Fam. 66, 567-581.
Brüderl, J., 2003: Family Change and Family Patterns in Europe. Mannheim.
Brüderl, J., 2004: Die Pluralisierung partnerschaftlicher Lebensformen in Westdeutschland und Europa, in: APuZ B 19, 3-10.
Brüderl, J./Engelhardt, H., 1997: Trennung oder Scheidung?, in: SW 48, 277-290.
Brüderl, J./Klein, T., 2003: Die Pluralisierung partnerschaftlicher Lebensformen in Westdeutschland, 1960-2000, in: *Bien, W./Marbach, J. H.* (Hrsg.), Partnerschaft und Familiengründung. Opladen, 189-217.

Brüning, A., 1999: Offene Adoption: „Ich möchte mein Kind wiedersehen!", in: Psych. Heute, 28-31.
Brunner, O., 1978: Vom „ganzen Haus" zur „Familie", in: *Rosenbaum, H.* (Hrsg.), Seminar: Familie und Gesellschaftsstruktur. Frankfurt a. M., 83-91.
Buba, H. P./Vaskovics, L. A., 2001: Benachteiligung gleichgeschlechtlich orientierter Personen und Paare. Studie im Auftrag des Bundesministeriums der Justiz. Köln.
Buba, H. P./Weiß, H., 2003: Einsamkeit und soziale Isolation schwuler Männer. Bamberg.
Buchebner-Ferstl, S., 2005: Das Paar beim Übergang in den Ruhestand. Wien.
Buchholz, S., u. a., 2007: Globalisierung und ihre Folgen für die Familie. Ifb-Materialien 3.
Buchner-Fuhs, J., 1998: Das Kinderzimmer, in: *Büchner, P.*, u. a., Teenie-Welten. Opladen, 147-178.
Budrich, E., 2007: Der Streit um die Kinderkrippen, in: GWP 56, 255-265.
Büchner, P., u. a., 1992: Kinderleben am Nachmittag. Marburg.
Büchner, P., u. a., 1993: Kinderalltag und Kinderfreizeit in Ost- und Westdeutschland, in: dt. jugend 41, 31-41.
Büchner, P., u. a. (Hrsg.), 1996: Vom Teddybär zum ersten Kuss. Opladen.
Bürgisser, M., 2006: Elternpaare mit egalitärer Rollenteilung – Die Langzeitperspektive und die Sicht der Kinder, in: Das Online-Familienhandbuch.
Büttner, R., 2005: Zunehmende Erwerbsbeteiligung von Älteren. Altersübergangsreport 4/2005 des Instituts Arbeit und Technik (IAT). Gelsenkirchen (online).
Bundesregierung, 2006: 2. Bilanz Chancengleichheit. Frauen in Führungspositionen. Berlin.
Bunker, B. B., u. a., 1992: Quality of Life in Dual-Career-Families: Commuting Versus Single-Residence Couples, in: JMarr.Fam. 54, 399-407.
Burgess, E. W./Locke, H. J., 1945: The family: From institution to companionship. New York.
Burkart, G., 1991: Kohabitation und Individualisierung, in: ZfF 3, H. 3, 26-48.
Burkart, G., 1991a: Treue in Paarbeziehungen, in: SW 42, 489-509.
Burkart, G., 1997: Lebensphasen – Liebessphasen. Opladen.
Burkart, G., 1998: Auf dem Weg zu einer Soziologie der Liebe, in: *Hahn, K./Burkart, G.* (Hrsg.), Liebe. Opladen, 15-49.
Burkart, G., 2006: Zaudernde Männer, zweifelnde Frauen, zögernde Paare: Wer ist Schuld an der Kinderlosigkeit?, in: *Berger, P. A./Kahlert, H.* (Hrsg.), Der demographische Wandel. Frankfurt a. M./New York, 111-135.
Burkart, G., 2007: Eine Kultur des Zweifels: Kinderlosigkeit und die Zukunft der Familie, in: *Konietzka, D./Kreyenfeld, M.* (Hrsg.), Ein Leben ohne Kinder. Wiesbaden, 401-420.
Burkart, G./Kohli, M., 1989: Ehe und Elternschaft im Individualisierungsprozeß: Bedeutungswandel und Milieudifferenzierung, in: ZfB 15, 405-426.
Burkart, G./Kohli, M., 1992: Liebe, Ehe, Elternschaft. München.
Burkart, G., u. a., 1989: Liebe, Ehe, Elternschaft. Wiesbaden.
Buske, S., 2004: Fräulein Mutter und ihr Bastard. Eine Geschichte der Unehelichkeit in Deutschland 1900-1970. Göttingen.
Butterwegge, C., 2005: Maßnahmen zur Verringerung und Vermeidung von Kinderarmut, in: WSI-Mitteilungen 5, 244-249.
Butterwegge, C., 2006: Demographie als Ideologie? Zur Diskussion über Bevölkerungs- und Sozialpolitik in Deutschland, in: *Berger, P. A./Kahlert, H.* (Hrsg.), Der demographische Wandel. Frankfurt a. M./New York, 53-80.
Buunk, B. P./van Driel, B., 1989: Variant Lifestyles and Relationships. Newbury Park u. a.
BZgA (Hrsg.), 2001: frauen leben. Eine Studie zu Lebensläufen und Familienplanung von Cornelia Helfferich. Forschung und Praxis der Sexualaufklärung und Familienplanung, Bd. 19. Köln.
BZgA (Hrsg.), 2005: Wenn Teenager Eltern werden. Köln.
BZgA (Hrsg.), 2005a: Kinderwunsch und Familiengründung bei Frauen und Männern mit Hochschulabschluss. Köln.

Carl, C., 2002: Gewollt kinderlose Frauen und Männer. Frankfurt a. M.
Carlisle, W., 1994: Sharing home responsibilities, in: *Konek, C. W./Kitch, S. L.* (Hrsg.), Women and careers. Thousand Oaks.
Chassé, K. A., u. a., 2003: Meine Familie ist arm. Wie Kinder im Grundschulalter Armut erleben und bewältigen. Opladen.
Cherlin, A. J., 2004: The Deinstitutionalization of American Marriage, in: JMarr.Fam. 66, 848-861.
Coleman, M., u. a., 2000: Reinvestigating remarriage: Another decade of progress, in: JMarr.Fam. 62, 1288-1307.
Coltrane, S., 1996: Family Man. Oxford.
Coontz, S., 2005: Marriage, a History. From Obedience to Intimacy or How Love Conquered Marriage. New York.
Corak, M. (Hrsg.), 2004: Generational Income Mobility in North America and Europe. Cambridge.

Cornelißen, W./Blanke, K., 2004: Zeitverwendung von Mädchen und Jungen, in: *Statistisches Bundesamt* (Hrsg.), Alltag in Deutschland. Wiesbaden, 160-174.
Cornelißen, W./Fox, K. (Hrsg.), 2007: Studieren mit Kind. Die Vereinbarkeit von Studium und Elternschaft: Lebenssituationen, Maßnahmen und Handlungsperspektiven. München.
Cornelißen, W., u. a., 2005: Erwerbseinkommen von Frauen und Männern, in: *Cornelißen, W.* (Hrsg.), Gender-Datenreport. München, 149-213.
Cyprian, G., 1978: Sozialisation in Wohngemeinschaften. Stuttgart.
Cyprian, G., 1996: Veränderungen der Rollenbilder von Mann und Frau im Kontext von Partnerschaft, Ehe und Familie, in: *Vaskovics, L. A./Lipinski, H.* (Hrsg.), Familiale Lebenswelten und Bildungsarbeit (1). Opladen, 69-110.
Cyprian, G., 2005: Die weißen Flecken in der Diskussion zur „neuen Vaterrolle" – Folgerungen aus dem gegenwärtigen Forschungsstand in Deutschland, in: ZfF 17, H. 1, 76-79.
Cyprian, G., 2007: Väterforschung im deutschsprachigen Raum. Ein Überblick über Methoden, Ergebnisse und offene Fragen, in: *Mühling, T./Rost, H.* (Hrsg.), Väter im Blickpunkt. Opladen.

Dackweiler, R.-M., 2006: Reproduktives Handeln im Kontext wohlfahrtsstaatlicher Geschlechterregime, in: *Berger, P. A./Kahlert, H.* (Hrsg.), Der demographische Wandel. Frankfurt a. M./New York, 81-107.
Dannecker, M., 1989: Sexualwissenschaftliche Studien über das Sexualverhalten und den Lebensstil homosexueller Männer. Abschlußbericht. Frankfurt a. M.
Dannecker, M., 1991: Der homosexuelle Mann im Zeichen von Aids. Hamburg.
Dannecker, M./Reiche, R., 1974: Der gewöhnliche Homosexuelle. Frankfurt a. M.
Dannenbeck, C., 1992: Zeitökonomische Aspekte der Organisation des Familienalltags, in: *Bertram, H.* (Hrsg.), Die Familie in den neuen Bundesländern. Opladen, 187-212.
Dannenbeck, C./Stich, J., 2002: Sexuelle Erfahrungen im Jugendalter. Aushandlungsprozesse im Geschlechterverhältnis. Köln.
Davila, J./Bradbury, T. N., 2001: Attachment Insecurity and the Distinction Between Unhappy Spouses Who Do and Do Not Divorce, in: JFamPsych 15, 371-393.
Decurtins, L./Meyer, P. C. (Hrsg.), 2001: Entschieden geschieden. Was Trennung und Scheidung für Väter bedeutet. Chur/Zürich.
De Jong Gierveld, J., 2004: Remarriage, Unmarried Cohabitation, Living Apart Together: Partner Relationships Following Bereavement or Divorce, in: JMarr.Fam. 66, 236-243.
Dekker, A./Matthiesen, S., 2004: Beziehungsformen im Lebensverlauf dreier Generationen, in: ZfF 16, H. 1, 38-55.
Dettling, D., 2006: Das neue Elterngeld: Durchbruch oder ungerecht?, in: Das Online Familienhandbuch.
DIALOG, 2005: The Demographic Future of Europe – Facts, Figures, Policies. Ergebnisse der Population Policy Acceptance Study (PPAS), hrsg. von BiB und Robert Bosch Stiftung.
Diederichsen, U., 2001: § 1687 BGB, in: Palandt: Bürgerliches Gesetzbuch. 60. Aufl. München, § 1687 RdNrn. 6-13.
Diefenbach, H., 1999: Geschichte wiederholt sich nicht? Der Zusammenhang von Ehescheidung in der Eltern- und in der Kindgeneration, in: *Klein, T./Kopp, J.* (Hrsg.), Scheidungsursachen aus soziologischer Sicht. Würzburg, 91-118.
Diekmann, A./Engelhardt, H., 1995: Die soziale Vererbung des Scheidungsrisikos, in: ZfS 24, 215-228.
Dienel, C. (Hrsg.), 2005: Abwanderung, Geburtenrückgang und regionale Entwicklung. Ursachen und Folgen des Bevölkerungsrückgangs in Ostdeutschland. Wiesbaden.
Dierks, M., 2005: Karriere! – Kinder, Küche? Zur Reproduktionsarbeit in Familien mit qualifizierten berufsorientierten Müttern. Wiesbaden.
Diewald, M., 1991: Soziale Beziehungen: Verlust oder Liberalisierung? Berlin.
Diewald, M., 1993: Netzwerkorientierungen und Exklusivität der Paarbeziehung, in: ZfS 22, 279-297.
Diewald, M., 1993a: Hilfebeziehungen und soziale Differenzierung im Alter, in: KZfSS 45, 731-754.
Diewald, M., 2004: Soziale Integration, soziale Netzwerke und Familie. Kurzexpertise im Rahmen des Projektes „Familienforschung für die Familienpolitik" (unveröffentlicht).
Diezinger, A., 1991: Frauen: Arbeit und Individualisierung. Opladen.
Dimpker, H., 2005: Wegweiser für den Umgang nach Trennung und Scheidung. Berlin.
DIW. Deutsches Institut der Wirtschaft, 2003: Hohe Lebenszufriedenheit teilzeitbeschäftigter Mütter, Wochenbericht 35.
DJI. Deutsches Jugendinstitut (Hrsg.), 1992: Was tun Kinder am Nachmittag? München.
DJI. Deutsches Jugendinstitut, 2005: Zahlenspiegel 2005 – Kindertagesbetreuung im Spiegel der Statistik. Online-Publikation.
DJI. Deutsches Jugendinstitut, 2007: Familienwissenschaftlicher Infoletter (FAMI 1 07). München.
Doblhammer, G./Ziegler, U., 2007: Familie kann für die Pflege wichtiger werden, in: *Tivig, T./Hetze, P.* (Hrsg.), Deutschland im Demografischen Wandel, Ausgabe 2007. Rostock.

Döge, P., 2006: Männer – Paschas und Nestflüchter? Opladen.
Döge, P./Behnke, C., 2005: Auch Männer haben ein Vereinbarkeitsproblem. IAIZ-Schriftenreihe Bd. 3. Berlin.
Döge, P./Volz, R., 2004: Männer – weder Paschas noch Nestflüchter, in: APuZ 46, 13-23.
Domsch, M./Krüger-Basener, M., 1991: Personalplanung und -entwicklung für Dual Career Couples (DCC's), in: *Rosenstiel, C. von*, u. a. (Hrsg.), Führung von Mitarbeitern. Stuttgart, 398-408.
Dorbritz, J., 1997: Der demographische Wandel in Ostdeutschland – Verlauf und Erklärungsansätze, in: ZfB 22, 239-268.
Dorbritz, J., 1998: Die Zahl der Einpersonenhaushalte steigt unaufhörlich, in: BiB-Mitteilungen 4, 18-22.
Dorbritz, J., 1998a: Trends der Geburtenhäufigkeit in Niedrig-Fertilitäts-Ländern und Szenarien der Familienentwicklung in Deutschland, in: ZfB 23, 179-210.
Dorbritz, J., 2000: Europäische Fertilitätsmuster, in: ZfB 25, 235-266.
Dorbritz, J., 2002: Nichts ist für die Ewigkeit. Ehescheidungen in Deutschland und im europäischen Vergleich, in: BiB-Mitteilungen 3, 15-19.
Dorbritz, J., 2003: Polarisierung versus Vielfalt. Lebensformen und Kinderlosigkeit in Deutschland – eine Auswertung des Mikrozensus, in: ZfB 28, 403-421.
Dorbritz, J., 2004: Keine Kinder mehr gewünscht?, in: BiB-Mitteilungen 3, 10-17.
Dorbritz, J., 2004a: Demographische Trends und Hauptergebnisse der deutschen Population Policy Acceptance Study (PPAS), in: ZfB 29, 315-328.
Dorbritz, J., 2004b: Demographisches Wissen, Einstellungen zum demographischen Wandel und Ursachen des Geburtenrückgangs, in: ZfB 29, 329-361.
Dorbritz, J., 2005: Kinderlosigkeit in Deutschland und Europa – Daten, Trends und Einstellungen, in: ZfB 30, 359-408.
Dorbritz, J./Fiedler, C., 2007: Familien im Spannungsfeld von Kinderbetreuung und Frauenerwerbstätigkeit – Ergebnisse aus Umfragen des Bundesinstituts für Bevölkerungsforschung im Kontext der aktuellen Diskussion, in: BiB-Mitteilungen 1, 21-26.
Dorbritz, J./Fux, B. (Hrsg.), 1997: Einstellungen zur Familienpolitik in Europa. München.
Dorbritz, J./Gärtner, K., 1998: Bericht 1998 über die demographische Lage in Deutschland mit dem Teil B „Ehescheidungen – Trends in Deutschland und im internationalen Vergleich", in: ZfB 23, 373-458.
Dorbritz, J./Naderi, R., 2005: Neue Bundesländer: Anteile nichtehelich Lebendgeborener auf Rekordhoch, in: BiB-Mitteilungen 3, 10-15.
Dorbritz, J./Philipov, D., 2002: Der Wandel in den Mustern der Familienbildung und der Ehescheidungen in den Reformstaaten Mittel- und Osteuropas – Die Folgen des Austausches der Wirtschafts- und Sozialordnung, in: ZfB 27, 427-463.
Dorbritz, J./Schwarz, K., 1996: Kinderlosigkeit in Deutschland – ein Massenphänomen?, in: ZfB 21, 231-261.
Dorbritz, J., u. a., 2005: Einstellungen zu demographischen Trends und zu bevölkerungsrelevanten Politiken. Ergebnisse der Population Policy Acceptance Study in Deutschland. Wiesbaden.
Dressel, C., 2005: Erwerbstätigkeit – Arbeitsmarktintegration von Frauen und Männern, in: *Cornelißen, W.* (Hrsg.), Gender-Report. München, 92-148.
Dressel, C., u. a., 2005a: Vereinbarkeit von Familie und Beruf, in: *Cornelißen, W.* (Hrsg.), Gender-Report. München, 266-341.
Dressel, C., u. a., 2005b: Soziale Sicherung, in: *Cornelißen, W.* (Hrsg.), Gender-Report. München, 385-448.
Dür, W., u. a., 1992: Homosexuelle Lebenszusammenhänge und AIDS, in: ÖZS 17, 35-48.
Duschek, K.-J./Wirth, H., 2005: Kinderlosigkeit von Frauen im Spiegel des Mikrozensus. Eine Kohortenanalyse der Mikrozensen 1987 bis 2003, in: WiSta 8, 800-820.
Duschek, K.-J./Wirth, H., 2005a: Kinderlosenquoten von Männern im Spiegel des Mikrozensus, in: Ein Leben ohne Kinder? Workshop 6.-7. Okt. 2005 des Max-Planck-Instituts für demografische Forschung. Rostock.

Ebertz, B., 1987: Adoption als Identitätsproblem. Freiburg.
Eckhard, J., 2006: Kinderlosigkeit durch Partnerschaftslosigkeit, in: ZfB 31, 105-125.
Eckhard, J./Klein, T., 2006: Männer, Kinderwunsch und generatives Verhalten. Wiesbaden.
EG. Amt für amtliche Veröffentlichungen der Europäischen Gemeinschaften (Hrsg.), 2001: Beschreibung der sozialen Lage in Europa 2001. Luxemburg.
EG. Amt für amtliche Veröffentlichungen der Europäischen Gemeinschaften (Hrsg.), 2004: Bevölkerungsstatistik. Ausgabe 2004. Luxemburg.
Eggen, B., 2002: Gleichgeschlechtliche Lebensgemeinschaften. Erste Ergebnisse einer Untersuchung im Rahmen des Mikrozensus, in: *Schneider, N. F./Matthias-Bleck, H.* (Hrsg.), Elternschaft heute. Opladen, 215-234.
Eggen, B., 2004: Kinder in gleichgeschlechtlichen Lebensgemeinschaften, in: *Fthenakis, W. E./Textor, M. R.* (Hrsg.), Das Online-Familienhandbuch.
Eggen, B., 2005: Familienpolitik, Geburtenhäufigkeit und Einkommensarmut in der EU, in: Statistisches Monatsheft Baden-Württemberg 4, 8-11.

Eggen, B., 2006: Alleinerziehende – Vielfalt einer Familienform, in: *Fthenakis, W. E./Textor, M. R.* (Hrsg.), Das Online-Familienhandbuch.
Eggen, B., 2006a: Ökonomische Situation der Famlien in Deutschland und in seinen Ländern 2003. Expertise für den 7. Familienbericht, März 2005, in: *Fthenakis, W. E./Textor, M. R.* (Hrsg.), Das Online-Familienhandbuch.
Eggen, B./Rupp, M. (Hrsg.), 2006: Kinderreiche Familien. Wiesbaden.
Eichhorst, W., u. a., 2007: Vereinbarkeit von Familie und Beruf im internationalen Vergleich. Bielefeld.
Emmerling, D., 2005: Ehescheidungen 2003, in: WiSta 2, 97-108.
Emmerling, D., 2007: Ehescheidungen 2005, in: WiSta 2, 159-168.
Empirica. empirica-Institut für Forschung und Beratung, 2005: Lebensökonomie als (mögliches) Leitbild einer nachhaltigen Familienpolitik, in: Das Familienhandbuch.
Engelbrech, G., 1994: Frauenerwerbslosigkeit in den neuen Bundesländern. Folgen und Auswege, in: APuZ B 6, 22-32.
Engelbrech, G., 2002: Transferzahlungen an Familien – demografische Entwicklung und Chancengleichheit, in: WSI Mitteilungen 3, 139-146.
Engelhardt, H./Prskawetz, A., 2005: Beruf und Familie immer noch schwer zu vereinbaren, in: Demografische Forschung Aus Erster Hand 2, Nr. 3, 1-2.
Engstler, H., 2002: Wiederheirat nach Scheidung, in: *Dorbritz, J./Otto, J.* (Hrsg.), Familienpolitik und Familienstrukturen. Wiesbaden, 201-214.
Engstler, H., 2004: Erwerbsbeteiligung in der zweiten Lebenshälfte und der Übergang in den Ruhestand, in: *Tesch-Römer, C.* (Hrsg.), Sozialer Wandel und individuelle Entwicklung in der zweiten Lebenshälfte. DZA Berlin, 65-121.
Engstler, H./Menning, S., 2003: Die Familie im Spiegel der amtlichen Statistik. Erw. Neuauflage Bonn (mit aktualisierten Tabellen Nov. 2004).
Engstler, H., u. a., 2004: Die Zeitverwendung älterer Menschen, in: Statistisches Bundesamt (Hrsg.), Alltag in Deutschland. Wiesbaden, 216-246.
Erler, G., u. a., 1988: Kind? Beruf? Oder Beides? Hamburg.
Esser, H., 2002: Ehekrisen: Das (Re-)Framing der Ehe und der Anstieg der Scheidungsraten, in: ZfS 31, 472-496.
Esser, H., 2002a: In guten wie in schlechten Tagen. Ehekrisen, Untreue und der Anstieg der Scheidungsraten – eine Ursachenanalyse, in: Forum 2002, Uni Mannheim, 12-17.
Ette, A./Ruckdeschel, K., 2007: Die Oma macht den Unterschied! Der Einfluss institutioneller und informeller Unterstützung für Eltern auf ihre weiteren Kinderwünsche, in: ZfB 32, 51-72.
Ettrich, K. U., u. a., 2001: Rollenverhalten und partnerschaftliche Zufriedenheit junger Eltern in Ost-Deutschland und der Jemenitischen Arabischen Republik (Südjemen), in: *Nickel, H./Quaiser-Pohl, C.* (Hrsg.), Junge Eltern im kulturellen Wandel. Weinheim/München, 173-182.
Etzioni, A., 1993: Die Entdeckung des Gemeinwesens. Ansprüche, Verantwortlichkeiten und das Programm des Kommunitarismus. Frankfurt a. M.
Europäische Gemeinschaften (Hrsg.), 1995: Frauen und Männer in der EU. Luxemburg.
Europäische Kommission, 2004: How Europeans spend their time. Data 1998-2002. Luxemburg.
Europäische Kommission, 2006: Bevölkerungsstatistik. Ausgabe 2006. Luxemburg.
Eurostat (Hrsg.), 2005: Eurostat Jahrbuch 2005. Luxemburg.
Evertsson, M./Nermo, M., 2004: Dependence within Families and the Division of Labor – Comparing Sweden and the United States, in: JMarr.Fam. 66, 1272-1286.

Fahey, T./Spéder, Z., 2004: Fertility and family issues in an enlarged Europe. European Foundation for the Improvement of Living and Working Conditions. Dublin.
Faust, A., 1987: Gründe nichtehelicher Lebensgemeinschaften, (noch) nicht zu heiraten, in: *Lengsfeld, W./Schwägler, G.* (Hrsg.), Nichteheliche Lebensgemeinschaften. Wiesbaden.
Feierabend, S./Klingler, W., 2003: KIM-Studie 2003. Kinder und Medien, Computer und Internet. Baden-Baden.
Feil, C., 2003: Kinder, Geld und Konsum. Die Kommerzialisierung der Kindheit. Weinheim/München.
Feldhaus, M., 2003: „Remote control" durch das Mobiltelefon – empirische Ergebnisse zu einer neuen Qualität in der Soziologie der Erziehung, in: ZSE 23, 416-432.
Feldkircher, M., 1994: Erziehungsziele in West- und Ostdeutschland, in: *Braun, M./Mohler, P. P.* (Hrsg.), Blickpunkt Gesellschaft 3. Opladen, 175-208.
Ferri, E., 1984: Stepchildren. Oxford.
Fliege, T., 1998: Bauernfamilien zwischen Tradition und Moderne. Frankfurt a. M.
Fooken, I., 2004: „Späte Einsichten" bei „späten Trennungen". Plötzlicher Konsensbruch, trügerische Konsens-Illusion oder langjähriger Dissens?, in: ZfF 16, 289-304.

Forsa. Media-Forschung und -Service, 2004: Gründe für den Verzicht auf (weitere) Kinder. Ergebnisse der forsa-Befragung 2004.
Fränznick, M./Wieners, K., 1996: Ungewollte Kinderlosigkeit. Psychosoziale Folgen, Bewältigungsversuche und die Dominanz der Medizin. Weinheim/München.
Franco, A./Winqvist, K., 2002: Frauen und Männer, die Arbeit und Familie vereinbaren, in: Statistik kurzgefasst. Bevölkerung u. soziale Bedingungen, Thema 3 – 9.
Franz, P./Herlyn, U., 1995: Familie als Bollwerk oder als Hindernis? Die Rolle der Familienbeziehungen bei der Bewältigung der Vereinigungsfolgen, in: *Nauck, B.,* u. a. (Hrsg.), Familie und Lebenslauf im gesellschaftlichen Umbruch. Stuttgart, 90-102.
Freymeyer, K./Otzelberger, M., 2000: In der Ferne so nah. Lust und Last der Wochenendbeziehungen. Berlin.
Friedrichs, J., 1998: Einleitung: „Im Flugsand der Individualisierung"?, in: *ders.* (Hrsg.), Die Individualisierungs-These. Opladen, 7-11.
Fritz, K., u. a. (Hrsg.), 2003: Mediensozialisation. Opladen.
Fromme, J., 2005: Kinder, Freizeit und Computer, in: Das Online-Familienhandbuch.
Frosch, K., 2007: Einfluss soziodemographischer Faktoren und der Erwerbsbiographie auf die Reintegration von Arbeitssuchenden: Schlechte Chancen ab Alter 50? Rostocker Zentrum – Diskussionspapier Nr. 11.
Fthenakis, W. E., 1995: Kindliche Reaktionen auf Trennung und Scheidung, in: Familiendynamik 20, 127-154.
Fthenakis, W. E./Kalicki, B., 2000: Die „Gleichberechtigungsfalle" beim Übergang zur Elternschaft, in: *Maywald, J.,* u. a. (Hrsg.), Familien haben Zukunft. Reinbek bei Hamburg, 161-170.
Fthenakis, W. E./Ladwig, A., 2004: Homosexuelle Väter, in: *Fthenakis, W. E./Textor, M. R.* (Hrsg.), Das Online-Familienhandbuch.
Fthenakis, W. E./Minsel, B., 2002: Die Rolle des Vaters in der Familie. München.
Fthenakis, W. E., u. a., 2002: Paare werden Eltern. Die Ergebnisse der LBS-Familien-Studie. Opladen.
Fthenakis, W. E., u. a., 2005: Facetten moderner Vaterschaft. Gutachten im Auftrag des BMFSFJ. Berlin.
Fuchs, M., 2003: Hausfamilien. Opladen.
Fuhs, B., 1996: Das außerschulische Kinderleben in Ost- und Westdeutschland, in: *Büchner, P.,* u. a. (Hrsg.), Vom Teddybär zum ersten Kuss. Opladen, 129-158.
Funk, H., 2005: Lesbische Lebensformen und Sexualität, in: *Funk, H./Lenz, K.* (Hrsg.), Sexualitäten. Weinheim/München, 151-160.
Furstenberg Jr., F. F., 1987: Fortsetzungsehen, in: SW 38, 29-39.
Furstenberg Jr., F. F., 1987a: The New Extended Family: The Experience of Parent and Children after Remarriage, in: *Pasley, K./Ihinger-Tallmann, M.* (Hrsg.), Remarriage and Stepparenting. New York/London, 42-61.

Gähler, M., 2006: „To Divorce Is to Die a Bit ...": A Longitudinal Study of Marital Disruption and Psychological Distress Among Swedish Women and Men, in: The Family Journal 14, 372-382.
Gärtner, K., u. a. (Hrsg.), 2005: Lebensstile, Lebensphasen, Lebensqualität. Wiesbaden.
Garhammer, M., 1997: Familiale und gesellschaftliche Arbeitsteilung – ein europäischer Vergleich, in: ZfF 9, H. 1, 28-70.
Gehres, W., 2007: „Scheitern" von Pflegeverhältnissen – Ein Klärungsversuch zur Sozialisation in Pflegefamilien, in: ZSE 27, H. 1, 73-87.
Geissler, B./Oechsle, M., 1994: Lebensplanung als Konstruktion: Biographische Dilemmata und Lebenslauf-Entwürfe junger Frauen, in: *Beck, U./Beck-Gernsheim, E.* (Hrsg.), Riskante Freiheiten. Frankfurt a. M., 139-167.
Geissler, B./Oechsle, M., 1996: Lebensplanung junger Frauen. Weinheim.
Geissler, B./Oechsle, M., 2000: Die Modernisierung weiblicher Lebenslagen, in: APuZ B 31-32, 11-17.
Geißler, R., 2006: Die Sozialstruktur Deutschlands. 4., überarb. u. aktualis. Aufl. Wiesbaden.
Gensicke, T., 1996: Sozialer Wandel durch Modernisierung, Individualisierung und Wertewandel, in: APuZ B 42, 3-17.
Gerhards, J., 1989: Intimitätsmuster, risikoarmes Sexualverhalten und die Chancen aufklärender Steuerung, in: KZfSS 41, 540-554.
Gerhards, J., 2005: Kulturelle Unterschiede in der Europäischen Union. Wiesbaden.
Gerstel, N./Gross, H. E., 1984: Commuter Marriage. New York/London.
Geserick, C., 2005: Neue Medien im familialen Kontext. ÖIF Nr. 47. Wien.
Gesterkamp, T., 2005: Betriebliche und politische Hindernisse engagierter Vaterschaft, in: ZfF 17, H. 1, 66-75.
Giddens, A., 1993: Wandel der Intimität. Frankfurt a. M.
Gille, M./Marbach, J., 2004: Arbeitsteilung von Paaren und ihre Belastung mit Zeitstress, in: Statistisches Bundesamt (Hrsg.), Alltag in Deutschland. Wiesbaden, 86-113.
Gilmartin, B. G., 1977: Swinging: Who gets Involved and how?, in: *Libby, R. W./Whitehurst, R. N.* (Hrsg.), Marriage and Alternatives: Exploring Intimate Relationship. Glenview/Ill., 161-185.
Glatzer, W., 1998: Nichteheliche Lebensgemeinschaften, in: APuZ B 53, 17-25.

Glenwick, D. S./Mowerey, J. D., 1986: When Parent Becomes Peer: Loss of Intergenerational Boundaries in Single Parents Families, in: Family Relations 35, 57-62.
Gloger-Tippelt, G., 1985: Der Übergang zur Elternschaft, in: Z. f. Entwicklungspsych. u. Päd. Psychol. 17, 53-92.
Glowsky, D., 2007: Staatsbürgerschaft als Ressource bei der Heirat ausländischer Frauen. Eine Analyse mit Daten des Sozio-ökonomischen Panels, in: ZfS 36, 282-301.
Goldberg, C., 2003: Postmoderne Frauen in traditionalen Welten. Zur Weiblichkeitskonstruktion von Bäuerinnen. Frankfurt/M. u. a.
Goldstein, J., u. a., 1979: Jenseits des Kindeswohls. Frankfurt a. M.
Goldstein, J., u. a., 2003: The emergency of sub-replacement family size ideals in Europe, in: Population Research and Policy Review 22, 479-496.
Gomilschak, M., u. a., 2000: Weibliche Erwerbstätigkeit und Einstellungen zur Rolle von Frauen, in: ÖZS 25, 65-78.
Grabka, M./Krause, P., 2005: Einkommen und Armut von Familien und älteren Menschen. DIW-Wochenbericht 72, 9, 155-162.
Gräbe, S./Ott, E., 2003: „... man muss alles doppelt haben". Wochenpendler mit Zweithaushalt am Arbeitsort. Münster.
Gräfinger, E., 2004: Väter im Erziehungsurlaub: Reaktionen, Erfahrungen, Erkenntnisse, in: *Fthenakis, W. E./Textor, M. R.* (Hrsg.), Das Online-Familienhandbuch.
Graf, J./Walper, S., 2002: Entwicklungsverläufe der Beziehung zwischen Kindern und ihren Stiefvätern. Vortrag gehalten auf dem Kongress der Deutschen Gesellschaft für Psychologie in Berlin.
Greenstein, T. N., 2000: Economic Dependency, Gender, and the Division of Labor at Home – A Replication and Extension, in: JMarr.Fam. 62, 322-335.
Groh-Samberg, O./Grundmann, M., 2006: Soziale Ungleichheit im Kindes- und Jugendalter, in: APuZ 26, 11-18.
Gross, P./Honer, A., 1990: Multiple Elternschaften, in: SW 41, 97-116.
Grünheid, E., 2003: Junge Frauen in Deutschland – Hohe Ausbildung contra Kinder?, in: BiB-Mitteilungen 1, 9-15.
Grünheid, E., 2006: Die demographische Lage in Deutschland 2005, in: ZfB 31, 3-104.
Grünheid, E./Mammey, U., 1997: Bericht 1997 über die demographische Lage in Deutschland, in: ZfB 22, 377-480.
Grundmann, M., u. a., 1994: Familie und Bildung, in: *Büchner, P.*, u. a.: Kindliche Lebenswelten, Bildung und innerfamiliale Beziehungen. Weinheim/München, 41-104.
Grunert, C./Krüger, H.-H., 2006: Kindheit und Kindheitsforschung in Deutschland. Opladen.
Grunow, D., u. a., 2007: Was erklärt die Traditionalisierungsprozesse häuslicher Arbeitsteilung im Eheverlauf: soziale Normen oder ökonomische Ressourcen?, in: ZfS 36, H. 3, 162-181.
Gutschmidt, G., 1986: Kind und Beruf. Alltag alleinerziehender Mütter. Weinheim/München.
Gysi, J. (Hrsg.), 1989: Familienleben in der DDR. Berlin-Ost.
Gysi, J., u. a., 1989: Zukunft von Ehe und Familienpolitik in der DDR im Umbruch. Berlin-Ost.

Haas, H./Waldenmaier, C. (Hrsg.), 2004: Der Kuckucksfaktor. Wien.
Haavio-Mannila, E., u. a., 2003: Sexuelle Lebensstile in drei Generatinen. Eine Analyse autobiographischer Geschichten über Sexualität und Beziehung, in: ZSexualforsch 16, 143-159.
Haberkern, K., 2005: Nutzen – Macht – Identität: Zeitverwendung und Arbeitsteilung in Paarhaushalten. Diskussions-Papier der Forschungsgruppe Arbeit, Generation, Sozialstruktur (AGES) der Universität Zürich. Zürich.
Haberkern, K., 2007: Zeitverwendung und Arbeitsteilung in Paarhaushalten, in: ZfF 19, 159-185.
Habich, R./Zapf, W., 1994: Verbesserungen und Krisensymptome: Zur Wohlfahrtsentwicklung in West- und Ostdeutschland, in: Gegenwartskunde 43, 259-291.
Häder, M./Kiehl, W., 1994: Sexualverhalten unter dem Eindruck von AIDS in der Allgemeinbevökerung der ehemaligen DDR, in: *Heckmann, W./Koch, M. A.* (Hrsg.), Sexualverhalten in Zeiten von Aids. Berlin, 53-61.
Häußermann, H./Siebel, W., 2002: Wohnen und Familie, in: Nave-Herz, R. (Hrsg.), Kontinuität und Wandel der Familie in Deutschland. Opladen, 183-205.
Haider, E., 1984: Wohngemeinschaften in Österreich. Frankfurt a. M./New York.
Hakim, C., 2003: A New Approach to Explaining Fertility Patterns: Preference Theory, in: Population and Development Review 29/3, 349-374.
Hakim, C., 2003a: Models of the Family in Modern Societies. Ideals and Realities. Ashgate.
Hall, A., 1999: „Drum prüfe, wer sich ewig bindet". Eine empirische Untersuchung zum Einfluss vorehelichen Zusammenlebens auf das Scheidungsrisiko, in: *Klein, T./Kopp, J.* (Hrsg.), Scheidungsursachen aus soziologischer Sicht. Würzburg, 119-141.

Halsig, N., 1995: Hauptpflegepersonen in der Familie, in: Z. f. Gerontopsychologie und -psychiatrie 4, 247-272.
Hamm, I., u. a. (Hrsg.), 2007: Demographic Change in Germany. Heidelberg/New York.
Hammer, V., 2002: Alleinerziehende im Gender-Diskurs – Unterschiede oder Gemeinsamkeiten bei Müttern und Vätern?, in: ZfF 14, 194-207.
Hammer, V., 2003: Einelternfamilien mit besonderen Belastungen, in: *Fegert, J. M./Ziegenhain, U.* (Hrsg.), Hilfen für Alleinerziehende. Weinheim.
Hampel, J., u. a., 1989: Technisierung des Haushalts, Frauenerwerbstätigkeit und familiale Rollenallokation, in: *Wagner, G.*, u. a. (Hrsg.), Familienbildung und Erwerbstätigkeit im demographischen Wandel. Berlin u. a., 239-250.
Hank, K., 2003: Ein Mehrebenenmodell regionaler Einflüsse auf die Familiengründung westdeutscher Frauen in den Jahren 1984 bis 1999, in: KZfSS 55, 79-98.
Hank, K., 2007: Proximity and Contacts between Older Parents and their Children: A European Comparison, in: JFam.Marr. 69, 157-173.
Hanna, S. L./Knaub, P. K., 1981: Cohabitation before Remarriage: Its Relationship to Family Strength, in: Alternative Lifestyles 4, 507-522.
Hardarson, O., 2007: Männer und Frauen in unfreiwillig befristeten Beschäftigungsverhältnissen, in: Statistik kurzgefasst. Bevölkerung und soziale Bedingungen 98, 1-8.
Hartmann, J., 2005: Was hält Ehen zusammen? Online-Familienhandbuch.
Hassebrauck, M., 2003: Romantische Männer und realistische Frauen: Geschlechtsunterschiede in Beziehungskognitionen, in: Z. f. Sozialpsychologie 34, 25-35.
Hassebrauck, M./Küpper, B., 2002: Warum wir aufeinander fliegen. Die Gesetze der Partnerwahl. Reinbek.
Haumann, W., 2006: Generationen-Barometer 2006. Eine Studie des Instituts für Demoskopie Allensbach, hrsg. vom Forum Familie Stark Machen. Freiburg/München.
Hausen, K., 1976: Polarisierung der „Geschlechtscharaktere", in: *Conze, W.* (Hrsg.), Sozialgeschichte der Familie in der Neuzeit Europas. Stuttgart, 363-393.
Haustein, S./Bierhoff, H. W., 1999: Zusammen und getrennt wohnende Paare: Unterschiede in grundlegenden Beziehungsdimensionen, in: ZfF 11, H. 1, 59-76.
Heekerens, H.-P., 1988: Die zweite Ehe. Wiederheirat nach Scheidung und Verwitwung. Weinheim.
Heekerens, H.-P./Ohling, M., 2005: Kinder, Armut und Sozialstaat, in: unsere jugend 57, 365-376.
Heiliger, A., 2005: Schattenseiten des neuen Sorge- und Umgangsrechts – Folgerungen für eine kindeswohlfördernde Praxis, in: Sozialwiss. Fachinformationsdienst Jugendforschung 1, 9-17.
Heitmeyer, W., u. a., 1995: Gewalt. Weinheim/München.
Helfferich, C., u. a., 2004: männer leben. Köln.
Helfferich, C., u. a., 2005: Familienentwicklung als Transformation von Männlichkeit, in: *Tölke, A./Hank, K.* (Hrsg.), Männer – Das „vernachlässigte" Geschlecht in der Familienforschung. Wiesbaden, 73-100.
Hellwig, J. O., 2001: Die „kleine Scheidung". Der positive Einfluss von Partnerschaftstrennungen vor der ersten Ehe auf die Scheidungsneigung in der ersten Ehe, in: ZfB 26, 67-84.
Helms, L./Bierhoff, H.-W., 2001: Lässt sich Untreue durch Geschlecht, Einstellung oder Persönlichkeit vorhersagen?, in: ZfF 13, H. 3, 5-25.
Hennig, M., 2005: Wandel des Erwachsenwerdens und der Familiengründung in Deutschland. Expertise für die Expertenkommission „Familie und demographischer Wandel" der Robert Bosch Stiftung. Berlin.
Henry-Huthmacher, C./Hoffmann, E., 2006: Familienreport 2005. KAS-Arbeitspapier Nr. 151/2006. Sankt Augustin.
Herbert, W., 1988: Wertwandel in den 80er Jahren, in: *Luthe, H. O./Meulemann, H.* (Hrsg.), Wertwandel – Faktum oder Fiktion? Frankfurt a. M./New York, 140-160.
Herlth, A., 2004: Sozialisation und sozialökologische Bedingungen von Kindheit, binnenfamiliale Prozesse und Vaterschaft. Kurzexpertise im Rahmen des Projektes „Familienforschung für die Familienpolitik" (unveröffentlicht).
Herlyn, I., u. a., 1998: Großmutterschaft im weiblichen Lebenszusammenhang. Pfaffenweiler.
Herlyn, I., u. a., 2002: Späte erste Mutterschaft – erste empirische Befunde, in: *Schneider, N. F./Matthias-Bleck, H.* (Hrsg.), Elternschaft heute. Opladen, 121-143.
Herzberg, J., 1992: Kinderfreundschaften und Spielkontakte, in: Dt. Jugendinstitut (Hrsg.), Was tun Kinder am Nachmittag? München, 75-126.
Hess, M./Sturzbecher, D., 2002: Wertorientierungen, Kontrollüberzeugungen, Zukunftserwartungen und familiale Ressourcen, in: *Sturzbecher, D.* (Hrsg.), Jugendtrends in Ostdeutschland: Bildung, Freizeit, Politik, Risiken. Opladen, 17-38.
Hess, S., 2003: Globalisierte Hausarbeit, in: *Hess, S./Moser, J.* (Hrsg.), Kultur der Arbeit – Kultur der neuen Ökonomie. Graz, 9-28.
Heß-Meining, U./Tölke, A., 2005: Familien- und Lebensformen von Frauen und Männern, in: *Cornelißen, W.* (Hrsg.), Gender-Report. München, 214-265.

Hetherington, E. M./Kelly, J., 2003: Scheidung. Die Perspektive der Kinder. Weinheim u. a.
Hetherington, E. M./Stanley-Hagan, M., 2000: Diversity Among Stepfamilies, in: *Demo, D. H.*, u. a. (Hrsg.), Handbook of Family Diversity. New York/Oxford, 173-196.
Heuveline, P., u. a., 2003: Shifting Childrearing to Single Mothers: Results from 17 Western Countries, in: Population and Development Review 29, 47-71.
Hill, P. B./Kopp, J., 2002: Familiensoziologie. 2., überarb. u. erw. Aufl. Wiesbaden.
Hochschild, A. R., 2006: Keine Zeit. Wenn die Firma zum Zuhause wird und zu Hause nur Arbeit wartet. 2. Aufl. Wiesbaden.
Hochschild, A. R./Machung, A., 1997: Der Achtundvierzig-Stunden-Tag. München.
Höhn, C., 1989: Demographische Trends in Europa seit dem 2. Weltkrieg, in: *Nave-Herz, R./Markefka, M.* (Hrsg.), Handbuch der Familien- und Jugendforschung, Band 1: Familienforschung. Neuwied/Frankfurt a. M., 195-209.
Höllinger, F., 1992: Verfall der christlich-bürgerlichen Ehemoral – Einstellungen zu Ehe und Scheidung im interkulturellen Vergleich, in: ZfF 4, 197-220.
Höpflinger, F., 1989: Wandlungen im Lebenslauf junger Frauen – eine stille Revolution?, in: *Höpflinger, F./Erni-Schneuwly, D.* (Hrsg.), Weichenstellungen. Bern/Stuttgart, 37-71.
Höpflinger, F., 1997: Haushalts- und Familienstrukturen im intereuropäischen Vergleich, in: *Hradil, S./Immerfall, S.* (Hrsg.), Die westeuropäischen Gesellschaften im Vergleich. Opladen, 97-138.
Höpflinger, F., 2004: Beziehungen im höheren Lebensalter – demografische Grundlagen. Papier zur Sommerakademie zur Gerontologie „Soziale Beziehungen im Alter". Zürich.
Höpflinger, F., 2007: Frauen und Generationenbeziehungen in der zweiten Lebenshälfte, in: *Ministerium für Generationen, Familie, Frauen und Integration des Landes NW* (Hrsg.), Handbuch Demografischer Wandel. Die Stadt, die Frauen und die Zukunft. Online-Publikation.
Höpflinger, F./Baumgartner, D., 1999: „Sandwich-Generation": Metapher oder soziale Realität?, in: ZfF 11, H. 3, 102-111.
Höpflinger, F./Fux, B., 2007: Familien – intereuropäische Perspektive, in: *Ecarius, J.* (Hrsg.), Handbuch Familie. Wiesbaden, 57-77.
Hörl, J./Kytir, J., 1998: Die „Sandwich-Generation" – Soziale Realität oder gerontologischer Mythos?, in: KZfSS 50, 730-741.
Hofäcker, D., 2006: Väter im internationalen Vergleich, in: *Mühling, T./Rost, H.*, ifb-Familienreport Bayern 2006. Nürnberg, 107-139.
Hofäcker, D., 2007: Gut gemeint ist noch lange nicht getan. Eine international vergleichende Analyse zur partnerschaftlichen Arbeitsteilung im Haushalt, in: ISI 37, Januar, 12-15.
Hofäcker, D., 2007a: Globalisierung und die Entwicklung von Erwerbs- und Familienverläufen im internationalen Vergleich, in: *Buchholz, S.*, u. a.: Globalisierung und ihre Folgen für die Familie. Ifb-Materialien 3, 40-62.
Hofäcker, D./Lück, D., 2004: Zustimmung zu traditionellem Alleinverdienermodell auf dem Rückzug, in: ISI 32, 12-15.
Hofer, M., 2006: Wie Jugendliche und Eltern ihre Beziehung verändern, in: *Ittel, A./Merkens, H.* (Hrsg.), Interdisziplinäre Jugendforschung. Wiesbaden, 9-27.
Hoff, A., 2006: Intergenerationale Familienbeziehungen im Wandel, in: *Tesch-Römer, C.* (Hrsg.), Altwerden in Deutschland. Sozialer Wandel und individuelle Entwicklung in der zweiten Lebenshälfte. Wiesbaden, 231-287.
Hoffmann-Nowotny, H.-J., 1995: Die Zukunft der Familie – Die Familie der Zukunft, in: *Gerhardt, U.*, u. a. (Hrsg.), Familie der Zukunft. Opladen, 325-348.
Hoffmann-Riem, C., 1984: Das adoptierte Kind. München.
Hoffmann-Riem, C., 1988: Fragmentierte Elternschaft: technologischer Fortschritt und familiale Verarbeitung, in: *Lüscher, K.*, u. a. (Hrsg.), Die „postmoderne" Familie. Konstanz, 216-233.
Hoffmann-Riem, C., 1989: Elternschaft ohne Verwandtschaft: Adoption, Stiefbeziehung und heterologe Insemination, in: *Nave-Herz, R./Markefka, M.* (Hrsg.), Handbuch der Familien- und Jugendforschung, Band 1: Familienforschung. Neuwied/Frankfurt a. M., 389-411.
Hollstein, W., 1990: Die Männer – Vorwärts oder zurück? Stuttgart.
Holmes, M., 2004: An equal distance? Individualisation, gender and intimacy in distance relationships, in: The Sociological Review 52, 180-200.
Holst, E., 2005: Women Managers: Enormous Deficit in Large Companies and Employer's Associations, in: Weekly Report DIW Berlin 4, 57-67.
Holst, E./Schupp, J., 2005: Partnerschaftliche Verwaltung der Haushaltseinkommen ist die Regel. Eine Analyse von Arrangements der Geldverwaltung in Paarhaushalten, in: ISI 33, 12-15.
Holz, G., 2006: Lebenslagen und Chancen von Kindern in Deutschland, in: APuZ 26, 3-11.
Holzbrecher, M., u. a., 2000: Diskriminierungs- und Gewalterfahrungen lesbischer Frauen, in: ZSexualforsch 13, 40-63.

Honig, M.-S., u. a., 2004: Was ist ein guter Kindergarten? Weinheim/München.
Hradil, S., 1995: Auf dem Wege zur „Single-Gesellschaft", in: Gerhardt, U., u. a. (Hrsg.), Familie der Zukunft. Opladen, 189-224.
Hradil, S., 1998: Die Seismographen der Modernisierung. Singles in Deutschland, in: APuZ B 53, 9-16.
Hradil, S., 2003: Vom Leitbild zum „Leidbild". Singles, ihre veränderte Wahrnehmung und der „Wandel des Wertewandels", in: ZfF 15, H. 1, 38-54.
Hradil, S., 2004: Die Sozialstruktur Deutschlands im internationalen Vergleich. Wiesbaden.
Hradil, S., 2007: Vom Leitbild zum „Leidbild": Singles als Symbole der Moderne, in: *Mayer, S./Schulte, D.* (Hrsg.), Die Zukunft der Familie. München, 137-147.
Huinink, J., 1995: Warum noch Familie? Frankfurt a. M./New York.
Huinink, J., 2002: Polarisierung der Familienentwicklung in europäischen Ländern im Vergleich, in: *Schneider, N. F.*, u. a. (Hrsg.), Elternschaft heute. ZfF Sonderheft 2, 49-73.
Huinink, J., 2007: Wie neu sind die „neuen" Lebensformen? Vortrag auf dem Workshop des Max-Planck-Instituts für demografische Forschung zum Thema „Wandel der Lebensformen in Deutschland – Ausmaß, Ursachen und Konsequenzen im sozialpolitischen Kontext", Rostock, 22. und 23. März 2007.
Huinink, J./Konietzka, D., 2004: Der Weg in die soziale Unabhängigkeit – Sozialstruktureller Wandel des Auszugs aus dem Elternhaus im Kohortenvergleich, in: *Szydlik, M.* (Hrsg.), Generation und Ungleichheit. Wiesbaden, 144-167.
Huinink, J./Konietzka, D., 2007: Familiensoziologie. Eine Einführung. Frankfurt a. M./New York.
Huinink, J./Wagner, M., 1998: Individualisierung und die Pluralisierung der Lebensformen, in: *Friedrichs, F.* (Hrsg.), Die Individualisierungs-These. Opladen, 85-106.
Huinink, J., u. a., 2000: Hausarbeit in Partnerschaften, in: ZfF 12, H. 2, 21-53.
Hullen, G., 1998: Scheidungskinder – oder: Die Transmission des Scheidungsrisikos, in: ZfB 23, 19-38.
Hullen, G., 2004: Was verursachte die Zunahme der Mehrlingsgeburten?, in: ZfF 16, H. 1, 72-88.
Hullen, G., 2004a: Bevölkerungsentwicklung in Deutschland. Die Bevölkerung schrumpft, altert und wird heterogener, in: *Frevel, B.* (Hrsg.), Herausforderung demografischer Wandel. Wiesbaden, 15-25.
Hullen, G., 2006: Meine Kinder, deine Kinder, unsere Kinder – Patchwork-Familien, in: BiB-Mitteilungen 4, 15-18.
Hullen, G./Schulz, R., 1993-94: Bericht 1993 zur demographischen Lage in Deutschland, in: ZfB 19, 3-70.
Hungerland, B., 2003: „Und so gedeiht das Baby!" – Altersgerechte Entwicklung und Gesundheit als gesellschaftliche Norm und Leistung, in: *Hengst, H./Kelle, H.* (Hrsg.), Kinder, Körper, Identitäten. Weinheim/München, 139-160.
Hunnius, G./Jung, H., 1994: Sexualverhalten in Zeiten von AIDS im Spiegel repräsentativer Bevölkerungsumfragen, in: *Heckmann, W./Koch, M. A.* (Hrsg.), Sexualverhalten in Zeiten von Aids. Berlin, 33-52.
Hurrelmann, B., 1989: Fernsehen in der Familie. Weinheim/München.
Hurrelmann, B., 1996: Familienmitglied Fernsehen. Opladen.
Hurrelmann, K., 2003: Der entstrukturierte Lebenslauf. Die Auswirkungen der Expansion der Jugendphase, in: ZSE 23, 115-126.
Hurrelmann, K., u. a., 2006: Jugend 2006. Eine pragmatische Generation unter Druck, hrsg. von Shell Deutschland Holding. Frankfurt a. M.

IBM-Jugendstudie '92. Institut für Empirische Psychologie (Hrsg.), 1992: Die selbstbewusste Jugend. Köln.
Imhof, A. E., 1981: Die gewonnenen Jahre. München.
Inglehart, R., 1989: Kultureller Umbruch. Wertwandel in der westlichen Welt. Frankfurt a. M./New York.
Institut der deutschen Wirtschaft, 2003: Wie familienfreundlich ist die deutsche Wirtschaft?, in: iw-trends 30, H. 4, 1-18.
Institut der deutschen Wirtschaft (Hrsg.), 2005: Perspektive 2050. 2., aktual. Aufl. Köln.
Institut für Demoskopie Allensbach (Hrsg.), 1993: Frauen in Deutschland. Die Schering-Frauenstudie '93. Köln.
Institut für Demoskopie Allensbach, 2004: Einflussfaktoren auf die Geburtenrate. Ergebnisse einer Repräsentativbefragung der 18- bis 44-jährigen Bevölkerung. Allensbach.
Institut für Demoskopie Allensbach, 2005: Das subjektive Zeitfenster für die Elternschaft. Eine Repräsentativbefragung der Bevölkerung zwischen 16 und 44 Jahren, erhoben im Jahr 2005 im Auftrag des BMFSFJ. Allensbach.
Institut für Demoskopie Allensbach, 2005a: Einstellungen junger Männer zu Elternzeit, Elterngeld und Familienfreundlichkeit im Betrieb. Allensbach.
Institut für Demoskopie Allensbach, 2006: Generationen-Barometer 2006. Generationensolidarität und Familie als soziales Netz. Berlin.
Institut für Demoskopie Allensbach, 2007: Gravierende Unterschiede des gesellschaftlichen Klimas. Zusammenfassung der wichtigsten Befunde der Studie „Einflussfaktoren auf die Geburtenrate – ein deutsch-französischer Vergleich". Allensbach.

IPOS. Institut für praxisorientierte Sozialforschung Mannheim, 2004: Deutschland vor der demographischen Herausforderung. Mannheim.

Jouhette, S./Romans, F., 2005: Arbeitskräfteerhebung – Hauptergebnisse für 2004, in: Eurostat: Statistik kurzgefasst, Bevölkerung und soziale Bedingungen 9, 1-12.
Jürgens, K., 2003: Die Schimäre der Vereinbarkeit. Familienleben und flexibilisierte Arbeitszeiten, in: ZSE 23, 251-267.
Junge, M., 2002: Individualisierung. Frankfurt a. M.
Jurczyk, K./Rerrich, M. S. (Hrsg.), 1993: Die Arbeit des Alltags. Freiburg.

Kabath-Taddei, C., u. a., 1986: Unterschiede zwischen verheirateten und unverheirateten Paaren, in: Gruppendynamik 17, 83-94.
Kahle, I., 2004: Alleinerziehende im Spannungsfeld zwischen Beruf und Familie, in: *Statistisches Bundesamt* (Hrsg.), Alltag in Deutschland. Wiesbaden, 175-193.
Kasten, H., 1993: Die Geschwisterbeziehung. Göttingen.
Kasten, H., 2000: Scheitern von Adoptiv- und Pflegeverhältnissen, in: *Paulitz, H.* (Hrsg.), Adoption – Positionen, Impulse, Perspektiven. München, 157-184.
Kaufmann, F.-X., 1988: Familie und Modernität, in: *Lüscher, K.,* u. a. (Hrsg.), Die „postmoderne" Familie. Konstanz, 391-415.
Kaufmann, F.-X., 1990: Zukunft der Familie. München.
Kaufmann, F.-X., 1995: Zukunft der Familie im vereinten Deutschland. München.
Kaufmann, F.-X., 2005: Schrumpfende Gesellschaft. Vom Bevölkerungsrückgang und seinen Folgen. Frankfurt a. M.
Keddi, B., 2003: Projekt Liebe. Lebensthemen und biografisches Handeln junger Frauen in Paarbeziehungen. Opladen.
Keddi, B./Seidenspinner, G., 1991: Arbeitsteilung und Partnerschaft, in: *Bertram, H.* (Hrsg.), Die Familie in Westdeutschland. Opladen, 113-157.
Keddi, B., u. a., 1999: Lebensthemen junger Frauen. Opladen.
Kerschbaumer, J./Schroeder, W. (Hrsg.), 2005: Sozialstaat und demographischer Wandel. Wiesbaden.
Kiernan, K., 2000: European Perspectives on Union Formation, in: *Waite, L. J.,* u. a. (Hrsg.), The Ties that Bind. Aldine, 40-58.
Kiernan, K., 2003: Cohabitation and divorce across nations and generations. Centre for Analysis of Social Exclusion. London School of Economics, CASE paper 65.
Kiernan, K., 2004: Redrawing the Boundaries of Marriage, in: JMarr.Fam. 66, 980-987.
King, V./Scott, M. E., 2005: A Comparison of Cohabiting Relationships Among Older and Younger Adults, in: JMarr.Fam. 67, 271-285.
Kippele, F., 1998: Was heißt Individualisierung? Die Antworten soziologischer Klassiker. Opladen/Wiesbaden.
Klages, H., 1984: Wertorientierungen im Wandel. Frankfurt a. M./New York.
Klages, H., 1988: Wertedynamik – Über die Wandelbarkeit des Selbstverständlichen. Zürich.
Klages, H., 1993: Traditionsbruch als Herausforderung. Perspektiven der Wertwandelsgesellschaft. Frankfurt a. M.
Klammer, U., 2006: Lebenslaufsorientierte Sozialpolitik – ein Lösungsansatz zur Vereinbarkeit von Beruf und Familie im demographischen Wandel, in: *Berger, P. A./Kahlert, H.* (Hrsg.), Der demographische Wandel. Frankfurt a. M./New York, 237-267.
Klammer, U./Daly, M., 2003: Die Beteiligung von Frauen an europäischen Arbeitsmärkten, in: *Gerhard, U.,* u. a. (Hrsg.), Erwerbstätige Mütter. Ein europäischer Vergleich. München, 193-217.
Klammer, U./Klenner, C., 2004: Geteilte Erwerbstätigkeit – gemeinsame Fürsorge, in: *Leitner, S.* (Hrsg.), Wohlfahrtsstaat und Geschlechterverhältnis im Umbruch. Wiesbaden, 177-207.
Klein, D., 2006: Zum Kinderwunsch von Kinderlosen in Ost- und Westdeutschland. Materialien zur Bevölkerungswissenschaft Heft 119. Bundesinstitut für Bevölkerungsforschung Wiesbaden.
Klein, T., 1990: Wiederheirat nach Scheidung in der Bundesrepublik, in: KZfSS 42, 60-80.
Klein, T., 1999: Verbreitung und Entwicklung Nichtehelicher Lebensgemeinschaften im Kontext des Wandels partnerschaftlicher Lebensformen, in: *Klein, T./Lauterbach, W.* (Hrsg.), Nichteheliche Lebensgemeinschaften. Opladen.
Klein, T., 2000: Partnerwahl und Partnerschaftsformen im regionalen Kontext, in: *Bertram, H.,* u. a. (Hrsg.), Solidarität, Lebensformen und regionale Entwicklung. Opladen, 59-82.
Klein, T. (Hrsg.), 2001: Partnerwahl und Heiratsmuster. Opladen.
Klein, T., 2005: Sozialstrukturanalyse, Reinbek.
Klein, T./Eckhard, J., 2004: Fertilität in Stieffamilien, in: KZfSS 54, 71-94.
Klein, T., u. a., 1996: Entwicklungsperspektiven von Elternschaft und ehelicher Stabilität in den neuen Bundesländern seit 1989, in: *Bien, W.* (Hrsg.), Familie an der Schwelle zum neuen Jahrtausend. Opladen, 60-81.

Klein, T., u. a., 2002: Partnerschaftliche Lebensformen im internationalen Vergleich, in: ZfB 27, 359-379.

Kleinert, C., 2006: Frauen in Führungspositionen. Karriere mit Hindernissen. IAB-Kurzbericht Nr. 9, 1-4.

Klenner, C., 2005: Balance von Beruf und Familie – Ein Kriterium guter Arbeit, in: WSI Mitteilungen 4, 207-213.

Klesse, C., 2006: Über den Gleichheitsmythos: Lesben und Schwule als Avantgarde emotionaler und sexueller Demokratisierung?, in: ZSexualforsch 19, 15-35.

Kley, S./Huinink, J., 2006: Die Gründung des eigenen Haushalts bei Ost- und Westdeutschen nach der Wiedervereinigung, in: ZfB 31, 127-154.

Klocke, A., 2006: Armut im Kontext: Die Gesundheit und das Gesundheitsverhalten von Kindern und Jugendlichen in deprivierten Lebenslagen, in: ZSE 26, 158-170.

Knijn, T., u. a., 2007: Männer und (ihre) Kinder. Einstellungen zur Elternschaft im Ländervergleich, in: *Lettke, F./Lange, A.* (Hrsg.), Generationen und Famlien. Frankfurt a. M., 189-222.

Knipscheer, K., 1987: Perspektiven für die Mehrgenerationenfamilie in einer sich wandelnden Gesellschaft, in: *Deutsches Zentrum für Altersfragen* (Hrsg.), Die ergraute Gesellschaft. Berlin, 424-438.

Koch, A., 2007: Teilzeit in Führungspositionen für Beschäftigte mit Kindern, in: APuZ 7, 21-26.

Koch, H.-G., 2001: Fortpflanzungsmedizin im europäischen Rechtsvergleich, in: APuZ B 27, 44-53.

Köcher, R., 1985: Einstellungen zu Ehe und Familie im Wandel der Zeit, Stuttgart.

König, R., 1946: Materialien zur Soziologie der Familie. Bern.

Kohler, H.-P., u. a., 2005: Partner + Children = Happiness? The Effects of Partnerships and Fertility on Well-Being, in: Population and Development Review 31, 407-445.

Kohler, H.-P., u. a., 2006: Low Fertility in Europe: Causes, Implications and Policy Options, in: *Harris, F. R.* (Hrsg.), The Baby Bust: Who will do the Work? Who will pay the Taxes? Lanham, M.D., 48-109.

Kohli, M., 1988: Normalbiographie und Individualität: Zur institutionellen Dynamik des gegenwärtigen Lebenslaufsregimes, in: *Brose, H.-G./Hildenbrand, B.* (Hrsg.), Vom Ende des Individuums zur Individualität ohne Ende. Opladen, 33-53.

Kohli, M./Künemund, H. (Hrsg.), 2005: Die zweite Lebenshälfte. Gesellschaftliche Lage und Partizipation im Spiegel des Alters-Surveys. 2. erw. Aufl. Wiesbaden.

Kohli, M./Künemund, H., 2005a: Gegenwart und Zukunft des Generationenkonflikts, in: *dies.* (Hrsg.), Die zweite Lebenshälfte. 2. erw. Aufl. Wiesbaden, 337-367.

Kohli, M., u. a., 2005b: Generationenbeziehungen, in: *Kohli, M./Künemund, H.* (Hrsg.), Die zweite Lebenshälfte. 2. erw. Aufl. Wiesbaden, 176-211.

Kohli, M., u. a., 2005c: Family Structure, Proximity and Contact, in: *Börsch-Supan, A.*, u. a. (Hrsg.), Health, Ageing and Retirement in Europe. Mannheim.

Kokula, I., 1983: Formen lesbischer Subkulturen. Berlin.

Koller, C., 2004: Liebe auf Distanz. Fernbeziehungen – und wie man sie meistert. Frankfurt a. M.

Konietzka, D./Kreyenfeld, M., 2005: Nichteheliche Mutterschaft und soziale Ungleichheit: Zur sozio-ökonomischen Differenzierung der Familienformen in Ost- und Westdeutschland, in: KZfSS 57, 32-61.

Konietzka, D./Kreyenfeld, M., 2005a: Mütter zwischen finanzieller Unabhängigkeit und Gefährdung. Familienformen in Ost- und Westdeutschland verschieden, in: Demografische Forschung aus erster Hand 2, Nr. 2, 1-2.

Konietzka, D./Kreyenfeld, M. (Hrsg.), 2007: Ein Leben ohne Kinder. Kinderlosigkeit in Deutschland. Wiesbaden.

Konietzka, D./Kreyenfeld, M., 2007a: Mehr Kinder pro Frau in Ost- als in Westdeutschland. Warum die Diskussion zum Zusammenhang von Kinderkrippen und Geburtenrate verkürzt ist, in: Demografische Forschung aus Erster Hand 4, Nr. 2, 4.

Konietzka, D., u. a., 2007: Wandel der Lebensformen in Deutschland: Probleme und Perspektiven. Vortrag auf dem Workshop des Max-Planck-Instituts für demografische Forschung zum Thema „Wandel der Lebensformen in Deutschland – Ausmaß, Ursachen und Konsequenzen im sozialpolitischen Kontext", Rostock, 22. und 23. März 2007.

Kramer, M., 2005: Geld oder Liebe? – Wertorientierungen in Europa, in: BiB-Mitteilungen 02, 23-30.

Krause, P./Zähle, T., 2005: Einkommen und Armut bei Haushalten mit Kindern, in: ZfF 17, 189-207.

Kreppner, K./Klöckner, K., 2002: Kinder in ihrer Familie, in: *LBS-Initiative Junge Familie* (Hrsg.), Kindheit 2001 – Das LBS-Kinderbarometer. Opladen, 210-236.

Kreyenfeld, M., 2005: Economic uncertainty and fertility postponement. Evidence from German panel data. MPIDR Working Paper 2005-034. Rostock.

Kreyenfeld, M., 2006: Der Einfluss der „Wende" auf bildungspolitische Fertilitätsunterschiede in Ostdeutschland. MPIDR Working Paper WP 2006-025.

Kreyenfeld, M./Geisler, E., 2006: Müttererwerbstätigkeit in Ost- und Westdeutschland, in: ZfF 18, 333-360.

Kreyenfeld, M./Konietzka, D., 2007: Die Analyse von Kinderlosigkeit in Deutschland: Dimensionen – Daten – Probleme, in: *Konietzka, D./Kreyenfeld, M.* (Hrsg.), Ein Leben ohne Kinder. Wiesbaden, 11-41.

Kreyenfeld, M., u. a., 2007: Gibt es eine zunehmende bildungspolitische Polarisierung der Erwerbsmuster von Frauen? Analysen auf Basis der Mikrozensen 1976 – 2004. MPIDR Working Paper WP 2007-13.
Kreyenfeld, M., u. a., 2007a: Der bildungspolitische Wandel der Müttererwerbstätigkeit in Westdeutschland seit den 1970er Jahren, in: ZfS 36.
Kreyenfeld, M., u. a., 2007b: Unterschiede nach Bildungsabschluss werden größer. Muster der Erwerbstätigkeit von Müttern in Westdeutschland polarisieren sich, in: Demografische Forschung aus Erster Hand 4, Nr. 1, 4.
Kröhnert, S., u. a., 2006: Die demografische Lage der Nation. Wie zukunftsfähig sind Deutschlands Regionen? München.
Kron, T. (Hrsg.), 2000: Individualisierung und soziologische Theorie. Opladen.
Krüger, D., 1990: Alleinleben in einer paarorientierten Gesellschaft. Pfaffenweiler.
Krüger, H., 2003: Berufliche Bildung. Der deutsche Sonderweg und die Geschlechterfrage, in: BJS, 497-510.
Krüger, H./Levy, R., 2000: Masterstatus, Familie und Geschlecht, in: BJS 10, 379-402.
Kühn, T., 2001: Die Planung der Familiengründung – verschiedene Entwicklungsverläufe in den ersten Berufsjahren, in: ZfF 13, H. 2, 29-48.
Kühn, T., 2005: Die Bedeutung von Familiengründung für die Biografiegestaltung junger Männer, in: *Tölke, A./Hank, K.* (Hrsg.), Männer – Das „vernachlässigte" Geschlecht in der Familienforschung. Wiesbaden, 127-151.
Kümmerling, A./Hassebrauck, M., 2001: Schöner Mann und reiche Frau? Die Gesetze der Partnerwahl unter der Berücksichtigung gesellschaftlichen Wandels, in: Z. f. Sozialpsychologie 32 (2), 81-94.
Künemund, H., 2002: Die „Sandwich-Generation" – typische Belastungskonstellation oder nur gelegentliche Kumulation von Erwerbstätigkeit, Pflege und Kinderbetreuung?, in: ZSE 22, 344-361.
Künemund, H., 2004: Tätigkeiten und Engagement im Ruhestand, in: *Tesch-Römer, C.* (Hrsg.), Sozialer Wandel und individuelle Entwicklung in der zweiten Lebenshälfte. DZA Berlin, 267-290.
Künemund, H., 2006: Changing Welfare States and the „Sandwich Generation". Increasing Burden for the Next Generation?, in: International Journal of Ageing and Later Life 1, H. 2, 11-30.
Künemund, H./Vogel, C., 2006: Öffentliche und private Transfers und Unterstützungsleistungen im Alter – „crowding in" oder „crowding out"?, in: ZfF 18, 269-289.
Künzler, J., 1995: Geschlechtsspezifische Arbeitsteilung. Die Beteiligung von Männern im Haushalt im internationalen Vergleich, in: ZfFG 13, 115-132.
Künzler, J./Walter, W., 2001: Arbeitsteilung in Partnerschaften, in: *Huinink, J.*, u. a. (Hrsg.), Solidarität in Partnerschaft und Familie. Würzburg, 185-218.
Künzler, J., u. a., 2001: Gender Division of Labour in Unified Germany. Tilburg.
Küpper, B., 2002: Sind Singles anders? Ein Vergleich von Singles und Paaren. Göttingen u. a.
Kurz, K., 2005: Die Familiengründung von Männern im Partnerschaftskontext, in: *Tölke, A./Hank, K.* (Hrsg.), Männer – Das „vernachlässigte" Geschlecht in der Familienforschung. Wiesbaden, 178-197.

Lang, S., 2005: A Grandparent at Home Buffers the Drawbacks of Single-Parenthood. Cornell University News Service vom 2.5.2005.
Lange, A., 2004: Kindheitsforschung und Generationenkonzept, in: ZSE 24, 303-318.
Lange, A., 2007: Das Kind in der Familie. Medienhandeln aus Sicht der Familienforschung, in: *Theunert, H.* (Hrsg.), Medienkinder von Geburt an. München, 41-57.
Lange, A., 2007a: Kindheit und Familie, in: *Ecarius, J.* (Hrsg.), Handbuch Familie. Wiesbaden, 239-259.
Lange, A./Heitkötter, M., 2007: Familiale Lebensführung und Arbeitszeiten – Spannungsfelder und familienpolitische Gestaltungsaufgaben, in: WSI Mitteilungen 4, 188-194.
Lange, A./Szymenderski, P., 2007: Arbeiten ohne Ende? Neue Entwicklungen im Spannungsfeld von Erwerbs- und Familientätigkeit, in: *Lettke, F./Lange, A.* (Hrsg.), Generationen und Familien. Frankfurt a. M., 223-248.
Lange, E./Fries, K. R., 2006: Jugend und Geld 2005. Münster/München.
Lange, J./Schilling, M., 2007: Pionierstimmung in der Kindertagesbetreuung, in: KOMDAT Jugendhilfe 10, H. 1, 2-5.
Langness, A., u. a., 2006: Jugendliche Lebenswelten: Familie, Schule, Freizeit, in: *Shell Deutschland Holding* (Hrsg.), Jugend 2006. Frankfurt a. M., 49-102.
Lankuttis, T./Blossfeld, H.-P., 2003: Determinanten der Wiederheirat nach der ersten Scheidung in der Bundesrepublik Deutschland, in: ZfF 15, H. 1, 5-24.
Lansford, J. E., u. a., 2001: Does Family Structure Matter? A Comparison of Adoptive, Two-Parent Biological, Single-Mother, Stepfather, and Stepmother Households, in: JMarr.Fam. 63, 840-851.
Laslett, P./Wall, R. (Hrsg.), 1972: Household and Family in Past Time. Cambridge.
Lau, C., 1988: Gesellschaftliche Individualisierung und Wertwandel, in: *Luthe, H. O./Meulemann, H.* (Hrsg.), Wertwandel – Faktum oder Fiktion? Frankfurt a. M./New York, 217-234.
Lauterbach, W., 2004: Die multilokale Mehrgenerationenfamilie. Zum Wandel der Familienstruktur in der zweiten Lebenshälfte. Würzburg.

Lauterbach, W., 2007: Partner ja, Single nein, oder umgekehrt? Wege der sozialen Verselbständigung und die Dauer von Partnerschaften bis ins frühe Erwachsenenalter, in: *Lettke, F./Lange, A.* (Hrsg.), Generationen und Familien. Frankfurt a. M., 161-188.

Lautmann, R., 2001: Recht als Symbol. Die Gesetzgebung zur gleichgeschlechtlichen Partnerschaft. epd-Dokumentation 23/24, H. 1, 33-41.

LBS. LBS-Initiative Junge Familie, 2005: LBS-Kinderbarometer NRW. Ergebnisse der 7. Erhebung Frühjahr 2004. Münster.

Ledig, M., 1992: Vielfalt oder Einfalt – Das Aktivitätenspektrum von Kindern, in: *Deutsches Jugendinstitut* (Hrsg.), Was tun Kinder am Nachmittag? München, 31-74.

Lehmann, P./Wirtz, C., 2004: Haushaltszusammensetzung in der EU – Alleinerziehende. Statistik kurzgefasst. Bevölkerung u. soziale Bedingungen. Thema 3 – 5.

Leiber, S., u. a., 2005: Demografie, in: WSI FrauenDatenReport 2005. Berlin, 11-55.

Leitner, H., 1980: Zeithorizont und Lebensführung in ehelicher und nichtehelicher Lebensgemeinschaft, in: Loccumer Protokolle 3, 93-104.

Lengerer, A., 2004: Zur Akzeptanz von Familienpolitik, in: ZfB 29, 387-420.

Lengerer, A./Klein, T., 2007: Der langfristige Wandel partnerschaftlicher Lebensformen im Spiegel des Mikrozensus, in: WiSta 4, 433-447.

Lenz, K., 1998: Romantische Liebe – Ende eines Beziehungsideals?, in: *Hahn, K./Burkart, G.* (Hrsg.), Liebe. Opladen, 65-85.

Lenz, K., 2003: Familie – Abschied von einem Begriff?, in: Erwägen, Wissen, Ethik 3, 485-498.

Lenz, K., 2005: Wie Paare sexuell werden, in: *Funk, H./Lenz, K.* (Hrsg.), Sexualitäten. Weinheim/München, 115-149.

Lenz, K./Funk, H., 2005: Sexualitäten: Entgrenzung und soziale Problemfelder, in: *Funk, H./Lenz, K.* (Hrsg.), Sexualitäten. Weinheim/München, 7-54.

Lettke, F. (Hrsg.), 2003: Erben und Vererben. Konstanz.

Levine, J. A./Pittinsky, T. L., 2002: Vaterschaft und Erwerbstätigkeit, in: *Fthenakis, W. E./Textor, M. R.* (Hrsg.), Mutterschaft, Vaterschaft. Weinheim/Basel, 120-128.

Levinson, S., 2004: Beziehungs-Referenzgeschichten, in: ZSexualforsch 17, 197-212.

Lewis, J., 2004: Auf dem Weg zur „Zwei-Erwerbstätigen"-Familie, in: *Leitner, S.*, u. a. (Hrsg.), Wohlfahrtsstaat und Geschlechterverhältnis im Umbruch. Wiesbaden, 62-84.

Lewis, S./Cooper, C. L., 1991: Karriere-Paare. Reinbek.

Ley, K., 1984: Von der Normal- zur Wahlbiographie?, in: *Kohli, M./Robert, G.* (Hrsg.), Biographie und soziale Wirklichkeit. Stuttgart, 239-260.

Li, J.-C. A., 2006: The institutionalization and pace of fertility in American stepfamilies, in: Demographic Research 14, Article 12, 237-266.

Liebold, R., 2001: „Meine Frau managt das ganze Leben zu Hause ...". Partnerschaft und Familie aus der Sicht männlicher Führungskräfte. Wiesbaden.

Limbach, J., 1988: Gemeinsame Sorge geschiedener Eltern. Heidelberg.

Limbach, J./Willutzski, S., 2002: Die Entwicklung des Familienrechts seit 1949, in: *Nave-Herz, R.* (Hrsg.), Kontinuität und Wandel der Familie in Deutschland, Stuttgart, 7-43.

Limmer, R., 2005: Berufsmobilität und Familie in Deutschland, in: ZfF 17, 96-114.

Limmer, R., 2006: Wenn der Vater im Alltag fehlt: Die Folgen der Vaterabwesenheit für die psycho-soziale Entwicklung von Kindern, in: *Mühling, T./Rost, H.*, ifb-Familienreport Bayern 2006. Nürnberg, 89-105.

Lind, I., 2001: Späte Scheidung. Eine bindungstheoretische Analyse. Münster.

Lindecke, C., 2005: Von der Gleichstellung der Geschlechter zur nachhaltigen Familienpolitik, in: WSI Mitteilungen 8, 473-477.

Lippe, H. von der/Bernardi, L., 2006: Zwei deutsche Ansichten über Kinder und Karriere. Lebensentwürfe junger Erwachsener in Ost und West, in: Demografische Forschung aus Erster Hand 3, Nr. 3, 1-2.

Litwak, E., 1960: Occupational Mobility and Extended Family Cohesion, in: ASR 25, 9-21.

Liu, G./Vikat, A., 2004: Does divorce risk depend on spouses' relative income? MPIDR Working Paper WP 10.

Logemann, N./Feldhaus, M., 2002: Die Bedeutung von Internet und Mobiltelefon im familialen Alltag, in: *Nave-Herz, R.* (Hrsg.), Kontinuität und Wandel der Familie in Deutschland. Opladen, 207-225.

Ludwig, I./Schlevogt, V., 2002: Bessere Zeiten für erwerbstätige Mütter?, in: WSI Mitteilungen 3, 133-138.

Ludwig-Mayerhofer, W./Allmendinger, J., 2004: Zweiverdienerpaare und ihre Geldarrangements, in: *Leitner, S.*, u. a. (Hrsg.), Wohlfahrtsstaat und Geschlechterverhältnis im Umbruch. Wiesbaden, 85-104.

Ludwig-Mayerhofer, W., u. a., 2006: The Allocation of Money in Couples: The End of Inequality?, in: ZfS 35, 212-226.

Lüscher, K./Liegle, L., 2003: Generationenbeziehungen in Familie und Gesellschaft. Konstanz.

Lüscher, K./Grabmann, B., 2002: Lebenspartnerschaften mit und ohne Kinder: Ambivalenzen der Institutionalisierung privater Lebensformen, in: ZSE 22, H. 1, 47-63.

Luhmann, N., 1982: Liebe als Passion. Frankfurt a. M.

Lukoschat, H./Walther, K., 2006: Karrierek(n)ick Kinder: Mütter in Führungspositionen als Gewinn für Unternehmen, hrsg. von der Bertelsmann-Stiftung. Bielefeld.
Lutz, H., 2007: Vom Weltmarkt in den Privathaushalt. Die neuen Dienstmädchen im Zeitalter der Globalisierung. Opladen.
Lutz, W./Milewski, N., 2004: Als ideal angesehene Kinderzahl sinkt unter zwei, in: Demografische Forschung aus Erster Hand 1, Nr. 2, 1-2.

Mackensen, R., u. a., 1988: Neue Typen der privaten Haushalte in Berlin. Kurzfassung. Abgeordnetenhaus von Berlin, 11. Wahlperiode, Drucksache 11/30. Berlin.
Macklin, E. D., 1988: Heterosexual Couples who Cohabit Nonmaritally, in: *Chilman, C. S.*, u. a. (Hrsg.), Variant Family Forms. Newbury Park u. a., 56-72.
Mächler, R., 2002: Soziale Unterstützung nach Trennung und Scheidung. Hamburg.
Mai, R., 2005: Demographische Alterung in Deuschland, in: ZfB 30, 43-80.
Mai, R./Schon, M., 2005: Binnenwanderungen zwischen Ost- und Westdeutschland, in: BiB-Mitteilungen 4, 25-33.
Maier, F., 1997: Entwicklung der Frauenerwerbstätigkeit in der Europäischen Union, in: APuZ B 52, 15-27.
Maier-Aichen, R., 2001: Stiefeltern gleich Rabeneltern? Probleme und Chancen von Stieffamilien, in: Schüler, 89-91.
Manning, W. D./Smock, P. J., 2005: Measuring and Modeling Cohabitation: New Perspectives From Qualitative Data, in: JMarr.Fam. 67, 989-1002.
Marbach, J. H., 2003: Familiale Lebensformen im Wandel, in: *Bien, W./Marbach, J. H.* (Hrsg.), Partnerschaft und Familiengründung. Opladen, 141-187.
Marbach, J. H., 2005: Soziale Netzwerke von Acht- bis Neunjährigen, in: *Alt, C.* (Hrsg.), Kinderleben – Aufwachsen zwischen Familie, Freunden und Institutionen, Bd. 2. Wiesbaden, 83-121.
Marbach, J. H./Tölke, A., 2007: Frauen, Männer und Familie: Lebensorientierung, Kinderwunsch und Vaterrolle, in: *Konietzka, D./Kreyenfeld, M.* (Hrsg.), Ein Leben ohne Kinder. Wiesbaden, 245-274.
Mascher, K., 2005: Homosexualität unter Männern und die Bedrohung durch AIDS, in: *Funk, H./Lenz, K.* (Hrsg.), Sexualitäten. Weinheim/München, 161-173.
Matthias, H., 1995: Eheschließung: Bedeutung, Gründe und Typologien, in: *Nauck, B./Onnen-Isemann, C.* (Hrsg.), Familie im Brennpunkt von Wissenschaft und Forschung. Neuwied u. a., 383-398.
Matthias-Bleck, H., 1997: Warum noch Ehe? Erklärungsversuche der kindorientierten Eheschließung. Bielefeld.
Matthies, H., 2007: Männerkultur bremst weibliche Karrieren, in: APuZ 7, 32-38.
Matzner, M., 2007: Alleinerziehende Väter – eine schnell wachsende Familienform, in: *Mühling, T./Rost, H.* (Hrsg.), Väter im Blickpunkt. Opladen.
Mayer, K. U./Baltes, P. B. (Hrsg.), 1996: Die Berliner Altersstudie. Berlin.
McNeil, N./McNeil, G., 1972: Open Marriage: A New Life Style for Couples. New York.
McRae, S., 1986: Cross-Class-Families. A Study of Wives' Occupational Superiority. Oxford.
Meier, U., u. a., 2004: Alles wie gehabt? – Geschlechtsspezifische Arbeitsteilung und Mahlzeitenmuster im Zeitvergleich, in: *Statistisches Bundesamt* (Hrsg.), Alltag in Deutschland. Wiesbaden, 114-130.
Meier, V., 2005: Auswirkungen familienpolitischer Instrumente auf die Fertilität. Ifo Forschungsbericht Nr. 26. München.
Meier-Gräwe, U./Zander, U., 2005: Veränderte Familienzeiten – Neue Balancen zwischen Männern und Frauen?, in: *Mischau, A./Oechsle, M.* (Hrsg.), Arbeitszeit – Familienzeit – Lebenszeit: Verlieren wir die Balance? ZfF Sonderheft 5. Wiesbaden, 92-109.
Metz-Göckel, S./Müller, U., 1986: Der Mann. Weinheim/Basel.
Meulders-Klein, M.Th./Théry, J., 1998: Fortsetzungsfamilien. Konstanz.
Meuser, M., 1998: Gefährdete Sicherheiten und pragmatische Arrangements. Lebenszusammenhänge und Orientierungsmuster junger Männer, in: *Oechsle, M./Geissler, B.* (Hrsg.), Die ungleiche Gleichheit. Opladen, 237-255.
Meyer, S./Schulze, E., 1988: Lebens- und Wohnformen Alleinstehender. Wiesbaden.
Meyer, S./Schulze, E., 1988a: Nichteheliche Lebensgemeinschaften – Eine Möglichkeit zur Veränderung des Geschlechterverhältnisses?, in: KZfSS 40, 337-356.
Meyer, S./Schulze, E., 1989: Balancen des Glücks. München.
Meyer, S./Schulze, E., 1992: Familie im Umbruch. Stuttgart u. a.
Meyer, T., 1992: Modernisierung der Privatheit. Opladen.
Meyer, T., 1993: Der Monopolverlust der Familie. Vom Teilsystem Familie zum Teilsystem privater Lebensformen, in: KZfSS 45, 23-40.
Meyer, T., 2002a: Moderne Elternschaft – neue Erwartungen, neue Ansprüche, in: APuZ B 22-23, 40-46.
Meyer, T., 2002b: Das „Ende der Familie": Szenarien zwischen Mythos und Wirklichkeit, in: *Volkmann, U./Schimank, U.* (Hrsg.), Soziologische Gegenwartsdiagnosen II. Opladen, 199-224.
Meyer, T., 2006: Private Lebensformen im Wandel, in: *Geißler, R.*, Die Sozialstruktur Deutschlands. 4., überarb. u. aktualis. Aufl. Wiesbaden, 331-357.

Meyer-Ehlers, G., u. a., 1973: Kollektive Wohnformen. Wiesbaden.
Mischau, A., u. a., 1998: Innerfamiliale Arbeitsteilung – Frauen zwischen Wunsch und Wirklichkeit, in: SW 49, 333-354.
Mitterauer, M., 1977: Der Mythos von der vorindustriellen Großfamilie, in: *Mitterauer, M./Sieder, R.* (Hrsg.), Vom Patriarchat zur Partnerschaft. München, 38-63.
Möhle, S., 1999: Nichteheliche Lebensgemeinschaften in historischer Perspektive, in: *Klein, W./Lauterbach, W.* (Hrsg.), Nichteheliche Lebensgemeinschaften. Opladen, 183-204.
Monyk, E., 2007: Lieber alleine oder zu zweit? Die individualistische Lebensweise von Singles und kinderlosen Paaren. Münster.
Moore, F., u. a., 2006: Why women are changing their minds about men. New Scientist magazine, issue 2546.
Motel, A./Szydlik, M., 1999: Private Transfers zwischen den Generationen, in: ZfS 28, 3-22.
Motel-Klingebiel, A., u. a. (Hrsg.), 2001: Lebensqualität im Alter. Opladen.
Motel-Klingebiel, A., 2004: Materielle Lagen alter Menschen: Verteilungen und Dynamiken in der zweiten Lebenshälfte, in: *Tesch-Römer, C.* (Hrsg.), Sozialer Wandel und individuelle Entwicklung in der zweiten Lebenshälfte. DZA Berlin, 123-207.
mpfs. Medienpädagogischer Forschungsverbund Südwest (Hrsg.), 2005: JIM-STUDIE 2005. Jugend, Information, (Multi)Media. Stuttgart.
mpfs. Medienpädagogischer Forschungsverbund Südwest (Hrsg.), 2006: KIM-STUDIE 2005. Kinder und Medien, Computer und Internet. Stuttgart.
mpfs. Medienpädagogischer Forschungsverbund Südwest (Hrsg.), 2006a: JIM-STUDIE 2006. Jugend, Information, (Multi-)Media. Stuttgart.
Mühling, T./Rost, H., 2006: ifb-Familienreport Bayern 2006. Schwerpunkt: Väter in der Familie. Nürnberg.
Mühling, T., u. a., 2006: Kontinuität trotz Wandel. Die Bedeutung traditioneller Familienleitbilder für die Berufsverläufe von Müttern und Vätern. Weinheim/München.
Müller, R., 2003: Union Disruption in West Germany, in: International Journal of Sociology 33, H. 2, 3-35.
Müller, R., u. a., 1999: Nichteheliche Lebensgemeinschaft oder Ehe?, in: ZfB 24, 449-472.
Müller, T., u. a., 2006: Pflegende Angehörige – eine Selbstverständlichkeit?, in: *Bertram, H.*, u. a. (Hrsg.), Wem gehört die Familie der Zukunft? Wiesbaden, 301-326.
Münnich, M., 2006: Einkommensverhältnisse von Familienhaushalten und ihre Ausgaben für Kinder, in: WiSta 6, 644-670.
Mulder, C. H., u. a., 2002: A Comparative Analysis of Leaving Home in the United States, the Netherlands and West Germany, in: Demographic Research 7, 7-19.

Napp-Peters, A., 1985: Ein-Elternteil-Familien. Soziale Randgruppe oder neues familiales Selbstverständnis? Weinheim/München.
Napp-Peters, A., 1995: Scheidungsfamilien. Stuttgart u. a.
Nauck, B., 1989: Familiales Freizeitverhalten, in: *Nave-Herz, R./Markefka, M.* (Hrsg.), Handbuch der Familien- und Jugendforschung, Band 1: Familienforschung. Neuwied/Frankfurt a. M., 325-344.
Nauck, B., 2002: Dreißig Jahre Migrantenfamilien in der Bundesrepublik, in: *Nave-Herz, R.* (Hrsg.), Kontinuität und Wandel der Familie in Deutschland. Stuttgart, 315-339.
Nauck, B., 2004: Familienbeziehungen und Sozialintegration von Migranten, in: *Bade, J./Bommes, M.* (Hrsg.), IMIS-Beiträge 23, 83-104.
Nauck, B., 2007: Immigrant families in Germany, in: ZfF 19, 34-54.
Nave-Herz, R., 1988: Kinderlose Ehen. Weinheim/München.
Nave-Herz, R., 1989: Zeitgeschichtlicher Bedeutungswandel von Ehe und Familie in der Bundesrepublik Deutschland, in: *Nave-Herz, R./Markefka, M.* (Hrsg.), Handbuch der Familien- und Jugendforschung, Band 1: Familienforschung. Neuwied/Frankfurt a. M., 211-222.
Nave-Herz, R., 1992: Ledige Mutterschaft: eine alternative Lebensform?, in: ZSE 12, 219-232.
Nave-Herz, R., 1999: Die Nichteheliche Lebensgemeinschaft als Beispiel gesellschaftlicher Differenzierung, in: *Klein, W./Lauterbach, W.* (Hrsg.), Nichteheliche Lebensgemeinschaften. Opladen, 37-59.
Nave-Herz, R., 2002: Familie heute. 2., überarb. u. ergänzte Aufl. Darmstadt.
Nave-Herz, R./Krüger, D., 1992: Ein-Eltern-Familien. Bielefeld.
Nave-Herz, R./Oßwald, U., 1989: Kinderlose Ehen, in: *Nave-Herz, R., Markefka, M.* (Hrsg.), Handbuch der Familien- und Jugendforschung, Band 1: Familienforschung. Neuwied/Frankfurt a. M., 375-387.
Nave-Herz, R., u. a., 1990: Scheidungsursachen im Wandel. Bielefeld.
Nave-Herz, R., u. a., 1996: Die hochtechnisierte Reproduktionsmedizin. Bielefeld.
Neidhardt, F., 1975: Die Familie in Deutschland. 4. überarb. u. erw. Auflage Opladen.
Neubauer, E., 1988: Alleinerziehende Mütter und Väter – Eine Analyse der Gesamtsituation. Stuttgart u. a.
Neyer, G., 2006: Elterngeld nur ein Teil in einem großen Puzzle. Sozialpolitik und ihr Effekt auf die Geburtenentwicklung in den nordischen Ländern, in: Demografische Forschung aus erster Hand 3, Nr. 2, 3.

Neyer, G., u. a., 2006: Kinderlosigkeit, Bildungsrichtung und Bildungsniveau. Ergebnisse einer Untersuchung schwedischer Frauen der Geburtenjahrgänge 1955-59. MPIDR Working Paper WP 2006-044. Rostock.
Nickel, H./Grant, H.-B., 2001: Erfolgreiche und problematische Bewältigungsmuster deutscher Eltern und ihre Auswirkung auf das generative Verhalten, in: *Nickel, H./Quaiser-Pohl, C.* (Hrsg.), Junge Eltern im kulturellen Wandel. Weinheim/München, 231-243.
Niepel, G., 1994: Alleinerziehende. Opladen.
Niepel, G., 1994a: Soziale Netze und soziale Unterstützung alleinerziehender Frauen. Opladen.
Nissen, U., 1993: Modernisierungstendenzen im Kinderalltag, in: *Deutsches Jugendinstitut* (Hrsg.), Was für Kinder. München, 241-246.
Noyon, A./Kock, T., 2006: Living apart together: Ein Vergleich getrennt wohnender vs. zusammen lebender Paare, in: ZfF 18, 27-45.

Oberndorfer, R., 1993: Aufgabenteilung in Partnerschaften, in: *Nauck, B.* (Hrsg.), Lebensgestaltung von Frauen. Weinheim/München, 145-175.
Oberndorfer, R./Rost, H., 2002: Auf der Suche nach den neuen Vätern. Familien mit nichttraditioneller Verteilung von Erwerbs- und Familienarbeit. Würzburg.
Oberndorfer, R./Rost, H., 2005: Neue Väter – Anspruch und Realität, in: ZfF 17, 50-65.
O'Connor, T., u. a., 2001: Family settings and children adjustment: differential adjustment within across families, in: British J. of Psychiatry 179, 110-115.
Odierna, S., 2000: Die heimliche Rückkehr der Dienstmädchen. Bezahlte Arbeit im privaten Haushalt. Opladen.
Oechsle, M., 1998: Ungelöste Widersprüche: Leitbilder für die Lebensführung junger Frauen, in: *Oechsle, M./Geissler, B.* (Hrsg.), Die ungleiche Gleichheit. Opladen, 185-200.
Oesterdiekhoff, G. W./Jegelka, N. (Hrsg.), 2001: Werte und Wertewandel in westlichen Gesellschaften. Opladen.
Ohling, M./Heekerens, H.-P., 2003: „Allein erziehende" Väter 2000, in: neue praxis 33, 447-465.
Onnen-Isemann, C., 1998: Ungewollt kinderlos – hilft die Medizin?, in: Diskurs 1, 66-71.
Onnen-Isemann, C., 2004: Ungewollte Kinderlosigkeit: Auswirkungen auf die Paarbeziehung. Online-Familienhandbuch.
Opaschowski, H. W., 1994: Singles: Die Hätschelkinder der Konsumgesellschaft, in: *Grözinger, G.* (Hrsg.), Das Single. Opladen, 25-39.
Ostermeier, M./Blossfeld, H.-P., 1998: Wohneigentum und Ehescheidung, in: ZfB 23, 39-54.

Pagels, H., 2002: Verlassene Väter. Dissertation Universität Hamburg.
Parsons, T., 1975: Gesellschaften: Evolutionäre und komparative Perspektiven. Frankfurt a. M.
Paulitz, H. (Hrsg.), 2006: Adoption. 2., überarb. u. erw. Aufl. München.
Peitz, G., 2004: Partnerschaft und Elternschaft im Konflikt. Vortrag auf der 1. Europäischen Vaterkonferenz, Wien 15./16.9.2004.
Peitz, G., 2006: Die Bewältigung des Übergangs zur Vaterschaft, in: *BMFSFJ* (Hrsg.), Facetten der Vaterschaft. Berlin, 126-141.
Peuckert, R., 1989: Die Commuter-Ehe als „alternativer" Lebensstil. Zur Ausbreitung einer neuen Form ehelichen und familialen „Zusammenlebens" in der individualisierten Gesellschaft, in: ZfB 15, 175-187.
Peuckert, R., 1997: Die Destabilisierung der Familie, in: *Heitmeyer, W.* (Hrsg.), Was treibt die Gesellschaft auseinander? Frankfurt a. M., 287-327.
Peuckert, R., 2007: Die Ehe – ein Auslaufmodell? Eine kritische Betrachtung im Lichte sozialwissenschaftlicher Forschungsbefunde, in: GWP 56, 39-49.
Peuckert, R., 2007a: Zur aktuellen Lage der Familie, in: *Ecarius, J.* (Hrsg.), Handbuch Familie. Wiesbaden, 36-56.
Pfau-Effinger, B., 2001: Wandel wohlfahrtsstaatlicher Geschlechterpolitiken im soziokulturellen Kontext, in: *Heintz, B.* (Hrsg.), Geschlechtersoziologie. Opladen, 487-511.
Pfeil, E., 1961: Die Berufstätigkeit von Müttern. Tübingen.
Pfeil, E., 1965: Das Großstadtkind. München/Basel.
Pfeil, E., 1968: Die 23Jährigen. Tübingen.
Philipov, D./Dorbritz, J., 2003: Demographic Consequences of economic transition in countries of central and eastern Europe. Population Studies Nr. 39. Strasburg.
Pillemer, K./Müller-Johnson, K., 2007: Generationenambivalenzen, in: *Lettke, F./Lange, A.* (Hrsg.), Generationen und Familien. Frankfurt a. M., 130-157.
Plies, K./Schmidt, P., 1999: Sex und Partnerschaft, sexuelle Kompetenz und Sexualdemographie, in: *Plies, K.*, u. a.: Jugendsexualität in den 90er Jahren. Opladen, 41-67.
Plöderl, M., 2005: Sexuelle Orientierung, Suizidalität und Geschlecht. Weinheim.
Pötzsch, O., 2007: Neue Datenquelle zu Geburten und Kinderlosigkeit, in: WiSta 3, 260-263.

Pohl, K., 1985: Wende oder Einstellungswandel? Heiratsabsichten und Kinderwunsch 18- bis 28jähriger deutscher Frauen 1978 und 1983, in: ZfB 11, 87-100.

Pohl, R./Voss, K.-F., 1978: Wohngemeinschaften in Braunschweig, in: *Pohl, R.*, u. a.: Mittlere Wohndauer: 18 Monate. Wohngemeinschaft leben und verändern 2. Hannover.

polis, 2005: Alternde Gesellschaft. Ergebnisse einer Repräsentativbefragung im Auftrag des Presse- und Informationsamtes der Bundesregierung. München.

Popitz, H., 1992: Phänomene der Macht. 2., erweiterte Aufl. Tübingen.

Potuchek, J. L., 1997: Who supports the Family? Gender and Breadwinning in Dual-Earner-Marriages. Stanford.

Prognos AG, 2005: Elterngeld und Elternzeit – Ein Erfahrungsbericht aus Schweden. Basel.

Proksch, R., 2002: Begleitforschung zur Umsetzung der Neuregelungen zur Reform des Kindschaftsrechts. Schlussbericht für das Bundesministerium der Justiz.

Proksch, R., 2005: Umgangskonflikte nachhaltig lösen, zum Wohl von Kindern, nicht auf ihre Kosten. Vortrag gehalten beim 4. Teffen der „Bundesinitiative Großeltern" (BIGE) in Frankfurt a. M. am 17. Mai 2005.

Pross, H., 1978: Die Männer. Reinbek bei Hamburg.

Puchert, R., u. a. (Hrsg.), 2005: Work Changes Gender. Opladen.

Quaiser-Pohl, C., 2001: Deutsche Eltern im interkulturellen Vergleich, in: *Nickel, H./Quaiser-Pohl, C.* (Hrsg.), Junge Eltern im kulturellen Wandel. Weinheim, 301-310.

Radl, J., 2007: Individuelle Determinanten des Renteneintrittsalters. Eine empirische Analyse von Übergängen in den Ruhestand, in: ZfS 36.

Ramey, J. W., 1976: Intimate Friendships. Englewood Cliffs, N.J.

Rancke, F., 2006: Die neue Elternzeit. Ein Leitfaden für die Praxis. Online-Publikation.

Rapoport, R./Rapoport, R. N., 1971: Dual-Career-Families. Harmondsworth.

Rasner, W., 2007: Wege aus der Rentenlücke in Deutschland. Stärkere Erwerbsbeteiligung von Frauen als Schlüssel zu höherer Alterssicherung, in: Demografische Forschung aus Erster Hand 4, Nr. 1, 3.

Rauschenbach, T., 2006: Das Gelingen von Migration und Integration – ein notwendiges Ziel für die Gesellschaft, in: DJI Bulletin 76, 3, 4-6.

Reichle, B., 2002: Partnerschaftsentwicklung junger Eltern: Wie sich aus der Bewältigung von Lebensveränderungen Probleme entwickeln, in: *Schneider, N. F./Matthias-Bleck, H.* (Hrsg.), Elternschaft heute. Opladen, 75-93.

Reiss, I., u. a., 1980: A Multivariate Model of the Determinants of Extramarital Sexual Permissiveness, in: JMarr.Fam. 52, 395-411.

Reneflot, A., 2006: A gender perspective on preferences for marriage among cohabitating couples, in: Demographic Research 15, 10, 311-328.

Rerrich, M. S., 1988: Balanceakt Familie. Freiburg.

Rerrich, M. S., 1993: Auf dem Wege zu einer neuen internationalen Arbeitsteilung der Frauen in Europa?, in: *Schäfers, B.* (Hrsg.), Lebensverhältnisse und soziale Konflikte im neuen Europa. Frankfurt a. M./New York, 93-102.

Rerrich, M. S., 2006: Die ganze Welt zu Hause. Cosmobile Putzfrauen in privaten Haushalten. Hamburg.

Richardson, L., 1985: The New Other Woman. New York.

Rindfuss, R. R./Vanden Heuvel, A., 1990: Cohabitation: A Precursor to Marriage or an Alternative to Being Single?, in: Population and Development Review 16, 703-726.

Ritzenfeld, S., 1998: Kinder mit Stiefvätern. Weinheim/München.

Ritzinger, P./Weissenbacher, E. R., 2003: Später Kinderwunsch – Chancen und Risiken. München.

Robert Bosch Stiftung GmbH (Hrsg.), 2005: Starke Familie. Bericht der Kommission „Familie und demographischer Wandel". Stuttgart.

Robert Bosch Stiftung GmbH (Hrsg.), 2006: Kinderwünsche in Deutschland. Konsequenzen für eine nachhaltige Familienpolitik. Stuttgart.

Robert Bosch Stiftung GmbH (Hrsg.), 2006a: Demographie als Chance: Demographische Entwicklung und Bildungssystem – finanzielle Spielräume und Reformbedarf. Stuttgart.

Robert Koch Institut (Hrsg.), 2004: Ungewollte Kinderlosigkeit. Gesundheitsberichterstattung des Bundes Heft 20. Berlin.

Röhr-Sendlmeier, U. A./Greubel, S., 2004: Die Alltagssituation von Kindern in Stieffamilien und Elternfamilien im Vergleich, in: ZfF 16, H. 1, 56-71.

Rohmann, E./Bierhoff, H.-W., 2002: Hausarbeit als Problem erfolgreicher Partnerschaften, in: *Fthenakis, W. E./Textor, M. R.* (Hrsg.), Das Online-Familienhandbuch.

Rolff, H.-G./Zimmermann, P., 2001: Kindheit im Wandel. 5. vollständig überarb. Aufl. Weinheim/Basel.

Roloff, J., 1998: Eheschließungen und Ehescheidungen von und mit Ausländern in Deutschland, in: ZfB 23, 319-340.

Roloff, J., 2003: Verhalten von Frauen in West- und Ostdeutschland bei einer ungewollten Schwangerschaft und die Akzeptanz des Schwangerschaftsabbruchs – ein Zeitvergleich, in: BiB-Mittelungen 1, 16-20.
Roloff, J., 2003a: Demographischer Faktor. Hamburg.
Roloff, J., 2004: Die alternde Gesellschaft – Ausmaß, Ursachen und Konsequenzen, in: Politische Bildung 37, H. 4, 9-30.
Roloff, J., 2004a: Die Rolle älterer Menschen in der Gesellschaft und der Umgang mit pflegebedürftigen alten Menschen, in: ZfB 29, 423-445.
Roloff, J., 2005: Demographische Entwicklung, in: Friedrich-Ebert-Stiftung: online-akademie.
Roloff, J., 2006: Geschlechteraspekte der demographischen Alterung in Deutschland, in: BiB-Mitteilungen 4, 7-10.
Roloff, J., 2007: Die demographische Alterung in den Bundesländern – ein Zeitvergleich, in: BiB-Mitteilungen 1, 27-32.
Roloff, J., 2007a: Familienpolitik und Geburtenentwicklung unter besonderer Berücksichtigung der Situation in der ehemaligen DDR, in: *Auth, D./Holland-Cunz, B.* (Hrsg.), Grenzen der Bevölkerungspolitik. Opladen/ Farmington Hills, 127-143.
Roloff, J., 2007b: Verhalten west- und ostdeutscher Frauen bei einer ungewollten Schwangerschaft – eine aktuelle Betrachtung, in: BiB-Mitteilungen 2, 22-26.
Rosenbaum, H., 1982: Formen der Familie. Frankfurt a. M.
Rosenkranz, D./Rost, H., 1998: Welche Partnerschaften scheitern?, in: ZfF 10, 47-69.
Rosenmayr, L., 1976: Alter, in: *König, R.* (Hrsg.), Handbuch der empirischen Sozialforschung, Band 7. 2. völlig neubearb. Auflage Stuttgart, 218-406.
Rost, H./Oberndorfer, R., 2005: Neue Väter – Anspruch und Realität, in: ZfF 17, H. 1, 50-65.
Rost, H./Schneider, N. F., 1995: Differentielle Elternschaft – Auswirkungen der ersten Geburt auf Männer und Frauen, in: *Nauck, B./Onnen-Isemann, C.* (Hrsg.), Familie im Brennpunkt von Wissenschaft und Forschung. Neuwied u. a., 177-194.
Rost, H./Schneider, N. F., 1996: Gewollt kinderlose Ehen, in: *Buba, H. P./Schneider, N. F.* (Hrsg.), Familie. Opladen, 245-259.
Rothenbacher, F., 1987: Haushalt, funktionale Differenzierung und soziale Ungleichheit, in: ZfS 16, 450-466.
Roussel, L., 1988: Die soziologische Bedeutung der demographischen Erschütterung in den Industrieländern der letzten zwanzig Jahre, in: *Lüscher, K.*, u. a. (Hrsg.), Die „postmoderne" Familie. Konstanz, 39-54.
Ruckdeschel, K., 2004: Determinanten des Kinderwunsches in Deutschland, in: ZfB 29, 363-386.
Ruckdeschel, K., 2007: Der Kinderwunsch von Kinderlosen, in: ZfF 19, 210-230.
Rüling, A., 2007: Jenseits der Traditionalisierungsfallen. Wie Eltern sich Familien- und Erwerbsarbeit teilen. Frankfurt a. M./New York.
Rürup, B./Gruescu, S., 2003: Nachhaltige Familienpolitik im Interesse einer aktiven Bevölkerungsentwicklung. Gutachten im Auftrag des BMFSFJ. Berlin.
Runkel, G., 2003: Die Sexualität in der Gesellschaft. Münster u. a.
Rupp, M., 1996: Nichteheliche oder eheähnliche Gemeinschaften?, in: ZfFG 4, 36-55.
Rupp, M., 1998: Lebensverhältnisse nichtverheirateter Frauen beim Übergang zur Elternschaft, in: *Bien, W./ Schneider, N. F.* (Hrsg.), Kind ja, Ehe nein? Opladen, 41-69.
Rupp, M., 2000: Nichteheliche Kinder in Ost- und Westdeutschland, in: *Herlth, A.*, u. a. (Hrsg.), Spannungsfeld Familienkindheit. Opladen, 47-61.
Rupp, M., 2003: Große Familien, in: *Rost, H.*, u. a.: Bamberger-Ehepaar-Panel. Bamberg, 97-113.
Rupp, M., 2005: Kinderlos trotz (stabiler) Ehe, in: ZfF 17, H. 1, 21-40.
Russell, B., 1929: Marriage and Morals. New York.

Saleth, S., 2005: Späte Mutterschaft – ein neuer Lebensentwurf?, in: Statistisches Monatsheft Baden-Württemberg 11, 14-18.
Sarkisian, N./Gerstel, N., 2004: Explaining the Gender Gap in Help to Parents: The Importance of Employment, in: JMarr.Fam. 66, 431-451.
Sassler, S., 2004: The Process of Entering into Cohabiting Unions, in: JMarr.Fam. 66, 491-505.
Schäfer, D., 2004: Unbezahlte Arbeit und Haushaltsproduktion im Zeitvergleich, in: Statistisches Bundesamt (Hrsg.), Alltag in Deutschland. Wiesbaden, 247-273.
Schäffer, B., 2007: Medien, in: *Ecarius, J.* (Hrsg.), Handbuch Familie. Wiesbaden, 456-479.
Schafer, S., 1977: Sociosexual Behavior in Male and Female Homosexuals: A Study in Sex Differences, in: Archives of Sexual Behavior 6, 355-364.
Schaffer, J./Kral, R., 1988: Adoptive Families, in: *Chilman, C. S.*, u. a. (Hrsg.), Variant Family Forms. Newbury Park u. a., 165-184.
Scharein, M./Unger, R., 2005: Kinderlosigkeit bei Akademikerinnen? Die Aussagekraft empirischer Daten zur Kinderlosigkeit bei Akademikerinnen, in: BiB-Mitteilungen 2, 6-13.
Scheller, G., 1992: Wertwandel und Anstieg des Ehescheidungsrisikos? Pfaffenweiler.

Scheller, G., 2004: Partner- und Eltern-Kind-Beziehung in der DDR und nach der Wende, in: APuZ B 19, 33-38.
Scheller, G., 2005: Die Wende als Individualisierungsschub? Wiesbaden.
Schenk, H., 1984: Wir leben zusammen – nicht allein. Wohngemeinschaften heute. Köln.
Scheuer, A./Dittmann, J., 2007: Berufstätigkeit von Müttern bleibt kontrovers. Einstellungen zur Vereinbarkeit von Beruf und Familie in Deutschland und Europa, in: ISI 38, 1-5.
Schipfer, R. K., 2004: Familien in Zahlen. Aktualisierung 2004. Wien.
Schlemmer, E., 1991: Soziale Beziehungen junger Paare, in: *Bertram, H.* (Hrsg.), Die Familie in Westdeutschland. Opladen, 45-77.
Schlemmer, E., 1992: Junge Paare: Ablösungs- und Beziehungsmuster, in: *Bertram, H.* (Hrsg.), Die Familie in den neuen Bundesländern. Opladen, 81-112.
Schlemmer, E., 1994: „Singles" in den neuen Bundesländern und ihre Netzwerke, in: *Grözinger, G.* (Hrsg.), Das Single. Opladen, 65-91.
Schlemmer, E., 1995: „Living apart together", eine partnerschaftliche Lebensform von Singles?, in: *Bertram, H.* (Hrsg.), Das Individuum und seine Familie. Opladen, 363-397.
Schlemmer, E., 1996: Freizeitnetze von Singles, in: ZfF 8, 59-72.
Schmidt, G. (Hrsg.), 1993: Jugendsexualität. Stuttgart.
Schmidt, G. (Hrsg.), 2000: Kinder der sexuellen Revolution. Kontinuität und Wandel studentischer Sexualität 1966-1996. Gießen.
Schmidt, G., 2004: Sexualität und Kultur: Soziokultureller Wandel der Sexualität, in: *Hornung, R.*, u. a. (Hrsg.), Sexualität im Wandel. Zürich, 11-28.
Schmidt, G., 2004a: Das neue Der Die Das. Über die Modernisierung des Sexuellen. Gießen.
Schmidt, G./Stritzky, J. v., 2004: Beziehungsbiographien im sozialen Wandel. Ein Vergleich dreier Generationen, in: Familiendynamik 29, H. 2, 78-100.
Schmidt, G., u. a., 2000: Sexualverhalten, in: *Schmidt, G.* (Hrsg.), Kinder der sexuellen Revolution. Gießen, 39-67.
Schmidt, G., u. a., 2003: Beziehungsformen und Beziehungsverläufe im sozialen Wandel, in: ZSexualforsch 16, 195-231.
Schmidt, G., u. a., 2004: Alter, Beziehungsform und Beziehungsdauer als Faktoren sexueller Aktivität in heterosexuellen Beziehungen, in: ZSexualforsch 17, 116-133.
Schmidt, G., u. a., 2006: Spätmoderne Beziehungswelten. Report über Partnerschaft und Sexualität in drei Generationen. Wiesbaden.
Schmidt, G., u. a., 2006a: Jugendschwangerschaften in Deutschland. Ergebnisse einer Studie mit 1801 schwangeren Frauen unter 18 Jahren, in: ZSexualforsch 19, 334-358.
Schmidt, J., 1998: Vertrag statt Trauschein? Nichteheliche Paare und das Recht, in: Forschung an der Universität Bielefeld 18, 8-13.
Schmidt-Denter, U./Schmitz, H., 1999: Familiäre Beziehungen und Strukturen sechs Jahre nach der elterlichen Trennung, in: *Walper, S./Schwarz, B.* (Hrsg.), Was wird aus den Kindern? Weinheim, 73-90.
Schmidtchen, G., 1997: Emotionale Unterstützung und normative Anforderungen, in: Jugend u. Gesellschaft 2, 20-21.
Schmitt, C., 2005: Kinderlosigkeit bei Männern – Geschlechtsspezifische Determinanten ausbleibender Elternschaft, in: *Tölke, A./Hank, K.* (Hrsg.), Männer – Das „vernachlässigte" Geschlecht in der Familienforschung. Wiesbaden, 18-43.
Schmitt, C., 2005a: Wer bleibt kinderlos? Sozio-demografische Merkmale der Kinderlosigkeit von Männern und Frauen. Workshop des Max-Planck-Instituts für demografische Forschung Rostock am 6. u. 7.10.2005: Ein Leben ohne Kinder? Kinderlosigkeit in Deutschland. Rostock.
Schmitt, C./Wagner, G. G., 2006: Kinderlosigkeit von Akademikerinnen überbewertet, in: DIW-Wochenbericht 23, Nr. 21, 313-317.
Schmitt, C./Winkelmann, U., 2005: Wer bleibt kinderlos? Was sozialstrukturelle Daten über Kinderlosigkeit bei Frauen und Männern verraten, in: Feministische Studien 23, H. 1, 9-23.
Schmitz, H./Schmidt-Denter, U., 1990: Die Nachscheidungsfamilie sechs Jahre nach der elterlichen Trennung, in: ZfF 10, H. 1, 47-69.
Schmitz-Köster, D., 1990: Liebe auf Distanz. Getrennt zusammen leben. Reinbek.
Schneewind, K./Ruppert, S., 1995: Familien gestern und heute: ein Generationenvergleich über 16 Jahre. München.
Schneewind, K. A., u. a., 1996: Optionen der Lebensgestaltung junger Ehen und Kinderwunsch. Verbundstudie-Endbericht. Stuttgart u. a.
Schneider, B., 2007: Weibliche Führungskräfte – die Ausnahme im Management. Frankfurt a. M. u. a.
Schneider, N. F., 1990: Woran scheitern Partnerschaften?, in: ZfS 19, 458-470.
Schneider, N. F., 1991: Warum noch Ehe? – Betrachtungen aus austauschtheoretischer Perspektive, in: ZfF 3, 49-72.

Schneider, N. F., 1994: Familie und private Lebensführung in West- und Ostdeutschland. Stuttgart.
Schneider, N. F., 1996a: Bewusst kinderlose Ehepaare, in: ZfFG 14, 128-137.
Schneider, N. F., 2001: Pluralisierung der Lebensformen – Fakt oder Fiktion?, in: ZfF 13, H. 2, 85-90.
Schneider, N. F., 2002: Elternschaft heute, in: *Schneider, N. F./Matthias-Bleck, H.* (Hrsg.), Elternschaft heute. Opladen, 9-21.
Schneider, N. F., 2004: Berufliche Mobilität in Zeiten der Globalisierung und die Folgen für die Familie, in: psychosozial 27, H. 1, Nr. 95, 21-34.
Schneider, N. F., 2005: Leben an zwei Orten. Die Folgen beruflicher Mobilität für Familie und Partnerschaft, in: *Mischau, A./Oechsle, M.* (Hrsg.), Arbeitszeit – Familienzeit – Lebenszeit: Verlieren wir die Balance? ZfF Sonderheft 5. Wiesbaden, 110-126.
Schneider, N. F., 2007: Berufliche Mobilität und psycho-soziale Gesundheit, in: *Weber, A./Hörmann, G.* (Hrsg.), Psychosoziale Gesundheit im Beruf. Stuttgart, 299-309.
Schneider, N. F./Ruckdeschel, K., 2003: Partnerschaften mit zwei Haushalten: eine moderne Lebensform zwischen Partnerschaftsideal und beruflichen Erfordernissen, in: *Bien, W./Marbach, J. H.* (Hrsg.), Partnerschaft und Familiengründung. Opladen, 245-258.
Schneider, N. F./Rüger, H., 2007: Value of Marriage. Der subjektive Sinn der Ehe und die Entscheidung zur Heirat, in: ZfS 36, 131-152.
Schneider, N. F., u. a., 1998: Nichtkonventionelle Lebensformen. Opladen.
Schneider, N. F., u. a., 2001: Alleinerziehen – Vielfalt und Dynamik einer Lebensform. Stuttgart.
Schneider, N. F., u. a., 2002: Mobil, flexibel, gebunden. Familie und Beruf in der mobilen Gesellschaft. Frankfurt a. M./New York.
Schneider, W., u. a., 2005: Macht und Ohnmacht des Geldes im Privaten – Zur Dynamik von Individualisierung in Paarbeziehungen, in: SW 56, 203-224.
Schöningh, I., u. a., 1991: Alleinerziehende Frauen. Opladen.
Scholz, R./Maier, H., 2005: Forschung an der Spitze der Bevölkerungspyramide, in: Demografische Forschung aus erster Hand 2, Nr. 4, 1-2.
Schreiber, N., 2004: Private Betreuungsarrangements für Kinder. Universität Trier: Zentrum für sozialpädagogische Forschung, Arbeitspapier II.
Schreiber, N., 2007: Zum Stichwort „Bündnis für Erziehung": Erziehungsziele von Eltern und Erzieherinnen in Kindertageseinrichtungen, in: ZSE 27, H. 1, 88-101.
Schroer, M., 2000: Das Individuum der Gesellschaft. Frankfurt a. M.
Schroedter, J. H., 2006: Binationale Ehen in Deutschland, in: WiSta 4, 419-431.
Schülein, J. A., 1983: Konstitution und Dynamik „offener" Primärgruppen. Zur Situation von Wohngemeinschaften, in: *Neidhardt, F.* (Hrsg.), Gruppensoziologie. Opladen, 391-419.
Schülein, J. A., 1990: Die Geburt der Eltern. Opladen.
Schürmann, L., 2005: Die Konstruktion von ‚Hausarbeit' in gleichgeschlechtlichen Paarbeziehungen, in: *Solga, H./Wimbauer, C.* (Hrsg.), „Wenn zwei das Gleiche tun ...". Opladen, 141-161.
Schütz, A., u. a., 2007: Sie ist Single ..., na und? Wie werden Singles im Vergleich zu verheirateten Personen wahrgenommen?, in: ZfF 19, 139-158.
Schütze, Y., 1988: Zur Veränderung im Eltern-Kind-Verhältnis seit der Nachkriegszeit, in: *Nave-Herz, R.* (Hrsg.), Wandel und Kontinuität der Familie in der Bundesrepublik Deutschland. Stuttgart, 95-114.
Schütze, Y., 1993: Generationenbeziehungen im Lebensverlauf – eine Sache der Frauen?, in: *Lüscher, K./Schultheis, F.* (Hrsg.), Generationenbeziehungen in „postmodernen" Gesellschaften. Konstanz, 287-298.
Schütze, Y., 2002: Zur Veränderung im Eltern-Kind-Verhältnis seit der Nachkriegszeit, in: *Nave-Herz, R.* (Hrsg.), Kontinuität und Wandel der Familie in Deutschland. Stuttgart, 71-97.
Schütze, Y./Wagner, M., 1995: Familiale Solidarität in den späten Phasen des Familienverlaufs, in: *Nauck, B./Onnen-Isemann, C.* (Hrsg.), Familien im Brennpunkt von Wissenschaft und Forschung. Neuwied, u. a., 307-327.
Schulte, J., 2002: Dual-career couples. Opladen.
Schulz, F./Blossfeld, H.-P., 2006: Wie verändert sich die häusliche Arbeitsteilung im Eheverlauf? Eine Längsschnittstudie der ersten 14 Ehejahre in Westdeutschland, in: KZfSS 58, 23-49.
Schulz, F./Grunow, D., 2007: Tagebuch versus Zeiteinschätzung. Ein Vergleich zweier unterschiedlicher Methoden zur Messung der Zeitverwendung für Hausarbeit, in: ZfF 19, 106-128.
Schulze, A./Unger, R., 2006: Der Einfluss der Bildungsexpansion auf die Lebenserwartung, in: BiB-Mitteilungen 3, 17-24.
Schupp, J./Szydlik, M., 2004: Zukünftige Vermögen – wachsende Ungleichheit, in: *Szydlik, M.* (Hrsg.), Generation und Ungleichheit. Wiesbaden, 243-264.
Schwab, D., 1999: Familienrecht. 10. Aufl. München.
Schwab, D., 2002: Grundzüge und Folgen des neuen Kindschaftsrechts, in: *Schneider, N. F./Matthias-Bleck, H.* (Hrsg.), Elternschaft heute. Opladen, 181-200.
Schwartz, A. N., 1977: Survival Handbook for Children of Aging Parents. New York.

Schwarz, K., 1984: Eltern und Kinder in unvollständigen Familien, in: ZfB 10, 3-36.
Schwarz, K., 1993-94a: Kann über eine Lösung der Konflikte zwischen Familientätigkeit und Erwerbstätigkeit der Wunsch nach Kindern verstärkt werden?, in: ZfB 19, 382-389.
Schwarz, K., 1993-94c: Frauenerwerbstätigkeit im Lebenslauf gestern und heute, in: ZfB 19, 541-575.
Schwarz, K., 1995: In welchen Familien wachsen die Kinder und Jugendlichen in Deutschland auf?, in: ZfB 20, 271-292.
Schwarz, K., 1997: Familienbildung gestern und heute, in: BiB-Mitteilungen 2, 18-20.
Schwarz, K., 1998: Wiederverheiratung Verwitweter und Geschiedener im früheren Bundesgebiet, in: ZfB 23, 71-73.
Schwarz, K., 1999: Rückblick auf eine demographische Revolution, in: ZfB 24, 229-279.
Schwarz, K., 2001: Bericht 2000 über die demographische Lage in Deutschland, in: ZfB 26, 3-54.
Sennett, R., 1983: Verfall und Ende des öffentlichen Lebens. Die Tyrannei der Intimität. Frankfurt a. M.
Sennett, R., 2000: Der flexible Mensch. Frankfurt a. M.
Sentker, R., 2002: Nimmt die elterliche Gewalt gegen Kinder ab?, in: Psychol. Heute 9, 36-41.
Sielert, U., 2001: Zwei-Väter und Zwei-Mütter-Familie. Sorgerecht, Adoption und artifizielle Insemination bei gleichgeschlechtlichen Elternteilen. epd-Dokumentation 23/24, H. 2, 53-63.
Sigusch, V., 2005: Neosexualitäten. Über den kulturellen Wandel von Liebe und Perversion. Frankfurt a. M./New York.
Sigusch, V./Schmidt, G., 1993: Veränderungen in den Sechziger Jahren (BRD), in: *Schmidt, G.* (Hrsg.), Jugendsexualität. Stuttgart, 12-26.
Smock, P., 2003: Why More Couples Live Together but Fewer Marry. Newswise.
Smolka, A., 2007: Welchen Orientierungsbedarf haben Eltern?, in: *Wahl, K./Hees, K.* (Hrsg.), Helfen „Super Nanny" und Co.? Berlin u. a., 44-58.
Snowden, R., u. a., 1985: Artifizielle Reproduktion. Stuttgart.
Solga, H./Wimbauer, C., 2005: „Wenn zwei das Gleiche tun ..." – Ideal und Realität sozialer (Un)gleichheit in Dual Career Couples. Eine Einleitung, in: *dies.* (Hrsg.), „Wenn zwei das Gleiche tun ...". Opladen, 9-25.
Solga, H., u. a., 2005: Gibt der ältere Partner den Ton an? Die Alterskonstellation in Akademikerpartnerschaften und ihre Bedeutung für Doppelkarrieren, in: *Solga, H./Wimbauer, C.* (Hrsg.), „Wenn zwei das Gleiche tun ...". Opladen, 27-52.
Spellerberg, A., 1995: Lebensstile in West- und in Ostdeutschland, in: *Glatzer, W./Noll, H.-H.* (Hrsg.), Getrennt-Vereint. Lebensweisen in Deutschland seit der Wiedervereinigung. Frankfurt a. M., 229-261.
Spiegel, E., 1983: Neue Haushaltstypen – Alternativen zu Ehe und Familie?, in: *Baethge, M./Eßbach, W.* (Hrsg.), Soziologie: Entdeckungen im Alltäglichen. Frankfurt a. M./New York, 65-87.
Spiegel, E., 1986: Neue Haushaltstypen. Frankfurt a. M./New York.
Spieker, M., 2007: Mehr Kinder oder mehr Erwerbstätige?, in: APuZ 7, 8-14.
Spielauer, M., u. a., 2005: Steigende Ungleichheit der Familiengrößen in Europa, in: Demografische Forschung aus erster Hand 2, Nr. 4, 3.
Spieß, C. K., 2005: Wie viele Kinderbetreuungsplätze fehlen in Deutschland?, in: Wochenbericht des DIW Berlin Nr. 14, 223-227.
Spieß, C. K./Wrohlich, K., 2006: Elterngeld: Kürzere Erwerbspausen von Müttern erwartet, in: Wochenbericht des DIW Berlin 48, 689-693.
Spieß, G., 1998: Vater Staat und seine ungleichen Töchter, in: APuZ B 41-42, 43-46.
Spruijt, E./Duindam, V., 2003: Das Wohlbefinden der Väter und die Wochenarbeitszeit der Mütter, in: ZfF 15, H. 2, 105-119.
Stadtmüller, S., 2004: Wege aus der Rentenkrise, in: GWP 53, 381-400.
Stamp, P., 1985: Research Note: Balance of Financial Power in Marriage: an Exploratory Study of Breadwinning Wives, in: Sociological Review 33, 546-557.
Starke, K., 1994: Schwuler Osten: homosexuelle Männer in der DDR. Berlin.
Starke, K., 2005: Endet die Liebe? Sexualität im Generationenvergleich, in: *Funk, H./Lenz, K.* (Hrsg.), Sexualitäten. Weinheim/München, 89-114.
Starke, K., 2005a: Nichts als die reine Liebe. Beziehungsbiographien und Sexualität im sozialen und psychologischen Wandel. Lengerich.
Starke, K./Weller, K., 1994: Jugendsexualität und AIDS, in: *Heckmann, W./Koch, M. A.* (Hrsg.), Sexualverhalten in Zeiten von Aids. Berlin, 131-151.
Statistisches Bundesamt (Hrsg.), 2003: Leben und Arbeiten in Deutschland. Ergebnisse des Mikrozensus 2002. Wiesbaden.
Statistisches Bundesamt (Hrsg.), 2003a: Wo bleibt die Zeit? Die Zeitverwendung der Bevölkerung in Deutschland 2001/2002. Wiesbaden.
Statistisches Bundesamt (Hrsg.), 2003b: Datenreport 2002. 2., aktualisierte Aufl. Bonn.
Statistisches Bundesamt (Hrsg.), 2003c: Bevölkerung und Erwerbstätigkeit. Fachserie 1, Reihe 3 (Haushalte und Familien). Ergebnisse des Mikrozensus 2002. Wiesbaden.

Statistisches Bundesamt (Hrsg.), 2004: Leben und Arbeiten in Deutschland. Ergebnisse des Mikrozensus 2003. Wiesbaden.

Statistisches Bundesamt (Hrsg.), 2004a: Datenreport 2004. Wiesbaden.

Statistisches Bundesamt (Hrsg.), 2005: Leben und Arbeiten in Deutschland. Ergebnisse des Mikrozensus 2004. Wiesbaden.

Statistisches Bundesamt (Hrsg.), 2005a: Bevölkerung und Erwerbstätigkeit. Fachserie 1, Reihe 3 (Haushalte und Familien). Ergebnisse des Mikrozensus 2004. Wiesbaden.

Statistisches Bundesamt (Hrsg.), 2005b: Hochschulstandort Deutschland 2005. Wiesbaden.

Statistisches Bundesamt (Hrsg.), 2006b: Leben in Deutschland. Haushalte, Familien und Gesundheit – Ergebnisse des Mikrozensus 2005 mit Tabellenanhang. Wiesbaden.

Statistisches Bundesamt (Hrsg.), 2006c: Hochschulen auf einen Blick. Wiesbaden.

Statistisches Bundesamt (Hrsg.), 2006d: Datenreport 2006. Wiesbaden.

Statistisches Bundesamt (Hrsg.), 2006e: 11. koordinierte Bevölkerungsvorausberechnung. Wiesbaden.

Statisches Bundesamt, 2006f: Armut und Lebensbedingungen. Ergebnisse aus LEBEN IN EUROPA für Deutschland 2005. Wiesbaden.

Statistisches Bundesamt, 2007: Pflegestatistik 2005. Wiesbaden.

Statistisches Bundesamt, 2007a: Statistiken der Kinder- und Jugendhilfe. Adoptionen 2006. Wiesbaden.

Statistisches Bundesamt, 2007b: Öffentliche Sozialleistungen. Statistik zum Elterngeld. Anträge im 1. Halbjahr 2007. Wiesbaden.

Stauber, B./du Bois-Reymond, M., 2006: Familienbeziehungen im Kontext verlängerter Übergänge. Eine intergenerative Studie in neun europäischen Ländern, in: ZSE 26, 206-221.

Stecher, L., 2005: Schule als Familienproblem?, in: *Alt, C.* (Hrsg.), Kinderleben – Aufwachsen zwischen Familie, Freunden und Institutionen, Band 2. Wiesbaden, 183-197.

Stegmann, M., 2007: Effekte der Kindererziehung auf Erwerbsprofile und Alterseinkommen von Frauen in West- und Ostdeutschland, in: WSI Mitteilungen 2, 86-93.

Stein, P., 1983: Singlehood, in: *Macklin, E. D./Rubin, R. H.* (Hrsg.), Contemporary Families and Alternative Lifestyles. Beverly Hills u. a., 27-47.

Steinbach, A., 2004: Wie Paare sich die Arbeit teilen, in: *Fthenakis, W. E./Textor, M. R.* (Hrsg.), Das Online-Familienhandbuch.

Stich, J., 2002: Alleinleben – Chance oder Defizit? Opladen.

Stich, J., 2003: Annäherungen an Sexualität – Ein empirisches Forschungsprojekt mit Mädchen und Jungen, in: ZSexualforsch 16, 99-115.

Stöbel-Richter, Y., 2004: Der demographische Wandel in Deutschland und seine Auswirkungen auf das medizinische System, in: psychosozial 27, H. 1, Nr. 95, 59-69.

Störtzbach, B., 1993-94: Deutschland nach der Vereinigung – Meinungen und Einstellungen zu Familie, Kindern und zur Familienpolitik in Ost und West, in: ZfB 19, 151-167.

Strantz, C., 2005: Familien, Kinder und das liebe Geld, in: Statistisches Monatsheft Baden-Württemberg 10, 3-7.

Straus, J., 2006: Unhooked generation. The truth about why we're still single. New York.

Straver, C. J., 1980: Die nichteheliche Lebensgemeinschaft, in: Loccumer Protokolle 3. Partnerschaft und Identität. Loccum, 18-43.

Strohmeier, K. P., 1993: Pluralisierung und Polarisierung der Lebensformen in Deutschland, in: APuZ B 17, 11-22.

Strohmeier, K. P./Schultz, A., 2005: Familienforschung und Familienpolitik. Bochum.

Strohmeier, K. P./Schulze, H. J., 1995: Die Familienentwicklung der achtziger Jahre in Ost- und Westdeutschland im europäischen Kontext, in: *Nauck, B.,* u. a. (Hrsg.), Familie und Lebensverlauf im gesellschaftlichen Umbruch. Stuttgart, 26-38.

Strohmeier, K. P., u. a., 1993: Familiale Lebensformen, Lebenslagen und Familienalltag in Europa, in: *Meulemann, H./Elting-Camus, A.* (Hrsg.), 26. Deutscher Soziologentag 1992. Lebensverhältnisse und soziale Konflikte im neuen Europa. Opladen, 95-98.

Strümpel, B., u. a., 1988: Teilzeitarbeitende Männer und Hausmänner. Berlin.

Stuck, S.: Informelle Arbeit älterer Frauen und Männer in Europa, in: ZfFG 24, H. 4, 117-130.

Stürzer, M., 2002: Auf dem Weg ins Erwerbsleben, in: *Cornelißen, W.,* u. a.: Junge Frauen – junge Männer. Opladen, 19-87.

Stürzer, M./Cornelißen, W., 2005: Gesundheitsstatus und Gesundheitsrisiken von Frauen und Männern, in: Cornelißen, W. (Hrsg.), Gender-Report. München, 449-496.

Stürzer, M., u. a., 2005: Bildung, Ausbildung und Weiterbildung, in: *Cornelißen, W.* (Hrsg.), Gender-Report. München, 17-91.

Sturzbecher, D./Kalb, K., 1993: Vergleichende Analyse elterlicher Erziehungsziele in der ehemaligen DDR und der alten Bundesrepublik, in: Psychol. in Erziehung u. Unterricht 40, 143-147.

Surkyn, J./Lestaeghe, R., 2004: Wertorientierungen und „second demographic transition" in Nord-, West- und Südeuropa: Eine aktuelle Bestandsaufnahme, in: ZfB 29, 63-98.

Sweet, S./Moen, P., 2006: Advancing a Career Forcus on Work and Family: Insights from the Life Course Perspective, in: *Pitt-Catsouphes, M.*, u. a. (Hrsg.), The Work and Family Handbook. Mahwah, NJ, 189-208.

Szydlik, M., 2000: Lebenslange Solidarität? Generationenbeziehungen zwischen erwachsenen Kindern und Eltern. Opladen.

Szydlik, M., 2002: Wenn sich Generationen auseinanderleben, in: ZSE 22, 362-373.

Tartler, R., 1961: Das Alter in der modernen Gesellschaft. Stuttgart.

Te Poel, Y., u. a., 2000: Wie sehen Eltern die Freizeit ihrer Kinder?, in: *Herlth, A.*, u. a. (Hrsg.), Spanungsfeld Familienkindheit. Opladen, 218-232.

Tesch-Römer, C./Wurm, S., 2004: Veränderung von subjektivem Wohlbefinden und Lebensqualität in der zweiten Lebenshälfte, in: *Tesch-Römer, C.* (Hrsg.), Sozialer Wandel und individiduelle Entwicklung in der zweiten Lebenshälfte. DZA Berlin, 395-454.

Testa, M. R./Grilli, L., 2004: The effects of childbearing regional contexts on ideal family size in Europe: a multilevel analysis. Vienna Institute of Demography. Wien.

Testa, M. R./Grilli, L., 2005: Lernen die jüngeren Generationen von den älteren? Ideale Familiengröße in Europa: Trend zur Kleinfamilie erweist sich als längerfristig, in: Demografische Forschung aus erster Hand 2, Nr. 2, 4.

Teubner, M. J., 2005: Brüderchen komm tanz mit mir ... Geschwister als Entwicklungsressource für Kinder?, in: *Alt, C.* (Hrsg.), Kinderleben – Aufwachsen zwischen Familie, Freunden und Institutionen, Bd. 1. Wiesbaden, 63-98.

Textor, M. R., 2004: 20 Jahre Adoptionsreform – 10 Jahre Adoptionsforschung: Konsequenzen aus veränderten Sichtweisen, in: *Fthenakis, W. E./Textor, M. R.* (Hrsg.), Das Online-Familienhandbuch.

Textor, M. R., 2004a: Adoptiv- und Pflegefamilien, in: *Fthenakis, W. E./Textor, M. R.* (Hrsg.), Das Online-Famlienhandbuch.

Textor, M. R., 2005: Stieffamilien, in: *Fthenakis, W. E./Textor, M. R.* (Hrsg.), Das Online-Familienhandbuch.

Thomson, E., 2004: Step-families and Childbearing Desires in Europe. Demographic Research, Special Collection 3, Article 5.

Thomson, E./Hoem, J. M., 1998: Couple Childbearing Plans and Births in Sweden, in: Demography 35, 315-322.

Tivig, T./Hetze, P. (Hrsg.), 2007: Deutschland im Demografischen Wandel, Ausgabe 2007. Rostocker Zentrum zur Erforschung des Demografischen Wandels. Rostock.

Tölke, A., 1991: Partnerschaften und Eheschließung, in: *Bertram, H.* (Hrsg.), Die Familie in Westdeutschland. Opladen, 113-157.

Tölke, A., 2004: Expertise zum 7. Familienbericht „Partnerschaft – Familie – Beruf. Der Beitrag von Männern zum demografischen Wandel und der Einfluss der privaten Lebensform auf ihre Berufskarrieren".

Tölke, A., 2005: Die Bedeutung von Herkunftsfamilie, Berufsbiografie und Partnerschaften für den Übergang zur Ehe und Vaterschaft, in: *Tölke, A./Hank, K.* (Hrsg.), Männer – das „vernachlässigte" Geschlecht in der Familienforschung. Wiesbaden, 98-126.

Traub, A., 2005: Ein Freund, ein guter Freund ... Die Gleichaltrigenbeziehungen der 8- bis 9-Jährigen, in: *Alt, C.* (Hrsg.), Kinderleben – Aufwachsen zwischen Familie, Freunden und Institutionen, Band 2. Wiesbaden, 23-62.

Traub, A., 2005a: Neue Liebe in getrennten Haushalten. Zur Bedeutung von Living-apart-together-Partnerschaften für das Wohlbefinden und Stresserleben alleinerziehender Mütter. Berlin.

Treier, M., 2001: Zu Belastungs- und Beanspruchungsmomenten der Teleheimarbeit unter besonderer Berücksichtigung der Selbst- und Familienregulation. Hamburg.

Trost, J., 1984: Remarriage in Sweden, in: Family Relations 33, 475-481.

Trzcinski, E./Holst, E., 2005: Geburt eines Kindes erhöht die Lebenszufriedenheit der Mütter nur kurzfristig. DIW-Wochenbericht 4.

Tully, C. J., 2004: Alltagslernen in technisierten Welten: Kompetenzerwerb durch Computer, Internet und Handy, in: *Wahler, P.*, u. a.: Jugendliche in neuen Lernwelten. Wiesbaden, 153-187.

Tyrell, H., 1979: Familie und gesellschaftliche Differenzierung, in: *Pross, H.* (Hrsg.), Familie – wohin? Reinbek, 13-77.

Tyrell, H., 1988: Ehe und Familie – Institutionalisierung und Deinstitutionalisierung, in: *Lüscher, K.*, u. a. (Hrsg.), Die „postmoderne" Familie. Konstanz, 145-156.

Uhlendorff, H., 2004: After the Wall: Parental attitudes to child rearing in East and West Germany, in: International J. of Behavioral Development 28, 1, 71-82.

Umberson, D./Slaten, E., 2000: Gender and Intergenerational Relationships, in: *Demo, D. H.*, u. a. (Hrsg.), Handbook of Family Diversity. New York/Oxford, 105-127.

UNICEF, 2005: Child Poverty in Rich Countries, 2005. Innocenti Report Card 6, UNICEF Innocenti Research Centre. Florenz.

UNICEF, 2007: UNICEF-Bericht zur Situation der Kinder in Industrieländern. Deutschland nur Mittelmaß. Online-Publikation.

UNICEF, 2007a: Child poverty in perspective: An overview of child well-being in rich countries, 2007. Innocenti Report Card 7, UNICEF Innocenti Research Centre. Florenz.

Unverzagt, G./Hurrelmann, K., 2001: Konsum-Kinder. Freiburg i. Br. u. a.

Urdze, A./Rerrich, M., 1981: Frauenalltag und Kinderwunsch. Frankfurt a. M.

van de Kaa, D. J., 1987: Europe's Second Demographic Transition, in: Population Bulletin 42, Nr. 1.

van de Kaa, D. J., 1999: Europe and its population, in: Unity in diversity. European Population Conference. Dordrecht u. a., 1-76.

van Dülmen, R., 1990: Kultur und Alltag in der Frühen Neuzeit, Bd. 1. München.

Vaskovics, L. A., 2000: Homosexuelle Partnerschaften, in: *Kaiser, P.* (Hrsg.), Partnerschaft und Partnertherapie. Göttingen, 17-33.

Vaskovics, L. A., 2002: Elternschaft nach Auflösung der Zeugungsfamilie – Postfamiliale Elternschaft, in: *Schneider, N. F./Matthias-Bleck, H.* (Hrsg.), Elternschaft heute. Opladen, 145-162.

Vaskovics, L. A., 2003: Veränderungen im Kontext der Elternschaft, in: *Rost, H.*, u. a.: Bamberger-Ehepaar-Panel. Bamberg, 21-37.

Vaskovics, L. A., 2004: Familiale Perpetuierung sozialer Ungleichheit in der Moderne, in: *Szydlik, M.* (Hrsg.), Generation und Ungleichheit. Wiesbaden, 128-143.

Vaskovics, L. A., 2006: Neue familiale Lebensformen – neue soziale Systeme?, in: *Robertson-von Trotha, C. Y.* (Hrsg.), Vernetztes Leben. Soziale und digitale Strukturen Heft 12. Karlsruhe, 143-162.

Vaskovics, L. A./Rost, H., 1995: Junge Ehepaare in den alten und neuen Bundesländern – Ein Vergleich, in: *Nauck, B.*, u. a. (Hrsg.), Familie und Lebensverlauf im gesellschaftlichen Umbruch. Stuttgart, 137-153.

Vaskovics, L. A./Rost, H., 1999: Väter und Erziehungsurlaub. Stuttgart u. a.

Vaskovics, L. A./Rupp, M., 1995: Partnerschaftskarrieren. Entwicklungspfade nichtehelicher Lebensgemeinschaften. Opladen.

Vaskovics, L. A., u. a., 1990: Optionen der Elternschaft und der Lebensgestaltung in nichtehelichen Lebensgemeinschaften. Forschungsbericht. Bamberg.

Vaskovics, L. A., u. a., 1992: Nichteheliche und eheliche Lebensgemeinschaften – Ein Vergleich, in: Gegenwartskunde 3, 323-335.

Vaskovics, L. A., u. a., 1994: Familien- und Haushaltsstrukturen in der ehemaligen DDR und in der Bundesrepublik Deutschland von 1980 bis 1989 – ein Vergleich. Wiesbaden.

Vaskovics, L. A., u. a., 1997: Lebensverläufe in der Moderne: Nichteheliche Lebensgemeinschaften. Opladen.

Vaskovics, L. A., u. a., 1997a: Lebenslage nichtehelicher Kinder. Köln.

Veil, M., 2003: Kinderbetreuungskulturen in Europa: Schweden, Frankreich, Deutschland, in: APuZ B 44, 12-22.

Visher, E. B./Visher, J. S., 1995: Stiefeltern, Stiefkinder und ihre Familien. München/Weinheim.

Vollbrecht, R., 1999: Kinder und Medien, in: ZfF 11, H. 3, 56-71.

Volz, R., 2007: Wollen Mütter neue Väter? Zur Beharrlichkeit traditioneller Geschlechterbilder, in: *Mühling, T./Rost, H.* (Hrsg.), Väter im Blickpunkt. Opladen.

Vossler, A., 2007: Was erwarten Eltern von der Erziehungsberatung?, in: *Wahl, K./Hees, K.* (Hrsg.), Helfen „Super Nanny“ und Co.? Berlin u. a., 59-70.

Wagner, M., 2002: Familie und soziales Netzwerk, in: *Nave-Herz, R.* (Hrsg.), Kontinuität und Wandel der Familie in Deutschland. Stuttgart, 227-251.

Wagner, M./Franzmann, G., 2000: Die Pluralisierung der Lebensformen, in: ZfB 25, 151-173.

Wagner, M./Weiß, B., 2003: Bilanz der deutschen Scheidungsforschung. Versuch einer Meta-Analyse, in: ZfS 32, 29-49.

Wagner, M./Weiß, B., 2005: Konflikte in Partnerschaften. Erste Befunde der Kölner Paarbefragung, in: ZfF 17, 217-250.

Wagner, M./Weiß, B., 2006: On the Variation of Divorce Risks in Europe: Findings from a Meta-Analysis of European Longitudinal Studies, in: European Sociological Review 22, 483-500.

Wahl, K., 2005: Black Box Familie: Wie kompetent sind Eltern in ihrer Erziehung? Referat auf der Tagung des DJI: Von PISA-Kids, ratlosen Eltern und „Super-Nannys“. München 6. Juli 2005.

Wahl, K., u. a., 1989: Das Innenleben der modernen Familien – Messungen auf schwierigem Terrain, in: Familienalltag. Ein Report des Deutschen Jugendinstituts. Reinbek, 24-53.

Wahl, K., u. a., 2007: Elterliche Erziehungskompetenzen: Auskünfte aus empirischen Studien, in: *Wahl, K./Hees, K.* (Hrsg.), Helfen „Super Nanny“ und Co.? Berlin u. a., 31-43.

Wahl, S., 2003: Geburtenverhalten in Deutschland und anderen ausgewählten Ländern, in: IWG-Impulse Bonn, 1-11.

Waite, L. J./Lehrer, E. L., 2003: The Benefits from Marriage and Religion in the United States: A Comparative Analysis, in: Population and Development Review 29, 255-275.

Walbiner, W., 2006: Väter ohne Kontakt zu ihren Kindern – das Phänomen der Kontaktverweigerung, in: *BMFSFJ* (Hrsg.), Facetten der Vaterschaft. Berlin, 110-117.

Walbiner, W., 2006a: Späte Vaterschaft. Ist es niemals zu spät?, in: *BMFSFJ* (Hrsg.), Facetten der Vaterschaft. Berlin, 77-84.

Walbiner, W., 2006b: Väter nichtehelicher Kinder. Vaterschaft in zerbrechlichen Familien, in: *BMFSFJ* (Hrsg.), Facetten der Vaterschaft. Berlin, 46-53.

Walbiner, W., 2006c: Junge Väter. Der Teenager als Erzieher?, in: *BMFSFJ* (Hrsg.), Facetten der Vaterschaft, Berlin, 39-45.

Walper, S., 1993: Stiefkinder, in: *Markefka, M./Nauck, B.* (Hrsg.), Handbuch der Kindheitsforschung. Neuwied, 429-438.

Walper, S., 2001: Ökonomische Knappheit im Erleben ost- und westdeutscher Kinder und Jugendlicher: Einflüsse der Familienstruktur und Auswirkungen auf die Befindlichkeit, in: *Klocke, A./Hurrelmann, K.* (Hrsg.), Kinder und Jugendliche in Armut. 2. erweiterte Aufl., 169-187.

Walper, S., 2002: Einflüsse von Trennung und neuer Partnerschaft der Eltern, in: ZSE 22, H. 1, 25-46.

Walper, S., 2005: Tragen Veränderungen in den finanziellen Belastungen von Familien zu Veränderungen in der Befindlichkeit von Kindern und Jugendlichen bei?, in: Z. f. Pädagogik 51, 170-191.

Walper, S./Gerhard, A. K., 2001: Scheidung der Eltern – ein Marker für die Biographie der Kinder?, in: *Behnken, I./Zinnecker, J.* (Hrsg.), Kindheit und Biographie. Kallmeyer.

Walper, S./Gödde, M., 2003: Scheidung und Scheidungsmediation, in: *Rosenstiel, L. v.*, u. a. (Hrsg.), Handbuch der Angewandten Psychologie. Landsberg.

Walper, S./Schwarz, B. (Hrsg.), 1999: Was wird aus den Kindern? Chancen und Risiken für die Entwicklung von Kindern aus Trennungs- und Stieffamilien. Weinheim/München.

Walper, S./Schwarz, B., 1999a: Risiken und Chancen für die Entwicklung von Kindern aus Trennungs- und Stieffamilien, in: *Walper, S./Schwarz, B.* (Hrsg.), Was wird aus den Kindern? Weinheim/München, 7-22.

Walper, S./Wendt, E.-V., 2005: Nicht mit beiden Eltern aufwachsen – ein Risiko? Kinder von Alleinerziehenden und Stieffamilien, in: *Alt, C.* (Hrsg.), Kinderleben – Aufwachsen zwischen Familie, Freunden und Institutionen, Band 1. Wiesbaden, 187-216.

Walper, S./Wild, E., 2002: Wiederheirat und Stiefelternschaft, in: *Hofer, M.*, u. a. (Hrsg.), Lehrbuch der Familienpsychologie. Göttingen, 336-361.

Walter, W./Künzler, J., 2002: Parentales Engagement. Mütter und Väter im Vergleich, in: *Schneider, N. F./Matthias-Bleck, H.* (Hrsg.), Elternschaft heute. Opladen, 95-119.

Wanger, S., 2005: Frauen am Arbeitsmarkt. Beschäftigungsgewinne sind nur die halbe Wahrheit. IAB Kurzbericht Nr. 22, 1-6.

Watson, M. A., 1981: Sexually Open Marriage: Three Perspectives, in: Alternative Lifestyles 4, 3-21.

Wegener, A., 2005: Regenbogenfamilien. Lesbische und schwule Elternschaft zwischen Heteronormativität und Anerkennung als Familienform, in: Feministische Studien 23, H. 1, 53-67.

Weick, S., 1999: Steigende Bedeutung der Familie nicht nur in der Politik, in: ISI 22, 12-5.

Weick, S., 2002: Auszug aus dem Elternhaus, Heirat und Elternschaft werden zunehmend aufgeschoben, in: ISI 27, 11-14.

Weick, S., 2006: Starke Einbußen des subjektiven Wohlbefindens bei Hilfe- oder Pflegebedürftigkeit, in: ISI 35, 12-15.

Weis, D. L., 1985: „Open" Marriage and Multilateral Relationships: The Emergence of Nonexclusive Models of the Marital Relationship, in: *Macklin, E. D./Rubin, R. H.* (Hrsg.), Contemporary Families and Alternative Lifestyles. Beverly Hills u. a., 194-215.

Weiss, H., 1995: Liebesauffassungen der Geschlechter, in: SW 46, 119-137.

Wendl, P., 2005: Gelingende Fern-Beziehung. Freiburg i. Br.

Werneck, H., 1998: Übergang zur Vaterschaft. Auf der Suche nach den „Neuen Vätern". Wien/New York.

Werneck, H., u. a. (Hrsg.), 2006: Aktive Vaterschaft. Männer zwischen Familie und Beruf. Gießen.

Wernhart, G./Neuwirth, N., 2007: Geschlechterrollenwandel und Familienwerte (1988-2002). Ergebnisse auf Basis des ISSP 1988, 2002. ÖIF Working Paper Nr. 54.

Wetterer, A., 2003: Die Krise der Sozialisationsforschung als Spiegel gesellschaftlicher Modernisierungsprozesse, in: ZfFG 21, H. 1, 3-22.

Weymann, A. (Hrsg.), 1989: Untersuchungen zur Individualisierung und Institutionalisierung von Lebensläufen in der Moderne. Stuttgart.

Wilk, L./Bacher, J. (Hrsg.), 1994: Kindliche Lebenswelten. Opladen.

Wilk, L./Zartler, U., 2004: Leben mit Stiefeltern. Wien.

Willemsen, T., 2002: Patterns of work, child care and household task in Europe, in: *Lambrechts, E./Wyns, M.* (Hrsg.), New Patterns of Work and Family in Europe. Conference Proceedings, CBGS-Werkdocument. Brüssel.
Williams, J., 2000: Unbending Gender: Why Family and Work Conflict and what to Do About it. Oxford.
Wirth, H., 2006: Die kinderlosen Akademikerinnen – Ein Beitrag zur Versachlichung der Debatte. ZUMA, Mannheim.
Wirth, H., 2007: Kinderlosigkeit von hochqualifizierten Frauen und Männern im Paarkontext – Eine Folge von Bildungshomogamie?, in: *Konietzka, D./Kreyenfeld, M.* (Hrsg.), Ein Leben ohne Kinder. Wiesbaden, 167-199.
Wirth, H./Dümmler, K., 2004: Zunehmende Tendenz zu späteren Geburten und Kinderlosigkeit bei Akademikerinnen, in: ISI 32, 1-6.
Wirth, H./Duschek, K.-J., 2005: Zunehmende Kinderlosigkeit im Paarkontext als Folge einer ansteigenden Bildungshomogamie von Paaren? Workshop MPI, 6.-7.10.2005. Rostock.
Wirth, H./Schmidt, S., 2003: Bildungspartizipation und Heiratsneigung: die Entwicklung des bildungsselektiven Heiratsverhaltens in Westdeutschland zwischen 1970 und 1997, in: ZUMA-Nachrichten 52, 89-124.
Wissenschaftlicher Beirat für Familienfragen beim BMFSFJ, 2004: Gutachten Elternschaft und Ausbildung. Berlin.
Wissenschaftlicher Beirat für Familienfragen beim BMFSFJ, 2005: Familiale Erziehungskompetenzen. Weinheim/München.
Wohlrab-Sahr, M., 1993: Biographische Unsicherheit. Opladen.
Wolfinger, N. H., 2005: Understanding the Divorce Cycle: The Children of Divorce in their Own Marriages. Cambridge/New York.
Wunder, C./Schwarze, J., 2004: Zufriedenheit mit der Altersvorsorge und Präferenzen für alternative Sicherungsmodelle – empirische Analysen mit dem SOEP. DIW Discussion Papers 420. Berlin.
Wunderer, E., 2005: Partnerschaft zwischen Anspruch und Wirklichkeit: Anforderungen von Ehepartnern und ihre Wirkung in der Ehebeziehung, in: ZfF 17, 308-332.
Wunderlich, H., u. a., 2004: Im Westen nichts Neues – und im Osten? Ergebnisse der Studie „männer leben" zur Koordination von Beruf und Familie, in: BZgA-Informationsdienst 3, 19-25.
Wurm, S., 2004: Prädiktoren für Gesundheit in der zweiten Lebenshälfte, in: *Tesch-Römer, C.* (Hrsg.), Sozialer Wandel und individuelle Entwicklung in der zweiten Lebenshälfte. DZA Berlin, 357-394.
Wurm, S./Tesch-Römer, C., 2004: Gesundheit, Hilfebedarf und Versorgung, in: *Tesch-Römer, C.* (Hrsg.), Sozialer Wandel und individuelle Entwicklung in der zweiten Lebenshälfte. DZA Berlin, 291-355.

Zähle, T., 2007: Dynamik der Haushaltsform Alleinerziehend. Haushaltsübergänge von Alleinerziehenden. Vortrag auf dem Workshop des Max-Planck-Instituts für demografische Forschung zum Thema „Wandel der Lebensformen in Deutschland – Ausmaß, Ursachen und Konsequenzen im sozialpolitischen Kontext", Rostock, 22. u. 23. März 2007.
Zander, M. (Hrsg.), 2005: Kinderarmut. Wiesbaden.
Zartler, U., u. a. (Hrsg.), 2004: Wenn Eltern sich trennen. Wie Kinder, Frauen und Männer die Scheidung erleben. Berlin/New York.
Zdwa. Rostocker Zentrum zur Erforschung des Demografischen Wandels (Hrsg.), 2005: Deutschland im Demografischen Wandel. Fakten und Trends 2005. Rostock.
Zeiher, H., 1983: Die vielen Räume der Kinder, in: *Preuss-Lausitz, U.*, u. a., Kriegskinder, Konsumkinder, Krisenkinder. Weinheim, 176-195.
Zeiher, H., 1994: Kindheitsräume. Zwischen Eigenständigkeit und Abhängigkeit, in: *Beck, U./Beck-Gernsheim, E.* (Hrsg.), Riskante Freiheiten. Frankfurt a. M., 353-375.
Zeiher, H., 2005: Neue Zeiten – neue Kindheiten? Wandel gesellschaftlicher Zeitbedingungen und die Folgen für die Kinder, in: *Mischau, A./Oechsle, M.* (Hrsg.), Arbeitszeit – Familienzeit – Lebenszeit: Verlieren wir die Balance? ZfF Sonderheft 5. Wiesbaden, 74-91.
Zeiher, H., 2005a: Der Machtgewinn der Arbeitswelt über die Zeit der Kinder, in: *Hengst, H./Zeiher, H.* (Hrsg.), Kindheit soziologisch. Wiesbaden, 201-226.
Zeijl, E., 2001: Young Adolescents' Leisure. Opladen.
Ziefle, A., 2004: Die individuellen Kosten des Erziehungsurlaubs, in: KZfSS 56, 213-231.
Ziegler, U./Doblhammer, G., 2005: Steigende Lebenserwartung geht mit besserer Gesundheit einher, in: Demografische Forschung aus Erster Hand 2, Nr. 1, 1-2.
Zimmermann, A. C./Easterlin, R. A., 2006: Happily Ever After? Cohabitation, Marriage, Divorce, and Happiness in Germany, in: Population and Development Review 32, 511-528.
Zinnecker, J./Silbereisen, R. K., 1998: Kindheit in Deutschland. 2. Aufl. Weinheim/München.
Zulehner, P. M., 2004: Neue Männlichkeit – Neue Wege der Selbstverwirklichung, in: APuZ B 46, 5-12.
Zulehner, P. M./Volz, R., 1999: Männer im Aufbruch. 3. Aufl. Ostfildern.

Personenregister

Sachregister